Première partie

MADAME ANTOINE

Chapitre 1

Au saint jour des morts

Maria, *Antoine,* Josepha, Johanna.

Marie-Antoinette, Joseph, Jeanne de Lorraine.

Elle est née à Vienne, le 2 novembre 1755, au saint jour des Morts. Elle est née au lendemain du tremblement de terre de Lisbonne. Elle est née au palais impérial de la Hofburg où les courants d'air font mugir les portes. On l'appelle Madame Antonia et surtout « Madame Antoine », cette dernière fille de l'impératrice Marie-Thérèse. Les feuilles mortes s'envolent, entourent la Hofburg d'un halo rouge.

Il est sept heures du soir, les bougies éclairent mal la chambre impériale où va se relever, si vite, celle qui vient d'accoucher pour la quinzième fois. Marie-Thérèse, impératrice d'Autriche, reine de Bohême et de Hongrie, « le roi Marie-Thérèse » comme la baptisent avec respect les magnats hongrois. Pendant la naissance, son époux, François Stéphane Ier de Lorraine, assiste avec leur fils aîné, l'archiduc Joseph, à l'office des morts. Marie-Thérèse contrôle ses douleurs, une à une, sans une plainte et sans trembler. Cette souveraine âgée de trente-huit ans, ce despote modéré à la fermeté d'acier, stratège et diplomate subtil, estime nécessaire d'offrir à ses pays une nombreuse progéniture et de donner l'exemple d'une épouse soumise. Cela fait partie de la construction d'une grande Autriche qu'elle mène de main de maître. L'Autriche, grâce à sa vaillance conjugale, est devenue le principal vivier européen en princesses et archiducs. Bien les marier assurera un accroissement des alliances et de son pouvoir.

Au roi Marie-Thérèse d'être à la fois cette grande souveraine et cette matrice indéfectible.

*

* *

Maria, Antoine, Josepha, Johanna, Madame Antoine.

Marie-Thérèse a méprisé les douleurs, cet après-midi de novembre où la nuit tombe si vite. Elle a demandé à consulter les dossiers de la Silésie. Ceux de la Bohême. Ceux qui projettent le renversement des alliances. Il y a tant d'années que la maison d'Autriche est en guerre contre la France, cette France de Louis XV et de son ministre Choiseul, cette France pleine de sympathie pour son pire ennemi, Frédéric de Prusse, l'ami de Diderot et de ce Voltaire antéchrist, qu'abhorre Marie-Thérèse. L'enfant va naître, mais le souci politique l'emporte. Ces misérables contractions sur ce lit trop étroit n'empêcheront pas l'impératrice de rester vigilante. La douleur, la vraie, serait de voir sombrer l'œuvre de tant d'efforts.

La chambre des noces, la chambre des naissances. On ne touche à rien à ces meubles raffinés et sans confort. L'étiquette reste maîtresse de tout comme Marie-Thérèse est le maître de cet empire. Sans jamais s'apitoyer sur elle, quelles que soient les occasions. Deuils, naissances…

Son obsession, le temps de cette grossesse dont elle s'est à peine souciée, a été d'entraîner la France aux côtés de son pays, de faire de l'ennemie de toujours une puissante alliée. Le roi Marie-Thérèse a su créer un revirement : unir ces Habsbourg avec ces Bourbons qui la dédaignent et la craignent. Réussira-t-elle une alliance plus prestigieuse ? Établir un de ses enfants à la cour de Versailles ? Mêler à jamais le sang de sa maison à celui des rois de France ? Sa progéniture n'en est pas encore à de très grands mariages. On convoite Naples et Parme à travers les unions en projet des archiduchesses Marie-Josèphe et Marie-Amélie, mais est-ce suffisant ? Une nouvelle fille pourrait bien être l'enjeu d'une union avec la France. On ne fait pas d'un archiduc d'Autriche un roi de France, mais on peut toujours marier une archiduchesse à un Bourbon régnant. Elle saura, elle, le roi Marie-Thérèse, y mettre le temps et la patience. Une fille peut avoir du bon dans un tel enjeu.

*

* *

Sa fille, Maria Antoine Josepha Johanna.
Sa fille, Madame Antoine.
Marie-Antoinette.

La paix conclue au traité d'Aix-la-Chapelle, en 1748 (elle était encore grosse d'un enfant), avait été de si courte durée ! Les Bourbons et les Habsbourg sont en guerre depuis trop longtemps. En France, on parle de l'Autriche tel un funeste oiseau de mort. À Versailles, Mesdames, filles de Louis XV, Marie-Josèphe de Saxe, épouse du Dauphin, mère de Louis-Auguste, futur Louis XVI, et le parti dévot, surenchérissent de haine contre tout ce qui est autrichien. Quelle différence y a-t-il entre une guerre de trente ans, de cent ans ou de sept ans ? Les champs d'Europe sont couverts de sang, les ombres s'accrochent aux nuages. Voilà des années que Marie-Thérèse, souveraine tragique, clairvoyante, tente de sauver son héritage, et de reprendre la Silésie volée par son pire ennemi, Frédéric II de Prusse. Marie-Thérèse, la digne fille de Charles VI, souveraine à l'âge de vingt-trois ans (son père n'avait que des filles), mariée à ce prince de la maison de Lorraine, mesure sa solitude. Seule, face à ce roi époux sans envergure qu'elle avait réussi à faire couronner empereur en 1745 et dont l'unique fonction a été de l'avoir engrossée, tout en la trahissant auprès de filles sans vertu. Est-ce pour cela que le roi très catholique Marie-Thérèse fait fouetter sans pitié les filles publiques ? Elle n'est dupe de rien ni de personne. Seule, dans ces guerres continuelles, à maintenir la grandeur de l'Autriche, si morcelée, si fragile au fond. Elle a su en faire une puissance que l'on craint. Seule, face à ces enfants dont le quinzième est en train de naître, ces enfants qui la plupart la décevront à mesure des années.

À la Hofburg, Marie-Thérèse tient à accoucher aussi simplement qu'une bourgeoise de Vienne. Elle ne veut pas de l'étiquette de Versailles qui oblige, quelle offense, les reines à accoucher en public. À Vienne, on vit chez ces princes sans façon, à l'allemande. Elle y met autant de force qu'à régenter les hommes et les guerres. Le lit est nappé de linge, le médecin de la famille, le Dr Van Swieten, est près d'elle. Les couches se déroulent bien, mais il ne lui a jamais caché qu'il la trouve trop grosse. Sa Majesté et son impérial époux mangent trop. Une grossesse sur tant de poids, et la voilà énorme ! C'est là son seul vice : se gaver en famille de gibiers et de pâtisseries. Il n'aime pas sentir ce pouls trop accéléré, voir s'empourprer ces joues et ce menton que l'âge alourdit sans grâce. Cette lèvre du bas, la lèvre des Habsbourg, trop épaisse, celle du haut presque mignarde. Elle a gardé la beauté de ses yeux, mais l'effort embrume de fâcheuses fibrilles rouges le bleu exquis des prunelles. Elle porte un pudique bonnet de nuit pour retenir ses cheveux gris, autrefois si blonds. La chemise aux manches longues est à peine rabattue. Un drap et une couverture recouvrent le maximum de chair. La chair, cette honte, que de fautes rachètent les douleurs d'une couche ! Les bougies et les flambeaux éclairent mal. Le Dr Van Swieten, une fois de plus, fait confiance en la force de sa souveraine et en la grâce de Dieu. Il a saisi, sans s'être lavé les mains, la tête de l'enfant.

Le roi Marie-Thérèse a poussé un seul cri de bête forcée, celui de toutes les femmes en couches.

Comment la convaincre de se mettre au régime des petits bouillons ?

Elle a regardé la petite fille, sans émotion particulière. Son souci est de s'enquérir de sa santé. Une enfant ronde et rose, qui a heureusement crié. On l'a essuyée, vêtue de laine et de dentelles blanches. On la confie aux *ayas*, les gouvernantes qui prendront soin d'elle. Les prénoms avaient été décidés depuis longtemps. Si c'était une fille, elle se nommerait Maria Antonia Josepha Johanna. Marie-Thérèse va prier pour qu'elle vive au moins jusqu'à son baptême prévu le lendemain. On ne peut affermir un empire, une autorité maternelle, si on s'abaisse aux débordements d'une nourrice. Le Dr Van Swieten n'empêchera pas sa souveraine de se lever au lieu de se reposer. En moins d'une heure, changée de linge, réconfortée d'un vin chaud et sucré, elle est debout, à son bureau. Elle a même demandé à son dentiste de lui arracher une dent gâtée, une de plus, une par enfant. Quinze dents en moins. Sa plus grande préoccupation est ce dossier du renversement des alliances, les lettres à dicter à son ambassadeur en France, Kaunitz. Elle a en tête le modèle paternel, Charles VI, luttant contre la France, sur les bords du Rhin et en Italie, au sujet de la Pologne.

Quel exemple, ce père dont elle a hérité la puissance de travail et l'inflexibilité ! Elle méprisera la montée du lait, cette poitrine si vaste, toujours bandée serré, sa grossesse perpétuelle. Sa lutte perpétuelle.

Elle a manœuvré afin que le roi de France ait enfin besoin d'elle. Elle prévoit que le roi de Prusse abandonnera sans vergogne Louis XV dont les cousins espagnols et italiens ne feront pas le poids. La grande heure de l'Autriche va sonner.

La petite fille rejoint l'appartement des enfants, au rez-de-chaussée de la Hofburg. On lui fait téter de l'eau sucrée.

Maria Antoine Josepha Johanna.

Quel signe est-ce là de naître au saint jour des Morts ? La petite fille – l'archiduchesse Madame Antoine – aurait-elle été conçue lors du chaste carême ? Le fougueux François Ier n'y regarde pas de si près. Libérée de cette couche, l'impératrice ne semble pas même amincie. Il y a si longtemps qu'elle a renoncé à toute séduction ! En vérité, elle n'y a jamais songé. Les coquettes la répugnent. Le plus grand des malheurs serait d'avoir des filles coquettes, étourdies, vaniteuses, occupées de toilettes et de bijoux. Un malheur mortel, elle le sait, elle le sent. Elle abhorre la futilité, jamais elle n'a eu envie de coiffures, de fanfreluches hors de prix. Au fond, l'habit d'homme lui eût parfaitement convenu ; y compris une armure. Veiller elle-même à ses champs de bataille, ses champs de gloire. La voilà depuis toujours emmurée dans cette robe à la polonaise, élargie sur les hanches, sans forme, un sac de soie et de laine noire, par tous les temps. La chevelure sans apprêt sous une mantille à œillettes, à son cou trop gras, un simple rang de perles. Qu'importe d'aller dans ces décents oripeaux. Son seul luxe sera un jour ce ruban blanc et rouge, en travers de sa poitrine, « l'ordre de Marie-Thérèse ». Le blanc, le rouge : l'Autriche. Elle supporte la couronne et un peu d'or à ses vêtements pour les grandes cérémonies. Toute coquetterie est une affaire de prostituée, un affreux danger pour une archiduchesse. Sa fille Marie-Caroline, de trois ans plus âgée que la petite Antonia, l'irrite, si jeune encore, de manifester tant de légèreté à se mirer avec complaisance à tous les miroirs. Marie-Thérèse méprise ce temps perdu à chanter, danser, se parer, poudrer ses joues et ses cheveux, ces goûts à la française. Ces goûts que les maîtresses des Bourbons ont imposés dans cette pétaudière qu'est Versailles avec laquelle il lui faut composer, imposer l'Alliance. Sans doute faudra-t-il sacrifier à ces futilités pour réussir un mariage avec le futur Dauphin de France. Elle a tout sacrifié à son pays, elle a le sens de l'honneur et celui des économies. Oserait-on parler coiffures et diamants au roi Marie-Thérèse qui avait déjà sauvé l'Autriche du joug des Français quand ils occupaient Prague ?

Marier sa progéniture, engager le destin des plus jeunes relève d'une diplomatie aussi subtile qu'un traité de paix.

Cette fillette si rose, si elle ne meurt pas dans les jours qui suivent – qu'est-ce que la perte d'un nouveau-né face à celle de la Silésie ? –, exaltera un jour la devise de l'Autriche : *TU FELIX AUSTRIA, NUBE.*

Chapitre 2

La fille du roi Marie-Thérèse

Maria Antoine Josepha Johanna est baptisée, le 3 novembre, dans la cathédrale des Augustins, paroisse de la cour de Vienne. Un baptême à la fois grandiose et bon enfant. Le roi Marie-Thérèse tient beaucoup à la simplicité familiale. Lorsqu'on se promène au Prater, nulle étiquette, n'importe quelle voiture peut doubler les voitures royales. Le frère aîné de la nouveau-née, l'archiduc Joseph âgé de dix-sept ans, et sa sœur, l'archiduchesse Marie-Anne, quatorze ans, portent le bébé sur les fonts baptismaux. Ils représentent son parrain et sa marraine, le roi et la reine du Portugal.

Au fil de ses premières années, sa gaieté éclate, son rire est frais, sa vivacité sans relâche. Elle a inquiété sa mère à l'âge de deux ans. Elle a eu la rougeole. Or un enfant sur deux réchappe à cette maladie. C'était en 1757, l'année de l'attentat de Robert François Damiens contre Louis XV, l'acte d'un déséquilibré cristallisant le mécontentement des parlementaires, des jansénistes et d'une partie du peuple contre le pouvoir royal. Un petit coup de stylet, sans conséquence contre le roi qui s'apprêtait à quitter le Trianon et à monter en carrosse. Jugé à la prison du Châtelet, torturé sans répit, Damiens fut condamné au supplice de Ravaillac : le poing droit coupé, les chairs tenaillées et arrosées de plomb fondu, l'écartèlement.

— La journée sera rude! criait le misérable, sanglé sur un lit de fer rougi. On lui avait arraché une centaine de lambeaux de peau.

Ainsi punit-on en France un régicide. On met à mort les manants par le supplice de la pendaison, les bourgeois et les sodomites sont punis par la roue, les aristocrates par la hache, et le bûcher est destiné aux sorciers. On pratique la question ordinaire et extraordinaire à la prison du Châtelet. On embastille par lettres de cachet les aristocrates, dans la grosse forteresse sise à l'entrée du faubourg Saint-Antoine. Le bourreau se nomme Charles Henri Sanson, il est aidé de ses fils, lesquels ne sont pas considérés comme des citoyens à part entière ainsi que les juifs et les comédiens.

Le roi Marie-Thérèse avait approuvé le supplice de Damiens. Chez les Habsbourg, l'idée d'un régicide (un matricide?) est impensable. Rien ne doit, jamais, contester le pouvoir royal. Aux souverains d'être dignes de ce dépôt divin. L'incompétence, la prodigalité, l'étourderie, la faiblesse mènent les rois à l'échafaud. Charles Ier d'Angleterre avait durement payé sa faiblesse avec ses ennemis. Le peuple n'a pas plus de force et d'esprit qu'un enfant. Le roi *et* la mère Marie-Thérèse se doivent de les aimer avec la plus grande sévérité. Dieu a mis les souverains sur Terre pour s'occuper de ces enfants-là. Il convient, parfois, d'en châtier un rudement pour montrer l'exemple. Toucher à la personne sacrée du roi, c'est toucher à Dieu. N'est-elle pas la mère, mais aussi le père, de tous ces enfants du royaume?

Aimer, éduquer, châtier.

N'est-elle pas la mère mais aussi la souveraine de ses seize enfants: l'année 1756, elle a encore accouché d'un fils, l'archiduc Maximilien. Madame Antoine partage ses jeux avec son aîné d'une année, Ferdinand, et le petit Maximilien. Elle leur préfère, à tous, sa ravissante aînée de trois années, Marie-Caroline.

Marie-Josèphe, douce et jolie, est toute à ses fiançailles avec le roi de Naples. Le portrait du futur n'est guère avenant. Madame Antoine ne peut avoir de complicité et d'intimité avec ses aînés. Trop d'années les séparent. Joseph, né en 1741, se mêle sans cesse de sa vie : il la taquine, se moque d'elle mais tient un rôle de frère aîné. Un rôle qui l'agace au plus haut degré. Antoine a peu d'affinités avec Léopold, né en 1747. Marie-Amélie, née en 1746, Marie-Élisabeth en 1743, mais Dieu qu'elles sont âgées ! Tout autant que Marie-Christine, née en 1742, et Marie-Anne (1738) qui la tenait sur les fonts baptismaux. Marie-Anne est abbesse de Prague, Marie-Christine, si peu entrevue, princesse de Saxe, Marie-Élisabeth, abbesse du chapitre d'Innsbruck. Marie-Amélie est duchesse de Parme et si Marie-Caroline, la sœur d'Antoine, devient reine de Naples, c'est d'avoir pris la place de sa défunte sœur Marie-Josépha.

On n'arrête pas pour si peu (le décès d'une archiduchesse) le destin de la maison des Habsbourg. Que dire de cette petite Marie-Jeanne morte à l'âge de douze ans dont Madame Antoine ne se souvient pas ? Ordre immuable, toute archiduchesse est interchangeable. *Tu felix Austria, nube.*

Madame Maman ne pardonne jamais rien. On lui avait volé, estimait-elle, outre la Silésie, les duchés de Parme, de Plaisance et de Guastalla ainsi que le royaume de Naples. Ces royaumes avaient été donnés, suite aux guerres de succession de Pologne et d'Autriche, à ces branches cadettes des Bourbons, cette parentèle du roi d'Espagne qu'elle méprise. Le roi Marie-Thérèse persistera, contre vents et décès, à marier ses filles à ces roitelets pour récupérer ces royaumes qu'elle estimait siens. Quant à Madame Antoine…

Si elle la nomme d'un prénom déjà bien français, c'est qu'elle caresse un projet des plus ambitieux. Madame Antoine – Marie-Antoinette – régnera sur la

France. Le roi Marie-Thérèse, aura ainsi enferré l'Europe en entier. Elle saura acquérir la complicité du duc de Choiseul, ce Lorrain aux idées libérales, amateur de jolies femmes, de bons mots, fervent lecteur des encyclopédistes, protégé de madame de Pompadour, allié idéal de l'impératrice. N'avait-il pas eu cette idée d'unir les Habsbourg et les Bourbons ?

Avoir des filles a du bon, suppute Marie-Thérèse. Elles valent mieux qu'une armée ou un troupeau pour acquérir une couronne.

Aimer, éduquer, châtier.

Elle n'a jamais fait donner le fouet à aucun de ses enfants. La crainte qu'elle inspire, ses méthodes (qu'elle pratique sans cesse en politique), une main de fer dans un gant de velours, font merveille. On la redoute sans qu'elle élève seulement la voix. Une voix douce, étouffée dans cette énorme poitrine, qui répète sans relâche toutes les hautes vérités familiales et impériales. Elle reconnaît tout bas la seule faiblesse à laquelle elle ne s'attendait pas : Madame Antoine, si blonde et si rieuse, a conquis son cœur désabusé. Antoine ravit son regard qui a dénombré tant et tant de morts pour que survive et triomphe l'Autriche. *Tu felix Austria, nube.* Elle ne veut pas qu'on tourmente sa fille cadette avec le récit du supplice de Damiens. Joseph, si brusque, si militaire, ne se prive jamais de la taquiner rudement. La petite a éclaté en larmes au récit de telles horreurs.

— On lui a arraché la langue avant de l'attacher, chaque membre à quatre chevaux, y compris sa tête. Les chevaux tiraient lentement, lentement ! Depuis le supplice de Ravaillac, le maladroit bourreau de France, Sanson, ne savait comment s'y prendre, on a donc dû découper au couteau les membres de ce Damiens. Au couteau, Antoine, vous m'entendez ? On dit que ce Sanson ne sait même pas pendre. Ses victimes gigotent dans tous les sens, il roue n'importe comment, son fils doit achever de décapiter les condamnés. Damiens, découpé en morceaux, les chevaux n'avançaient pas et...

La petite s'enfuit, les poings sur les oreilles.

— Méchant Joseph !

— Tête à vent ! Planche à pain ! éclate de rire le jeune homme, serré dans sa blanche culotte militaire, ses bottes en vernis noir et sa longue veste à brandebourgs.

Il préfère ce récit à tous les défilés militaires où les armées de sa mère avancent telle une horloge bien réglée.

Il régnera au décès de son père. Sa mère craint son despotisme et son goût pour les philosophes de France. Il ose avoir de l'admiration pour le roi de Prusse et pour ce Voltaire. Elle n'aime guère ce fils, futur empereur, si loin d'elle. À elle de rester le maître un maximum d'années, au moins le temps de faire de Madame Antoine une reine de France. Il sera toujours possible, ensuite, de se réfugier dans un cloître.

Chapitre 3

Du côté de Versailles

Les textes des philosophes contre la torture n'avaient pas sauvé Damiens, ni Calas, ni le chevalier de La Barre, pris à l'engrenage d'un procès criminel. Le roi Marie-Thérèse, qui suit de très près les affaires de la France, déplore que l'on n'ait pas châtié Voltaire, brûlé les textes de Rousseau et embastillé cet insolent Diderot, si familier avec l'impératrice de Russie.

La cour de France est loin d'être un modèle de vertu. Mme de Pompadour, l'amie du roi, dépense des fortunes à protéger les arts, à se faire offrir des châteaux et des toilettes. Le peintre Boucher avait osé peindre ce cou si dévoilé, cette gorge rose, ces kilomètres de rubans, six au corsage, autant aux manches, un bouillonné à mesure que la robe à paniers atteignait son ampleur exubérante. Là-dessous, la dentelle de Malines autour de la jarretelle, retenue par des pierres précieuses. Louis XV adore les jambes de la Pompadour, et de tant de filles. La jarretelle ôtée avec délicatesse, le roi a lu *Les Bijoux indiscrets* de M. Diderot, il savoure une cuisse de neige et, mieux encore, les surprises exquises au-delà du bouillonné du pantalon en dentelle de Chantilly. Une seule culotte de la Pompadour eût assuré le feu dans l'âtre de ces paysans en banlieue de Paris, au-delà de Versailles. La faim. Le froid. Combien de familles se chaufferaient au prix des rubans de la Pompadour ?

Louis XV déteste l'idée de la mort et s'adonne au plaisir. Il se sent vigoureux, en pleine santé. Dès qu'une personne tousse, il lui lance « Cela sent le sapin ! » Il ne veut pas savoir qu'il est de moins en moins « le Bien-Aimé ».

Cette année-là, le pain est hors de prix, et les plaisirs du souverain sans limites.

Marie-Thérèse connaît les secrets d'alcôve de Louis XV. De la Prusse aux dossiers de l'Alliance et aux dépenses de la Pompadour, tout est bon à l'information du roi Marie-Thérèse. Ses espions, son chancelier M. von Kaunitz, savent y faire. Réconciliée avec l'Autriche, la France avait dû renoncer à humilier l'ennemie séculaire en cessant de s'appuyer sur les petits États allemands, la Suède et l'Empire ottoman. Marie-Thérèse avait réussi sa manœuvre. Frédéric II de Prusse s'était désormais tourné vers l'Angleterre, honnie de la France, l'entravant ainsi dans sa politique d'outre-mer. Marie-Thérèse tient le jeu européen. Les caprices amoureux du vieux roi arrangent ses projets. Louis XV trompe tout autant la Pompadour que la reine. Il rejoint à la petite maison du Parc-aux-Cerfs un véritable sérail, des pucelles qu'on lui fournit selon son désir. Marie-Thérèse a suivi en détail l'histoire familiale du roi de France. *Madame Antoine, dauphine de France, Madame Antoine, reine de France.* Savoir, supputer, calculer. Il y a longtemps que la reine de France, Marie Leszczynska, humble fille d'un petit roi de Pologne, de sept années plus âgée que le fringant époux, ferme les yeux sur ses aventures. Une reine lasse de grossesses, d'enfants mort-nés. À la dixième naissance, alors que la vaillante Marie-Thérèse croissait et multipliait, au nom de l'État, la dévote Polonaise avait fermé au roi la porte de sa chambre. Elle se replia selon ses goûts, vêtue sans façons, entourée de dévots et d'images pieuses. Les intimes de la reine de France formaient le parti dévot qui agaçait Louis XV. On trouve chez la reine, en société quotidienne, outre Mesdames ses filles et Louis le dauphin, le cardinal de Rohan, mesdames de Nivernais, de Villars et de Luynes, l'austère président Hénault. Le roi Marie-Thérèse avait pesé le pour et le contre de ces gens-là. Le parti dévot, certes, est proche de l'idée qu'elle se fait des bonnes mœurs, mais ils n'ont aucun poids politique. Si Madame Antoine vit un jour à la cour de France, il serait plus habile qu'elle composât avec les favorites. La petite maison du Parc-aux-Cerfs ne désemplit pas de gourgandines. L'une d'elles, ô faiblesse du sang des Bourbons ! pourrait bien dominer ce roi – c'est-à-dire la Cour, la politique. Une catin emperlée et poudrée, adroite aux vils jeux de la chair, pourrait provoquer une brouille avec l'Autriche. Marie-Thérèse doit jouer serré. Louis XV partage avec elle un certain sens de la famille. Son goût pour ses enfants, ses filles surtout, encourage Marie-Thérèse dans le vertigineux dessein : marier Madame Antoine au petit-fils de Louis XV, le terne Louis-Auguste.

*

* *

Sur dix enfants de Louis XV, sept avaient survécu. Une ribambelle de filles ne semblait pas avoir contrarié le roi de France. La naissance en 1729 du Dauphin Louis avait rassuré chacun. Un Dauphin dévot, d'un mortel ennui, influencé par son précepteur, Mgr Boyer, qui le fit exceller en lectures pieuses et musique d'église. Le Dauphin Louis, veuf inconsolé d'une première dauphine, infante d'Espagne, s'était remarié à la fanatique catholique Marie-Josèphe de Saxe, violemment antiautrichienne. Ils eurent huit enfants dont les trois derniers Bourbons qui régneront sur la France : Louis-Auguste, le futur Louis XVI, le comte de Provence, futur Louis XVIII, et le comte d'Artois, futur Charles X. On compte aussi deux jeunes sœurs, Marie-Clotilde, future épouse du roi de Sardaigne et Madame

Élisabeth – Philippine-Marie née dix années après Madame Antoine.

Le roi Marie-Thérèse se faisait écrire et narrer toutes les nouvelles de la famille de France. Leurs joies, leurs deuils, leurs complots. Louis XV jouait au « papa roi », avec sincérité. Il confectionnait dans ses appartements privés des petits plats pour ses filles. Il eut un vif chagrin de voir partir Madame Élisabeth, la plus jolie, si tôt mariée à l'infant d'Espagne. Ce fut pire quand sa sœur jumelle, Madame Henriette, musicienne, fut emportée à l'âge de vingt-cinq ans par la variole. Le roi en eut « un chagrin affreux ». Les trois autres « Mesdames » se chamaillent à longueur de jour. Dévotes, mesquines, ivres de ragots, de complots, non mariées, aigries, elles composent une despotique engeance de vieilles filles. Madame Adélaïde, quatrième fille du roi, qu'il surnomme « Madame Torchon » et « Loque », en raison de sa passion pour les travaux ménagers et de son obésité, d'un caractère emporté, orgueilleux, domine ses sœurs. « Loque » dirige le parti dévot destiné à perdre M. de Choiseul. Elle régente Victoire, Sophie et Louise – surnommées par leur royal papa, Coche, Graille, Chiffe. Le roi descend prendre le café chez ses filles. Madame Adélaïde tire un cordon, et les sœurs accourent. Leurs appartements sont vastes et reculés, il faut courir à toutes jambes pour goûter au café de « Papa-roi ». La patiente Mme Campan, lectrice de Mesdames, lit cinq heures d'affilée. Louise (Chiffe) a la bonté de lui préparer un verre d'eau sucrée quand sa voix s'enroue. Une grande agitation règne entre Adélaïde, Victoire, Sophie et Louise. On court pour le « débotté du roi », à six heures du soir. On court pour rejoindre qui sa tapisserie, qui ses ragots, qui sa lectrice, qui son instrument de musique. Madame Victoire a été élevée jusqu'à l'âge de douze ans avec ses sœurs, au couvent de Fontevrault. Sa pénitence était d'aller prier au caveau où l'on enterrait les religieuses, d'où ses terreurs nocturnes. De retour à Versailles, les voilà toutes les quatre saisies du désir d'apprendre. Madame Adélaïde se pique de musique et joue même du cor et de la guimbarde. Elles parlent toutes fort bien l'italien, l'anglais et s'y connaissent en mathématiques et en histoire. Madame Victoire (Coche) a des restes de beauté, un peu de bonté, le goût des charités, aime la bonne chère et sa bergère moelleuse. Sophie (Graille) est d'une laideur repoussante. Elle court plus qu'elle ne marche afin qu'on la regarde le moins possible. Elle a une peur panique des orages au point de serrer la main du premier petit page au moindre éclair. Elle reprend ses grands airs et son mépris une fois le tonnerre éloigné. Madame Louise – Chiffe –, qui aime à se faire lire des textes élevés par Mme Campan, future première femme de chambre de Marie-Antoinette, a de réelles dispositions pour la religion. Petite, contrefaite, elle vit retirée et s'en ira précipitamment au couvent de Saint-Denis sous le nom de sœur Thérèse-Augustine. Le roi finira par lui donner son consentement (sans rien en dire à ses sœurs). Mme Campan lui rendra visite à Saint-Denis où Madame Louise faisait la lessive et affirmait que la bure valait toutes les robes de cour. Madame Victoire (Coche) aura une crise d'emportement au départ de sa sœur préférée. « Pour qui donc est-elle allée au couvent et avec qui ? » criera-t-elle. Madame Louise sera la seule à conserver cette âme élevée héritée de sa mère polonaise. Elle mourra en 1787. Ses derniers mots seront rapportés au roi Louis XVI :

— Au paradis, vite, vite, vite, au grand galop.

Madame Louise s'était-elle sentie tout entière fille royale au moment de passer dans l'autre monde ?

Voilà pour Mesdames Tantes, qui allaient former la nouvelle famille de la petite archiduchesse « Antoine ».

Mme de Pompadour feint aussi d'ignorer les frasques à la petite maison du Parc-aux-Cerfs. Elle tient à son rôle d'égérie, elle seule a le pouvoir de calmer les angoisses de ce roi aux prises à de soudaines mélancolies. Qui régnerait après lui ? Le dauphin Louis, déjà âgé et de santé fragile ? Son petit-fils aîné, Louis-Auguste, silencieux, myope et si terne ? Au fond de lui, il se sent humilié d'avoir été manœuvré par Marie-Thérèse, cette vieille fée qui est parvenue à lui faire signer, à Versailles, le deuxième traité franco-autrichien. Peut-être avait-elle eu raison en prédisant la trahison de la Prusse qui avait battu l'incompétent Soubise, à Rossbach, mais son peuple murmurait depuis l'attentat de Damiens et ses défaites. Que d'or engloutissent les mauvaises guerres ! Le pain, le sel, la farine sont l'or des pauvres. La monarchie française aurait-elle une dangereuse fissure ? Le roi devrait désormais compter avec l'Autriche, cette hydre tutélaire.

*
* *

1759. Antoine a quatre ans, elle a eu quelques convulsions, sa mère est accourue. La petite est sans connaissance.

— Si vous mourez, gentille enfant, qu'en sera-t-il de toutes mes stratégies pour faire de vous un jour une reine de France ? Vos sœurs sont déjà promises à des mariages que je trouve bien moyens, vos aînées sont à l'Église. Vivez, enfant ! Ne pleurez pas à chaque saignée ni au régime du lait d'ânesse.

Rétablie, Antoine rit et chante à nouveau, elle oublie si vite ce qui peine et ce qui ennuie ! 1759, les défaites françaises de Krefeld et de Minden dépriment Louis XV. Le roi Marie-Thérèse savoure ses victoires, un courrier lui porte les nouvelles à Schönbrunn où, sans façon, elle se plante au balcon pour se faire lire à haute voix l'excellent message.

1759, M. Cassini, savant et astronome, a noté, à l'observatoire de Paris, le passage de la comète de

Halley. Ce fut un grand moment français, où le mathématicien Clairaut, par l'application des lois de Newton, put calculer que la comète observée par Halley en 1682 reviendrait en 1759.

— Le passage d'une comète est signe de grands malheurs, gémissaient les superstitieux. Une comète annonce la fin de la monarchie et un bain de sang – parfois la fin du monde.

M. de Choiseul a été nommé secrétaire d'État aux Affaires étrangères. Marie-Thérèse reprend espoir. Qu'il choisisse son moment pour convaincre Louis XV. Le roi est sombre, les défaites françaises continuent. Louis XV supporte mal celle de l'escadre de Conflans à Quiberon, et que dire, en 1760, de la capitulation de Montréal ! M. Voltaire a dû jubiler. Il avait écrit, suite à la mort des généraux Wolfe et Montcalm devant Québec, que « la France peut être heureuse sans Québec ». Choiseul, secrétaire d'État à la Guerre, propose d'engager la paix avec l'Angleterre. Marie-Thérèse ne perd pas de vue un seul de ces événements. 1761 : le troisième pacte de famille entre les Bourbons de France, ceux d'Espagne et ceux de Naples accélère sa détermination.

1762 est encore une mauvaise année pour la France. L'affaire Calas et le déchaînement de M. Voltaire à défendre ce protestant accusé à tort d'avoir assassiné son fils (on l'avait retrouvé pendu) agitent les passions. Calas roué vif, mort d'une lente et affreuse agonie… Les jésuites sont expulsés. Onze années plus tard, en 1773, Marie-Thérèse chassera à son tour la compagnie de Jésus de ses États et mènera alors une lutte farouchement anticléricale, ce qui n'empêche nullement ses convictions catholiques. Qu'aucun ordre, surtout symbolique, ne la domine, elle et ses sujets.

Chapitre 4

DANSER, DIT-ELLE

La petite Antoine, insouciante, danse, rit, bat des mains. Où a-t-elle pêché ces traits délicieux, ce teint de porcelaine, davantage celui d'une Pompadour que d'une reine confite en prières ? La lèvre supérieure n'égare en rien celle du bas qui semble faire la moue, la moue des Habsbourg. Un cou charmant, des bras ravissants, elle ne marche pas, elle danse, les mains en ailes de colombe, la cheville si fine, le pied mignon. Comme elle danse, cette claire enfant née au saint jour des Morts !

Elle avait affirmé « Je veux épouser Mozart et nul autre en ce monde ! », quand le jeune prodige avait joué à Vienne. Elle adore la musique, malgré le méchant Joseph qui la traite de « tête à vent ». Sa tête est pleine, en effet, non de vent, celui qui mugit dans la Hofburg si mal chauffée, mais de sons délicats. La harpe, le clavecin, les pièces de M. Rameau, celles de François Couperin, celles que lui enseignera M. Gluck. Elle leur préfère à tous son gentil « fiancé » Mozart. Elle aime la musique, Madame Antoine, chanter, surtout danser. La gigue, le menuet, aux bras de rester gracieux, les jambes ne sont qu'un accessoire. Les bras, la tête, l'expression du regard sont le principe même de la danse. Quand donc Madame Maman se décidera-t-elle à lui donner un maître de danse ?

— Pourquoi aimez-vous autant la danse, ma sœur? s'extasie Marie-Caroline.

— Danser permet d'avoir un public, d'être entourée, admirée. Quand je danse, le ciel est bleu, l'avenir riant, la journée délicieuse, la nuit ravissante. Envolées les pensées sombres! Mon corps est léger tel celui des anges. Je m'envole, je m'envole! Voyez comme nos cousins de Hesse et ceux de Mecklembourg frappent des mains, ravis à mesure que je tourne!

Dans les bosquets tyroliens de Schönbrunn, Antoine vit ses grands moments, entourée d'admirateurs: ses cousins, ses cousines, ses sœurs et ses frères les plus jeunes. Elle aime qu'on l'aime, rien ne la trouble autant que la dureté à son égard. Elle a besoin de baisers, de caresses, d'applaudissements. Elle a tout fait pour séduire ses frères, ses sœurs, Madame Maman, bon-Papa. Il est gentil, Papa, il a une tendresse particulière pour elle. Même sa gouvernante, la comtesse de Brandeiss, est sous son charme. Tout le monde, à Vienne, aime Madame Antoine.

— J'en mourrai, ma sœur, si j'entendais à mon encontre le moindre cri de haine.

Ses efforts incessants, du matin à l'heure de dormir, sont de séduire et de se faire aimer.

Le rabat-joie est le grand Joseph. Il semble surgir des arbres, des murs, des fontaines, des statues. Jamais il ne l'applaudit ou ne s'extasie, ou alors avec une telle ironie qu'elle éclate en larmes.

— À quoi pensez-vous dans vos prières, tête à vent? Savez-vous seulement vos prières? Vous dansez? Votre cervelle n'a rien à envier à la linotte. Voyez votre coiffure défaite, et cette insolence à tourbillonner au milieu de nos cousins! On voit vos chevilles. Vous faudra-t-il une sébile pour quérir quelques ducats en exhibant ainsi vos mollets trop maigres sur nos places à Vienne?

Elle lui tire la langue, elle entraîne ses cousins, Gros Maximilien a du mal à la suivre, Ferdinand aussi, mais Marie-Caroline a couru à ses côtés. Quel ennuyeux, ce

Joseph. Il la conspue avec des « Mademoiselle sans tête » quand elle remplit de fautes d'orthographe un devoir d'écriture. Comme elle s'amuse bien à Schönbrunn ! Elle adore cette résidence d'été, ses volets verts, sa façade ocre. Ses appartements, ainsi qu'à la Hofburg, sont au rez-de-chaussée. Sa chambre a un plafond bosselé de blanc et d'or. Il y a tant de roses à Schönbrunn : Antoine a le culte des roses. Il y en a dans sa chambre, elle en tient souvent une à la main y compris quand elle danse. Ô Rose, vie fragile, vie coupée, vie parée, ô Rose, n'être que Rose, ô Rose, s'en aller sans souffrir, aux espaces bleu de Sienne d'un ciel sans nuage. Il n'est point un jour où Antoine n'ait besoin de voir, palper, frôler, embrasser la Beauté. Madame Maman dit que l'air à Schönbrunn est meilleur que partout ailleurs. Un bon air pour que croissent sans maladie ses enfants. Essoufflées, riantes, Marie-Caroline (douze ans) et Madame Antoine (neuf ans) se sont jetées sur la pelouse, derrière les frais bosquets. Tant pis pour les cousins, elles les retrouveront au goûter de chocolat mousseux et de gâteaux à la crème fouettée. Le goûter a lieu à deux heures de l'après-midi. Le dîner à six heures, le grand déjeuner, le matin, à dix heures. Madame Maman tient beaucoup à ce que les repas se prennent le plus possible en famille. On se lève, hiver comme été, à sept heures. Madame Maman à cinq heures, parfois plus tôt encore. Il lui est arrivé plus d'une fois de passer la nuit entière à son bureau – ce bureau qui terrifie Antoine. Si on l'enfermait dans cette pièce austère et glaciale, en l'obligeant à lire et à écrire correctement, elle périrait d'ennui et d'anxiété.

Où sont les roses, la danse et la musique ? Où est la vie ? Ce bureau est un tombeau.

Les deux fillettes portent la même toilette en taffetas bleu clair. Sur un panier en dôme, la robe « volante » fermée est ajustée à la taille. La taille si fine de Madame Antoine est prise dans le casaquin, à basque courte. Les manches étroites sont terminées par des parements en « raquettes ». La poitrine de l'archiduchesse est encore inexistante, serrée par le casaquin ajusté. Son cou, ses épaules, ses avant-bras, ses mains ont la délicatesse de la nacre. Marie-Caroline a la chance d'avoir deux petits seins qui pointent sous le casaquin. Au cou des fillettes, un ruban de satin bleu orné d'un nœud sur le devant. Le casaquin glisse en dessous des hanches étroites de la future dauphine de France.

— Planche à pain !

Que dire des hanches si larges de Madame Maman, dans sa robe noire, « à la polonaise » ? Madame Maman méprise la mode. Une robe en taffetas uni, dédoublée en deux sacs baleinés reliés par des cordons et des toiles. Antoine fait la grimace. Est-ce cela devenir mère de famille et de surcroît régner ?

Marie-Caroline et Antoine adorent se blottir l'une contre l'autre dans la profonde « ottomane » en bois sculpté. Comme on est bien dans ce canapé à assise ovale, entourées d'un dossier relié aux accotoirs, à se dire tant de secrets. Bouche contre oreille, main sur la bouche, rires et chuchotements, clignements d'yeux, jolis yeux d'un bleu d'azur… Il y a tant d'espions dans les demeures de Madame Maman. À commencer par le grand Joseph, toujours à l'écoute, toujours aux aguets. Son despotisme s'est encore affirmé depuis que Madame Maman l'a fait sacrer roi des Romains, cette même année 1764. On s'aperçoit à peine qu'il est marié à une princesse allemande. Son indifférence conjugale est extraordinaire. Il est sans cesse chez Madame Maman, à ses joutes militaires ou à surveiller ses cadets.

— Si j'étais reine, Marie-Caroline, voici ce que je ferais, moi. Je porterais des robes en brocart, les plus beaux diamants au cou, aux oreilles, aux poignets, dans mes cheveux. J'userais de mon pouvoir pour aller à tous les bals masqués, les opéras. Je jouerais la comédie entourée d'amis beaux et aimables et qui m'aimeraient. Il y aurait des roses plein mon palais, ni guerres ni révoltes dans mon royaume. Ce bon peuple, s'il a faim, je lui donnerais de la brioche en place de ce vilain pain noir pas même bon pour les chevaux.

Marie-Caroline a couché sa tête sur ses genoux.

— Gare si une aya nous surprend ainsi, Madame Maman déteste la familiarité, elle prétend qu'elle n'amène rien de bon, surtout en famille.

— Mon fiancé, Ferdinand IV de Sicile, est vieux et laid, son portrait ne le flatte guère.

Les deux petites se moquent du portrait. Le roi de Naples, dans la chambre de Marie-Josépha, n'est guère plus flatteur. Les deux effrontées lui tirent la langue. Marie-Caroline n'est pas encore réglée, cela ne saurait tarder. On marie les filles aussitôt venues les règles. Une angoisse éteint leur rire quand elles songent à l'isolement de l'épouse de Joseph. Une terne princesse, une future impératrice que personne ne regarde, que personne jamais n'embrasse. Pourtant, elle est grosse d'un enfant. Une ombre royale vouée à la mort.

Si elle devenait reine, Madame Antoine ferait tout le contraire de Madame Maman. Elle honnit cette triste robe baleinée, ce corps sans forme, épais, ces yeux perçants qui font trembler même si on n'a rien fait. Qui oserait affronter sans frémir le roi Marie-Thérèse, le roi-Maman, qui pourtant l'a toujours traitée avec une grande douceur ? Même Joseph rabat son caquet arrogant quand il s'incline devant sa mère, *devant son roi*. On dit que les filles ressemblent, avec l'âge, à leur mère. Va-t-elle devenir, elle si fine, pas plus lourde qu'un passereau (une linotte, précise Joseph), cette masse de graisse, le ventre si souvent chargé d'un enfant ?

Marie-Caroline avait chuchoté sur le canapé des confidences que Madame Maman, si on calculait ses grossesses, aurait été grosse quatorze années d'affilée.

Elles s'étaient regardées, affolées de leur impudence, secouées d'un rire inextinguible.

— Je ne veux jamais être grosse! s'était écriée Madame Antoine.

*

* *

L'exemple de Madame Maman leur avait montré que les enfants ne naissaient ni dans les roses ni dans les choux. Il fallait endurer la chair et des affres, quelque chose de pire que la chair, incombant à l'époux, cet inconnu.

Danser! Ne pas penser!

La petite tait désormais son effroi de l'image maternelle. Les soucis ont depuis longtemps blanchi entièrement la chevelure de Madame Maman dissimulée sous cette coiffe à œillettes enveloppée d'un voile serré sous le menton. Comment échapper à ce menton-là, conséquence directe de la fameuse bouche des Habsbourg si vite dédaigneuse?

— Les soucis, enfants, dans notre famille, blanchissent nos cheveux. Il faut accepter ce petit malheur, n'y point prêter une attention de coquette sans réflexion.

Madame Antoine ne veut pas avoir de cheveux blanchis par les peines; cela fait vieille femme, cela fait triste, cela fait « Madame Maman ». Antoine n'a pas la force d'endurer un destin tragique. Elle ne veut ni peines ni larmes. Elle admire au miroir de Venise ses boucles dorées. Chaque matin, depuis que Madame Maman songe à « son sort », le coiffeur roule au fer chauffé chaque mèche, poudrée d'ocre, afin de dissimuler son front trop bombé. Madame Antoine a un défaut. Elle n'est pas tout à fait blonde mais légèrement rousse, ce qui passe pour une disgrâce esthétique auprès de la cour de France. Les rousses et les brunes sont, à Versailles, bannies du code de la beauté. On n'avait guère compris, autrefois, la lubricité royale: Louis XV couchait avec les quatre filles du marquis de Nesle, si mal faites, mais la plus aimée, Mme de Vintimille, était rousse. Madame Maman tolère cette poudre colorante qui a blondi la petite archiduchesse. Avec le temps, elle atteindra une blondeur cendrée des plus raffinées. Le royaume de France vaut bien un peu de poudre aux yeux.

À Versailles, on colle des « mouches » sur une peau passée au rouge.

— Si j'étais reine, j'aurais une baignoire remplie d'eau parfumée.

À la Hofburg et à Schönbrunn, on se lave à peine. Madame Maman ne veut pas que sa progéniture ait une complicité suspecte avec le corps. Les bains sont un désastre pour la santé. La petite sent parfois mauvais. Marie-Caroline aussi. Elles sont jolies et elles sentent mauvais. La toilette consiste en quelques ablutions d'eau froide dans une cuvette d'argent. En présence des ayas, toutes des vieilles filles ou des veuves revêches. On lave le visage, les mains, car le bas du corps est rarement visité. Cela est permis, dit Madame Maman, le temps de la misère mensuelle des femmes.

La chevelure est soignée, elle fait partie des convenances. On la lave tous les trois mois au jaune d'œuf. La poudre sert de nettoyage à sec au quotidien. Madame Antoine déroge aux usages et passe rapidement un linge humide sur ses épaules et ses bras à l'indignation des ayas – qui s'empressent de tout raconter à Sa Majesté.

— Antoine, vous n'en faites qu'à votre tête, signe d'un manque de modestie. Châtiez cette tendance, enfant. Vous en retireriez de grands malheurs.

Chaque semaine, on a droit à un bain de pieds. Si on a la fièvre aussi.

Les rares fois où le corps est lavé en entier, cela se passe en compagnie des ayas et « sans jamais ôter sa chemise ». La garde-robe est abondante, le linge changé souvent. Qu'exiger d'autres d'une aussi chaste coutume hygiénique ?

*
* *

Le bureau de Madame Maman-roi glace Antoine. On y voit rarement Papa. Elle n'a pas peur de Papa. Elle se jette dans ses bras, elle l'embrasse sans façons – Papa ! Papa ! –, il lui rend ses baisers.

Le bureau de Madame Maman est devenu le rare cauchemar d'Antonia. Dans un méchant rêve, on l'y enferme et on la force à écrire, à apprendre, à lire, à calculer. Quel est ce vent qui souffle dans sa cervelle ? Tête à vent ! Elle pleure, elle ne peut pas travailler dans ce bureau, elle déteste lire, elle n'a de sa vie jamais achevé la lecture d'un ouvrage, elle a peur de savoir la fin, la fin est toujours si triste, la fin, c'est la mort, à quoi bon lire jusqu'au bout ? Elle déteste écrire, elle a mal à la tête, comme lors de sa rougeole. Elle va avoir des convulsions si on persiste à l'obliger à suivre sur une carte vert pomme les manœuvres de la guerre. Les soldats en blanc et bleu sont les Français, les nôtres sont vêtus de blanc et de rouge. *Tu felix Austria, nube.* Rouge, le sang. Antoine, terrifiée à l'idée du sang.

— Je n'aime pas la guerre, j'ai peur des soldats. Donnez-moi mes roses et mes danses.

Elle est incapable d'accomplir ces durs travaux d'homme. « Madame Maman, ce gros homme qui règne dans son bureau glacial. » Les meubles sont d'acajou, une cheminée en marbre de Carrare est ornée de lourds flambeaux et d'une pendule à mouvement signée Antoine Morand (un cadeau de la France ?). Un vilain rêve, le vent mugit, il soulève une latte du plancher à chevrons. Elle tremble, Antoine, si petite, le vent va l'emporter. Elle se heurte au bureau si vaste, à l'ombre tutélaire de Maman-roi. Comment s'échapper ? Madame Maman, toujours en deuil. Le vent est un sanglot, la bouche de Madame Maman, une caverne d'ombres et de menaces.

— Mon enfant, l'étiquette à Vienne nous vient de la cour d'Espagne. Si vous ne vous soumettez pas à nos règles, vous mourrez. Vous mourrez de votre sotte insouciance, et je ne pourrai plus rien pour vous ni pour votre tête à vent.

Elle crie, Antoine, aucun son ne sort de sa gorge, elle fuit, comment s'évader de cet espace qui se nomme devoir, pouvoir, travail ? Cet espace de mort, cette geôle.

Où sont les roses, où sont les rires ?

Elle n'a jamais parlé de ce cauchemar à quiconque, pas même à Marie-Caroline. Ce serait encourir le blâme de Madame Maman qui sait mortifier sans élever la voix. Les moqueries de Joseph, à côté de la hauteur maternelle, ne sont qu'une bourrasque sans conséquence. Elle tire la langue dans le dos de Joseph, elle n'oserait jamais une telle indécence à l'encontre de Madame Maman. Se taire ; elle, si bavarde, si étourdie. Madame Maman fustige les rêves troublés.

— Enfants, sachez vous punir au fond de vous-mêmes de toute vilaine pensée. Un rêve peut aussi dévier en une vilaine pensée. La confession ne suffit pas.

On n'a pas le droit de rêver à Madame Maman-roi sous les traits d'un tyran oppresseur.

Madame Antoine, incapable de soutenir une heure d'écriture. Madame Maman-roi sait lire et écrire le français, l'allemand, l'italien, le croate, le hongrois, l'espagnol. Antoine parle et écrit si mal le français, l'allemand, l'italien. L'impératrice feint de ne pas se soucier de l'éducation de ses filles. Assurer leur avenir d'abord, les éduquer vite, quelques mois avant les noces. Un peu de lecture, un peu d'écriture, un peu de broderie, un peu de musique. Peut-être Marie-

Thérèse fera-t-elle venir de France un maître de danse et de diction ? Versailles semble tenir à ces méprisables singeries.

*
*   *

Ses filles doivent la quitter. Quelle honte, une non-mariée ! Heureusement, il reste le couvent. Le roi Marie-Thérèse a durci son cœur. Elle s'effraie parfois de cette suavité douloureuse quand elle songe à Antoine. Elle aime cette enfant, le cœur a ses mystères. L'émotion l'étreint à la pensée de se séparer d'elle.

— Marie-Antoinette.

Elle s'efforce de la nommer en français. Marie-Antoinette, future reine de France, le plus bel établissement possible. Dissimuler sa préférence pour la petite. À quoi bon révéler une faiblesse, soulever la jalousie de ses autres enfants ? Ils en profiteraient pour lui voler son pouvoir, cela s'est déjà vu.

— Élève des enfants, ils deviendront des corbeaux qui mangeront ton foie.

Un vieux proverbe d'Espagne. Pessimiste et tragique de nature sous ses airs paisibles de bonne femme, le roi Marie-Thérèse répète pour lui seul ce proverbe. Antoine, la préférée, lui dévorera le foie d'inquiétude. Marie-Caroline aussi. Joseph attend son heure pour régner. Léopold l'inquiète avec sa sensibilité de fille. Des enfants de roi, des enfants qui mangeront son foie.

Elle s'irrite de la complicité entre Antoine et Marie-Caroline. La dure guerrière voit des complots partout, y compris dans les chuchotements des fillettes. Des confidences peuvent devenir de dangereuses rumeurs. Mortels bavardages, déformés, répétés, ils risquent de faire s'effondrer tant de difficiles négociations avec les cours d'Europe. Le roi Marie-Thérèse préfère qu'on néglige au maximum l'éducation de ses enfants. Une trop grande culture peut mener en leurs têtes d'étranges projets qui renverseraient à la longue son pouvoir. À l'âge de douze ans, Joseph était presque inculte. Marie-Thérèse (et son époux François Ier) avait réuni à son sujet – et celui des archiducs – un conseil de huit personnes chargées de choisir les maîtres et les matières de base. L'histoire, la géographie, un peu de littérature. La durée d'une leçon ne doit pas dépasser une demi-heure. Comme punition, on se contente de l'absence de louanges. Aucune relation ne doit s'établir entre maîtres et élèves. Il en résulte l'ennui, le dégoût de l'étude, le manque de sensibilité, voire l'absence d'amour. Le but de l'éducation proposée par Marie-Thérèse est d'obtenir des enfants froids, au service du devoir, c'est-à-dire de son pouvoir à elle. *Tu felix Austria, nube.* Il est mieux aux archiducs d'exceller en l'art militaire. Le roi Marie-Thérèse est inflexible si son époux lui fait remarquer qu'une telle indigence intellectuelle peut avoir des conséquences sur le comportement affectif de leurs enfants.

— Mon ami, ce système éducatif est traditionnel à l'Autriche. Le pire pour nos princes serait de bouleverser nos traditions. La passion d'étudier est une façon de se couper des réalités du pouvoir. Le lien qui unirait un maître à l'élève mettrait nos fils sous influence. On aime Dieu, son pays, on respecte sa famille. Le mot « amour » est trivial, chargé d'une mortelle faiblesse.

La grande gouvernante, Mme de Brandeiss, écrit tous les devoirs d'Antoine au crayon. La petite se contente de les repasser à l'encre. Madame Antoine confiera plus tard à Mme Campan « cette charlatanerie d'éducation » dont elle a souffert. Tenir une fille dans l'ignorance, c'est l'asservir à tous les jougs. Les gouvernantes, en général, sont souvent revêches et passent leur mauvaise humeur sur les princesses. Le roi Marie-Thérèse ferme les yeux. Il est bon d'apprendre aux jeunes filles la soumission et l'endurcissement.

Chapitre 5

UN PRINCE MAL-AIMÉ

À Versailles, l'éducation des princes est le contraire de celle établie à la cour d'Autriche. Les gazettes en parlent d'abondance qui parviennent régulièrement à Marie-Thérèse. Les ambassadeurs de France à Vienne – M. de Choiseul, M. de Durfort – ne se privent pas non plus d'évoquer le sujet avec force détails. M. le marquis Aimeric Joseph de Durfort, nommé ambassadeur à Vienne, conte en effet à l'impératrice, qui l'écoute d'une grande oreille, le système d'éducation des petits-fils de Louis XV, en particulier du Dauphin. Enfants, ils sont confiés à des gouverneurs tout-puissants et fort instruits.

Marie-Thérèse est informée, à mesure, de la vie de Louis-Auguste, duc de Berry, futur Louis XVI. Né un 23 août 1754, c'est un enfant timide et cultivé. Ses parents, le Grand Dauphin Louis-Ferdinand et son épouse Marie-Josèphe de Saxe, dévots, se sont occupés attentivement de l'instruction religieuse et intellectuelle de leurs enfants, y compris de leurs jeux. Le décès de leur fils aîné, le brillant petit duc de Bourgogne, le favori de ses parents, avait haussé Louis-Auguste au rang de futur Dauphin. Il est vrai que la disparition de cet aîné fut douloureuse. À la suite d'une chute, une tumeur s'était déclarée à la hanche du duc de Bourgogne. On l'avait opéré sans anesthésie. Cloué sur une chaise longue, il mourut couvert d'escarres, dans les pires souffrances, en proie au fanatisme religieux et à l'ironie. Il n'aimait pas ce cadet de trois années, sans grâce, qui allait lui succéder. Il détestait jusqu'au son de sa voix, trop sourde et nasillarde à son goût, et n'eut de cesse de l'humilier. Louis-Auguste, le prince le plus mal aimé de Versailles. Ses parents semblaient lui en vouloir de la mort de leur cher aîné. Ses deux frères cadets, le comte de Provence et le comte d'Artois, n'avaient jamais eu pour lui un élan affectueux, une complicité, le jalousant férocement d'être appelé à régner. Le comte de Provence haïssait « d'avoir à poser son pas à la suite de celui de l'aîné ». Ses frères se moquent de sa myopie et de sa démarche lourde. Il se dandine, mais Provence aussi se dandine, sournois, déjà obèse, et Artois, donc ! Des hanches de volaille, tous ! Louis XIV aussi se dandinait. Qui peut l'aimer ? Clotilde et Élisabeth, ses sœurs, ne sont que des toutes petites filles. Son grand-père, Louis XV, qu'il appelle « Papa-roi », l'intimide follement. Il sent bien que le roi est déçu par ce garçon si terne qui régnera après lui puisque le Grand Dauphin est rongé de tuberculose. Mesdames Tantes sont gentilles avec lui, surtout Madame Victoire.

Le roi Marie-Thérèse suppute le parti à tirer d'une nature aussi repliée. Antoine, si vive, jolie et autoritaire, n'aura aucun mal à dominer le faible Dauphin. Marie-Thérèse, de loin, régnera à travers leurs fragilités. Louis-Auguste s'est réfugié dans les études et la chasse. Son précepteur est le dur, prétentieux et efficace M. de La Vauguyon. À l'âge de huit ans, Louis-Auguste savait parfaitement lire, écrire et connaissait bien l'histoire sainte. Après le décès du duc de Bourgogne, M. de La Vauguyon impose à son élève sept heures d'études quotidiennes. Louis-Auguste excelle aussi en géographie. Philippe Buache l'a initié à la lecture des cartes, au calcul des océans et des mers. M. de La Vauguyon veille à ses études qui comportent, outre la géographie, une parfaite orthographe, le latin, l'histoire, les mathématiques, les langues vivantes. À l'âge de onze ans, le futur Louis XVI est déjà très cultivé. M. de La Vauguyon écarte de cette éducation, avec mépris, tous les procédés ludiques destinés à alléger les programmes. L'abbé de Radonvilliers avait établi une méthode audacieuse pour apprendre la syntaxe des langues en commençant par la pratique afin de ne pas rebuter l'élève, mais M. de La Vauguyon, soutenu par le Grand Dauphin et son épouse, restent fermes sur ce point : on apprend avec des méthodes austères.

Sept heures par jour, sans parler des offices religieux, des obligations mondaines de la Cour et de la chasse dont raffole le jeune prince. La chasse et les travaux manuels, car il aimerait tant battre le plâtre avec les ouvriers de Versailles, étudier le système des serrures et le mouvement des pendules ou labourer un champ. Il se sait la force d'un bœuf, connaît sa ténacité, n'éprouve nulle violence, ou, quand le manque d'amour est trop dur à supporter, il passe sa crise en soulevant un petit page sur une pince à feu. Il n'a aucun goût pour les bons mots, les mondanités, les futilités. Il se couche tous les soirs à onze heures, se lève tôt. Provence se moque de lui :

— Ah ! Ah ! Ah ! Vous avez écrit « il pleuva » ; vous ne connaissez donc pas votre langue ?

— Et vous, monsieur, vous feriez bien de retenir la vôtre.

Il surprend quand il réplique avec esprit. On le croit si sot ! Il danse comme un canard. Il ne chante pas et ne dit point de vers, s'habille, comme un chasseur. Une jaquette couleur puce, un gilet blanc ou jaune, un pantalon et des bas, de simples chaussures à boucles. Très tôt, le matin, il évite le lever traditionnel et les courtisans massés dans « l'Œil-de-Bœuf », cette antichambre devant la chambre royale. Il gagne, seul, par des escaliers dérobés, les terrasses de Versailles. Regarder le ciel, comprendre les étoiles et leur mouvement. Manger et boire beaucoup, chasser, étudier. Qui l'aime ?

Il a le malheur d'être simple, pas beau, sincère et instruit. Il a le malheur de ne point plaire, contrairement à son éblouissant aïeul. On ne lui connaît aucun goût pour la galanterie. Il est grand, maigre, la bouche épaisse, le nez épaté, le front vaste et noble, la peau trop rose, de doux yeux bleus de myope. Il est modeste dans ses goûts et n'ose rien exiger pour lui. Ainsi, le comte de Provence occupe le bel appartement de feu le Dauphin, tandis que Louis-Auguste se contente du petit appartement du second étage, un logement si étroit qu'il a dû mettre ses chiens de chasse en pension chez l'armurier Beauterne. Son logement commande une aile du palais où il est sans cesse dérangé par les allées et venues. Il n'a jamais assez d'eau, de bougies, de bois. Son linge lui revient souvent chiffonné et troué. Le futur roi de France en vient à payer sur sa cassette un vidangier, un nettoyeur pour son logis, un monteur d'eau, une blanchisseuse. Il loue une chaise et un cheval pour n'avoir à déranger personne aux écuries. De ses maux physiques il ne dit rien, pas plus que de sa souffrance morale. Peut-être en urinant éprouve-t-il une sensation douloureuse car la peau du prépuce recouvre trop durement son gland ? Il est victime d'un phimosis, une malformation intime qui aggrave ce malaise depuis sa naissance. Ses parents ne se sont pas gênés de lui faire savoir qu'il était si gros qu'il avait failli coûter la vie de sa mère. Il ressent un grand effroi à l'idée d'approcher une femme.

Quand le jeune prince a des notes insuffisantes, M. de La Vauguyon et ses parents le privent de chasse. Louis-Auguste, pendant que Madame Antoine danse, chante, rit, écrit son nom avec des fautes d'orthographe, apprend le mécanisme du commerce, de l'agriculture, des finances, les dossiers militaires.

Devenir roi est un métier, et il s'y applique avec le plus grand sérieux. Il possède une mémoire admirable en mathématiques et en géograp[illegible] M. de La Vauguyon entreprend son éducation mora[illegible] politique, l'art de l'éloge, de la rhétorique. Il a écri[illegible] intention de son auguste élève un texte moralisat[illegible] lui fit beau-coup de peine. La Vauguyon sou[illegible] que Louis-Auguste, duc de Berry, ne devait sa [illegible] régner un jour qu'au décès du brillant aîné. [illegible] tière, le roi Louis XVI vivra son règne comme [illegible] tile imposture. Ce texte l'empêchera de viv[illegible] à part entière. Son indécision naturelle en fu[illegible] quement renforcée. Aux moments les plus [illegible] de son règne, ou de sa triste vie d'époux, l'inte[illegible] du frère mort, ce spectre « du vrai roi », n'a [illegible] cesse de l'anéantir subtilement.

Ce fut l'œuvre, en partie, de La Vauguyon.

— Les cours d'Europe ont les yeux tournés vers vous, insiste le précepteur. Le prince idéal doit être soumis à Dieu, à l'Église, « sa clémence doit exclure l'indulgence criminelle ».

M. de La Vauguyon s'appuie sur les textes de Bossuet. Piété, bonté, justice, fermeté sont les obligations royales.

— Aimez la vérité, éloignez les flatteurs, soyez l'ennemi du luxe et protégez l'agriculture.

Louis-Auguste avait été séduit par la visite de l'historien et philosophe anglais David Hume, reçu à Versailles en 1763. David Hume était l'auteur de plusieurs traités dont *L'Essai sur l'entendement humain* et les *Dialogues sur la religion naturelle*. Les œuvres de Hume accompagneront le roi Louis XVI. Sa philosophie était une critique du rationalisme dogmatique des métaphysiciens du XVIIe siècle. D'après cet empiriste, l'imagination et l'habitude expliquent notre croyance en une réalité extérieure à nous. Sa philosophie conduit au scepticisme. Elle réconfortera Louis-Auguste. Il relira jusqu'à sa mort la vie de Charles Ier.

Rien ne le troublait autant qu'un roi pût être condamné à mort par ses enne[...] une cour de justice, avec l'appui du peuple. Je [...]narchie, comme il le pense, ne serait donc p[...] à l'indéfectible droit divin ? La mort de Ch[...] fut-elle un acte légal, politique ou un régi[...]s lois osent-elles faire transgresser cette [...] plus coupante que la hache du bourre[...]uguyon s'était rendu compte de la faiblesse [...]rince. À travers les *Entretiens*, il lui prouva [...]x valait la tyrannie de Louis XI à l'indolence [...] III. À quatorze ans, Louis-Auguste, hanté par [...]oire de Charles Ier, pressentant ses propres inhi[...]ons, écrivait :

« Tout prince faible se conduit comme l'infortuné Charles Ier… Tout peuple échauffé et soulevé ressemble au peuple d'Angleterre… »

Louis-Auguste se passionne pour le droit. Son grand-père le raille, non sans considération :

— Voulez-vous, mon enfant, devenir avocat à la Tournelle ?

Louis-Auguste admire la morale de Fénelon. Il a lu *L'Esprit des lois* de Montesquieu. M. de La Vauguyon soupçonne que le prince s'entoure de textes de lois pour n'avoir pas à trancher.

— L'habitude d'appliquer constamment les lois et leurs formes facilitera, monsieur de La Vauguyon, cet exercice du pouvoir qui, pour être réglé, n'en est que plus absolu.

— Que pensez-vous, Votre Altesse Royale, de ces Français que vous allez être appelée à gouverner ?

— Ils sont légers, dépensiers, inconstants, avides de nouveautés ; courageux, certes, mais capables de murmurer contre leur roi. Ce sont des « murmurateurs ». Je suis prêt à les écouter, à leur accorder une familiarité noble.

*

*   *

Marie-Antoinette, dépensière, avide, courageuse, rebelle, inconséquente, symbole parfait de ce peuple insoumis au roi et à ses lois ?

Marie-Thérèse devine que Louis-Auguste possède ses solides qualités d'impératrice d'Autriche, sans son intrépidité bien à elle. Louis-Auguste, sorte d'Autrichien soumis, et Antoine, la Française rebelle ?

*

* *

Louis-Auguste réfléchit à ce qui cause le malheur d'un roi et de son pays.

— L'individualisme, l'irréligion.

— Soyez un prince vigilant, répète M. de La Vauguyon, un prince digne, ferme et sévère.

Antoine, étourdie, provocante, fantasque et légère.

M. de La Vauguyon, secondé par l'évêque de Limoges, insiste sur la haine des nouveaux philosophes, Rousseau, Voltaire, Diderot, d'Alembert. Ils portent en leurs textes le germe de la mort de toute monarchie. Ils parlent d'égalité entre les hommes. Si on ose penser que le roi a un égal, pourquoi ne pas blasphémer en se disant l'égal de Dieu ? Dieu ne tient aucune place en leurs écrits. Louis-Auguste ne cache pas son admiration pour l'*Encyclopédie*, vaste projet qui avait vu le jour grâce à la protection de Mme de Pompadour. Mille articles écrits sur les sujets les plus divers, l'œuvre des plus grands esprits et des spécialistes du siècle. Pour M. de La Vauguyon et les dévots, ce fut là œuvre impie. N'y avait-on pas lu un article de l'abbé de Prades qui soutenait une thèse matérialiste sur la Genèse ? On avait supprimé la publication, l'abbé s'était exilé en toute hâte vers la Suisse.

*

* *

Marie-Thérèse se servira de Marie-Antoinette pour influencer son époux Louis-Auguste à prendre les décisions qui serviront les intérêts de l'Autriche. *Tu felix Austria, nube.* Marie-Thérèse régentera de loin la politique française au profit de son seul pays. Lui est-il venu à l'idée qu'elle fabriquait non pas une future dauphine de France mais une traîtresse à son pays ? Le roi Marie-Thérèse a-t-il précipité le destin tragique de la reine Marie-Antoinette, soumise à son seul souverain : Madame Maman ?

*
* *

M. de La Vauguyon insiste sur le défaut principal du futur roi : l'indécision, fille aînée de la faiblesse.

— Je me permets de conseiller à Votre Altesse Royale de choisir un ministre « tuteur ». Votre Altesse pourra tout lui dire et ne lui rien laisser faire.

Louis-Auguste se replie davantage. Nul ne l'encourage, ne le félicite. Il ne connaît pas la suavité d'un baiser. Il aurait peur d'oser baiser la joue d'une fraîche enfant de son âge. Il aurait horriblement honte de montrer son affection. Madame Élisabeth, sa petite sœur âgée de deux années, est la seule à l'embrasser et à se jeter dans ses bras. Il la lance très haut, à pleins bras. Hop ! Hop ! On pousse des hauts cris, quelle familiarité est-ce là ! Il repose la petite. Elle pleure et s'accroche à sa veste. Elle l'aime, ce frère si doux et si fort. La mort va encore frapper et continuer son œuvre lugubre de l'exclure. Son père, le Grand Dauphin Louis-Ferdinand, s'éteint de tuberculose. Sa mère, Marie-Josèphe de Saxe, devient lentement folle de chagrin et prend goût au morbide, tendant sa chambre de noir y compris les miroirs. Le culte de la mort est confondu avec celui de la sainteté.

— Louis-Auguste, serez-vous un roi saint comme Louis IX ?

Atteinte aussi de tuberculose, la dauphine s'éteint à son tour. Qui aime ce prince de quatorze ans, qui le console ? On a éloigné la petite Madame Élisabeth.

Il a appris à ravaler ses larmes et à dissimuler ses doutes. Il possède un carnet en maroquin noir. Cette âme sensible, étouffée, y inscrit, laconique, les plus grands événements de sa vie :

« Mort de ma mère à huit heures du soir. 17 mars 1768. »

Bouleversé, il tombe malade, maigrit. Hypersensible, il devine ce que la Cour pense tout bas. Sa mort arrangerait tout le monde ; le brillant Provence ferait mieux l'affaire que ce terne adolescent sans envergure « qui se cache pour uriner ». Le chirurgien M. de La Martinière en a-t-il touché mot au fringant aïeul ?

M. de La Vauguyon est l'unique compagnie et instructeur du jeune Dauphin.

Il lit, pour affermir son âme blessée, *Essai d'une institution du droit public* du chancelier M. d'Aguesseau. Il dévore *L'Institution d'un prince* de Duguet et les réflexions tirées de *Télémaque*. M. de La Vauguyon le prie de préciser sa pensée sur le rôle d'un souverain et la gestion du royaume.

— Le souverain doit être la source de la félicité générale. Nous insistons sur le refus des goûts de luxe, des dépenses inutiles, de l'endettement. Ne jamais laisser les subalternes dissiper les revenus de l'État.

Il se réfugie volontiers auprès de Mesdames Tantes qui détestent l'idée d'« un mariage autrichien ». Madame Adélaïde éclate vertement :

— Si ce mariage a lieu, qu'on ne compte pas sur moi pour aller à la rencontre d'une Autrichienne !

*

* *

Le roi Marie-Thérèse pèse le danger d'un prince aussi instruit. Elle travaille aussitôt à dévaloriser subtilement le futur Dauphin dans l'esprit de sa fille. Elle connaît la légèreté de Madame Antoine. A-t-elle compris, la blonde fillette qui s'effraie à la moindre contrainte, que des grands malheurs pourraient culbuter son destin ? Faire passer pour un sot Louis-Auguste est le seul recours pour sauver la face. La face si rose, ravissante, d'Antoine.

Rien n'arrange autant les affaires de Marie-Thérèse que les railleries dont M. de Choiseul ne se prive pas au sujet du malheureux Louis-Auguste. Il se dandine, complexé, secret, et dévore trois poulets, un pain, un litre de vin clairet à son premier déjeuner. Quand il a réussi à remonter la belle mécanique d'une pendule à mouvement, il éprouve une joie pure.

Rien n'est plus juste que le temps réajusté.

Chapitre 6

L'ESPRIT DE FAMILLE

Madame Antoine s'étourdit de la vie aimable qui l'entoure. Depuis qu'on agite autour d'elle ces projets de mariage, ses rêves paisibles sont traversés du noir cauchemar de la geôle de Maman roi, fermée sur elle, à double tour. « Là, on viendra la tuer. »

Du sang, dans ses rêves.

On commence à épier son linge intime, ses draps.

Madame Maman est intéressée au plus haut point de cet humiliant calendrier qu'elle nomme « la générale », expression de l'impératrice au sujet des règles de ses filles. Ce calendrier-là signifie la permission du mariage. Peu lui importent les progrès scolaires de ses filles.

Antoine sent une honte inconnue empourprer ses joues de lis et de rose. Le ventre d'une archiduchesse, cette fleur secrète-là, entre ses cuisses de neige, tout cela appartient à l'État.

« Je veux avoir mes règles le plus tard possible, jouer, danser, m'amuser tout mon saoul. »

On dit qu'on peut devenir grosse dès que l'on perd ce sang. Quelle horreur, être grosse, comment alors danser et chanter ? Madame Maman n'a jamais dansé, chanté une délicieuse cantate française, de Morin ou, chez Rameau, cette pièce si fine dans *Les Indes galantes*. Antoine va sur dix années, Madame Maman autorise une amélioration dans les toilettes de ses filles.

La couturière a cousu sur les raquettes des manches, « les engageantes », ces manchettes à trois volants de dentelles, ravissantes quand Antoine danse. La dentelle laisse voir la saignée du bras et met en valeur ces poignets dont l'enfant est si fière. Madame Maman a fait une grande concession d'accepter pour ses cadettes ces robes « à la française ». Marie-Thérèse avait longtemps privilégié la robe « à la polonaise », mais les temps sont venus de flatter Versailles. Antoine raffole de son jupon, loti de falbalas, cette foule de rubans qui mettent en valeur la finesse des jambes. Les falbalas de Madame Antoine, ceux de Marie-Caroline, sont rehaussés d'une passementerie travaillée d'« agréments », ou petites houppes, brins de soie joliment noués. Le grand Joseph ne supporte guère ces légèretés. Son épouse est tristement vêtue comme Madame Maman. Marie-Caroline console sa sœur des moqueries de leur frère.

— Vous voilà faite comme un ange, ma sœur, la taille fine et les hanches déjà arrondies. Quand vous dansez, on aperçoit le galbe de vos mollets parfaits. N'en déplaise à Joseph, ces rubans et ces dentelles sont les écrins de vos charmes.

— Vous êtes bonne, Caroline. Que vais-je devenir quand la vie nous séparera ? Ces vilaines règles, ce sang et ces maux de ventre vont vous éloigner de moi. Jouons, ma sœur, à colin-maillard, à saute-mouton, à chat, à la guerre-panpan !

Rien n'est plus gai, à Vienne, que la Saint-Nicolas, glisser en traîneau sur les chemins enneigés. Quelle ivresse, ces courses dans la neige. Le seul ennui des fêtes de l'an réside dans les offices religieux.

*

* *

Prie-t-elle, Antoine ? Sa foi est conventionnelle, elle somnole au banc impérial, à l'église des Augustins. Quel ennui de s'abstenir de parler et de rire. Les grandes orgues lui serrent le cœur. À l'église, elle pense à un enterrement. Ces offices sont si longs, tout y parle de mort, de péchés, de rare miséricorde et de résurrection de la chair. Il faudra, pour cela, mourir vraiment et pour toujours ? Qui peut la consoler de quitter la vie vivante ? Quel ciel, quel ange, quel Dieu, (est-ce un blasphème ?) la compensera d'avoir perdu cette existence qu'elle adore telle une longue fête ?

— Vous aimez trop la vie, ma fille, dit Madame Maman. Habituez-vous aux privations, à l'idée de tout quitter. Comment affronterez-vous les inévitables deuils, votre propre mort, vos comptes à rendre à Dieu ? Nulle créature, fût-elle royale, n'échappe au jugement de Dieu. Cessez de vous étourdir et de rire au saint jour des Morts même si c'est celui de votre fête. Tout vous sera compté au royaume du ciel, le moindre de vos cheveux, de vos actes, de vos paroles et de vos actions. Prenez garde, enfant ! La vie est plus fugitive qu'un songe, surtout celle des rois. Dieu châtie davantage ceux qu'il a honorés sur Terre. La mort viendra comme un voleur et vous ne serez pas prête.

Elle frémit, Antoine. La gorge lui serre, le ventre aussi.

— Non, non, je ne veux pas avoir mes règles ; Dieu ne châtie pas un enfant.

— Un enfant mort en état de péché encourt la punition divine. Prenez garde, enfant.

Elle se souvient de sa fièvre pendant la rougeole et de ses premières convulsions. Elle avait sombré dans une sorte de nuit. Était-ce cela, la mort ? Elle ne souffrait pas, ni ange exterminateur, ni ciel, ni chants. Rien, un trou noir. La voix maternelle, cette plainte discontinue, « ce vent terrible dans ma tête ; j'ai mal à la tête, que fait-on de ma tête, quelle est cette brûlure ? ».

— Revenez, enfant, ne mourez pas !

— Je ne veux pas mourir, jamais ! avait-elle hurlé.

Antoine ne supporte pas la mort, les funérailles. Bon Papa – il est si gentil, Papa, et si peu roi – est souvent malade. Elle ne veut pas qu'il meure, Maman-roi non plus, ni le grand Joseph, personne de son entourage, pas même les fâcheux.

— J'ai horreur de tout ce qui est funèbre, de tout ce qui fait pleurer. À l'idée de descendre dans la crypte des Capucins où dorment nos aïeux, mon cœur pâlit.

La cérémonie du jour des Morts est suivie d'une diète affligeante. Un petit bouillon et, pour dessert, une lecture pieuse. Il lui arrive de s'endormir d'ennui. Le roi Marie-Thérèse frémit : cette enfant assombrira sa vieillesse des plus grands soucis. Elle le sait. Elle pourrait choisir le repos, la marier à un modeste Mecklembourg ou un petit prince de Bavière. M. de Choiseul a trop ancré en l'ambitieuse souveraine l'idée de faire de sa fille une reine de France. Louis XV est encore évasif, mais les deuils qui accablent le roi de France vont œuvrer en faveur du destin de la petite archiduchesse.

*

* *

Mme de Pompadour, rongée de phtisie, moquée des pamphlétaires qui lui reprochaient son influence favorable à l'Autriche, s'était éteinte à Versailles, le 15 avril 1764. Louis XV laissa échapper quelques paroles de regret tandis que s'éloignait le cortège funèbre :

— Voilà les seuls devoirs que j'ai pu lui rendre ; une amie de vingt ans !

Les décès se succédaient autour du roi. Après la mort de sa fille chérie, Anne-Henriette, s'ensuivit celle de Louise-Élisabeth, infante d'Espagne. Le duc de Bourgogne, le Dauphin Louis-Ferdinand, son épouse Marie-Josèphe de Saxe, laquelle abhorrait l'idée d'un mariage entre son fils Louis-Auguste et une archiduchesse d'Autriche. Elle avait supplié le roi qu'il fasse épouser à Louis-Auguste une princesse de Saxe. Louis XV était resté évasif. Ces enfants étaient si jeunes qu'on pouvait n'y voir qu'un projet sans conséquences. En 1768 décédait la reine Marie Leszczynska. Le roi avait autour de lui quatre filles et cinq petits-enfants auxquels il se consacrait, en dépit des escapades à la petite maison du Parc-aux-Cerfs.

Le long ministère de M. de Choiseul continuait, son influence demeurait grande sur le souverain.

— Sire, il serait bon de marier le Dauphin à l'archiduchesse Madame Antoine. C'est un moyen de juguler les appétits de l'impératrice Marie-Thérèse.

En politique intérieure, M. de Choiseul avait convaincu Louis XV, réticent, d'acheter l'île de la Corse.

*
* *

Marie-Thérèse pèse les moindres détails. Y compris l'incongru projet de marier sa fille Marie-Élisabeth à Louis XV devenu veuf. Cette idée venait de l'ambassadeur de Vienne en France, M. Mercy d'Argenteau, qui avait convaincu Mesdames Tantes de l'utilité d'un tel projet. Le roi dicta à Mercy d'Argenteau une dépêche pour Kaunitz, soulignant « qu'il acceptait pourvu que la figure se trouvât telle qu'elle ne lui déplût point ». M. de Choiseul jubilait, Marie-Thérèse aussi : faire épouser au grand-père et au petit-fils deux de ses filles ! On s'en tint à un bal masqué raté. Pauvre Marie-Élisabeth de vingt-cinq ans, affublée d'un domino rouge garni de fleurs de lys, charmante, tremblante de fièvre… Elle sombra dans la petite vérole, en réchappa, fut défigurée, et finit ses jours comme abbesse au couvent d'Innsbruck. Marie-Thérèse dissimula parfaitement sa contrariété. Il s'agissait de sauver le projet essentiel : le mariage de Madame Antoine. Le roi se consolait déjà – Versailles et l'Europe en faisaient des gorges chaudes – avec une jeune beauté du nom de Jeanne Bécu, croulant de boucles blondes « à n'en savoir que faire ».

Marie-Thérèse se méfiait de cette nouvelle favorite qui détestait Choiseul. Jeanne Bécu, fille naturelle d'un moine et d'une couturière, connue chez les dames de petite vertu sous le sobriquet de « l'Ange », allait-elle faire rater les projets autrichiens ? Protégé d'un noble roué, le comte du Barry, « l'Ange » fut habilement lancé dans le monde. Le maréchal de Richelieu supputa les avantages à la placer dans la vie du roi. Pour la représenter à la Cour, du Barry la maria en toute hâte à son frère Guillaume. Sous le nom de la comtesse du Barry, la joyeuse demoiselle Bécu fit son entrée, bien vite, au lit du roi. Un teint éblouissant, la chair de Vénus, mille façons de faire l'amour sans monotonie. Louis XV fut séduit, amoureux de ces boucles sans poudre, de ces yeux bleus charmants, de ce corps si volontiers dénudé, au jeu libertin des miroirs. Il avoua au duc de Noailles qu'il avait connu avec cette favorite des plaisirs jusqu'alors inconnus.

— Sire, répondit le duc, c'est que Votre Majesté n'est jamais allée au bordel.

Sans culture, Mme du Barry mène grand train de vie et grandes fêtes à Versailles.

Elle lance des modes – prendre le thé à l'anglaise –, elle reçoit du roi le château de Louveciennes. Elle conspire contre M. de Choiseul qui déplore tant de vulgarité auprès du monarque. Elle fera tout pour entraîner sa disgrâce en s'entourant des ennemis du ministre. Les ducs de Richelieu, de Noailles, d'Aiguillon, le prince de Soubise, la maréchale de Mirepoix et Mesdames Tantes.

Marie-Thérèse a de quoi trembler. La lubrique petite comtesse a même failli devenir reine de France. Le vieux souverain, tout ému des jeux libertins du petit Trianon, songea brièvement à l'épouser. Marie-Thérèse n'avait qu'une issue : hâter les choses. La putain de ce Bourbon risquait de tout gâcher.

*
* *

Antoine se rend-elle compte que les nuits passées dans le bureau de Madame Maman sont ces réflexions, ces courriers à écrire, ces mots à peser sans légèreté, pour régler un sort qui est aussi celui d'un pays ? Madame Maman a pris des années et des kilos à défendre leurs intérêts à tous. *Tu felix Austria, nube.* La vieille impératrice devine qu'elle ne tirera qu'ingratitude de ses efforts. L'envie de mourir s'insinue sous son front de lutteuse. Mourir, échapper aux enfants, échapper aux devoirs. La permission d'être enfin une gisante à la crypte des Capucins. Plaquer tout le monde avec élégance. C'est cela, mourir.

La vie de famille de Marie-Thérèse est menée avec autant de soin que les affaires de l'État. Chaque enfant peut représenter un État ou sa perte – voire une guerre. Que l'éducation soit négligée est une chose, mais le choix des ayas et des gouvernantes est épluché dans tous les détails. Elles doivent appartenir à la plus ancienne noblesse, être irréprochables quant à leurs mœurs. Elles passent à l'occasion leur humeur sur les petites archiduchesses. La comtesse de Brandeiss est en adoration devant Madame Antoine – qui en use et abuse. L'impératrice ne voit pas tous les jours ses enfants, surtout les derniers-nés. Les ayas sont tenues de la mettre au courant, par écrit, de tous les événements concernant la santé et le comportement de son auguste progéniture.

— N'hésitez jamais à me déranger, y compris la nuit, au premier indice de la plus légère indisposition.

C'est ainsi qu'elle était accourue, une nuit, quand Antoine avait sombré dans des convulsions.

Ces courriers, ces ordres ont lieu en langue française. En famille, on parle davantage le français, l'italien que l'allemand. Marie-Thérèse régente son troupeau d'archiducs et d'archiduchesses comme des États. Pas question de lui cacher une maladie, une nourriture modifiée, un comportement étrange. Que l'on surveille ce canapé des confidences où chuchotent Antoine et Marie-Caroline. Les réunions entre frères et sœurs ont lieu le mercredi et le samedi. Son devoir est de tout contrôler. Les confesseurs, subtilement, lui déversent les confidences des enfants. Pas question de changer un régime alimentaire, de soigner un rhume, de choisir un onguent, d'opérer une saignée sans qu'elle soit avertie dans les plus complets détails. L'arrivée des règles de chaque fille est surveillée aussi étroitement qu'une stratégie militaire. Il lui faut le jour, la date et l'heure.

*

* *

Quoique l'impératrice et son époux adorent manger et ne s'en privent pas, à l'indignation inquiète du Dr Van Swieten, Marie-Thérèse contrôle sévèrement le régime des enfants. Pas de sucreries en excès; Antoine raffole du lait frais, des pâtisseries croulant sous la crème, des confitures, des croquembouches, des dragées, tout ce qui met les sens en fête. En fait de viande, elle aimera toute sa vie le poulet frit ou bouilli et ne boira que de l'eau. Au souper du soir, comme en carême, l'impératrice maintient le régime des potages et des œufs. Si Antoine s'est gavée en cachette de gâteaux, sa mère le sait, elle châtie en privant la gourmande à la Saint-Nicolas du chocolat mousseux battu de crème fraîche. Le roi Marie-Thérèse entraîne ses enfants à résister aux intempéries, à la fatigue, à la sotte peur nocturne.

— Ils doivent apprendre à dormir sans craindre le

froid ou la chaleur, le bruit, les lumières, l'obscurité. Il convient de leur ôter la peur à l'égard des choses qui peuvent d'ailleurs en inspirer.

Tous doivent savoir faire front aux duretés du règne et d'une position élevée. Les carmels aussi ne sont pas tendres à une abbesse, fût-elle royale. L'hygiène corporelle, on l'a vu, est méprisable et spartiate. De l'eau froide, les soins minimaux, pas d'arrêts coupables et prolongés aux différentes parties du corps, ce vil objet capable de tant de vices. Oser mirer ses chairs aux miroirs est le lot d'une Bécu, jamais d'une archiduchesse.

Madame Antoine adore se contempler aux miroirs de sa chambre, elle lève son jupon, elle a les cuisses un peu maigres, mais quelle promesse dans cette silhouette dont elle connaît la grâce en puissance ! Elle s'est lavée en cachette le visage à l'eau de son, Marie-Caroline lui a fourni cette lotion qu'on lui permet depuis qu'elle a ses règles. La peau d'Antoine est d'une fraîcheur éblouissante. Tout le monde le dit, y compris le pastelliste Ducreux, élève de La Tour, invité à Vienne pour faire son portrait.

— Elle a une façon de porter la tête, attachée de manière que chacun de ses mouvements eût de la noblesse.

Enfin, le vieux roi veut un portrait de Madame Antoine ! Un port de reine, un cou grec, un ovale si pur, un teint nacré. Marie-Thérèse resserre davantage les fêtes de famille et les propos moralisateurs. Antoine est la plus difficile à éduquer. Son destin sera grand, et sa frivolité si évidente.

— La vertu est de savoir mépriser son corps. Enfants, soyez conscients de votre rang. Vos ayas doivent à tout prix vous enseigner la distance. Les plus jeunes d'entre vous ne doivent pas être divertis par des grimaces de bouffons, cela est abaissant. Les berceuses si niaises ne mènent qu'à un fâcheux amollissement. Il est à bannir « les bouffonnades, les jeux de mains et tout ce qui sent une familiarité déplacée ».

Les ayas ont le devoir, quand il s'agit de leur enseigner les premiers mots, de ne « pas défigurer les mots de façon triviale ».

La familiarité est vile, y compris en famille.

Marie-Thérèse a rarement été présente pour assister aux premiers pas de ses enfants. L'impératrice a son idée toute militaire à ce sujet.

— Ne les conduisez pas trop aux bretelles. En se sentant arrêtés, ils s'irritent et ils deviennent plus adroits lorsqu'ils ne sont pas gênés dans leur marche.

À un an passé, Madame Antoine se dégageait des bretelles, et s'était mise à rire et à tourner avec une rare vitalité.

*
* *

Marie-Thérèse favorise de chaleureuses réunions familiales où elle peut valoriser son époux François Ier de Lorraine. « Antoinette d'Autriche », dira le tribunal révolutionnaire. On occulte, y compris à Vienne, que François Ier, duc de Lorraine, est de sang français. Effacé et séduisant, il est le « bien-aimé » de Marie-Thérèse qui cache sa passion pour lui, qui dissimule qu'elle « aime coucher avec lui ». François Ier restera attaché à son pays natal. Il ne se vivra jamais autrichien. Il aime appeler son enfant favorite : Antoine. Et même « Marie-Antoinette ». À la française. Sa mère, Élisabeth-Charlotte d'Orléans, avait épousé Léopold-Joseph de Lorraine, sœur du régent Philippe d'Orléans. Elle était la fille de Monsieur, frère du roi Louis XIV et de la princesse Palatine.

Marie-Antoinette, arrière-petite-fille de la princesse Palatine. Serait-elle la fille du seul roi Marie-Thérèse ? On lui refuse son sang français, on lui refuse le père.

Son père, le Lorrain, est un libertin, franc-maçon, fou de théâtre, de musique et de belles filles faciles.

Sa dynastie remonte au XVe siècle, d'une reine d'Anjou. François le Lorrain, soumis aux décisions du roi Marie-Thérèse.

La Saint-Nicolas est le moment idéal pour l'impératrice de « laisser entièrement la parole à son époux », de se tenir modestement, debout, le front baissé, derrière son fauteuil. Le modèle d'une épouse soumise, tranquille, en bonne entente avec son mari. Un ménage bourgeois, *à l'allemande*. Les enfants reçoivent leurs étrennes. Si l'un d'entre eux s'est mal comporté – insolence avec les ayas ou les maîtres, négligences diverses –, il écope d'un paquet de verges dans ses souliers à la place d'un jouet. À la Saint-Nicolas, l'empereur est tout simplement vêtu d'une bonne robe de chambre en laine, et porte un bonnet de nuit. On est à la Hofburg, c'est l'hiver, le feu flambe dans la cheminée. On servira, après la distribution des jouets, un souper de chocolat, de brioches et de ce gâteau superposé de « choux » crémeux, cette merveille que tous attendent, les yeux brillants, les yeux d'un bleu de porcelaine des Habsbourg mêlé à celui, presque violet, de la maison de Lorraine. Quelle est la mauvaise langue qui a prétendu que Madame Antoine « avait les yeux vilainement échauffés » ?

Un vin de Tokay sera servi aux aînés. L'impératrice, toujours ensachée dans sa robe noire, la mantille sous le menton, observe et se tait. Le roi Marie-Thérèse tient-il ainsi à se faire pardonner de n'avoir laissé au falot époux que le rôle de prince consort et de prolifique étalon ?

Que vont devenir tous ces enfants ? Vont-ils ruiner ses efforts de femme déjà lasse et sans illusion ? Son mari a le sang chaud des Lorrains. Il n'hésite pas à la tromper, il ne résiste jamais à un plaisir sensuel. Joseph a hérité de sa rigidité, mais Antoine aurait-elle, ainsi que Marie-Caroline, hérité des lascifs penchants du Lorrain leur père ? Marie-Antoinette saura-t-elle résister aux éblouissantes luxures de Versailles ?

Marie-Thérèse écoute, d'une oreille distraite, son époux pérorer devant sa progéniture rassemblée. Il est sincère, débonnaire avec ses enfants. Il a un faible pour sa petite « Antoine ». Il s'en est souvent plus occupé qu'elle n'a pu le faire. Il a élevé en partie ses aînés – Joseph et Ferdinand – qui désormais le déchargent de certaines corvées officielles. Au jour de la Saint-Nicolas, l'époux de Marie-Thérèse existe à part entière.

— Mes fils, dit-il, traitez toujours vos sœurs avec « respect et déférence ».

Les phrases arrivent au roi Marie-Thérèse par tronçons. Elle crispe inconsciemment ses poings sur le dos du fauteuil. À chaque Saint-Nicolas, camouflée en grosse femme aimable et silencieuse, le grand guerrier s'agite en elle. Elle récapitule ses champs de bataille, ses champs de gloire. Son lent travail, la nuit, dans le bureau glacial de la Hofburg.

Comme elle aura travaillé, Marie-Thérèse ! Quand elle rejoignait sa chambre, elle détestait entendre ce sifflement en bouilloire, le ronflement de son époux couché bien au chaud dans son bonnet de laine. Elle détestait ce méprisable gémissement qui lui échappait à chacune de leurs étreintes qu'elle nomme « le devoir conjugal » et dont elle éprouvait, à sa honte secrète, un immense plaisir.

Antoine avait deux ans quand le roi de Prusse Frédéric battait à Rossbach l'armée franco-allemande. Le maréchal de Soubise, favori de Louis XV, était devenu la risée de l'armée et des Français. Qui pardonnerait à l'épaisse vieille femme d'avoir entraîné le plus grand roi d'Europe dans cette guerre de sept ans ?

— Enfants, allez quérir vos jouets. Votre père les a spécialement commandés à Nuremberg.

Va-t-elle hausser ses lourdes épaules, cette matrone appuyée au dossier du fauteuil à oreillettes où la seule couronne de l'époux est un bonnet de nuit ?

Frédéric de Prusse avait battu les Autrichiens, volé la Silésie. Les Français perdaient le Hanovre. Tout avait été l'œuvre du roi Marie-Thérèse qui avait su s'allier les Russes. Les armées austro-russes infligeaient la défaite au roi de Prusse et entraient dans Berlin. C'était aux quatre ans rieurs d'Antoine.

Les poings sur le dos du fauteuil, Marie-Thérèse ne porte qu'une seule bague, l'anneau royal confondu avec celui de ses noces. Elle souffre des reins, d'une respiration difficile, parfois, elle a mal au côté gauche. L'époux lance de grandes vérités sur la morale, l'hygiène, la droiture, la bonne tenue à table et à cheval. Aux aînés de veiller sur les cadets.

— Dieu est au-dessus de tout.

Le bonnet de nuit, le bonnet d'âne.

Grâce à elle, les Russes occupaient enfin la Silésie, et la France remportait la victoire à Clostercamp le 15 octobre 1760. Frédéric II obtenait le secours de la tsarine, les alliances se renversaient encore. Il fallait à tout prix faire entrer la France dans l'Alliance, quitte à traiter avec la Prusse, ignorant les défaites coloniales de la France. *Tu felix Austria, nube.*

À tout prix, n'importe quel prix. Au prix des mariages sans bonheur et sans espoir de tant d'enfants qu'il lui est interdit d'aimer.

— Maman, Maman, voyez ma jolie poupée de porcelaine, vêtue à la française, de rubans et de dentelles ! Voyez ses yeux si bleus, ses joues si roses, elle porte des bas en soie de Lyon !

Une petite fille qui joue à la poupée, qui enfourche le cheval en bois peint de Léopold et saisit la trompette de Maximilien.

— Antoine ! Depuis quand une jeune fille se jette-t-elle ainsi à califourchon sur un cheval, fût-il de bois ? Jouer de la trompette, pour une fille, est une indécence.

Est-ce Joseph, est-ce Madame Maman qui la morigènent ainsi ? Non, c'est bon Papa dont, décidément, c'est la soirée privilégiée.

Il réclame le silence et que l'on entoure son fauteuil. La paupière humble et baissée, l'œil en vifs éclairs d'acier, l'épouse Marie-Thérèse écoute.

— Enfants, j'ai rédigé à votre attention, une instruction morale qui vous sera utile au cours de votre vie. L'impératrice et moi-même souhaitons que règne toujours une tendre liaison d'amitié dans toute la famille. La paix familiale exige un ménagement singulier par rapport aux tempéraments et aux inclinations différentes de chacun d'entre les princes et les princesses. Restez entièrement catholiques et dévots le plus possible. Ne donnez jamais des ordres sous le coup d'une impulsion, la passion est désastreuse pour régner. N'écrasez en aucun cas le peuple d'impôts pour satisfaire un plaisir personnel. Si la nécessité survient, les sujets qui ont reconnu qu'on les a ménagés lorsqu'on pouvait le faire souffriront le fardeau qu'on leur imposera lors d'une nécessité.

Antoine pince pour rire Marie-Caroline, qui se penche à son oreille. Marie-Thérèse les tance vertement, les joues envahies d'un flux violacé.

— Vous n'avez pas à comploter entre frères et sœurs, tout cela ne mène qu'à dire grand mal des uns et des autres, c'est-à-dire la querelle et la division. Une guerre en famille présente des dangers pires qu'avec l'extérieur. Ne vous l'ai-je cent fois redit !

François le Lorrain est un peu irrité. La souveraine, décidément, ne se tient pas longtemps à son rang d'épouse. Il préfère compléter sa pensée, tenir son rôle de roi sur un trône à oreillettes.

— Votre mère a raison, nous interdisons les apartés. Antoine et Marie-Caroline se tiennent mal, l'aînée devrait donner l'exemple à la plus jeune. Défiez-vous, mes fils, des flatteurs, des quémandeurs, de ceux qui ne cherchent qu'à profiter de la confiance qu'on leur accorde.

Élever des enfants, élever des corbeaux qui la dévoreront, Marie-Thérèse, mère de seize enfants, a mal au foie.

— Nul d'entre vous ne doit se livrer à des liaisons amoureuses hors des liens sacrés du mariage. Nul d'entre vous ne doit se livrer à la honteuse dissipation, au jeu plus vil qu'un vice. Mes fils et vous aussi mes filles, ne cessez jamais de songer à votre salut. Vous êtes de simples mortels, aussi fragiles aux yeux de Dieu que le plus humble de vos sujets.

Le salut, le seul objet à ne jamais cesser de quêter sa vie durant : le salut de l'Autriche, la Très Catholique Autriche, *Tu felix Austria, nube.* Antoine va-t-elle s'endormir sur sa poupée de porcelaine et de soie ? Tout sermon l'ennuie, l'embête, l'assomme.

Bon Papa attise lui-même le feu. Est-ce l'épouse de Joseph, cette triste princesse, toujours penchée sur un métier à tapisser ou un travail d'aiguille, qui lui a tricoté son bonnet de laine ? Antoine bat des mains devant les gâteaux servis sur des plats d'argent, la crème dans les coupes en porcelaine de Saxe. Bon Papa, traditionnellement, leur conte l'histoire des petits enfants découpés dans le saloir, sauvés, reconstitués par le saint Nicolas. Pourquoi ce bain de sang d'enfants innocents qui riaient et que l'on a découpés et salés ?

— Il y a de fort méchantes gens pour agir ainsi. Est-ce possible, bon Papa, de tuer aussi sauvagement des enfants si confiants ?

Décidément, l'histoire des enfants de la Saint-Nicolas est trop triste, même si elle finit bien. Comment se remettre d'avoir été ainsi découpés, salés et enfermés dans un coffre à cochon ?

— Bon Papa, est-ce que l'âme se souvient de son corps aussi odieusement tranché ?

— Saint Nicolas les a sauvés ; la main de Dieu les a sauvés. Seule la miséricorde a un sens.

Antoine est bouleversée, cette question la tourmente. Une mort violente laisse-t-elle intacte et en paix une âme ? L'âme aussi peut se sentir mutilée.

Bon Papa continue ses conseils :

— Ne cherchez jamais à vous étourdir sur ce qui paraît mal ; trouver que cela est innocent pour le pouvoir faire, c'est ce que l'on peut faire de plus mal.

Antoine n'écoute plus. On a décoré le grand salon de personnages en bois peint, de boules colorées. Elle a bu une goutte de tokay à la coupe de Marie-Caroline. Un vin doré, qui mouille sa bouche lourde et charmante et l'enivre vite. Un rire, les joues soudain si roses, les yeux brillants. Madame Maman estime qu'après la prière dite en commun, en latin, il est temps d'aller se coucher.

Madame Maman a encore perdu deux dents que son dentiste lui a ôtées sans qu'elle pousse seulement un cri. « Hélas, j'ai les dents mal alignées, songe Antoine, je ne veux pas qu'on me les ôte. Je ne veux ni souffrir ni pleurer. Que j'aimerais souffler dans la trompette de Maximilien ! Il me la prêtera à Schönbrunn, j'en jouerai dans les bosquets, et cela fera rire mes cousins. Madame Maman a le regard dur et humide, ne dirait-on pas qu'elle va pleurer ? »

Quel saint Nicolas rendrait au roi Marie-Thérèse la Silésie dont la perte l'a si amèrement affecté ? Comment manœuvrer la confiance du roi de France qui lui a abandonné, après le traité de Paris, le contrôle des affaires orientales ?

Qu'ils aillent se coucher ces enfants, ces corbeaux inconscients qui font d'elle la mère découpée au saloir.

Elle entend ronfler dans le fauteuil à oreillettes. François Ier de Lorraine, empereur d'Autriche, gavé de pâtisseries et de vin de Tokay, a accompli sa tâche. À elle d'achever sa nuit au bureau glacial où l'attendent les lettres à dicter à M. de Choiseul, au prince de Starhemberg, ambassadeur d'Autriche en France. Le roi Marie-Thérèse attend de ces diplomates l'« assurance » que Louis XV consentirait enfin au mariage de Madame Antoine avec son petits-fils.

L'opiniâtreté, le labeur sans relâche sont des poisons plus forts que celui du désespoir.

Chapitre 7

DES NOCES ET DES FUNÉRAILLES

On vivait paisiblement en famille, et Antoine s'amusait bien.

Marie-Thérèse avait réussi une nouvelle prouesse matrimoniale. Cet été-là, le 5 août 1765, au château d'Innsbruck, allaient se dérouler les fêtes du mariage de Léopold avec l'infante Louise d'Espagne. Quel pressentiment avait saisi François de Lorraine au moment de quitter la Hofburg ? Il avait fait arrêter sa voiture devant Schönbrunn et réclamé tel un verre d'eau vive la présence de sa petite Antoine. L'enfant, ravie, s'était précipitée dans la voiture de ses parents. Son père l'avait serrée dans ses bras ; avec une sorte d'emportement qui agaçait le roi Marie-Thérèse.

— Papa, oh mon bon papa !

Marie-Thérèse alourdissait davantage la moue des Habsbourg. Son époux s'était mis à plaider son étrange faiblesse :

— Laissez-moi serrer dans mes bras cette enfant et ne me demandez pas pourquoi.

*

* *

Des événements funestes ne cessaient d'assombrir la famille. Le duc de Parme, à peine marié avec Marie-Amélie, venait de succomber à une fièvre maligne. Léopold, le tout jeune marié, se mit à cracher du sang le lendemain de ses noces. Le Dr Van Swieten multiplia les saignées et les clystères, et, au soir du 18 août, Léopold, vaincu au fond de son lit, les épousailles n'avaient pas été consommées, semblait sauvé. Marie-Thérèse cachait son angoisse et trouva bon d'entraîner la famille à la Comédie-Italienne. Le Dr Van Swieten ne lui dissimulait pas son inquiétude au sujet de son époux. Il suspectait cette douleur de poitrine de François de Lorraine, cette paralysie du bras gauche et ce teint couleur lilas. Le roi Marie-Thérèse s'obstina. Son époux prétendait se trouver mieux, et il fallait rassurer chacun en se montrant en public. La comédie était gaie, les masques blancs et noirs se succédaient avec brio. Mais, au milieu du spectacle, François de Lorraine fit un geste discret à son fils Joseph. Quitter la loge, au plus vite, ne point succomber en public. Le malaise s'accentuait. L'impératrice resta impassible. Joseph accompagna son père jusqu'à Innsbruck où à peine celui-ci entrait-il dans son appartement qu'il s'écroulait, mort, dans les bras de son fils. Le Dr Van Swieten quittait le chevet de Léopold livide pour constater le décès de l'empereur d'Autriche suite à une crise cardiaque.

*

* *

On entendit sangloter une lourde vieille femme, à genoux près du lit de son époux. Marie-Thérèse, à la surprise générale, se laissa aller à un violent désespoir. Elle avait même dit à Joseph, devenu l'empereur Joseph II, corégent :

— Régnez seul et laissez-moi entrer dans un couvent.

Elle aimait ce mari volage, ce bel homme, cet appui discret dont elle se mit à ressentir la cruelle absence. Sa solitude sembla prendre des proportions effrayantes.

Elle sanglotait d'une révolte sans nom, qui prenait sa source à tant de nuits seule à régler le sort d'un pays et d'enfants destinés à la quitter. Qui donc l'avait vue pleurer ? Peu de jours après, le roi Marie-Thérèse reprit sa hauteur et endossa son grand habit de deuil qui plus jamais ne le quitta. Elle conduisit sans flancher la dépouille impériale à la crypte des Capucins.

Des funérailles magnifiques, la foule de Vienne au complet, un cercueil somptueux. « *La mort viendra comme un voleur, la mort te fera charogne et poussière.* » Qui s'occupait des pleurs d'Antoine qui sentait encore sur sa joue les derniers baisers de son père ? Antoine trembla longtemps, Papa, bon Papa et son bonnet de nuit, et leurs tendres fêtes à la Saint-Nicolas ! la mort, quelle horreur, j'ai peur tout en bas, dans la crypte des Capucins, Marie-Amélie, toujours vierge et déjà veuve, tout de noir vêtue, et Madame Maman, ce spectre funèbre…

Un chagrin, un vrai chagrin d'épouse. Il ne faut pas se fier aux faiblesses de Madame Maman. Elle aime trop son trône et ses affaires. Huit jours après les funérailles – Dieu que tout ce deuil est donc laid à porter, où sont les roses, où sont les danses, où est mon bon papa ? –, Madame Maman, plus que jamais, s'enferma dans son bureau et travailla à son empire.

*
* *

Joseph, âgé de vingt-quatre ans, corégent, prend sur elle plus d'autorité que son père, mais Marie-Thérèse ne supporte guère le joug de ce fils qui manifeste trop son admiration à ses ennemis (la Prusse, les philosophes). La vieille lutteuse reste encore debout, seule, dans ses peines et ses périls.

Le chancelier Kaunitz exploite cette tension entre la souveraine vieillissante et les forces fraîches d'un prince aussi dur que déterminé.

*
* *

Les impatiences du roi Marie-Thérèse au sujet du mariage d'Antoine sont exaspérées. La petite a onze ans, elle est un peu moins gaie, le fin profil de médaille est encadré d'une chevelure mousseuse aussi blonde que Versailles puisse en rêver. Que n'est-elle réglée, cette petite sotte qui écrit toujours son nom avec des fautes d'orthographe ! Marie-Thérèse a repris toute son énergie, vivre, c'est accomplir les luttes essentielles de son devoir. Ensuite, elle ira, enfin gisante, au repos dans la crypte des Capucins.

Elle mène un siège de charme sans relâche auprès de M. de Durfort. Elle n'ignore rien des propos du roi à son nouvel ambassadeur pour la faire « lanterner ».

— Entretenez les meilleures relations avec Vienne, mais ne laissez pas considérer l'affaire comme conclue, dit le roi.

M. de Choiseul aussi semble plus froid et conseille « de ne point se presser en tout ce qui concerne ce qui peut avoir trait à ce mariage ».

C'est mal connaître la veuve de François de Lorraine. Jamais la fille des Césars n'a renoncé à ses guerres et à ses gloires. *Tu felix Austria, nube.*

Elle traite avec d'extrêmes égards ces diplomates de France. Elle les reçoit dans ses meilleurs appartements, les comble de cadeaux et les laisse dîner en famille, à sa table. La petite Antoine, qui écoute aux portes avec Marie-Caroline, se régale des apartés de ces messieurs de France et de Vienne.

— Comment trouvez-vous l'archiduchesse Madame Antoine ? demande M. de Starhemberg au subtil M. de Durfort qui n'a pas les yeux dans sa poche.

— Parfaitement bien, ah ! ah !

Pourquoi rient-ils d'elle comme d'une égrillarde aventure ?

M. de Starhemberg aussi éclate de rire, ce qui est rarement dans ses habitudes :

— Le Dauphin aura là une charmante femme !

— Le morceau est friand, il restera en bonnes mains *si cela est,* conclut l'ambassadeur.

Un morceau friand. Marie-Caroline est ravie, cligne de l'œil, oui, sa sœur est vraiment charmante (elle aussi) avec ces boucles une à une tournées sur le front, ces épaules découvertes et ce nœud fermé au cou d'une pierre précieuse. On a toléré le gris perle à la place du noir, et on dirait deux tourterelles nacrées. Les deux jeunes filles s'embrassent sur le canapé des confidences.

— Ma sœur, ne me quittez jamais, pleure soudain Antoine.

— Hélas, que n'épousons-nous toutes les deux ce Dauphin-là !

Elles pouffent de rire ; elles ont oublié leurs larmes.

*
* *

La mort allait encore frapper la maison des Habsbourg, et les destins s'accélérer. Madame Antoine a le souvenir très net du temps qui, soudain, se met à tourner comme lorsqu'elle danse, danse, danse.

Une épidémie de variole s'abat sur la famille impériale. Antoine frémit. Quel effroi de se retrouver seule dans un cercueil, tout en bas, dans la crypte des Capucins. Quel ange, quel ciel peuvent la tirer de là ? Aucun ange n'a tiré d'affaire bon Papa ni personne. « La mort viendra comme un voleur, et nul ne pourra rien pour toi, tête à vent ! » Elle s'épouvante à l'idée d'être défigurée. La peau craquelée, noirâtre, un œil bouffi, des cloques suppurantes, la bouche en plaie ouverte, les dents, ses vilaines dents déchaussées.

— Mais non, ma sœur, lui a dit Marie-Caroline, nous ne risquons rien, nous avons été inoculées.

Elle se souvient, les larmes aux yeux, de la pauvre Marie-Élisabeth, si jolie, devenue affreuse après la petite vérole. Personne n'épouse une fille défigurée. Qui aime les filles à part leur dot, leur rang élevé, ou à la rigueur la suspecte beauté d'une Bécu ? Qui m'a aimée à part bon Papa et Marie-Caroline ?

La variole emporta la terne épouse du dur Joseph. La princesse, mère d'une petite Marie-Thérèse, mourut dans l'indifférence générale. Joseph était près de sa mère atteinte du mal et qui avait demandé les sacrements, au lieu d'assister son épouse. On la retrouva morte dans son lit d'apparat. Son mal avait éloigné tout le monde, et il n'est pas sûr qu'elle reçut le secours de la religion ou un verre d'eau. Antoine est la seule à pleurer un peu la modeste ombre impériale à qui nul ne parlait, dont personne ne réchauffait l'âme d'un baiser, d'une pression de main. Une indifférence affreuse. Antoine renifle, assise contre Marie-Caroline, sur le canapé des confidences.

— Est-ce cela le mariage, devenir l'épouse d'un roi ?

Début juin, l'impératrice se rétablissait. On donna un *Te Deum* à la cathédrale. La variole avait atteint l'époux de Marie-Christine, le prince de Saxe-Teschen. Il vécut défiguré. On avait descendu dans un cercueil somptueux la dépouille de la petite impératrice sans visage. Marie-Josépha était à la veille de ses noces avec le roi de Naples. Le roi Marie-Thérèse appela la future reine :

— Vous allez descendre à la crypte des Capucins rendre un dernier hommage à la dépouille de l'impératrice défunte, l'épouse de votre frère.

Marie-Josépha se mit à trembler.

— Non, Maman, je vous en prie. Il y a en cet endroit les effluves mortels de cette terrible maladie.

Antoine n'avait jamais vu au regard de Madame Maman un tel éclat meurtrier. Le bleu des yeux de Joseph quand il se moque d'elle ; le bleu de ces Habsbourg quand ils gagnent une victoire ou quand on croit les humilier.

— Votre devoir est de rendre cet ultime hommage avant de rejoindre Naples pour toujours. N'auriez-vous aucun sens de ce que vous devez faire ?

L'enfant de seize ans regarda tristement sa mère, s'inclina devant l'impératrice, pleura un moment à chaudes larmes dans les bras d'Antoine et de Marie-Caroline. « Adieu, mes chères sœurs, adieu ! » Elle descendit lentement vers la mort. Avait-elle lu au regard maternel un désir de meurtre ? Elle pria longtemps devant le cercueil impérial. Qui était qui, à la crypte des Capucins ? Elle resta longtemps dans cette ombre et se mit soudain à grelotter de tous ses membres. Marie-Thérèse avait-elle ourdi le projet de caser au plus vite l'insupportable Marie-Caroline, de l'éloigner à jamais de Marie-Antoinette, la seule de ses filles destinée à un très haut rang ?

Marie-Josépha remonta tremblante de fièvre de la crypte des Capucins pour y descendre peu de jours après vaincue, comme elle l'avait pressenti, par la variole.

— Le devoir ! répétait le roi Marie-Thérèse.

*

* *

Le roi Marie-Thérèse négocia, le jour même du décès de sa fille, les noces de Marie-Caroline avec le falot roi de Naples, qui ne vit là qu'une affaire interchangeable. Quant au fiancé de Marie-Caroline, le prince Ferdinand de Sicile, il n'avait qu'à se taire et à attendre une autre opportunité. Marie-Thérèse resserra son étau de remontrances sur cette fille qu'elle méprisait. Elle lui fit parvenir une dépêche plus sèche que d'habitude afin de lui interdire désormais toute familiarité avec Antoine, future dauphine de France. Qu'importait dorénavant au roi Marie-Thérèse de briser une à une ses filles ? Qu'elles s'en aillent donc toutes, ces vivantes et ces mortes qui lui mangeaient le foie ! Qu'elle disparaisse, cette Marie-Caroline dont elle n'attend rien de bon, cette chuchoteuse de canapé, cette effrontée qui entraîne la petite à mal faire ! Si jamais le projet avec Versailles échouait, ce serait la faute de cette étourdie. Qu'elle s'en aille donc à Naples ! Vite, vite ! Ou même à la crypte des Capucins ! Le roi Marie-Thérèse est à bout d'un désenchantement proche d'une terrible fureur.

— Je vous avertis, écrit-elle à Marie-Caroline, que vous serez totalement séparée de votre sœur. Je vous défends tout secret, intelligence ou discours avec elle ; si la petite recommençait, vous n'avez qu'à ne pas y faire attention ou le dire à Larchenfeld ou à vos dames. Tout ce tripot finira ainsi tout de suite ; ces secrets ne consistent d'ailleurs que dans des remarques contre votre prochain, ou votre famille, ou vos dames.

C'est avec un immense soulagement pour le roi Marie-Thérèse, et une infinie tristesse pour les deux sœurs, que les noces eurent lieu, par procuration, au mois d'avril 1768. Marie-Caroline avait seize ans, Antoine, treize ans et n'était toujours pas réglée. Marie-Thérèse resserrait la surveillance autour d'elle. Elle fit remplacer la trop complaisante comtesse de Brandeiss par la comtesse de Larchenfeld qui lui rapportait les moindres faits et gestes de la future dauphine.

Marie-Caroline de Naples écrivit aussitôt à sa sœur bien-aimée. Les courriers, selon l'usage, devaient être adressés à la comtesse de Larchenfeld qui en faisait la lecture à haute voix à Madame Antoine (après en avoir informé l'impératrice).

« Je vous prie de dire à ma sœur que je l'aime extraordinairement. (...) J'ai toujours eu pour elle beaucoup de tendresse particulière (...). Rien ne me fera plus plaisir que quand j'apprendrai que l'on reconnaîtra combien ma sœur est aimable et que l'on chantera ses louanges. »

Antoine éclate en larmes à chacune de ces lettres. Elle a perdu sa seule amie, sa seule confidente. L'impératrice s'en irrite. Qu'a donc cette petite dinde de Marie-Caroline, cette fausse reine à se répandre comme une simple bourgeoise ? Il est fâcheux que sa fille Antoine ait lu ces mots qui pourraient l'effrayer quant au mariage :

« J'avoue (...) qu'on souffre un martyre qui est d'autant plus grand que l'on doit toujours paraître contente. »

Cet été 1768, Marie-Caroline a donc débuté sa vie de femme de façon désolante.

Le roi Marie-Thérèse frémit de honte quand, si rapidement, la jeune femme montre ostensiblement son dédain pour le triste roi de Naples. Elle le délaissera pour son amant lord Acton et elle dirigera – combien mal – toutes les affaires de Naples sous l'influence du favori. Elle finira par perdre son royaume et mourra en exil, en Angleterre, ruinée, devenue une fanatique admiratrice de la Révolution française, ayant fait installer dans son boudoir un immense tableau de la guillotine. Elle disait volontiers, à en croire Stendhal :

— Si je n'étais pas reine de Naples, je voudrais être Robespierre.

*

* *

Une fille, une fille qui lui a mangé le foie... Et cette Antoine de treize ans qui n'évolue pas, que l'on semble presque avoir oubliée à la cour de France !

Marie-Thérèse emploie alors la technique qui lui avait permis de gagner tant de guerres.

Elle feint d'ignorer les refus. Elle fait comme si tout était entendu entre les deux Cours.

Chapitre 8

Le précepteur de Madame Antoine

L'impératrice ne s'impatiente pas des réponses vagues que lui écrit son nouvel ambassadeur en France, le comte de Mercy d'Argenteau.

« Monsieur l'Ambassadeur, écrit-elle à Mercy d'Argenteau, il serait souhaitable de parfaire l'éducation de l'archiduchesse Madame Antoine. Je compte faire venir à la cour M. Gluck pour lui apprendre au mieux le clavecin, et Noverre, le danseur si célèbre en France, afin de l'initier aux danses de la cour de Versailles. »

Gluck, Noverre ! Antoine sèche ses larmes et bat des mains. Le clavecin l'ennuie un peu, mais quel plaisir de danser avec Noverre, tout poudré, mignard et bien serré dans son collant. Comme il est léger et féminin quand il lance, une, deux, une, deux, les jambes en cadence. Son Altesse Royale n'est pas en mesure ?

— Qu'importe, c'est la mesure qui a tort.

Madame Antoine ne songe plus du tout à la mort et oublie un peu sa chère Marie-Caroline. Madame Maman a eu l'étrange idée de lui faire donner des cours de diction par deux acteurs français : MM. Aufresne et Sainville dont la troupe était alors très populaire à Vienne.

À Versailles, ce fut un tollé général. Quoi ? Une archiduchesse livrée à deux acteurs ? Se doute-t-elle,

Marie-Thérèse, en quel mépris étaient tenus les comédiens enterrés de nuit, considérés sans âme et n'ayant aucun droit dans la cité ? Les grands seigneurs pouvaient fort bien coucher avec des comédiennes, au grand jamais un comédien n'eût approché une grande dame.

— M. de Choiseul, s'emporta Louis XV dans son cabinet de travail, faites savoir à M. Mercy d'Argenteau que nous goûtons fort peu ce genre d'éducateurs !

Le roi Marie-Thérèse eut un fin sourire. La réaction royale allait en son sens. Elle avait fait bouger les choses. Soit, que l'on chasse ces histrions.

— Madame Maman, je vous en prie, je m'amusais tant à répéter *Le Jeu de l'amour et du hasard* de M. de Marivaux. Le rôle de Silvia est adorable !

— Taisez-vous, enfant, et obéissez.

Marie-Thérèse chargea M. Mercy d'Argenteau de trouver un éducateur parfait, un ecclésiastique si possible, modeste, instruit, versé dans l'Histoire et les lettres.

Il y eut à la chancellerie de Versailles de longs palabres. M. de Choiseul appuya le choix sur Mathieu Jacques, abbé de Vermond, âgé de quarante ans, bibliothécaire au collège Mazarin, directeur en Sorbonne, protégé de Loménie de Brienne, archevêque de Sens. L'abbé de Vermond est fort instruit, laid et terne, d'origine modeste, frère d'un médecin accoucheur (il accouchera la reine Marie-Antoinette). MM. von Kaunitz, de Choiseul, de Durfort, Mercy d'Argenteau, tombèrent d'accord sur ses qualités.

À Vienne et à Versailles, on fit des gorges chaudes. Un barbon ecclésiastique, un bourru qui adorait traiter en inférieurs ses supérieurs. « La science vaut bien la naissance », estimait bien haut l'abbé. Le voilà donc précepteur de Madame Antoine, célèbre pour ses étourderies rieuses, son inculture ? N'était-ce pas le mariage de la carpe et du lapin ?

Unir Madame Antoine et Louis-Auguste tenait aussi du mariage de la carpe et du lapin.

*
* *

L'étonnement fut général quand on apprit que la petite archiduchesse et le bougon abbé s'entendaient à merveille. L'austérité de sa tenue n'intimidait nullement la rieuse enfant. L'abbé admis à la Cour, en voyage, avait le droit de renoncer à la soutane pour un habit à la française, culotte noire, petit collet et étroit manteau de taffetas noir plissé. Il portait des souliers à grandes boucles, la perruque à deux rouleaux avec l'insigne de son état, un rabat blanc.

Antoine le fit asseoir sans façon sur le canapé des confidences. M. Larseneur, le coiffeur français de l'archiduchesse, avait particulièrement réussi sa coiffure créée pour elle, entourant le front de boucles, dissimulant son aspect bombé, ce rare défaut d'un ovale parfait.

— Venez plus près, mon bon abbé, faisons connaissance.

L'abbé de Vermond rougit, balbutie, totalement sous le charme de Madame Antoine. Il s'émerveille vite de tant de grâces et lui, si acerbe, écrit à son frère à quel point il a rencontré une jeune fille délicieuse. Il se confie aussi à Choiseul.

— On peut trouver des figures régulièrement plus belles, mais je ne crois pas qu'on en puisse trouver de plus agréables.

Au fil des jours et des fêtes données en son honneur au palais de Laxenburg, il écrit à Mercy d'Argenteau à quel point Madame Antoine a tous les atouts d'une future souveraine :

— Elle a un tour de noblesse et de majesté surprenant pour une enfant de son âge… Si elle grandit un peu, les Français n'auront pas besoin d'autres indices pour reconnaître leur souveraine.

L'abbé est séduit par la gracieuse enfant qui rit, la tête en arrière, montrant ce cou si blanc et des dents qui, tiens, sont mal alignées. Il va de ce pas écrire au dentiste Laveran qui s'occupe des mâchoires royales. Madame Antoine aura des dents parfaitement blanches et bien rangées en moins de trois mois. Ses yeux sont bleus, humides, exquis, pétillants et si doux à la fois ! Un véritable tableau digne de M. Watteau. L'abbé comprend que l'impériale enfant a besoin d'être piquée au jeu de l'étude pour y prêter attention. L'éduquer en l'obligeant aux moindres efforts. Il va déployer son ingéniosité à captiver l'attention de l'étourdie, tenter d'améliorer ses barbarismes tant en français qu'en allemand. Son écriture est toujours aussi infantile, l'abbé s'en désole :

— J'avoue que c'est l'article sur lequel j'ai le moins gagné, soupire-t-il.

Les leçons ont lieu dans le salon de musique. Harpe, clavecin, la table est en bois de rose, les sièges blanc et or. Madame Antoine a les bras dénudés jusqu'aux coudes, une robe à paniers retenue dans le dos par une longue cape en soie moïrée. Elle porte ses bijoux de jeune fille qu'on lui accordera d'emporter dans sa cassette, à Versailles. Un collier « en esclavage », des « aigrettes », des « prétentions », des boucles de compère, des boucles de chien et un bec de diamant pour sa chevelure. Ces bijoux rejoindront dans la cassette des parures en diamants blancs, or et perles. Quand la jolie Antoine sourit trop longtemps à l'abbé, il perd contenance et éclate en des petits « hem hem ! » qui rougissent sa peau grenue.

« Elle a, écrit-il à l'évêque d'Orléans, une figure charmante, elle réunit toutes les grâces du maintien, et si, comme on doit l'espérer, elle grandit un peu, elle aura tous les agréments qu'on peut désirer d'une princesse. Son caractère, son cœur sont excellents. »

Il écrit également son rapport à Mercy d'Argenteau. Où il se plaint de la paresse et de la légèreté de Madame Antoine mais souligne son intelligence.

« Elle a plus d'esprit qu'on ne lui en a cru pendant longtemps. Malheureusement, cet esprit n'a été accoutumé à aucune contention jusqu'à douze ans. Un peu de paresse et beaucoup de légèreté m'ont rendu son instruction plus difficile. J'ai commencé pendant six semaines par des principes de belles-lettres. Elle m'entendait bien lorsque je lui présentais des idées éclaircies. Son jugement était toujours juste, mais je ne pouvais l'accoutumer à approfondir un objet, quoique je sentisse qu'elle en était capable. »

L'abbé a dû inventer quelques méthodes, rédiger le plus ludiquement possible (au grand mépris de M. de La Vauguyon) un programme comprenant l'Histoire, la religion, les belles-lettres, un soupçon d'arithmétique. L'abbé l'entretient avec ménagement des différentes personnes qu'elle sera amenée à rencontrer à la Cour et du comportement que nécessitent ces personnes.

La petite Antoine, qui vit si mal la séparation avec Marie-Caroline et la mort de bon Papa, s'attache à lui. Elle en fait son confident, et les heures de cours se prolongent tardivement en causeries aussi animées qu'agréables.

— Bon abbé, jouez avec moi au whist, au trictrac. Regardez-moi danser !

L'abbé se défend, charmé, gêné, enchanté. Il exploite au mieux les causeries et les jeux afin de permettre à la jeune fille de corriger ses nombreuses fautes de français. Il est surpris de ses réels progrès.

« Elle apprend vite et bien, son esprit est clair, son jugement aussi. »

*
* *

Chaque samedi matin, Madame Maman assiste aux cours. Elle est surprise : Antoine a fait de réels progrès. Serait-elle plus intelligente qu'elle ne l'avait pensé ? Il est même agréable de l'entendre jouer sous la direction du bougon M. Gluck une de ses pièces au clavecin. Elle chante aussi avec grâce, d'un soprano léger mais juste. Elle a retenu de ses maîtres de diction (les acteurs français dûment chassés) une façon charmante de « mettre la voix dans le masque ». Elle sait dire des vers sans raideur et récite avec sensibilité une tirade de Silvia dans *Le Jeu de l'amour et du hasard* de M. de Marivaux.

— S'il part, je ne l'aime plus, je ne l'épouserai jamais.

— Allons, enfant, cela est suffisant. Revenez à l'histoire de la religion, tance l'impératrice.

Marie-Thérèse gâte l'abbé de Vermond. Il est logé princièrement et il dîne à sa table. Il reçoit des cadeaux – des porcelaines de Saxe, un tapis d'Orient. L'impératrice est d'une infinie affabilité.

Son œil se rapetisse sous sa coiffure de deuil. Ce Vermond pourrait fort bien, en France, demeurer le mentor de la future dauphine.

Mercy d'Argenteau, de son côté, rendrait faits et gestes au roi Marie-Thérèse du comportement de Marie-Antoinette, reine de France *si cela est*.

Madame Antoine, future proie de l'espionnage sans fin de sa mère, l'impératrice d'Autriche.

Chapitre 9

UN DAUPHIN DANS UNE CASCADE

Il est temps pour Madame Antoine de quitter à jamais le quartier des enfants et de la présenter à toutes les fêtes. M. Larseneur a fait merveille, la coiffure d'Antoine gagne tous les fronts de Vienne. On en parle même en France. *La Gazette de France,* fondée par Renaudot, contrôlée par M. de Choiseul, bihebdomadaire fort prisé de Marie-Thérèse, qui informait en effet de façon sélective de tout ce qui se passait à la cour de France, s'en fit l'écho. On y lisait aussi les potins de Vienne. Marie-Thérèse se fait livrer *Le Mercure de France* dirigé par Marmontel, dont les idées dites éclairées l'inquiètent. Joseph II reçoit *Le Journal des savants*. Antoine est désormais parée de beaux atours. Elle participe comme une adulte à tous les jeux des loteries des jeunes princes. L'hiver, ce sont les folles courses en traîneau, dans la ville. Jamais la petite princesse n'a eu autant de gaieté et d'espoir au cœur. Tout est fête, tout est beau, tout est charmant – même l'abbé de Vermond.

Le grand oublié de l'affaire est le futur époux : Louis-Auguste.

Auquel elle ne songe jamais.

*

* *

Ce qui contrarie Madame Antoine, l'assombrit aux larmes, c'est d'être privée d'un bal par indisposition. Capricieuse, elle réclame des visites, les princesses, les princes ses frères et ses cousins. Qu'on ne la laisse pas seule dans cette odieuse chambre ! Qu'on joue avec elle au trictrac, qu'on lui narre *Colin Colas* et les contes de Grimm. Elle adore l'histoire de *Blanche-Neige*. Antoine aussi interroge sans cesse son miroir : « Miroir, miroir, dis-moi si je suis la plus belle. » Elle veut bien chanter, en déshabillé, penchée sur sa harpe, elle a fait de si grands progrès en musique. On va l'admirer, l'applaudir, rien de tel pour rétablir sa santé. Sans compagnie, sans amis, elle meurt d'ennui. Elle se souvient des recommandations de bon Papa, à la Saint-Nicolas.

— Méfiez-vous des faux amis. Entourez-vous de gens dignes de confiance.

Elle chasse les idées tristes, les amis les plus drôles sont peut-être les moins sûrs, mais elle aime tant à s'amuser !

La chambre de l'archiduchesse devient aussi encombrée qu'un salon mondain.

*
* *

Marie-Thérèse ferme ses paupières de vieux crocodile et cache sa joie sous la moue bien connue des Habsbourg. Le 13 juin 1769, elle a reçu de Versailles la demande officielle en mariage de Louis XV pour son petit-fils Louis-Auguste avec Maria Antoine Josepha Johanna, archiduchesse d'Autriche.

Marie-Thérèse donne au château de Laxenburg une grande fête pour cet événement. Marie-Antoinette (elle l'appelle désormais de ses deux prénoms français) va devenir dauphine de France.

Une fête où il est permis à sa fille d'apparaître, ravissante dans une robe de brocart, des perles au cou, aux oreilles, aux poignets, les boucles poudrées d'argent retenues par un diadème de perles et de diamants. Elle a tant de grâce que l'exclamation de son page Tilly, quoique anticipée, prend déjà, ce soir des « fiançailles », toute sa signification :

— En un mot si je ne me trompe, disait-il, comme on offre une chaise aux autres femmes, on aurait presque voulu lui approcher un trône.

Une grande fête, huit cents couverts, les lumières à profusion aux lustres en cristal. Un cortège de gibiers, de pâtés, de rôts, de pâtisseries exquises. L'impératrice, à la droite de la petite archiduchesse, prie M. de Durfort, à sa gauche, lui-même au côté de Joseph II, de boire une coupe de vin de Tokay à la santé du roi de France et du dauphin Louis-Auguste. Marie-Thérèse prie ensuite M. de Durfort de boire à la santé de l'archiduchesse Marie-Antoinette.

Le vin de Tokay resplendit aux prunelles si bleues de la petite archiduchesse. Par les fenêtres ouvertes, il y a la surprise prévue par Marie-Thérèse. Elle a fait donner un feu d'artifice dans les fontaines du jardin. Les eaux s'élèvent, et, à l'exclamation générale, apparaît une tête de dauphin, vermeille, rose, écumant de perles de cristal éblouissantes. Une tête de dauphin, sans corps, à la bouche mi-poisson mi-homme. Une tête qui rougeoie sous le ciel de Vienne. Les artificiers ont prévu mieux encore. Une série de têtes de dauphin se mettent à jaillir, l'une après l'autre, dans cette cascade rutilante. Les fontaines du grand bassin crachaient cette tête unique, reliée à rien.

Le roi Marie-Thérèse avait tôt fait d'oublier ses illuminations. Elle se pencha vers M. de Durfort :

— Faites savoir à votre souverain si ma fille peut avoir le bonheur de lui plaire.

*

* *

— Madame Antoine a ses règles !

Février 1770. L'événement a eu lieu un après-midi. À dix-sept heures et quinze minutes. Antoine a quatorze ans et trois mois. Marie-Thérèse est enfin rassurée. On peut marier une fille apte à procréer. Ses courriers qui galopent de Vienne à Versailles, en passant par les petites cours allemandes, annoncent la fondamentale nouvelle :

— Madame Antoine a ses règles.

La Gazette, Le Mercure de France, tous les journaux s'emparent de la nouvelle.

Le mariage (après un long jeu de protocole) est décidé pour Pâques 1770, trois mois après l'arrivée des règles. Marie-Thérèse a une étrange réaction. Elle demande que l'on dresse un second lit dans sa chambre, contre le sien. Elle veut que sa petite (l'enfant dont elle tait la préférence invincible) passe ses dernières nuits auprès d'elle, jusqu'à son départ pour la France. Une princesse qui s'en va pour Versailles ne reviendra jamais. Ou alors, chassée, stérile, couverte de hontes diverses.

Elle fait semblant d'ignorer à quel point les filles de Louis XV abhorrent ce mariage. Les frères du Dauphin parlent de « l'Autrichienne » avec mépris, peu sensibles au portrait délicieux de Ducreux. Marie-Thérèse n'ignore pas non plus l'inhibition de Louis-Auguste qui n'a jamais approché une femme. M. de Choiseul a poussé cette union pour contrarier le Grand Dauphin et son épouse qui le détestaient, lui et ses « manigances » autrichiennes M. de Choiseul est en lutte sourde contre la nouvelle favorite, Mme du Barry, qui s'est rallié le parti dévot, antiautrichien.

L'enfant s'en va donc vers un nœud de vipères. Seul Louis XV est bienveillant.

Son *Dauphin labourant* n'avait rien de très séduisant, il s'empressa de faire parvenir à Madame

Antoine des portraits de Louis-Auguste en habit de cérémonie. La petite fit mettre les tableaux dans « la pièce où elle se tient » et écrivit, dûment contrôlée par l'abbé de Vermond, ces remerciements :

« Je ne saurais vous rendre toute la satisfaction que ces portraits m'ont causée. »

Chapitre 10

RECOMMANDATIONS ET TROUSSEAU COMPLET

Le soir, dans la chambre, Madame Maman est impressionnante en chemise de nuit de nonne et bonnet fermé. Jamais Antoine n'avait mesuré la douceur de sa voix. Elle saisit sa main avec amour, une main de maman, une voix qui murmure non pas un conte pour endormir la petite (elle aime bien l'histoire de *La Petite Sirène* de M. Andersen), mais une pluie de recommandations :

— Obéissez en tout au roi, ne lui déplaisez en rien. N'ayez point de curiosité ; c'est un point dont je crains beaucoup à votre égard.

La dauphine aura à se défier des quémandeurs. Bon Papa déjà avait mis en garde ses enfants contre ce fléau des grands.

— Ne vous chargez d'aucune recommandation. N'écoutez personne si vous voulez être tranquille.

L'impératrice presse la petite main qu'elle sent molle. Dormirait-elle, l'inconsciente ?

— J'ai reconnu dans [votre] caractère beaucoup de légèreté, d'inapplication, d'obstination à faire [votre] volonté ; avec autant d'adresse d'éluder les remontrances qu'on voudrait [vous] opposer.

La voix maternelle s'inquiète de plus en plus :

— N'ayez point de honte de demander conseil à tout le monde et ne faites rien de votre propre tête...

Réglez votre allure à celle de la cour de Versailles. Restez bonne, sans jamais abandonner la distance de votre rang... Le seul bonheur d'un ménage consiste en des attentions et une confiance mutuelles. Le fol amour est sottise et vilenie.

Elle dort, la petite, un sourire sur les lèvres. Tout lui est bon, Madame Maman a une bonne voix de nourrice. Elle aime cette chambre où elle est née, cette chambre interdite à tous ses frères et sœurs, et dont elle fut la seule à partager le privilège. Comme il est bon d'être à ce point aimée ! À Versailles aussi, on l'aimera.

*
* *

Les journées sont étourdissantes à préparer son trousseau, essayer mille coiffures selon les décolletés, les parures, les tissus. Une centaine de robes, du brocart, de la soie, de l'argent, de l'or, du velours, du taffetas, les laines les plus fines, les mousselines les plus rares. Elle partira vêtue de blanc, les fiançailles des reines sont en blanc, leur deuil aussi. Une foule de malles contiennent les dessous, les corps à baleines, les vertugadins ou « paniers », les chemises en dentelles, en fils entrecroisés. Les dentelles viennent de Chantilly, de Flandres, de Bruges, de Malines, de Valenciennes, d'Alençon, de Bruxelles. Les chemises pour la nuit et les déshabillés, de mousseline et de dentelles, sont ornés de broderies florales, or et soie. La broderie se fait sur un mode circulaire, des roses, des liserons, des feuilles délicates. On répartit au point de chaînette ces fleurettes sur des carrés de coton filetés nécessaires à bien tenir sur la finesse de la mousseline. Quant au linge secret, celui du sang du mois, c'est un jupon que l'on croise plusieurs fois entre les jambes, relié à la taille par des cordons, composé de fine toile de lin de Hollande, la futaine, le basin ou encore la mousseline des Indes, plus solide que celle d'Orient.

Les lavandières de la reine mettaient-elles en charpie ce linge si souvent souillé qui, pendant sept années, dira clairement que la souveraine ne portait aucun enfant ?

Autant à Vienne qu'à Versailles, il fait froid durant de longs mois. Le prudent trousseau comporte des lainages. L'étiquette des deuils et un courant d'anglomanie les imposaient d'ailleurs à la cour de France. Marie-Thérèse a fait remplir des malles de jupons et de robes de chambre. Le tissu dit « calemande » sert aux jupons, le « doguet », quoique fort solide, sert davantage aux habits d'été, inséparable du « pinchina ». Le molleton est précieux pour les grands froids. Antoine fait la grimace, ce n'est pas très joli, ce gros molleton qui lui rappelle le bonnet de nuit de bon Papa. On dit que le Dauphin, si peu coquet, apprécie ses caleçons en molleton, sa chemise en flanelle, son habit de drap ou de serge. On double, par grand hiver, de « revêche » les habits de la troupe du roi comme les jupons des dames. Bonnets, bas, gants, caleçons à l'amazone, rien n'est oublié, y compris les toques de fourrures russes, les manchons et le tour de cou en mongolic. Madame Antoine est fascinée par les essayages de ses belles robes. Elle se marierait bien tous les jours ! Elle a une préférence pour la couleur blanche et les tissus aériens, la soie, la percale, la mousseline. Elle lancera une mode de fichu sur les épaules, les femmes auront l'air de marcher dans les nuées. Elle aime aussi ces taffetas et le satin rayé de cette robe au fond bouton-d'or tout entière brodée de fleurs du même nom. Les « sabots » des manches (si longtemps portées à la cour de Vienne) sont remplacés par des dentelles et des rubans. Sa préférence va aux robes de bal. La robe du dessus est assez courte, fermée par un faux gilet boutonné de diamants ou de perles, et s'arrondit au niveau du volant du bas. Danser ! Danser ! Montrer son jupon et ses chevilles aussi ! Taffetas, moire, satin, linon, fine laine travaillée, fil-à-fil, la robe de l'après-midi se porte sur un seul panier, le dos est libre, sans traîne, ce que Madame Antoine apprécie, détestant toute entrave. Les couturières s'affairent à achever des robes à la turque (fort prisées de la comtesse du Barry), une traîne derrière, tandis que la robe dite « circassienne » est ronde. La « soubreveste », corsage du dessous, arbore de courtes manches cousues sur de longues manches ajustées, fermées au poignet par un bracelet.

Chaque toilette compose un piège destiné à isoler la dauphine, à juger de son maintien, de sa grâce. Quelle prise pourrait-elle avoir sur les autres et sur les événements, prisonnière des regards qui l'admirent ? Le roi Marie-Thérèse avait réfléchi en son temps à la nécessité de faire venir le danseur Noverre. À Versailles, se prendre les pieds dans sa toilette, s'étaler sur le parquet, c'est encourir un ridicule qui entraîne le bannissement, la disgrâce. Joseph II méprise tout cela, mais Marie-Thérèse en a lentement calculé les risques. Elle connaît sa fille. À ces jeux de coquetterie, elle est plus armée que ses meilleurs capitaines.

Les grandes robes de cérémonie prennent beaucoup de place. Un arc-en-ciel de couleurs, du rose, du rouge, du bleu nuit, du bleu azur, sans oublier le vert émeraude, le vert jade, toutes les sortes de vert et de bleu, Antoine a un faible pour ce velours rouge, si vif à son teint, sa chevelure et ses yeux. Ces robes sont posées à côté de leur « panier » d'une large ampleur. Une vingtaine de robes du matin. Le corsage, de soieries brodées, est lacé devant par un laçage discret sous une passementerie. Un corsage moulant met en valeur la taille, les épaules d'Antoine. La jupe évasée est ouverte sur le devant, sur une sous-robe en dentelles de Bruges. Madame Antoine bat aussi des mains devant une toilette pour l'opéra : une étoffe d'or, « à cent quarante livres l'aune», travaillée de larges fleurs au cœur d'or, pétales mauves, lilas, bruns : une merveille de reine des fées.

Ces robes composent la parure du plus resplendissant des papillons.

*

* *

Marie-Thérèse a remis à sa fille une recommandation écrite.

— Je vous recommande, ma chère fille, tous les 21, de relire mon papier. Je vous prie, soyez-moi fidèle sur ce point ; je ne crains chez vous que la négligence dans vos prières et vos lectures, et la tiédeur et la paresse suivront ; luttez contre.

La petite semble l'écouter ou peut-être dort-elle, éblouie par son trousseau ?

— Antoine... N'oubliez pas une mère qui, quoique éloignée, ne cessera d'être occupée de vous jusqu'à son dernier soupir.

Marie-Thérèse se lève, va et vient dans la chambre, en proie à une grande agitation.

Elle jette à l'enfant le cri viscéral, qui fera de Marie-Antoinette, aux yeux de la France, une traîtresse à son pays et l'objet essentiel de sa condamnation à mort :

— Antoine, restez avant tout bonne Allemande !

Chapitre 11

DES NOCES D'ENFANTS

Le mariage est fixé par procuration, à Vienne, le 19 avril 1770 et, à Versailles, le 16 mai.

Larseneur, au matin des noces, a particulièrement soigné la coiffure de la princesse. Il s'agit de fixer entre ses boucles un diadème d'or et de diamants. M. Larseneur est assisté de deux femmes qui lui tendent les peignes, les brosses à dos d'argent et chiffres de l'archiduchesse, la houppe à poudre et l'eau sucrée qui, vaporisée, aide à fixer la coiffure. Il a relevé sur la nuque le reste de la chevelure en une torsade gracieuse qui rejoint le diadème que Marie-Thérèse portait à ses noces. Il a fallu trois heures pour arranger la coiffure avant un court déjeuner qui sert de repos à la petite archiduchesse que l'on a baignée, parfumée. Son visage a été oint d'huile de rose. La cérémonie a lieu à cinq heures de l'après-midi. À deux heures, on habille Madame Antoine de sa robe de noces, en brocart argent et lourde traîne. Elle se mire à la psyché ornée d'une envolée d'angelots dorés.

*
* *

Qu'il est donc charmant de se marier ! Elle supporte si mal les deuils qu'elle a occulté complètement le décès récent de sa petite-nièce, la fille de la pauvre épouse défunte de Joseph. Une petite archiduchesse du nom de Marie-Thérèse, si menue dans ce cercueil perdu à la crypte des Capucins, quelque part vers le tombeau de sa mère que tout le monde a oublié. La comtesse de Larchenfeld se demande si Madame Antoine a du cœur : la pauvre comtesse aussi vient de perdre sa fille unique. Pas une larme ne coule des yeux de la petite mariée, fascinée par son image au miroir. La comtesse de Larchenfeld lui souhaite de ne jamais connaître de malheur aussi cruel que la perte d'un enfant, mais l'étourdie n'écoute pas. Madame Maman a remplacé la comtesse de Larchenfeld, à cause de son deuil, par l'auguste comtesse de Trautmanndorff qui portera sa traîne.

Le protocole et l'étiquette n'ont eu de cesse de se mettre en marche, aussi lourds qu'une machine de guerre. Entre Versailles et Vienne, ce furent mille chicanes pour établir les rangs, les places de chacun. Un soin extrême à choisir les invités en raison des quartiers de noblesse. Qui signerait en premier le registre du mariage, Louis-Auguste ou Marie-Antoinette ? Les préposés au protocole ont mis des mois de bureaucratie tatillonne à établir les mille subtilités de l'étiquette, afin d'empêcher de graves offenses entre les deux Cours.

*

* *

Madame Antoine semble heureuse de contempler chaque jour le portrait de son futur. Elle aime bien, décidément, ce « Dauphin labourant », ses bons gros yeux de myope, son attitude penchée et solide, la fermeté si rose de ses poings et de ses mollets. Avant les noces, l'impératrice a mené sa fille faire une retraite de trois jours, près de Vienne, à Mariazell, sous la direction de l'abbé.

— J'ai grand-peur, Votre Majesté, s'épancha l'abbé, que les lectures spirituelles et les exhortations que je dois faire ne puissent l'être beaucoup davantage ; il faudra remplir ces trois jours et Son Altesse Royale ne verra personne.

Il sait bien, l'abbé, que la future dauphine ne supporte aucune méditation, si courte soit-elle. Il sait, le roi Marie-Thérèse, quelle pétaudière de stupre est cette cour de Versailles où règne au lit royal la du Barry. Marie-Thérèse demande à ce petit pèlerinage le secours du ciel. L'angoisse s'est emparée de l'impératrice : elle pressent que l'enfant court un danger confus, mortel. Elle a fait parvenir à Louis XV une missive où elle le prie d'avoir de l'indulgence pour une fille si jeune.

La nuit, le cœur serré, Marie-Thérèse veille. Il est trop tard. On ne bouleverse pas un mariage aussi prestigieux. Ce serait la guerre et le ridicule à jamais sur la maison d'Autriche. L'Autriche, ennemie héréditaire de la France.

Antoine, la petite colombe étincelante qui dévore son cœur. Il a fallu à la lutteuse tant d'années et tant d'enfants (six sont déjà morts) pour sentir fondre son âme. Fondre sa vie. Pour un peu, elle éclaterait en sanglots et s'enfuirait avec l'enfant de sa vie.

*
* *

Au jour de Pâques, le 15 avril, l'ambassadeur M. de Durfort est solennellement reçu à Vienne.

Il est venu demander, au nom de Louis-Auguste, la main de Marie-Antoinette.

Faste, luxe, un cortège de cinquante carrosses traverse les rues de Vienne.

Antoine est aux fenêtres de la Hofburg. Tout Vienne aussi. Le 16 avril a lieu la demande officielle, audience publique où l'impératrice siège en habit de gala, auprès de Joseph II. Celui-ci fait appeler, du salon voisin où elle attend, l'archiduchesse Maria Antoine, Josepha Johanna, vêtue d'or et de blanc. Marie-Antoinette fait son entrée, coiffée à ravir, des perles dans ses cheveux, aux oreilles, au cou, aux poignets. Elle suit rigoureusement le protocole, plonge en une longue révérence devant l'impératrice d'Autriche, d'Allemagne, de Hongrie et de Bohême. Une révérence gracieuse, que lui a enseignée maître Noverre. Une révérence digne d'une figure de ballet. Son visage légèrement incliné est offert telle une rose. La grâce de ses bras, de sa taille, tout fait d'elle une colombe qui se pose, légère, effleurant le sol. Les saluts d'usage s'échangent entre l'impératrice, l'empereur et la jeune fille. La comtesse de Trautmanndorff attache au sein de Maria Antoine Josepha Johanna, archiduchesse d'Autriche, le portrait du Dauphin richement serti de diamants.

Dans les appartements impériaux, devant les ambassadeurs de France et de Vienne, la noblesse la plus huppée de la Cour, on joue *La Mère confidente* de Marivaux et un ballet de Noverre, *Les Bergers du Tempé*.

Les cérémonies se poursuivent par la renonciation, le 17 avril, devant l'Évangile, de Marie-Antoinette à ses droits de succession au trône d'Autriche. Qu'elle est charmante, vêtue de rouge, de blanc et d'or: le portrait-bijou du Dauphin étincelle à sa poitrine.

L'empereur Joseph II, après la parade de l'armée, donne un dîner de mille cinq cents invités au palais Liechtenstein. Le bal qui suit a convié trois mille personnes. Madame Antoine resplendit dans une toilette de gaze, le col en dentelle relevé, les manchettes assorties, la chaussure en satin au talon serti de perles.

Antoine danse une grande partie de la nuit. Elle a deux démarches. Celle officielle, droite, hautaine et pleine de grâce, et celle, quotidienne, d'une danseuse. Dans les couloirs de ses palais, dans les allées de ses jardins, sur les marches de l'échafaud, elle a dansé.

*

* *

Le 19 avril, c'est le mariage. Qu'elle est donc fraîche dans sa toilette argent cette enfant de quatorze ans et cinq mois qui a veillé et tant dansé. L'impératrice et Joseph II la conduisent à l'autel de l'église des Augustins, entre deux rangs de grenadiers en grande tenue et de hauts dignitaires.

La comtesse de Trautmanndorff tient sa lourde traîne. Son frère, l'archiduc Ferdinand, représente, aux côtés de Marie-Antoinette, le Dauphin Louis-Auguste. Le nonce du pape, Mgr Visconti, célèbre le mariage. Lorsque retentissent les grandes orgues, le roi Marie-Thérèse ne sait s'il doit savourer cet immense triomphe ou s'abîmer dans la plus sombre des angoisses.

À Versailles, on rivalise de fastes pour accueillir la future dauphine.

Celle qui appartient au territoire ennemi, celle qui doit abandonner sa famille, ses habitudes, sa langue maternelle et jusqu'à ses vêtements, une étrangère, donc une ennemie. Une dauphine est toujours un otage. On l'attend pour qu'elle remplisse froidement son devoir de reproductrice. On peut toujours se moquer d'elle, de ses fautes de français, l'assassiner, la répudier. On a déjà vu des peuples mettre à mort des princesses étrangères. Marie-Thérèse frémit et se tait, abîmée dans ses prières.

Louis XV fait confectionner à Louis-Auguste des habits de cérémonie incrustés de pierreries. Le plus beau diamant du monde, dit « le Pitt », ornera le chapeau du roi. Il a commandé à son fournisseur en voitures, Francien, deux carrosses en bois précieux, peints magnifiquement, ajustés à des voitures en verre transparent. L'intérieur est doublé de velours, le tout surmonté de la couronne des Bourbons. Francien, excellent mécanicien, au grand intérêt du Dauphin, a su améliorer ces voitures d'une suspension. Louis XV a confié à son ministre des Menus Plaisirs, Papillon de La Ferté, le soin d'organiser les annexes nécessaires en salles de bal et de spectacle. On a aménagé le salon d'Hercule avec des gradins spéciaux pour le théâtre. Le roi a prévu d'offrir à la dauphine une somptueuse garde-robe, un coffret-meuble contenant tous les bijoux de la reine Marie Leszczynska – girandoles, colliers de pierres précieuses à triple rang, perles, ferrets, bagues, bracelets, boucles d'oreilles, pendentifs en rubis et émeraudes, broches, montres montées en bijoux. Une foule de gentilshommes, de dames d'honneur, de médecins, de chirurgiens, d'apothicaires, de coiffeurs, de confesseurs, de secrétaires, de lingères sont prévus pour le voyage de la dauphine et son installation. Un grand déploiement militaire de mousquetaires est du cortège. Qui ferait partie de la procession allant chercher la dauphine ? La bureaucratie du protocole fut mise à rude épreuve car les omissions par erreur soulevèrent des haines sourdes et définitives contre « l'Autrichienne ».

*

* *

Cette réception coûte des millions de ducats tant à l'Autriche qu'à la France. La du Barry a, de son côté, lancé la mode des déshabillés, des chignons lâches et des petites robes découvertes aux dîners du roi. Son grand plaisir est de se parer et de ne rien faire. La du Barry surnomme son vieil amant royal « La France ». Quand, le matin, il lui fait son café (il a délaissé ses filles pour elle), elle rit, nue et rose, et crie, insolente et la bouche en petit pot de fraises :

— La France, ton café fout le camp !

Mesdames Tantes la haïssent.

On a prévu des relais de quatre cents chevaux à chaque station amenant la dauphine en France.

Est-ce un cortège, une cavalcade ou un cirque géant ?

*

* *

Le 21 avril, le temps est doux, et, après un dernier souper familial, à neuf heures du matin, ce sont les adieux d'Antoine à sa famille.

Ni elle ni sa mère n'ont dormi. Sa mère ne cache plus ses yeux rougis. L'archiduchesse est vêtue d'une robe blanche. Elle monte après une ultime embrassade dans le carrosse de verre et d'or. Derrière la vitre, elle est une poupée de cire rosée, au sourire et à la blondeur de fée. Elle traverse, tirée par six chevaux blancs, Vienne, ses faubourgs, longe son cher Schönbrunn, suivie d'un immense cortège d'honneur où se succèdent selon le protocole les plus grands noms de l'empire. Le prince de Paar, le comte de Windischgraetz, le comte de Sternberg, le comte de Trautmanndorff et leurs épouses. L'abbé de Vermond est dans la voiture qui suit celle de la dauphine avec un chapelain, un gouverneur et un chirurgien.

La poussière entoure la voiture de la dauphine et dérobe sa vue au regard de ses derniers fidèles qui ont tenu à suivre à cheval le cortège jusqu'à ce qu'il quitte à jamais la ville, emportant pour toujours l'enfant favorite de Vienne.

Un cortège qui lentement disparaît, laissant derrière lui ce nuage, ce mirage. Un cortège où roule la blonde enfant vers son destin.

Madame Antoine ne reverra jamais Vienne ni l'Autriche.

Ni sa mère.

Chapitre 12

VERS LA FRANCE

Ce fut là, avec la lamentable fuite à Varennes, l'unique voyage de Marie-Antoinette. Elle logea dans quelques châteaux, demeura au monde clos de ses prisons dorées ou d'enfer. Marie-Antoinette ne connaissait rien de l'Autriche et ne visita jamais la France.

*

* *

On avance lentement, on arrive le premier soir à la ville de Melk. Joseph II y avait précédé sa sœur. Elle verra à Melk le dernier visage d'un membre de sa famille. Ils assistent à un opéra où la petite, ivre de fatigue et sans doute de chagrin, s'ennuie. Le grand Joseph en serait à lui manquer tellement la tristesse des adieux s'est emparée de son âme. Il cache son émotion, lui souffle « tête à vent » dans l'oreille pour la faire sourire et promet d'aller la voir à Versailles.

Roule, roule, roule.

À Enns, on s'arrête par une pluie battante. Il en est de même à Lambach, Munich, Günsbourg, Fribourg. Il pleut, il fait froid, elle tousse, elle s'ennuie, et pourtant on l'acclame avec frénésie. Elle secoue sa jolie main par la vitre du carrosse. Sa robe est en gros tour blanc, sur un jupon d'or et des bas de soie.

Le 7 mai, à sept heures du matin, la voilà en territoire de France. À onze heures, sous les acclamations, elle traverse Strasbourg.

Les cloches de la cathédrale sonnent avec éclat.

On va remettre officiellement Maria Antoine Josepha Johanna, archiduchesse d'Autriche, à la France.

La voici qui appartient désormais à la France.

Elle est la plus jolie et la plus riche enfant du monde: elle ne possède rien en propre. Ni ses pensées, ni son corps, ni ses actes.

L'échange a lieu dans une île sur le Rhin entre Kehl et Strasbourg. Les grands maîtres du protocole entre Versailles et la Hofburg avaient décidé que ce lieu, neutre entre tous, convenait diplomatiquement à l'échange de la fille de Marie-Thérèse. On remettrait la future mariée en un endroit qui ne devait être ni l'Autriche ni la France afin de n'offenser aucune des parties. Une sorte de remise d'otage, une fouille de prison dorée. On avait construit à cet effet un pavillon qui comptait deux pièces. Une représente la France, l'autre l'Autriche. Du côté de la rive droite du Rhin, Madame Antoine pénétrera dans ce pavillon en archiduchesse autrichienne et ressortira, côté gauche, après les cérémonies d'usage, en dauphine de France, héritière du trône.

Un pavillon en bois est précieusement décoré de tapisseries des Gobelins, prêtées par le palais épiscopal de Strasbourg. Les familles les plus riches ont fourni les meubles. Une de ces tapisseries reproduit une sombre et sanglante scène: l'histoire de Jason, Médée et Créüse. La mère égorgeant ses enfants pour se venger. L'histoire d'un bain de sang et d'une haine conjugale sans limite. Est-ce un sinistre présage, ce mythe d'un atroce mariage? On prétend qu'une bande d'étudiants de l'Université, dont le jeune Goethe, qui avaient visité le pavillon officiel, en ressortirent scandalisés à la vue de cette œuvre, y voyant une indélicatesse, voire une malédiction sur la tête de la jeune fille que l'on accueillait.

La petite Antoine est trop émue par le rituel qui va la séparer à jamais de sa propre identité pour prêter attention aux meurtres de Médée.

— Restez allemande ! s'était écriée sa mère.

Il va falloir qu'elle se dépouille entièrement de ses vêtements autrichiens pour revêtir ceux de France. L'enfant de quatorze ans et cinq mois frissonne, ses vêtements un à un ôtés par les dames de sa suite. Un corps rose, nacré, si tendre, où pointent à peine des seins menus et bien faits. Des mains de femme – qui est qui ? Elle ne connaît plus personne – la revêtent d'une chemise et d'une robe de soie de Lyon ainsi que de bas blancs. Les jupons sont de Paris, les souliers à petits talons joliment ouvragés ont été confectionnés par le meilleur cordonnier de la cour de Versailles. Elle doit tout remettre, telle une prisonnière au guichet, y compris la bague que lui avait offerte Marie-Caroline. Rien, ni jarretière, ni ruban, pas même un souvenir personnel. Le comte de Starhemberg la mène cérémonieusement du côté français.

Elle a franchi l'ultime frontière où l'attendent la solennelle délégation et Mme de Noailles, qui représente l'étiquette. La petite se couvre d'une pâleur livide. On feint d'ignorer son trouble. En grand apparat, l'ambassadeur de Louis XV prononce un long discours. La cérémonie atteint le comble de sa solennité : la table du milieu est la frontière entre l'Autriche et la France. La petite archiduchesse avance de quelques mètres. Le comte de Starhemberg lâche sa main. A-t-elle le vertige, va-t-elle tomber ? Un gentilhomme français saisit délicatement cette main qui défaille et fait faire à la future dauphine le tour de la table. Elle tremble ; la lèvre des Habsbourg se crispe. Elle avance encore, il faut quelques minutes à la suite autrichienne pour disparaître et laisser à la France une enfant devenue sa future reine.

Est-elle terrifiée de ne plus sentir la présence des siens ? Personne, ici, ne parle sa langue natale. Sa dame d'honneur, Mme de Noailles, s'incline devant elle, et l'enfant, à la surprise générale, se jette dans ses bras en sanglotant. On feint de ne pas remarquer une telle dérogation au protocole. Le carrosse de France, la merveille de verre et de velours, l'attend. Les cloches de la cathédrale ne cessent de sonner, on tire des salves d'artillerie. Madame Antoine a quitté à jamais la rive de l'enfance, la rive de Madame Maman.

Du carrosse, la fille de Marie-Thérèse se distrait peu à peu de son chagrin par le spectacle du bon accueil. Des Alsaciennes en costume traditionnel dansent et lui font ovation. Des enfants jonchent son chemin de fleurs, les portes et les arcs de triomphe sont pavoisés, c'est le mois de mai, le mois des roses. Chaque place offre ses tonneaux de vin, on grille des bœufs entiers à la broche. On frôle le délire ; on l'aime, cette enfant si blonde et on le lui dit. Il y avait longtemps que Strasbourg n'avait eu l'honneur d'accueillir une dauphine. Va-t-elle reprendre courage, aimer ce pays qui semble déjà l'adorer ? Elle entend des mots louangeurs tels que « Voici le nouvel âge d'or ». Le long du Rhin flottent des bateaux illuminés, la nuit s'achève dans la joie. À l'évêché, elle est accueillie par la brillante élocution du prélat bien connu à Vienne et que Marie-Thérèse n'aime guère, Louis Édouard de Rohan, élégant, efféminé, vêtu de violet.

— C'est l'âme de Marie-Thérèse qui va s'unir à l'âme des Bourbons.

Dans la cathédrale, le cortège se range. Louis Édouard de Rohan est une ombre mauve, une ombre funeste devant l'or des ciboires et le rougeoiement du soleil contre les vitraux.

Il faut partir. L'Alsace est à demi allemande, et on ne fait pas attendre le roi de France.

Antoine meurt de sommeil durant ses ultimes obligations mondaines. Odes, compliments, elle n'écoute plus, fatiguée, distraite, on la voit même bâiller et s'agiter sur son fauteuil lors des derniers spectacles offerts sur sa route vers Compiègne.

Le 14 mai, enfin, on atteint la forêt de Compiègne, lieu choisi par le roi pour la rencontre entre le Dauphin et la jeune archiduchesse. On lui a mis sa robe de cour, on l'a coiffée avec le plus grand soin. Elle est un peu pâle et bouleversée pendant cette dernière étape, entre Soissons et Compiègne. Une foule de plus en plus dense compose ces ombres fauves, accompagnées des ovations sans fin. Une forêt, *les loups dans la forêt.*

*

* *

Le roi et sa famille l'attendent au pont de Berne, à l'orée de la forêt. Deux fanfares annoncent l'approche du carrosse de la dauphine. Les tambours et les musiciens sont en habits de parade. Elle entend les roues du carrosse brusquement grincer. On a cessé de rouler. On ouvre la portière, on avance le marchepied : ils sont là. Il est là, le futur époux qu'elle n'entrevoit pas, trop émue pour fixer son attention sur ce groupe sombre et éclatant à la fois.

Entourée du comte de Saulx-Tavannes et du comte de Tessé, elle rompt une nouvelle fois avec le protocole en se précipitant vers le roi de France. Elle court, légère, elle danse, légère, elle a deviné que c'était lui, ce bel homme dont le chapeau rutile d'un diamant extraordinaire. Elle plonge dans une de ces révérences qu'elle a tant étudiées avec Noverre. Le roi, charmé par ce visage de perle, la relève et l'embrasse sur les deux joues. Il se tourne vers un long jeune homme glacial et muet.

— Monsieur le Dauphin, votre fiancé.

Louis-Auguste se dandine jusqu'à la fraîche enfant qui a rosi. Il plaque un raide baiser sur sa joue et se fond aussitôt dans l'ombre.

Louis XV, rajeuni par tant de grâce féminine, lui présente Mesdames ses filles, banc d'oiseaux revêches. Il fait tous les frais de la conversation. La dauphine est assise entre lui et le Dauphin muet comme une carpe. On dirait que le fiancé est le guilleret Louis XV. Le soir même, dans l'hôtel de M. de Saint-Florentin, les deux fiancés – mariés par procuration – regagneront chacun leur appartement. Le futur Louis XVI semble mourir d'ennui. Ses yeux myopes n'expriment rien. Il a dîné voracement et bu de même.

Dans son carnet en maroquin noir il note :

« Entrevue avec Madame la dauphine. »

Le 15 mai, les carrosses roulent vers Paris. Une étape est prévue au château de la Muette avant Versailles. M. Mercy d'Argenteau est mal à l'aise. Mme du Barry est invitée au dîner parmi les cinquante dames de hautes qualités. Il s'empresse d'en faire parvenir le renseignement au seul souverain qu'il reconnaît : Marie-Thérèse.

« Il paraît inconcevable que le roi choisisse ce moment pour accorder à sa favorite un honneur qui lui a été refusé jusqu'alors. »

Mercy d'Argenteau, long, maigre, sec, avec l'abbé de Vermond, est l'un des derniers liens affectifs de la petite dauphine. Mercy d'Argenteau, né au pays de Liège en 1727, a quarante-trois ans au moment des noces de la dauphine et remplace (avec l'abbé de Vermond) son père disparu. Elle aime cet ambassadeur, réservé jusqu'à la hauteur, timide au fond, trahissant sans cesse ses secrets pour en fournir le rapport à sa souveraine bien-aimée. Il a débuté sa carrière diplomatique comme attaché d'ambassade auprès du prince von Kaunitz alors ambassadeur d'Autriche en France. Le prince le définissait en quelques mots : « Point de génie, du zèle, des bonnes mœurs, de l'application. » Après avoir été en poste à Turin et Saint-Pétersbourg, il avait été nommé à Versailles, placé par M. de Starhemberg. Fut-il avec l'abbé de Vermond l'âme damnée de Marie-Antoinette ? Mercy s'est ressaisi quand le cortège s'arrête au carmel de Saint-Denis pour présenter la dauphine à « sœur Thérèse-Augustine », ce qui n'empêchera nullement ce honteux dîner. La favorite, couverte de pierreries, les joues aussi roses et fraîches que celles de la dauphine, les épaules nues, s'incline devant Marie-Antoinette. Le souper commence. Mercy d'Argenteau est tout attention.

— Comment trouvez-vous cette dame qui ne cesse de vous sourire ? demande le roi à la jeune fille, désignant d'un regard caressant, en face d'eux, la du Barry éblouissante.

— Charmante, Sire, dit-elle.

Elle se penche vers son austère dame d'honneur, Mme de Noailles, rabougrie dans une quarantaine sans grâce, le cou raide, les mots un à un pesés avant d'être prononcés.

— Quelles sont les fonctions de cette dame ? demande-t-elle.

Mme de Noailles, aussi outrée que Mercy d'Argenteau, ose la raillerie.

— Ses fonctions ? Amuser le roi !

— Amuser le roi ? s'écrie l'étourdie, en ce cas, je me déclare sa rivale.

Mlle Jeanne Bécu, ravie des sourires de la dauphine, déclarera à son amant de ce ton zézayant dont il raffole, surtout quand elle lui jette les plus crus encouragements du plaisir :

— La France ! La petite est *zarmante*.

Chapitre 13

Nuit de noces

Versailles.

Les trompettes des gardes du corps acclament le carrosse royal quand il s'arrête devant l'escalier de marbre. Les gardes du corps sont au nombre de trois mille trois cents, la veste bleue, la culotte et les bas rouges, l'ensemble galonné d'argent. Les officiers portent une canne d'ébène, à pomme d'ivoire. Les gardes « de la porte », qui veillent la nuit à la sécurité des appartements, surveillent le jour la grille de la cour royale. La seule modification à leur tenue est un galon or et argent. La garde personnelle du roi ajoute à leur uniforme des hoquetons – ou tuniques à bosses brodées d'or et d'argent.

Tout rutile autour de la petite dauphine. Quelle différence avec l'austérité militaire, le rouge et le blanc de la Hofburg !

Les Cent-Suisses ont la grave coquetterie de se vêtir, au jour des grandes cérémonies, de l'antique costume libérateur de la Suisse. Marie-Antoinette s'émerveille de ces larges hauts-de-chausses tailladés, l'élégant pourpoint de velours, la fraise godronnée et la toque à plumet. Ils portent une hallebarde qu'ils conservent, aux jours ordinaires, en revêtant le costume des gardes.

Le roi et le Dauphin présentent la dauphine à Mesdames Clotilde et à Élisabeth. Ils la mènent à ses appartements.

*
* *

La chambre de Marie-Antoinette, communiquant avec celle du Dauphin, est celle de Marie-Josèphe de Saxe. La chambre du bonheur et du grand deuil de la défunte dauphine que Louis XV surnommait « triste Pepa ». La chambre de sa nuit de noces et la chambre de sa mort. Lors de sa nuit de noces, vingt-trois années auparavant, le Dauphin veuf d'une épouse bien-aimée, sanglotait dans cette même pièce. Marie-Josèphe de Saxe, au lieu de s'en offenser, le bénit de pleurer ainsi :

— Vos pleurs m'annoncent ce que j'ai le droit d'espérer moi-même si je suis assez heureuse pour mériter votre estime.

Une chambre vert et or, au lit paré de rideaux chamarrés. La chambre des noces de Marie-Antoinette et de Louis-Auguste.

La chambre où, en ce clair matin du 16 mai, on habille la dauphine et le Dauphin. Elle est revêtue d'une robe argent et or, à longue queue, garnie de réseaux d'or. Il porte un costume en drap d'or qui a coûté douze mille trois cent vingt-deux livres.

*
* *

Mgr de Broglie a remis au roi une protestation de la part de la maison de Lorraine.

Les Guise font partie de la famille de Lorraine ainsi que Mme de Brionne-Lorraine, mère du prince de Lambesc et de Mlle de Lorraine. Ces cousins du père de Marie-Antoinette, parents en neuvième position de la future reine, avaient obtenu du protocole, par l'intermédiaire de Mercy d'Argenteau, une « faveur » : Mlle de Lorraine danserait le premier menuet du bal, après les princesses de sang mais avant les duchesses françaises.

La requête est présentée à Louis XV et soulève un tollé général à la Cour. Quoi, les Lorrains, ces *étrangers* passeraient avant les duchesses françaises ? Louis XV, contrarié, avait éludé et consenti par politesse pour la dauphine à honorer la maison de Lorraine. Indignées, les duchesses refusèrent d'assister au bal.

Marie-Antoinette ignore que, déjà, une rumeur hostile a éclaté contre ces Lorrains dont elle est issue.

Mesdames Tantes jubilent. Elles attendent leur moment pour dépecer la petite si blonde et si rose.

*
* *

Le mariage a lieu dans la chapelle de Louis XIV. Les courtisans en foule y assistent. Tout le monde, ou presque, peut entrer dans la galerie des Glaces et admirer le spectacle. À Versailles, tout est spectacle. On se presse chaque soir pour regarder Louis XV ouvrir d'un seul geste inimitable son œuf à la coque. Les plus grands aristocrates sont conviés à la séance de la chaise percée. Une foule de gens envahissent le château. On interdit l'entrée du palais aux moines mendiants, aux chiens et aux rescapés de la petite vérole. Il n'est pas rare de voir des filles publiques dans les escaliers à condition qu'elles ne se livrent pas à leur commerce. Les badauds tête nue et sans épée sont refoulés, mais ils louent une rapière et un chapeau au gardien qui en fait grand profit. On a même vu dans les corridors des montreurs de singes savants et dans les escaliers monter une vache quand une princesse désirait du lait frais. On urine et on défèque régulièrement sous ces escaliers. « Les lieux » n'existent pas ; à la famille royale et aux plus huppés les « chaises percées » dont le contenu est déversé au hasard des rigoles entourant les communs. Versailles pue. Sans parler des déjections des petits chiens dont raffolent ces dames. On en a offert un, tout moussu de poils blancs, à la dauphine. On s'inonde de parfums sur la crasse, ce qui donne une étrange atmosphère de patchouli, d'encens et d'excréments. Assister au mariage, derrière les balustrades, et au souper qui suivra relève du protocole et des quartiers de noblesse.

La petite dauphine va, de son pas ailé, sa main dans celle du Dauphin, précédée du Grand Maître de cérémonies. Que son fiancé a donc l'air renfrogné dans son magnifique habit qui a coûté une fortune ! Ils traversent la galerie des Glaces et les grands appartements. Elle s'étonne de la splendeur païenne de la chapelle : du blanc, de l'or, des anges sonneurs de trompettes, des amours et des nymphes dénudées dans un ciel de nuages roses et dorés entourent Dieu le Père qui ressemble à Jupiter. On est loin de l'église des Grands Augustins, loin de la crypte des Capucins. Elle s'est agenouillée aux côtés de son fiancé sur un carré de velours rouge et or. L'archevêque de Reims, Mgr de La Roche-Aymon, bénit l'union, les treize louis d'or (gage de sa virginité) et l'anneau nuptial que Louis-Auguste passe à l'annulaire de Marie-Antoinette. L'évêque de Senlis et l'évêque de Chartres, premier aumônier de la dauphine, hissent un poêle d'argent au-dessus des époux. On a récité le *Pater Noster*. On signe le contrat de mariage selon un ordre hiérarchique rigoureux. Le roi de France le premier, ensuite sa parentèle. Un parchemin extrêmement long où la petite mariée écrit péniblement ses quatre prénoms « Marie-Antoinette Josepha Jeanne » et lâche un gros pâté d'encre. « Mauvais présage », murmure-t-on.

Cette nuit-là, elle dormira dans le même lit que le taciturne jeune homme qui, pas une seule fois, ne lui a souri.

Les jardins de Versailles ont été gracieusement ouverts au public. Le peuple de Paris est venu à pied pour apercevoir « sa » dauphine. Les grandes eaux ont été mises en route. On déambule dans les allées, les bosquets. On applaudit, on admire, on ovationne. On est amoureux de la dauphine. Un feu d'artifice est prévu pour la soirée. Un orage éclate, ténébreux, violent, qui empêche le feu d'artifice et fait grelotter de froid ces milliers de Parisiens. Une véritable tempête, les arbres soudain secoués en tous les sens. La déception du petit peuple réduit à revenir à pied, trempé jusqu'aux os, est immense. L'orage fait tout trembler tandis que se déroule le repas des noces. Six mille invités, non à dîner mais à regarder, le ventre vide, le festin de la famille royale. Le souper a lieu dans la salle de l'Opéra, où on a établi un faux plancher au-dessus des fauteuils, et organisé les vingt-cinq couverts de porcelaine, de cristal et de vermeil. Mme du Barry n'est pas du festin. Une table de dix mètres de long et quatre de large, nappée de velours vert. Le roi préside, le Dauphin à sa droite, la dauphine à sa gauche. Provence est assis près du Dauphin, Artois au côté de la dauphine. À la suite et en ordre parfait : Mesdames Tantes, Clotilde et Élisabeth, le duc de Chartres (futur Philippe Égalité) et son épouse, le prince de Condé, le duc et la duchesse de Bourbon, le comte de Clermont, la princesse de Conti, le comte et la comtesse de La Marche, le duc de Penthièvre, neurasthénique beau-père d'une jeune veuve de vingt et un ans, au bout de la table : Marie-Thérèse de Savoie-Carignan, princesse de Lamballe. Les courtisans s'entassent dans les galeries. Voir la dauphine est l'attraction principale. Un orchestre de soixante musiciens étouffe les grondements de l'orage. Une escorte de gardes du corps, de gentilshommes servants et de maîtres d'hôtel, sous les roulements des tambours, annonce « la viande du roi », à savoir une centaine de mets préparés dans les communs, à cinq cents mètres de la salle du souper. Le futur Louis XVI mange et boit énormément. Son grand-père s'en inquiète avec ironie. Il répond avec une simplicité déroutante « qu'il dort toujours mieux quand il a bien soupé ». La dauphine touche à peine aux mets et le regarde à la dérobée. La graisse des gibiers luit sur son menton. Il semble absent ou terrifié par la proximité de cette toute jeune fille. Comment échapper au lit qui attend, paré, offert sans vergogne au regard de six mille personnes et à l'imagination de la France et de l'empire de Madame Maman ? Comment échapper à l'image de sa défaillance intime ? Pour un peu, il sauterait par la fenêtre se réfugier dans les bois. Louis dévore : six bisques de potages divers, dont l'un d'eux confectionné avec une tortue venue de Londres (ce plat revient à un millier d'écus). On a servi pour vingt mille livres d'ortolans et de gélinottes, suivis de turbots et de saumons arrosés d'une sauce au musc. Les précieux cuisiniers languedociens ont apprêté un sanglier à la crapaudine. De la plus belle taille, farci de foie gras, flambé aux graisses les plus fines, inondé des plus grands bourgognes, il est servi avec sa hure. Louis trempe le pain blanc et le pain mollet dans les sauces les plus diverses où se mêlent le poivre, le musc, les épices, les amandes, l'ambre, l'eau de rose. Quant au beurre, il n'y en a que deux sortes que le grand monde daigne savourer : le beurre de Vanvre (Vanves) et le beurre de la Frévalais, fabriqué aux environs de Paris. Les desserts sont une succession de pâtisseries nappées de crèmes, des muscadins, les ananas poussés en serre, les fraises précoces, des dragées de Verdun. Les restes de ces mets retournent aux domestiques qui se les partagent et au regrattier de Versailles qui en fait commerce. Il n'est pas rare, aux lendemains des grands festins royaux, de voir un gentilhomme, épée au côté, acheter au « regrat » de Versailles la hure du souper des rois. Au regrat se vendent les restes de la table royale, et tout Versailles s'en nourrit sans scrupule. L'échanson a rempli les différents verres en cristal de vins du plus haut cru. Le vin de Champagne (sans bulles) rappelle à Marie-Antoinette le tokay et brûle sa tête d'un agréable tournis.

*
* *

Louis XV mène ensuite « ses enfants » au lit, les tenant chacun par une main, au vu et au su de toute la Cour. Louis-Auguste, à demi mort d'angoisse et d'excès de table, ne voit et n'entend plus rien. Comment oublier que la jeune fille entrevue depuis deux jours à peine doit devenir la mère de son futur Dauphin ? Comment fait-on un enfant, quand de simplement relever la peau de son gland lui cause une douleur aiguë ? Il sait que, pour faire des enfants, *le mâle introduit son vit dans le canal de la femelle.* Fût-il roi, fût-elle dauphine.

Le protocole accorde à la noblesse la plus huppée de pénétrer dans la chambre nuptiale. Le roi de France remet à Louis-Auguste sa chemise, et lui glisse à l'oreille quelques propos égrillards. La duchesse de Chartres tend à Marie-Antoinette la chemise en dentelles de Malines. L'archevêque de Reims bénit le lit richement chamarré d'or.

On tire les rideaux.

On les ouvre une ultime fois pour prouver à tous que Madame la dauphine et Monsieur le Dauphin, pétrifiés côte à côte, sont bien dans la même couche.

Lentement, on referme les rideaux de brocart et commence une étrange tragédie qui va durer des années.

La petite dauphine entend ronfler. Est-ce bon Papa et son bonnet de nuit ?

Cette nuit-là et toutes les autres nuits, il ne se passera rien.

Au petit matin, le Dauphin disparaît à la chasse.

« C'est quitter bien tôt ! », murmure la Cour.

« Rien » a écrit le Dauphin dans son carnet en maroquin noir.

Deuxième partie

MADAME LA DAUPHINE

Chapitre 14

Matrimonium non consummatum est

Le lendemain et les jours suivants, les festivités continuent. À son réveil, on sert à la dauphine une tasse de café – porcelaine de Sienne bleu nuit cerclée d'or. Le café est très prisé en France. L'Europe a organisé elle-même sa production. Les caféiers sont plantés à l'île Bourbon (la Réunion), à la Martinique, la Guadeloupe et Saint-Domingue. Le café de l'île Bourbon plaît beaucoup avec « son grain petit et bleuâtre comme celui de Java ». En 1770, la marine marchande française est l'une des plus puissantes du monde. Les navires du roi importent alors trente-cinq mille tonnes de café. En province, le café est utilisé comme remède. À Versailles, on en raffole. Chaque matin, Marie-Antoinette en déguste une tasse accompagnée d'un gâteau annelé qui lui rappelle ceux de Vienne. A-t-elle besoin de l'euphorie du chaud breuvage noir pour se souvenir qu'il n'y a, dans la chambre des noces, ni Dauphin ni amoureux ?

Ni désordre ni linges souillés. On présente à la dauphine, dûment vêtue d'une robe de cour à paniers, sa « maison ». C'est le défilé de ce premier matin où flotte dans tous les regards la même interrogation. *Matrimonium non consummatum est.* Le mariage n'est pas consommé. Mercy d'Argenteau en est assuré par les espions de la chambre nuptiale. La spontanéité de Marie-Antoinette fait le reste. Un courrier part aussitôt pour Vienne. Quinze jours plus tard, Marie-Thérèse écrit à sa fille : « Point d'humeur là-dessus. » L'enfant éprouve-t-elle une sourde anxiété de ce don d'ubiquité de l'impératrice ?

La « maison » de Madame la dauphine défile selon la férule de Mme de Noailles. Les chevaliers d'honneur s'inclinent, suivis de surintendants, du premier aumônier, du maître d'hôtel et de ses quatre maîtres de quartiers. Tel un corps de ballet, voici les écuyers flanqués des vingt valets de chambre, d'autant de laquais et de quatre huissiers. Mme Thierry, première dame de chambre, présente les quatorze femmes de chambre. Mme de Genlis précise dans son *Dictionnaire des étiquettes,* qu'« elles portaient aussi un grand habit, mais n'avaient pas de bas de robe, c'est-à-dire de queue. Il ne leur était pas permis non plus de porter le grand corps, recouvert d'étoffe et souvent de pierreries, que portaient les jeunes personnes. Elles devaient se contenter d'un mantelet ». Elles plongent en une profonde révérence. Marie-Antoinette salue d'un signe de tête infiniment gracieux, bien à elle. Elle salue avec un petit sourire les quatre chapelains, les deux prédicateurs et l'aumônier. Elle salue, coiffée en boucles serrées, deux médecins, quatre chirurgiens. Elle sourit aux maîtres d'armes, au perruquier qui a la charge délicate des étuves, du bain et de la baignoire de la dauphine. Elle sourit avec un brin de malice à l'officier porte-chaise.

Madame la dauphine se trouve à la tête de deux cents serviteurs. Elle a droit, en livrée royale, à douze pages. Vêtus de drap écarlate, galonné d'or et d'argent, ces enfants et jeunes gens ont pour office d'accompagner la dauphine afin d'éclairer les escaliers, porter les queues des robes et chevaucher aux portières des carrosses.

Les pages du comte de Provence sont en rouge avec parements bleus, ceux d'Artois, aux parements amarante et ceux du duc d'Orléans, en rouge galonné d'or.

Les pages du prince de Condé sont en jaune jonquille aux parements rouges. Les pages de la Chambre ont un habit cramoisi brodé d'or sur toutes les coutures.

La grande livrée de Louis XV est en habit bleu, à parements et collet de velours écarlate, telle leur veste galonnée d'or.

*

* *

Madame la dauphine possède dès ce matin du 17 mai ses propres potagers, ses vins, ses échansons, ses laquais de cuisine, ses portevins et ses cuisiniers, sans compter les panetiers qui fournissent les fruits autant qu'elle en désire.

Elle ignore qu'entre eux règne la discorde. Un potage raté peut entraîner le désespoir, voire le suicide. Marie-Antoinette ne sait pas que le Dauphin déteste l'abbé de Vermond, son confesseur officiel. Le Dauphin, qui a l'abbé Soldini pour confesseur, préférerait remplacer auprès de son épouse l'abbé de Vermond par le terne abbé Maudoux.

Le Dauphin a pour premier valet de chambre Marc-Antoine Thierry qui lui a donné mille preuves de dévouement. Thierry a persuadé le prince que son épouse, Cécile Lemoyne de Crécy-Thierry, soit nommée première femme de chambre de la dauphine. Elle avait été femme de chambre ordinaire de la reine Marie Leszczynska. Thierry est soutenu par Mesdames Tantes et M. de La Vauguyon. Mme de Noailles, du parti de M. de Choiseul, a le droit de composer à son gré la maison de Madame la dauphine. Or Mme Thierry est du parti ennemi. Mme de Noailles se contente donc de la nommer simple femme de chambre bien que la dauphine ait manifesté l'envie de l'avoir auprès d'elle. Mme de Noailles n'aime pas Mme Thierry, « cette créature de Mme de Marsan », gouvernante de Mesdames Clotilde et Élisabeth.

« Le choix de la première femme de chambre, écrit Mercy à Vienne, a occasionné un petit mouvement d'aigreur entre Madame la dauphine et sa dame d'honneur. »

Lors du voyage de Compiègne, l'été suivant, Marie-Antoinette obtiendra gain de cause : Mme Thierry deviendra sa première femme de chambre. Mais la dauphine n'approfondit pas le sens de ces conflits. Le roi Marie-Thérèse n'eût laissé échapper aucun détail de ces affaires-là. Gouverner sa maison privée est aussi rigoureux que gouverner les affaires de l'Empire. Madame la dauphine a-t-elle compris que les gens de sa maison et de celle du roi forment une sorte de sous-cour plus fanatique d'intrigues que celle de leurs souverains ?

*

* *

Elle bâille un peu, le soir même, vêtue de la toilette bouton-d'or, au spectacle de *Persée*, livret de Quinault et musique de Lulli. Que sera la deuxième nuit avec ce jeune homme qui ne lui a pas même adressé la parole lors de ce deuxième jour passé ensemble ?

La nuit du 18 mai s'achève au petit matin par la fuite du Dauphin.

« Rien », note-t-il dans son agenda en maroquin noir.

Pourtant, elle n'est pas bien gênante, cette enfant de quinze ans à peine, qui s'endort si vite, sous les soieries, loin de lui. Il jette à la dérobée un regard au profil charmant, au corps léger, nacré sous les dentelles blanches qu'il n'a pas même effleurées. Pas un baiser, pas une caresse : rien. Il soupire, il hésite, il tâtonne vers sa main délicate. Mais non, vite ses bottes, son habit le plus rustique et la fuite vers les grands bois.

*

* *

Mme de Noailles assomme Madame la dauphine par sa rigidité. « Madame Étiquette » la fait périr d'ennui en lui récitant par cœur les usages à respecter. Elle souhaiterait prendre seule son petit-déjeuner ? Nenni ! Les « petites entrées » y assistent. Elle boit son café ou son chocolat à peine éveillée, entourée de l'abbé de Vermond, de ses médecins et chirurgiens et de quatre valets de chambre du roi. Peut-elle prendre tranquillement son bain ? On a roulé un sabot de cuivre dans la chambre à cet usage, mais la voilà entourée de ses femmes. À midi, Marie-Antoinette s'est recouchée. Éprouve-t-elle un petit besoin ? Il lui faut attendre la première dame d'honneur pour retirer le bassin de son lit.

— Quel ennui ! Quelle incommodité ! s'exclame-t-elle.

À sa toilette, elle n'est pas plus libre. Elle doit s'asseoir à sa coiffeuse, au milieu d'une vingtaine de pliants où, respectueusement, ses dames sont tout yeux à la pose de son rouge et à l'organisation de sa coiffure. Derrière les pliants, debout, les entrées masculines (les plus grands seigneurs) contemplent ces intimités féminines. Il y a un va-et-vient incessant de gentilshommes et de dames pour venir lui quémander des faveurs. Quand un prince ou une princesse de sang s'approche de sa table de toilette, elle s'accroche aux bras de son fauteuil, fait semblant de se lever et reste assise. Pour les autres nobles, elle sourit et incline la tête, ce qui dérange l'attention de son coiffeur. Quand Marie-Antoinette a soif et souhaiterait un verre d'eau, l'Étiquette en confie la charge à une première entrée, puis à une deuxième, ainsi de suite jusqu'aux cuisines, à une lieue de la chambre. Le verre d'eau arrive bien tard et tiède. Marie-Antoinette ne cache pas sa mauvaise humeur. Elle choque la Cour. Quoi, de bien plus grandes princesses se sont pliées sans déroger au protocole, et cette petite archiduchesse d'Autriche ferait sa loi ?

À l'habillement, maintenant. Laissons Mme Campan en décrire les savoureux et odieux détails. Marie-Antoinette était alors une petite reine de vingt ans, mais la coutume était la même quand elle était dauphine.

« L'habillement de la reine était un chef-d'œuvre d'étiquette ; tout y était réglé. La dame d'honneur et la dame d'atours, toutes deux si elles se trouvaient ensemble, aidées de la première femme et de deux femmes ordinaires, faisaient le service principal ; mais il y avait entre elles des distinctions. La dame d'honneur versait l'eau pour laver les mains et passait la chemise. Lorsqu'une princesse de la famille royale se trouvait à l'habillement, la dame d'honneur lui cédait cette dernière fonction, mais ne la cédait pas directement aux princesses du sang ; dans ce cas la dame d'honneur remettait la chemise à la première femme qui la présentait à la princesse du sang. (...) Un jour d'hiver il arriva que la reine, déjà toute déshabillée, était au moment de passer sa chemise ; je la tenais toute dépliée ; la dame d'honneur entre, se hâte d'ôter ses gants et prend la chemise. On gratte à la porte, on ouvre : c'est madame de Chartres ; ses gants sont ôtés ; elle s'avance pour prendre la chemise, mais la dame d'honneur ne doit pas la lui présenter ; elle me la rend, je la donne à la princesse ; on gratte de nouveau : c'est madame la comtesse de Provence, la duchesse de Chartres lui présente la chemise. [Marie-Antoinette] tenait ses bras croisés et paraissait avoir froid. Madame voit son attitude pénible, se contente de jeter son mouchoir, garde ses gants et, en passant la chemise, décoiffe la reine, qui se met à rire pour déguiser son impatience, mais après avoir dit plusieurs fois entre ses dents : "C'est odieux ! Quelle importunité !" »

Les toilettes sont soigneusement choisies selon la représentation, dont celle, le soir du 19, du fameux grand bal où ne danseront pas les duchesses, définitivement vexées de l'outrecuidance des Lorrains. S'il n'y avait pas cette foule odieuse, la dauphine savourerait le bain. Elle entre en chemise dans la baignoire sabot. Rareté entre toutes, on lui fournit des savonnettes marbrées et parfumées, composées à partir des savons durs à la soude de Méditerranée. Elle bavarde avec l'abbé, ses tantes ou ses dames. Léonard a commencé sa coiffure. Le fond de teint – ce rouge si dense – est étalé avec générosité. Il est exigé à Versailles où jamais on ne vit autant de têtes à la limite de l'ensanglanté sous les chevelures poudrées de blanc... La dauphine se régale des multiples parfums à sa disposition scellés dans les flacons de pur cristal. L'essence de violette, de jasmin, de rose, de jonquille, de bergamote, de lys, d'iris, de muguet. D'Espagne est arrivé cet engouement pour ces essences violentes à base d'ambre et de musc.

*

* *

L'étiquette n'épargne pas davantage le futur Louis XVI. Quand il a passé la nuit chez son épouse, un ballet étrange se met en place. Les valets, à qui les femmes de Marie-Antoinette ont ouvert la porte, éteignent le flambeau qui a brûlé toute la nuit dans une cuvette d'argent. On tire les courtines du côté de Louis-Auguste, on lui présente ses pantoufles et sa robe de chambre. Marie-Antoinette dort encore, le futur Louis XVI quitte la chambre pour son appartement suivi d'un valet qui porte sa courte épée. Quand se déroule à onze heures trente la cérémonie officielle du lever royal, le jeune Dauphin, est debout depuis longtemps. De sa terrasse, il regarde à la lorgnette arriver les gens, il course les chats, fait un tour à sa serrurerie et prend conseil du maître serrurier M. Gamin. Est-ce Vulcain qui a épousé Vénus et ne sait comment l'honorer ?

Au « lever » officiel, il doit se remettre en vêtements de nuit, on lui passera sa chemise, sa culotte, il ne se plaint de rien, devient ludique, s'amuse à faire reculer ses visiteurs sur le balcon tendu de toiles arrosées par des lances car c'est l'été. Louis s'esclaffe, il adore ce genre de plaisanterie. Si Marie-Antoinette annonce sa visite, le grand chambellan est chargé de porter la robe de chambre – et tout à l'avenant. De véritables escortes entourent ces princes dans le moindre de leurs déplacements.

— Quelle incommodité ! s'irrite la dauphine.

*

* *

Pour aller danser, ce soir et tous les autres soirs, la dauphine sera la plus belle.

Les dames désignées pour danser (où sont passées les duchesses ? s'étonne le Dauphin) sont assises au premier rang. Ce soir-là, ce sont les princesses de la maison de Lorraine, en grand habit, toilette si gênante aux souples évolutions d'où les indispensables maîtres de danse qui leur apprennent surtout à ne pas se prendre les pieds dans leur traîne. Elles sont coiffées en grandes boucles. Les cavaliers ne sont pas en reste, chamarrés d'or, perruqués avec une queue en une seule boucle.

Le bal a lieu dans la salle de l'opéra aménagée en un espace prévu à cet usage. Les feux d'artifice ont lieu, et Madame la dauphine danse, radieuse, légère. Pourquoi ne pas rester ainsi toute la vie ? Qu'a-t-elle besoin de coucher avec « ce nonchalant mari » ?

Elle s'amuse, la petite dauphine. Il lui arrive d'oublier le taciturne jeune homme dont l'Europe entière attend l'acte conjugal. On l'adule déjà, on l'entoure de flatteries, on l'admire, on applaudit à son apparition. Au bal, elle a fait sensation dans une robe rose et argent. Mesdames Tantes sont enchantées d'avoir sous la dent « ce morceau friand » et ses confidences car la petite s'épanche sans prudence. Elle bat des mains, elle rit, à la lente épouvante de Mercy d'Argenteau. Elle penche sa tête ravissante, sa « tête à vent », à son cou resplendissent les diamants offerts par Louis XV. Mesdames Tantes se sont empressées de lui tirer les vers du nez sur ses deux nuits de noces. Quelle avidité concupiscente dans les questions et le regard de ces vieilles vierges ! « Non, rien ! » dit l'imprudente, une petite ombre mélancolique dans ses yeux si bleus dont le roi raffole.

— Accompagnez-moi à Paris, mes chères tantes, dit sa voix cristalline, nous verrons ensemble ce feu d'artifice que ce bon peuple nous a offert sur cette place Louis XV que l'on dit la plus belle du monde.

Elle mettra une toilette bleu ciel, surbrodée de fleurs. Son coiffeur bouclera sa chevelure ornée du diadème de son mariage. Mesdames Tantes, enfin, se désennuient. Cette petite Autrichienne a du bon, en dépit de ses fautes de français et de ses allures trop libres. Le carrosse est tiré par six chevaux blancs. Aussitôt franchi le pont de Sèvres, le ciel s'embrase, des feux multicolores dessinent le temple de l'hymen.

Un feu d'artifice en l'honneur des jeunes mariés, ces enfants si dangereusement sages. Madame la dauphine ne se sent plus d'aise et s'exclame spontanément « Que c'est beau ! » quand elle longe le Cours-la-Reine.

Soudain, on entend gronder, une rumeur de torrent qui dévale une pente, est-ce encore un orage et ses tremblements ?

Le carrosse s'arrête, les chevaux hennissent, des gens accourent, épouvantés.

— Madame, il faut rebrousser chemin, il est arrivé un malheur.

Rebrousser chemin, vite, avant d'être écrasée à son tour.

La foule s'était pressée en un tel nombre que, par excès d'encombrement, des centaines de gens se sont écroulés, à demi asphyxiés. Le piège a été la noire rue Royale par laquelle la foule s'était engouffrée. On voulut grimper, pour chercher un souffle d'air, sur les voitures renversées, mais ce fut pire encore, les chevaux mouraient, écrasés, dans d'éperdus hennissements.

Le bilan fut de cent trente-deux morts et quarante-trois blessés graves. *La Gazette* et *Le Mercure* publièrent, le lendemain, le rapport du préfet de police, M. de Sartine, sur l'ampleur de ce désastre.

Marie-Antoinette a rebroussé chemin, en sanglots.

Le Dauphin, bouleversé par le rapport de M. de Sartine, fait parvenir six mille livres à l'Hôtel de Ville avec cette lettre :

« J'ai appris les malheurs arrivés à mon occasion ; j'en suis pénétré. On m'apporte en ce moment ce que le roi me donne tous les mois pour mes menus plaisirs. Je ne puis disposer que de cela. Je vous l'envoie ; secourez les plus malheureux. J'ai beaucoup d'estime pour vous. »

« Madame la dauphine et Madame Adélaïde ont suivi cet exemple respectable. »

La charité, la charité du bon roi Louis et de Marie-Antoinette d'Autriche, de Lorraine de France.

Cent trente-deux morts alignés, « étiquetés », le lendemain, au cimetière de la Madeleine.

Là, exactement, où Marie-Antoinette, vingt-trois ans plus tard, sera jetée, corps et tête, à même la terre.

Ce malheur signait la fin des fêtes nuptiales.

Chapitre 15

« Rien » et mille petits riens

Le Dauphin fuit sa ravissante épouse. L'abbé de Vermond est consterné. Il a accès auprès de la dauphine, tous les jours, à quatre heures de l'après-midi. Il la fait adroitement parler. L'abbé écrit à l'impératrice.

« J'ai le cœur navré… M. le Dauphin est entré. Je me suis éloigné un peu. M. le Dauphin a dit "Avez-vous dormi ?", "Oui." et il est sorti. Madame la dauphine s'amuse avec son petit chien. »

Un petit chien pour seule tendresse. Un petit chien qu'elle embrasse et point d'époux. Mercy a mis au courant le chancelier Kaunitz de cette correspondance secrète avec l'impératrice. Ces écritures prennent à Mercy beaucoup de son temps. Le chancelier et Mercy ont l'ardent désir d'influencer la dauphine dans le sens d'une politique proautrichienne. Il leur faut tout savoir. Ils mettent en branle mille espions (y compris les femmes de chambre et les valets) qui leur rapportent les « détails » du lit conjugal. Le linge est-il souillé ? Quels sont les propos de Madame la dauphine chez Mesdames Tantes, ses inclinations, ses rencontres dans la journée ? Le roi est-il toujours aussi charmé d'elle ? Cette surveillance sans répit pèse inconsciemment sur la jeune fille. Mme de Noailles, reçue chez Mercy d'Argenteau, fait partie des espionnes d'élite. Mme Étiquette, qui n'aime guère la désinvolte enfant, lui fait savoir qu'elle est facilement moqueuse. Elle pouffe derrière son éventail si une dame lui semble ridicule, elle danse et rit trop, elle se coiffe mal en laissant aller sa chevelure librement sur son col, elle choisit ses toilettes sans respect du protocole. Elle néglige les instructions que Marie-Thérèse lui avait prié de relire chaque 21 du mois.

« Le seul vrai bonheur en ce monde, ma fille, est un heureux mariage… Tout dépend de la femme, si elle est complaisante, douce et amusante. »

Amusante, elle ne l'est que trop, cette enfant qui fait rire le vieux roi qu'elle appelle, l'audacieuse, « Papa-roi ». Il lui est même arrivé (les courriers ont crevé six chevaux pour le faire savoir à Marie-Thérèse) de rire sur les genoux du roi qui la trouve « caressante ». Un spectacle digne de ceux de la petite maison du parc ! Il lui a rendu mille caresses. Elle rit, les jambes de poupée visibles sous les jupons un peu trop relevés. Elle ne voit pas la brume trouble au regard du vieux libertin. Il se chargerait bien de cette petite qui est tout à fait le genre de fillette qu'il adore initier aux jeux de la chair. Il méprise son balourd de petit-fils. Louis XV adore la rejoindre, après souper, chez ses filles. Elle brode même, à grands points maladroits, une veste pour le roi.

Louis XV la trouve « vive et un peu enfant » mais il est satisfait quand « elle le caresse de façon fort touchante ».

Le Dauphin, indifférent, continue à étudier, à chasser et à se glisser dans le lit conjugal pour ronfler jusqu'au petit matin. Parfois, un tison rouge, minuscule, brûle d'un feu sourd son doux regard de myope.

« Rien », note-t-il.

M. de La Vauguyon déteste la dauphine. Il entretient dans l'esprit de Louis-Auguste le rejet de l'étrangère. Mercy obtient une audience quotidienne chez la dauphine.

— Monsieur le Dauphin semble un peu sauvage, mais le charme de Son Altesse, sa patience et son entrain devraient venir à bout de « cette petite difficulté ».

Quotidiennement ; pendant des mois, des années ; cette « petite difficulté » deviendra l'obsession de la France et de Vienne – le grand commérage de toutes les cours d'Europe et de Russie.

Mgr Florimond Mercy d'Argenteau achève pour lui seul sa pensée :

— Que la dauphine subjugue ce sauvage Bourbon afin de le dominer si complètement qu'il fera tout ce qu'elle voudra, tout ce que l'Autriche voudra, quand Son Altesse montera sur le trône.

*

* *

Marie-Thérèse prêche la patience à sa fille. Les intrigues de Versailles sont autrement plus perverses que celles de Vienne. Le roi, « ce père affable », n'est pas du tout ce qu'elle s'imagine. Mesdames Tantes se sont fait un plaisir de lui parler longuement du rôle de la du Barry. Piquée dans son orgueil naturel, indomptable, la fille des Césars est indignée d'avoir été jouée au château de la Muette. Elle prend en grippe « cette fille de petite vertu » qui avait osé dîner à sa table. Elle mécontente le roi. Mesdames Tantes frétillent. L'étourdie ne réalise pas toutes ces manœuvres. Ses journées sont composées de mille petits riens. Aucune occupation sérieuse. Une enfant gâtée, qui s'ennuie vaguement. Mesdames Tantes ont décelé sans peine cette paresse et veulent en profiter pour reprendre du pouvoir. Madame Adélaïde (Coche) insinue à la dauphine qu'elle et ses sœurs peuvent la décharger de corvées ennuyeuses en la remplaçant. La dauphine s'est épanchée sur l'ennui que lui cause la cérémonie officielle où le corps de la Ville de Paris et les États du Languedoc désirent lui présenter leurs compliments.

— Allez-y et ne dites pas un mot, conseillent Loque, Coche et Graille d'une seule voix, conscientes de la reléguer ainsi dans l'ombre.

La paresseuse est satisfaite de n'avoir aucun discours à apprendre. Sa mère sait-elle qu'une fois sur trois sa fille n'ouvre pas ses courriers ? Les sermons maternels la précipitent dans le cauchemar du bureau de la Hofburg. Qui peut comprendre que le moindre effort intellectuel lui est un supplice ? L'abbé se donne beaucoup de mal à l'obliger adroitement à débiter un petit discours – qui gagne sa faveur dans l'esprit de ces délégations.

Mesdames Tantes en sont irritées et la confortent hypocritement dans un rôle d'enfant sans importance. Elle dicte et se contente de signer une lettre à sa mère qui narre le déroulement de ses journées.

« Je me lève à dix heures ou à neuf heures et demie, et, m'ayant habillée, je déjeune, et de là, je vais chez mes tantes, où je trouve ordinairement le roi. Cela dure jusqu'à dix heures et demie ; ensuite, à onze heures, je vais me coiffer. À midi, on appelle la chambre et là, tout le monde peut entrer, ce qui n'est point le commun des gens. Je mets mon rouge et lave mes mains devant tout le monde, ensuite les hommes sortent et les dames restent et je m'habille devant elles. À midi est la messe ; si le roi est à Versailles, je vais avec lui, mon mari et mes tantes à la messe ; s'il n'y est pas, je vais seule avec M. le Dauphin, mais toujours à la même heure. Après la messe, nous dînons à nous deux devant tout le monde, mais cela est fini à une heure et demie car nous mangeons fort vite tous les deux. De là, je vais chez M. le Dauphin, et, s'il a affaires, je reviens chez moi, je lis, j'écris, je travaille car je fais une veste pour le roi qui n'avance guère, mais j'espère qu'avec la grâce de Dieu, elle sera finie dans quelques années. À trois heures, je vais encore chez mes tantes où le roi vient à cette heure-là ; à quatre heures, vient l'abbé chez moi, à cinq heures tous les jours, le maître de clavecin ou à chanter jusqu'à six heures ; à six heures et demie, je vais presque toujours chez mes tantes quand je ne vais point promener ; il faut savoir que mon mari va presque toujours avec moi chez mes tantes. À sept heures, on joue jusqu'à neuf heures, mais quand il fait beau, je m'en vais promener et alors il n'y a point de jeu chez moi mais chez mes tantes. À neuf heures nous soupons, et quand le roi n'y est point, mes tantes viennent souper chez nous, mais quand le roi y est, nous allons après souper chez elles, nous attendons le roi, qui vient ordinairement à dix heures trois quarts, mais moi, en attendant, je me place sur un grand canapé et dors jusqu'à l'arrivée du roi, mais quand il n'y est pas, nous allons nous coucher à onze heures. Voilà toute notre journée. »

L'impératrice lit, à travers le déroulement futile de ces journées, les failles, les dangers. Que fait-elle donc pour établir son métier d'épouse et de future reine : séduire le Dauphin ? Marie-Thérèse s'enquiert des menstrues, conseille des petites ruses féminines pour apprivoiser son timide époux.

Le ventre de la dauphine n'est pas un objet érotisant mais une fonction d'État. La politique de Marie-Thérèse s'en trouvera affaiblie ou consolidée. La vieille souveraine suppute, le carnet des règles de sa fille soigneusement tenu à jour.

Quant à Marie-Caroline, la scandaleuse reine de Naples, elle préfère ne plus jamais en parler. Elle est devenue sa honte.

L'enfant préférée et celle qu'elle n'aimait pas ont commencé à lui dévorer le foie.

Chapitre 16

La disgrâce de Choiseul

Depuis son mariage, les règles ne sont pas revenues, et les nuits passent, sonnant le glas de ce « rien » que chacun répète, jusqu'à Vienne. Choiseul est mortifié de l'attitude du Dauphin. Il sait tout par l'abbé de Vermond, qui lui a parlé, en accord avec Mercy, dans le but de lui nuire auprès du roi. Choiseul va vexer Louis XV en se fâchant contre le Dauphin et sa dramatique mollesse. Le ton de Choiseul monte, il s'exaspère, cet échec est le sien, une offense personnelle. Que fait donc ce nonchalant petit-fils du roi ? Il s'en plaint trop violemment, et Louis XV, déjà très ennuyé à ce sujet, en prend ombrage. Choiseul dépasse les bornes.

— Le Dauphin, a-t-il dit, finira par être pris en horreur par toute une nation.

Choiseul n'a pas mâché ses mots.

Le roi, dépité, exaspéré, lui fait sentir qu'il précipite, lui, Choiseul, sa disgrâce. Louis XV lui lance alors ses griefs personnels. Comment a-t-il osé, lui et sa sœur, la comtesse de Gramont, avoir laissé libre cours aux libelles injurieux contre Mme du Barry ? Il tolère Mme de Gramont à la Cour car Madame la dauphine s'est entichée d'elle, mais qu'elle prenne garde ! À la moindre impudence, il la fera exiler par lettre de cachet. La favorite aussi déteste Choiseul et elle a tôt fait de réunir sa coterie contre lui : Nicolas de Maupeou, garde des Sceaux, et son ami, l'abbé Terray, contrôleur général des Finances, Mesdames Tantes. Le roi reproche à Choiseul la montée des parlementaires contre lui, ses dépenses pour améliorer l'armée et la marine.

Le roi et Choiseul se quittent fort mécontents l'un de l'autre.

*

* *

M. de Choiseul est de plus en plus écarté de la dauphine qui n'a aucun pouvoir, excepté celui de faire rire le roi. La dauphine ne le sauvera pas, ne l'aidera pas par ignorance. La politique extérieure de Choiseul précipitera sa chute. Fidèle à son plan d'alliance avec les Bourbons d'Europe, Choiseul voulait soutenir l'Espagne alors en guerre contre l'Angleterre qui occupait les îles Falkland (les actuelles îles Malouines). Le souverain lui fait parvenir le message de sa disgrâce, la veille de Noël :

« J'ordonne à mon cousin, le duc de Choiseul, de remettre la démission de sa charge de secrétaire d'État et de surintendant des Postes entre les mains du duc de La Vrillière et de se retirer à Chanteloup jusqu'à nouvel ordre de ma part. »

Chanteloup ! L'ennui mortel de quitter le pouvoir, l'action et presque un rôle de souverain ! Chanteloup, près d'Amboise, l'humiliation d'avoir entendu dire que cette putain de Jeanne Bécu avait ri aux éclats, chez Mesdames Tantes.

— Ah ! Ah ! Ah ! Choiseul court se reposer dans sa campagne !

Le regard des flatteurs se détourne, Choiseul n'a pas même eu le droit de faire ses adieux à l'enfant de Vienne. Il a remis la fille de Marie-Thérèse à un pleutre qui fait de la serrurerie et tue des cerfs au lieu de l'honorer.

Qui réchappe à la disgrâce ? S'il ne s'est point enfoncé son épée dans le cœur, c'est de s'être entendu acclamer par la foule, en quittant Versailles. La foule criait, ombre fauve derrière les vitres de la voiture fermée.

— Vive Choiseul ! À bas la du Barry !

*

* *

À Chanteloup, sa vie s'organise. Ses amis les plus fidèles lui rendent visite. Choiseul est devenu pour ses amis « le roi Choiseul », une sorte de parti anti-Louis XV. Dans sa retraite, le duc, pour honorer le dévouement des siens, fait élever une pagode chinoise avec leurs noms gravés tout autour.

À Chanteloup, les réceptions n'ont presque rien à envier à celles de Versailles. On chasse à courre, et le duc offre des représentations théâtrales.

— La monarchie entre dans sa fin, dit-il à ses amis. Un roi entouré de catins, un Dauphin impuissant, un peuple exaspéré sourdement.

Une fin où s'inscrivent, dans le souvenir des ors de Versailles, ses munificences et sa puanteur, le frais visage d'une enfant de quinze ans.

Chapitre 17

Un dauphin plein d'affection

La dauphine est de plus en plus oisive. Mercy s'en inquiète, l'abbé de Vermond davantage. Mercy obtient une audience de la dauphine. Elle le reçoit avec quelque méfiance. Elle frémit devant l'ennui d'un sermon.

— Son Altesse Royale aurait tout intérêt à perfectionner son français par la lecture. Il serait excellent de reprendre ses cours avec l'abbé de Vermond.

Comme au temps de Vienne, l'abbé lui propose de lire les livres qu'il lui a apportés. Quel plaisir pour elle de reprendre leurs bavardages sur le canapé des confidences ! Elle est si seule, dans ces journées aux mille petits riens. Elle feuillette tous les livres de l'abbé et n'en achèvera aucun. L'abbé s'aperçoit vite qu'elle ignore le texte et se montre incapable d'une analyse soutenue. Il est vrai qu'elle est si charmante quand elle bondit du canapé pour jouer sur le tapis avec son petit chien. Elle fait venir aussi le fils de Mme Thierry et s'amuse avec lui.

— Que j'aime les enfants, mon bon abbé !

Une petite larme mouille ses yeux bleus de porcelaine. Elle mord sa lèvre inférieure pour dominer un réel chagrin.

Elle embrasse à pleines joues le petit garçon qui lui rend ses baisers. L'abbé est séduit et choqué en même temps. Quoi, la fille des Césars baisant ainsi l'enfant d'une femme de chambre, fût-elle née demoiselle de Crécy ? La nouvelle fait le tour de Versailles, jusqu'à Chanteloup.

Mercy et l'abbé écrivent à Vienne que Madame la dauphine se tient mal, arrive décoiffée au dîner. Elle refuse de porter « un corps de baleine » (un corset), et on devine les mouvements intimes de sa poitrine et de son corps. « On se sent si libre sans ces affreux corps de baleine ! » a-t-elle expliqué à sa dame d'honneur qui lui faisait remarquer la gravité de cet amollissement vestimentaire. Sans corset, elle a l'air d'aller en chemise. Elle s'assoit de travers sur les canapés ou se jette sur les tapis pour s'amuser avec le chien. Mercy ose chuchoter à Marie-Antoinette la prudence :

— Dans une Cour fort orageuse, il est plus aisé dans le début d'y emporter les suffrages que de les y conserver à la longue.

*

* *

Voici trois mois qu'elle est mariée. Trois mois que le Dauphin, chaque matin, monte à sa terrasse, s'y promène avec agitation, calcule les angles du ciel. Il pousse parfois un long cri, soulève un banc de pierre, déployant comme il le peut sa *puissance*. Il descend à son atelier arrangé en forge, tourne une serrure, ajuste une pendule, et tue, à la chasse, des sangliers. Il s'épuise à galoper, s'épuise au travail. Il participe à toutes les réunions avec le roi et le nouveau triumvirat. Il somnole à la messe et dévore, rapidement, son déjeuner. Il lui arrive, au milieu de la nuit, d'engloutir « l'en-cas » toujours prévu – force volailles, pâtisseries et du vin.

Il a pour épouse la plus jolie rose de ses jardins. Les larmes lui montent aux yeux quand il fuit le lit, au petit matin. Il traverse des moments horribles où il doute de tout. M. de La Vauguyon avait raison : il a usurpé le destin de son brillant et défunt aîné. Le destin s'est trompé de Dauphin. Même ce gros et méchant Provence ferait mieux l'affaire.

Que faire pour montrer à la jeune fille qu'il a de l'amitié pour elle ? Que faire pour ouvrir franchement son cœur à cette enfant à qui il n'a pas dit trois paroles depuis des semaines, passant pour un goujat ? Artois n'a que treize ans, mais que d'empressement fringant déploie-t-il auprès de sa belle-sœur ! Elle rit, enchantée de le voir à genoux lui débiter quelques phrases de Marivaux : Dorante faisant sa cour à Silvia.

— « Désespère une passion dangereuse, sauve-moi des effets que j'en crains, tu ne me hais, ne m'aimes ; ni ne m'aimeras » ! récite Artois, une main sur le cœur.

Provence ricane, plein d'insinuations malveillantes. La honte : il se souvient du regard écrasant de mépris de ce Choiseul autrefois plein de respect pour lui. Le mépris, non d'un ministre à son prince, mais celui d'un mâle honnissant la faiblesse originelle chez son semblable. La honte, ce sont les propos aigre-doux de M. de La Vauguyon contre « l'Étrangère » et son incapacité à lui de la défendre avec vigueur. Il entend chez ses tantes des réflexions qui lui clouent la gorge.

Réflexions, commérages, tout lui parvient, et sa langue s'écrase dans son gosier.

*

* *

En juillet, on part pour les châteaux de Marly, Choisy, Bellevue et Compiègne où la famille royale passe l'été. L'étiquette exige des changements de vêtements quand la Cour se déplace. On porte un habit selon les châteaux. Les hommes sont habillés de rouge et d'or à Trianon, vert à Compiègne, bleu à Choisy. À Fontainebleau, à Rambouillet, où ont lieu les chasses, on porte l'habit de gros bleu piqué d'or. Les dames s'habillent en harmonie avec les chasseurs.

Les malles de la dauphine débordent de robes à la française.

Le voyage à Choisy a été un peu retardé par le rhume du Dauphin. Marie-Antoinette, en déshabillé tourterelle, assise au « bonheur-du-jour » en bois de rose signé Jean-François Leleu, décoré de bouquets enfermés dans un médaillon de bronze doré, elle écrit à Vienne. Elle est assise, une épaule de travers, le genou impatient, sur une chaise de hêtre sculpté et peint d'entrelacs, de rais-de-cœur, de perles, estampillée de maître Georges Jacob. La plume d'oie trempée dans l'encre noire semble crever le parchemin. Quelques pâtés d'encre l'impatientent, elle les sèche à la poudre. Elle a retenu le minimum des principes grammaticaux de l'abbé. Elle laissera un « blanc » quand elle ne saura écrire exactement le mot en bon français. L'abbé y pourvoira. Madame Maman sera satisfaite.

« Notre voyage à Choisy a été retardé d'un jour, mon mari ayant eu un rhume avec de la fièvre, mais cela s'est passé dans un jour, car ayant dormi douze heures et demie de suite, il s'est trouvé très bien portant et en état de partir. »

Dormir comme on meurt, oublier sa honte, son angoisse.

À Choisy, la première nuit est toujours rythmée sur « Rien ». La dauphine le confie à sa mère (qui le sait déjà) :

« J'ai bien dormi jusqu'à dix heures et demie *quoique seule*… »

L'agenda du prince est lugubre :

— « Mercredi 11. Comédie-Italienne à Choisy, soupé et couché (seul) ».

À Marly, Marie-Antoinette, gaie, familière avec lui, réussit à rompre la glace. Elle ose baiser sa joue, poser sa main sur la sienne, s'enquérir de sa santé. Il rougit et confie son émotion à Madame Adélaïde.

— Mon épouse est très aimable, sa tournure d'esprit [me] plaît et [j'en] suis très content.

Quelle jeune fille s'est jamais approchée de lui avec ces yeux caressants et cette bouche si jolie ? Mesdames Tantes se repaissent d'avoir sous leur coupe ces deux enfants, futurs souverains de la France, dont elles espèrent manœuvrer la fragilité. L'amitié avouée du Dauphin à son épouse a, bien sûr, fait le tour de Marly. Le roi espère que les noces, enfin, seront consommées en dépit du caractère « extrêmement timide et sauvage » de son petit-fils.

À Choisy, la situation semble se détendre encore. Pour la première fois, le Dauphin et Marie-Antoinette osent aborder ce sujet brûlant. Louis-Auguste articule, rougit et se dandine, devant la petite aux yeux rieurs, enfoncée dans un canapé blanc.

— Madame… [je] n'ignore rien de ce qui concerne l'état du mariage… Dès le commencement [je me suis] formé un plan dont [je] n'avais pas voulu m'écarter ; que maintenant le terme [est] arrivé. À Compiègne, Madame, à Compiègne, je vivrai avec Madame la dauphine dans toute l'étendue de l'intimité que comporte notre union. »

Elle a presque envie d'éclater de rire devant ce grand garçon godiche. Son discours est grandiloquent, sa timidité immense, ses yeux d'une infinie douceur. Il n'ose parler avec détail de cette honte-là. Comment dire à cette enfant si gaie, qu'il déshonore sans le vouloir, ses « émois internes » ? Même dans les romans libertins, *Les Confessions du comte de…* de Charles Pinot Duclos, on ne s'exprime pas du ton de l'abrupte chirurgie. L'enfant bat des mains, l'attire sur le canapé.

— Quelle belle déclaration, mon époux ! Puisque nous devons vivre ensemble dans une intimité intime, il faut que nous parlions de tout avec confiance.

Jamais Louis-Auguste n'avait autant livré de confidences à quiconque.

— Je sais et je vois bien des choses, dit le Dauphin bouleversé de sentir contre lui le bras charmant. Mais je ne me serais jamais permis d'en faire mention à personne.

Ravis, ils se rendent compte qu'ils partagent les mêmes goûts pour ceux qui les entourent et les mêmes aversions. Mais la petite exprime trop vivement au goût du prince qu'il « est fâcheux que le roi ait de telles fréquentations (la du Barry) et que ces gens-là avaient entraîné la perte de son cher M. de Choiseul ».

Le Dauphin a toujours détesté Choiseul, l'artisan de ce mariage malgré lui, et le défenseur de l'alliance malgré la France. La dauphine, une fois de plus, a gaffé par ignorance. « Tête à vent ! » eût grondé Joseph. Louis-Auguste, si peu capable de haine, abhorre Choiseul. Il se contient et répond à la jeune fille assise de guingois sur le canapé, enroulant une de ses boucles autour de son nez, les chevilles visibles :

— Vous ne savez pas, Madame la dauphine, tout ce que Choiseul a fait pour parvenir au poste qu'il avait occupé.

L'esprit vient-il à la jeune fille consciente qu'il lui faut séduire un jeune homme ?

Elle sera gaie, comme toujours, bien qu'elle redoute ces soudaines palpitations qui la saisissent au moment du coucher, le terrible moment du « rien ».

*
* *

Marie-Antoinette écrit à sa mère cette heureuse évolution :

« Pour mon cher mari… Il marque beaucoup d'amitié pour moi et même, il commence à marquer de la confiance. »

Mercy s'empresse d'augurer qu'« avec un peu de prudence, Madame la dauphine parviendra à le subjuguer entièrement ».

Le roi Marie-Thérèse, dans le bureau glacial, lit ces courriers et suppute : l'essentiel n'a pas eu lieu. Le Dauphin, dit-on, tousse souvent ? N'aurait-il pas attrapé la tuberculose de ses parents ? Est-ce une bonne idée d'avoir installé ces enfants dans cette chambre où flottent les miasmes de la mort ? Sans doute ce Dauphin va-t-il mourir bientôt.

La souveraine se ressaisit. Noblesse oblige, il n'y a point de bonheur en ce monde pour les futurs rois. Qu'importe le malheur de ses filles, seules comptent l'Autriche et sa destinée.

Tu felix Austria, nube.

Chapitre 18

À Compiègne, rien de nouveau

Le Dauphin remet au séjour à Compiègne, l'immense résolution de coucher avec son épouse.

Tout le monde attend ce voyage.

Mercy, dont les oreilles semblent accrochées aux murs et aux canapés de toutes les confidences, rapporte à sa souveraine la sortie vigoureuse du prince contre M. de Choiseul.

« Il crut devoir charger l'abbé de Vermond de tâcher, dans les conversations particulières, de calmer l'esprit de Madame la dauphine. (...) L'abbé s'en acquitta très adroitement et ce fut à cette occasion que Madame la dauphine, dans un premier mouvement de contentement et de joie, lui confia tout ce que je viens d'exposer. »

L'oreille de Mercy reliée à celle de l'abbé ! Marie-Antoinette est devenue l'objet d'un espionnage de plus en plus serré, à chaque instant du jour (et de la nuit) pour servir les intérêts de sa mère.

« Pas un mot sur M. de Choiseul », semble être la consigne.

Mercy veille à ce que la jeune fille entretienne son pouvoir sur le roi.

— À Madame la dauphine d'être toujours très caressante envers le roi, c'est un moyen sûr de le captiver qui ne doit pas être négligé.

*
* *

Le rhume du Dauphin s'est aggravé. Le chirurgien, M. de La Martinière, pratique une saignée. Louis XV écrit à son petit-fils, l'infant d'Espagne :

« Mon petit-fils a un bon gros rhume avec une toux violente. (...) Il ne pourra pas aller demain à Compiègne, j'espère que ce sera avant la fin de la semaine. »

Pour Marie-Thérèse, cette toux ne fait aucun doute : le Dauphin ne vivra pas longtemps. Le souci reprend la lutteuse. Que faire d'une jeune veuve toujours vierge ? L'ensevelir dignement comme abbesse dans un couvent ? L'enfant-oiseau de proie ronge son foie.

Méticuleux, le Dauphin a noté dans son agenda : « J'ai été saigné. »

Le roi profite de la présence du chirurgien pour lui demander d'examiner son petit-fils. Louis XV veut savoir où est l'obstacle. Le Dauphin dissimule sa honte sous la fermeté de sa résolution :

— Monsieur, sachez que tout rentrera dans l'ordre lors du séjour à Compiègne.

Dans l'attente du miracle de Compiègne, La Martinière, dubitatif, le fait purger et saigner. L'examen de M. de La Martinière a fait sensation dans toutes les gazettes qui racontent n'importe quoi sur l'anatomie du Dauphin. Le chirurgien a rassuré le roi, Mercy s'empresse d'en consigner le rapport pour Vienne.

« La croissance trop rapide du Dauphin aurait entraîné cet obstacle, sa constitution n'annonce rien qui s'oppose à acquérir une santé bonne et robuste, pourvu qu'il se ménage dans les exercices trop violents qui pourraient lui devenir funestes. »

Le roi Marie-Thérèse persiste dans son pessimisme : ce Dauphin ne vivra pas. Elle écrit, lugubre :

« J'ai lieu de croire qu'il n'y a plus rien à espérer : ce serait fatal. »

Fatal à son honneur et à celui de sa fille, fatal à l'ébranlement de l'Alliance, fatal à l'Autriche.

Le Dauphin a reçu La Martinière avec une certaine aisance.

— Votre Altesse Royale souffre du même défaut d'inhibition qui entravait son père, feu le Dauphin, qui mit six mois avant de consommer son mariage.

Quant à ce phimosis évident… Une petite intervention s'avérerait possible.

Le Dauphin a été touché de l'attitude si prévenante de la jeune fille. Elle l'a soigné lors de son indisposition. Elle est restée près de lui, elle a veillé à son régime, elle ne le quitte pas un instant, « sauf la nuit ». Elle interdit qu'on lui serve des pâtisseries en raison de sa diète obligatoire.

Elle lui marque une grande tendresse. Il est au bord de l'aimer. Que n'a-t-il hérité un gramme du tempérament de son fougueux aïeul !

La jeune fille n'a de cesse de le distraire. Elle joue pour lui des petites pièces au clavecin, tire quelques sons de la harpe et lui chante une romance. Elle n'oublie pas de faire sa cour au roi. On la voit tenir de façon ostensible un livre à la main. Elle ne manque aucun des offices. Elle suit en calèche la chasse du roi. Le soir, elle joue au cavagnole, sorte de jeu de loto, qui l'ennuie profondément. Elle pèche par ses petites extravagances, le refus du corset, se faire coiffer à son goût. Le coiffeur Léonard – il a remplacé Larseneur – gonfle en hauteur sa chevelure en une crêpelure de boucles – au grand scandale de Mme Étiquette. La dauphine a le projet secret de demander à Léonard de monter encore plus haut sa coiffure, l'orner d'aigrettes et, pourquoi pas, de toutes sortes de décorations expressives. Mesdames Tantes commentent. Ces boucles crêpées en hauteur, poudrées d'argent, l'écartent de l'image que l'on se fait d'une future reine. Ses toilettes trop vaporeuses lui donnent l'air de sortir de son lit conjugal, si blanc, si vide.

*
* *

À Compiègne, pas une seule fois Louis-Auguste ne dort avec elle. Ses malaises physiques ont augmenté.

La cour jase. Paris s'étonne. L'Europe clabaude.

Marie-Thérèse suppute, seule, la nuit, dans son bureau glacial. L'été n'y fait rien, on gèle toujours autant à la Hofburg. Le cœur, le corps glacé. Le foie rongé. Marie-Thérèse aussi est malade. Elle tousse, elle essuie sans se plaindre, les pieds dans des chaussons de laine, la tête enveloppée du bonnet à bec, de dures bronchites. Elle supporte les saignées et les clystères, elle supporte beaucoup moins son fils Joseph II, lequel lui vante toujours la pensée de cet affreux Voltaire et de cet abominable Frédéric de Prusse. Joseph bougonne sur la non-consommation du mariage de sa sœur. Que fait donc cette tête à vent ? Il ferait bien, un de ces jours, un petit voyage à Versailles pour contrôler de plus près cette navrante histoire.

Ainsi parle et pense tout haut le rude Autrichien, dûment remarié, toujours indifférent, et père d'une régulière progéniture. Marie-Thérèse suppute et approuve. Accomplir l'œuvre de chair, c'est être digne de l'œuvre de régner.

*
* *

Louis XV écrit à l'infant de Parme « que cet événement tant attendu pourrait bien arriver quand on y songera le moins ».

Marie-Antoinette confie à Mercy à quel point son mari l'attendrit.

— Son fond [est] excellent, [il est] le meilleur enfant et du meilleur caractère.

Tout le monde l'épie. Un malaise la marque désormais, peut-être pour toujours. Se sent-elle coupable de n'avoir point entraîné plus d'ardeur chez son époux ? Ses règles ne sont pas revenues, Mesdames Tantes et les courtisans débordent d'indiscrétion, l'abbé et Mercy sont sans cesse sur ses talons. Sa mère lui écrit « de redoubler de caresses » afin de conclure le mariage. Elle a envie de se boucher les oreilles, de crier qu'elle est jolie, que dans les yeux de certains grands seigneurs – MM. de Guiche, de Lauzun, de Guise, son beau-frère Artois et aussi le roi – elle a surpris ce dieu scintillant : le désir.

De l'amour, elle ne sait rien, sauf que cette fleur-là, secrète, doit être forcée par son époux.

Qui ne veut pas ; qui ne *peut* pas.

« Rien », consigne quotidiennement le Dauphin dans son funèbre agenda.

Chapitre 19

LE PLAN D'ADÉLAÏDE

La famille royale est revenue à Versailles le 31 août. Marie-Antoinette, toujours vierge, a repris sa vie monotone et vide. Qu'a-t-elle vu ou compris de la France ? Elle va d'un château à l'autre, ignorant comment les paysans autour des grandes forêts de Compiègne, de Versailles et dans les provinces de sa nouvelle patrie sont logés. Elle n'a fait qu'entrevoir quelques hameaux. Sait-elle que ces chaumières d'argile, de bois, de chaume, ne comportent qu'une seule pièce enfumée où s'entassent les familles ?

*

* *

Cette pièce est ouverte sur la grange, avec une simple claie qui sépare les habitants du parc à cochons car les bêtes tiennent chaud. Le mobilier est misérable : une table, un banc ; sur la table une cruche, une miche, un torchon. Dans un chaudron cuit la soupe au pain, la bouillie de grain d'orge grillé, l'épais gruau au sarrasin, à l'épeautre, ce blé du pauvre. Quand on a quelque moyen, on ajoute du lait, et des œufs. On se contente souvent de ce tubercule qui remplace le pain, que l'on fait bouillir : la pomme de terre découverte par M. Parmentier, bloqué en Prusse pendant la guerre de Sept Ans. On n'aime guère la pomme de terre. Le bruit court qu'elle propage la lèpre et donne des vents. L'*Encyclopédie* l'admet. « Mais, souligne l'article de l'*Encyclopédie* à ce sujet, que sont des vents pour les vigoureux organes des paysans et des travailleurs ! » Quelques légumes cultivés à la charrue, le pois, la fève, le chou, le navet, le potiron, la carotte, adoucissent cette hantise de manger, chaque jour.

On ignore les détails des munificences qui sont servies à la table de la dauphine. On grille tout ce que l'on peut braconner mais on manque souvent de pain. Le pain, obsession de tout un peuple qui est, à quatre-vingts pour cent du territoire de France, un peuple de paysans. Parler du pain, c'est parler des blés. Ils sont de différentes qualités, le meilleur fournit le pain si blanc à la table de la dauphine. Il provient de « la tête du blé ». Il y a, moins savoureux, le blé moyen, le petit blé, mélange de blé et de céréales, l'épeautre, ou blé à grain vêtu. À défaut de blé, on utilise les céréales pour confectionner du pain. On utilise du millet (le mil) qui donne un pain grossier. L'orge, l'avoine et le seigle deviennent des galettes dures et sans saveur. Le pain de seigle, le pain d'orge, le pain d'avoine, le pain de sarrasin donnent de rudes galettes, qui laissent une impression de satiété. Le pain, la faim. En 1770, on a essuyé trois hivers rigoureux. Le pain est cher, il y a eu une disette dans le Maine. Les paysans ont eu besoin de la charité publique. Une seule robe de la dauphine coûte le prix de la farine qui nourrirait une famille pendant une année. Mme du Barry dépense trois cent mille livres par mois pour ses folies. Le riz est arrivé en France. Cuit dans du lait, on le consomme dans les hôpitaux, à bord des navires, dans les casernes. Au parvis des églises, on distribue aux plus misérables « un riz économique », cuit à l'eau mélangé à des navets et à du potiron. On ne lave jamais ces marmites pour n'en point perdre les restes et le dépôt. Du riz malaxé au millet, on obtient une sorte de pain destiné à rassasier ces rescapés de la famine. Le blé reste la panacée, le blé sacré, d'origine divine, le blé, c'est le pain. *Notre Père qui êtes aux cieux, donnez-nous notre pain quotidien.* Le pain, c'est la permission de vivre. Ce blé qui ne peut être cultivé deux années de suite sans dommage. Le blé doit tourner, sa culture est rotative, exigeante. Le blé veut la terre la meilleure, il se déplace d'une année sur l'autre. Il lui faut la terre et l'espace. La dauphine a laissé à Vienne le portrait de son époux, en *Dauphin labourant.* La disette, c'est la privation du pain. La disette de Marie-Antoinette, c'est la privation du *Dauphin labourant* le sillon d'où viendrait l'essentielle moisson. La dauphine ignore les efforts inouïs de ce peuple, quand elle savoure sa brioche du matin.

Dans la chaumière du paysan, il y a un seau, un tonneau, une bêche. Chez les mieux lotis, la marmite est dans l'âtre, pendue à la crémaillère, avec la fritoire, la « meix » ou pétrissoire pour le pain. Des planches forment un lit, les matelas sont des sacs remplis de paille. La laine est un luxe, quelques chaumières ont celui de posséder un matelas en laine et un « guédon » (édredon). Les vêtements – les hardes – sont rassemblés dans un coffre. La culotte de droguet, la veste, les guêtres, le peu de linge des femmes. Bien des paysans vont nu-pieds. On mange à la même écuelle et on boit au même gobelet l'eau du puits ou de la fontaine.

La cheminée est le centre vital de la chaumière. On meurt plus rarement de froid grâce au progrès de la « caminologie » dus aux ramoneurs et aux fumistes. On gère mieux le système du tirage. Le foyer de la cheminée a été judicieusement rétréci, le manteau abaissé, et le tuyau du poêle n'est plus vertical, ce qui enfumait sans chauffer.

Donnez-nous du pain, donnez-nous du feu.

*

* *

Marie-Antoinette trouve ces chaumières « délicieuses ». Que ce bon peuple doit être heureux de vivre ainsi, simplement, dans la douce nature de France ! Si elle se faisait construire un petit hameau rien que pour elle, copiant ces mignonnes maisonnettes qui lui rappellent le conte de Hansel et Gretel ?

Il doit être exquis de vivre dans un hameau et d'entendre bêler les gentils moutons, meugler la vache au bon lait frais. Elle rêve un peu, elle mord sa lèvre accentuant la moue des Habsbourg.

*
* *

Le « rien » de Louis-Auguste a tracé un enfer particulier dans son existence jusqu'alors sans souci.

Elle a obtenu de Mesdames Tantes la clé de leur appartement. Elle s'y rend souvent, écoute leurs ragots, s'épanche trop librement avec elles. Madame Adélaïde, qui au fond la hait, en profite pour tenter de la mettre entièrement sous sa tutelle. La petite dauphine a été influencée par sa mère qui lui avait écrit « ces princesses sont pleines de vertus et de talents ; c'est un bonheur pour vous ; j'espère que vous mériterez leur amitié ». Le besoin d'être aimé entraîne la perte des souverains. L'enfant l'ignore, ses tantes ont l'autorité grondeuse de cette mère dont elle est privée. Que sa famille lui manque ! Les fous rires avec Marie-Caroline, les danses et les jeux avec ses cousins au jardin de Schönbrunn. Adieu Schönbrunn, cousins, cousines et Marie-Caroline. *Adieu cher bon Papa.* Mesdames Tantes sont devenues le dangereux substitut d'une famille qui n'avait rien à voir avec les redoutables intrigues de Versailles. Quand le Dauphin manifeste une approche vers elle, aussitôt Mesdames Tantes le claironnent. De la vertu, elles n'ont que l'apparence. Ces vieilles filles sont ivres de jalousie, déterminées à exclure l'Autrichienne de France. L'étourdie enfant leur demande des conseils pour enfin séduire leur neveu, le futur roi. Elles en deviennent cannibales. Elles se pourlèchent les babines passées au rouge, striées de rides.

Madame Adélaïde est la plus déchaînée. Quelle jouissance, quand un après-midi de septembre l'étourdie, trop rose d'un excès de maquillage, bat des mains et dit en riant à Mesdames Tantes, se souciant peu de la présence de la comtesse de Narbonne :

— Mon époux a juré de partager ma couche le 19 septembre !

En une heure, tout Versailles est au courant des intentions conjugales du pauvre Louis-Auguste.

En trois heures, tout Paris en parle, et les gazettes s'empressent de consigner « la nouvelle ».

Mercy frémit, écrit et se tait. L'abbé avale sa salive.

Madame Adélaïde prie le Dauphin de lui rendre visite. Elle l'entraîne dans son boudoir, elle souffle dans sa graisse, coincée dans sa bergère. Vêtue d'un tour de robe sur un panier, on dirait un gros sac de satin couleur puce, une énorme puce gorgée du sang des autres. Elle traite son neveu avec autorité et familiarité. Elle le couvre de mille conseils et exhortations. Le but de Madame Adélaïde est que ses noces n'aient jamais lieu. Le malheureux Dauphin, qui, en effet, s'était senti le courage de rejoindre le lit de la princesse, balbutie, disparaît, et quand il croise Marie-Antoinette, riant et lui tendant les mains, « il en fut si effarouché qu'il manqua tout uniment de parler à Madame la dauphine ».

Madame Adélaïde jubile ; son plan va peut-être réussir.

Par son manque de réflexion, la fille de Marie-Thérèse n'a pas réalisé que l'appartement de Mesdames Tantes est un nid de vipères.

« Rien », note le carnet noir.

Chapitre 20

UN AUTOMNE À FONTAINEBLEAU

Le roi a battu légèrement froid à Marie-Antoinette : son dédain pour sa favorite en est la cause, et ses vivacités trop chaleureuses envers M. de Choiseul. La non-consommation du mariage n'arrange rien. La dauphine s'ennuie à nouveau à Versailles, mais le souverain tient à lui annoncer lui-même la réjouissance de la fin de l'automne : le traditionnel voyage à Fontainebleau.

— J'espère que vous aimerez ce château qui est aussi le vôtre.

Elle l'écoute à peine, tout heureuse à la perspective d'un divertissement. À Fontainebleau, on dit que la chasse est magnifique. Pourra-t-elle enfin réaliser son rêve : monter à cheval ? Pourra-t-elle oublier que, depuis des jours, elle n'a eu que deux visites du Dauphin dans son lit, si l'on peut appeler « visites » cette ronflerie aussitôt la tête sur l'oreiller.

*
* *

À Fontainebleau, elle manifeste tout haut son plaisir. Que sa chambre est ravissante, décorée à l'antique ! Elle en aime tout : ses deux pièces si vastes, l'entresol lumineux, les meubles d'acajou et de bois de rose, les tapis, les vases, les perroquets en porcelaine de Sèvres, les fleurs et les miroirs.

Le roi est redevenu charmant. Mercy s'empresse d'en informer sa souveraine :

« Madame la dauphine est traitée maintenant comme dans les premiers jours de son arrivée. »

Le Dauphin aussi s'épanouit, le voilà sur les talons de sa petite épouse, sa froideur semble avoir fondu.

« Le jeune prince réfléchit sur ses entours et sait les apprécier. Il s'en explique vis-à-vis de Madame la dauphine, laquelle maintenant donne à son langage, à ses petites caresses et à la totalité de son maintien la tournure la plus parfaitement convenable à s'assurer un entier ascendant sur l'esprit de son époux, écrit Mercy. »

Elle le caresse, elle baise sa joue. Ce qu'elle veut ? La permission de faire du cheval. (Une dauphine au galop est très mal vue de l'étiquette.) Le Dauphin hésite, mais lui permet des promenades à âne.

La voici donc, ravie, qui trottine dans le parc puis dans la forêt, accompagnée de ses dames horrifiées de telles montures, percluses de rhumatismes, au supplice dans leurs robes à corset. La dauphine s'en moque.

— Que cette nature est belle et combien elle me rappelle ma chère Autriche.

Elle parle désormais assez bien le français, « avec plus de vivacité et moins d'attention », souligne l'abbé. Ces promenades sur ces destriers sans gloire rendent la dauphine impopulaire vis-à-vis de ses dames d'honneur. Elle se lasse vite de cet amusement et en vient à son vrai désir : faire du cheval. Comment obtenir la permission du roi sans laquelle rien n'est possible ? Le Dauphin, qu'elle appelle dans ses lettres à sa mère « le pauvre homme », n'a encore aucun pouvoir. L'abbé tente de l'instruire encore un peu, dans la mesure du possible, lors de ce séjour à Fontainebleau. Quand le temps est trop humide, la forçant à rester enfermée, il lui fournit quelques lectures à analyser ensuite avec lui. *Les Lettres d'un vieillard à un jeune prince* du comte de Tessin et *Les Bagatelles morales* de l'abbé

Coyer, décrivant les mœurs et les ridicules de bien des Français. Quand comprendra-t-on qu'elle déteste lire et écrire ? Elle entraîne l'abbé sur le canapé afin d'échapper à la leçon de style. Elle se met, comme à Schönbrunn, à rire et à bavarder avec lui.

Elle écrit à sa mère, son écriture n'est pas améliorée, grosse, penchée, chargée d'encre, peu soignée. Marie-Thérèse est amère :

« Sa nonchalance, son peu de goût pour toute application sérieuse, son indiscrétion, me fournissent plus d'un sujet de crainte (...). Quant au projet de monter à cheval, il est une folie de plus : l'équitation gâte le teint. »

Mercy, Mme de Noailles sont également hostiles à cette idée. La petite a compris que sa seule chance était de cajoler le roi et de mettre Madame Adélaïde dans la confidence. Madame Adélaïde (Loque) est bien trop contente d'une opportunité qui lui nuirait. Aussi, le roi, après s'être fait un peu prier et beaucoup caresser, donne son consentement. La petite pousse un cri de joie et saute au cou du souverain. À cheval ! Vite ! Au trot ! Au galop ! Et, de plus, monter non pas en amazone mais à califourchon, lotie de culottes bouffantes sous ses larges jupes. Pour un peu, elle s'habillerait en homme, c'est si commode pour parcourir le monde !

Elle prend sa première leçon d'équitation, ravie de jouer Mercy.

— Je voudrais bien voir la tête qu'il va faire ! confie-t-elle, riante, à Mme de Chaulnes.

Outré, Mercy.

« Le 5 novembre, Madame la dauphine voulut encore monter à cheval ; elle ne peut plus supporter l'idée de monter sur des ânes... Il n'y a qu'à cette Cour-ci qu'une pareille imprudence puisse être autorisée. »

*
* *

Mercy se sent joué, moqué. La voici de plus en plus émancipée, bafouant son rôle de princesse régnante. Elle ne veut plus de la compagnie de ses dames d'honneur trop âgées, ennuyeuses. Elle veut de la jeunesse autour d'elle ; la compagnie de ces jeunes seigneurs qui la regardent avec un sentiment amoureux et n'osent l'approcher. Mme Étiquette, le protocole, interdit formellement toute familiarité avec cette jeune cour qui accompagne ses princes. L'ambassadeur tente de la raisonner, mais la petite rouée le regarde en riant, vêtue de bleu et de vert, la chevelure en folles boucles.

— Mon cher Mercy, vous me mettriez au désespoir en me disant que je puisse faire de la peine à l'impératrice. Je vous avoue que j'en suis dans la plus vive inquiétude. Quant au fait de monter à cheval, outre la permission gracieuse du roi, j'ai l'idée de plaire à Monsieur le dauphin en partageant son goût pour l'exercice du cheval.

Sa distraction coûte vingt-quatre mille livres au Trésor.

*

* *

Marie-Antoinette, commande un copieux pique-nique dans des paniers et convie gracieusement cette jeunesse dorée à partager son repas.

Marie-Antoinette d'Autriche de Lorraine de France marque un premier pas désastreux à la dérogation des mœurs de l'Ancien Régime. Elle ne comprend pas qu'elle travaille à une mystérieuse condamnation, voire une damnation.

Les paniers du pique-nique regorgent de viandes froides, de tourtes, de pâtisseries, de bons vins. Un postillon est renversé sous son attelage ? La voici, débordante de sollicitude, criant à tue-tête, de sa voix de fillette gâtée :

— Vous êtes tous mes amis, pages, palefreniers, postillons. Mon ami ! Va chercher les chirurgiens ! Mon ami, cours vite pour un brancard !

La dauphine, assise au milieu de ces jeunes gens qui la dévorent des yeux, rit aux éclats, distribue elle-même les mets. Elle boit à leur santé, à celle du roi et du Dauphin. Le vin de Bourgogne et celui de Champagne rosissent ses joues si fraîches, délient sa langue en mots d'esprit qui lui attirent l'amour fou de ces gentilshommes et une invisible disgrâce.

On aperçoit ses mollets si minces et si bien faits, on devine le mouvement de sa poitrine sous la dentelle et le manteau en taffetas. Elle n'a point de corset, sa chevelure sous le vent et le chapeau à plumes est un charmant désordre. Elle plaisante, un peu ivre, et tous plaisantent avec elle sur tout ce qu'elle voudra, sur tous ceux qu'elle voudra. Elle se moque ouvertement de la du Barry, imite plaisamment Mesdames Tantes. Ces jeunes seigneurs, bouleversés par cette présence si accessible, en sont à deviner la forme de sa cuisse enserrée d'une jarretière de soie et de petites roses en satin, à rêver de l'interdit. Caresser ce corps si tendre, coucher, coucher avec cette enfant si joyeuse.

Elle rit, aux feuillages, au soleil d'automne, si froid, si rouge, au désir des hommes, à leur désir. Elle s'étonne de cette bizarre convulsion du ventre, si agréable, quand un jeune marquis s'approche et ose baiser sa main.

*

* *

Mme de Noailles et ses dames, outrées, ne sont pas de ces escapades. Mercy s'étouffe, l'impératrice frôle l'apoplexie, l'abbé est consterné, le roi ne dit rien, le Dauphin se replie. Mercy a suivi cette équipée pour faire ses rapports.

« Il y en a toujours d'assez [de jeunes gens] étourdis pour ne pas observer ce maintien de circonspection et de respect que l'on doit à la présence d'une jeune princesse. »

Marie-Antoinette de France travaille avec une folle gaieté à sa perte. Mercy mesure ce que signifie une telle imprudence. La princesse, non seulement perdra le respect de son entourage, mais sera blâmée, qui sait, haïe du peuple. Rien n'est plus rigoureux que le peuple pour qui les souverains servent d'exemples. Louis XV est détesté au point de ne plus se rendre à Paris, des pamphlets circulent contre lui et sa du Barry. Malheur sur celle par qui le scandale viendra ! Mercy ose admonester la princesse qui fait semblant de l'écouter attentivement, derrière son éventail, afin de cacher un fou rire.

— Je supplie Son Altesse Royale qu'elle doit être en garde contre les airs d'aisance et de familiarité qu'on s'aviserait à vouloir prendre vis-à-vis d'elle.

Elle frappe d'un léger coup d'éventail le bras de Mercy raide et glacial :

— Enfin je m'amuse à la cour de France !

Il en pleurerait. De plus, elle se dispute avec le Dauphin en lui faisant remarquer qu'il arrive toujours si tard de la chasse qu'on ne peut aller tranquillement au spectacle.

— Vous voyez bien, dit le Dauphin d'un air piteux, que je suis revenu à temps.

— Oui, voilà une belle heure ! réplique-t-elle d'un ton sec.

Le temps du spectacle, elle boude le Dauphin. Au retour, elle éclate d'une colère inattendue, de tous ces riens accumulés alors qu'elle a lu tant de désir au regard d'une jeunesse bien faite et aimable. Elle éclate du dégoût de ces nuits si vides, le dégoût de lui, d'elle-même, de tout.

— Comprenez-vous les inconvénients de la vie de sauvage que vous menez ? Personne ne peut résister à ce genre de vie d'autant moins que votre air et vos manières rudes ne donnent aucun dédommagement à ceux qui vous sont attachés.

Elle crie presque, du ton d'une petite fille dont on casse régulièrement les jouets. Elle frôle le mépris, la haine de ce grand corps maladroit qui la froisse, l'épouvante secrètement et la laisse dans une humiliation et une agitation extrêmes. Le Dauphin a les larmes aux yeux, elle le déteste davantage ; il se jette à ses pieds, elle frôle la crise de nerfs ; il lui demande pardon.

Le lendemain, il la suit à cheval dans toutes ses courses.

*
* *

À la Hofburg, Marie-Thérèse lit tous ces détails dans le courrier qui vient de France, souligné *Tibi Soli* (réservé à elle seule). Sa fille a fermé sa porte à clé au Dauphin qui a vainement tenté de dormir chez elle. Les courtisans l'ont vu revenir chez lui, piteux, empêtré dans sa robe de chambre. Sa fille mériterait un coup de fouet. À l'abbé de jouer.

Vermond va voir son élève, qu'il trouve « à moitié raccommodée avec Monsieur le Dauphin ». En revanche, Marie-Antoinette prétend se rassurer sur son lamentable état de vierge en affirmant, à haute voix, que ses frères Joseph et Léopold avaient été huit mois sans consommer leur mariage. Marie-Thérèse est au bord d'éclater, mais fait parvenir à Mercy le message habituel :

« Je prêche à ma fille la patience et qu'il n'y a rien de perdu, mais qu'elle redouble de caresses. »

L'impératrice a la gorge serrée. De l'âne au cheval, sa fille mène sa vie n'importe comment. Elle évite, dans un tel désordre, le principal objet qui devrait monopoliser toute son attention, jour et nuit : coucher avec son époux. Le Dauphin est la seule « monture » souhaitable et convenable pour elle et son avenir.

Quelle mouche a piqué cette ignorante à prétendre que ses frères n'avaient pas consommé tout de suite leurs noces ? Veut-elle, dans sa misère, entraîner celle de l'Autriche ?

Quant à ses équipées à cheval, elle lui a écrit, soulignant l'importance des hiérarchies à respecter :

— Vous me dites que le roi l'approuve, et le Dauphin, et tout est dit pour moi.

Sur l'agenda noir, Louis-Auguste a noté en date du 23 novembre :

« Vendredi. Monter à cheval à Fausse-Repose avec Mme la dauphine et mes tantes. »

Coche, Loque, Graille veulent rester aux premières loges de la chute de l'Autrichienne.

« Rien », note le même carnet.

Chapitre 21

La guerre des dentelles

On s'en est retourné à Versailles, et M. de Choiseul à Chanteloup. Marie-Thérèse écrit, le 4 janvier 1771, de main propre, à Mercy :

« J'avoue, la perte de Choiseul m'est très sensible, et je crains que nous ne nous en ressentirons que trop. Je regarde comme décisif ce coup pour ma fille, mais pas pour l'Alliance qui convient autant à la France qu'à nous. »

La souveraine connaît par cœur le nom des ennemis de sa fille : M. de La Vauguyon, la favorite et son entourage, « toute cette clique ». Elle se console un peu d'une maigre victoire, Mercy lui a écrit que « Madame la dauphine a remis son corps de baleine ».

*
* *

La prêtresse du stupre, Mme du Barry, et la dauphine toujours vierge sont les enjeux des deux partis qui manœuvrent dans un sens différent. Faire la cour à Mme du Barry, c'est affirmer la disgrâce de Choiseul, obtenir des changements politiques, renforcer l'absolutisme et le parti dévot, même si, étrangement, la meneuse est une authentique prostituée. Ce parti est décidé à mener la dauphine à l'échec.

Les admirateurs de la dauphine voient en elle la future souveraine qui ferait rappeler Choiseul et affirmerait le rôle des parlements.

Une guerre entre femmes, à coups de persiflage, une guerre quand même, aux sourdes répercussions politiques. Le roi en prend de l'humeur contre sa belle-fille. Il endure aussi les scènes de sa favorite, la chevelure défaite, nue sous un peignoir en dentelles.

— J'en ai assez, Monsieur, de cette petite rousse et de son engeance ! J'en ai assez au point que je ne puis aussi aisément vous faire l'amour qu'autrefois.

Ce plaisir qu'elle lui donne, on le lit dans *Thémidor ou Mon histoire et celle de ma maîtresse,* roman de M. Godard d'Aucour : le roi quoique vieillissant, s'en passerait mal.

Elle ouvre le peignoir et offre ce corps de nacre qui fait tant exulter le souverain. Il fera installer pour elle les anciens appartements de Marie-Josèphe de Saxe, la dauphine ayant préféré un autre appartement à l'étage. Mme du Barry sera satisfaite. Cet appartement blanc et or, par les soins de M. Papillon de La Ferté, sera décoré de façon bien plus exquise que celui de la dauphine. Par un escalier intérieur, il la rejoindra ; chez elle ils feront l'amour, et, quand il recevra ses ministres, elle aura le droit d'assister à tous les entretiens.

Aux soupers familiaux, jamais Mme du Barry n'a été aussi éclatante, arrogante. La dauphine feint de l'ignorer, Mesdames Tantes frétillent.

La dauphine va s'enferrer. Buté, son orgueil (son pire ennemi avec sa paresse et sa frivolité) ne cède en rien. Un soir où l'on donne la comédie, la maîtresse du roi arrive en retard avec ses dames, la duchesse de Mirepoix, la duchesse de Valentinois et ces duchesses qui désormais haïssent la maison de Lorraine. Les premiers rangs sont occupés par les dames d'honneur de Marie-Antoinette, dont la comtesse de Gramont. Ces dames refusent froidement aux duchesses et à la favorite de céder leurs places.

— Madame, veuillez quitter ce siège, lance la favorite couverte de pierreries, à la comtesse de Gramont.

— Madame, ne serais-je pas assez bien née pour quitter ce siège, il me semble que ce n'est pas à moi de quitter ce siège, ni cette Cour.

La comtesse de Gramont est allée au-delà de l'insolence. Les dames de Marie-Antoinette s'éventent dans un grand énervement. La favorite, toujours debout, est prête, d'un geste roturier, à gifler Mme de Gramont. Elle quitte brusquement le théâtre et se précipite chez son royal amant.

Le lendemain, une lettre de cachet exile Mme de Gramont dans ses terres. Marie-Antoinette se contient, mais, au dîner, elle exprime sa peine au roi.

— Mon papa, j'ai le cœur navré d'être séparée de ma chère Gramont. Vous n'aimez pas, n'est-ce pas, que votre chère fille ait le cœur navré ?

Ennuyé de ces querelles de femelles, le roi se contente de promettre vaguement de lui complaire.

La comtesse de Gramont tombe malade. Un courrier avertit Marie-Antoinette. La comtesse la supplie de lui obtenir sa grâce.

Au dîner familial, sous l'œil goguenard de Provence et celui émoustillé de Mesdames Tantes, Marie-Antoinette plaide la cause de Mme de Gramont. Le roi se glace. Sa froideur excite soudain la fille des Césars. Elle éclate avec une spontanéité enfantine :

— Quel chagrin pour moi, mon papa, si une femme attachée à mon service venait à mourir dans votre disgrâce !

Elle a su trouver les mots qui ont flatté la vanité du roi. Elle est charmante, dans cette robe rose pâle, décolletée largement, les avant-bras délicieux, les petites mains ouvertes pendant sa plaidoirie. Il sourit.

— Allons, mon enfant, je fais grâce mais à certaines conditions. J'exige des attestations médicales au sujet de l'état de votre protégée et sachez qu'à ma Cour elle restera exilée.

Dans ses appartements, la dauphine fulmine à haute voix. Cette du Barry l'emporte, c'est à n'y plus tenir de s'abaisser à complaire à « cette clique », comme dit son auguste mère.

Décidément, Madame Maman a raison en tout, et elle pensera toujours comme elle : elle restera toujours bonne Allemande. Tant pis pour cette Cour dont le premier responsable est son triste époux.

Mercy est consterné. Pire que frivole, *serait-elle bête ?* Belle et bête ; tout ce qui compose l'ombre d'une future tragédie.

Chapitre 22

De la frigidité morale

Le médecin hollandais Ingenhaus, fort prisé de Marie-Thérèse, partait pour un voyage d'études en Europe. L'impératrice le charge de lui faire un rapport sur l'état *réel* du Dauphin. Mercy est dans le secret. Tout doit passer pour une *sollicitude* générale vis-à-vis de la famille royale. Ingenhaus, vêtu en noir et collet monté, comme l'abbé, a rendu ses comptes à Mercy. Le 23 janvier, au plus fort des querelles de ces dames, il émet son opinion. Il s'est d'abord heurté au protocole qui, pour une fois, arrange la dauphine très ennuyée de cette visite. Jusqu'où ira l'intrusion de sa mère ? Ingenhaus va-t-il les examiner, elle et le Dauphin dans leur intimité et en établir le froid constat ? Elle soulève un obstacle :

— Cet Ingenhaus n'est pas dans le cas de pouvoir jouir des entrées de la Chambre.

Entourée de ses friseurs, en peignoir du matin, la jeune fille est fébrile. Madame Maman va trop fort et trop loin. Mesdames Tantes ont poussé de hauts cris stridents :

— Cet étranger n'a pas le droit de braver notre protocole !

Mercy envoie l'abbé raisonner la dauphine.

— Que Son Altesse Royale admette qu'un homme envoyé par Sa Majesté votre mère soit exempté de toutes les règles d'étiquette.

La petite jette un regard furieux de son miroir à l'abbé. Elle hume un flacon d'eau de vinaigre parfumé destiné à blanchir le teint. L'abbé a pris son air malheureux de chien chassé. Elle pressent qu'elle pourrait perdre ce rare ami de toujours (même s'il la trahit constamment). Qui lui est fidèle depuis Vienne, et depuis que Choiseul a été banni. La curiosité aussi l'emporte. C'est l'hiver, elle s'ennuie, les disputes avec la favorite la mettent au bord de crises de larmes, les bals ne sont pas encore commencés, lire, broder l'assomment, sa virginité la mine, pourquoi, en effet, ne pas recevoir ce Hollandais ?

Elle le reçoit dans son salon blanc et or, moins luxueux que celui de cette maudite du Barry. Le Dr Ingenhaus s'incline, raide dans son habit noir, humide de pluie et de vent. La dauphine sourit ; il amène avec lui l'air de son pays natal. La voici émue et charmante. Elle l'engage à s'asseoir près d'elle et lui promet qu'il pourra examiner toute sa famille si cela lui chante.

Ingenhaus, accompagné du Dr Lassone, premier médecin de Marie-Antoinette, et de Lieutaud, premier médecin du Dauphin, se rend compte, de simple vue de l'état du prince. Marie-Thérèse lit la lettre de Mercy :

« Ingenhaus emporte d'ici (...) une meilleure idée de la santé de Monsieur le Dauphin qu'il ne l'avait en arrivant ; ses jambes et son corps lui paraissent taillés pour la force. »

Au regard perçant d'Ingenhaus sur son époux, Marie-Antoinette redoubla ses caresses, embrassa le Dauphin qui semblait ravi, bien planté « sur ses jambes taillées en force ».

*

* *

Marie-Thérèse suppute. Cette force est le signe d'une croissance qui continue son développement. Un autre progrès, capital celui-là, apparaît dans la tendresse qui semble s'intensifier entre les deux époux. Le confesseur du Dauphin, l'abbé Soldini, rapporte tout à Mercy. Marie-Thérèse pénètre jusqu'au secret, inviolable, de la confession. Le Dauphin s'était épanché à l'oreille de l'abbé Soldini.

— Aucune femme... jusqu'à ce moment, n'avait fait sur [moi] la moindre impression, [je me suis senti pour] Madame la dauphine seule un penchant qui [m'avait] été inconnu jusqu'alors.

Le lendemain de ses noces, il s'était juré de consommer leur mariage, « mais un mouvement de crainte l'avait retenu et cette crainte avait depuis toujours augmenté ». Mais il se sentait si touché, si attiré par elle :

— L'amitié et la confiance prenaient le dessus.

Mercy achève sa lettre à sa souveraine :

« Monsieur le Dauphin envisageait son intimité parfaite avec madame la dauphine comme un bonheur qui lui devenait nécessaire et qu'il était résolu à se procurer. »

*

* *

Combien de temps cette « frigidité morale » allait-elle durer ? Les avis de ces médecins, dont celui d'Ingenhaus, prouvent que le Dauphin n'a pas achevé sa croissance. Marie-Thérèse a pris conseil auprès de son cher Van Swieten.

« Van Swieten, écrit-elle à Mercy, est du sentiment que si une jeune fille, et de la figure de la dauphine, ne peut échauffer le Dauphin, tout remède serait inefficace. (...) Il vaut mieux attendre du temps le changement d'une conduite si étrange. »

Maudits Bourbons, maudit Dauphin ! Sa main de fer a su tout régenter, mais elle n'a pas prévu cette détestable frigidité d'homme sans parler de « cette abominable clique » autour du roi. Comment sa fille, incapable d'esprit politique, va-t-elle gérer tant de conflits ? On dit qu'elle s'étourdit de bals jusqu'au carême et qu'elle danse toutes les nuits.

Chapitre 23

« C'est à vous à donner à Versailles le ton »

Les lettres de Marie-Thérèse à sa fille se font plus autoritaires. « C'est à vous à donner à Versailles le ton. » À elle de donner le ton, devenir la « reine incontestée » de Versailles et non cette étourdie qui danse, se lève tard, s'enivre de promenades à cheval et de courses à traîneaux puisqu'il a neigé.

Il a neigé, et des pauvres, sans logis, sont morts de froid sur les chemins, à quelques lieues de tant de plaisirs ruineux.

Le roi s'enchante de la gaieté de la dauphine. Elle est radieuse : la saison des bals est ouverte. Danser ! Tourner ! Dans son traîneau, enveloppée de fourrures, elle semble une petite fée des neiges. Tous les lundis, il y a bal chez la dauphine. Les dames y viennent en domino blanc et les seigneurs en habit de cour. Ces mêmes seigneurs, si orgueilleux de leur rang, n'hésitent pas à s'abaisser devant la du Barry pour obtenir quelques grâces du souverain. Deux fois par semaine, la dauphine va à la comédie, dans une robe en velours rouge, doublée d'hermine. La favorite en ressent un immense dépit. Mme de Noailles organise chez elle aussi des bals.

La dauphine danse, rit aux éclats. Le Dauphin meurt de sommeil, ce ne sont là ni ses heures ni ses goûts, mais, amoureux de sa petite compagne, il la suit à toutes ces fêtes. Son bonheur est de la voir danser, lui, rencogné dans l'ombre, elle, éclatante sous les lumières éclatantes.

— Elle a tant de grâce, confie-t-il à Mme de Noailles, que tout lui réussit au mieux ; il faut convenir qu'elle est charmante.

*
* *

Marie-Thérèse est le rabat-joie.

« Je commence à m'ennuyer que vous n'êtes pas dauphine », la cingle-t-elle, exaspérée.

Que fait ce Dauphin aux gros mollets de laboureur ? Quel est l'avantage que ce benêt soit amoureux de sa fille ? Aurait-il, en plus de ses handicaps, les sentiments d'un petit-bourgeois ? Qu'importe d'être amoureux si on est un impuissant !

*
* *

Le 21 mars, le Dauphin a passé la nuit chez Marie-Antoinette. On crut les noces enfin consommées.

Il l'aime, il s'approche de cette poupée si rose et si blanche, il ose embrasser ses lèvres closes, tâtonner dans l'ombre au hasard de son épouvante la plus réelle : fouler le corps de cette enfant adorée. Il ose défaire, si maladroitement qu'elle doit l'aider, la camisole en soie fermée dans le dos par huit rubans. Il ose ouvrir son manteau de lit qui s'arrête aux hanches. Il tremble, n'ayant jamais vu de si près un corps à ce point dénudé. Les seins, le ventre, les hanches, les cuisses si jolies et si fines. Il a envie de pleurer. Il a envie de lui demander pardon. Il a envie de pouvoir la prendre sauvagement en un fol élan d'amour. Il a envie de lui faire mal pour la consoler après. Il regarde, à la lueur si rouge de la veilleuse à l'huile, ce charmant visage, ce charmant nez, cette charmante bouche et ces dents si blanches. Il la regarde, et il se dit que tout est bien injuste et bien dommage aussi.

Louis-Auguste ferme les yeux et ose s'étendre sur ce lis couché. Il a honte, il en meurt, il souffle tel ce sanglier qu'il a vu tant de fois tenter d'échapper à la meute. Il est une bête poursuivie, une bête qui se meurt.

En un grand cri, le Dauphin de France se heurte, sans force, entre les cuisses de soie, contre une muraille de marbre et de lait.

*

* *

Marie-Antoinette dit « le pauvre homme » en regardant son époux qui tremble légèrement à son approche. Il n'a noté ni le mot « rien » ni autre chose dans le carnet noir. Mesdames Tantes se tiennent immobiles, à la manière des oiseaux de proie. Marie-Antoinette est si nerveuse qu'elle est encore moins attentive aux leçons de lecture de Vermond. Sa mauvaise élève lui fait remarquer qu'elle ne progresse guère.

— Ma mère, dit-elle, réclame encore de la lecture. Que faites-vous donc, l'abbé ?

L'abbé gémit devant tant d'inconscience :

— Madame, je ne sais plus que dire, je suis au bout de mon latin.

La dauphine prend de plus en plus mal les insistances humiliantes de sa mère :

— Les bonnes lectures vous sont plus nécessaires qu'à une autre.

L'impératrice n'hésite pas à froisser sa vanité en soulignant qu'elle ne possède pas même à la perfection « la danse, la musique, le dessin ».

— Mon bon abbé, ma mère aurait tôt fait de me faire passer pour un animal. (...) Je répondrai qu'il ne me sera guère possible de faire des lectures réglées pendant le carnaval mais pendant le carême, est-ce bon ?

*
* *

La dauphine, irritée, une diffuse angoisse serrant sa gorge et son ventre, a planté là l'abbé et ses leçons. Elle se précipite chez ses tantes, ivres de curiosité et qui jouent à un nouveau jeu : la division.

« Madame Adélaïde et Madame Sophie, note Mercy, sont occupées à inspirer à Madame l'archiduchesse de l'éloignement pour Madame Victoire. »

Marie-Thérèse suppute, silencieuse. Si la petite n'était pas dauphine de France, elle ferait comme pour Marie-Caroline : elle la laisserait chuter dans son lamentable destin. La non-consommation de ce mariage entraînera la dislocation de l'Alliance. Le destin de l'Autriche est entre les cuisses de neige de cette follette de seize ans. L'impératrice tourne entre ses mains un cadeau que lui a fait parvenir Marie-Antoinette : une boîte dont le couvercle est gravé de son portrait. On nomme ce genre de boîte « une masse ».

« Ma chère fille, j'écris actuellement devant la masse qui me représente ma très chère fille, mais je ne lui trouve pas cet air de jeunesse qu'elle avait, il y a onze mois, et malheureusement le changement d'état n'en est pas la cause. »

Elle lui prodigue des conseils de matrone :

« Entourez votre époux de caresses, cajolis, mais trop d'empressement gâterait le tout (...). Il n'y a rien de perdu, vous êtes tous deux si jeunes : au contraire pour vos santés ce n'est que mieux, vous vous fortifiez encore tous deux. »

Chapitre 24

UNE REINE DE CARTON DORÉ

Cet hiver et ce printemps 1771 où les malheureux enfants s'échinent en vain au lit conjugal, la du Barry triomphe depuis son installation dans les anciens appartements de la mère du prince. Louis-Auguste l'abhorre davantage de « souiller » l'univers de sa mère. Mesdames Tantes crient aigrement au scandale. Le roi s'ennuie de ces disputes répétitives et n'entend en rien renoncer aux plaisirs exquis que lui donne sa comtesse. Il lui a offert le plus beau meuble de feue la dauphine, sa grande commode en porcelaine de Sèvres ornée de médaillons qui reproduisent des sujets de Watteau. Le pouvoir de la favorite a brusquement augmenté. Elle régente le répertoire de tous les spectacles donnés à la Cour. M. Papillon de La Ferté, la voix de fausset, lui obéit au doigt et à l'œil. Elle va jusqu'à modifier les plans de reconstruction de la Comédie-Française. Elle examine les projets d'embellissement des appartements de la dauphine et fait traîner en longueur les désirs de la princesse. Marie-Antoinette fulmine, Louis-Auguste ploie et ne sait comment affronter son grand-père. La Cour a les yeux fixés sur les décisions de la favorite. Marie-Antoinette n'est ni femme, ni grosse d'un enfant royal. « Rien ». La favorite se hâte d'abuser, le temps lui est compté. À la mort du roi, ce sera l'exil et la disgrâce. Elle s'empresse de profiter de la faiblesse de son amant pour recevoir, à ses côtés, ses ministres. Le jeune roi Gustave III de Suède a déposé ses hommages en premier à ses pieds.

Marie-Antoinette engage une nouvelle offensive. Elle décide de ne plus jamais adresser la parole à la favorite.

La favorite va jusqu'à se mêler du mariage du comte de Provence. Louis Stanislas Xavier est fiancé à Marie-Joséphine de Savoie, petite-fille du roi de Piémont-Sardaigne, Charles-Emmanuel III. Mercy s'empresse de renseigner Marie-Thérèse que « le parti du duc de La Vauguyon et de la comtesse du Barry compte sur la protection de la comtesse de Provence », manière habile d'isoler la dauphine dans un parti proautrichien (étranger, ennemi) dont la voilà l'égérie.

La favorite veille (avec La Vauguyon qui hait farouchement la dauphine) à la composition de la maison du comte de Provence. Elle fait nommer une de ses créatures, la duchesse de Valentinois, première dame d'honneur de la future épouse de Provence. Provence, obèse, pédant, aux hanches déformées, se dandine. Ses yeux noirs, profonds, perçants, à l'éclat vif et dédaigneux, montrent une ambition mêlée à une réelle intelligence. Il n'a ni cœur ni affection et couvre de son mépris haineux son frère, le voleur du trône dont il a toujours rêvé. Qui sait, peut-être une aventure sanglante le débarrasserait de cet aîné si terne ? La Vauguyon fait nommer, soutenu par la favorite, le comte de Modène premier gentilhomme de Provence. Les ennemis de la dauphine sont désormais en place.

*

* *

Marie-Antoinette éclate à haute voix contre la favorite. Le roi est au bord de se fâcher. Louis-Auguste, si réservé, manifeste ouvertement son mépris pour la favorite « et pour tous ceux qui faisaient cause commune avec eux ». Il ose se rebeller contre son ancien gouverneur, La Vauguyon, et lui manifeste une inquiétante « contenance de dédain ». Le roi convoque Mme de Noailles. Elle s'incline en une profonde révérence et dissimule sa satisfaction d'entendre le souverain exprimer tout haut ce qu'elle déplore tout bas :

— Madame la dauphine a toutes les qualités de grâce et de charme, mais la princesse se tient souvent très mal. Nous souhaiterions moins de bruyante gaieté et plus de réserve en public – et même en famille. Qu'elle demeure expansive uniquement dans son intérieur. Veillez à ce qu'elle fasse preuve de plus de réserve à la chasse, et qu'elle évite cet excès de familiarité avec ses entours.

Le roi va et vient, s'agite, Mme de Noailles se tient immobile, tout ouïe, dans sa robe unie, sombre, son visage passé au rouge obligatoire, ce qui lui donne l'aspect d'un vieux mur craquelé :

— Madame la dauphine se permet des remarques hasardées sur tout ce qu'elle voit… ou croit voir… ce qui… pourrait produire de mauvais effets dans la famille. J'en ai assez, explose soudain le roi, qu'elle parle à tue-tête et de n'importe quoi à mes vieilles pies-grièches de filles !

Mme de Noailles rougit, pâlit sous son rouge, son bonheur est immense.

Comment s'y prendre avec cette effrontée, que nul n'a réussi à éduquer ?

Les mains blanchies d'émotion, elle fait part à Marie-Antoinette, en détail, des griefs du roi.

— Encore cette Barry ! s'écrie la petite, qui tente une nouvelle coiffure en forme de pièce montée.

Mme de Noailles frémit. A-t-elle réussi à se faire entendre ?

Marie-Antoinette a deviné que « son papa » est très fâché. La guerre avec la du Barry est sérieuse et elle n'a pas tous les atouts.

— Je ferai tout, mon papa, pour vous complaire.

Elle l'embrasse, caressante. Louis XV baise ses mains et lui affirme l'aimer de tout son cœur.

— Dites-moi bien tous vos griefs, mon papa, dit la petite.

— Je n'entre en détail sur rien, mon enfant, je vous fais confiance. Soyez bonne avec ce qui m'est cher.

Elle lui sourit, elle ne lui cache pas être lasse d'avoir eu des règles trop longues.

— Le Dr Lassone a affirmé à Monsieur le Dauphin que « des enfants nés d'une mère trop jeune sont d'une constitution faible et ne vivent pas longtemps ».

— Le mariage serait donc consommé ? s'écrie le roi.

— Pas tout à fait, mon papa, mais cela ne saurait tarder.

Elle a dit avec tant d'innocence « Pas tout à fait » que le roi s'attarde sur une pensée intime, gênante à la dauphine et qui semble ne pas l'indisposer du tout.

Chapitre 25

Une nouvelle princesse, une nouvelle rivale

Madame la dauphine assiste – sans rien en comprendre – au lit de justice du 13 avril 1771 qui supprime les parlements selon la réforme spectaculaire de Maupeou. Elle est ravie d'être admirée, en robe de cour, bleu et argent, un chapeau à plumes blanches et agrafes de diamants. Le roi est vêtu de son grand habit. Elle est à sa place de future reine, auprès de son époux, même si elle n'écoute rien des réformes qui préparent, sans que personne s'en doute, la chute de l'Ancien Régime. La du Barry n'est pas là, voilà son unique triomphe.

La grande affaire est la réception de la future épouse de Provence. Sera-t-elle plus jolie qu'elle ? Provence, rengorgé, n'a de cesse de titiller son frère et sa trop jolie femme.

— J'aurai sans aucun doute le bonheur d'être père avant vous.

— Et moi, Monsieur, celui de supposer votre bonheur.

Marie-Antoinette s'irrite et s'évente ; Provence l'a touchée au plus vif de sa peine. Son épouse pourrait bien, en effet, être grosse avant elle. Provence a cet air de malice froide qui jamais ne le quitte. Pour contrarier Provence, écraser la du Barry, la dauphine se résout à un mauvais parti. Accueillir froidement cette princesse de Savoie, lui asséner avec morgue la force de sa beauté et de son rang. Mercy frémit.

— Son Altesse Royale, dit-il d'une voix blanche, n'est pas sans savoir qu'un tel accueil à l'épouse de votre frère entraînerait davantage de luttes intestines dans votre famille.

La jeune femme prend son air arrogant que haïront un jour tous ses amoureux de France, la tête en arrière, la moue des Habsbourg en avant. Est-ce pour avoir la paix et se livrer entièrement à sa toilette qu'elle rassure l'espion de sa mère ?

— Je vous promets, monsieur, de gagner l'amitié et la confiance de cette princesse mais sans aller trop loin. (...) Je suis sûre que la future épouse de mon frère sera du parti de la du Barry.

L'ambassadeur doit se contenter de cette réponse. Marie-Antoinette est hantée par la crainte que la jeune fille soit plus jolie qu'elle. Provence entretient cette phobie et, rengorgé, clame à qui veut l'entendre « qu'il sera heureux dans toute l'acception de ce terme ».

*

* *

Le portrait de la fiancée est arrivé à Versailles. Toute la Cour commente. La dauphine s'est précipitée avec trop de hâte chez Provence, bousculant Mesdames Tantes accourues avant elle.

Marie-Joséphine de Savoie est d'une laideur repoussante en dépit des efforts du peintre. D'une taille mesquine, les sourcils se touchant « en longues chenilles noires », la chevelure trop sombre, le teint jaune, l'œil bas ; le front médiocre, un air oie et triste sur toute sa chétive personne. Elle provoque un seul cri à Mesdames Tantes, toute la Cour, un cri qui fait jubiler Marie-Antoinette :

— Quel laideron !

Provence s'éloigne de son pas dandinant, mortifié qu'on lui ait imparti une aussi vilaine affaire.

Il est vexé de lire dans les gazettes, de surprendre sur la bouche des courtisans, de sentir à l'ombre des rideaux, des murs, des tapis, des meubles, au sourire arrogant de l'Autrichienne, le sarcasme qui traverse toute l'Europe jusqu'au bureau de la Hofburg :

— On n'a pas réservé un morceau friand au comte de Provence.

*
* *

Marie-Thérèse est soulagée :

« Vous n'aurez point sujet d'en être jalouse, lui écrit-elle, mais bien d'en avoir pitié et de vous en occuper ; cela vous fera honneur et sera à sa place, non pour la gouverner, cela conviendrait aussi peu que la jalousie, mais pour la tirer d'embarras, car on dit qu'elle n'est pas bien de figure, très timide, mais au reste très bien élevée ; avec le temps cela pourra faire une convenable liaison et amitié. »

Marie-Thérèse flatte son enfant pour éviter tout conflit avec la maison de Savoie, entraîner la nouvelle princesse du côté de la dauphine et contre la du Barry. Si l'épouse de Provence vient à être grosse avant elle, le roi lui portera intérêt. Marie-Thérèse conseille à sa fille de l'entourer de caresses, de protéger « ce point essentiel ». Marie-Thérèse, décidément informée jusqu'au moindre battement de cils de la Cour, « s'étonne que le roi ne vienne presque jamais chez sa fille alors qu'il allait tous les jours chez Marie-Josèphe de Saxe ».

« À mon grand étonnement, je dois apprendre qu'il ne vient jamais chez vous que les jours de cérémonie (...). Tâchez donc de gagner à l'avenir sur ce point (...). C'est de la plus grande conséquence. »

Marie-Antoinette a mis plusieurs jours à ouvrir cette lettre. Elle a des règles de plus en plus abondantes, des bruits ont couru qu'elle faisait des fausses couches régulièrement.

Le mariage de Provence l'assombrit en dépit du portrait du « laideron ».

Chapitre 26

La dauphine est la plus belle en son miroir

La Cour se rend à Fontainebleau où on doit recevoir la princesse piémontaise. Marie-Antoinette a sollicité de nouvelles toilettes. On prétend que cette modeste noiraude a le teint bilieux. Marie-Antoinette a mis du rouge plus que d'habitude, choisi la robe de cour bouton-d'or. Qu'elle resplendisse, qu'elle soit cette nymphe d'or et de rose, de la chevelure à la peau, aux vêtements ! Cela l'excite davantage que la nomination du duc d'Aiguillon (du parti de la du Barry) à la place de Choiseul. Qu'elle soit la plus belle, la plus belle ! Rien de plus terrible ne pourrait lui arriver que la laideur. Le roi est vite reconquis par la dauphine, il se dit « enchanté » et lui promet de prendre son café, le matin, chez elle. Elle l'embrasse comme il aime, sa bouche contre la joue, les cils effleurant sa peau d'homme à filles, le souffle parfumé à l'essence de rose.

*
* *

À l'arrivée du carrosse de Marie-Joséphine de Savoie, chacun retient son souffle. Provence a pris son air rengorgé et dégagé. Artois, rieur, et que l'on mariera en novembre 1773 à la sœur de cette princesse, est tout curiosité. Il a l'insolence d'un jeune homme qui plaît aux femmes. Il passe certaines de ses nuits à Paris, chez sa maîtresse, Rosalie Duthé qui couche aussi avec le duc de Chartres. Madame la dauphine est émue quand on ouvre la portière… et si la nouvelle venue était ravissante ?

Du carrosse est descendue une malheureuse jeune fille encore plus laide que son portrait. Elle est mal vêtue, d'un vilain vert qui accentue le jaune bilieux de sa peau. La chevelure d'un noir sale, elle est muette, le front baissé, une épaule rentrée. On s'approche par politesse. Il y a quelque chose d'insurmontable dans sa disgrâce : elle sent mauvais.

Elle est si sale (elle ne s'est jamais lavée), elle empeste si fort, qu'au soir des noces Provence, par ailleurs incapable de faire l'amour, est obligé de s'éloigner en toute hâte de la couche conjugale. À ses craintes, sa froideur naturelle, se mêle une répulsion si grave que jamais ce mariage ne sera consommé ; jamais Provence, qui un jour, en effet, régnera sur la France, n'aura un seul rejeton.

Marie-Antoinette redevient d'une grâce parfaite pour la pitoyable fiancée. Le roi est ravi, Provence mortellement dépité. La dauphine, décidée à écarter la favorite, redouble de cajoleries pour « Papa roi ».

Elle a regagné un tel terrain dans l'esprit du roi qu'il se rend chez elle, un matin, en robe de chambre, lui fait son café et passe deux grandes heures à bavarder.

*

* *

Provence dissimule son dépit. La laideur de son épouse a détourné le roi vers cette belle-sœur honnie. Il ne peut la dépasser en donnant un enfant à la princesse qui sent tellement mauvais. Il cache sa rage, et quand, au lendemain de ses tristes noces, le roi s'empresse de lui demander ce qu'il en est, il répond avec emphase :

— Sire, j'ai été heureux quatre fois.

Il joue au prince galant, feint des transports de joie à chaque fois qu'il croise le laideron, ignorant les lettres pleines d'amertume que son épouse, point sotte, écrit à sa mère, au Piémont.

Provence continue à persifler son frère et surtout sa belle-sœur. Madame son épouse sera mère, fort assurément et bientôt. Ces propos malveillants la piquent au vif, elle laisse voir ses contrariétés sur sa figure trop expressive. Le soir même, le Dauphin la trouve dans son lit, en pleurs. Il la prend dans ses bras.

— Je ne serais jamais mère ! hoquette-t-elle.

Il l'embrasse, la cajole, la caresse un peu, navré des causes de sa peine.

— Je vous promets, madame, que [vous serez] entièrement [mon] épouse et que, si des raisons de santé en avaient suspendu le moment, [vous ne devez] en avoir aucune inquiétude pour la suite.

Il baise ses joues inondées, lui aussi a les larmes aux yeux. Au fond, ils sont comme deux orphelins. Elle est fébrile, malheureuse, elle n'a qu'un seul ami sincère : ce pauvre homme qui l'adore, et ne peut « rien » lui donner.

*
* *

La nuit, chaque nuit, l'anxiété saisit la dauphine. Elle entend le pas de son époux dans l'escalier intérieur – elle a voulu aménager son alcôve à l'étage au-dessus de celui du Dauphin. Elle entend frapper, son cœur bat à tout rompre, elle a peur. Elle craint non sa tendresse si réelle, mais ce souffle chaud, cet animal couché sur elle, ces ébats sans joie, ce double cri qui est celui de sa douleur de mâle handicapé et son cri à elle, de fille sur laquelle on s'acharne. Dans ces ébats qui ressemblent presque à un pugilat où sombre le jeune homme en une éjaculation précoce, les deux enfants croient de bonne foi que, peut-être, cette humiliation, ces semi-déchirures sont suffisantes pour concevoir.

La dauphine, le jour, rit, danse, change six fois de toilette, varie d'humeur, fait monter sa coiffure au fil des mois. Une coiffure « en érection », une coiffure qui grimpe au point que ses yeux, par ce déséquilibre, semblent être situés au milieu de son ventre. Plus d'un mètre de chevelure crêpelée obligeant les dames qui suivent cette mode à voyager à genoux dans leurs carrosses. Il faut désormais aux coiffeurs des échelles pour crêper tout là-haut ces cônes absurdes, piqués d'aigrettes, d'oiseaux dorés, de plumes, d'épis de blé, de caravelles. Cette coiffure ne cessera de monter jusqu'à ce que la jeune femme soit un jour, enfin, grosse. Une coiffure pareille, était-ce le signe d'une sorte de démence, une monarchie destinée à se casser la figure, ainsi ces dames heurtant les flambeaux et les plafonds, ces têtes de folles, ces têtes flottantes, ces têtes à vent et sans corps ? Des têtes, rien que des têtes que le bourreau n'aura qu'à tirer par les cheveux.

Louis-Auguste chasse à en tituber de fatigue. Il pousse des cris féroces en poursuivant le cerf, il tire à l'arquebuse (sorte de petit canon) des Suisses sans tomber à la renverse. Marie-Antoinette rit derrière son éventail, danse des nuits entières et tombe endormie jusqu'à l'heure de midi, le visage couvert de larmes pendant ce sommeil plus lourd que la mort.

Elle est une proie livrée à un maladroit qui souffle, la meurtrit sans issue, laissant des traces d'escargot dans les draps, la suppliant de lui pardonner.

*

* *

Provence, Madame son épouse, Artois, sont aussi jeunes qu'eux. Marie-Antoinette et Louis-Auguste les voient quotidiennement. Il faut endurer le persiflage de Provence et sa méchanceté, mais la dauphine est sûre de dominer cette triste princesse. Elle est reconnaissante de l'amitié de la dauphine. Son époux feint en public la galanterie et la fuit dès que possible. Marie-Antoinette, qui ne s'est pas donné la peine de percer à jour le jeu de Provence, écrit à sa mère qu'elle est enchantée de sa belle-sœur :

« Ma sœur est fort douce, fort complaisante et très gaie ; elle m'aime beaucoup et a beaucoup de confiance en moi. »

Très gaie, la malheureuse fille de Savoie ? Elle sourit à la dauphine, elle la regarde avec admiration. Cela suffit à la dauphine pour lui attribuer toute sa faveur. La malheureuse princesse confirme la preuve absolue que la dauphine est la plus belle de ce royaume, sauf la du Barry. Mais la du Barry est vieille (vingt-six ans), que peut donc espérer une femme à Versailles passé trente ans ? La du Barry est mal née, et elle, la dauphine, éclate de la jeunesse, fille de roi, épouse de roi, sœur de roi et peut-être un jour mère d'un roi.

Mesdames Tantes ont fait courir le bruit que la comtesse de Provence attendait un enfant.

— Y a-t-il quelque fondement ? s'écrie Marie-Antoinette au glacial Provence.

— Beaucoup, Madame, persifle-t-il d'un air grave. Il n'y a pas de jour où cela ne puisse être vrai.

Le menteur n'approche jamais du lit de la malheureuse de plus en plus mutique. Mesdames Tantes prétendent qu'elle est velue jusque sur la poitrine. Le portrait de Marie-Thérèse de Savoie, fiancée d'Artois, effare Mercy tout en le réjouissant :

— « Le visage est maigre, le nez fort allongé est désagréablement terminé, les yeux mal tournés, la bouche grande, ce qui forme en tout une physionomie irrégulière, sans agréments et des plus communes. »

Marie-Antoinette est enchantée : elle demeure la plus jolie de son futur royaume.

Sa popularité est extraordinaire à Paris. On l'adore, on la plaint, on la désire et on ne veut qu'elle pour souveraine. Elle est la perle, le luxe, le joyau du petit peuple.

Marie-Antoinette, on vous aime d'amour, chantonne tout un chacun.

Chapitre 27

« Il y a bien du monde aujourd'hui à Versailles »

La guerre intestine, alimentée par Mesdames Tantes, entre la favorite et la dauphine reprend de plus belle. Le roi est excédé. Le plus grand des mépris étant le silence, la fille de Marie-Thérèse applique à merveille cet art du dédain contre sa rivale, prend son air insolent quand elle la croise, renforce sa moue à la Habsbourg.

Louis XV, habitué à louvoyer sur un échiquier encombré de pions femelles, convoque Mercy pour qu'il s'entretienne de cet inconvénient avec sa favorite. Il connaît le charme et la beauté si sensuelle de Mlle Bécu. Qu'elle en use sur le glacial ambassadeur, lequel, offusqué d'être obligé à composer avec « la créature », sera ébloui malgré lui de sa peau de lait largement découverte, et sa bouche pleine de promesses.

— Mon seul désir, monsieur l'ambassadeur, est que Madame la dauphine m'adresse une fois la parole.

La du Barry converse aisément avec lui sur tous les sujets, insinue à quel point M. d'Aiguillon l'apprécie. Mercy est tout oreilles : la favorite s'est allié le duc d'Aiguillon, farouche ennemi de l'Alliance et de l'Autriche. Il faut absolument convaincre la dauphine de cesser ce petit jeu aux conséquences sans bornes.

*

* *

Marie-Thérèse s'épouvante. L'Alliance renversée à cause de cette étourdie incapable d'user de la moindre souplesse politique ? Si la du Barry, d'après Mercy, « se confie aisément », elle devient un atout politique non négligeable. Un peu d'habileté de la part de sa fille, et l'Autriche connaîtrait les secrets d'État de la France. « Madame du Barry ne semble point méchante », souligne l'ambassadeur.

La dauphine dira-t-elle un mot à la favorite ? Marie-Thérèse s'emporte. L'Alliance menacée par les maladresses vaniteuses de sa fille honteusement vierge, de surcroît ! M. von Kaunitz ne cache pas à sa souveraine que, si « la petite » s'enferre dans son orgueil, adieu la part du gâteau polonais que la tsarine et Frédéric de Prusse s'apprêtent à dévorer allégrement.

Marie-Thérèse contient sa colère, elle tousse ; côté cœur, elle a des douleurs. Que lui importe de ne jamais se dorloter. *Tu felix Austria, nube.* Elle doit travailler encore et toujours aux intérêts de son pays mis en danger par cette péronnelle. Marie-Caroline, l'autre pécore, couche ouvertement avec son conseiller, au bord de perdre son petit royaume de rien du tout.

Son foie, son cœur, ses poumons dévorés par ces filles-là.

*
* *

Marie-Antoinette est furieuse que Mercy ait osé se rendre chez « la créature ». La dauphine se regarde au miroir enchâssé d'or, rassurée de sa mine si rose en dépit de ses nuits de fêtes ou d'angoisse sous les assauts maladroits du « pauvre homme ».

Marie-Antoinette pianote d'agacement sur les bras de son fauteuil dit « à la reine », estampillé Jean-Baptiste Gourdin. Un beau fauteuil de hêtre sculpté, au décor de subtils entrelacs répétés. Le raccord pieds-ceinture-accotoirs souligne l'élégance discrètement mouvementée de l'ensemble. Marie-Antoinette semble porter un immense intérêt à ce meuble. Que cette Cour, ces gens sont décidément assommants ! Non, elle ne dira pas un mot à la créature ! Madame Adélaïde le lui a bien recommandé. Impassible, Mercy insiste auprès de l'enfant gâtée et lui envoie, de guerre lasse, l'abbé. Il faut au prêtre recourir à son art de la supplication pour que l'étourdie cède enfin. Soit, elle dira un mot, mais un seul, ni deux ni trois. Ce mot, elle le dira donc, mais en présence de Mercy. L'ambassadeur n'aura qu'à se présenter comme d'habitude à son cercle. Il emmènera avec lui cette fille de rien, s'approchera de la dauphine, laquelle prononcera ce mot « comme par hasard ».

Mercy, infiniment soulagé, se précipite chez la comtesse : Madame la dauphine accepte de lui adresser la parole le dimanche suivant. Toute la Cour retient son souffle, l'Europe attend, est-ce le signe d'une guerre générale ? Marie-Thérèse ne dort plus.

*

* *

Versailles, ce théâtre ambulant, met en place les personnages du cercle : l'ambassadeur flanqué de l'ennemie un peu pâle sous son rouge, la Cour, ces dames, au centre, la dauphine, vêtue de blanc et d'or. Elle va, de l'un à l'autre, et approche de sa rivale qui prépare sa révérence. Soudain, dans une envolée de gros dindon, Madame Adélaïde se met à piauler :

— Partons, il est temps, nous irons attendre le roi chez ma sœur Victoire.

Marie-Antoinette, à la hauteur de la du Barry, fait demi-tour. La petite imprudente avait mis ses tantes au courant.

Marie-Thérèse éclate de colère.

« Un mot sur un habit, sur une bagatelle, vous coûte tant de grimaces ? Je ne puis plus me taire. (...) Quelle bonne raison pouvez-vous alléguer? Aucune! Vous ne devez connaître ni voir la Barry d'un autre œil que d'être une dame admise à la cour et à la société du roi. Vous êtes la première sujette de lui, vous devez l'exemple à la Cour, aux courtisans (...). Si on exigeait de vous des bassesses, des familiarités, ni moi, ni personne ne pourraient vous les conseiller, mais une parole indifférente, certain regard, non pour la dame, mais pour votre grand-père, votre maître, votre bienfaiteur! »

La dauphine se cabre pour la première fois contre la véhémence maternelle :

« Vous pouvez être assurée, ma mère, que je n'ai pas besoin d'être conduite par personne pour tout ce qui est de l'honnêteté. Si vous étiez à portée de voir comme moi, tout ce qui se passe ici, vous croiriez que cette femme et sa clique ne seraient pas contentes d'une parole, et ce serait toujours à recommencer. »

Marie-Thérèse hausse les épaules.

Les bavardages de sa fille avec ses tantes l'ont mise dans un « grand assujettissement ». Il serait excellent de s'en éloigner, Mesdames Tantes sont responsables de « tant de faux pas ».

« Vous vous êtes donc laissé entraîner dans un tel esclavage que la raison, votre devoir même, n'ont plus la force de vous persuader ? »

Marie-Antoinette essaie de défendre ses tantes, vexée d'avoir été ainsi manœuvrée. Sa mère n'en disait-elle pas le plus grand bien ?

« Je ne crois pas m'aveugler sur leurs défauts, mais je crois qu'on vous les exagère beaucoup. »

Marie-Antoinette passe de l'humiliation à la rage et à une vague souffrance indécise. « Restez bonne Allemande » avait dit Madame Maman lors de leur dernière nuit à Vienne. Soit, elle le dira ce mot, mais sans en avertir la favorite.

*
* *

Le mot que toute l'Europe attend, avec palpitation, est prononcé le 1er janvier 1772. La dauphine a seize ans, elle a grandi, embelli, mais tout en elle parle encore d'enfance, y compris cette voix suraiguë quand elle se force à faire ce qui l'ennuie.

Mme du Barry, entre Mme d'Aiguillon et la maréchale de Mirepoix, s'incline devant la dauphine pour lui présenter ses devoirs. La petite crie très fort et très vite, marquant une pause d'une demi-seconde devant la comtesse ployée en deux :

— Il y a bien du monde aujourd'hui à Versailles !

Mesdames Tantes ont un hoquet outré, la Cour n'est qu'une traînée de poudre jusqu'au fond des écuries et de la France. Un courrier se précipite à Vienne. Marie-Thérèse enfin va dormir quelques heures, et Joseph II cesser de tonner contre « la tête à vent ». La Pologne est peut-être gagnée grâce à cette phrase idiote. C'est mal connaître l'orgueil de la fille des Césars.

— Je lui ai parlé une fois. Cette femme n'entendra plus jamais le son de ma voix.

L'unique avantage de cette aventure aura été d'éloigner Marie-Antoinette de ses tantes. L'entente familiale a été ébranlée.

*

* *

Marie Antoinette a passé sa fureur sur sa belle-sœur de Savoie qui aurait, croit-elle, soutenu la favorite. La malheureuse, qui soigne au château de la Muette une petite vérole volante, est glacée devant la fureur de la princesse, laquelle fonce ensuite chez Mesdames Tantes où elle traite Provence d'hypocrite. Il entretient d'excellentes relations avec la favorite et ses entours.

Marie-Antoinette déteste avoir capitulé. Heureusement, l'épouse d'Artois est si laide que, décidément, le miroir reste flatteur à la dauphine. Elle marquera à cette nouvelle belle-sœur de la bonté. Marie-Thérèse de Savoie se montre plus sauvage encore que sa sœur. Elle est effrayée de toute société. Elle a du poil autour des lèvres, elle est sale et triste. Artois court plus que jamais chez sa maîtresse, et Paris se gausse que, « lassé du gâteau de Savoie, Artois prend le thé à Paris ».

Marie-Antoinette écrit à sa mère que le malheur de sa vie serait en effet une brouille entre leurs deux familles.

« Mon cœur sera toujours pour la mienne », affirme l'imprudente.

Se venge-t-elle aussi du Dauphin qui ne cesse de fréquenter le roi et sa société, c'est-à-dire la du Barry ? Il n'aime pas la favorite, mais il demeure courtois avec « la créature » pour complaire à son aïeul. Quand elle apprend la grossesse de Marie-Caroline (l'enfant est-il de son époux ou de son amant ?) et plus tard celle de l'épouse d'Artois, elle éclate en sanglots. Elle s'étourdit aux bals. À cheval, elle galope jusqu'à la folie et saute par-dessus les haies les plus dangereuses.

Elle est dans le « rien ».

Le plus grand objet d'amour de la petite dauphine, décidément, sera toujours Madame Maman.

Chapitre 28

Petits jeux entre frères et sœurs

L'unité familiale se reconstruisait timidement depuis l'éloignement de la dauphine d'avec ses tantes. Marie-Antoinette a pris de nouvelles résolutions. Pourquoi ne pas créer des petites soirées amusantes avec ses beaux-frères et leurs épouses ? Elle veut oublier cette affaire de la du Barry qui a bien failli la brouiller avec sa belle-sœur de Savoie. Marie-Joséphine, le teint ravagé par la petite vérole volante, a été choquée de l'algarade si injuste de la dauphine. Que pouvait-elle faire sinon défendre Provence, son époux ? Marie-Joséphine, que l'on nomme « Madame », déteste chez sa brillante belle-sœur sa légèreté, sa versatilité, l'éclat trop affiché de sa beauté. Provence, bon stratège, devient tout douceur avec la dauphine, se met à la flatter, admet ses quelques erreurs.

— Ma sœur, je vous exprime le plus grand regret si je vous ai déplu.

Mercy n'est pas dupe. Provence, au sourire de sa belle-sœur, pense avoir obtenu sa confiance. Mais celle-ci se souvient du conseil impératif de sa mère :

« Évitez toute scission dans la famille ; dissimulez ; ne relevez rien et restez bonne. »

*

* *

Marie-Antoinette goûte à l'étrange saveur de dissimuler. Les six jeunes gens font du théâtre, poussés par l'enthousiasme de la dauphine. Ils jouent la comédie en cachette du roi. Louis-Auguste est l'unique spectateur. M. Campan, le beau-père de la future première femme de chambre de la dauphine, s'érige metteur en scène. Le théâtre a été aménagé chez la dauphine, dans un cabinet privé, minuscule plateau que l'on peut dissimuler en toute hâte derrière un paravent. On joue des petites comédies où Artois déploie sa grâce, Provence se dandine et pérore, Marie-Antoinette donne la réplique de sa voix de petite fille, multiplie les révérences, tandis que les deux Savoyardes composent une désolante figuration. Louis-Auguste applaudit et rit aux éclats quand M. Campan s'étale de tout son long, jouant Crispin. Le Dauphin adore voir jouer sa princesse, qui chante et exécute trois petits pas de danse.

Les trois ménages ne se quittent quasiment plus, prennent leurs repas ensemble, se livrent aussi à quelques scènes de violence. Provence s'entoure d'objets précieux, dont un ensemble en porcelaine de Saxe. Louis-Auguste, d'une maladresse notoire, un soir, devisant avec son frère et son épouse, fait tourner entre ses mains de laboureur un vase de grande valeur. Provence, tout yeux, retient son souffle. Le Dauphin laisse échapper le vase qui se brise sur le tapis. Provence perd son contrôle, se jette sur son frère, et tous deux roulent sur le sol et se battent franchement. Marie-Antoinette tente de les séparer, reçoit quelques coups au passage. Les deux frères se relèvent, fâchés et gênés. Le Dauphin, décidément très maladroit au jeu du piquet, lance ensuite un grand coup de badine dans les jambes de Provence. Ils s'empoignent à nouveau. La dauphine a du mal à les calmer. Marie-Joséphine supporte mal ces ébats, ce remue-ménage et le désordre incessant de la dauphine. Elle écrit à sa mère :

« Je suis entourée de cassettes, de papiers, de livres par terre (…). J'avais déjà fait ma cassette ; la voilà renversée. Madame la dauphine qui a la bonté de me renverser une pile de livres par terre, je me mets en colère, on rit, on m'arrache le papier. »

Provence chante à tue-tête et d'une voix fausse. Artois n'est pas en reste, ajoutant des histoires galantes cent fois recommencées et de gros rires. Louis-Auguste lit à haute voix, monté sur un siège, une tragédie de Racine.

— J'ai encore deux oiseaux qui chantent et trois chiens, souligne Madame.

Ils s'amusent, encore si près de l'enfance…

*
* *

La croissance de la dauphine continue. Outre son carnet de règles, elle envoie régulièrement ses mensurations à sa mère, ainsi que celles de son époux. Voilà encore une occasion de fous rires : les mesures sont prises sans coiffure ni chaussures. Marie-Thérèse s'inquiète de son manque de sérieux à contrôler sa dépense. Ne l'abuse-t-on pas sans qu'elle le sache ? La duchesse de Villars, si âgée que ses mains tremblent et sa vue baisse, choisissait les toilettes de la dauphine. Mme de Cossé lui succède. Consciencieuse, elle épluche les comptes de la dauphine. Comment se fait-il que ses toilettes, alors que la dauphine avait un beau trousseau personnel, aient dépassé en si peu de mois la somme de deux cent mille livres ? Une cassette de cent vingt mille livres a été prévue. Mme de Cossé s'aperçoit que la duchesse de Villars n'a point prêté attention à un subtil pillage. L'étourdie princesse signe tous les bons d'achat sans jamais s'occuper de la source exacte de la dépense. Les femmes de chambre se sont ainsi servies sur sa cassette, comptant leurs paires de chaussures et leurs bas en triple, les rubans commandés en aunes supplémentaires – accessoires que la dauphine ne voit jamais. On vole impunément Marie-Antoinette.

*
* *

Le rôle de Mercy devient de plus en plus difficile : il lui faut tout contrôler, y compris ce que l'on a volé à la princesse – preuve de plus de sa légèreté qui ne la fait ni redouter ni respecter. Mercy et Mme de Cossé passent plusieurs jours à rétablir, justifier et organiser la dépense de la dauphine.

*
* *

Mercy sent la fatigue le saisir. Des rubans en excès de Marie-Antoinette à la politique autrichienne, il doit se dédoubler, prendre à peine le temps de dormir, surveiller sans relâche et rendre compte de tout à sa souveraine. Marie-Thérèse s'inquiète des manœuvres du duc d'Aiguillon qu'il s'agit de ménager. Elle doit continuer à user de réserve avec la France jusqu'à la paix – c'est-à-dire la conclusion des partages avec la Russie et la Prusse. Son souci est immense, Kaunitz n'aime guère Mercy. Il morigène l'ambassadeur, jaloux du rôle omniprésent que lui a confié la souveraine.

« Mon cher Mercy, il serait sage de présenter l'Autriche non comme toute-puissante mais contrainte de participer à ce partage. »

Le duc d'Aiguillon s'irrite de tant d'agitation sur la Pologne et de l'indiscrétion de la du Barry qui écoute les rapports politiques. Mercy rassure sa souveraine : la dauphine est devenue charmante avec la du Barry et même avec le duc d'Aiguillon.

Ces jeunes gens qui dansent et jouent au théâtre, ce futur roi Louis XVI, son épouse, se rendent-ils compte de la portée de la guerre avec la Pologne ? La France s'avère incapable de soutenir l'ancienne patrie de la reine Marie Leszczynska. Elle assiste, impuissante, au partage de la Pologne entre l'avide Russie, l'implacable Prusse et la rouée Marie-Thérèse. Le duc d'Aiguillon n'a à son actif que le pacte conclu avec Gustave III, maigre allié de la France. L'Europe et la Russie se gaussent de la faiblesse de Versailles. Marie-Thérèse, quoique triomphante, déplore l'affaiblissement considérable du pays où doit régner sa fille.

« Rien au monde ne m'a fait plus de peine, écrit-elle… Mais surtout le tort que nous avons vis-à-vis de nos alliés et de toute l'Europe (…). Je ne me séparerai jamais du système adopté [l'alliance avec la France] (…), mais si la France pateline avec la Prusse qui la trompera sûrement, (…) je ne pourrai m'empêcher de changer de même à mon grand regret. »

Son inconséquente fille n'a su en rien influencer le duc d'Aiguillon, manœuvrer des alliances et des stratégies… Elle ne comprend pas, cette enfant qui danse et récite fort et faux des petits vers, que la France est humiliée dans son orgueil national – ce qui réveille la vieille haine contre l'Autriche.

Elle ne comprend pas, cette future reine, riant avec sa joyeuse bande, que le roi décline. Elle ne comprend rien aux plans de sa mère à son sujet :

« Pour empêcher ces maux et ces désagréments pour la monarchie et la famille, écrit la souveraine à Mercy, il faut employer tout, et il n'y a que ma fille, la dauphine, assistée par vos conseils et connaissances du local, qui pourrait rendre ce service à sa famille et à sa patrie. Avant tout, il faut qu'elle cultive par ses assiduités et tendresses les bonnes grâces du roi, qu'elle tâche de deviner ses pensées, qu'elle ne le choque en rien, qu'elle traite bien la favorite. »

Marie-Antoinette ne comprend pas tant de sujets

d'inquiétude. Son papa roi l'adore depuis qu'elle s'est montrée aimable avec sa comtesse. Elle ne comprend rien aux traités signés à Saint-Pétersbourg, ce 2 juillet où il faisait si chaud qu'elle avait ôté son corps de baleine. La France exclue du traité ! Elle est si étourdie qu'elle parle de ce traité à table, sans voir qu'elle irrite le roi vexé dans son orgueil.

— Il ne faut pas parler des affaires de la Pologne devant vous, dit-elle en riant, parce que vos parents ne sont pas du même avis que nous.

Il la menace gentiment du doigt, une lueur rouge au fond du regard.

— L'empereur veut s'opposer à ce qui s'est fait en Suède ; cela nous brouillera et « je vais vous renvoyer à Vienne ».

Une boutade ; qui ravit Mesdames Tantes et Provence.

Marie-Antoinette n'est pas sotte au point de ne pas saisir le fond de vérité que contient toute taquinerie. Le roi la blesse davantage en ajoutant brusquement au moment des huit desserts :

— Je m'inquiète sérieusement, ma fille, de votre incroyable situation matrimoniale.

Mesdames Tantes ricanent. La du Barry triomphe. Provence est rengorgé. Artois est fier de ses prouesses amoureuses. Les deux Savoyardes forment un lot lamentable et malodorant. Marie-Antoinette a rougi sous son rouge. Le Dauphin baisse la tête et avale goulûment tout ce qu'on lui sert. Les privilégiés qui assistent, debout, le ventre creux au souper palpitent et se repaissent.

Chapitre 29

« L'air de Compiègne est donc bien bon »

Le roi s'affaiblit. La dauphine est désormais mal à l'aise avec lui, humiliée de ses questions si indiscrètes, souvent lancées en public. Le roi a pris l'avis de ses médecins. La Faculté a émis son opinion :

— Le remède, Sire, serait de faire prendre des bains à Monsieur le dauphin ; ce régime pourrait être suivi d'une petite opération très légère (...).

Mercy rapporte tout cela à Vienne. La dauphine a pris le parti de plaisanter avec son époux, librement, sur ce sujet. Quand elle apprend que son frère Ferdinand a consommé ses noces dès sa première nuit, elle s'exclame, à très haute voix :

— On me mande que mon frère Ferdinand sera bientôt plus avancé que moi, et que sûrement, dans un an, il aura un enfant.

Les médecins hésitent entre les bains, l'opération, une potion de limaille de fer.

La mort récente de M. de La Vauguyon pourrait peut-être aider à lever les anxiétés du prince, si longtemps vassalisé par son ancien gouverneur. En effet, aussitôt le terrible mentor disparu, Louis-Auguste, si peu exigeant pour lui, se fait construire une salle de bains.

*

* *

Le printemps 1773 n'apporta pas le moindre changement. Marie-Antoinette frôle un état dépressif. Elle danse moins, ne rit plus. Le théâtre l'ennuie, son époux la trouve souvent prostrée et en larmes, roulée en boule sur leur triste lit. Marie-Thérèse est mortellement inquiète. À bout de patience, le roi a une étrange idée : pourquoi ne pas confier au duc de Rohan la mission d'amener Marie-Thérèse à intervenir plus vigoureusement auprès de sa fille ? Mais la souveraine déteste ce Rohan qui avait autrefois si mal parlé d'elle.

« Je ne saurais, écrit-elle en mars à son ambassadeur, accorder mon approbation à l'ambassadeur de Rohan (...). On ne saurait faire compte, ni sur ses explications, ni sur ses rapports. »

Est-ce de la part du roi une vengeance contre la souveraine qui a su récupérer sa part de la Pologne ?

*

* *

Louis XV convoque la dauphine et son époux, fin octobre, et exige « une confession exacte de l'état où ils se trouvaient ».

Louis-Auguste avale péniblement sa salive. Marie-Antoinette est d'une grande nervosité ; Papa roi a l'air soudain si sévère !

Le Dauphin, tout rouge, avoue qu'il éprouve « une sensation douloureuse quand il tente de pénétrer Madame la dauphine ». L'aïeul lui fait baisser culotte. La honte atterre les malheureux tourtereaux. Le roi se penche et, sentencieux, déclare que ce petit obstacle n'exige pas d'opération.

Louis XV convoque le Dr Lassone.

— Instruisez mes petits-enfants sur ce point capital.

La dauphine a subi la honte d'un examen intime où « tout semble normal et en léger progrès » (?). Marie-Antoinette écrit à sa mère que le « praticien était fort content et avait bonne espérance ». Au mois d'avril, elle souligne que son époux « est bien constitué », mais elle se plaint « de sa nonchalance » qu'il ne quitte « que pour la chasse ». Le roi, la souveraine, tout le monde devient frénétique sur « ce point capital ». Chaque jour, les draps, le linge, sont examinés. Elle reconnaît mal son papa roi dans ce vieillard indélicat. Le 15 mai, le souverain la questionne avec de tels détails qu'elle répond « oui » à tout ce qu'il espère afin d'échapper à cet odieux tourment. Ce « oui » crée un malentendu : on croit les noces abouties. L'abbé se précipite chez Mercy. Que s'est-il passé la nuit du 14 mai ? Le Dauphin aurait-il besogné de façon heureuse son épouse ? Le Dr Lassone les questionne sans répit, et on apprend (le monde entier apprend) « qu'ils ont souffert un peu l'un et l'autre ». Le Dauphin n'arrive pas au bout de son acte, la douleur est si forte « qu'il perd la vigueur nécessaire pour terminer son ouvrage ».

— Allons, encourage le médecin, après un nouvel examen, Leurs Altesses n'en sont qu'aux épines, mais bientôt le Dauphin cueillera la rose.

Louis-Auguste grimace de tristesse, Marie-Antoinette écrit à sa mère :

« Mon mari est un peu plus "avancé" qu'à l'ordinaire. »

Le Dauphin avale sa limaille de fer et court le cerf avec des cris violents.

« Je suis bien aise, répond Marie-Thérèse, que votre époux continue à vous témoigner de l'affection. »

*
* *

L'événement tant attendu semble toutefois se produire à Compiègne, la nuit du 21 juillet 1773.

Le 22 juillet, de bon matin, la dauphine, décidément d'une rare spontanéité, se précipite chez le roi, décoiffée, un cerne mauve sous les yeux, flanquée de son époux tout ému, en chemise. L'huissier ouvre la porte du souverain. Louis XV boit son café, en robe de chambre brodée d'or.

— Que vous arrive-t-il, mes enfants ?

Le Dauphin, au côté de son épouse, d'une voix pleine de fierté s'écrie :

— Sire, voici ma femme.

— De quel droit, mon enfant, la nommez-vous ainsi ? sourit le roi.

— J'y ai droit, Sire.

Le roi a compris. Sincèrement bouleversé, il se lève, prend le prince et la princesse par la main, les mène à son cabinet privé.

— Sire, notre mariage est consommé, dit le Dauphin.

Il rayonne d'un bonheur si sincère qu'il paraît presque beau. Le roi les embrasse l'un et l'autre « et fut toute la journée occupé de cet événement si désiré et si longtemps attendu ».

Pour la première fois, Marie-Antoinette a un réel plaisir à écrire à sa mère :

« Madame ma très chère mère, (...) nous avons cru, Monsieur le Dauphin et moi, devoir dire au roi notre état ; il m'a embrassée avec bien de la tendresse en m'appelant sa chère fille ; on a cru qu'il était bon de divulguer notre secret ; tout le monde en a beaucoup de joie. Depuis ce temps-là, il n'y a rien de décisif pour la grossesse, mes règles sont venues le dernier du mois comme à l'ordinaire, avançant de quelques jours ; je ne désespère pas encore... »

Mesdames Tantes, dépitées, boivent du lait d'ânesse « de peur de s'échauffer », craignant la rougeole et les effets d'une telle contrariété.

Joseph II félicite sa sœur de cet événement :

« Votre lettre a été charmante, je souhaite de tout mon cœur que bientôt vous suiviez l'exemple de l'Infante, mais cela uniquement en faisant un petit garçon aussi malin que vous. L'air de Compiègne est donc bien bon... »

Marie-Thérèse est-elle soudain lasse de tant de tensions ? Elle n'écrit que quelques mots désabusés :

« Pour vous, mes chers enfants, il n'y a rien de perdu ; vous commencez, vous pouvez l'attendre ; mais moi je finis ma carrière et c'est la différence. (...) Vous avez très bien fait d'avoir mis le roi au fait... Conservez [la joie] comme le plus grand bien en ce monde. »

Chapitre 30

« Les querelles d'amoureux ne durent jamais bien longtemps »

Qu'y a-t-il de changé entre eux ? Presque tout et pourtant pas grand-chose. Le Dauphin se livre plus que jamais à la chasse. Marie-Antoinette s'efforce de le suivre et lui en veut de s'épuiser et mettre en péril leur si timide accord. Ils ont déjà peiné et souffert ensemble, elle veut qu'il prenne soin de lui et d'elle. Elle admire, sous sa rudesse apparente, sa réelle bonté qui n'échappe à personne et que ses détracteurs nommeront « faiblesse ». Elle loue son goût de l'ordre, son esprit de justice, son amour de la vérité, le bon sens de ses jugements. Émotive, sensible, elle s'irrite de cette rugueuse apparence, de son indifférence pour la toilette et le maintien, de son peu de chaleur, elle qui n'est que chaleur, fureur, gaieté, colère. Elle redoute son apathie pour le futur : saura-t-il prendre très vite, avec énergie, de grandes décisions ? Elle jalouse ces chasses d'où il revient transfiguré, titubant, en sueur, comme s'il sortait des bras mêmes du plaisir. Quel plaisir ? Ils en ignorent tout, ces enfants qui, avec tant de peine, ont concrétisé leur mariage en une nuit de semi-triomphe, semi-désastre. Ils craignent de recommencer cette « obligation » de la chair, cette douleur-là.

La chasse est son exutoire – comme le bal est celui de la dauphine. Marie-Antoinette fait désormais à son époux des scènes à le faire pleurer devant ses frères et ses belles-sœurs. Des scènes violentes, des éclats sans fin pour une frustration sans fin. Il tente de lui échapper, s'enfuit vers leurs appartements. « J'en ai assez de vos chasses et de vos goûts de rustre ! » Ils font alors, dit-on, cet amour sans joie, cet amour dont « ils cueillent les épines ».

Quand ils sortent de la chambre et de ces querelles, Louis-Auguste a un air heureux qu'on ne lui connaissait pas. Il dit à Provence qui espère une rupture :

— Les querelles d'amoureux ne durent jamais bien longtemps.

Provence pince sa lourde lèvre, Madame son épouse ne dit rien, penchée sur un ouvrage de tapisserie verdâtre comme son visage.

Scènes et réconciliations n'empêchent nullement le Dauphin de retourner à la chasse. L'agenda note désormais le nombre de cerfs ou de sangliers abattus. « Rien » a disparu.

Marie-Antoinette est choquée de ses goûts rustiques. La chasse, au moins, a quelque chose de noble, mais aider les ouvriers, tenir la truelle avec eux, battre le plâtre, soulever des lourds pavés de Versailles sans cesse en travaux ! On le revoit au souper, exténué, ravi. Elle est prête à éclater.

Il remonte toutes les pendules du château, s'est fait installer une forge et une serrurerie. Marie-Antoinette redouble ses crises, le rabroue publiquement. Mercy lui conseille « de mettre du liant », mais le Dauphin, impassible, aimant sa dauphine, la chasse, le plâtre et les serrures sourit à la jeune femme qui ne décolère pas.

Depuis cette mémorable nuit à Compiègne, il a pris de l'assurance. Il traite Mercy avec égards, mais n'hésite pas à lui faire sentir, en public, que rien ne l'intéresse autant que les affaires du royaume et de l'Europe.

Il sera roi, il le sait, il a pris un brin d'autorité depuis qu'il a été capable de surmonter l'insurmontable.

*
* *

Il aime sa petite Archiduchesse. Elle désire ainsi ardemment aller à Paris, à peine entrevu lors des festivités de son mariage et le malheur de la rue Royale. Depuis trois années, elle n'y est jamais retournée.

Le jeune couple jouit à Paris d'une immense popularité. Il est dans son étrange lune de miel. Le dauphin et la dauphine, selon la coutume, doivent faire une entrée solennelle dans la capitale. Le roi y consent suite aux supplications de Marie-Antoinette.

Ravie, la dauphine commence donc par assister incognito au grand bal de l'Opéra. C'est le carnaval, elle est enveloppée d'un domino blanc, porte un loup en velours noir.

Le bal à l'Opéra a tout d'une escapade d'amoureux. Masqués, cachés sous leurs dominos, Marie-Antoinette et Louis-Auguste ont quitté Versailles dans la plus grande discrétion. Pour une fois, ils se sentent complices, insouciants, jeunes, libres. Le duc de Chartres, éblouissant sous son masque, a reconnu le son de la voix et la silhouette si gracieuse de la jeune femme.

— Vous êtes Madame la dauphine, murmure-t-il à l'oreille du domino blanc.

— Me feriez-vous l'honneur, ma cousine, d'achever cette nuit au bal qui a lieu chez Mme la duchesse de Chartres ? Mon cousin de Bourbon que voilà vous en prie également.

La jeune femme rit aux éclats : « Non merci, mon cousin, laissez-moi profiter d'une aussi rare escapade. » Elle danse à l'Opéra, toujours masquée, jusqu'à sept heures du matin.

Louis-Auguste ronfle dans la voiture qui les ramène à Versailles. Marie-Antoinette ne trouve pas le sommeil. Les époux regagnent leurs appartements après avoir entendu la messe. Ils se couchent ensemble dans le lit enfin défait.

*
* *

Cette intimité retrouvée n'empêche pas la dauphine de faire beaucoup de cheval. Nul signe de grossesse. Les recommandations maternelles se mettent à nouveau à pleuvoir.

« Un début de grossesse est à peine décelable. L'équitation peut tout compromettre. Une femme grosse est particulièrement fragile pendant les quatre premières semaines. »

Marie-Thérèse s'épanche en même temps auprès de Mercy :

« Voilà trois petits-enfants cette année, et le quatrième que j'attends en décembre ; mais la dauphine manque… »

Ce « manque » vient-il de son balourd de mari ou de cet excès de sorties nocturnes et d'équitation qui peut-être a provoqué une fausse couche ? Le Dauphin a cessé d'avaler la limaille de fer conseillée par Lassone. Cette potion avait présenté des effets avantageux. On donnait de la limaille de fer (que l'on nommait « boules de mars ») aux femmes enceintes. Toujours aussi imprudente, après un retard prometteur de six jours dans ses règles, la dauphine n'avait pu résister au cheval. Le sang était revenu, et elle s'était résignée à boire du lait d'ânesse.

L'impératrice ne sait que penser.

Chapitre 31

MADAME ! VOUS AVEZ LÀ DEUX CENT MILLE AMOUREUX !

Marie-Antoinette se fait une fête de la rentrée solennelle dans Paris, ce 8 juin 1773 où tout semble, en effet, lui sourire.

Depuis six heures du matin, la dauphine se fait belle. Le plus long à ajuster est, comme toujours, sa coiffure. Pas de cône extraordinaire, mais des boucles, une à une tournées au fer, roulées sur la nuque. Poudrée de blanc beige, un petit chapeau de soie orné d'aigrettes et de roses, une robe de cour, bleue et or, largement ouverte sur le cou et la poitrine, elle est radieuse de s'en aller vers les applaudissements des Parisiens. Le Dauphin aussi a fait toilette, et la dauphine lui trouve belle allure dans son habit gris, sa veste et sa culotte rouges, une courte cape, les bottes à l'écuyère et le chapeau à la française.

À Paris, on s'est préparé avec le plus grand soin. À huit heures, un cortège quitte l'Hôtel de Ville pour aller chercher le maréchal de Brissac, gouverneur de Paris, M. de La Michodière, les échevins en robe de velours. On a veillé à l'organisation des trompettes, des tambours, des cavaliers du guet et ceux de la garde. Tout ce beau monde s'ébranle vers la porte de la Conférence pour accueillir le cortège princier. Les prévôts des marchands ont dûment contrôlé les six maîtresses harengères de la Halle. Selon un ancien usage, elles ont les bras chargés de roses et d'oranges.

À onze heures et demie sonnent les trompettes et gronde le canon tiré aux Invalides. De la colline de Chaillot apparaît l'équipage des princes escorté des gardes du corps du roi. Ils sont suivis de trois carrosses menant les plus grandes dames de la Cour. Le maréchal de Richelieu suit dans sa voiture, en quatrième position. Il est chargé, étant le plus ancien gentilhomme de la Cour, d'accompagner ses hôtes illustres.

À la porte de la Conférence, ces dames de la Halle crient au Dauphin et à la dauphine qu'elles admirent de folle passion :

— Monsieur le Dauphin, faites-nous un enfant !

Marie-Antoinette a les larmes aux yeux et salue d'un gracieux signe de tête. Ces mêmes dames de la Halle se rueront contre elle, pire que furies, aux heures de la Révolution.

Le temps est à l'adoration sans borne. Elle est si jolie, riante et rose, cette petite dauphine ! C'est à qui l'encense, c'est à qui rêve de frôler sa robe, ses cheveux. On se mettrait en quatre pour elle, elle peut tout demander à son peuple : il verserait jusqu'à sa dernière goutte de sang pour un de ses sourires. Marie-Antoinette de Lorraine d'Autriche de France est bien la reine qu'ils attendent tous. Le Dauphin reste affable et courtois lors des compliments qu'on lui adresse après le service à Notre-Dame, la visite à Sainte-Geneviève, au collège Louis-le-Grand, à l'Hôtel-Dieu, à la Monnaie. Un grand repas est offert en leur honneur aux Tuileries.

La dauphine a enflammé tous les cœurs. Dans les jardins des Tuileries, les hurlements de joie, d'amour, sont tels que le duc de Brissac se penche vers Marie-Antoinette :

— Madame, vous avez là deux cent mille amoureux !

*

* *

Marie-Antoinette est bouleversée ; ce peuple espère tout en elle et en son époux. Au retour de sa glorieuse journée, elle fait preuve de délicatesse envers le souverain qui pourrait se sentir blessé d'un succès où pas une seule fois son nom n'a été acclamé :

— Mon papa, il faut que Votre Majesté soit bien aimée des Parisiens, car ils nous ont bien fêtés.

Elle écrit à sa mère en toute ingénuité le succès d'une telle visite :

« Ce qui m'a touchée le plus, (...) c'est la tendresse et l'empressement de ce pauvre peuple, qui malgré les impôts dont il est accablé, était transporté de joie de nous voir. Lorsque nous avons été aux Tuileries, il y avait une si grande foule que nous avons été trois quarts d'heure sans pouvoir ni avancer ni reculer. Monsieur le Dauphin et moi avons recommandé plusieurs fois aux gardes de ne frapper personne, ce qui a fait un très bon effet. (...) Au retour de la promenade, nous sommes montés sur une terrasse découverte et y sommes restés une demi-heure. Je ne puis vous dire, ma chère maman, les transports de joie, d'affection, qu'on nous a témoignés dans ce moment. (...) Qu'on est heureux, dans notre état, de gagner l'amitié d'un peuple à si bon marché ! Je l'ai bien senti et ne l'oublierai jamais. »

Elle est désormais amoureuse de Paris qui l'adore et, dès le 16 juin, elle veut y retourner pour s'enivrer des spectacles de la Comédie-Française, de l'Opéra, de la Comédie-Italienne. À la Comédie-Française, on représente *Le Siège de Calais*, et la dauphine donne l'autorisation au public d'applaudir les acteurs (coup de canif à l'étiquette). Mercy est ébranlé du charme fougueux de la dauphine.

« Il règne à Paris, écrit-il, un enchantement de Madame l'archiduchesse que rien ne peut exprimer. »

*

* *

La seule à ne pas s'abuser du succès de sa fille est Marie-Thérèse.

Malgré donc ses belles qualités et son esprit, je crains toujours les effets de sa légèreté et de son entêtement. »

L'impératrice se doute que, dans tout cet éclat, sourdent les ennemis de sa fille. Le parti dévot continue à l'abhorrer. Mesdames Tantes sèment leur venin. La dauphine ne prête pas attention aux pamphlets du jésuite Desnoyers, qui déteste Choiseul. Il abomine cette future reine et le pape Clément XIV qui avait supprimé l'ordre des Jésuites.

« Une reine, écrit-il, qui n'est couronnée que pour se divertir est une funeste acquisition pour les peuples chargés de la défrayer. »

Se rend-elle compte des émeutes de la faim à Bordeaux ? S'intéresse-t-elle à la fondation du Grand Orient de France ?

Choiseul et son parti à Chanteloup reprennent espoir : une future reine aussi populaire ne tardera pas à rappeler le duc, à lui redonner un poste de premier rang et à chasser ce triumvirat honni : Maupeou-Terray-d'Aiguillon. On a surnommé Terray, si pingre, débauché et sans scrupule, « l'abbé vide-gousset ».

Elle ignore, cette éclatante jeune femme de dix-huit ans, que les coteries se forment plus que jamais, contre elle, depuis son succès à Paris.

Chapitre 32

Le comte Axel de Fersen

La popularité de la dauphine ne cesse d'augmenter. Elle joint à tant de charme l'amour du prochain. On a appris à quel point elle s'était souciée du postillon renversé sous son attelage en nommant « mes amis » les valets qui s'empressaient. Cet esprit de charité, brouillon, pulsionnel, charmant, sans suite, est pour elle un plaisir de plus. Pleurer d'attendrissement, se faire louer, admirer, aimer, en voilà du bonheur à peu de frais ! Lors d'une chasse à Fontainebleau, un paysan est blessé par un sanglier, sa femme victime d'un malaise. Marie-Antoinette, qui a tout vu de sa voiture, s'élance vers eux, fait respirer ses propres sels dans un flacon gravé d'or à la pauvre femme, la réconforte et lui donne de l'argent. Une scène digne des *Petites Filles modèles* de la comtesse de Ségur. Tout l'entourage de la dauphine est touché aux larmes. Mercy d'Argenteau en conte les détails à la souveraine qui fronce les sourcils. Ce genre de charité touche à la trivialité. Sa fille ne sait toujours pas tenir son rang.

« Madame l'archiduchesse, touchée, attendrie, versa des larmes, et dans ce moment, elle en fit verser à plus de cent spectateurs, qui l'entouraient et restaient dans une immobilité causée par le saisissement et l'admiration d'une scène aussi unique et touchante. »

La charité à la Marie-Antoinette creuse l'indicible fossé de haine et non la reconnaissance. La charité, une injure de plus.

Marie-Thérèse est plus inquiète de l'absence de grossesse que de cette charité de bazar. Mercy, pourtant, s'empresse de lui faire part d'un autre acte de charité de sa fille. Le Dauphin, en décembre 1773, avait hérité de deux mille écus d'un gentilhomme à qui il versait une pension sur sa cassette. La dauphine est reprise du prurit de la charité.

— Vous êtes-vous informé si le défunt n'a pas laissé quelque veuve, des enfants, des parents dans la nécessité ?

Louis-Auguste est ému de cette intervention :

— Il faut avouer que vous m'avertissez toujours bien à propos.

Il l'aime, il la désire, mais son infirmité physique demeure la plus forte. Faudra-t-il une intervention chirurgicale pour mettre fin à cette douleur en lame de couteau ? Le Dauphin a peur du bistouri à vif sur le point le plus sensible de son être. Il craint d'endurer une blessure si ardente qu'il ne pourra plus jamais approcher son épouse. Il compte donc sur le temps, la patience, la nature. Marie-Antoinette endure son supplice. Ce lent « progrès » est devenu une infernale obligation de concevoir un enfant. Elle fuit dans les bals, les sorties nocturnes, les toilettes, les bijoux, l'équitation et la charité.

— M'aimez-vous bien ? demande-t-elle à son époux.

— Oui, vous ne pouvez en douter. Je vous aime sincèrement et je vous en estime encore davantage.

Ils parlent d'amour mais la souffrance tournoie dans leurs yeux quand, au petit matin, ou au cœur de la nuit, ils tentent cet amour-là, celui qu'on attend d'eux.

*
* *

Le carnaval de janvier 1774 comble d'aise la dauphine. À dix-huit ans, elle est devenue une longue et ravissante jeune femme, bien faite, menue et charnelle à la fois. La chair... Les bals... Les masques... Le jeu du carnaval, le jeu éprouvant du sexe de son prince qui devient un poignard les blessant tous les deux. Peut-être est-elle encore vierge ? Elle ne sait plus, elle ne sait rien. Elle traverse ce lent cauchemar parée de plumes, de soie et d'or.

Le dimanche 30 janvier, sous son loup et son domino blanc, dans la foule brillante de l'Opéra, elle remarque un jeune homme qui l'éblouit aussitôt.

Elle ne sait rien de l'amour, mais, cette nuit-là, elle se sent envahie d'une chaude brûlure qui empourpre ses joues ; elle a envie des bras de cet homme, de ses baisers, de ce corps qui la blesserait si suavement. Elle éprouve cette rareté infinie au monde des princes : le coup de foudre. Marie-Antoinette de Lorraine d'Autriche, future reine de France, est tombée amoureuse du gentilhomme.

Elle s'est approchée de lui, c'est un Suédois. Il est grand, il est beau, tavelé d'or des cheveux au costume, viril et souple à la fois, charmé par cette gracieuse jeune femme offerte, cette fleur ployée qu'il n'a qu'à se baisser pour cueillir.

Le beau Suédois se nomme Axel de Fersen. Il a dix-neuf ans, il est le fils du feld-maréchal de Fersen, membre du Conseil Royal de Suède, et séjourne en France pour achever son éducation. Il a été présenté à Versailles par le comte de Creutz, pour rendre ses hommages au souverain, le 1er janvier de la même année. Il a été invité aux bals de Mme de Noailles, le lundi soir. Marie-Antoinette l'avait-elle alors remarqué ? Elle sent confusément que ce « domino » mâle est désormais lié à sa vie.

— M'aimez-vous ?

— Je vous aime.

Qui a parlé ? Le gentilhomme ou le malheureux Dauphin ?

Au petit matin, quand elle rentrera, elle fermera sa porte au verrou. Elle crierait même d'horreur si « le pauvre homme » osait la toucher. Elle ne supporterait pas plus Mercy, qui lui donne « des secousses à son âme en lui parlant des chagrins de l'impératrice ». Elle ne veut rien entendre de l'abbé, honnit Lassone, veut rêver seule – quel enfer, ces dames qui la suivent partout et toujours. Elle veut rêver au beau Suédois telle une princesse des contes de M. Perrault.

*

* *

Axel de Fersen est dûment invité aux bals à Versailles. Il note dans son journal intime n'avoir manqué ni celui du Mardi gras ni les suivants :

« J'y fus sur la fin du bal (ce mois de février). Madame la dauphine, Mme de Provence, Mme d'Artois, Mme de Lamballe et deux autres dames arrivèrent avec Monsieur le Dauphin, M. de Provence, M. d'Artois, M. de Ségur, M. de Coigny et un autre, tous habillés avec l'habit d'Henri IV qui est l'ancien habit français et dansèrent différentes entrées, quelques-uns très mal comme le Dauphin et M. de Provence, les autres assez bien. Le coup d'œil était charmant. »

*

* *

Le coup d'œil à la dauphine parée de soie, de dentelles, transfigurée par son coup de foudre. Elle a pris tous les renseignements sur le Suédois. Il est fort instruit, parle plusieurs langues dont le français, a été présenté à toutes les cours d'Europe. Elle refuse de fixer sa pensée sur sa mère qui a certainement croisé Axel de Fersen. Pendant son séjour en France, Fersen avait accompli ses devoirs de gentilhomme. On dit qu'il s'est ennuyé au salon littéraire de Mme la marquise du Deffand, rue Saint-Dominique, trop réticente aux idées philosophiques. Il préfère de beaucoup celui de l'érudite Mme Geoffrin, riche bourgeoise qui reçoit tous les grands esprits du temps, protège l'*Encyclopédie,* se fait lire toutes les nouveautés parues, le *Paradoxe sur le comédien, Jacques le Fataliste* de M. Diderot, *Les Épreuves du sentiment* de M. Baculard d'Arnaud. Axel de Fersen a assisté à la toilette de Mme de Brionne. Il a suivi des cours à la Sorbonne. La fille de Diderot lui aurait même adressé la parole, amoureuse de cet étranger qui admirait les écrits de son père. Mlle Diderot, « fort gaie, ayant de l'esprit et pas bien jolie », note le Suédois, venait le chercher tous les matins en voiture pour lui faire visiter Paris.

Comment oublierait-il ce que la dauphine, tout bas, lui a demandé sous son masque ?

« Un masque fort joli et aimable m'a dit tout bas qu'elle était fâchée que “je ne fusse pas son mari, pour pouvoir coucher avec moi”. Je lui dis que cela n'empêcherait pas. Je voulus le lui persuader mais elle s'enfuit. »

Elle s'est enfuie, après s'être proposée au bel Axel, sous son loup, mais qu'importe le masque à cette fougueuse intrépide ? Elle le crierait volontiers, ce désir, cette envie si forte d'aimer. Tout serait simple au lit du bel amant.

Fersen se console promptement du « masque » enfui, en devenant l'amant de Mme de Brancas.

L'ambassadeur de Suède est ravi du succès de son protégé. Il a été particulièrement bien traité de la famille royale. L'ambassadeur écrit au roi Gustave III qu'« avec la plus belle figure et de l'esprit, il ne pouvait manquer de réussir dans la société ».

Le destin de Fersen se noue dès l'instant où il a croisé celui de Marie-Antoinette. Le meilleur leur est donné, la tragédie sera le théâtre de leur mort.

*
* *

Louis XV voit avec plaisir cesser les bals, fin février.

« Tous les bals sont passés et voici le carême arrivé, écrit-il à l'infant de Parme. Il était temps pour mes petits-enfants. »

Il est grand temps, songe en effet le vieux libertin, que ses petits-enfants reprennent la vie conjugale. Que la dauphine se fasse avec lui « un peu plus caressante ».

Mercy s'inquiète du retour de la froideur conjugale :

« Monsieur le Dauphin a renouvelé [à son épouse] toutes les promesses ; il veut à l'entrée du carême reprendre l'usage des remèdes ferrugineux. »

Lassone a discrètement confirmé à l'ambassadeur que cette mollesse conjugale ne vient pas de sa conformation mais « de petites circonstances accidentelles où il entre du préjugé et de l'enfantillage ».

Marie-Antoinette doit retourner à son enfer conjugal, la tête remplie de Fersen. Il n'y a point d'issue.

Elle est la plus belle de son royaume et la plus malheureuse princesse du monde.

Chapitre 33

M. Gluck, l'invité de la dauphine

Gluck, ce cher et bougon Gluck qui avait donné à Vienne à Marie-Antoinette ses leçons de clavecin, se trouve à Versailles. Persuadé que son illustre élève le recevrait sans cérémonie, il ne lui est pas venu à l'esprit de faire sa demande à la première dame d'honneur.

— On ne pénètre pas ainsi chez Madame la dauphine.

Le chevalier est sur le point de rebrousser chemin pour ne jamais revenir quand, soudain, une charmante silhouette apparaît dans la galerie. « Mais c'est M. Gluck ! » Gluck et son habit un peu râpé, son gros ventre, sa mine renfrognée et sa perruque légèrement de travers. Quel bonheur de le revoir !

Elle lui tend les mains, souriante. Il s'incline, c'est elle, sa « Madame Antoine ».

— Pourquoi, mon cher maître, ne vous êtes-vous point présenté ?

— Ma foi, Madame, bougonne le musicien, c'est qu'on ne peut vous approcher dans ce pays-ci.

Il a dit très fort et avec dédain « ce pays-ci ».

— Mon cher Gluck, vous pouvez vous présenter chez moi comme bon vous semblera, dit-elle bien fort.

Mesdames Tantes éclatent en ragots, Mme de Noailles pince sa bouche si mince. Le roi n'est pas content de tant d'indépendance et se tait. Le Dauphin est béat devant sa dauphine.

*
* *

Gluck a revu plusieurs fois « Madame Antoine ». Elle appuie avec enthousiasme son projet musical : faire jouer enfin à l'Opéra de Paris son *Iphigénie en Aulide.* Un opéra très allemand, tout en texte, rompant délibérément avec la tradition italienne qui favorisait la partie jouée. En 1767, au sujet de son opéra *Alceste,* le musicien avait clairement affirmé sa position dans son *Épître dédicatoire au grand-duc de Toscane.* La musique doit se restreindre au service de la poésie, de la fable et du texte, et ne doit jamais affadir l'action avec « des ornements inutiles ». La musique soutient le poème comme la couleur aide la peinture.

Tout Paris attend, du salon de Mme du Deffand aux plus grands hôtels aristocrates, cet opéra de M. Gluck. Il a des ennemis, les « antigluckistes », ces personnes qui ont l'habitude de s'offusquer d'une virgule modifiée dans un texte classique.

— Je vous jure, mon cher maître, affirme la dauphine, que vous triompherez à Paris. Je serai la première à vous applaudir.

Les comédiens se plient mal aux nouvelles règles. Gluck s'emporte, tape du pied, jure en allemand et se précipite chez « Madame Antoine ». Marie-Antoinette, séduite par autant de mouvement, a presque oublié son Suédois. S'aperçoit-elle que le roi donne de réels signes de fatigue ? La du Barry mène grand train de festivités et se fait peindre par François Drouais, vêtue ou plutôt dévêtue, en costume mythologique, une harpe fleurie sur les genoux. Les travaux d'embellissement de Louveciennes, menés par l'architecte Ledoux, engouffrent de lourdes sommes. La dauphine rivalise à nouveau avec elle : qu'on laisse donc son cher Gluck triompher à l'Opéra ! Mais le musicien abomine les remontrances et les caprices de ces artistes français. La dauphine le soutient ; elle soutient, l'imprudente, l'art allemand contre celui de la France. Mercy écrit en toute hâte à Kaunitz :

« Le chevalier Gluck a donné les premières représentations de son opéra ; tous les connaisseurs en sont émerveillés, mais on prévoit que le public pourrait bien ne pas comprendre les beautés d'harmonie qui exigent des oreilles plus accoutumées à ce genre de musique. »

Mercy craint une baisse de la popularité de Marie-Antoinette :

« Madame la dauphine qui le protège ira à la première représentation de son opéra et je crois que cette circonstance en assurera le succès. »

Qui aurait pu sauver Gluck sans la protection de la princesse ? Toutes les places à l'Opéra sont louées, mais le chanteur principal, M. Larrivée, pris d'une série d'éternuements inextinguibles, ne peut pas chanter. Gluck est au bord d'une immense colère. On lui propose de remplacer M. Larrivée par sa doublure. L'Allemand refuse avec véhémence.

Gluck menace de renoncer à faire jouer son opéra, mais Marie-Antoinette le supplie d'accepter la doublure de M. Larrivée.

— Faites-le pour moi, cher maître, dit-elle.

*

* *

La représentation a lieu le 19 avril, dans une atmosphère tendue. Dans la loge de la dauphine siègent le Dauphin, ses frères et leurs épouses, encore pâles d'avoir eu les oreillons. Au second rang, Mme de Bourbon et la princesse de Lamballe dont Marie-Antoinette est entichée. La dauphine porte un bijou d'une rare beauté que lui a offert son époux.

« Un très beau diamant couleur de rose en forme de cœur surmonté d'un autre diamant vert, le tout formant un bijou à porter au col et que [Mercy jugeait] de la valeur de cinquante à soixante mille francs. »

L'ouverture d'*Iphigénie en Aulide* a lieu. Marie-Antoinette, incroyable dérogation au protocole, donne le signal des applaudissements et fait bisser l'entrée. Tout le monde applaudit, ministres compris, pour s'assurer la grâce de leur future reine. Après chaque récitatif, Marie-Antoinette applaudit avec une telle frénésie qu'on clabauda « qu'elle avait l'air de faire partie d'une cabale ».

La dauphine a imposé la musique allemande à la Cour.

*

* *

Depuis qu'elle est amoureuse, elle veut briller. Plus que jamais. Il l'aimera, lui, le beau Suédois, qui pense probablement moins à elle qu'elle ne rêve de lui. Des rêves brûlants, gênants, où avec force, douceur et sans douleur il est devenu l'Amant.

Le dauphin a-t-il senti que quelque chose avait bouleversé le cœur de sa femme ? Sa jalousie aurait-elle aiguisé ses sens si souvent endormis ? Ayant souffert des oreillons, épidémie débutée le 4 avril, avec une rare violence, il veut reprendre la vie conjugale.

Elle ferme les yeux et serre les dents, elle endure « le pauvre homme ».

On la voit beaucoup chez le roi qui cède à tous ses désirs. Elle continue à n'en faire qu'à sa tête, au grand dépit de Mme de Noailles. Très attachée à Mme de Mailly, Marie-Antoinette a appris que son fils venait de mourir. Elle veut à toute force se rendre seule à Paris pour l'entourer de son affection. Mesdames Tantes piaulent d'une voix aigre :

— Vous n'avez pas le droit d'aller ainsi chez une de vos dames !

La dauphine s'en moque et écrit aussitôt à Louis XV, alors à Marly.

« Ma chère fille, vous êtes bien la maîtresse de faire ce que vous dictera votre bon cœur pour cette pauvre femme. »

Elle se rend en voiture, telle une simple particulière, chez son amie en peine. Cet acte si généreux enthousiasme « le pauvre peuple ». Comme elle est belle et bonne, notre dauphine ! elle a du cœur tout comme nous ! elle s'attire la sourde haine des princes de sang, des duchesses de Lorraine, de la Cour choquée d'une telle familiarité. Marie-Antoinette ne veut rien voir ni entendre, suivant son seul désir, « donnant le ton à Versailles ». Elle dédaigne à nouveau la du Barry et « toute sa clique ». Debout auprès du roi, au premier de l'an 1774, elle reçoit les hommages, en habit de Cour parme et argent, déjà royale, hautaine, charmante selon les personnes. La passion du roi pour sa comtesse est-elle émoussée ? Il a soixante-quatre ans, « il faiblit », a remarqué Mercy. Une main invisible a verdi ses joues, creusé ses cernes, amaigri ses mains tavelées des dures taches de la vieillesse. Sa fatigue relègue dans l'ombre celle qui était, avait-on cru trop longtemps, le soleil rayonnant de Versailles et du lit du roi.

Chapitre 34

La mort du roi

Le 27 avril 1774, le souverain déjeune à Trianon avec le Dauphin et la favorite. Son petit-fils note dans l'agenda noir qui ne consigne plus le « rien » d'autrefois :

« Mercredi 27. Déjeuné à Trianon. Chassé du cerf. Grande meute au pont de la Villedieu. Manqué. »

« Manqué » : en effet, le roi est tombé malade.

« Depuis huit jours, note le duc de Croÿ dans son journal, le roi avait souvent très mauvais visage et des malaises. »

Au dîner, il trouve les mets rebutants. Il n'a goût à rien, une vague envie de vomir. À la chasse, ce mercredi, lui pourtant robuste n'a guère eu la force d'aller plus avant. Il est resté en voiture, saisi d'un grand froid.

— Le temps est humide, dit-il au prince.

Il s'assombrit, il a perdu quelques proches qui lui étaient chers. Le maréchal d'Armentières, mort brutalement et récemment. L'abbé de Laville, directeur des affaires étrangères, anéanti d'une attaque d'apoplexie. Des défunts qui avaient à peu près son âge. Une hantise l'assombrit davantage : la crainte de « mourir comme un chien », sans avoir eu le temps de se confesser.

La du Barry l'a même surpris à genoux et en prières. Les dévots et Mesdames Tantes palpitent : le roi va se racheter. Ramené à Dieu, il répudiera l'abjecte comtesse et donnera ses biens aux prêtres. Il chassera, qui sait, cette scandaleuse Autrichienne qui s'est jetée (entre autres) à la tête de Fersen, lors du bal du carnaval. Elle croit donc, l'impudente, que personne ne l'a vue ? Une goule, une vouivre, une sangsue fatale, dispendieuse, indécente, le ventre honteusement vide ! Le roi a-t-il retenu le sermon du carême prononcé par l'évêque de Senez qui vitupérait contre la débauche et le stupre ?

— L'évêque a jeté des pierres dans votre jardin, ironisait le roi mal à l'aise au vieux duc de Richelieu.

— Il semblerait, Sire, qu'une partie soit tombée dans le jardin de Versailles !

*

* *

M. de La Martinière diagnostique une vraie fièvre. Louis XV a si peur de la mort qu'il s'obstine à rester au Trianon. La Martinière lui lance un ferme et dur message :

— Sire, c'est à Versailles qu'il faut être malade.

C'est à Versailles qu'un souverain a « le devoir de mourir ».

M. de La Martinière le force à monter en voiture, en robe de chambre sous son manteau.

— À Versailles ! ironise au cocher le roi qui claque des dents, à toutes jambes !

Il faut trois minutes en voiture pour mener le roi au château. Il a l'air misérable et seul, engoncé dans son manteau. Il attend chez Madame Adélaïde, à la fois heureuse et affolée, que l'on prépare son lit. M. Le Monnier son premier médecin, se concerte avec La Martinière.

— Mettez-lui des mouches sur les tempes et de l'opium.

La nuit se passe mal, entre agitation et torpeur. Les mouches l'agacent, l'opium l'engourdit. Le lendemain, Le Monnier le fait saigner.

La Martinière et Le Monnier font mander leurs confrères Bordeu et Lorry.

Le roi a repris connaissance ; il semble misérable allongé sur le lit de camp que l'on a dressé à la hâte afin de changer plus commodément son linge souillé. L'étiquette le domine au point qu'il ordonne que son coucher soit entouré du cérémonial habituel.

La Faculté, de noir vêtue, est incapable de donner un nom à son mal.

*
* *

Dans la nuit, une éruption paraît sur son visage. Le souverain a la petite vérole. On fait savoir aussitôt à la famille royale de ne plus approcher du lit de Louis XV.

Le Bien-Aimé, le Bel Aimé, menacé de devenir une tête gonflée, défigurée, une âme damnée, perdue.

L'agenda du Dauphin consigne ces mots funèbres :

« Vendredi 29. Le soir, la petite vérole se déclare. »

À Versailles, dans les couloirs, les escaliers, c'est une cohue.

— Le roi a la petite vérole !

Il est pris d'une folle angoisse, les médecins tentent de le rassurer :

— Votre Majesté a eu autrefois la varicelle, cela ressemble à une rechute éprouvante mais sans danger.

Mesdames Tantes le gardent avec emportement tout le jour, sachant que la nuit, en larmes, la du Barry veille à son chevet.

Elle pleure, elle aime son roi, son amant. Elle pleure surtout sa disgrâce imminente. Le roi manifeste une véhémente envie d'être seul avec elle, d'éloigner ses filles qui l'ont toujours irrité.

Le 1er mai, le mal va reprendre avec une acuité sans répit. Le saint sacrement est exposé jour et nuit à la chapelle. On commence à Versailles et à Notre-Dame la prière des quarante heures.

La du Barry déménage, vite, en secret, ses bijoux, ses papiers, ses meilleurs effets. Le roi réclame sa présence. Elle se penche sur le lit, effrayée devant cette tête violacée. La puanteur a commencé à s'exhaler des pustules gonflées.

L'archevêque de Paris, M. de Beaumont de Repaire, perclus de coliques néphrétiques, est arrivé à midi, mais M. de Richelieu, le neveu du duc, l'éconduit au nom de l'étiquette :

— Monsieur l'archevêque, l'heure des Entrées est passée et vous n'avez pas celles du cabinet.

L'archevêque s'obstine ; il faut confesser le roi devenu une simple créature aux yeux du Seigneur. Il obtient gain de cause grâce au Dauphin et à la dauphine. Mais le roi ne veut encore rien entendre. Il se contente de prendre le pouls du malheureux archevêque et de lui demander des nouvelles de sa néphrite.

Le Dauphin et Marie-Antoinette enfermés dans une chambre éloignée de celle du roi, pleurent à chaudes larmes. Ils demandent à chaque instant des nouvelles de leur aïeul, passent les nuits à veiller, pleurer, prier.

Mercy a envoyé un exprès par Bruxelles afin que sa souveraine soit le plus vite possible au courant d'un aussi grave événement. Il faut déjà songer à ce que la dauphine en tire tout le bénéfice possible. Doit-elle avec son époux rester auprès du roi ? Les deux alternatives ont des avantages et des inconvénients.

« Au moment où j'écris, note nerveusement Mercy, je ne sais toujours pas ce qui a été résolu. (...) Madame l'archiduchesse a offert de s'enfermer avec le roi (...). J'ai prévu le cas où la favorite, dans la transe où elle se trouve, pourrait prendre le parti de s'adresser à Monsieur le Dauphin et Madame la dauphine pour savoir leurs intentions, c'est-à-dire si elle doit rester à la Cour ou s'en éloigner (...). C'est aux ecclésiastiques à écarter la favorite, et si le roi revient de sa maladie, il pourrait être très dangereux que l'on pût imputer à Monsieur le Dauphin d'avoir songé dans ce moment à expulser la comtesse du Barry. »

*
* *

Le 2 mai, l'éruption se généralise. À midi et demi, les gentilshommes ayant droit aux Entrées se trouvent dans la chambre de parade, celle de Louis XIV. Mesdames Tantes pour une fois se taisent, consternées, un mouchoir vinaigré sur la bouche. Leur père est bien misérable sur ce lit de camp, le dos appuyé contre la balustrade du lit de Louis XIV.

« Sa tête, écrit le duc de Croÿ, est rouge et grosse comme un boisseau de la masse de petite vérole. »

Le 3 mai, le roi converse comme à l'ordinaire, peut-être va-t-il guérir, jouir encore de sa du Barry dont il veut tenir la main.

Le roi décide de la protéger. Il sait bien qu'à son décès on va l'exclure, qui sait, l'enfermer dans un couvent, la maltraiter, peut-être l'assassiner. Il convainc le duc d'Aiguillon de conduire sa comtesse à la maison de campagne du duc, à Rueil. En larmes, elle monte en voiture, et son amant aussi la pleure… au point d'exiger que Laborde la rappelle le soir même.

— Allez chercher Mme du Barry.

— Elle est partie, Sire.

— Où est-elle ?

— À Rueil, Sire.

— Ah ! déjà !

Le 6 mai, Louis XV demande son confesseur. À trois heures et quart du matin, brûlant de fièvre, il souffle à M. le duc de Duras :

— Allez chercher l'abbé Maudoux.

L'abbé Maudoux accourt. Il reste plus d'un quart d'heure auprès du roi qui souhaite ensuite parler en particulier à M. d'Aiguillon. Il demande à ce que l'on éveille Mesdames Tantes, ses petits-enfants, et s'enquiert jusqu'à quelle limite ils peuvent s'approcher. À sept heures du matin, il est administré.

Madame la dauphine et Mme de Provence sont dans le cabinet du Conseil, Mesdames Tantes à la porte, le Dauphin à genoux au bas de l'escalier avec sa cour de gentilshommes.

Le clergé entoure l'agonisant. Le cardinal de La Roche-Aymon a prononcé son exhortation, et le roi a reçu le saint viatique. Le cardinal rend compte au cabinet du Conseil des derniers instants du roi :

— Le roi me charge de vous dire qu'il demande pardon à Dieu de l'avoir offensé et du scandale qu'il a donné à son peuple, que si Dieu lui rend la santé, il s'occupera de faire pénitence, du soutien de la religion et du soulagement de ses peuples.

Les médecins l'entourent, et le roi, lucide, demande à La Martinière.

— Tâtez-moi le pouls, comment le trouvez-vous ?

— Sire, meilleur qu'avant de vous confesser.

— Voyez mes vésicatoires, comment est ma plaie ?

— Très bonne, Sire, autant que votre tête.

Mercy continue sans répit son rapport à Marie-Thérèse :

« Je trouvais Madame la dauphine si accablée de l'agitation des deux journées précédentes, que j'en conçus de l'inquiétude pour sa santé (...). Elle avait édifié toute la Cour par sa contenance et ses propos (...). Elle marquait sa piété filiale et sa sensibilité pour le roi. »

*

* *

Au matin du 8 mai, le délire se déclare ainsi que la gangrène. « Son visage changeait », note le duc de

Croÿ. Ses serviteurs s'épouvantent et commencent à fuir. À trois heures du matin, le 10 mai, les croûtes tombent, des boutons séchés et noirs le défigurent davantage. À midi, on n'entre plus chez lui. Il a cessé de voir ses ministres. Le Dauphin prend symboliquement le relais et dicte un billet à son contrôleur général afin qu'il distribue deux cent mille livres aux pauvres.

Le roi, aveuglé de croûtes, ne voit plus. Son confesseur ne le quitte pas. Ses filles sont parties, tout le monde est parti, il voudrait tant voir le Dauphin, mais il n'a pas le droit de lui transmettre cette affreuse maladie.

— Cruelle maladie, soupire-t-il, qui m'empêche de voir mes enfants !

La nuit, le feu de la fièvre, le feu de sa gorge, le feu dans ses membres, le feu partout.

*

* *

Le matin du 10 mai, il a encore sa conscience jusqu'à midi.

À une heure, l'agonie est commencée. On se met à genoux autour de son lit et dans la chambre des Entrées.

Il n'y a plus de roi mais une misérable créature, défigurée, empestant son état de future charogne.

À trois heures et un quart d'heure, le roi Louis XV a expiré.

Une bougie allumée selon l'usage est éteinte. Tout Versailles est ainsi au courant du deuil.

Un huissier annonce à l'Œil-de-Bœuf :

— Le roi est mort, vive le roi !

*

* *

À cinq heures et quart, le nouveau roi, âgé de vingt ans, jette un grand cri. M. de La Vrillière lui fait passer la note solennelle mentionnant qu'il s'appellera désormais « Louis ». Louis XVI, roi de France.

Marie-Antoinette a éclaté en sanglots.

Les deux battants se sont ouverts sur le jeune roi et son épouse. Les courtisans s'inclinent en une haie silencieuse. On mène à Louis XVI ses sœurs, mesdames Clotilde et Élisabeth. Il les embrasse et leur promet de les protéger. Il dit à ses ministres qu'aujourd'hui est un jour de désespoir. Il les recevra le lendemain à Choisy.

Ils vont, ces deux enfants de vingt ans à peine, chargés d'une telle responsabilité qu'ils ont pleuré dans les bras l'un de l'autre : « Mon Dieu, protégez-nous, nous régnons trop jeunes. »

Il n'y a plus de dauphine mais Marie-Antoinette, reine de France.

*

* *

Le duc de Villequier, premier gentilhomme de la chambre d'année, sort de la chambre du défunt et prie M. Andouillé, premier chirurgien du roi, de pratiquer l'embaumement, d'ôter le cœur, de le momifier afin de le déposer, selon la coutume, dans une église de France. M. Andouillé doit donc fatalement en mourir.

— Je suis prêt, dit-il au duc de Villequier, mais pendant que j'opérerai, vous tiendrez la tête : l'usage l'ordonne.

La putréfaction est telle que le duc s'enfuit. Il n'y aura pas d'embaumement. Le cœur de Louis XV reste à sa place. Quelques serviteurs et des ouvriers mettent en bière « ces reste pestiférés », comme l'écrit Mme Campan, versant de l'esprit-de-vin dans le cercueil qui s'en va, de nuit, escorté d'une quarantaine de gardes et de pages, pour être inhumé en toute hâte à Saint-Denis.

Au passage de la voiture funèbre, un grondement monte dans la nuit. On sait que c'est lui, ce « Bien-Aimé », ce « fouteur de filles » qui a ruiné la France.

— Taïaut ! Taïaut ! hurlent des voix, voyez passer le plaisir des dames !

On sait qu'un jour, demain, peut-être, il n'y aura plus un seul tyran sur la terre de France.

Troisième partie

LA REINE

Chapitre 35

UNE PETITE REINE MOQUEUSE

La Cour s'est précipitée à Choisy par crainte de la contagion. Mesdames Tantes dans leur voiture particulière, Madame Élisabeth et Madame Clotilde avec leur gouvernante, Mme de Marsan. Le jeune roi, la reine, Provence, Artois et leurs épouses dans la voiture en tête. Marie-Antoinette, lasse de la tragédie qui a régné pendant trop de jours, aimerait un peu de gaieté. Un mot écorché par Marie-Joséphine déclenche son hilarité. Le rire est contagieux ; la voiture royale semble bien bruyante. Elle a presque oublié le roi défunt, obsédée de ses petites vengeances personnelles contre la du Barry. Dès le 12 mai, elle a obtenu de son époux qu'une lettre de cachet soit envoyée à Rueil. La comtesse, considérée comme prisonnière d'État, est aussitôt reléguée au couvent de Pont-aux-Dames, près de Meaux, son frère menacé d'arrestation et toute sa famille exilée à quinze lieues de la Cour. À Choisy, le 14 mai, la petite reine écrit ces premiers actes à sa mère comme s'il s'agissait d'une affaire des plus importantes.

« Le roi s'est borné à envoyer la créature au couvent et à chasser de la Cour tout ce qui porte ce nom de scandale. »

La comtesse du Barry vivra quelque temps à la maison religieuse de Pont-aux-Dames, entourée d'égards, et de nombreux domestiques. Elle y fera figure de victime, la rumeur est de son côté. Un an plus tard,

Louis XVI trouvera bon de lui laisser regagner son château de Saint-Vrain. Il lui laisse Louveciennes et une confortable pension. Elle n'a perdu que le Trianon qui échoue à Marie-Antoinette. Mme du Barry, tout comme la Pompadour, n'a que la jouissance de Trianon, non la propriété. Marie-Antoinette, quatre jours après la mort du roi, s'enchante de son sort auprès de sa prudente mère :

« Je ne puis m'empêcher d'admirer l'arrangement de la Providence, qui m'a choisie, moi, le dernier de vos enfants, pour le plus beau royaume de l'Europe. Je sens plus que jamais ce que je dois à la tendresse de mon auguste mère qui s'est donné tant de soins et de travail pour me procurer pareil établissement. »

Mais cette mère craint plus que jamais ses débordements.

« Le sort de ma fille, écrit-elle à Mercy (...), ne peut être qu'entièrement grand ou bien malheureux (...). "Je compte ses beaux jours finis." »

Elle se confie à Mercy :

« Je ne souhaite pas que ma fille gagne une influence décidée dans les affaires. Je n'ai que trop appris, par ma propre expérience, quel fardeau accablant est le gouvernement d'une grande monarchie. De plus je connais la jeunesse et la légèreté de ma fille, jointe à son peu de goût pour l'application – et qu'elle ne sait rien –, ce qui me ferait d'autant plus craindre pour la réussite dans le gouvernement d'une monarchie aussi délabrée que l'est à présent celle de la France. »

La seule félicitation que Marie-Thérèse envoie à ses enfants est une mise en garde, non un élan de joie :

« Vous êtes tous deux bien jeunes, le fardeau est grand ; j'en suis en peine et vraiment en peine. »

*

* *

Marie-Antoinette, recevant ce billet, ne veut plus songer à sa mère, qui jamais ne l'admire et jamais ne l'approuve. Elle est la reine, la reine !

À Choisy, Mesdames Tantes sont prises toutes les trois d'une fièvre si grave qu'on les plante là pour s'enfuir au château de la Muette. Elles ont la variole, dont elles réchappent non sans dommage pour leurs visages.

À la Muette, Marie-Antoinette doit recevoir, selon l'usage, « les révérences de deuil ».

« Les deuils de cour, écrit Sébastien Mercier dans son *Tableau de Paris*, épargnent l'argent aux bons Parisiens (...) l'habit noir s'accorde merveilleusement avec les boues, l'intempérie des saisons, l'économie et la répugnance à faire une longue toilette. »

Un deuil aussi national ruine les marchands de belles soieries. Le deuil du roi est porté par toute la nation. On doit renoncer pendant six mois aux couleurs et aux bijoux. Les grandes disparitions se partagent en trois temps : la laine, la soie pour le petit deuil ; la popeline, le raz-saint-maur deviennent les tissus qui habillent les dames à la Muette. Marie-Antoinette et les princesses de sang adoptent le grand habit de cour surbrodé de dentelles noires, un bonnet d'étamine noire, la coiffe pendante, les manches de crêpe blanc. Trois mois plus tard, on peut accéder à la soie noire pendant six semaines et à des bijoux s'ils sont de pierres noires. Le taffetas de Tours est de mise en été. Les six dernières semaines, la reine et sa cour portent le petit deuil, du blanc avec de la gaze brochée, des agréments identiques et des diamants comme seule parure. La chaussure est de couleur bronze, à simple boucle, les gants sont fins et noirs, l'éventail noir est obligatoire. Marie-Antoinette, s'engoue de tout ce noir qui rend son teint et sa chevelure éclatants. Les hommes aussi sont en habit noir, des boucles d'argent à leurs chaussures.

Les équipages de la Cour sont drapés de noir, les voitures du roi et de la reine sont doublées de violet. Ils coûtent à une France exsangue trois cent cinquante mille livres (plus de deux millions de francs). Les meubles, les lits, les fenêtres, les miroirs, tout est drapé de noir. Les officiers et les pages sont aussi en noir, un ruban bleu ciel et argent à l'épaule.

*

* *

Le peuple est porté par l'absurde espoir que ce jeune roi et cette petite reine vont les rendre prospères et heureux. Le deuil prend une subtile allure de fête. Un bijoutier à la mode fait fortune en inventant des tabatières de deuil avec le portrait de la reine placé dans une boîte noire en peau de chagrin où est écrit : « *Consolation dans le chagrin* ».

On est dans l'émotion. Dans l'illusion. Dans la parade. En signe d'abondance, les femmes surchargent d'épis de blé leurs coiffures. On est aussi dans l'attendrissement. On pleure d'un rien : au spectacle de la reine se promenant au bras de son époux dans les jardins de Choisy. On a les yeux mouillés parce qu'elle renonce à son « droit de ceinture », cette bourse bien garnie dont la somme provenait d'un impôt prélevé sur le vin et le charbon du cher peuple. Le roi a diminué sa meute de petits chiens.

On est touché de la simplicité de ce jeune souverain qui a commandé à son premier gentilhomme six habits de simple ratine.

On est bouleversé quand, dans les allées du bois, à la Muette, Louis se penche sur la joue de Marie-Antoinette et l'embrasse avec affection. On dit que le roi va s'entourer de bons ministres, dont l'intendant du Limousin, Turgot. On chante dans les rues de Paris :

Grâce au bon roi qui règne en France,
Nous allons voir la poule au pot !
Cette poule, c'est la finance que plumera le bon Turgot.

*
* *

Pardonnera-t-on à la petite reine son inconvenance durant la cérémonie des révérences de deuil, à la Muette ?

Toutes ces dames, en sévère accoutrement, gantées, s'inclinent devant leur nouvelle souveraine. Marie-Antoinette retient une forte envie de bâiller : voilà trois heures qu'elle reçoit, debout, cet honneur. La marquise de Clermont-Tonnerre, fatiguée, dans l'attente de son tour, s'assied sur le parquet, cachée derrière un rempart de robes à larges paniers. Ce comportement aurait de quoi la faire exiler de la Cour. Marie-Antoinette devant les espiègleries de la marquise (elle est un peu folle) qui s'amuse avec les paniers des dames d'honneur, dissimule mal, derrière son éventail, un rire.

Offusquées, les dames âgées de la Cour, petits bonnets noirs à grands papillons, parlent de ne plus mettre les pieds à la cour de cette « petite moqueuse ». Le cœur serré, Marie-Thérèse lit à Vienne un pamphlet, le premier de la sombre série qui vient de paraître sur sa fille après trois semaines de règne :

Petite reine de vingt ans
Vous qui traitez si mal les gens
Vous repasserez la barrière
laire, laire, laire lanlaire, laire lanla.

La légende d'une reine sans retenue se met en place.

*
* *

Le même été, à Marly, la souveraine, qui a toujours adoré le lever du soleil, a attendu l'aube, avec ses dames, dont sa préférée la princesse de Lamballe. Elle s'est empressée de la faire nommer « surintendante de la Maison de la reine ».

— Que c'est beau ! s'écrie la reine devant le soleil si rose.

Tout à son enfantin plaisir, Marie-Antoinette ignore que le gazetier Dubec, dans ses *Nouvelles à la main*, payé en secret par le secrétaire du duc d'Aiguillon, fait paraître un texte intitulé *Le Lever de l'aurore*. Ce pamphlet transforme en véritable orgie le spectacle de ces dames contemplant l'aurore. Marie-Antoinette ; une furie lubrique assouvissant des plaisirs ignobles avec la princesse de Lamballe et tous les comparses présents.

Dubec est embastillé, mais la rumeur se met à courir.

Marie-Antoinette, grisée, n'entend rien, ne voit rien. On lui a caché le pamphlet de Dubec. Elle est la reine ! Elle peut enfin, à peine le deuil achevé, monter d'une aune supplémentaire sa coiffure.

Sa peau semble de lait, elle a choisi une poudre qui entoure son visage d'un halo argent. Sa figure est une fraîche rose d'été. Elle est ravie de son nouveau rôle qui, croit-elle, la fera applaudir et même bisser tout au long de son existence.

Chapitre 36

PREMIÈRE INITIATIVE DE LOUIS XVI

Le roi partage tous les repas avec sa jeune famille. Afin de simplifier le protocole, il les prie avec grâce de l'appeler « Mon frère » et non « Monsieur » ou « Sire ». À la Muette, la vie se déroule simplement. Le soir, les six jeunes gens se promènent dans les allées du bois, chaque couple bras dessus, bras dessous. Louis XVI embrasse souvent la petite reine sur la joue. C'est encore le deuil, mais c'est une cour joyeuse, qui « batifole » au balcon pour être acclamée de la foule. À la procession de Chaillot, lors de la Fête-Dieu, c'est le délire, celui que le jeune couple avait reçu lors de son entrée solennelle à Paris. On augure un âge d'or, les dames portent des épis de blé dans leurs chevelures sophistiquées. La reine donne le ton. On semble avoir oublié les abominables pamphlets. Où s'en vont-ils, difformes, odieux, tenaces, tels le choléra ou la peste noire ?

*
* *

Marie-Thérèse, pour une fois, complimente sa fille.

« Tout est extase, tout est fou de vous autres, écrit-elle à ses enfants. On se promet le plus grand bonheur et vous faites revivre une nation qui était aux abois et que son attachement seul pour les princes soutenait. »

Elle ne peut s'empêcher d'insister sur les difficultés. Une popularité se travaille avec la plus grave des vigilances. Elle apprécie que son gendre, installé dans les appartements de Louis XV, n'ait rien changé au décor. Louis XVI gardera intacts la chambre à coucher et les meubles de son grand-père. Elle approuve qu'il fasse installer une grande bibliothèque, en boiseries blanc et or, et une salle de bains plus pratique que celle de Louis XV. Louis XVI conserve le style de Gabriel et fait pieusement entretenir la petite pièce où son aïeul aimait travailler le bois dans ses moments de repos. Ces outils en bois de rose et de violette ravissent Louis XVI qui confiera leur entretien à l'ébéniste Voisin.

« Le handicap à ses plus graves décisions, écrit Mercy à sa souveraine, ce sont les incontournables Mesdames Tantes auxquelles le roi est fortement soumis. »

Il a pris conseil auprès d'elles pour le choix du nouveau ministre. Mesdames Tantes conseillent à Louis de choisir comme Premier ministre le comte Jean-Frédéric Phélypeaux de Maurepas, disgracié en 1749 sous l'influence de la Pompadour. Il a soixante-treize ans, et Mesdames en raffolent.

« Le premier soin de Mesdames, s'indigne Mercy à sa souveraine, a été de se mêler de matières de gouvernement, de donner des conseils, de proposer qu'on fît venir le comte de Maurepas et la reine, de complaisance en complaisance, a servi elle-même d'organe pour faire parvenir au roi les idées de Mesdames. »

Mesdames ont flatté habilement Marie-Antoinette, pour mieux la manœuvrer, en lui laissant l'illusion que c'est elle qui a choisi à la place du roi.

M. de Maurepas a été bouleversé de la lettre que lui a fait parvenir Louis XVI :

« Monsieur (...) je suis roi : ce seul mot renferme bien des obligations, mais je n'ai que vingt ans. Je ne pense pas avoir acquis toutes les connaissances nécessaires. J'ai toujours entendu parler de votre probité et de la réputation que votre connaissance profonde des affaires vous a si justement acquise. C'est ce qui m'engage à vous prier de bien vouloir m'aider de vos conseils et de vos lumières. (...) »

Maurepas s'est acquis à juste titre une réputation de connaisseur en hommes de talent. Il avait veillé à la composition des savants pour s'occuper du futur jardin du roi, le Muséum d'histoire naturelle. Il avait eu la sagacité de déceler le génie de M. de Buffon, M. de Jussieu, M. Daubenton, M. de Basseporte. Maurepas avait su choisir, avec l'accord de La Vauguyon, les meilleurs maîtres pour éduquer le Dauphin. Le jeune roi ne pouvait l'oublier.

*
* *

Maurepas commence par renvoyer tous les ministres de Louis XV : Maupeou, l'abbé Terray et le duc d'Aiguillon, au grand dépit de Kaunitz et à la satisfaction de Marie-Antoinette.

« La reine seule a opéré le renvoi du duc d'Aiguillon qui, sans cela, serait resté en place, et j'en ai des preuves multiples, écrit Mercy à Vienne. (...) Il suit de là une grande preuve du crédit de la reine. »

Louis XVI est-il en train de désavouer son grand-père ? Au grand lit de justice du 12 novembre, il rappelle les parlements, mésestimant leur turbulence et leur rôle de futurs « juges » de la monarchie.

La reine est satisfaite d'assouvir ses animosités personnelles. Ce vilain d'Aiguillon écarté du pouvoir, pourquoi ne pas rappeler Choiseul ? Elle suit ses impulsions, éclate en fous rires, et quand ses beaux-frères la taquinent, elle se fâche, les vexe en les rabrouant et leur rappelant qu'elle est reine. Sa jolie tête blonde accumule les rancœurs les plus sourdes, y compris familiales.

*
* *

Le roi et sa famille se sont fait inoculer contre la petite vérole. La méthode de l'inoculation importée de Turquie fait, dit-on, merveille. Lassone a écrit à ce sujet un long rapport à l'Académie de médecine :

« On prend une bonne lancette ordinaire, on la plonge dans un bouton varioleux en pleine suppuration. La lancette ayant été ainsi chargée, on en insinue très doucement la pointe seulement sous l'épiderme de la personne que l'on veut inoculer… on ne met ensuite sur la piqûre nulle espèce de topique : on l'abandonne à la nature. »

On profite de cette inoculation pour relancer le bruit de l'opération qui dégagerait le gland royal. L'ambassadeur d'Espagne, le comte d'Aranda, a écrit à sa Cour – et fait courir le bruit – que la consommation du mariage n'avait jamais eu lieu.

«… Le frein assujettit tellement le prépuce qu'il ne cède pas lors de l'introduction et cause une vive douleur qui oblige le roi à modérer l'impulsion qui serait nécessaire. (…) Le prépuce est si serré que le gland ne peut sortir lorsqu'il est dilaté, le degré d'élasticité voulu ne subsistant pas lors de l'érection. »

L'opération serait une sorte de circoncision. Le comte d'Aranda, qui a assisté au lever du jeune roi, complète sa lettre par la description de Louis XVI :

« Sa taille devient chaque jour plus régulière parce qu'il se tient mieux ; sa santé demeure robuste, et son corps est bien formé et nerveux, ainsi qu'on peut le voir à son lever, lorsqu'il change de chemise… »

Le roi ne découche plus de chez la reine, mais « couche-t-il ? »

Chapitre 37

Les nouveaux ministres et la reine

Maurepas a été de bon conseil pour aider le roi à choisir ses ministres. Charles Gravier, comte de Vergennes, nommé aux Affaires étrangères, se consacre à restaurer le prestige de la France à l'extérieur. Anne Robert Jacques Turgot, baron de l'Aulne, est nommé à la Marine, M. du Muy à la Guerre. Le 24 août, Turgot est déchargé de la Marine au profit de M. de Sartine, mais, en bon physiocrate, obtient le poste de contrôleur général des Finances. Partisan du libéralisme en matière économique, il sait exploiter sa longue expérience d'intendant du Limousin. Il s'attaque à l'amélioration du réseau routier, au développement des industries de la région. Il veut surtout assainir les finances :

— Je me borne en ce moment, Sire, à vous rappeler ces trois paroles : Point de banqueroute. Point d'augmentation d'impôts. Point d'emprunts...

Il faut, Sire, vous armer contre votre bonté même, considérer d'où vous vient cet argent que vous pouvez distribuer à vos courtisans et comparer la misère de ceux auxquels on est quelquefois obligé de l'arracher pour les exécutions les plus rigoureuses... Je serai craint, haï même de la plus grande partie de la Cour, de tout ce qui sollicite des grâces...

Turgot évoque-t-il les coûteux caprices de Marie-

Antoinette ? Il limita les dépenses mais jamais ne réussit à réduire celles de la Cour, en particulier celles de la reine.

*
* *

La reine s'est mêlée du choix des ministres. Louis XVI a organisé les points essentiels sans elle. Il lui a accordé la grâce de Choiseul.

« La reine, se dépêche d'écrire Mercy à Vienne, fit au roi la demande de rappeler le duc de Choiseul à la Cour. (...) Il fut convenu cependant que le duc de Choiseul ne ferait que paraître à la Cour et retournerait chez lui à Chanteloup jusqu'à l'automne. »

Le duc, froissé, s'en retourne dans ses terres.

— J'ai su, s'exclamait Voltaire chez Mme du Deffand, que M. le duc de Choiseul était revenu à Paris en triomphateur et qu'il était reparti en philosophe.

Louis XVI a-t-il l'instinct de se protéger de Marie-Antoinette dont il connaît le charme et l'incapacité redoutables en politique ? L'abbé de Véri (grand ami de l'abbé de Vermond et de Mercy) aurait affirmé à Maurepas que « le roi ne parlait jamais à la reine des affaires de l'État, non plus qu'à ses frères ».

Le public est cependant déçu de l'échec de sa reine : elle n'est pas parvenue à imposer le populaire Choiseul. Si « elle a reçu avec bonté les nouveaux ministres », elle n'a aucun pouvoir. Louis XVI s'est jeté dans sa tâche de roi avec la plus grande conscience, au point de négliger la chasse pour le cabinet. Mercy, en accord avec Marie-Thérèse, a longtemps fait courir le bruit que Louis XVI, outre son incompétence conjugale, était tout aussi « impuissant » en politique, mais il n'en était rien quant au sérieux de son travail. L'ambassadeur d'Espagne écrit d'ailleurs déjà, à la fin du mois de mai, que « le roi, passe de nombreuses heures retiré dans son cabinet (...) ; son unique distraction a été de se promener à pied le soir, durant une couple d'heures ».

Marie-Antoinette, toute à sa fantaisie de « régner », répète à qui veut l'entendre que Choiseul reviendra un jour au pouvoir.

— M. de Maurepas s'ennuiera tellement qu'il sera bien content d'avoir un tel allié !

Marie-Thérèse est consternée d'une telle pirouette. Le roi, absorbé dans sa tâche, dans l'angoisse de son phimosis, veut compenser son manquement et, malheureux de ne pouvoir engrosser sa jeune épouse, il lui offre le petit château de Trianon comme maison de campagne.

La dépense pour arranger le Trianon au moment où va éclater la guerre des Farines atterre Turgot. Il ne peut rien contre les caprices de Marie-Antoinette. C'est le seul point où le roi ne l'écoute pas, ce roi si économe, si sage, capable de comprendre ses ministres et leur désir de bâtir une France forte, enrichie, allégée d'impôts écrasants. Louis ne sait pas refuser les désirs les plus fous de sa jolie femme. Depuis Choisy, il n'a plus « découché du lit de la reine », affirme Mercy.

Marie-Antoinette exprime sa frustration par les excentricités de ses toilettes, de ses coiffures, par son goût rococo des jardins, un désordre intime proche de l'hystérie.

Chapitre 38

LA REINE DU ROCOCO

Marie-Antoinette oublie promptement Choiseul en recevant le Trianon, ce gracieux chef-d'œuvre architectural signé Gabriel. Enfin, elle va arranger une demeure à sa façon, peut-être y habiter le plus possible, loin du mortifère Versailles et de sa non moins mortifère étiquette. Elle déteste ouvertement, à l'indignation de Mesdames Tantes, de la Cour et de bien des Français, les parcs de M. Le Nôtre. Quelle monotonie, ces parterres et cette ordonnance qui excluent toute fantaisie ! Les jardins de Trianon, conçus par Claude Richard qu'admirait Linné au point de le nommer « le meilleur jardinier d'Europe », n'emportent pas sa conviction. Elle s'ennuie à visiter les plantes exotiques, ces ananas, ces caféiers, ces jasmins et ces pêchers que l'on ne peut protéger que dans des serres où l'on étouffe, où rien ne parle de fraîcheur ni de repos. Quel encombrement, ces figuiers de Barbarie alignés sur des gradins, ces orangers plantés dans des pots eux-mêmes mis en terre ! Où s'asseoir et contempler calmement ?

Elle veut la liberté, aller à son idée, ses fantaisies. Aussitôt le deuil achevé, Mme de Lamballe se fera peindre par Antoine François Callet une guirlande de roses à l'avant de son « pouf » si haut, huit grosses boucles de chaque côté, une queue par derrière, le tout poudré d'argent. La coiffure de Mme de Lamballe exprime assez bien cet « art » nouveau des jardins vus par Marie-Antoinette.

Pour flatter la reine, son entourage se met à dénigrer les jardins de Louis XIV.

— Il serait exquis que je pusse faire agencer les jardins de Trianon à la mode des jardins anglo-chinois.

— Votre Majesté, conseille une voix mielleuse, devrait prendre conseil auprès du maître en la matière : le comte de Caraman.

Fin juillet, sans tenir compte du deuil ni du protocole, elle se rend en voiture, à Paris, rue Saint-Dominique, chez M. de Caraman.

*

* *

Le comte de Caraman se trouve fort embarrassé d'une telle visite. La chaleur a été si forte que son jardin parisien a souffert. Il ne veut pas décevoir la reine dans ses projets, desquels il tirera les plus hauts bénéfices. Il a deux jours devant lui pour faire arranger ses gazons, quérir chez les fleuristes des fleurs plantées avec leurs pots afin de créer l'illusion de ravissants bosquets. Ses voisins, au courant de l'auguste visite, lui prêtent qui un arbuste de lilas, qui des giroflées. Au milieu de son gazon dûment arrosé à seaux d'eau, on établit une vaste tente soutenue par des guirlandes de fleurs naturelles. Le comte fait préparer sous la tente entourée de lauriers-roses une magnifique collation de glaces et de fruits rafraîchis. Le comte et ses voisins ont tout prévu pour créer l'enchantement d'un faux jardin de fleurs, de fruits, un frais paradis baroque. La reine vient chez lui chercher l'inspiration pour recréer ses jardins de Trianon. Une reine du rococo, la reine des roses, la reine des jardins fous... Caraman tient l'affaire de sa vie. Pour enchanter Marie-Antoinette, encore soumise au deuil royal qui interdit toute musique, il a une idée de génie. Dans les appartements du quai de Bourbon, en face du jardin délicieux et totalement faux, M. de Caraman fait venir deux orchestres, un de flûtes, l'autre de cors de chasse. Quand Marie-Antoinette goûtera sous la tente fleurie, elle s'extasiera de la musique invisible sans déroger au protocole.

La reine est éblouie. Elle se promène longuement dans ce jardin de délices et de chimères, en compagnie de ses belles-sœurs, de Mesdames Clotilde et Élisabeth, Mme de Durfort, Mme de Pont.

Le comte de Caraman, au moment du goûter, a prévu une charmante visite : ses deux fillettes, la tête couronnée de roses, vêtues de mousselines. Marie-Antoinette les embrasse sur le front, se régale de glaces et de sirops et nomme le comte de Caraman « directeur des jardins de la reine ».

Sa popularité baisse d'un seul coup.

Elle a contre elle, un groupe muet, mortifié, désolé : les agents réguliers du service des bâtiments du roi qui entretiennent avec amour, depuis toujours, ces jardins « à la française ». Antoine Richard qui soigne avec passion, tout comme son père, le chef-d'œuvre botanique du Petit Trianon, croit mourir de chagrin d'être obligé de rapatrier le jardin en entier au jardin botanique de Paris. Une grande partie de ces plantes si fragiles meurent du transport, et le grand jardinier endure une blessure mortelle. Il se met à haïr la reine.

On ne pardonnera jamais à Marie-Antoinette d'avoir « tué le jardin botanique de Trianon ». Un jardin a quelque chose de sacré, et toute la France, rurale dans l'âme, blâme la reine et la faiblesse du roi.

Le bruit court qu'elle a donné le nom de *Schönbrunn* et de « petit Vienne » à Trianon.

Le Trianon, dont elle ne touche pas l'intérieur et l'architecture, devient rapidement sa retraite préférée. Elle adore s'y rendre seule, suivie d'un seul valet de pied. Elle y trouve un modeste service pour la recevoir : un concierge et son épouse qui lui tient lieu de femme de chambre.

Marie-Antoinette ressent un repos indicible, agréablement troublé, à l'idée de coucher dans le lit fané de la du Barry.

Chapitre 39

La guerre des farines et les ennemis de la reine

Le seul crédit profond, indéfectible, de Marie-Antoinette est l'amour que lui porte le roi.

Mercy écrit à Marie-Thérèse, inquiète de tout ce charivari :

« (...) Il est au pouvoir de la reine d'avoir autant de crédit qu'elle en voudra et que dans l'état actuel des choses, ni la jalousie de la famille royale, ni les cabales des ministres ne pourront de longtemps rien changer ni altérer à la façon de penser du roi envers son auguste épouse. Il est amoureux dans toute l'étendue du terme... »

La reine a même eu, écrit-elle à sa mère, « une petite indisposition de règles très abondantes après un léger retard ». Une fausse couche ?

*

* *

Le roi est soucieux. La récolte de l'année a été mauvaise, le prix du pain, ce pain sans lequel surgit l'hydre de la famine, a augmenté. Turgot, par l'édit du 13 septembre 1774, décrète la liberté du commerce des grains à l'intérieur de la France, comptant favoriser les paysans qui pourraient ainsi trouver des marchés plus avantageux. La flambée est telle qu'elle déclenche une émeute, dite « guerre des Farines », d'une rare violence à Dijon. Le gouverneur de la ville a suggéré aux manifestants d'« aller brouter l'herbe nouvelle ». La reine propose comme solution au peuple de manger de la brioche. Les mots « pain » et « faim » sont sur toutes les bouches.

Toute à ses folies paysagères, Marie-Antoinette fait composer une coiffure mêlée d'épis de blés et poudrée couleur farine.

Les villes de France se soulèvent. On veut imposer la taxation des blés et farines au-dessous des tarifs. Dix mille manifestants envahissent les cours de Versailles. On manque d'étouffer M. de Poix, chef des gardes. Le roi refuse toute concession. La reine étudie une composition de cheveux : un champ de blé cerné de guirlandes de fleurs fraîches.

À Paris, on pille avec violence toutes les boulangeries. Turgot fait rassembler autour de la capitale les troupes du maréchal de Biron. Deux cents émeutiers sont arrêtés. On pend, place de Grève, un perruquier et un ouvrier charpentier qui s'étaient trouvés dans la foule rebelle par curiosité. Les responsables des troubles ont été payés par l'aristocratie qui déteste Turgot et travaille à son renvoi. Parmi ces meneurs, on parle du duc d'Orléans, du duc d'Aiguillon, du prince de Conti. On évoque aussi la famille de Rohan et sa parentèle.

*

* *

Un parti hostile à la reine se forme à la Cour. Le duc d'Aiguillon, plein d'aigreur, s'est allié au prince cardinal de Rohan.

Louis Édouard de Rohan, coadjuteur de son oncle l'archevêque de Strasbourg, avait reçu l'archiduchesse à Strasbourg. Il détestait l'alliance autrichienne et tout particulièrement l'impératrice Marie-Thérèse.

Louis de Rohan s'était moqué des larmes qu'elle aurait versées au partage de la Pologne :

« D'une main, elle a le mouchoir pour essuyer ses yeux, et de l'autre, elle saisit le glaive de la négociation pour être la puissance copartageante », avait-il écrit au duc d'Aiguillon, qui s'était empressé de communiquer la missive à la du Barry, laquelle l'aurait lue à haute voix dans son salon afin d'humilier la dauphine.

Le cardinal de Rohan menait alors à Vienne une vie de débauche qui écœurait l'impératrice. Il avait même établi un portrait peu flatteur de Marie-Antoinette qui, bien sûr, l'apprit et ne lui pardonna jamais. Louis XV avait été tenté d'en faire le mentor de la jeune dauphine, mais y avait renoncé. Marie-Thérèse fut extrêmement soulagée quand il quitta Vienne au décès de Louis XV. Il rêvait d'être nommé ministre, soutenu par Mme de Marsan qui détestait la reine. Marie-Antoinette, dès l'arrivée du cardinal à Versailles, « le reçut fort froidement et ne lui parla plus ».

Madame Maman sait que Rohan, allié aux Soubise, et à tant de puissants aristocrates, n'est pas la quantité négligeable à laquelle prétend le réduire sa fille.

*
* *

Marie-Antoinette est absorbée par la composition de son jardin de Trianon, de sa coiffure, elle ne songe plus au prince de Rohan. Celui-ci lui déplaît ? Il n'existe plus. Elle rêve de nouvelles toilettes, elle veut du fluide, de la mousseline, du blanc et plus jamais de corps de baleine. Elle a encore grandi, ses épaules, son cou, son teint sont éblouissants, sa démarche d'une grâce accrue. Elle a toujours cette royale démarche que chacun remarque et admire, même ses ennemis. Sa taille est plus svelte que jamais. Elle n'est pas enceinte, il lui arrive d'oublier qu'il faudrait le devenir. Tout pour elle est prétexte à une fête, même la triste victoire de la guerre des Farines. Son comportement a créé une mode de l'enfantillage.

Les dépenses de la famille royale vont croissant. Artois participe aux escapades de la souveraine et de ses amis. Il ouvre avec elle le pari qu'un palais dans le parc de Bagatelle serait construit pour lui en moins de deux mois par l'architecte Bélanger. Turgot est outré de ces insanes prodigalités. Mesdames Tantes reçoivent le château de Bellevue. On achète pour Madame Élisabeth la maison de la princesse de Guéménée, avenue de Paris, Madame obtient un château à Montreuil, Provence à Brunoy et la reine Trianon. Versailles demeure l'endroit austère où, en dépit de ses ors, travaille sans relâche le roi, soucieux des économies à réaliser, du bonheur de son peuple mais incapable de résister aux caprices de sa famille.

Le soir, à onze heures, il tombe de sommeil. La reine, non sans malice, avance de quelques minutes la pendule pour qu'il parte se coucher plus tôt.

Chapitre 40

MADEMOISELLE ROSE BERTIN, PREMIER MINISTRE DE LA REINE

La jeune reine raffole de la mode et des bijoux. Lors d'un séjour à Marly paraît pour la première fois de sa vie le joaillier Boehmer. Il sait l'inciter à d'incongrus achats qui conduiront un jour à la funeste histoire du collier. À Marly, Boehmer lui présente dix gros diamants en forme de poire, d'une limpidité merveilleuse, agencés en boucles d'oreilles, des « girandoles » destinées autrefois à Mme du Barry. Boehmer en demande quatre cent mille francs. Marie-Antoinette ne peut résister.

— Sire, dit-elle à son époux, voyez quelle belle eau, quelle beauté et quelle grâce de dessin !

Le roi avait porté la cassette de la reine (au désespoir de Turgot) à cent mille écus par an, le double du temps où elle était dauphine. Elle se toque de ces boucles d'oreilles et propose au bijoutier d'ôter, afin d'alléger la note, deux des plus gros brillants qu'elle fera remplacer par deux de ses diamants. Il accepte et réduit son prix à trois cent mille livres, paiement établi sur cinq années, chaque traite étant réglée à échéances régulières par l'intendante chargée de sa cassette.

*

* *

Lors de ce séjour à Marly, la duchesse de Chartres lui présente Mlle Rose Bertin, célèbre marchande de modes au faubourg Saint-Honoré, à l'enseigne du « Grand Mogol ». Marie-Antoinette s'habillait à cette époque chez Mme Éloffe établie à Versailles.

Marie-Jeanne Bertin est née à Abbeville en 1744, d'un milieu très simple. À douze ans, elle débute à Paris comme ouvrière chez Mme Pagelle, marchande de modes. Fort habile de ses mains, elle livre des robes chez la princesse de Conti séduite par ses créations et amusée par la verdeur de son esprit. La princesse la surnomme « Rose » et lui offre la possibilité d'ouvrir sa propre maison, rue Saint-Honoré. La clientèle la plus huppée lui bâtit vite une belle réputation. Mme de Chartres et la princesse de Lamballe raffolent de ses robes, la souveraine s'enthousiasme d'adopter les créations d'une couturière qui refuse sèchement de servir les bourgeoises... pour faire payer très cher les grandes dames. Elles adorent son langage de poissarde.

« C'était, écrit la baronne d'Oberkirch dans ses mémoires, un mélange de hauteur et de bassesse qui frisait l'impertinence quand on ne la prenait pas de très court, et qui devenait insolente pour peu qu'on ne la clouât pas à sa place. »

Marie-Antoinette attend la fin du petit deuil pour, en novembre, recevoir dans ses appartements privés Mlle Rose Bertin.

Marie-Antoinette de France commet une nouvelle bévue d'étiquette – Mme de Noailles en frôle la jaunisse – en l'accueillant dans sa chambre en tête à tête. Le roi, par faiblesse, ne dit rien de l'introduction de la Bertin auprès de la reine par l'intermédiaire de Mme de Chartres. Il n'ose plus affronter l'incontournable Turgot, outré de la dépense des pendants d'oreilles.

Le parti antiautrichien fait évidemment des gorges chaudes d'une telle familiarité : une marchande de modes dans l'intimité de la reine ! Rose Bertin va grandement en profiter. La Cour et les dames à Paris se mettent à copier les nouvelles toilettes de la reine. Les maris, les ministres, tous murmurent contre tant d'épouses endettées. La reine ajoute aux dettes de Boehmer celles de la Bertin. Le parti antiautrichien fait courir la rumeur que la reine, en donnant un aussi fâcheux exemple, provoque des discordes conjugales et ruine des familles entières. On parle aussi beaucoup de ses girandoles à trois cent mille francs qu'elle ne porte même pas.

*

* *

Mlle Bertin tient là sa fortune. Plusieurs fois par semaine, accompagnée de jeunes filles chargées de cartons, elle vient chez la reine, rengorgée :

— Je suis dans un travail avec Sa Majesté.

On ouvre les cartons, on déverse dans les paniers de quatre mètres de tour doublés de taffetas vert les merveilleux contenus. Marie-Antoinette, ravie, hésite entre ces créations auxquelles Mlle Bertin a donné des titres. Une robe en taffetas changeant marron nommée « *Composition honnête* » connaît un immense succès car le roi, entré par hasard chez la reine, s'était écrié :

— Elle est couleur puce.

Le ton est donné. « Couleur puce » fait le tour de Paris et de la France et donne lieu à d'exquises variantes : « Ventre de puce », « Cuisse de puce », « Intérieur de cuisse de puce ». Mlle Bertin, à la fin de l'été, propose aussi une robe d'un tissu jaune cendré, devant Provence et Artois. Le premier, en voyant la couleur s'exclame :

— Elle est « Couleur des cheveux de la reine ».

Afin que les filateurs puissent obtenir la teinte exacte de ses cheveux, on envoie en grande cérémonie une mèche à Lyon et aux Gobelins.

Mlle Bertin, outre les robes, propose les accessoires. On ouvre devant la reine des cartons plus petits. Ce sont des chaussures, au talon orné d'un galon d'émeraude, que l'on nomme des « venez-y-voir ». Mlle Bertin a bien compris qu'il lui fallait s'attirer les bonnes grâces du coiffeur Léonard Autier. Elle harmonise ses robes avec les « poufs » du « physionomiste », lequel prend son rôle très au sérieux. « Je travaillais du peigne et de l'esprit », dira-t-il à la fin de sa vie, se nommant pompeusement « Académicien de coiffures et de mode ». Sous l'influence de Mlle Bertin, Léonard Autier se donne à cœur joie dans la création de « poufs » les plus extravagants, édifices monumentaux qui atteindront leur point culminant en 1775. Léonard place sur la tête de la souveraine, et de ces dames, un « bouffant » de crin et de gaze sur lequel il relève et pommade toute la chevelure. On la poudre entièrement d'amidon mêlé d'essence odorante, puis Léonard, perché sur une échelle, ajoute des postiches, des boucles, des nattes. Le maquillage se doit d'être aussi outrancier : un masque épais de poudre blanche et deux ronds rouge vif sur les joues. On crée un rouge spécial pour la nuit. Tout là-haut sur son échelle, Léonard pose un à un ses sujets expressifs. Lors du deuil du roi, on a vu la reine et ses dames porter un cyprès sur la tête. Mlle Bertin sait un jour la convaincre de transporter, avec une infinie simplicité, un jardin anglais complet, avec un ruisseau d'argent, un petit pont, un moulin et sa roue, une prairie, des collines... Le roi rougit et n'ose dire que c'est d'un effet grotesque. Tous les prétextes sont bons pour des montages étranges. Après l'inoculation des princes, il y eut aussi « *Le pouf de l'inoculation* » composé d'un soleil levant (le roi) éclairant un olivier autour duquel s'enroule un serpent menacé par une massue perdue dans les fleurs, architecture censée signifier le triomphe de la science sur la maladie. Les rubans sont mouchetés pour évoquer les pustules de la variole. Mlle Bertin fait de chaque actualité un pouf. On voit ainsi des dames porter « *Le pouf de la rentrée des parlements* ». On s'engoue pour « *Le pouf du sentiment* », qui se prête à toutes les interprétations sentimentales. La dame expose les portraits de ses amants, de ses enfants, de ses amis, de son chien, de ses défunts aimés, avec leurs mèches de cheveux. La duchesse de Lauzun apparaît un jour au salon de Mme du Deffand avec un paysage de chasse complet : un chasseur visant des canards s'ébrouant dans un lac d'argent. On croise des dames à moulin et meulière sur la tête ; il y a même, sur certains poufs, des scènes égrillardes. Dans un moulin, une meunière apparaît poursuivie par un abbé émoustillé. On lit *Félicia ou Mes fredaines* du chevalier André Robert de Nerciat, les « poufs » se doivent d'être coquins et littéraires. On développe aussi l'emploi des fleurs artificielles. Le coiffeur Beaulard, rival de Léonard, invente « la coiffure mécanique » : on appuie sur un ressort, et un oiseau surgit, ou une rose s'ouvre d'un seul coup. Au moyen d'un treuil malcommode caché dans la chevelure, la dame actionne au gré de sa fantaisie ces ornements expressifs. Cette coiffure à ressorts dite « à la grand-mère » a été conçue afin de ne pas choquer les vieilles dames : on se présente aux antiques duchesses avec une coiffure basse et hop ! d'un coup de treuil, une fois la dame âgée éloignée, on peut rétablir la hauteur et la fantaisie d'usage. Cette excentricité ne suffit pas à la reine et aux créateurs. On ajoute à ces monuments d'immenses chapeaux dont la mode vient d'Angleterre, vastes constructions de gaze et de soieries tendues sur des armatures de laiton, garnies de plumes, de nœuds et de rubans ébouriffés.

Marie-Thérèse est atterrée. Marie-Antoinette lui fait parvenir son portrait en coiffure empanachée, mais l'impératrice le retourne avec quelques mots très secs soulignant « qu'il y avait eu erreur dans l'expédition car c'était le portrait d'une fille d'opéra et non de la reine de France ».

*

* *

Louis XVI fait nommer Chrétien Guillaume de Lamoignon de Malesherbes, brillant conseiller au Parlement, secrétaire d'État à la Maison du roi. Malesherbes fait supprimer les lettres de cachet. Turgot a contre lui la frivole coterie de la reine qui ne veut renoncer ni à ses plaisirs ni à ses dépenses. Son époux n'ose pas la raisonner, Marie-Thérèse est dégoûtée. Mercy, timidement, a suggéré à sa souveraine que les plumes et les colifichets se portent beaucoup en France, mais Marie-Thérèse lui réplique avec violence « qu'une jeune et jolie reine n'a pas besoin de toutes ces folies ». Pour Marie-Antoinette, devenir « la reine de la mode est le plus beau sort ».

À sa toilette, les adorateurs se pressent, la flattent. Elle a obtenu du roi une nouvelle dérogation de l'étiquette : les dames pourront désormais partager les soupers de chasse réservés uniquement aux messieurs. Le duc de Croÿ note dans son journal un souper dans les Cabinets auquel assistaient non seulement la reine, mais Mme de Lamballe et ses dames, Artois, Provence, Chartres et leurs épouses – ce qui faisait seize dames à table, spectacle jamais vu. La reine a bouleversé en une année des siècles de protocole.

Son compagnon d'escapade favori est le comte d'Artois dont la frivolité égale celle de sa belle-sœur. Il méprise le roi, entraîne la reine dans des courses folles en voiture découverte à deux roues, organise avec le duc de Chartres des courses de chevaux. La reine est invitée à présider ces concours hippiques. On est au mois de mars 1775, il vente, il pleut, l'imprudente souveraine, le chapeau et les jupons battus par le vent, assiste à ces courses sur une estrade découverte, à l'orée du bois de Boulogne, au vu et au su de tout le monde. Le duc de Lauzun gagne la partie, la foule applaudit médiocrement, gênée et murmurant contre sa reine décoiffée, la robe soulevée par le vent, alourdie de pluie.

Papillon de La Ferté ne sait plus où donner de la tête car toutes les heures la reine lui commande un « plaisir » à organiser. Un bal, un spectacle, un bal masqué, une comédie, une illumination.

*

* *

Le roi travaille tôt le matin, jusqu'à la fin du jour. Il réfléchit aux conseils de Turgot : instituer un seul impôt reposant sur les revenus. Simplifier le système administratif français en créant des assemblées locales consultatives, « les municipalités », qui seraient élues par les citoyens et participeraient à l'administration du royaume. Le roi n'ignore pas qu'au Palais-Royal, dans le salon du duc d'Orléans, père du duc de Chartres, se réunissent les nobles opposés « au despotisme ministériel ». Les réformes de Turgot risquent d'ébranler sérieusement leurs privilèges. Turgot a conseillé à Louis XVI de nommer au secrétariat de la Guerre Claude-Louis, comte de Saint-Germain, qui va se rendre impopulaire auprès de l'armée en adoptant le modèle prussien. Il va supprimer les compagnies de mousquetaires et les grenadiers à cheval de la Maison du roi. Il crée aussi une douzaine d'écoles afin de préparer des gentilshommes pauvres à l'École militaire. Il se fait définitivement haïr de la noblesse quand il veut abolir la vénalité des grades. Une fronde gronde.

Chapitre 41

LA VISITE DE L'ARCHIDUC MAXIMILIEN

La reine est ravie de la fin du deuil. Mercy l'écrit à sa souveraine.

« La reine a décidé qu'il y aura par semaine trois spectacles, deux comédies françaises, une comédie italienne et deux bals (...). Ils seront donnés dans l'appartement de la reine ; le roi y assistera et y dansera. Leurs Majestés viendront à Paris pour voir le spectacle de l'Opéra. »

Marie-Antoinette se précipite, seule, à l'Opéra, toute à son émotion de recevoir son jeune frère Maximilien. Le carnaval la détourne de tout devoir conjugal. Elle danse toute la nuit, brille, dort jusque dans l'aprèsmidi. Marie-Thérèse est navrée, et Mercy inquiet de cette frénésie :

« Depuis trois semaines, nous n'avons pu, ni l'abbé de Vermond, ni moi, saisir que bien peu d'instants à parler de choses sérieuses avec la reine. Elle convient elle-même qu'absorbée par les amusements, elle ne se sent point en état de penser à autre chose jusqu'au retour du carême... »

On rencontre parfois le roi chez elle, en fin de matinée. Mercy s'empresse de noter ces précieux moments afin de rendre un peu d'espoir à Marie-Thérèse :

« (...) Je me rendis chez la reine vers onze heures du matin (...). Elle ordonna que j'entrasse (...). Je trouvai le monarque en déshabillé au chevet de la reine. »

Elle est déçue de revoir son frère Maximilien. Voilà des années qu'elle n'avait revu un membre de sa famille. Si elle correspond, plus librement qu'avec sa mère, avec le comte de Rosenberg, gouverneur du jeune archiduc, le reste des siens se montre peu chaleureux. Maximilien, au moins, ne s'occupe pas de sa vie matrimoniale. Le jeune prince choque la Cour en voyageant incognito et blesse les princes de sang en affirmant qu'il ne se forcera pas à leur rendre visite en premier. Les d'Orléans se sentent mortellement offensés de la désinvolture de « ce petit Autrichien ». Dans les cercles, les salons, chacun blâme cette lourdeur tout « allemande ». Les Rohan, les Marsan, les Soubise, les Guémenée, les d'Orléans, le duc d'Aiguillon, les Penthièvre se moquent de ce Maximilien, qui commet à Paris des gaffes le couvrant de ridicule.

*
* *

M. de Buffon le reçoit avec empressement et lui présente un somptueux exemplaire de ses œuvres rédigé de sa main. Le prince regarde l'ouvrage dans tous les sens sans même l'ouvrir, le rend à M. de Buffon avec un refus qu'il croit poli :

— Je serais bien fâché, monsieur, de vous en priver.

Tout Paris se moque d'une telle bévue. Marie-Antoinette morigène son jeune frère qui la met. Les gazettes et les ragots se déchaînent :

— La reine a conservé le cœur autrichien. Elle n'a jamais aimé la France.

On dit aussi que la reine s'adonne à tous les plaisirs avec ses courtisans et sa princesse de Lamballe, qu'elle s'entoure des douteux amis d'Artois. On prétend qu'elle tient des propos familiers à M. de Vaudreuil, l'amant de la Polignac, « qui change d'avis comme de perruque », qu'elle se laisse « outrageusement » courtiser par un Hongrois à la beauté bestiale, le comte Esterhazy, lequel lui fait la cour pour obtenir de l'argent et un régiment. Le roi cède et accorde à ce Hongrois aventurier la garnison de Rocroy, très demandée par des grandes familles. La reine s'entoure d'une coterie d'étrangers qui accentue son rejet. On la dit folle de ce M. de Ligne, qui joue à « l'Autrichien en Autriche, au Français en France ». Elle n'est pas insensible au duc de Coigny, au baron de Besenval et à Lauzun.

Maximilien est reparti pour Vienne au soulagement général. La petite reine s'ennuie à nouveau, le ventre toujours plat, les sens agacés, frôlée par tous ces mâles intéressés qui n'hésitent pas à la regarder dans les yeux. On se demande si elle est vierge, on « parie » à qui couchera avec ce joli corps rose et blond. Le Hongrois ? Coigny ? Ligne ? Lauzun ? Besenval ? Artois ? La Lamballe ? La nouvelle favorite, Mme de Polignac ? La rumeur court, vipérine et fielleuse.

*

* *

Mercy la met en garde contre Lauzun, un être vain, calculateur et dangereux, mais elle lui éclate de rire au nez.

— M. de Lauzun m'amuse !

On se réunit chez elle, ou chez la princesse de Guéménée. Marie-Antoinette chante et joue de la harpe, en large décolleté dit « le grand contentement ». Elle rit à toutes les plaisanteries, y compris aux plus graveleuses que lance Mlle Bertin. On rit moins quand vient le roi après sa dure journée de travail, lequel ne trouve point une épouse caressante, occupée de lui plaire, mais une folle jeune femme qui avance subrepticement la pendule. La reine se désintéresse de Mme de Lamballe, et s'éprend d'amitié pour une jolie femme brune, la comtesse Diane, Jules de Polignac. Elle aime sa peau blanche, ses dents régulières, son beau visage ovale, ses yeux illisibles, couleur café. La comtesse Jules de Polignac, née Diane Yolande de Polastron, a séduit la souveraine. Paresseuse, inculte, ni musicienne, ni littéraire, celle qui vivait sur sa terre de Claye, venait parfois à Versailles, à Fontainebleau où la reine se prend de passion en l'entendant chanter médiocrement. Elle trouve sa trop fidèle Mme de Lamballe bien terne, toujours de son avis, l'adorant sans limite, l'écoutant sans mot dire, buvant chacune de ses paroles. Marie-Antoinette se lasse de cette éternelle admiratrice, suscitant des crises de nerfs entre la Lamballe et « la comtesse Jules ».

— Je supplie Votre Majesté de me laisser m'en aller sinon, trop éprise de ma souveraine, je n'aurai plus jamais le courage de la quitter, murmure la Polignac.

Les larmes sont à la mode, la reine pleure à son tour d'attendrissement, commettant l'insigne imprudence d'avouer à la Polignac qu'elle ne peut plus se passer de son amitié. Livide, la pauvre Lamballe s'évanouit. Il est vrai que, trop sensible, elle s'évanouit un jour devant une peinture qui représente un homard frais tué. La reine impose la nouvelle favorite dans son cercle intime, lui livre sans réserve tous ses secrets, allant jusqu'à confier à la dangereuse élue ses fiascos avec le roi. Ami des Polignac, Besenval en profite pour exercer son influence sur la reine, en obtenir des pensions et mille avantages, y compris des manœuvres politiques. La reine devient son instrument.

Ce que la reine écrit au comte de Rosenberg, le 17 avril 1775, un mois avant le sacre du roi, elle le clame bien haut à la Polignac et à son cercle de faux amis :

« Mes goûts ne sont pas les mêmes que ceux du roi, qui n'a que ceux de la chasse et des ouvrages mécaniques. Il faut convenir que j'aurais assez mauvaise grâce auprès d'une forge ; je n'y serais pas Vulcain, et le rôle de Vénus pourrait lui déplaire beaucoup plus que mes goûts qu'il ne désapprouve pas (...). »

Marie-Antoinette lance le style de « la femme enfant ». « Avoir de l'enfance » est de bon ton, elle pouffe telle une fillette aux romans libertins dont son cercle lui fait la lecture. Joseph II s'emporte violemment :

— Comment ne pas réprouver les saloperies dont elle s'est remplie l'imagination par ses lectures ?

*

* *

La reine ne reçoit presque plus l'abbé et Mercy. Elle réinvite Gluck. À l'Opéra, c'est un délire quand on chante les couplets *d'Iphigénie* : *Chantons, célébrons notre reine !*

Le parterre crie « Vive la reine ! », bouleversée Marie-Antoinette ne décèle pas qu'on la confond avec une reine de théâtre.

Elle ignore tout du réel, du travail austère de Louis et de ses ministres pour redresser cette France qui chancelle sous la dépense. Elle s'est entichée de plumes d'autruche afin d'embellir ses « poufs ». Dans la grande galerie, Marie-Antoinette et ses dames ressemblent, ainsi attifées, à un troupeau de volatiles étranges et colorés. La reine d'une basse-cour, une cour sans honneur, sans réflexion, sans pudeur. Le roi, malheureux de ces plumes insensées, lui offre timidement une élégante aigrette en diamants pour lui faire comprendre que cet ornement suffit. Non seulement elle ne renonce pas à ses plumes, mais elle fiche l'aigrette au milieu de l'échafaudage.

L'impératrice, dégoûtée, n'écrit plus. Joseph II prend le relais et lui envoie un courrier cinglant qu'elle prend mal. « Il y aurait ici matière à brouillerie », confie-t-elle à Mme de Lamballe, tout heureuse d'être redevenue la première confidente. Elle a même dû faire traduire les lettres de Joseph II : elle ne sait plus lire, à force de négligence, la langue allemande.

Elle bat froid Joseph, Maximilien et même le pauvre Louis auquel elle ferme sa porte. Un air de calomnie s'est déchaîné contre elle.

Chapitre 42

« L'AIR DE LA CALOMNIE »

La reine ignore la force des calomnies qui commencent à courir sur elle. Il s'agit d'un pamphlet qui a bouleversé la chancellerie de Vienne et de Paris, et dont le roi a été informé par M. Caron de Beaumarchais, ancien agent secret de Louis XV.

Pierre Augustin Caron, fils d'un horloger, est né à Paris en 1732. Sa famille avait encouragé son art de futur auteur dramatique en le laissant jouer des pièces écrites par lui, le soir, au-dessus de l'atelier. Caron travailla à l'atelier d'horloger dès l'âge de treize ans. À vingt et un ans, il inventa un système qui réglait les mouvements des roues dans un mécanisme d'horlogerie. Lepaute, horloger de Louis XV, lui vola son invention. Caron l'attaqua et obtint gain de cause : il devint horloger attitré de Louis XV et de ses filles. Il épousa une riche veuve, Madeleine Catherine, et prit le nom de sa terre à elle : Beaumarchais. Il devint professeur de harpe de Mesdames Tantes. Protégé d'un riche banquier, il se lança dans toutes les aventures, dont la politique et la finance. Il mena joyeuse vie et écrivit pour ses amis des pièces et des grivoiseries appréciées à la Cour. Il fut reçu par le roi d'Espagne, vit sa première pièce, *Eugénie*, jouée à la Comédie-Française. Il essuya des échecs, des deuils, fut accusé d'avoir falsifié le testament de son banquier protecteur, se battit en duel avec le duc de Chaulnes, goûta à la prison suite à une lettre de cachet avant d'être déchu de ses droits civiques. Rien ne découragea cet aventurier qui écrivit en 1775 *Le Barbier de Séville*.

Le voici à nouveau agent secret de Louis XVI qui lui confie la mission délicate d'aller en Autriche et en Angleterre détruire le pamphlet qui souille l'honneur de la reine. Il parvient à trouver le diffuseur du libelle, un nommé Angelucci et, moyennant finances, fait détruire le texte. Angelucci a conservé un exemplaire pour le faire imprimer en Allemagne. Beaumarchais se bat avec lui et récupère les vilains papiers. L'aventurier se pique de faire une halte à la cour de Vienne, être présenté à Marie-Thérèse et au chancelier Kaunitz afin de leur proposer ses services d'agent secret. L'impératrice est outrée d'une telle impudence. Hélas, c'est encore un des effets des folies de sa fille ! Kaunitz fait jeter Beaumarchais au cachot « dans l'attente de plus amples informations ». Marie-Thérèse ne décolère plus, Marie-Antoinette, par sa faute, « est entourée de traîtres et de fripons ». Elle tempête contre sa fille, son gendre, cette nation de France, « sans religion, mœurs et sentiments ».

Jamais Joseph II n'avait vu sa mère dans une telle fureur. Elle accuse les Rohan, les Marsan, toute cette nouvelle clique d'avoir concocté un aussi bas scandale. Le pamphlet jette de la boue non seulement sur la reine mais aussi sur Choiseul. Marie-Antoinette est présentée comme un agent double au service de l'Autriche, une femme perfide, libertine, impudente, capable des plus basses intrigues pour se faire engrosser et faire passer l'« héritier » au compte de son mari « notoirement impuissant ». La charge est féroce. Impossible de la cacher à la principale intéressée.

*

* *

Marie-Antoinette se lamente auprès de Mercy qui en profite pour lui conseiller la plus extrême prudence dans sa conduite et ses amitiés. Elle doit donner à tous une image revalorisée. Inquiète, mécontente, révoltée, elle va, vient dans son salon, au bord des larmes sous un « pouf » qui reproduit un verger et des moutons.

On murmure à la Cour et en ville contre les indélicatesses croissantes de la reine. Un soir de bal du carnaval, huit cents personnes se pressent dans le salon d'Hercule. Le roi tente de se frayer un chemin vers la reine, mais on le bouscule avec indifférence, et une dame lui cède la moitié de son siège. Marie-Antoinette est en train de tuer le respect dû au roi. Maurepas se sent obligé de lui faire remarquer que « l'on n'était pas accoutumé à voir en public notre souverain compter pour si peu de chose ».

Elle, si peu rigoriste pour elle-même, se met à sévir, « pour mauvaise tenue », au hasard des courtisans. Elle exclut de ses bals le comte d'Houdetot qui se serait, soi-disant, mal comporté envers une dame, froissant du même coup son ami le marquis de Castries. Elle ferme ses bals à une excellente noblesse qu'elle ne trouve pas assez distinguée pour elle : Mme de Marigny, la comtesse de Sparre, Mmes de Gouy, de Lambert. Elle tourne le dos à Mme de Genlis, « qui se serait mal conduite », et raille publiquement une dame trop pauvrement vêtue qu'elle traite de « parcimonieuse ».

— Madame, réplique cette dame, il ne vous suffit pas que nous payions nos robes, il nous faut encore payer les vôtres.

Ce « mot », qui fait le tour de la Cour et de Paris, exprime, souligne l'abbé de Véri qui tient avec délice son journal, « le sentiment profond de la nation contre Marie-Antoinette, une nation révoltée d'alimenter le faste inouï de la reine uniquement capable de la raillerie la plus blessante ».

*

* *

Apparaît alors sur la souveraine un libelle encore plus outrageant que le précédent. *Le Lever de l'aurore,* où la reine avait contemplé le lever du jour avec ses amis, se répand comme foudre. La reine se serait livrée à la pire des débauches au fond des bosquets.

— Comment arrêter l'air de la calomnie ?

*

* *

Beaumarchais, enfin libéré de sa prison, reparti vers de nouvelles aventures, a-t-il puisé dans cette affaire le fameux air de la calomnie qui fera le succès immense du *Barbier de Séville* ?

« La calomnie, monsieur ? Vous ne savez guère ce que vous dédaignez ; j'ai vu des plus honnêtes gens près d'en être accablés. Croyez qu'il n'y a pas de plate méchanceté, pas d'horreurs, pas de conte absurde, qu'on ne fasse adopter aux oisifs d'une grande ville, en s'y prenant bien : et nous avons ici des gens d'une adresse ! D'abord un bruit léger ; rasant le sol comme hirondelle avant l'orage, *pianissimo* murmure et file, et sème en courant le trait empoisonné. Telle bouche le recueille, et *piano, piano,* vous le glisse en l'oreille adroitement. Le mal est fait, il germe, il rampe, il chemine, et *rinforzando,* de bouche en bouche, il va le diable ; puis tout à coup, ne sais comment, vous voyez la calomnie se dresser, siffler, s'enfler, grandir à vue d'œil ; elle s'élance, étend son vol, tourbillonne, enveloppe, arrache, entraîne, éclate et tonne, et devient grâce au ciel, un cri général, un *crescendo* public, un chorus universel de haine et de proscription.

Qui diable y résisterait ? »

L'air de la calomnie va transformer Marie-Antoinette, à mesure des crises du régime, en une reine scélérate, ivre d'or, de stupre et même de sang.

Chapitre 43

NOUVELLES FOLIES

Marie-Thérèse écrit à sa fille sa déception sur le point capital de son mariage :

« Il y a un point plus triste pour moi : toutes les lettres de Paris disent que vous êtes séparée de lit avec le roi et que vous avez peu de part à sa confiance. J'avoue que cela me frappe d'autant plus que de jour étant toujours dissipée et sans le roi, s'il ne vient plus coucher chez vous, pour la succession, il faudra donc y renoncer. »

La reine est éprise de Lauzun dont les amours défraient la chronique. À trente ans, ce jeune diplomate qui revient de chez la tsarine brille surtout par ses prouesses d'alcôve. Admirateur de Choiseul, il en joue pour séduire la reine avec qui il monte à cheval et qu'elle traite en grand favori.

L'influence de Lauzun, de Besenval, des uns et des autres trouble Marie-Antoinette. Elle se met à abhorrer que le roi l'approche. Tous ces galants agacent son corps mal réveillé, non révélé : Lauzun et son regard de velours chaud, Besenval, « la mine franche et belle ». La reine est charmée de ses jeux de mots. Ce vieux séducteur a plus de cinquante années. Il s'est rendu à Chanteloup, chez M. de Choiseul, et cela suffit à Marie-Antoinette pour en faire son conseiller. L'intrigant poursuit, tout comme Lauzun et les autres, le chemin du pouvoir en exploitant les sentiments de

Marie-Antoinette qui se croit aimée pour elle-même.

Mercy ne sait que faire pour l'encourager à renouer avec la vie conjugale. Il suggère une idée pour ménager sa pudeur. L'Œil-de-Bœuf, ce passage entre les appartements du roi et de la reine, toujours surencombré de courtisans, rend très indiscrètes les visites conjugales. Mercy propose d'aménager un corridor souterrain entre les deux appartements. La reine prétexte les dévotions de la semaine sainte qui auraient accentué son rhume pour refuser. Elle établit chaque lundi un concert chez elle sans la moindre étiquette. Nul n'est obligé de se lever quand elle passe ou de quitter la table du jeu. Elle chante en s'accompagnant à la harpe, penchée vers l'instrument doré, peint de guirlandes de roses. Ces lundis-là sont dûment invités, entre autres favoris, sa chère « comtesse Jules », M. de Polignac, le duc de Noailles, M. de Duras, M. de Guémenée. Les soirées du lundi durent de six heures à neuf heures du soir.

Mercy l'encourage à plaire surtout à son époux :

— La première condition à un bonheur stable [est] de sympathiser avec le roi sur les points principaux de son caractère, (...) ce prince aimant l'ordre, étant méthodique, un peu sérieux, fort recueilli et tranquille, ce serait s'éloigner outre mesure de cette façon que de se livrer à une dissipation bruyante et continuelle.

La seule réponse que trouve Marie-Antoinette à Mercy, essoufflé de son audace :

— J'ai besoin de renouveler sans cesse mes distractions sous crainte de périr d'ennui.

*

* *

Maurepas a été consterné de la maladresse de la reine, manœuvrée par Mme de Brionne, une ex-maîtresse de Choiseul. Elle a donné à Marie-Antoinette un document censé prouver que le seul ministre capable de sauver les affaires de la France était le duc de Choiseul. La souveraine s'est précipitée chez le roi et l'a obligé, bien qu'il soit en conférence avec ses ministres, à prendre connaissance du texte.

— Lisez ! Lisez donc ! criait-elle d'une voix de fillette agitée.

Pour la première fois, Louis a un véritable geste de fureur. Il jette avec violence au sol, pour ne pas le lui lancer à la figure, cet écrit injurieux envers sa politique et ses choix. Marie-Antoinette pousse un petit cri de moinelle offensée. Louis balbutie de colère :

— Madame, vous n'avez donc toujours pas compris que je ne veux rien savoir de Choiseul ?

Offensée, Marie-Antoinette lui tourne le dos, abandonnant le roi et ses ministres consternés. Elle rejoint sa cour qui fait chorus avec elle. Les ministres, dont Turgot, sont à deux doigts de faire comme Maurepas : partir. Le baron de Besenval sent que le moment est venu d'exciter la reine contre le duc d'Aiguillon, auteur de la disgrâce de Choiseul. Elle poursuit donc ses dangereuses bévues sous l'influence de ses « adorateurs ». Elle va se mêler de l'affaire d'un certain M. de Guines.

*
* *

À cette époque se plaide au Châtelet un procès contre un protégé de Choiseul, le comte de Guines – que hait le duc d'Aiguillon. La reine, pour mener la cabale contre d'Aiguillon, se met à défendre avec une chaleur incongrue ce M. de Guines qu'elle ne connaît pas et dont elle ignore toute l'affaire. Ambassadeur de France en Angleterre sous Louis XV, M. de Guines a été accusé par son secrétaire, Tort, de comptes illicites et de malversations contre la France. En quoi cette affaire, dans les mains de la justice, peut-elle bien la regarder ? À l'avènement de Louis XVI, de Guines a écrit au roi afin qu'il lui rende justice contre le duc d'Aiguillon. Le souverain n'aime ni cette histoire ni cet homme. Il trouve sage de ne s'en point mêler, Maurepas et Vergennes soutenant fermement le duc d'Aiguillon. Le roi tient à garder ses ministres et à ménager le duc. Il aurait donc été d'une maladresse notoire de privilégier un fumeux de Guines contre un sérieux M. d'Aiguillon. Le roi est convaincu que M. d'Aiguillon, bien que malmené par la reine, le protège de Choiseul qu'il a toujours détesté. La reine éprouve-t-elle sans se l'avouer un ressentiment bien féminin de ce rejet du roi contre celui qui a organisé leur mariage ?

La reine, sous influence, devient la mouche du coche de « l'affaire de Guines ». Besenval la persuade, à force de flatteries, qu'elle seule peut faire exiler le duc d'Aiguillon, « son pire ennemi ». Il lui fait croire que les calomnies dont elle a été victime viennent de lui. Furieuse, elle prend de son chef une mesure sans l'accord du roi et fait venir M. de Sartine, lieutenant de police. Elle lui crie de sa voix d'enfant gâtée, agitant son « pouf » tout en plumes :

— Je vous ordonne, monsieur, de prendre les mesures nécessaires pour réprimer cette liberté des propos dans les cafés et autres lieux où les oisifs de Paris se rassemblent pour raisonner des matières de gouvernement et des actions supposées de la famille royale !

Elle touche à la liberté d'expression, sans mesurer l'impact sourd, le nuage sanglant dont elle va embrumer un jour tant de cerveaux.

Besenval, enchanté de la tournure des événements, l'excite plus que jamais contre le duc d'Aiguillon.

— Il vous faut, Madame, convaincre le roi. Vous seule en êtes capable, vous la reine, la plus subtile et la plus belle des souveraines qu'ait jamais connu la France.

Il se jette à ses pieds, baise ses mains, son souffle est chaud, sa bouche pressante. Elle ferme les yeux, elle aime qu'on l'aime; que l'amour, cet amour interdit, doit donc être une chose exquise! Elle se précipite chez le roi et lui fait une scène si grave qu'il en a les larmes aux yeux. Il ne cède pas pour autant. Elle recommence et devient une mégère adorable de blondeur, de chair laiteuse, de chevelure absurde, agitée de plumes. Irrité, fatigué, le roi, quotidiennement assiégé, finit par faire exiler le duc d'Aiguillon en ses terres, en Touraine.

*
* *

Marie-Antoinette croit tenir un grand triomphe personnel. Elle s'en vante à Besenval, moins satisfait qu'elle. Elle a mal joué: le duc d'Aiguillon exilé va devenir l'âme de la cabale.

Exiler le duc d'Aiguillon aussi sévèrement mécontente les ministres. Tous veulent démissionner. Maurepas, outré, oncle de M. d'Aiguillon, demande audience à la reine. Elle le reçoit vêtue d'une robe bleu ciel, ouverte en deux panneaux ornés de dentelles. Un double bouillonné d'un bleu plus soutenu entoure la robe et dégage ses chevilles dans des bas de soie roses. Une dentelle argent orne ses manches, au-dessus du coude. Sur le décolleté dit « extrême contentement », un double collier de perles et de brillants. La coiffure est assez simple, fortement relevée, mais sans pouf ni paysages extraordinaires. Les pieds, sur un tabouret délicat signé des Gobelins, chaussés de mules à galons de perles, battent au rythme de son irritation. La reine fait face à Maurepas sans bouger de son fauteuil. L'effet est ravissant, Maurepas de plus en plus dégoûté. Quelle différence entre cette poupée gâtée, dangereuse, la du Barry? Il lui vient l'amer souvenir que la Pompadour était bien plus intelligente que cette enfant têtue qui empeste l'essence de violette.

— La mesure est comble, répond-elle, il faut que le vase renverse!

— Mais, Madame, il me semble que si le roi doit faire du mal à quelqu'un, ce mal ne devrait pas arriver par vous.

Un dialogue de sourds. Il n'y a rien à en tirer, rien à lui faire comprendre. L'abbé de Véri sent à quel point, l'influence de Marie-Antoinette sur le roi peut devenir nuisible :

« L'influence de la reine sur les grandes affaires (si elle a lieu) ne sera pas un bonheur pour l'État. Sa tête, moins bonne que son cœur, y est propre (...). Son mari sera le premier à en souffrir. Son règne sera agité par les intrigues de cour et encore plus par les chaleurs populaires dont je vois les germes se fortifier de jour en jour. »

Joseph II enrage de tant de sottises à quelques semaines du sacre du roi. Au sacre, à Reims, saura-t-elle, se tenir convenablement ? Sera-t-elle vêtue avec décence, elle qui s'amuse de l'exil de M. d'Aiguillon comme d'une partie de colin-maillard ?

Marie-Thérèse est navrée. Sa fille exulte d'avoir fait innocenter et libérer du Châtelet ce de Guines, dangereux à la cité et à son roi, le héros du jour tandis que s'est éloigné de Versailles un des plus grands personnages de la Cour : le duc d'Aiguillon.

Les mots de « tyrannie », de « liberté de citoyen » composent un murmure en sourde lame de fond.

Marie-Antoinette se croit, de bonne foi, en plein triomphe et adorée.

Chapitre 44

Le sacre de Louis XVI

Le sacre doit avoir lieu le 11 juin 1775. Par souci d'économie, Turgot avait conseillé au roi de prévoir la cérémonie à Paris. Louis XVI, si sage dans sa dépense personnelle, tient à Reims. Le sacre est « un mystère » divin. Dans sa lettre à l'abbé de Saint-Denis, le roi le priait de bien vouloir remettre aux joailliers de la couronne les ornements réservés au trésor de l'abbaye royale.

— La divine providence m'ayant appelé à porter la couronne de mes ancêtres, je veux me mettre en état de seconder ses desseins en recevant l'onction (...) à laquelle sont attachées les grâces les plus nécessaires aux rois pour bien gouverner les peuples que l'Être suprême a confiés à leurs soins.

Le prince, si souvent irrésolu, a la ferme conviction que le sens divin du sacre ne doit jamais être remis en question. Sacré, Louis XVI n'aura à répondre de ses actes que devant Dieu.

Très pieux, Louis XVI se prépare et prie depuis des jours, sans jamais en parler à la reine. À cet événement, celle-ci ne tient qu'un rôle de représentation même si un oratorien avait suggéré l'idée du sacre de la reine en même temps que celui du roi. Mercy y voit un immense avantage : si elle n'avait jamais d'enfant, on ne pourrait toucher à la personne « divine » d'une reine sacrée et de droit divin. La reine, pressée par Mercy à ce sujet, ne manifeste qu'indifférence. Les festivités lui suffisent.

*
* *

Papillon de La Ferté mène une vie des plus éprouvantes. Il se lève à quatre heures du matin pour assurer l'organisation d'une cérémonie aussi grandiose. Le duc de Duras lui a remis le bon du roi. L'intendant des Menus Plaisirs est partout à la fois. Il lui faut surveiller les inspecteurs des Menus pour aller prendre à Reims les mesures nécessaires. Turgot se rassure : la dépense sera moins énorme qu'il ne l'a craint. Papillon de La Ferté fait merveille. Il a pris le parti de « se servir de tous les bois existants dans les magasins des Menus, pour les y faire rentrer après le sacre, de même que de louer à Reims autant de bois et de charpente qu'il sera possible ».

Papillon fait véhiculer, entouré de gens d'armes, l'équipage qui transporte les ornements pour la cathédrale, le présent du roi, « un beau ciboire d'or », les costumes destinés aux princes de sang, exécutés dans les ateliers de l'Opéra d'après les croquis du peintre Boquet.

Papillon de La Ferté, le duc de Duras, le Grand Maître des cérémonies, M. de Dreux-Brézé doivent ne point vexer les personnes s'estimant mal logées, combattre les prétentions du prévôt de la cathédrale à cause d'une augmentation de luminaires et s'occuper de la question des voitures. Elle soulève une telle querelle que le roi doit trancher.

*
* *

Le sacre n'arrive pas dans un contexte très favorable. La reine a exaspéré trop de monde, trop dépensé, la guerre des Farines a ulcéré les foules. Le comte d'Aranda a relevé une affiche menaçante contre Louis XVI sur les grilles du couvent des Jacobins, rue du Bac :

Nous sommes cinq mille déterminés à prendre les armes contre les flatteurs d'un roi perturbateur de son peuple. Toutes les provinces du royaume en feront autant. Les Anglais nous tendront les bras. Signé : le meurtrier de Louis XVI.

*
* *

La plus enivrée est Marie-Antoinette quand ils prennent la route pour Compiègne, son époux et elle, le 5 juin.

Le 8 juin au matin, Marie-Antoinette va seule vers Reims, le roi partant de son côté. Elle roulera toute la journée, dans une voiture vaste telle une nef, accompagnée de Provence, de son épouse et d'Artois. La comtesse d'Artois, prête à accoucher, est restée à Versailles avec Mesdames Tantes.

La reine est vêtue comme une fée. Une robe de cour de soie filetée d'or et d'argent, un bouillonné de dentelles de Chantilly, une collerette de la même dentelle, un décolleté profond, la gorge chargée de diamants, les poignets et les oreilles aussi. Mlle Bertin s'est surpassée. Une coiffure décente, élevée, mais bouclée avec grâce, le front est cerné du diadème royal. La poudre et le rouge ne détruisent pas la transparence de ce teint qui émerveille ceux qui l'aperçoivent derrière la vitre baissée. Une fée, une reine-fée, si jolie qu'on en oublierait le roi !

Son sourire éblouit, elle éveille chez ceux qui l'approchent la suavité d'un désir inexorable – si proche, un jour, de la haine inexorable.

Elle passe la nuit du 8 juin à l'évêché. Le lendemain, c'est à qui se rue vers son appartement. On a « oublié » le roi. Elle adore cette adulation, la savoure sans la moindre retenue ; elle sourit, prête sa main avec grâce. C'est en reine de France qu'elle va vers la cathédrale qui attend son terne époux.

*
* *

La première journée du sacre commence le 11 juin, fête de la Sainte-Trinité. À six heures et demie, la reine en toilette encore plus riche que celle de la veille, la Cour sont entrées en grande pompe dans la cathédrale. La reine s'est levée à quatre heures pour être apprêtée et coiffée. Elle accède à la tribune que Papillon de La Ferté a fait agencer à la manière (diront les gazettes) d'une loge d'opéra. Papillon a tout prévu. Il a fait composer un véritable appartement où la reine, à l'occasion, peut se retirer aux « lieux » de structure anglaise. Un canapé en cas de vapeurs, des sels, de l'eau de fleur d'oranger, des mouchoirs et autres commodités sont prévus.

La reine est entrée en même temps que les frères du roi et les princes du sang.

La voiture du roi arrive tirée par huit chevaux aux panaches blancs. Elle a coûté trois cent mille livres. Le roi entre dans la cathédrale, et la reine, pour la première fois de sa vie, est impressionnée. Elle trouve « son pauvre homme » beau, unique et grand. Que n'est-il ainsi les soirs où il frappe à sa porte !

Le souverain a pénétré dans la cathédrale à sept heures et demie. Il est suivi de sa Maison, de ses équipages éclatants, de la cavalerie. On entend les fanfares, les timbales, la grosse cloche. L'archevêque et le clergé sont allés à sa rencontre. Le connétable, si âgé, maréchal de Tonnerre, suit le roi et se place seul derrière lui. Il est suivi du chancelier de Miromesnil, à toque de mortier doré, du prince de Soubise, du duc de Bouillon, du duc de Duras, du duc de Liancourt.

Sous les grands manteaux d'hermine, ils portent une longue veste d'or. Sur les côtés du cortège, en manteau de réseau d'or, les capitaines des gardes. Les hoquetons et les massiers sont vêtus, selon l'ancien usage, en satin blanc. L'archevêque de Reims, assisté des évêques de Soissons et d'Amiens, se trouve vis-à-vis du roi, derrière « la chambre des parades ». Les évêques de Laon et de Beauvais, précédés du chapitre de Reims, du Grand Maître des cérémonies, se placent devant la chambre des parades.

Le chantre frappe avec son bâton, et le grand chambellan demande sans ouvrir :

— Qui demandez-vous ?

L'évêque de Laon répond :

— Le roi.

Le grand chambellan réplique :

— Le roi dort.

Ce qui veut dire que Louis XV, même après sa mort, demeure roi tant que le sacre n'est pas accompli. À la troisième demande, l'évêque de Laon ayant dit :

— Nous demandons Louis XVI que Dieu nous a donné pour roi.

La porte s'ouvre alors à deux battants, et Louis XVI, étendu sur un lit de parade, représente le roi mort qui va ressusciter par le sacre.

La reine est saisie d'une émotion si vive que ses yeux se remplissent de larmes. Son époux est vêtu d'une longue robe d'argent. Sur la tête, un chapeau de velours noir et de plumes blanches au milieu desquelles est fichée une plume de héron et une agrafe de diamants. Il est chaussé de mules d'argent. Ses cheveux blonds, non poudrés, sont épars sur ses épaules et le long de son dos. L'évêque de Laon lui présente l'eau bénite. On l'aide à se relever. Le rituel de la résurrection est accompli.

On chante le psaume *Domine in Virtute*.

Le roi est seul sur un fauteuil à bras, sous le dais élevé au milieu du sanctuaire.

Entre la procession des quatre barons, chantant le *Veni Creator,* qui répondent de leur vie de la sainte ampoule. Ils sont vêtus d'étoffe d'or rayée de noir et portent la sainte ampoule scellée dans du satin noir et blanc. La petite bouteille a la forme d'une larme qu'aurait versée saint Remi. Le flacon aurait été remis par un ange lors du sacre de Charlemagne. La sainte ampoule est posée sur un reliquaire, sous un dais de moire et d'argent brodé, surmonté de quatre fleurs de lis de cuivre argenté.

L'archevêque et tous ses assistants présentent au roi le rituel des serments dont, en premier, la sûreté et la protection de l'Église. Il jure. Les évêques de Laon et de Beauvais soulèvent le souverain dans son fauteuil et demandent à toute l'assistance (et au peuple) s'ils acceptent Louis XVI pour roi.

Un solennel silence signe l'acquiescement.

Le roi prononce son serment, les mains posées sur l'Évangile :

— Je promets au nom de Jésus-Christ à ce peuple chrétien qui m'est soumis, en premier lieu de conserver de tout temps à l'Église de Dieu (...) une paix véritable, d'empêcher les personnes de tout rang de commettre aucune rapine ou iniquité, d'observer l'équité et la miséricorde dans les jugements (...) de m'appliquer en homme de bonne foi à exterminer dans les terres de ma juridiction tous les hérétiques condamnés par l'Église. (...) Qu'ainsi Dieu et ces saints Évangiles me soient en aide.

A-t-il levé les yeux vers la tribune de la reine ? Elle l'aime, en ce moment précis. Plus de « pauvre homme », mais la grandeur éclatante du divin et des ors.

La cérémonie des onctions :

On a placé sur l'autel les ornements royaux. Les évêques de Laon et de Beauvais ont mené le roi à l'autel. Le premier gentilhomme de la Chambre lui ôte sa robe, le Grand Maître de la garde-robe son chapeau. Louis XVI est en « robe de dessous », en satin cramoisi, nouée de petits galons d'or sur toutes les coutures ouvertes. On a noué sur la chemise, aux endroits des onctions, de fins cordons de soie et d'or. Le grand chambellan a ôté les mules du roi et enfilé des bottines de satin violet parsemées de fleurs de lis d'or.

Monsieur en retire aussitôt les éperons.

L'archevêque ceint le roi de l'épée de Charlemagne. Le roi la lève vers l'autel, jure de protéger l'Église, la veuve, l'orphelin. À genoux, il remet l'épée au connétable.

Le prieur de Saint-Remi a ouvert la sainte ampoule et la donne à l'archevêque.

D'une aiguille d'or, il en tire un grain de froment, qu'il dépose sur la patène, la tend au prieur qui la mélange au saint chrême.

Le roi s'étend sur un long tapis de velours violet.

L'archevêque s'agenouille et oint le roi sur la tête, sur les chairs sous la chemise et la robe ouvertes. À chaque onction, six en tout, dont le sein gauche et la jointure des bras, l'archevêque répète :

— Je vous sacre avec cette huile sanctifiée, au nom du Père, du Fils et du Saint-Esprit.

La reine éprouve un délicieux malaise : le désir de cette « entité » qui cache un homme qu'elle sait terne et bon, si peu apte à la rendre heureuse, si complaisant à contenter ses caprices. Elle s'en veut de s'être moquée de lui. Elle s'en veut de l'avoir peu respecté. Elle lui en veut que la comtesse d'Artois soit au bord d'accoucher.

Elle pleure.

On a béni tous les ornements royaux. On a revêtu le roi de la tunique de satin violet, doublée de taffetas orange, parsemée de fleurs de lis d'or. Le manteau, violet, est ouvert du côté droit, fleurdelisé, doublé d'hermine. L'épitoge aussi est d'hermine. La queue a onze pieds de longueur.

Une agrafe rutile. C'est une fleur de lis de rubis, de perles orientales et de diamants.

Voici l'anneau que Louis XVI refusera de quitter même à son dernier jour, l'anneau, signe divin de la foi et de la dignité royale. Le sceptre d'or d'un mètre et quatre-vingts centimètres la main de la Justice en ivoire emmanchée d'un bâton d'or.

Le moment est venu de couronner le roi Louis XVI.

Marie-Antoinette a basculé dans l'ombre. Elle n'est plus la petite fée éclatante de tous les bals et opéras, la reine des chimères, masquée d'un loup blanc, la reine des rocailles et des fleurs artificielles, mais l'épouse d'un prince moitié terrestre, moitié céleste.

M. de Miromesnil monte à l'autel, devant les Évangiles. Il prononce les mots d'usage.

L'archevêque prend sur l'autel la couronne de Charlemagne, enrichie de rubis, de saphirs, d'émeraudes, montée sur un bonnet de satin cramoisi, doublé de taffetas jaune, brodé d'or et de perles. L'archevêque couronne le souverain :

— Recevez la couronne de votre royaume au nom du Père, et du Fils et du Saint-Esprit. (...) Que le Dieu Tout-Puissant fasse tomber sur votre royaume la rosée du ciel et que la graisse de la terre y produise une abondance de blé, de vin, d'huile (...), que les tribus d'Israël vous rendent l'hommage qui vous est dû.

Certains entendent Louis XVI murmurer, sous le poids de la couronne en vermeil fermée de huit branches coûtant dix-huit millions :

— « Elle me gêne. »

« Mauvais présage », allait-on commenter.

L'intronisation :

L'archevêque mène par le bras droit le roi jusqu'à son trône élevé, semé de fleurs de lis, entre quatre colonnes qui supportent le grand pavillon royal. Le peuple entre, on lâche des colombes, les trompettes éclatent. Aux cris de « Vive le roi », la reine verse « un torrent de larmes », d'après le duc de Croÿ. Le roi en éprouve un grand bonheur.

On jette des médailles au peuple, la troupe tire trois salves ; l'archevêque, sans sa mitre, baise le roi et dit trois fois :

— *Vivat rex in aeternum !*

Le délire est tel que l'on n'entend pas le *Te Deum.*

*

* *

C'est le dimanche de la Trinité, la grande messe et la cérémonie des offrandes : deux maréchaux de France et deux chevaliers de l'Ordre portent au roi un pain argenté, un pain doré et treize pièces d'or.

Après la grande messe, le roi pénètre sous un petit pavillon violet où son confesseur l'attend.

Le souverain quitte la cathédrale, revêtu de ses ornements, entouré de douze personnes à couronnes. Il est mené chez lui à onze heures et demie.

Papillon de La Ferté explique à sa manière la brièveté d'une cérémonie pourtant interminable :

« Le roi, malgré la chaleur, a très bien soutenu cette longue cérémonie, laquelle s'est trouvée à la vérité abrégée ; grâce au livre de la cérémonie et les prières du sacre que j'avais fait imprimer pour que chacun sût ce qu'il avait à faire ou à dire. Je suis très aise d'avoir eu cette idée. »

Il reste encore trois cérémonies pour achever le sacre de Reims : la cavalcade de Saint-Remi, le toucher des malades, la procession de la Fête-Dieu.

*

* *

Le roi se repose de ses émotions en se promenant le soir, avec la reine, sous les galeries, accompagné de ses frères et de toute la Cour. Le lendemain, le 13 juin, Louis XVI entend la messe à l'église Saint-Nicolas, pose la première pierre de la nouvelle université de

Reims et tient chapitre pour la première fois en qualité de grand maître de l'ordre du Saint-Esprit.

Le 14 juin se déroule la cavalcade de Saint-Remi. Il fait une grande chaleur, la reine et ses dames assistent, sur une estrade nappée de violet, au défilé des mousquetaires noirs, des gris montés sur des chevaux de grande race. Suivent en bon ordre les chevau-légers, les gardes de la prévôté à pied, les Cent Suisses, les trompettes, les maréchaux de Broglie, du Muy, le roi magnifiquement vêtu, en bas de soie. Il caracole sur un cheval d'une rare beauté, flanqué de deux capitaines, des écuyers à pied et de six gardes écossais. Les harnais du cheval d'Artois et du duc de Chartres portent des diamants. Le roi s'approche des dames, salue avec grâce, les yeux sur la reine.

À cheval, il a de la grâce, ne se dandine pas, ne rougit pas, n'a pas honte de son corps. Il est le roi, ailé, sans les affres de ce corps si maladroit qui peine si souvent quand il étreint celle qu'il chérit le plus.

La plus pénible des cérémonies est arrivée, la plus sacrée aussi : toucher les plaies des malades.

Le roi, en petit manteau des chevaliers de l'Ordre, se rend devant l'église, dans un parc. Il doit gravir une longue allée d'arbres sillonnée de malades d'abcès, d'écrouelles, de scrofules, de plaies purulentes. À genoux, serrés les uns contre les autres, ils espèrent en ce roi touché de l'Esprit divin. Il les délivrera du mal comme le Christ avait guéri des misérables comme eux.

Ils sont deux mille cinq cents. Le roi, très pieux, n'en omet aucun.

À genoux, les mains jointes, certains, saisis d'une émotion extrême, se relèvent guéris. L'infection est grande, le danger réel. Le roi, accompagné d'une petite escorte, couvert d'un chapeau à plumes, touche réellement les plaies des doigts, de la main ouverte en répétant deux mille cinq cents fois :

— Dieu te guérisse ! Le roi te touche !

Louis regarde avec une réelle bonté ces gens agenouillés qui attendent tout de lui.

Le médecin prend fermement par-derrière la tête du malade, le capitaine des gardes, prudemment ganté, présente au roi les plaies du malheureux. Le roi touche, bénit, prie. Le roi est adoré.

À la fin de cette épreuve, on baigne ses mains dans de l'eau coupée de vinaigre et de fleur d'oranger.

Le 15 juin, la procession de la Fête-Dieu clôture ces jours uniques. La chaleur est dense, la reine et ses dames sont protégées sous des parasols ouverts. Le reposoir est orné de cierges qui coulent sous l'excès de la chaleur. Le sacre a été le vrai et seul succès personnel de Louis XVI.

Les frais se sont montés à huit cent mille livres. M. Turgot est soulagé : il avait compté sur quatre cent mille livres de plus.

*

* *

Marie-Antoinette narre à sa mère son émotion d'un tel événement :

« Le sacre a été parfait de toute manière. Il paraît que tout le monde a été fort content du roi (...). C'est une chose étonnante et bien heureuse en même temps d'être si bien reçus deux mois après la révolte et malgré la cherté du pain qui malheureusement continue... Il est bien sûr qu'en voyant des gens qui dans le malheur nous traitent aussi bien, nous sommes encore plus obligés de travailler à leur bonheur ; le roi m'a paru pénétré de cette vérité ; pour moi, je sais bien que je n'oublierai de ma vie – dût-elle durer cent ans – la journée du sacre. »

À Reims, les choiseulistes n'ont pas abandonné la partie en dépit d'un moment aussi sacré. Marie-Antoinette, incorrigible, a eu l'audace d'accorder une audience à Choiseul, le 12 juin, convaincue d'une telle initiative par ses entours habituels : Besenval, le parti de Noailles, le comte d'Artois. Tous ont profité de l'absence de Maurepas pour tenter une nouvelle fois d'obtenir la grâce de M. de Choiseul. Louis XVI est demeuré inflexible, rabrouant vertement Artois qui insistait pour que Choiseul reçoive la charge de colonel des Suisses. Mercy frémissait, impuissant devant les initiatives ostentatoires de la reine.

Le scandale manque d'éclater quand tout Reims apprend que la reine a reçu Choiseul en audience privée.

Serait-ce de son épouse et non du poids de sa couronne que le roi se serait exclamé : « Elle me gêne » ?

*
* *

Le roi a tourné le dos, sèchement, à Artois qui bourdonnait en faveur de M. de Choiseul. Marie-Antoinette, l'esprit rancunier, lui en veut d'avoir ainsi laissé s'éteindre ses espoirs à elle, qui n'étaient que les calculs de sa cour de flatteurs. Un mois après le sacre, elle s'emporte contre le roi dans une lettre à Rosenberg :

« Vous aurez peut-être appris l'audience que j'ai donnée au duc de Choiseul à Reims ; (...) Vous croirez aisément que je ne l'ai point vu sans en parler au roi, mais vous ne devinerez pas l'adresse que j'ai mise pour avoir l'air de demander la permission. (...) J'ai si bien fait que "le pauvre homme" m'a arrangé lui-même l'heure la plus commode où je pourrais le voir. Je crois que j'ai assez usé du droit de femme en ce moment. »

Rosenberg s'empresse de communiquer la missive à Marie-Thérèse et à Joseph II.

Elle se fâche ouvertement de la conduite de Marie-Antoinette :

« Quelle légèreté ! Où est ce cœur si bon, si généreux de cette archiduchesse Antoinette, je n'y vois qu'une intrigue (...), persiflage, intrigue comme une Pompadour, une Barry aurait pu avoir joué ce rôle mais nullement comme une reine (...). Vos trop prompts succès et les flatteurs m'ont toujours fait trembler depuis cet hiver où vous vous êtes jetée dans les plaisirs sans le roi (...). Quel langage ! "Le pauvre homme" ! Où sont le respect et la reconnaissance pour toutes les complaisances ? »

Marie-Antoinette, piquée, répond assez vivement :

« (...) Être comparée aux Pompadour, aux Barry, couvertes des épithètes les plus affreuses ne va pas à votre fille. »

Faut-il qu'elle se repente, qu'elle baisse la tête comme une coupable ? Qu'a-t-elle fait pour que sa mère la rudoie ainsi ? N'a-t-elle pas été éduquée à obéir, sans relâche, jusqu'à l'écœurement, à Mercy, à Vermont et à elle, sa mère ? N'est-ce pas sa mère qui a toujours été méprisante à son époux ? Qu'a donc changé le sacre puisque son ventre est toujours aussi plat et qu'elle a toujours dans l'âme une envie de pleurer tout aussi violente que celle de danser et de briller ? Qui la comprend ? Qui l'aime ? N'a-t-elle pas fait preuve de cœur en ménageant Choiseul qui avait organisé son mariage ? Qu'a-t-elle donc fait pour que, de tous côtés, naissent des calomnies, de l'espionnage incessant, des gronderies, des rejets et des flatteurs ?

Qui est-elle donc, à quelle indépendance d'esprit a-t-elle droit, elle qui n'arrive pas à mettre au monde un enfant ? N'a-t-elle pas le droit d'exister à part entière ?

Pourquoi est-elle si mal aimée ?

Chapitre 45

« JE NE SUIS PAS REINE, JE SUIS MOI »

L'éblouissement de la cérémonie de Reims s'efface vite. Les intrigues recommencent de plus belle, et Marie-Antoinette n'a plus le réconfort des ovations. Le roi, sincère, croit naïvement pouvoir remédier à tous les maux de son cher peuple, tout à la ferveur religieuse de régner. Marie-Antoinette, a promis à Turgot de « le seconder dans tous ses projets ».

Elle a déjà oublié Choiseul qui, connaissant bien sa nature, est resté sur sa réserve. Il a profité de son appui, à Reims, pour semer le trouble vite et bien dans son esprit si aisément influençable. Le duc a compris que le triomphe de la reine n'était pas un acquis réel pour lui : jamais le roi n'en ferait son ministre. Il a exploité au mieux le peu de temps passé auprès de Marie-Antoinette afin d'obtenir le maximum de faveurs pour son parti. Le cordon bleu va au comte de Guines, le titre de duc au prince de Beauvau et au comte du Châtelet. Il insinue à l'étourdie, flattée qu'un tel homme la traite en souveraine « absolue », à quel point les ministres choisis par son époux, notamment Turgot, sont incompétents. Il les ridiculise. Il ose lui donner le plus funeste des conseils :

— Votre Majesté n'a que deux partis à prendre, celui de gagner le roi par les voies de la douceur ou celui de le subjuguer par la crainte.

Le duc est tout sourires, l'œil voilé d'un éclat glacial. Il sait que l'enfant de Vienne suivra l'avis qui les perdra, elle et son époux. Il a deviné sa lassitude des conseils de soumission dont lui ont rebattu les oreilles Mercy, l'abbé et sa mère. « Soumission » ou l'horreur de son échec conjugal. Le duc a raison, oui, il lui faut se faire craindre du « pauvre homme ». Elle y puisera la volupté du pouvoir puisqu'elle ignore tout (à cause de lui) de l'autre plaisir. Elle mènera le roi au gré de son autorité, de son caprice.

Mercy est consterné de son entretien avec Choiseul. Vermond, lassé, n'a qu'une envie : se retirer. Besenval fait son œil de velours, avance sa mâle poitrine, veut l'impressionner suavement, la rendre *amoureuse*.

— Ménagez M. de Maurepas, dit le flatteur. Le roi l'a rappelé auprès de lui, sa démission a été plus officieuse qu'officielle. Ce vieillard saurait être utile à tous les desseins de Votre Majesté sans qu'il s'en doutât.

Enchantée, se croyant investie d'un grand rôle, Marie-Antoinette perd ses airs de hauteur avec Maurepas.

— Ce vieillard sera notre chance pour perdre Turgot dans l'esprit du roi, a chuchoté le baron, ses mains respectueusement pressées sur les deux autres petites mains passées à la pâte de rose. Votre Majesté n'est pas sans savoir que M. Turgot la blâme à chacune de ses dépenses !

Elle joue cette effarante partie comme à un jeu de saute-mouton. Hop ! hop ! par-delà un ministre, pardessus un autre. Que c'est amusant ! Elle fonce chez le roi tout à la nomination de M. de Malesherbes, successeur de M. de La Vrillière. Les choiseulistes détestent Malesherbes ; ils en ont dit tant de mal à la reine que, sans le connaître, elle l'abhorre.

Ils le traitent de philosophe enragé, démontrent à la reine, qui tient surtout à être adorée, que ce Malesherbes la méprise. Ses réformes dites « éclairées » les réduiraient dans tous leurs privilèges.

— Ce Malesherbes aurait eu la curieuse idée de songer à établir l'instruction publique pour tous et à taxer les impôts en fonction des revenus de chacun. N'est-ce pas précipiter la fin de la monarchie ? Il songe à faire installer des organismes sanitaires et de secours. N'est-ce pas injurier l'esprit de charité de Sa Majesté ? Autant laisser le vil peuple régner ! Il serait sage d'obtenir du roi que M. de Sartine et M. d'Ennery soient nommés ministres à la place de ce Malesherbes. Il y va de l'intérêt de la reine.

Sans réfléchir davantage, piquée au vif, Marie-Antoinette convoque le vieux Maurepas et lui expose ses idées, qui sont celles de ses faux amis. M. de Maurepas, effaré, élude poliment ce débit verbal où il retient la vague menace de cette fillette échauffée :

— Je vous préviens que je dirai ce soir au roi et que je lui répéterai demain ce que je désire.

Elle « veut » M. de Sartine à la place de M. de La Vrillière, et, au poste de la marine, M. d'Ennery. Elle répète, perruche adorable, emplumée de mauve, les joues plus roses que jamais, le corps agité tel une guêpe entravée d'un filet invisible, la taille sanglée d'un frais ruban bleu. Maurepas ne sait plus que dire, épuisé. Que faire contre le joug aussi fort d'une absurde coquette mariée à l'homme que l'on vient de sacrer roi de France, seizième du nom ?

— Eh bien, monsieur ? dit-elle, hautaine.

Nulle réponse, la tête baissée, les joues violacées, M. de Maurepas se réfugie dans le silence. Elle le plante là et se précipite chez le roi, persuadée qu'elle est une grande reine. Il entendra ses désirs et tout sera dit. Elle se heurte à un obstacle inattendu : Louis XVI résiste et dit non. S'il n'est « rien » dans son lit, elle n'est « rien » dans son autorité régnante, sacrée. Elle insiste, crie, rougit, pâlit, s'enroue, il lui répond, fait assez rare, avec brusquerie :

— Ce sont là vos désirs, Madame, je les connais, cela suffit. *C'est à moi à faire la décision.*

La jolie bouche rose a viré au mauve. Elle ne s'attendait pas à une telle sécheresse ; elle fait la moue comme si elle allait éclater en larmes. Que vont penser ses amis ? Qui est-elle à la fin dans cette Cour où chacun lui dicte cela et son contraire ? Qui est-elle pour que tous ceux qui ont un vrai pouvoir – sa mère, son frère, son époux, les ministres – la tiennent ainsi en échec ? Qui l'aime ? Elle quitte brusquement le roi et revient dans ses appartements ; elle se jette dans les bras de sa chère Polignac, lui confie tout. La Polignac baise ses joues, ses mains. Elles se disent mille petits riens, et voilà l'incorrigible à nouveau riante et consolée.

Le règne de l'intrigante Polignac durera près de quinze années. Marie-Antoinette s'exclamait à très haute voix :

— Sans elle, je ne suis plus reine, je suis moi.

Ce « moi » allait conduire à la chute de toute sa famille.

Chapitre 46

Une folle cabale

Elle a reçu M. de Malesherbes avec son air hautain et cette morgue qui la feront haïr. Elle poursuit ses intrigues, joue à la reine, exige de son époux qu'il accepte ses caprices, essuie une série de « non » qui la mettent en rage. Elle demande pour le duc de Chartres le gouvernement du Languedoc, elle exige que M. de Montmorency obtienne la surintendance des postes, elle veut la lune pour ses flatteurs, mais celui qu'elle qualifie de « pauvre homme » refuse. Elle a bombardé de boules de pain, à table, son époux devant le très militaire M. de Saint-Germain. Il a froidement répondu au roi, gêné, alors que celui-ci lui demandait ce qu'il ferait si on tirait ainsi sur lui :

— Sire, j'enclouerai la pièce !

La réplique avait jeté un souffle glacial, et la reine s'était échauffée davantage. Elle se tourne, sans le dire au roi, vers M. de Vergennes afin que l'on rappelle de Londres un obscur personnage pour qu'il témoignât en faveur de M. de Guines. Elle va devenir l'enfer de Louis XVI et de ses ministres. Vergennes, devant la bouche rose, intempestive, l'œil bleu porcelaine sans autre éclat que l'envie de vaincre, trouve la force de refuser.

Marie-Antoinette trépigne d'irritation, assise, devant Vergennes respectueusement debout et impassible :

— Je veux que M. de Beauvau et M. du Châtelet soient faits ducs. Je veux que M. de Guines soit réhabilité et couvert d'honneurs. Il a été la victime de M. de Malesherbes et de Turgot. Je le veux !

*
* *

Elle trépigne, y compris sur l'oreiller conjugal. Louis est venu la rejoindre. Elle l'a attiré vers elle non pour tenter la difficile « œuvre de chair » mais pour exiger, à huis clos, les petits poings serrés frappant l'oreiller en dentelles, le renvoi de Turgot et la réhabilitation de M. de Guines.

Louis balbutie « non », honteux de sentir qu'il finira par céder.

Elle éclate alors en pleurs, suffoque qu'elle n'est rien, ni reine, ni mère, une mal-aimée. – Il n'est ni son époux, ni son amant, ni son ami. Elle a envie de fuir à Vienne, revoir sa mère, ses frères, se réfugier dans son cher Schönbrunn, redevenir une petite fille qui dansait et qui, jamais, n'a fait de mal à personne. Elle est le contraire d'une sanguinaire, d'une sans-honneur, qu'ont-ils tous à la maltraiter ainsi ?

Louis effaré, fatigué, résiste encore dans les refus essentiels. Il lui accorde, en consolation, de nommer une nouvelle fois Mme de Lamballe « surintendante de la maison de la reine ». Turgot aurait préféré que cette charge onéreuse, stupide, fût abolie, mais Louis est excédé.

Marie-Antoinette n'aime plus pour le moment Mme de Lamballe, mais sa Polignac chérie qui l'écoute, la comprend, la distrait et lui rend ses baisers.

Des nouveaux libelles circulent sur l'impuissance de son époux. Imprimés anonymement dans *La Gazette de la Cour,* ils prêtent à la digne Marie-Thérèse ces affreux propos :

Ma fille, ayez un successeur;
Peu m'importe le faiseur
Soit devant le trône ou derrière
Mais avant de faire un cocu,
Tâchez de l'avoir convaincu
Qu'il a le pouvoir d'être père.

On est en décembre. Elle a écrit à sa mère, une lettre insouciante:

« Nous sommes dans une épidémie de chansons satiriques (...). La légèreté française s'est même étendue sur le roi. Pour moi, je n'ai pas été épargnée. »

Elle ajoute que ces méchancetés sont « si plates » qu'elles passent inaperçues.

Scène après scène, elle parvient à faire renvoyer Turgot, en mai 1776, à l'immense satisfaction de sa coterie assassine.

Turgot a levé contre lui tous les privilégiés – y compris les spéculateurs sur les grains. Maurepas s'empresse d'influencer le roi dans la crainte d'une extension des idées de Turgot. Le Parlement a refusé d'enregistrer les édits de janvier 1776. Louis XVI a eu recours à un lit de justice en faveur de son ministre. Cette séance solennelle du 12 mars a irrité Louis XVI. Le procureur général critiqua les réformes proposées par Turgot, les frères du roi renchérirent contre le ministre préféré de Louis XVI. Une ultime fois, pourtant, le roi et son ministre l'emportèrent.

*

* *

L'hiver avait été d'une grande rudesse. La reine, riant dans son traîneau et ses fourrures, ignorait ceux qui mouraient de froid et de faim. Le peuple restait pour elle une bande d'enfants turbulents, sous l'entière autorité royale. Elle se moquait de son époux vêtu d'une simple redingote râpée qui faisait la charité aux pauvres sur la route. Turgot renvoyé, la reine ne pensait qu'à ce « triomphe ». Le comte de Guines avait regagné son ambassade à Londres où il complotait de la manière la plus évidente contre la France. Il avait dénoncé le pacte de famille franco-espagnol, jetant le doute sur les agissements de Louis XVI contre Charles III. De Guines insinuait que Louis XVI n'aiderait pas son cousin d'Espagne s'il entrait en guerre contre le Portugal pour triompher du conflit colonial d'Amérique.

Dès cette année 1776, Marie-Antoinette de France a œuvré contre son pays, son époux, leur vie à tous, sans le moindre discernement et avec un acharnement d'enfant gâtée frôlant l'hystérie.

Turgot avait lutté pour éviter que la reine prît la tête d'une cabale en faveur de Choiseul – c'est-à-dire de ce comte de Guines, agent d'un des plus grands malheurs de leur histoire à tous. Il avait tout mis en œuvre afin que Marie-Antoinette ne touchât pas à Vergennes et à Malesherbes. Il avait même eu l'idée de proposer de faire revenir de Londres ce traître de De Guines afin qu'il comparût devant le roi, les ministres mais aussi la reine dans le but de désarmer sa fatale obstination. L'abbé de Véri restait sceptique ; il ne croyait guère à l'« intelligence » politique de la reine, à son intelligence tout court. Turgot lui avait dit : « Le fond du cœur de la reine est honnête quoique léger. »

C'est mal jauger l'entêtement de la jeune femme qui, manœuvrée étroitement par le parti choiseuliste, donna rendez-vous au bal de l'Opéra à son ancien ministre. À la consternation générale du ministère directement vilipendé par elle, elle se mit à la tête de la cabale en faveur de M. de Guines. Le traître n'eut qu'à remettre une lettre au roi, lui assurer sa bonne foi et celle de la reine, et le tour de l'aventurier était joué. Le roi faiblit. Marie-Antoinette dédaignait le lit de justice convoqué par Louis XVI. Elle n'avait rien lu des édits de Turgot, et continuait à se récrier sottement contre lui. Sa cour de fourbes l'encourageait, l'applaudissait à tout rompre. Elle se voyait incapable de dépasser ses rejets, fussent-ils absurdes. Louis XVI flancha devant ses assauts répétés. Turgot reçut son ordre de démissionner le 12 mai 1776. Le cœur serré, il écrivit à son roi ces mots d'une prophétie redoutable :

« N'oubliez jamais, Sire, que c'est la faiblesse qui a mis la tête de Charles Ier sur le billot. »

*

* *

Turgot parti, les impostures reprennent. Le comte de Guines devient duc. Mercy, amer, écrit à Vienne :

« Votre Majesté daignera observer les effets du crédit de la reine, lesquels pourraient un jour lui attirer de justes reproches de la part de son époux et de la nation. »

La reine, en maltraitant ce ministre adoré du peuple, ébranle toute confiance en elle et, par ricochet, envers ce faible roi. Le rejet de Marie-Antoinette et le mépris pour son époux s'accroissent encore quand le monarque renvoie à son tour Malesherbes. Maurepas remplace Turgot par l'intendant de Bordeaux, M. Clugny de Nuits, qui s'empresse de révoquer tous les édits de son prédécesseur et de rétablir la corvée et les corporations.

*

* *

Un an après, la reine, qui n'a jamais pardonné à M. de Saint-Germain sa brusquerie toute militaire, le fait disgracier.

Les choiseulistes triomphent. La reine se flatte auprès de sa mère tout en affirmant « qu'elle ne s'était mêlée de rien », que M. de Malesherbes et M. Turgot « avaient enfin quitté le ministère ». Elle ne s'attend pas à recevoir une violente algarade de Joseph II. Une lettre qu'elle accueille telle une gifle monumentale, une lettre d'une forte rudesse même si Marie-Thérèse a demandé à son fils d'en adoucir les termes.

« Vous vous mêlez d'une infinité de choses qui ne vous regardent pas, que vous ne connaissez pas et pour lesquelles des cabales et des alentours qui vous flattent et qui savent exciter tantôt votre amour-propre ou envie de briller ou même entretenir une certaine haine et rancune vont vous faire faire une démarche après l'autre, propre à troubler le bonheur de votre vie (...). De quoi vous mêlez-vous, ma chère sœur, de déplacer les ministres, d'en faire renvoyer un autre sur ses terres, de faire donner tel département à celui-ci ou à celui-là, de faire gagner un procès à l'un, de créer une nouvelle charge dispendieuse à votre cour, enfin de parler d'affaires, de vous servir même de termes très peu convenables à votre situation ? Vous êtes-vous demandé par quel droit vous vous mêlez des affaires du gouvernement et de la monarchie française ? Quelles études avez-vous faites ? Quelles connaissances avez-vous acquises pour oser imaginer que votre avis ou opinion doit être bon à quelque chose ? (...) Vous, aimable et jeune personne qui ne pensez qu'à la frivolité, qu'à votre toilette, qu'à vos amusements toute la journée ; qui ne lisez ni n'entendez parler raison un quart d'heure par mois (...). L'impression du moment seule vous fait agir, et les paroles mêmes et arguments que des gens que vous protégez vous communiquent et auxquels vous croyez sont vos seuls guides. Peut-on écrire quelque chose de plus imprudent, de plus irraisonnable, de plus inconvenant que ce que vous marquez au comte de Rosenberg ? (...) Si jamais une lettre comme celle-là s'égarait, jamais, comme je n'en doute presque point, il vous échappe des propos et phrases pareilles vis-à-vis de vos intimes confidents, je ne puis qu'entrevoir le malheur de votre vie. »

Qu'ont-ils tous à prévoir, vouloir son malheur, eux qu'elle admire, qu'elle aime ? Il est méchant, Joseph ! Il la traite toujours de tête à vent ! C'est un jaloux, voilà tout ! Madame Maman qui la sermonne sans cesse est beaucoup plus gentille. Elle « n'a qu'à baisser la tête » quand Madame Maman dit qu'elle fait mal, mais le grand Joseph est un cœur de pierre.

La reine sombre alors dans ce que M. Jean-Jacques Rousseau nomme la mélancolie, et quelques anglicistes de sa cour, le « spleen ».

Chapitre 47

Le spleen de la reine et une rumeur d'opération

« Spleen », le mot étend les lèvres, la langue, frôle les dents et descend lentement aux entrailles qui se nouent.

Elle pleure la dureté de son frère, le départ de Madame Clotilde que l'on a mariée à un prince du Piémont. Elle envierait pour un peu sa triste belle-sœur et son odieux Provence parce qu'ils ont la chance d'accompagner la jeune fille en Piémont : Marie-Joséphine aura le bonheur de revoir ses parents. Quand reverra-t-elle Vienne, même si Joseph l'a violemment peinée ? Qui comprendra à quel point elle a l'esprit de famille ? Que c'était bon de dormir près du lit de Madame Maman. Elle veut un enfant, elle veut rire, elle veut être heureuse. Heureusement, il reste la petite Madame Élisabeth, la jeune sœur du roi. Elle a dix ans, est sage, pieuse, toute ronde et si douce, très attachée à la reine. Qu'elle aimerait mettre au monde une enfant aussi charmante ! Une fille, après tout, c'est bien agréable. Mais non, tout le monde lui rabâche de « faire un Dauphin », y compris les commères de la Halle. Le spleen la taraude. L'idée de ne plus revoir l'Autriche et sa mère « lui est terrible et [la] remplit d'amertume ». Elle pense à tout ce que déforme la mémoire d'enfance, ce qui est suave et qui fait si mal, à la maison natale, fût-elle un palais. Elle songe au beau Fersen à qui elle avait signifié « Je t'aime », ivre d'un émoi inexorable. Elle s'était forcée à l'oublier, réfugiée en la Polignac, sa « Jules » chérie, ses admirateurs, la cabale, les dépenses, Trianon, le jeu. Elle a frémi de solitude quand elle a assisté aux couches de sa belle-sœur d'Artois, le 6 août 1775. Elle a frémi à chacun de ses hurlements, devant sa chair déchirée, devant ce miracle qui, soudain, surgit en l'ultime cri sauvage de la princesse.

— C'est un prince !

Marie-Antoinette de Lorraine d'Autriche de France a félicité sa belle-sœur, s'est penchée sur ce petit duc d'Angoulême, cette boule rouge laide et fripée qui deviendrait troisième de rang dans la succession des Bourbons si elle ne mettait pas à son tour un Dauphin au monde. Elle a traversé les escaliers et la salle des gardes d'un pas noble et digne. La foule était nombreuse, les poissardes de la Halle, présentes selon l'usage des glorieuses naissances, l'ont poursuivie jusqu'à la porte de ses appartements, lui criant d'un ton salace « que c'était à elle de donner des héritiers ».

Elle a elle-même refermé la porte de son cabinet pour, enfin seule, éclater en larmes devant Mme Campan. Elle a écrit à sa mère la tristesse de sa position.

« Il est inutile de dire à ma chère maman combien j'ai souffert de voir un héritier qui n'est pas de moi. »

Marie-Thérèse lui a répondu avec amertume :

« J'avoue que cet heureux accouchement de votre belle-sœur a un peu touché mon cœur par la même réflexion que vous me faites (...) sur cet important chapitre (...), il me semble que vous ne le prenez pas tant à cœur et ne vous en occupez pas assez. »

*

* *

Marie-Antoinette place alors son espoir, écrit-elle à sa mère, dans une opération chirurgicale, pour soulager le phimosis du roi :

« Je travaille à déterminer [le roi] à la petite opération dont on a déjà parlé et que je crois nécessaire. »

Les bruits sont embrouillés à ce sujet. Sera-ce Mandouillé, premier chirurgien du roi, qui opérera le phimosis ? Liétaud ? Lassone ? Un autre médecin de la Faculté tenu secret ? On dit que l'opération est dangereuse et risque d'endommager le gland royal. Les langues jacassent. Mme Thierry, première femme de chambre de la reine, soutient que le mariage est consommé. La rumeur, va, vient *piano, pianissimo*. Excédée, Marie-Antoinette fait prendre sa retraite à Mme Thierry. La rumeur gronde encore plus fort ; on dit que M. Thierry, premier valet du roi, va aussi être renvoyé alors que le souverain le consulterait en toutes circonstances. Marie-Antoinette, de plus en plus isolée, confie ses doutes à Besenval. Marie-Thérèse écrit à Mercy :

« La confidence que [ma fille] a faite au baron de Besenval sur ce qui est personnel au roi est une nouvelle preuve de son peu d'affection. (...) Au reste le roi aurait mieux fait de ne pas tant différer l'opération en question, je ne compte plus guère sur son effet. »

Le roi se serait engagé à donner son accord sur cette intervention qui secrètement le terrifie. Sans anesthésie, d'un coup de lancette, on lui dégagerait le gland. Le malheureux souverain serre les dents d'avance, n'osant imaginer le déplorable résultat si le coup de lancette ratait. Il ne cache pas ses craintes à son épouse qui s'empresse de l'écrire à sa mère en décembre 1776 :

« Je doute fort que le roi se détermine à l'opération. Malheureusement, les médecins augmentent son indécision. Le médecin (...) sans la croire nécessaire, croit qu'elle serait utile, [le médecin] du roi qui est un vieux radoteur dit qu'il y a beaucoup d'inconvénients à la faire et autant à ne pas la faire (...). »

Les satires se déchaînent, et le prépuce du roi devient l'objet principal des moqueries anonymes et des chansons.

Louis XVI fait venir un chirurgien de l'Hôtel-Dieu, M. Moreau, pour connaître son avis. Le praticien estime l'opération inutile. Marie-Antoinette veut-elle rassurer sa mère ou se rassurer elle-même en rapportant les conclusions du docteur ?

« Moreau, chirurgien à l'Hôtel-Dieu (...), dit qu'il y avait toute espérance sans l'opération. Il est vrai qu'il y a un grand changement dans le roi et que son corps paraît prendre plus de consistance. »

Marie-Thérèse soupire auprès de Mercy :

« Sur l'opération à faire au roi, tout est dit ; il faut en remettre l'exécution et l'effet à la providence. »

Amère, sceptique, seule, la nuit dans son bureau, elle suppute. *Tu felix Austria, nube.* Elle suppute les dangers qui vont surgir avec la Bavière, elle suppute les conséquences de l'affaire de Guines, la légèreté de sa fille, aussi folle que Marie-Caroline dont le petit royaume de Naples, à cause d'elle, est prêt à tous les soulèvements. Maudite engeance de filles sans foi et sans loi ! Marie-Thérèse, dans ses insomnies chroniques, mord violemment sa lèvre de Habsbourg pour ne point éclater en larmes. Elle écrit à Mercy au moment où l'aube blêmit sa main couleur de cire :

« Doutant toujours si ma fille est femme, je compte encore moins la voir mère. »

Chapitre 48

Les jeux d'amour et d'argent

Point de grossesse, quelques rares moments où le roi s'acharne avec douleur, amour, et sans issue. Marie-Antoinette s'adonne à l'amitié avec toute sa fougue mal contrôlée, ses sens mal réveillés, le souvenir troublé d'Axel de Fersen. Sa passion pour sa chère Jules (de Polignac) a encore augmenté. La princesse de Lamballe pleure dans son coin. La reine a besoin du sourire, des yeux sombres de sa Polastron, goûtant avec ravissement la médiocrité littéraire de son amie qui prétend connaître Homère et le grec:

— Homère était aveugle et jouait du hautbois, affirme la Polastron, les yeux caressants sur sa reine, morceau friand de sa fortune.

La reine ne se sent plus de joie à tant d'esprit. Chez le duc et la duchesse de Duras, elle s'enivre de petits jeux, « la guerre panpan » et le colin-maillard, et un jeu nouveau qu'elle va mettre à la mode: le « descampativos ». Il s'agit de se faire une amie (« une inséparable ») jusqu'à ce qu'un mot d'esprit raté entraîne la rupture et le ridicule de la favorite, voire son bannissement. La reine, jalouse de l'amant de la Polignac, M. de Vaudreuil, redouble de cadeaux à sa favorite. M. de Polignac, l'époux officiel, est nommé survivancier de M. de Téssé, premier écuyer de la reine. Les Noailles sont froissés, les titulaires des charges alarmés, et Marie-Antoinette n'est pas fâchée de voir s'éloigner de la Cour ces vieilles aristocrates qui la blâment et la jugent. Qu'elles s'en aillent, bon vent, la Noailles, la Marsan qui jamais ne l'a aimée, cette duchesse de Cossé qui a osé lui faire un sermon! La note des chevaux de M. de Polignac monte brusquement à deux cent mille livres. Le roi déteste, sans oser le dire, le goût dispendieux de son épouse pour les courses de chevaux. Artois a osé acheter en Angleterre, sur la cassette royale, un coursier hors de prix: King-Pepin. On parie sur ces bêtes. La reine est ravie, le roi consterné.

M. de Vaudreuil n'est pas en reste, insolent beau garçon, pétri de vanité. La Polignac puise au maximum dans la cassette de la reine pour gâter son amant. Mercy ne tarit plus de désolants courriers à sa souveraine sur les effarantes dépenses de sa fille:

« Je suis occupé d'un point (...) sur lequel j'oserai supplier Votre Majesté de faire intervenir son avis. Il s'agit de la dépense de la reine et des grands inconvénients qui peuvent en résulter. (...)

Marie-Antoinette se console ainsi de son « spleen ». Ces personnages sont comme au théâtre, beaux à voir. Elle n'aime que la beauté, que lui importe si ce sont là des âmes sans qualité. Elle ne goûte jamais au plaisir de la chair dont elle lit au regard brillant de sa Polastron les voluptueux effets. Elle veut être la reine incontestée de ces hommes et de ces femmes qui feignent de l'adorer. Probablement encore vierge, elle est « amoureuse » tant de ces jolies femmes que de leurs beaux amants. Besenval voit avec dépit croître l'engouement de la reine pour le chevalier de Luxembourg, à la taille si fine, aux épaules larges, à l'esprit finement pervers. Il a lu à Marie-Antoinette *Le Paysan perverti* que vient de publier M. Restif de La Bretonne. Pendant que Louis XVI s'intéresse vivement à la découverte de l'oxygène par M. de Lavoisier, la création des forges de Vierzon et le projet de créer l'Académie de médecine, on flatte la reine en lui vantant les derniers opéras de M. Gluck, *Alceste et Armide*. C'est à qui séduira la souveraine, sa bourse et ses faveurs.

*
* *

Le duc de Coigny continue sa cour, et la reine encourage le beau Lauzun. À Fontainebleau, ils se promènent seuls à cheval. Elle le reçoit chaque soir à son jeu. Elle le voit aux soupers du roi et chez la princesse de Guémenée. M. de Lauzun écrira ses mémoires, contestables, sa bonne fortune avec la reine. Lauzun se serait jeté aux pieds de la jeune femme, la priant de le laisser quitter la France. L'aimer était une tentation si forte que l'honneur exigeait son départ. Lauzun prétendra dans ses mémoires que Marie-Antoinette, à son discours, se serait écriée :

— Ne m'abandonnez pas, je vous en conjure, que deviendrais-je si vous m'abandonniez ?

Il aurait baisé la main qu'elle lui aurait tendue, avec une telle force qu'elle aurait chancelé vers lui. Dans un trouble extrême, ils se seraient retrouvés dans les bras l'un de l'autre.

« Elle était dans mes bras lorsque je me relevai. Je la serrai contre mon cœur qui était fortement ému ; elle rougit, mais je ne vis point de colère dans ses yeux.

— Eh bien, reprit-elle, n'obtiendrai-je rien ? »

Lauzun assure avoir eu la force de résister à la tentation de « jouir du bonheur qui paraissait s'offrir ».

Il se retire le plus vite possible à Chanteloup, chez l'indéfectible Choiseul. A-t-il été sincèrement amoureux de Marie-Antoinette ou saisi d'une sage prudence ? Coucher avec la reine signifiait la Bastille, probablement la mort, l'enfermement à vie dans un couvent pour elle.

Mme Campan, cette scène avec Lauzun se serait soldée, de la part de la souveraine, par un vigoureux : « Sortez, Monsieur ! »

Mme Campan affirme qu'il poursuivit la reine de ses assiduités jusqu'au ridicule. Vêtu en laquais, il aurait ouvert un jour la portière de sa voiture. Une autre fois, il aurait osé se coucher à la place du marchepied. La souveraine aurait alors posé le pied sur lui, ne le reconnaissant pas, avant de se moquer de lui.

*

* *

Marie-Antoinette poursuit ses frasques. Elle part un soir avec la duchesse de Luynes, dame du palais, à l'Opéra. Une roue de sa voiture casse, à l'entrée de Paris. Il faut descendre. La duchesse de Luynes l'entraîne dans une boutique, le temps au valet de pied de trouver un autre véhicule. Quoique masquée, Marie-Antoinette est reconnue à l'émotion effarée des boutiquiers. La reine de France assise, chez eux, sur un tabouret ! Le valet de pied trouve un fiacre ordinaire, la reine et sa compagne repartent vers l'Opéra. Dans sa loge, elle raconte en riant, à qui veut l'entendre, son aventure.

— C'est moi en fiacre, n'est-ce pas bien plaisant ?

Tout Paris clabaude. La reine folâtre en fiacre afin de rejoindre un galant. Adresse-t-elle la parole à un gentilhomme ? Il devient aussitôt, pour tout le monde, son amant.

*

* *

La dépense de la reine reste le souci permanent de Mercy – et de la France. Mme de Lamballe, pourtant délaissée, coûte cent cinquante mille francs de livres annuels au pays. Maurepas, dit à l'abbé de Véri :

— Que dire à une reine qui dit à son mari, devant moi, que le bonheur de sa vie dépend de cela ?

À Paris, le mécontentement gronde. Les dépenses les plus extravagantes sont celles du Trianon. Mercy écrit à Vienne :

« Le public a d'abord vu avec plaisir que le roi donnât Trianon à la reine ; il commence à être inquiet et alarmé des dépenses que Sa Majesté y fait. Par son ordre on a culbuté les jardins pour y faire un jardin anglais qui coûtera au moins cent cinquante mille livres. La reine a fait faire un théâtre à Trianon (...) ainsi que des dîners à la suite de chasses et courses au château de la Muette (...). »

À Trianon, l'architecte Mique, sous les ordres de Caraman, exécute les projets les plus baroques de Marie-Antoinette. Elle a fait construire un manège chinois composé de paons et de dragons multicolores qu'enfourchent, riant aux éclats, à la place de traditionnels chevaux de bois, la Polignac, ces dames et les favoris. Le théâtre a coûté une fortune, et Marie-Antoinette ne cache pas le plaisir d'y jouer elle-même la comédie.

Les gazettes s'en donnent à cœur joie, et détaillent les dépenses dites « de bouche ».

Marie-Antoinette s'adonne aux jeux d'argent, interdits, au nom de la décence, à toute souveraine.

« Le jeu [de la reine] est devenu fort cher, raconte Mercy à Marie-Thérèse. Elle ne joue plus aux jeux de commerce dont la perte est nécessairement bornée, le lansquenet est devenu son jeu ordinaire, et parfois le pharaon (...). Les dames et les courtisans sont effrayés et affligés des pertes auxquelles ils s'exposent pour faire leur cour à la reine. (...) Le gros jeu déplaît au roi et [on] se cache de lui autant qu'il est possible. (...). Les intrigants s'y trouvaient en tout genre. Le duc de Chartres, (...) M. le comte d'Artois y étaient toujours (...). On imagina de faire venir des banquiers de Paris pour tailler au pharaon (...). À la première soirée, la reine joua jusqu'après trois heures après minuit et ne perdit que quelques louis. »

Louis XVI est révulsé que l'on ose jouer chez la reine gros jeu comme dans une salle louche, mais il ne sait rien refuser à cette jeune femme vêtue de rose, la bouche et les joues rouges, l'œil animé d'une sorte de colère. Il n'ose intervenir ni interdire. Mercy se permet de représenter à la petite reine de vingt et un ans les risques d'une telle attitude.

« Le roi porte jusqu'à la prévenance son consentement à tout ce qui peut amuser la reine, mais il fut fortement représenté à la reine combien de pareilles veillées étaient de dangereuse conséquence, ne fût-ce que de laisser le roi seul pour un objet qui lui déplaît, et qui le met dans l'impossibilité d'aller passer la nuit dans l'appartement de la reine (...). »

Qui peut raisonner cette jeune femme si mal entourée, ivre de ses distractions pire que d'une drogue ? Elle obtient même du roi l'inacceptable pour une reine de France : la présence de vulgaires banquiers de Paris qui alimentent les « mises ». Mercy en a la gorge sèche :

« Les banquiers arrivèrent le 30 octobre et taillèrent toute la nuit et la matinée chez la princesse de Lamballe où la reine resta jusqu'à cinq heures du matin (...) jour de la Toussaint. »

Marie-Thérèse n'en est plus à se voiler la face. Elle échafaude un plan d'action. Se rendre en personne à Versailles ? Il lui est difficile de quitter Vienne au moment où grondent des soulèvements en Bavière. Elle suggère à Joseph II d'aller à Versailles pour raisonner de la façon la plus énergique cette reine de tripot ! À Joseph II de parler à son beau-frère de l'acte conjugal. Le moment est venu à la famille de Vienne de tenter de mettre un peu d'ordre dans cette pétaudière de Versailles.

Mercy ose morigéner une nouvelle fois Marie-Antoinette sur cette redoutable fantaisie.

« Je me suis obligé à parler très fortement à la reine sur cet article, et lui ai démontré qu'un des points les plus importants à son crédit et à sa sûreté était que le public de la Cour n'eût point à savoir que le roi fait lit à part avec la reine. »

Elle devient insolente, fait la grimace à Mercy, lui tourne le dos. Elle s'est moquée de l'abbé quand Vermond a parlé de se retirer. La reine est au point le plus exaspéré de son « spleen » et de sa frustration.

*
* *

Rose Bertin règne toujours dans ses appartements, Léonard sur sa coiffure qui a descendu d'un cran pour mieux se parer de diamants.

Marie-Antoinette veut encore et toujours des diamants. Dans ses cheveux, à ses oreilles, à ses poignets, à ses doigts, à son cou, à ses chevilles si elle l'osait. Les diamants la réchauffent de leur froid éclat, sont l'éclaircie de son particulier hiver, l'arc-en-ciel de sa chair glacée. Elle exige une prodigieuse quantité de diamants de la plus belle eau, rosée, bleutée, dorée. Elle éprouve une délicate sensualité à saisir ces pierres merveilleuses. Sa cassette ne suffit plus : elle se couvre de dettes.

« Je ne cachais pas à la reine, s'effare Mercy (...) qu'il eût été prudent de suspendre une telle dépense, mais la tentation était trop forte (...). »

Elle dissimule au roi ses arrangements avec les bijoutiers. Le roi lui a octroyé une cassette de vingt-quatre mille livres, mais elle est endettée auprès de Boehmer de trois cent mille livres. Le souverain s'émeut et, sans rien dire, commence à payer les dettes de sa femme.

Le joaillier a consenti au crédit parce qu'il s'agit d'une illustre cliente. Mais, en décembre 1776, il n'a reçu que les acomptes de ses exorbitants achats. Il rappelle alors respectueusement à la souveraine qu'il attend toujours quatre-vingt mille livres pour les boucles d'oreilles et deux cent mille livres pour les bracelets assortis. Boehmer se voit donc dans la pénible obligation de faire connaître au roi le montant de la plus grosse dette que sa femme ait contracté en son dos : trois cent mille livres. Il a même dû garder en acompte les bracelets que lui avait remis la reine et qui venaient de sa dot. Quelle honte pour Marie-Thérèse !

Les gazettes inondent les cours d'Europe. L'inconsciente ne réalise pas que, outre les bijoux, les jeux d'argent et Trianon, il y a l'immense dépense qu'occasionnent sa domesticité, ses apothicaires, ses gardes, les porte-chaises et « les linges de la chaise », la dépense des Menus et de Papillon de La Ferté. L'éclairage exige que l'on brûle quatre cents livres de bougies chaque jour. Il y a les charités obligatoires. La reine doit protéger le couvent des Récollets, veiller au bien-être des religieuses de « Pique-Puce » et de Saint-Denis. Elle a tout engouffré dans ses plaisirs. Le roi paie, paie de tous les côtés… avec les impôts de ce cher peuple qu'il a juré, à Reims, de protéger.

Un furieux murmure commence à s'élever dans Paris et dans les campagnes.

Quand la reine paraît en public, les ovations se font de plus en plus tièdes. À l'Opéra, presque personne n'a applaudi les dernières œuvres de M. Gluck. Marie-Antoinette, insensible, a entraîné la France dans un déficit de quatre cent quatre-vingt-dix mille livres.

Chapitre 49

La reine adopte un enfant

Versailles semble un désert. Trianon n'est ouvert qu'à la cour personnelle de la reine. Mercy lui fait remarquer qu'elle ne remplit pas son devoir de première « hôtesse » de France. Les courtisans ne la trouvent en effet jamais au château. Déçus, ils s'en vont, ignorant où lui rendre hommage. Elle perd ainsi progressivement l'appui et l'amitié des nobles, ceux des provinces qui ont entrepris de pénibles et longs voyages pour rien. Elle se discrédite dans son propre milieu. Elle a oublié ses dettes, reprise par cet ennui et ce vide qu'elle confond avec l'immensité glacée de Versailles. Elle est à peine au courant de la politique qui préoccupe le roi et ses ministres. Les événements de son pays l'assomment. M. le marquis de La Fayette, jeune noble d'Auvergne, âgé de vingt ans, lié à Franklin, enthousiasmé par la guerre de l'Indépendance en Amérique, va s'embarquer clandestinement (Louis XVI le lui a interdit) avec d'autres nobles pour se mettre aux ordres de Washington. Marie-Antoinette s'en moque. Que sait-elle de cette France qui vole au secours des insurgés ? Ils remportent leur première grande victoire à Saratoga contre le général anglais Burgoyne, décidant Louis XVI et Vergennes à intervenir en Amérique. Que lui importent ces grands mouvements du monde. Son univers se borne à Trianon, à ses caprices et à son angoisse de la stérilité. Clugny de

Nuits est mort quelques mois après sa nomination d'Intendant, n'ayant trouvé pour résorber le vertigineux déficit que la création d'une loterie royale. Tout le monde regrette Turgot, le roi en premier. Maurepas suggère à Louis XVI un financier qui saura remonter le trésor si amoindri : le banquier Jacques Necker, protestant de Genève. Intègre, d'une immense fortune, marié à Suzanne Curchot, fille d'un pasteur vaudois, Necker a une fille, la future Mme de Staël. La reine méprise « ces gens-là » qu'elle estime en dessous de son rang. Necker est populaire en France par la simplicité de sa vie et son activité philanthropique. Il a fondé un hôpital rue de Sèvres, qui portera plus tard son nom et se préoccupera de la santé des enfants. Il a établi un mont-de-piété. Étranger et protestant, Necker ne peut avoir le titre de contrôleur général. On lui donne celui de directeur général des Finances.

Comment résorber, tout en restant populaire, le gouffre provoqué par Marie-Antoinette ? La participation française à la guerre des insurgents américains contre l'Angleterre va nécessairement provoquer de nouvelles dépenses. Où trouver l'argent sans taxer d'impôts un peuple exaspéré ?

Necker a recours aux emprunts et à l'économie. Il supprime certains offices de cour, diminue le budget ministériel, réorganise la Ferme générale, émet sept emprunts entre 1777 et 1781. Il réussit le tour de force d'emprunter cinq cent soixante millions de livres tout en finançant la guerre d'Amérique, pirouette qui lui vaudra le cri admiratif du comte de Mirabeau :

— Necker fait la guerre sans impôts, c'est un dieu !

*

* *

Marie-Antoinette dédaigne tout cela. En cette fin d'année 1776, elle est au comble de son spleen. Elle pleure sans raison, devient silencieuse, méditative, traverse une crise de piété qui inquiète ses amis. Va-t-elle devenir économe et leur supprimer leurs avantages ? On la voit s'abîmer en prières dans toutes les églises de Versailles. Mlle Bertin confectionne pour cette nouveauté des toilettes sombres, magnifiquement ouvragées, cachant sa poitrine si blanche sous des fichus en dentelles, jais et perles. Léonard pose sur ses boucles roulées en une longue queue un large chapeau prolongé d'une voilette mouchetée de velours. La reine prie, la reine a des remords, la reine pleure. Vive la reine !

On ne la voit plus à Paris, ni au bal, ni au jeu, ni au bois de Boulogne. Elle songe au jeûne, à la mortification, à la solitude, au couvent ! Elle écoute quelques rares concerts dans ses appartements (de la musique sacrée) où elle invite de vieilles aristocrates et des gentilshommes cacochymes envers lesquels elle feint le plus grand intérêt. Elle s'efforce de marquer plus d'attention à son époux. Elle dîne avec lui et rentre au plus tard à minuit en sa compagnie. Elle l'accompagne en voiture à la chasse, lors de la Saint-Hubert. Elle devient magnanime et demande la grâce de M. d'Aiguillon, ayant appris que sa fille était morte pendant un séjour près de son père.

Une reine de bonté, une reine douce et pieuse, une reine qui rend un peu d'espoir à son époux. La rougeole s'est abattue sur les frères du roi et la princesse de Lamballe qui s'éloigne aux eaux de Plombières. La Cour s'installe à Marly jusqu'au rétablissement des princes. Marie-Antoinette, conserve auprès d'elle le baron de Besenval, sa chère Polignac, le duc de Coigny et le déplorable comte de Guines.

La rougeole a mis un moment les jours des princes en danger, mais la reine se soucie surtout de la santé de Mme de Lamballe. Marie-Antoinette, fatiguée de sa vie austère, donne une fête à Trianon en réjouissance de la guérison des frères du roi. Mesdames Tantes, invitées, caquettent à qui mieux mieux lors du souper aux chandelles. La fête s'achève par un spectacle illuminé dans les jardins. La reine, semble avoir repris son éclat, mais le « spleen » va la saisir à nouveau. Effrayée, elle compte les années : voilà plus de six ans que sa vie matrimoniale est un douloureux échec. Elle pleure à chaudes larmes quand la comtesse d'Artois, ce laideron, accouche d'une fille (deux enfants en moins de deux ans).

Où trouver un enfant tout frais, tout fait, qu'elle n'aura qu'à emporter, gâter, aimer ?

Une idée d'« enlèvement » lui vient.

*

* *

Un matin, elle part en calèche découverte sillonner les villages alentour. Traversant le hameau de Saint-Michel, près de Luciennes, les chevaux hennissent et le cocher s'arrête de justesse. Un bel enfant de cinq ans joue sur la route. À la porte de la chaumière, au bord du chemin, une vieille femme s'élance pour le saisir. Marie-Antoinette, dressée dans sa calèche, fascinée par la beauté du petit garçon, tend les bras et s'écrie à la paysanne en guenilles :

— Cet enfant est à moi, la Providence me l'a donné pour me consoler !

La vieille femme ne comprend rien sauf qu'il s'agit de la reine. Apeurée, serrant le garçonnet qui hurle et se débat, elle tente de comprendre l'étrange dialogue qui va suivre, rapporté par Mme Campan :

— Cet enfant a-t-il sa mère ? demande Marie-Antoinette.

— Non, Madame, ma fille est morte l'hiver dernier, en me laissant cinq petits-enfants sur les bras.

— Je prends celui-ci, et je me charge de tous les autres, y consentez-vous ?

La vieille femme acquiesce mais fait remarquer que celui-ci – il se nomme François Jacques Gagne – « est bien mauvais ».

On lui amène l'enfant, elle le saisit sur ses genoux, mais il faut abréger le parcours « tant Jacques pousse des cris perçants et donne des coups de pied à la reine et à ses dames ».

À Versailles, ivre de fierté, elle tient l'enfant par la main et choque son personnel. L'enfant se met à hurler, prêt à mordre la main de sa bienfaitrice. Il veut sa grand-mère, sa chaumière, ses frères et sa sœur Marianne.

— Je veux Marianne ! Je veux Marianne !

On le confie à une femme de chambre qui met une heure à le décrasser et à l'habiller. Les autres enfants de la grand-mère sont mis en pensions luxueuses, la grand-mère bien rentée (encore des frais, encore des dettes). On ramène à la reine son « fils » qu'elle nomme « Armand ».

Il est vêtu délicieusement d'un habit de satin blanc et de dentelles, une écharpe rose frangée d'argent, un chapeau à plumes. Finis les sabots et le bonnet de laine ! « Armand » est si joli que, transportée, Marie-Antoinette le couvre de baisers, le nomme « mon enfant ». Bien content de manger aussi bien, d'être vêtu si joliment, « Armand » oublie promptement les siens. Marie-Thérèse préfère ne pas commenter cette lubie qu'elle estime une offense pour le roi. L'enfant demeurera quelques années à Versailles, la reine, une fois mère, s'en désintéressera. En 1792, à vingt ans, Armand, craignant d'être tué par le peuple qui haïssait la reine, deviendra un patriote sanguinaire. Il criera « à mort » plus fort que les autres quand on guillotinera sa bienfaitrice. Il sera tué à la bataille de Jemmapes.

*

* *

La reine fait une dépression. Elle est morne, refuse toute compagnie excepté ses favoris, reste enfermée dans ses appartements. Elle ne supporte que la présence de sa Polastron, d'Artois, de Coigny et du duc de Guines. Certains jours, elle ne reçoit que sa Polignac, ce qui excite des rancœurs sans fin. Mesdames Tantes clabaudent. La Polignac se fait haïr. Mercy déteste « la comtesse Jules », naufrageuse de l'image de la reine, qui s'abaisse à imiter ses propos et ses grimaces. Mercy sait que la Polignac, nièce par alliance de Maurepas, joue sur tous les tableaux : elle flatte les choiseulistes et en même temps les ennemis du ministre. La Polignac se met à jouer avec le cœur de la reine. Elle feint de la quitter plusieurs jours afin d'exacerber sa jalousie, poussant Marie-Antoinette à lui écrire quotidiennement des lettres intimes. Mercy s'en épouvante. Quelle source à chantage, ces lettres ! Mercy explique à sa souveraine qu'il s'agit là « de la plus dangereuse des correspondances de la reine ». Mercy envoie l'abbé raisonner son impossible élève.

— Votre Majesté n'est pas sans avoir remarqué à quel point son indulgence pour ses amis peut être dangereuse. L'amitié si confidentielle avec Mme de Polignac est du plus mauvais effet. La reine, par cette amitié, « se porte un tort infini ».

Marie-Antoinette répond à Vermond, riant sous son nez :

— Monsieur l'abbé a toujours raison.

Son air insolent ne présage rien de bon. Découragé, Vermond se doute qu'elle va replonger dans ses futilités redoutables. On dit que M. Necker remonte les finances de la France. La Cour est du reste fort joyeuse à Fontainebleau. Marie-Antoinette recommence sa fuite en avant. Elle ne veut pas du réel, puisque c'est le traumatisme du devoir conjugal.

Marie-Antoinette d'Autriche de Lorraine de France est dans une impasse.

Chapitre 50

JOSEPH À VERSAILLES

Marie-Thérèse se désespère de la situation de sa fille. Son seul espoir reste la venue de Joseph II qui, peut enfin prendre la route pour Versailles en avril 1777. Joseph II est décidé à sonder les démons qui perturbent sa sœur. Il veut tout savoir, tout voir, y compris s'entretenir avec son beau-frère, d'homme à homme, au sujet de cette insensée situation matrimoniale.

Joseph II, curieux de tout, de sciences, de musique, de conférences, d'architecture, est enchanté de visiter l'Europe, en particulier la France et Paris qu'il ne connaît pas. Il souhaite voir les savants dont il a pris connaissance des découvertes. Le fils de Marie-Thérèse, fort cultivé sous des dehors d'une simplicité toute rustique, refuse le protocole de Versailles et de loger dans les appartements offerts par sa sœur. Il se contente d'aller chez un simple aubergiste de Versailles. Deux pièces lui suffisent amplement. Pas besoin de valet : il cire lui-même ses bottes. Pour dormir, il a une peau de loup qui ne le quitte jamais en voyage et lui sert, à l'occasion, de manteau.

Joseph est célèbre à Vienne pour ses originalités. Il adore assister aux accouchements à l'hôpital de Vienne, observer la cour des fous et tirer sur les chiens de sa fenêtre. Il tient à conserver à Paris l'anonymat et se présente sous le nom du « comte de Falkenstein ».

Mercy est heureux d'accueillir à Paris, au palais du Petit-Luxembourg où il loge, le frère de la reine, désolé d'une crise de rhumatismes et de ne pouvoir observer au plus près les faits et les dires de la reine et de ses entours. Joseph II arrive chez lui, le 18 avril, enveloppé de son gros manteau militaire, un chapeau commode et sans grâce enfoncé jusqu'aux yeux. Il est sept heures et demie du soir.

« Il daigna venir d'abord auprès de mon lit où j'étais fort souffrant », note l'ambassadeur.

Le fils de Marie-Thérèse s'installe en toute bonhomie à son chevet, et aussitôt Mercy le renseigne sur les agissements de la reine.

*
* *

À neuf heures trente, il est à Versailles. Vermond l'accueille à son carrosse et le conduit ainsi seul, évitant les courtisans, par une série de corridors secrets, jusqu'aux cabinets de la souveraine.

Le premier mouvement de Joseph II retrouvant sa chère « tête à vent » est émouvant. Ne l'ayant plus revue depuis ses quatorze ans, il est ravi devant cette grande jeune femme de vingt-deux ans, tout en chair rosée, la chevelure d'argent, les yeux caressants embués de larmes. Elle ne marche pas, elle danse. Ses chevilles sont la délicatesse même. Sa taille donne envie de la serrer de près. Croirait-on que la bougresse n'a jamais enfanté ni allaité ? Joseph II est sous le charme.

— Peste, ma mie, s'écrie-t-il, tenant ses mains pour mieux l'admirer, si vous n'étiez point ma sœur, je ne balancerai point à me remarier pour me donner une compagne aussi charmante. Si jamais vous deveniez veuve et sans enfant, ma très chère, mon seul désir serait que vous revinssiez auprès de notre mère et de moi.

Marie-Antoinette est flattée à l'extrême : être admirée de Joseph II est chose fort difficile. Elle oublie toute méfiance et se confie à son frère.

Joseph prend une attitude paternelle, grave, calme, silencieuse. Il l'écoute, ne la juge pas, ne la blesse pas (pas encore). Mercy s'empresse d'écrire à Marie-Thérèse que, lors de l'entrevue, « elle parla d'abord des conjonctures relatives à l'intimité matrimoniale et Votre Majesté apprendra par l'empereur que cet article est éclairci autant que possible et de manière satisfaisante ».

Joseph, en bon stratège militaire, laisse l'« adversaire » s'enferrer.

— Qu'en est-il, « Antoine », de votre excessive dépense et de vos dissipations ?

Marie-Antoinette éprouve une suavité infinie de s'entendre appeler « Antoine ». Cela déclenche son irrésistible besoin de justification. « Antoine » répond avec un peu de raideur à la question de ses dissipations. Oui, elle a des amis, oui, le roi la gâte, oui, elle a quelquefois joué au pharaon, mais elle n'a jamais commis le mal, le déshonneur sur son époux. Joseph change de manœuvre. Il redouble de féline douceur. La confiance de la reine éclate, s'échappe, sable du sablier, eau vive entraînée par un torrent plus fort.

— Eh bien, ma sœur, conduisez-moi chez le roi. Jugez de mon impatience à saluer mon frère !

« Antoine » se sent à nouveau très à l'aise. Que Joseph est donc devenu doux et prévenant ! Il est le « père » qu'elle a perdu.

Chez le roi, tout se passe de la manière bon enfant, ce qui plaît à Louis XVI. Les deux monarques s'embrassent avec affection. L'Autrichien déploie tant d'esprit aimable et de simplicité que le roi se sent en confiance. Il est temps de dîner, et les courtisans assistent à un étrange repas. Le roi, la reine, assis sur des grands pliants au pied du lit de Marie-Antoinette, soupent en face de Joseph II qui tourne le dos à la foule encuriosée. Le chancelier Kaunitz est tout attention. Le plus important est de sauver l'alliance et de gagner l'appui du roi de France dans l'affaire de la Bavière. À Joseph II de ne pas contrarier trop violemment la reine.

Ce dîner se révèle mémorable. L'étiquette de Versailles, encore une fois, est bouleversée. C'est la première fois qu'une reine de France prend ainsi un dîner en public avec un homme qui ne fait pas partie de la famille royale. Les vêtements des trois comparses constituent aussi une dérogation aux usages. Le roi a son habit violet, Joseph II est tout en noir, la chevelure non poudrée, Marie-Antoinette en déshabillé vaporeux, décoiffée, la chair visible sous la mousseline.

*

* *

Chaque soir, il dîne et soupe chez le roi et la reine. À midi, il est à Paris. Sa simplicité conquiert le peuple. Sa curiosité est inlassable. L'intérêt qu'il porte à la ville et à ses habitants séduisent. Il marche à pied, parcourt le Jardin des Plantes, admire les travaux de M. de Buffon, rattrapant ainsi les maladresses de son frère devenu grand-duc de Toscane. Il visite la manufacture des Gobelins, sans oublier de s'intéresser aux artisans, arpente la Savonnerie, la Monnaie, s'enquiert de tout et de tous. Il se rend chez Mme Geoffrin où il fait sensation par ses manières et sa vaste culture. Il se passionne pour le fonctionnement des Ponts et Chaussées. On le voit à l'École militaire, aux Invalides, à l'Observatoire. Il admire le cabinet d'histoire naturelle et celui de physique, à Passy. Il court les hôpitaux : la Salpêtrière, l'Hôtel-Dieu, Bicêtre, l'école des Sourds-Muets, l'école des Vétérinaires. Il note tout ce qu'il voit dans un rapport qu'il rapportera à Vienne pour améliorer sa capitale. Il assiste à une séance à l'Académie française, écoute une conférence à l'Académie des sciences. Il ravit Lavoisier, Buffon bien sûr, Necker, les économistes et les savants.

Un grand empereur, vraiment, capable, dans un tel programme, de participer à la vie de la Cour, de se faire présenter les plus importants aristocrates, de passer le plus de moments possibles avec sa sœur et son beau-frère.

Il a vu avec mépris la famille de Louis XVI. Il a trouvé Provence fourbe et glacial, Artois abject d'insolence et d'incompétence, tous les deux infantiles, se croyant drôles en s'amusant à se jeter sur des sofas. Il a jaugé leurs épouses laides et bêtes. Mesdames Tantes sont des pies-grièches sans le moindre intérêt. Personne n'est à ses yeux valable dans l'entourage familial et amical de sa sœur. Il conserve son ton affectueux, mais son œil est glacé quand il croise celui, pour une fois, indécis de la Polastron ou du baron de Besenval.

*
* *

Le 22 avril, Marie-Antoinette, si fière de son Trianon, invite son frère à un dîner intime avec pour seules dames du palais la comtesse de Mailly et la duchesse de Duras.

Le temps est si doux qu'après dîner la reine mène Joseph II en promenade. Il a tout remarqué : la dépense des jardins, le Belvédère et ses rocailles, le manège et ses chinoiseries. Avec une douceur pateline, il lui murmure des avertissements terribles concernant son entourage.

— Que d'écueils autour de vous, ma sœur ! Vous vous laissez entraîner par l'appât trompeur des dissipations, les conséquences ne peuvent qu'entraîner dans l'avenir de grands malheurs.

Il prend le risque de la raidir et de perdre sa confiance. Mais le temps est venu d'approfondir les choses, de toucher au plus vif sa situation. Il a parlé avec tant de douceur qu'« Antoine », telle une petite fille morigénée pour des bêtises, lui fait des aveux plus étendus et convient « des raisons de l'empereur ».

Elle se prend à redouter le tête-à-tête de son frère et de son époux. Joseph II pourrait fâcheusement influencer le roi contre elle, le rendre plus strict à son égard, exiger une austérité qui l'ennuie au plus profond d'elle-même. Elle redoute que Louis XVI ne parle franchement à Joseph II des obstacles physiques de son état matrimonial. Faudra-t-il que le roi se fasse opérer ? Marie-Antoinette a pris en horreur cette question, la plus importante de son avenir. Elle connaît trop son frère pour savoir qu'il ira à l'essentiel d'une telle affaire. Louis XVI, si isolé, sera soulagé d'avoir enfin un confident bienveillant, énergique et à égalité.

Le 27 avril, Mercy, encore souffrant de sa crise de rhumatismes, demande à Joseph II une longue audience où celui-ci va droit au but :

— Quels sont les vrais sentiments de la reine pour son époux ?

— Sa Majesté néglige et intimide son époux, observe Mercy. Les frères du roi, d'un affreux égoïsme, se mêlent de tout, et savent flatter la reine. Il serait aussi temps, en politique, la reine ayant bouleversé plus d'un ministère afin de complaire à de fâcheux entours, que se forme un ministère cohérent, capable de neutraliser ses lubies. Mercy s'étend aussi sur son goût du jeu, des diamants et ses nuits aux bals masqués et à l'Opéra.

Joseph II ne dit rien : il sait tout cela. Il ourdit un plan pour précipiter les choses.

*

* *

Le 30 avril, seul avec le roi, il le met en confiance d'un grand ton d'aisance amicale. Louis laisse éclater son dilemme :

— Mon frère, mes forces physiques ne sont pas encore suffisamment développées, mais j'espère avoir bientôt des enfants.

Il rougit, mal à l'aise. Le regard de Joseph II, perçant, « attend la suite ». Oui, soupire le roi, il y a ce phimosis, cette douleur. Joseph II se contente de rester affectueux et s'abstient de tout commentaire.

Le 9 mai, il précise sa position. Rien n'a échappé à sa vigilance. Il a vu la Lamballe, la Polignac, les uns et les autres. Son ton est moins affectueux, et il froisse la reine en la rabrouant brusquement lors d'un dîner. Il suggère au roi qu'il serait temps qu'il visite ses villes les plus importantes, ses ports, en particulier Brest. Marie-Antoinette frappe des mains.

— Oui, oui, ce serait amusant d'aller visiter tout cela, quel beau voyage, allons-y ensemble !

Joseph II a repris son regard illisible et glacial, gris pâle, pour lui rétorquer :

— Votre présence serait parfaitement inutile parce que vous n'êtes bonne à rien au roi.

La sentence jette un froid et elle pâlit. Qu'elle a été sotte de se confier ainsi ! Il la couvre de sarcasmes, n'ayant pu contenir plus de quelques jours sa « douceur » diplomatique.

Il va plus loin encore : devant le duc de Coigny (que l'on dit l'amant de la reine) et la Polignac, Joseph II, d'un ton d'empereur et de frère aîné outré, jette à sa sœur l'ordre d'aller chercher son époux :

— Il est grossier, Madame, que le roi ne se joigne pas à notre société.

Blessée profondément, « Antoine » ne veut plus lui parler. Mercy frémit et fait remarquer au « comte de Falkenstein » que ce n'est pas avec tant de vinaigre qu'on attrape une mouche pareille. Joseph II réfléchit ; il s'est emporté trop tôt contre « la tête à vent ». Le lendemain, le revoilà bon enfant et tout écoute.

À la soirée chez Mme de Guéménée, on joue. Joseph II ne dit rien. Il veut voir jusqu'où va cet

« infect tripot ». Cela va mal, en effet. La Guéménée triche ouvertement, une dispute éclate avec ses partenaires qui veulent en venir aux mains. Tout cela sans le moindre respect pour la reine présente, qui joue de son côté, insensible aux clameurs de la table voisine.

Marie-Antoinette est butée : pour braver son frère, elle reste « au tripot de la Guéménée » jusqu'à plus de minuit, ce qui irrite prodigieusement l'Autrichien.

Le lendemain et le surlendemain, le revoilà charmant, provoquant tendresse et confidence. L'empereur se promène avec son beau-frère dans les bosquets de Versailles, il en fait autant avec Marie-Antoinette.

Louis XVI, depuis que ce beau-frère si peu ordinaire lui a manifesté tant de franchise et même d'amitié, s'épanche un matin. Joseph II ne parle plus, respire à peine, est tout ouïe. Jamais Louis XVI, pas même à ses médecins, n'a autant parlé d'un sujet qui rougit ses oreilles. Jamais, de sa vie, Joseph II n'a entendu une confidence pareille qu'il s'empresse d'écrire à son frère Léopold :

« Le roi (...) introduit même [la reine] mais il ne remue pas et se retire ensuite sans avoir déchargé. Nous ne faisons pas comme cela, et c'est être un souffleur d'un haras [étalon qui prépare les juments à la saillie], qui est un fichu métier. La reine est une très jolie et aimable femme (...) mais ivre de la dissipation de ce pays, elle ne remplit pas les fonctions de femme ni celles de reine (...). Elle néglige absolument le roi, (...) elle ne se soucie ni de jour ni de nuit de sa société. [Le roi] n'est son mari qu'à deux tiers (...). Notre sœur a plus le crédit d'une maîtresse que celui d'une épouse devrait avoir (...). Cet homme est un peu faible mais point imbécile, il a des notions, il a du jugement, mais c'est une apathie du corps comme de l'esprit. (...) Imaginez que dans le lit conjugal voici le secret : il a des érections fortes, bien conditionnées ; il introduit le membre, reste là sans se remuer deux minutes peut-être, se retire sans jamais décharger, toujours bandant et souhaite le bonsoir. (…) avec cela il a parfois des pollutions nocturnes, mais en place et en faisant l'œuvre jamais ; et il est content disant tout bonnement qu'il ne faisait cela que par devoir et qu'il n'y avait aucun goût. (…) Il faudrait le fouetter pour le faire décharger de colère comme les ânes. Ma sœur avec cela a peu de tempérament, et ils sont là deux francs maladroits ensemble. »

Le *fiat lux* sur cette désolante situation est donc fait. On peut comprendre la frénésie, les irritations, les coups de folie de Marie-Antoinette. Une insatisfaction abominable, un doute permanent : elle ignore même si son mariage est consommé. Comment la jeune femme oserait-elle demander à son époux si ces gestes-là sont suffisants à conclure un mariage jusqu'à la grossesse ?

Il introduit le membre, reste là sans remuer deux minutes peut-être, se retire sans jamais décharger, toujours bandant et souhaite le bonsoir.

Joseph II écrit cette lettre si extraordinaire à son frère. Marie-Thérèse n'en saura jamais rien. Pudeur ? Ce n'est pas le genre de cette famille, Marie-Thérèse est tout à fait apte à entendre, avec gravité, si loin de la grivoiserie, de si tristes détails. Joseph, par son silence, manifeste surtout l'envie de devenir empereur à part entière et d'écarter l'omnipotente matriarche d'un secret essentiel.

Ces confidences ont sans doute ébranlé Louis XVI, car en allant à la chasse, le jour suivant avec son beau-frère, il se blesse à la main, maladresse inhabituelle, due à l'émotion. Joseph II a-t-il glissé à l'oreille du roi l'ultime encouragement d'accepter l'intervention chirurgicale qui dégagera son prépuce ?

*
* *

Quelques jours après le départ de l'empereur, dans le plus grand secret, Louis XVI a eu le courage de supporter la lancette de Lassone. Il y a eu une cuvette, de l'eau chaude, du sang, le cri involontaire du malheureux, les linges présentés par Thierry. Avec un immense courage, Louis XVI écoutait le chirurgien l'encourager à mesure qu'il œuvrait.

« L'érection serait plus soutenue, la douleur de l'introduction disparaîtrait peu à peu, l'éjaculation aurait lieu suite à l'introduction dans le canal vaginal. »

Siècle des lumières, propos scientifiques, curiosité du chirurgien et même curiosité du roi blanc comme un linge : le progrès de l'humanité est en cours. Un coup de lancette ouvre la voie d'une conception possible. Louis XVI éprouve une grande fierté d'avoir supporté cette épreuve au nom de son devoir de roi, sacré à Reims, de droit divin.

Une rumeur se mettra en place pendant la Révolution française selon laquelle Joseph II aurait servi de médiateur sexuel, et engrossé sa sœur.

*

* *

Les deux beaux-frères chassent une dernière fois, par temps pluvieux, avant de se séparer. Joseph II doit retourner à Vienne non sans avoir prévu un circuit dans les grandes provinces de France. Avant leur adieu, il a souscrit à la demande de sa sœur de lui laisser une « recommandation par écrit ».

L'instruction de Joseph II n'est pas sans rappeler la vigoureuse missive qu'il lui avait fait parvenir après le sacre de Reims. Pour en adoucir l'effet, il proteste de son affection pour sa sœur, son beau-frère. Il établit le développement de l'attitude que la reine aurait tout intérêt à suivre. Il répète ce qu'il lui a écrit autrefois, quand elle était une étourdie dauphine qui ne mesurait pas les conséquences de ses actes :

« Comme épouse et surtout comme femme d'un roi, vous avez des considérations, des devoirs et des intérêts bien différents de ceux de toutes les autres dames, princesses et femmes du monde. Que faites-vous ici en France, par quel droit vous respecte-t-on, vous honore-t-on comme compagne de leur roi ? Vous seriez bafouée, aussi jolie que vous êtes ; *et la chute, et en soi et par comparaison, serait affreuse pour vous.* »

Il ne se lasse pas de répéter ce qui est, ce qui sera. Marie-Antoinette pleure-t-elle de rage, de peine, à cette lecture qui correspond à la séparation avec son frère ? Il part de Versailles, le 30 mai, à minuit.

Il les a embrassés tous les deux avec une infinie chaleur.

Le déchirement la saisit. Elle est victime d'une attaque de nerfs quand la voiture s'éloigne. Elle lit, elle lit ces mots, pour une fois sans sauter une ligne, et ces mots la poignardent étrangement :

« À quoi tenez-vous dans le cœur du roi et surtout à son estime ? Examinez-vous, employez-vous tous les soins pour lui plaire ? Étudiez-vous ses désirs, son caractère, pour vous y conformer ? Tâchez-vous de lui faire goûter, préférablement à tout autre objet ou amusement, votre compagnie et les plaisirs que vous lui procurez et auxquels sans vous, il devrait trouver du vide ? Vous rendez-vous nécessaire à lui ; le persuadez-vous que personne ne l'aime plus sincèrement et n'a sa gloire et son bonheur plus à cœur que vous ? Voit-il votre attachement uniquement occupé de lui, de le faire briller, même sans le moindre égard à vous-même ? »

Elle sanglote, tremble, se roule en boule sur le canapé. Elle lit, elle lit jusqu'à la fin cette instruction, lueur rouge dans la nuit noire :

« Modérez votre gloriole de briller à ses dépens, d'être affable quand il ne l'est pas, de paraître occupée d'objets qu'il néglige, enfin de vouloir n'avoir de réputation qu'à ses dépens. »

Qu'il est dur, ce grand frère auquel ils ont tout confié ! Qu'il la méprise, qu'il voit clair, hélas, dans ses faiblesses ! Elle redouble de pleurs, se sent si seule, si faible. Elle craint de sombrer à nouveau dans tout ce qu'il lui reproche, ce que son orgueil refuse mais sa raison comprend :

« Êtes-vous d'une discrétion impénétrable sur ses défauts et ses faiblesses, les excusez-vous, faites-vous taire tous ceux qui osent lâcher quelque chose ; êtes-vous de même secrète sur tous les conseils que vous lui donnez, et qui ne doivent jamais paraître, que les affaires réussissent ou non ? »

La honte rosit ses joues. Impitoyable, l'« instruction » ne s'arrête pas là :

« Retournez-vous adroitement à la charge sans importuner, sans témoigner une volonté, car enfin vis-à-vis de lui vous ne pouvez avoir que des désirs, et lui, tant sur votre personne que sur les affaires de son pays, peut seul avoir des volontés. Il n'y a pas de galanterie qui tienne, un particulier peut craindre le ridicule que son impolitesse lui donnerait, mais un roi s'en moque et un mot peut disposer de votre sort. N'oubliez pas cela ! »

Elle tremble, une vague crainte s'empare d'elle. Qui peut comprendre à quel point elle adore régenter tout et chacun avec grâce, ou véhémence, à quel point une femme abomine la soumission, surtout elle, la reine.

« Mettez-vous ma sœur, continue le terrible mentor, du liant, du tendre quand vous êtes avec lui ? (...) N'êtes-vous pas froide, distraite quand il vous caresse, vous parle ? Ne paraissez-vous pas ennuyée, dégoûtée même ? Comment, si cela était, voudriez-vous qu'un homme froid s'approche et enfin vous aime, ce point exige toute votre attention (...). Ne vous rebutez jamais, et soutenez-lui l'espérance toute votre vie qu'il pourra encore avoir des enfants, que jamais il n'y renonce ou n'en désespère. Vous devez éviter cette idée, et toute séparation de lit, de toutes vos forces qui ne consistent que dans vos charmes et votre amitié. »

Joseph II, terrible, la morigène aussi sur ses imprudences avec les ministres parce que rien ne la regarde en politique, et qu'un ventre doit être un ventre fécondé. Il la tance sévèrement sur la dissipation et les jeux, les favorites abjectes. Il tempère son instruction en concluant sur le ton de l'affection :

« Vous êtes faite pour être heureuse, vertueuse, parfaite ; mais il est temps et plus que temps de réfléchir et de poser un système qui soit soutenu. L'âge avance, vous n'avez plus l'excuse de l'enfance. Que deviendrez-vous si vous tardez plus longtemps, *une malheureuse femme et encore plus malheureuse princesse.* »

Elle pleure longtemps après cette lecture. Elle reste au lit, la gorge douloureuse, les joues enfiévrées. À peine rétablie, elle ne résiste pas à passer une journée à Trianon pour confier tout à ses amies, se faire consoler par Mme de Lamballe, Mme de Gramont et la chère « Jules » qui boit du petit-lait. Elle écrit à sa mère à quel point elle a été secouée de l'adieu de son frère. Oui, elle va changer, elle l'a promis, elle a envie d'étudier, de lire des ouvrages sérieux.

Après le départ de Joseph II, elle reste le plus possible à Versailles. Elle se promène dans les jardins, se lance dans la lecture de l'*Histoire d'Angleterre* de Hume. Elle a été victime d'une fièvre tierce qu'on lui soigne avec des bains et des pilules d'ipécacuana.

*

* *

Le retour de ses beaux-frères d'un voyage à travers la France remet de l'animation à la Cour qui passe l'été à Choisy. Marie-Antoinette n'est pas fâchée des fêtes, des soupers et des promenades dans les jardins illuminés. Elle a fait, il est vrai, un effort considérable pour modérer ses propos, sa familiarité, éviter de s'entourer de personnes médiocres. Elle est fière de tenir « à la perfection », croit-elle, son rôle de reine. Joseph II serait ravi de la voir si digne, coiffée de poufs champêtres tout simples ! Elle regagne Versailles par la Seine, en bateau, enchantée d'elle et de chacun. Elle a été discrète sur « la petite opération » du roi. Elle ne confie qu'à sa mère, le 19 août (1777), sa reprise de la vie conjugale :

« Pour ce qui regarde mon état, il est malheureusement toujours le même, ce qui fait que je n'en importune pas ma chère maman. Mais je n'en désespère pourtant pas, car il y a un petit mieux qui est que le roi a plus d'empressement qu'il n'en avait, et c'est beaucoup pour lui. Du reste il se porte fort bien et je n'ai qu'à m'en louer de toute manière. »

*

* *

Le « léger mieux » est un événement capital de ces sept dernières années. Mercy qui, décidément, rhumatismes ou pas, a des yeux et des oreilles jusqu'au fond du lit royal, établit fébrilement un rapport daté du 18 août. Le roi serait venu chez Marie-Antoinette à dix heures du matin « au moment, écrit Mercy, très nerveux, où elle sortait du bain ». Les deux augustes époux, exulte l'ambassadeur, « restèrent ensemble près de cinq quarts d'heures ».

La reine se serait engagée, à la demande de Louis XVI, à rester discrète sur cette intimité si nouvelle. Le 30 août, après un retard dans ses règles, elle éclate d'une joie enfantine et écrit à l'impératrice, sans tenir compte du secret que son époux lui a demandé de garder :

« Je suis dans le bonheur le plus essentiel pour toute ma vie. Il y a plus de huit jours que mon mariage est consommé ; l'épreuve a été réitérée, et encore hier plus complètement que la première fois. J'avais pensé d'abord envoyer un courrier à ma chère maman. J'ai eu peur que cela ne fît événement et propos. J'avoue aussi que je voulais être tout à fait sûre de mon fait. Je ne crois pas être grosse encore ; mais au moins j'ai l'espérance de pouvoir l'être d'un moment à l'autre. »

Marie-Antoinette, pour qui la moindre satisfaction doit se solder par une fête, célèbre cet événement sans réfléchir qu'elle contrarie la retenue naturelle de son époux. Elle offre à Trianon et à la famille royale un souper et une représentation théâtrale, *Le Barbier de Séville*, jouée par les Comédiens-Français. Marie-Antoinette est enchantée d'inaugurer ses nouveaux jardins où elle a fait aménager des boutiques de loteries. Vêtue en limonadière, elle tient elle-même une échoppe de rafraîchissements. Trois mille flambeaux éclairent le jardin arrangé en place publique. À minuit, on y donne le ballet *Les Meuniers*.

Fin août, notre Perrette est pourtant consternée : les règles sont revenues. Mesdames Tante savent que le Dr Lassone a examiné la reine. Il a été formel sur un point fondamental : le mariage a été parfaitement consommé. Mesdames Tantes s'en irritent, mais quelle réjouissance, ce retour des règles ! Et cette petite sotte d'aller donner des fêtes monstrueuses pour fêter son ventre éternellement vide !

« Depuis la lettre que j'ai écrite à ma chère maman (...) j'ai eu un moment l'espérance d'être grosse (...). Le roi n'a pas de goût de coucher à deux. Je l'entretiens de ne pas faire séparation totale sur cet article. Il vient quelquefois passer la nuit chez moi. (...) Il vient me voir tous les matins dans mon cabinet particulier.

Son amitié et sa tendresse augmentent tous les jours. »

*
* *

La nature dissipée, étourdie, de la reine reprend le dessus. Avec Artois, lors des fêtes dans le parc de Versailles, ils ont « flirté » avec des inconnus. Dans la pénombre des allées, elle a laissé des hommes et des femmes de n'importe quel milieu dire n'importe quoi sur « Antoinette ». La fuite en avant l'a reprise, l'instruction de son frère est restée au fond d'un tiroir. À Fontainebleau, au vu et au su de tout le monde, elle ferme la porte de sa chambre au nez du roi, qui rougit lentement devant la foule des courtisans.

Louis XVI chasse plus que jamais, et tue des cerfs. La vie conjugale (consommée) précipite une sorte d'enfer : demi-douleur, demi-plaisir, refus, rejet, retrouvailles, dégoût, désespoir, fatigue, crises de larmes. La Polastron règne plus que jamais sur Marie-Antoinette et lui extorque des sommes exorbitantes.

*
* *

L'année 1778 débute par un éclat social et mondain qui distrait beaucoup la reine et la Cour. Un douteux personnage que l'on nomme le chevalier d'Éon ou « Mademoiselle » d'Éon a obtenu la permission de revenir en France sous la condition irrévocable de porter l'habit de femme. Vergennes prie M. Genet, le père de Mme Campan, premier commis des Affaires étrangères, de recevoir ce bizarre personnage, célèbre sous Louis XV comme agent secret. La reine veut aussitôt le rencontrer.

— Le chevalier d'Éon est-il mâle ou femelle ? se passionne la Cour.

De son vrai nom Charles de Beaumont, chevalier d'Éon, né à Tonnerre en 1728, il entretiendra toute sa vie un doute sur son sexe. Le chevalier d'Éon a été nommé ministre plénipotentiaire à Londres et s'est permis les pires outrages sur le comte de Guerchy. Très jeune, cet énigmatique personnage aux attaches fines, redoutable bretteur, s'est avéré d'une grande utilité à la Russie comme agent secret de Louis XV. « Lectrice » de l'impératrice Élisabeth, il s'est battu pendant la guerre de Sept Ans avec une vaillance des plus viriles. Il conserve sur lui les lettres de remerciement de Louis XV, que Vergennes veut lui dérober, craignant toute forme de chantage de ce d'Éon impossible à définir. Invité à Versailles, il arrive, sa haute silhouette drapée d'une robe à longue queue et larges paniers, triple collerette en dentelles, la chevelure poudrée, garnie de roses, un loup sur ses yeux, la bouche maquillée, les doigts surchargés de bagues. Tous les regards se tournent vers lui, on l'entoure, on ose toucher ses bras, ses mains. Il intrigue follement, fait sa cour autant aux dames qu'aux gentilshommes. Pour se venger et se moquer de ceux qui le veulent vêtu en femme, il lance de sa voix mâle des propos affreusement orduriers. Il mourra à Londres en 1810: c'était un homme, capable des ruses et du comportement féminins. Cet épisode a amusé la reine, reprise par son penchant des bals et du jeu.

*

* *

Le printemps 1778 blanchit les fleurs des arbres. Il fait froid le long des corridors et de ces appartements qu'aucune cheminée ne réchauffe jamais. Les courtisans encombrent le salon d'Hercule, soufflant sur leurs doigts rougis. Certains rêvent à la mâle douceur du chevalier d'Éon, quelques dames sont devenues folles amoureuses.

Dans la matinée du 19 avril, la reine, sans rien préméditer, reçoit le roi. Tous deux font l'amour comme on se noie, dans une sorte d'acharnement désespéré.

Marie-Antoinette d'Autriche de Lorraine de France est enfin enceinte.

Chapitre 51

La crise bavaroise

Enceinte !

La grossesse, dûment constatée par Lassone, comble le roi qui en fait part à Marie-Thérèse.

« La reine, écrit-il bouleversé, vient de passer le second terme de sa grossesse. »

On est au mois de mai. Marie-Antoinette a déjà signalé à sa mère ses premiers vomissements et, enfin, la grande certitude.

L'impératrice est infiniment lasse à plus d'un titre. Ses premières réponses à Mercy sont désabusées. La crise de la Bavière l'accable d'un souci constant. Elle ne se réjouit pas autant qu'elle le devrait. Elle est même lente à répondre à Marie-Antoinette :

« Qu'elle ne peut assez remercier Dieu [de lui avoir accordé] encore cette grâce de voir [sa fille] plus solidement établie dans l'avenir. »

La question de l'accoucheur est levée. Marie-Thérèse conseille à sa fille de ne pas rester allongée trop souvent sur des chaises longues, une chute est si vite arrivée ! Qu'elle fasse confiance à Lassone.

« J'espère que le choix de l'accoucheur sera fait par [Lassone] qui s'est acquis à juste titre ma confiance (…) que [cet accoucheur] soit un homme expert et chrétien. »

Elle ne veut pas des offices de Levret, l'accoucheur de la comtesse d'Artois, qu'elle méprise car pétri d'intrigues de cour.

L'abbé de Vermond lui propose les services de son frère, l'accoucheur Vermond, estimé fort habile quoique connu pour son ambition. Ne dit-on pas qu'il abandonne une bourgeoise en couches pour se précipiter au chevet d'une duchesse ?

Marie-Antoinette répond à sa mère qu'elle se montre ravie de ce choix :

« J'ai vu ce matin mon accoucheur. C'est Vermond, un frère de l'abbé. C'est moi-même qui me suis sentie plus de confiance en lui qu'en tout autre (...). Lassone l'a beaucoup approuvé. Il m'a tâtée et a été fort content, il m'a permis de faire des petites promenades en voiture, pourvu que je n'aille pas trop vite et que je ne sorte point les jours même de l'époque. »

Tout à la coquetterie qu'exige son état, la reine convoque Mlle Bertin et se fait confectionner des robes de grossesse « à la lévite », vastes chemises fluides et sans ceinture.

« La grossesse de la reine, remarque Mercy, [lui] donne maintenant une consistance si supérieure à celle qu'elle a eue par le passé, qu'il en résulterait (...) les résultats les plus avantageux si cette auguste princesse savait bien évaluer sa position (...). »

Mercy voit dans cette grossesse un moyen pour la reine d'influencer son époux dans le sens de l'Alliance : l'affaire de Bavière vient d'éclater.

*
* *

L'électeur de Bavière, Maximilien-Joseph, fort âgé, est mort le 30 décembre 1777 sans laisser d'héritier direct. Marie-Antoinette, à cette nouvelle, a confié à sa Polignac qu'elle craignait « que son frère ne fît des siennes ». Joseph II, en effet, veut à toute force la

Bavière pour que l'Autriche soit dédommagée d'avoir perdu la Silésie. L'électeur Palatin, qui redoute la spoliation, a signé le 3 janvier 1778 une convention reconnaissant l'Autriche héritière. Marie-Thérèse ne partage pas la rapacité de son fils sur cet article. Est-elle lasse de tant de guerres, sans courage devant une invasion possible ?

Elle confie à Mercy son scrupule :

« La succession de Bavière, le commerce sur la mer Noire et le partage de l'empire turc sont tous les objets qui exigent beaucoup de réflexion ; je ne vois pas encore assez clair dans la justice de nos titres. »

Son fils voit tout autrement : le despote veut la Bavière. Il suppute les manœuvres pour faire jouer la France en leur faveur. Sa sœur est enceinte ? C'est grâce à lui, à son énergique intervention auprès de ces deux maladroits. Sa sœur et son beau-frère lui doivent bien, en retour, appui et secours.

Marie-Thérèse s'épouvante et se froisse : sans la consulter, son fils clame que la Bavière « n'est qu'un arrondissement » et fait envahir cette province par douze mille hommes. Il croit rassurer sa mère en affirmant que tout se fera sans guerre avec la Prusse.

La Prusse qu'admire et soutient la France ! La France, qui a pris le parti de se battre pour les insurgents d'Amérique, ne tient pas à doubler la dépense et les risques en prenant à son compte les intérêts de Joseph II. La France ne veut surtout pas entrer en conflit avec Frédéric de Prusse. Marie-Thérèse est obligée de se mettre aux côtés de son fils et de presser sa fille dans le sens de « leur famille ». Mercy rappelle à Marie-Antoinette « qu'elle est avant tout archiduchesse d'Autriche ». Le roi était resté silencieux quand son beau-frère avait évoqué une aide éventuelle de la France pour soutenir leurs intérêts.

« Nous n'avons rien à faire dans ce moment-ci que de nous tenir fort sur nos gardes sur ce qui nous viendra de Vienne. »

Marie-Thérèse et Joseph II mènent un chantage affectif sans répit sur Marie-Antoinette. Mercy l'engage à convaincre le roi de venir en aide à sa famille. Il s'agit, insiste l'ambassadeur, de rappeler à Louis XVI ses obligations concernant le respect de l'alliance. Marie-Antoinette, outrée que l'on « attaque » les siens, se précipite chez le roi. Louis a l'habitude des scènes de ménage, mais sa fermeté est nouvelle. Il ne cédera en rien sur cette affaire.

— C'est l'ambition de vos parents qui va tout bouleverser ; ils ont commencé par la Pologne, maintenant la Bavière fait le second tome ; j'en suis fâché par rapport à vous.

— Vous ne pouvez pas nier, Monsieur, réplique-t-elle, enrouée d'énervement, que vous étiez informé et d'accord sur cette affaire de Bavière.

— J'étais si peu d'accord, Madame, que l'on vient de donner ordre aux ministres français de faire connaître dans les Cours où ils se trouvent, que ce démembrement de la Bavière se fait contre notre gré et que nous le désapprouvons.

Furieuse, désemparée, Marie-Antoinette est mortifiée de la fermeté inattendue de son époux. Mercy la voit pâlir, proche d'un malaise, à la lecture d'une lettre de sa mère. Si la France n'est pas de leur côté « cela ferait un changement dans notre alliance, *ce qui me donnerait la mort* ».

La mort de Madame Maman ! À cause d'elle, de son incompétence, de son peu d'influence ! Le nouvel ambassadeur de France, M. de Breteuil, avertit le roi et ses ministres que Joseph II est prêt à céder les Pays-Bas à la France contre son aide.

Marie-Antoinette, selon son habitude, court dans tous les sens : elle va voir Maurepas et Vergennes. Elle *exige* que la France soit aux côtés de sa famille.

« Ils ont tant peur d'une guerre, écrit-elle à sa mère, que quand je les ai poussés jusqu'au point où le roi de

Prusse aurait commencé les hostilités, je n'en ai pu avoir une réponse bien nette. »

Elle n'a eu aucune réponse. Le roi reste inflexible ; l'offre des Pays-Bas est rejetée avec un vague mépris. Louis se venge-t-il de l'outrecuidance de son beau-frère, qui l'a humilié au sujet de sa vie conjugale ? Joseph II n'avait pas soupçonné sa fermeté politique.

Le chantage sur Marie-Antoinette devient frénétique. La seule chose que promet Louis XVI est de conserver la neutralité en cas de guerre avec la Prusse. Vienne s'affole et bombarde de courriers la reine qui, aussi, s'affole sans rien saisir de tous ces enjeux.

« Madame ma chère mère, écrit Marie-Antoinette, fin avril, il est inouï le talent qu'ont les ministres d'ici pour noyer les affaires dans un déluge de mots. »

Marie-Antoinette, déstabilisée, déchirée entre le joug de sa mère et la volonté si nouvelle de son mari, ne voit plus clair. Elle revient à la charge, houspille Vergennes et Maurepas devant le roi impassible. Il la trouve charmante dans sa robe « à la lévite », on dirait qu'elle est en vêtement de nuit, ses joues sont roses en dépit de ses malaises. Non, non, il n'aidera « jamais » l'Autriche contre son ami Frédéric de Prusse. Il se tait, elle enrage.

« Ma chère maman ne sera pas entièrement contente (...). On m'a non seulement gardé le secret après la décision arrêtée, mais même depuis qu'on l'avait communiquée à Mercy. (...) Je n'ai pu cacher au roi la peine que me faisait son silence, je lui ai même dit que je serais honteuse d'avouer à ma chère maman la manière dont il me traitait. »

Le roi est allé jusqu'à l'ironie :

— Vous voyez que j'ai tant de torts que je n'ai pas un mot à répondre.

Elle affiche avec une dangereuse maladresse à quel point sa famille et l'Autriche lui sont chères. Elle n'a pas un seul élan en faveur des intérêts de la France dont elle est la reine.

*

* *

Survient la guerre.

La reine s'est arrondie d'un petit ventre de trois mois. Marie-Thérèse la culpabilise sans répit.

« Nous voilà en guerre, c'est ce que je craignais depuis janvier et quelle guerre ! Il n'y a rien à gagner et tout à perdre ! »

Le roi de Prusse envahit la Bohême et occupe la ville de Nachod.

« La France nous a fait bien du tort avec sa cachotterie avec le roi de Prusse, souligne amèrement l'impératrice à Mercy. (...) Je n'ose trop insister auprès de la reine, [dans la] crainte de la compromettre ou attendrir. »

Marie-Antoinette a éclaté en sanglots. Va-t-elle faire une fausse couche ? Qu'ont-ils tous à la tarabuster, chacun suivant son intérêt sans jamais respecter un seul de ses avis ? Elle tente encore des démarches auprès du roi et des ministres. C'est un échec. Elle se persuade et veut faire croire à Mercy que le roi est sous l'empire de ses ministres. Elle n'a pas compris que Louis XVI a besoin de la Prusse afin de maintenir la paix sur ces turbulents États allemands. Pour détourner la reine de la politique et avoir enfin sa tranquillité, Louis XVI écrit à la Polignac d'abréger son séjour à la campagne et de revenir distraire son amie. Louis XVI refuse à tout prix qu'elle se mêle d'une affaire aussi grave.

Marie-Thérèse envoie au roi de Prusse une proposition d'accommodement. L'Autriche ne conserverait qu'une portion du territoire de Bavière équivalente à un revenu d'un million de florins et s'engagerait à rendre le reste à l'Électeur Palatin. Le roi de Prusse rejette l'offre. Marie-Thérèse sent l'urgence de faire la paix devant l'étendue des dégâts militaires. Elle risque de perdre Prague et toute la Bohême affamée. Les armées de Frédéric de Prusse pillent et dévastent ses provinces. La guerre tourne mal. Marie-Antoinette a des crises de nerfs. Son frère lui a envoyé une lettre méprisante soulignant son incapacité à les aider.

« Nous nous battrons donc en braves gens », lui lance-t-il tel un coup de fouet.

Elle ne cesse de pleurer. Il ne lui vient pas à l'esprit que son pays est désormais la France et qu'elle porte en ses flancs, peut-être, un futur roi. Madame Maman, Joseph, Vienne, elle ne jure que par eux.

La situation va empirer quand Joseph II apprend les démarches de sa mère auprès de la Prusse. Il décide, sans l'avis de sa mère, de continuer la guerre. Accablée, Marie-Thérèse insiste encore une fois auprès de sa fille afin d'obtenir, au moins, la médiation de la France. Dépassée, angoissée de sentir sa mère l'invincible faiblir, excitée par Mercy, Marie-Antoinette fonce, selon sa fâcheuse habitude, chez le roi. Elle le trouve en plein labeur, avec Vergennes, Maurepas et Sartine.

— J'ai à vous parler, sortez, monsieur de Sartine, dit-elle.

Elle s'apprête à plaider encore une fois en faveur de son pays quand une heureuse interruption coupe net ses propos : l'arrivée du courrier de M. de Breteuil qui ne nécessite aucun retard de lecture. Les ministres dissimulent mal leur soulagement, le roi non plus. La reine, soudain très lasse, se borne à recommander de protéger sa famille. Marie-Antoinette traverse un enfer : que va penser Madame Maman ? Le grand Joseph ? La revoilà dans son « spleen ». Elle éclate en larmes à chaque courrier de sa mère :

« Vous sauverez une mère qui n'en peut plus ; et

deux frères qui à la longue doivent succomber, votre patrie, toute une nation qui vous est attachée. La gloire et l'intérêt même du roi et de l'alliance y sont intéressés. »

Désolée, persuadée que son époux est le jouet de ses « méchants ministres », elle n'a rien perçu d'une telle affaire. La reine de France, a œuvré en faveur de l'Autriche, contre les intérêts de son pays.

*

* *

L'intervention brutale de Catherine de Russie met fin à cette convulsion, ce qui soulagea Marie-Antoinette à bout de nerfs. La tsarine se place aux côtés de la Prusse et menace l'Autriche de n'en faire qu'une bouchée si elle ne restitue pas leurs droits aux princes allemands.

Marie-Thérèse et Joseph II, celui-ci fou de rage, n'ont plus qu'à céder. Le traité de paix sera signé à Teschen, le 13 mai 1779.

L'Autriche doit se contenter de la région de la Basse-Bavière comprise entre le Danube et la Salzach. Le Prince Palatin hérite de tous ses droits. La Prusse s'empare des margraviats d'Ansbach.

Louis XVI apparaît comme un authentique médiateur dans toute cette affaire qui humilie profondément Marie-Thérèse et Joseph II.

Marie-Antoinette s'efforcera de ne plus songer à cette histoire qui a définitivement rongé le foie de sa mère. La reine a mal agi aux yeux des Français. Elle s'est enferrée dans un nouveau rôle, bien plus dangereux que les précédents : celui de la traîtresse.

Quatrième partie
L'AUTRICHIENNE

Chapitre 52

Madame Royale

La reine va-t-elle enfin vivre tranquillement sa grossesse ? Cet été-là (1778), il a fait très chaud. Jean-Jacques Rousseau est mort, enterré à Ermenonville. Pas un seul orage n'a rafraîchi un ciel immobile et crayeux. Marie-Antoinette vit presque sagement. Elle se lève à onze heures, se couche vers minuit. Elle passe l'été entier dans ses appartements dont on a clos les volets pour ménager la fraîcheur. Le soir, elle va respirer sur la terrasse, avec ses beaux-frères et leurs épouses. Le roi, selon son habitude, va se coucher tôt. Marie-Antoinette pense qu'il serait exquis de faire venir ainsi, à la fraîche, un orchestre devant sa terrasse. Papillon de La Ferté convoque les musiciens de la chapelle. Sa Majesté désire vivement un orchestre d'instruments à vent. Papillon fait construire des gradins sur un des parterres, et la reine, chaque soir, a ses concerts de trompettes, de hautbois et de cors.

Les pamphlets traînent comme poudre dans Paris. Les habitants de Versailles ont accouru à ces concerts. Il y a foule chaque soir jusqu'à deux heures du matin au pied des appartements de la souveraine. On clabaude avec une rare malveillance « sur les nuits d'Antoinette ».

La reine, ses belles-sœurs, vêtues de percale blanche et de grands chapeaux de paille à voiles de mousseline, ne quittent guère la terrasse où Marie-Antoinette commet des imprudences. Elle laisse monter des particuliers. Un jeune homme, commis de la guerre, s'assied près d'elle, feint de ne pas la reconnaître. Il l'amuse beaucoup en lui tenant des propos galants. Le lendemain, le malotru clame sa bonne fortune auprès de la reine de France.

Les libelles vont bon train. Ils circulent à la Cour, en Europe, jusqu'à la Hofburg.

La reine ne veut rien entendre des sages avis de Mme Campan quand elle exige, en septembre, un concert dans l'enceinte de la colonnade, du côté du groupe de Pluton et de Proserpine. Les musiciens de la chapelle font de leur mieux. Nul n'est admis à l'intérieur de ces colonnades sans un billet signé de M. Campan. Les curieux, refoulés, se froissent. La reine se régale de musique sans se douter de la montée des rancœurs – et des pamphlets orduriers. Elle est entourée de ses amis habituels : La Polignac, son époux et l'amant, M. de Vaudreuil, le baron de Besenval, M. de Coigny, Mme de Châlons, Mme d'Andlau. On écrit que la reine batifole dans les bosquets avec ses amis et qu'elle a été engrossée par M. de Coigny.

Quelques jours avant ses couches, une main anonyme a jeté dans l'Œil-de-Bœuf l'ensemble des pamphlets. Ce manuscrit obscène est remis au roi. Il estime bien haut que c'est un crime de souiller son épouse, que lui-même a participé à ces promenades fort innocentes.

Maurepas et Vergennes, horripilés par l'attitude de Marie-Antoinette, se vengent en conseillant au roi de laisser l'imprudente se promener sur ses terrasses.

*

* *

La reine, insouciante, heureuse, avance dans sa grossesse. On a fait donner des *Te Deum* dans toutes les cathédrales pour que ses couches se déroulent bien. Un soir, l'enfant bouge, elle accourt chez le roi en riant « qu'un de ses sujets ose lui donner des coups de pied ». Le roi pleure de joie.

Le 19 décembre 1778, la reine va accoucher.

À onze heures du soir, elle dort dans son grand lit quand les douleurs la réveillent brusquement.

À une heure du matin, elle sonne. Mme de Lamballe est partie aussitôt quérir « les honneurs », à savoir les grandes charges de la Maison du roi et de la reine. À trois heures, Mme de Chimay va chercher le roi tout ému. On étend la reine sur un lit nappé de blanc, étroit, qui a été dressé près du grand lit pour son accouchement. On a agité la cloche d'usage qui fait accourir les courtisans. Il n'y a pas une seule chambre d'auberge à Versailles qui ne soit occupée par une foule accourue pour assister à la naissance. Marie-Antoinette souffre, elle sourit : elle est en train de mettre au monde un enfant. Hélas, comment chasser tous ces fâcheux ? Mesdames Tantes se précipitent. Des pages courent dans tous les sens pour avertir le duc d'Orléans, la duchesse de Bourbon, le duc de Chartres, le prince de Conti.

Marie-Antoinette redoute l'instant fatidique de sa condition royale : le cri de l'accoucheur qui fera entrer la foule tel un torrent. Le spectacle de sa chair offerte excite le public, attise sa honte, ajoute à ses douleurs. Elle ferme les yeux. Oh, Madame Maman, comment avez-vous fait pour endurer seize fois une telle misère ?

À huit heures du matin, elle se recroqueville sur sa couche étroite. Les contractions sont de plus en plus fortes. Stoïque, elle mord un mouchoir pour ne pas crier. Heureusement, il y a sa chère Jules et son regard couleur café. Elle a moins peur si on l'aime. Son époux est d'une attention extrême. Mais ces gens, mon Dieu, tous ces gens ! Quand donc l'étiquette imbécile sera-t-elle abolie et que, enfin libre, une reine (une femme) pourra accoucher seule entre son chirurgien, et à la rigueur son époux ! Existera-t-il une drogue pour calmer cette douleur insensée ?

L'enfant est une tempête impitoyable. Elle se sent mourir, elle va mourir, elle a deviné le raz-de-marée humain qui a surgi de tous les cabinets environnants, les galeries, la salle de jeu. Vermond la tâte régulièrement, ce qui lui arrache une plainte étouffée.

— La reine va accoucher !

Elle a senti des litres d'eau s'échapper d'elle. Son ventre devient une terre déchirée par une force inouïe. De l'eau, du sang, du feu.

Le moment est venu de l'exposer telle une bête à la foule.

Elle a trop mal pour s'indigner. Mesdames Tantes sont au premier rang sur de grands pliants, bousculant les duchesses et les princesses de sang. On pousse à coups de pied les gentilshommes qui eux-mêmes se tarabustent avec violence. Il y a les pages, les valets, des gens du peuple. Jamais on a aussi hystériquement voulu voir « le con d'Antoinette », pour reprendre les libelles orduriers. Vierge ? Pas Vierge ? Putain ? enfin on la voit cette « béance », on la voit « saigner ». Elle leur doit bien ce spectacle, cette goule d'Autriche qui est en train de rendre la nation complètement folle !

Elle se sent mourir, elle étouffe, tout est rouge et noir.

Le témoignage de Mme Campan rend compte de la suite du drame :

« Le flot des curieux qui se précipitèrent dans la chambre fut si nombreux et si tumultueux que ce mouvement pensa faire périr la reine. Le roi avait eu, dans la nuit, la précaution de faire attacher avec des cordes les immenses paravents de tapisserie qui environnaient le lit de Sa Majesté : sans cette précaution, ils auraient à coup sûr été renversés sur elle. Il ne fut plus possible de remuer dans la chambre qui se trouva remplie d'une foule si mélangée qu'on pouvait se croire sur une place publique. Deux Savoyards montèrent sur des meubles "pour voir plus à l'aise" la reine placée en face de la cheminée sur un lit dressé pour le moment de ses couches. Ce bruit, le sexe de l'enfant que la reine avait eu le temps de connaître par un signe convenu, dit-on, avec la princesse de Lamballe, ou une faute de l'accoucheur supprimèrent à l'instant les suites naturelles de l'accouchement. Le sang se porta à la tête, la bouche se tourna, l'accoucheur cria : "De l'air, de l'eau chaude, il faut une saignée !" Les fenêtres avaient été calfeutrées ; le roi les ouvrit avec une force que sa tendresse pour la reine seule pouvait lui donner, ces fenêtres étaient d'une très grande hauteur et collées avec des bandes de papier dans toute leur étendue. »

L'eau chaude n'arrivant pas, Vermond jette l'ordre au chirurgien Chavignac de saigner « à sec » :

— Estropiez plutôt ! dit-il.

Lorsque le sang coule, la reine revient à elle, et Vermond peut la délivrer. On emporte la princesse de Lamballe, évanouie dans un soupir d'amour déchiré : « Ma souveraine ! Ma souveraine ! »

*
* *

Marie-Antoinette se réveille dans son grand lit, le pied bandé, un immense soulagement de tout son corps. L'enfant, où est l'enfant ?

Louis XVI, avec une infinie émotion, est allé assister à la toilette de sa fille. La nourrice, Mme Laurent, donne son lait. Louis XVI signe aussitôt des lettres à l'impératrice, à l'empereur et au roi d'Espagne. Il redescend pour le baptême de la petite princesse qui est tenue par Monsieur et Madame représentant l'impératrice et le roi d'Espagne. Elle se prénomme Marie-Thérèse Charlotte. On lui donnera le titre de « Madame Royale » pour la distinguer de « Madame », comtesse de Provence et des jeunes sœurs du roi. La famille royale, les princes et les princesses du sang signent l'acte de baptême. On apprend alors au roi le danger qu'a couru son épouse. Il se précipite à son chevet, l'embrasse, lui témoigne une grande tendresse et lui dit son bonheur d'avoir une petite fille. La reine pleure un peu : ce n'est pas un Dauphin, mais elle reçoit avec joie le bébé emmailloté de blanc. Une fille ! D'après Mme Campan, elle se serait exclamée :

— Pauvre petite, vous n'étiez pas désirée, mais vous ne m'en serez pas moins chère. Un fils eût plus particulièrement appartenu à l'État. Vous serez à moi, vous aurez tous mes soins ; vous partagerez mon bonheur et vous adoucirez mes peines.

Marie-Antoinette reste plusieurs jours alitée, affaiblie par un accouchement aussi périlleux. Ses familiers ont accès à son chevet, les médecins et l'abbé de Vermond. Le roi passe toutes ses matinées près d'elle, s'émerveillant de sa petite fille. Il la trouve ravissante, le teint si rose, les yeux d'un bleu de porcelaine.

« Le roi en est infiniment occupé, et on ne peut imaginer au-delà des attentions et de la tendresse qu'il marque à la reine. »

La vieille impératrice réfléchit dans son bureau à la Hofburg. Cet accouchement où sa fille a failli périr serait-il une tentative d'assassinat ? Il est possible que, s'étant fait tant d'ennemis, la France se débarrasserait volontiers de cette princesse d'Autriche capable tout juste de faire une fille.

*

* *

À qui confier la petite Madame Royale ? La gouvernante des Enfants de France – depuis le départ de Mme de Marsan – est Mme de Guémenée, mais elle est folle du jeu et adore tricher. Le roi et la reine sont d'accord pour que leur enfant ait une éducation rousseauiste. Ils souhaitent un entourage simplifié, ce qui est beaucoup dire quand on compte alors quatre-vingts personnes au service du bébé. À l'âge de un an, Madame Royale a autour d'elle une vingtaine d'ecclésiastiques, dix médecins, une dizaine de maîtres de musique, de dessin, à écrire, à danser et même un maître pour la physique ! Coiffeurs, femmes de chambre, nourrices, pédicure, que pense la France d'un tel gaspillage ? Ce bébé coûte cent cinquante mille livres rien qu'en entretien du linge. Ne comptons pas le linge lui-même, les kilomètres de rubans et de dentelles ornant ses bonnets et sa layette. Un en-cas de nuit aberrant est prévu, alors qu'elle est encore à la mamelle : deux poulets rôtis, six œufs durs et une bouteille de bon vin ! Chaque jour, les garçons de chambre en font un astucieux commerce. Louis XVI, certes, dévore chaque matin un poulet rôti entier, six côtelettes et autant d'œufs durs, son litre de vin, mais un bébé ?

L'innocente Madame Royale commence sa vie en accentuant le déficit. Elle coûte chaque année soixante mille francs or au Trésor. Pourtant, ses parents se veulent modernes. Ils refusent l'étiquette d'autrefois. Pas question de présenter au bébé, un à un, tous les dignitaires de la Cour et les ambassadeurs. Marie-Thérèse est choquée d'une telle désinvolture.

« On les rend paysans à force de liberté, gronde l'impératrice, la désinvolture est un danger réel pour le respect dû aux princes. Bien sûr, il ne s'agit pas de les pétrir d'orgueil mais de ne jamais leur faire perdre le sens de leur rang. »

*

* *

Marie-Antoinette fait la sourde oreille. Elle est tout à la joie de recevoir enfin, début janvier, dans sa chambre. Elle se sent remise, mange gaiement des crèmes, des biscuits, du poulet. Son bulletin de santé, communiqué à Paris, est bon : la montée du lait s'est faite sans excès, le ventre est souple. Le roi, par pure complaisance, lui accorde même de jouer au pharaon (sans argent). Il lui fait installer un théâtre dans son cabinet privé.

Le 17 janvier, Marie-Antoinette reçoit solennellement deux cents dames, coiffées d'un pouf très haut orné d'un voile de mousseline. Le duc de Croÿ remarque que tous ces voiles, multicolores, si haut perchés, donnent la curieuse impression optique de voir, de haut, ondoyer une flotte. Assise sur une chaise longue devant la porte grande ouverte, la reine écoute les compliments.

L'usage veut que les relevailles se fêtent pour les reines six semaines après leurs couches. Elles vont alors en grande cérémonie à Notre-Dame et à Sainte-Geneviève.

*
* *

Le 8 février 1779, Louis XVI et Marie-Antoinette se rendent à Paris, exigeant la même solennité que s'ils avaient un fils. Ils dotent deux cents jeunes filles qui se marient ce jour-là. Elles reçoivent un trousseau complet et cinq cents livres. La reine s'engage à payer les frais de nourrice de leurs enfants à venir. On distribue au peuple, en signe de joie, quinze mille livres. Ainsi Paris est-il fêté, selon les termes consacrés, « pour l'ouverture du ventre de la reine ».

Une véritable parade pénètre la ville ce 8 février. Seize carrosses, des chevaux magnifiques, la reine, en grande toilette argent, un chapeau à plumes, amaigrie mais l'air heureux. Le roi, radieux, est en habit de drap d'or et d'argent avec son cordon. La foule est très dense, place Louis XV, sur le Pont-Royal et le

Pont-Neuf. Une foule trop silencieuse, venue par curiosité, et désenchantée.

Paris n'aime plus la reine.

Le roi écoute avec politesse le compliment du prévôt des marchands présenté par le duc de Cossé. On jette à la foule glaciale quelques poignées d'argent. Jamais le pain n'a coûté aussi cher, le centième de la dépense de Madame Royale nourrirait des centaines de bouches.

Le cri de « Vive la reine » éclate, çà et là. La capitale a été inondée d'une nouvelle série de chansons obscènes consacrées à « l'Autrichienne ».

*

* *

Marie-Antoinette aime profondément son enfant. Le dimanche gras qui suit les relevailles, elle ne résiste pas au bal de l'opéra et y entraîne son époux. Elle n'a nulle envie de reprendre la vie conjugale. La reine se promène à nouveau à cheval, et le roi retourne à la chasse. Marie-Thérèse s'exclame aigrement :

« Je ne serais guère flattée, si le premier début du roi, en sa qualité de mari, après les couches de ma fille, devait nous annoncer un délai d'une nouvelle grossesse encore pendant huit ans. »

Le roi participe aux soins de l'enfant de façon touchante. Marie-Antoinette va quotidiennement voir sa fille. Elle délaisse le salon de sa Polignac. Madame Royale est installée avec Mme de Guémenée, au rez-de-chaussée, au bout de l'aile du Midi, devant l'Orangerie. Marie-Antoinette a demandé à ce que l'on installe une grille afin de créer un petit jardin séparant les appartements de l'enfant du reste du parc. La grille permettra à la petite de s'y accrocher et d'y faire aisément ses premiers pas. Marie-Antoinette raconte à sa mère ses progrès :

« Ma fille se porte très bien ; elle commence à reconnaître les personnes qu'elle voit le plus. »

Quand Madame Royale a huit mois, sa mère fait réaliser son portrait qu'elle envoie à Vienne :

« J'ose envoyer à ma chère maman le portrait de ma fille ; il est bien ressemblant. Cette pauvre petite commence à marcher fort bien dans son panier. Depuis quelques jours, elle dit "papa" ; ses dents n'ont pas percé encore mais on les sent toutes ; je suis bien aise qu'elle ait commencé par nommer son père, c'est pour lui une attache de plus. Il y va toujours bien exactement et pour moi, je n'ai besoin de rien pour l'aimer davantage. »

Marie-Thérèse s'empresse de répondre en insistant sur la nécessité de reprendre la vie conjugale. Marie-Antoinette soupire, sa mère ne lui accordera donc jamais un répit, un repos, l'ombre d'une admiration ?

« Madame ma très chère fille, votre [lettre du 16 août] m'a causé comme toujours la plus sensible joie, m'assurant sur l'état de votre santé, du retour avec le roi, des espérances que vous me donnez pour un compagnon pour cette chère petite, dont vous m'avez envoyé le portrait, qui est charmante, forte et saine (...). Je l'ai vis-à-vis de moi sur une chaise ne pouvant m'en séparer, je trouve aussi qu'elle ressemble au roi. »

Pourquoi ce dernier trait : « elle ressemble au roi » ?

Les pamphlets sont allés jusqu'à Vienne. On prétend que l'enfant est du duc de Coigny, ou peut-être de ce de Guines que la reine protège toujours. On dit aussi que le beau Fersen, de retour en France, a été présent au début de la grossesse de la reine.

On dit... On dit... Mais la petite fille donne toutes les joies à ses parents. Le 16 mars 1780, Marie-Antoinette, émerveillée des progrès de sa fille écrit à sa mère :

« On va bientôt la sevrer, elle est grande et forte, on la prendrait pour une enfant de deux ans ; elle marche toute seule, se baisse et se relève sans qu'on la tienne, mais elle ne parle guère. (…) étant plusieurs personnes dans la chambre de ma fille, je lui ai fait demander par quelqu'un où était sa mère ; cette pauvre petite (…) m'a souri et est venue me tendre les bras ; c'est la première fois qu'elle a marqué me reconnaître, j'avoue que cela m'a fait une grande joie, et je crois que je l'aime mieux depuis ce temps. »

Une petite fille qui a dit d'abord « papa », une petite fille bouclée d'or qui survivra quarante années à tous les siens.

Chapitre 53

Le retour de Fersen

Le roi replonge dans son métier de souverain avec Necker, le précieux ministre qu'il attendait. Louis XVI signe avec empressement la proposition du baron genevois : abolir la torture. On pratique en effet encore « la question ordinaire » à l'interrogatoire d'un inculpé. Les grands seigneurs se permettent tous les droits y compris de faire justice eux-mêmes, de pendre les larrons surpris sur leurs terres. Le ministre a repris la grande idée de Turgot de faire participer les Français à l'administration du royaume sous forme d'assemblées provinciales. La première a été créée dans le Berry, à la naissance de Madame Royale, comptant quarante-huit membres dont douze appartenant au clergé et vingt-quatre au tiers état.

M. Necker est très populaire mais suscite une haine farouche chez les grands de la Cour, l'entourage de la reine dont il ose toucher aux avantages. Necker, dans l'obligation de complaire à Marie-Antoinette, a fait nommer deux de ses protégés, le maréchal de Ségur à la Guerre et le maréchal de Castries à la Marine. Le comte de Provence parle de la « tyrannie » du ministre. La cabale s'organise. Le baron genevois publie en 1781 Le *Compte rendu au roy* où il développe son bilan financier accablant pour les courtisans. Tout grand train de vie, celui de la reine en premier, doit être réduit. Maurepas qualifie ce « bilan », en raison de la couleur de son cartonnage, de « conte bleu ». C'est un succès extraordinaire : cent mille exemplaires vendus en quelques jours. Chacun peut lire les détails des quatre-vingts millions de déficit : pensions insensées versées aux favoris et à la famille royale, dépenses outrancières de la reine. Les Français s'enthousiasment de ce compte rendu, de cette « transparence » à laquelle aucun règne ne les a habitués. On se bouscule au salon de Mme Necker. Furieuse, la reine, excitée par sa coterie, arrive à ses fins : Necker décide de démissionner. Navré, le roi n'a pas la force de l'en empêcher, pas plus qu'il n'a su garder Turgot. Necker se retire dans ses terres à Saint-Ouen. Maurepas le remplace par un conseiller au parlement : M. Joly de Fleury.

*
* *

Comment faire face à tant de difficultés : chômage, crise du pain, anémie de l'industrie, mécontentement général, montée d'un péril encore glauque ? La reine n'a qu'un seul souci : elle a perdu une partie de ses cheveux après son si rude accouchement.

— Léonard, c'est affreux !

Ses mèches ont blanchi, elles ont perdu leur blondeur ravissante.

— Léonard, vite, une idée !

Léonard trouve alors « la coiffure à l'enfant ». Le front sera dégagé (finis les poufs, les plumes et les hauteurs), les boucles à l'arrière et la poudre naturelle. Marie-Antoinette, qui est dans sa grande période Trianon, lance la mode du chapeau de bergère en paille unie, ainsi que des étoffes gris cendré « Couleur cheveux de la reine », des tissus légers, des cotonnades imprimées et peintes. La fabrique établie à Jouy-en-Josas par le Suisse Oberkampf connaît un immense succès. Moins coûteux, ces tissus permettent de renouveler les toilettes. Marie-Antoinette aurait-elle contribué, sans le savoir, à la Révolution par la mode? Elle prône le goût « à la simplicité » selon Rousseau. Elle se fait peindre par Mme Vigée-Lebrun vêtue d'une « gaulle », toilette dont elle va raffoler. La gaulle est une robe-chemise en mousseline blanche, style créole, sans corset, les manches longues, la collerette froncée autour du chaste décolleté. Une écharpe est nouée sous la poitrine en guise de ceinture. Mlle Bertin compose à grands frais pour l'année 1780 une centaine de gaulles. Du fluide, de la percale, de la mousseline, une légèreté inouïe, un teint pur et rose, des lèvres en pétale d'églantier – un trou un peu plus profond dans les finances.

À Trianon, la mode « à la simplicité » abolit davantage tout protocole. Quand la reine entre au salon, le clavecin continue à jouer, les métiers à tapisserie aussi, les conversations ne s'arrêtent pas, les hommes ne baissent ni le ton ni le front. Marie-Antoinette sape peu à peu le respect qui lui serait dû. On n'a même plus le réflexe de suspendre à son arrivée la partie de billard ou de trictrac. La reine joue à la bonne hôtesse dans sa maison de campagne. Elle ne sent pas la désinvolture dont elle est le jouet et qui deviendra la fureur de toute une nation. Ses dames vont comme elle, en percale blanche, fichu de mousseline et chapeau de paille. Les bourgeoises dans Paris les imitent. Les hommes sont vêtus à l'anglaise, d'une redingote noire, à collet très relevé d'un rouge sombre.

La reine est tout suavité, sa maternité la comble, son miroir lui dit qu'elle est toujours la plus belle en dépit de sa chevelure éclaircie. Les affaires de l'État sont loin de sa pensée. Une promesse de bonheur dessine un sourire sur sa lèvre, si dédaigneuse dans le mécontentement. Le bel Axel de Fersen est de retour.

*

* *

On a dit qu'elle aimait Coigny, Besenval, Lauzun, de Guines, cet obèse qui fait craquer ses pantalons quand il s'assoit. Marie-Antoinette aime surtout qu'on l'aime ; de la chair, elle ne sait que la honte et la douleur de cette affreuse couche où elle a cru périr.

Le comte de Fersen agite en elle le trouble exquis qu'elle a éprouvé cinq ans auparavant quand ils s'étaient rencontrés pour la première fois. « Je vous aime » et même « Je t'aime », avait-elle dit, croyant qu'un masque de satin et de perles la protégerait de l'amour.

Elle avait revu le Suédois durant l'été étouffant de sa grossesse. Fersen s'ennuyait dans son pays, à la cour de Gustave III. Trop d'oisiveté, point de guerre, des conquêtes faciles. Le souvenir troublant, secret, de la reine de France. Que de femmes lui avaient dit sur tous les tons qu'il était beau ! Toujours aussi mince et bien fait, il ressemble, en homme, à Marie-Antoinette. Un fier aristocrate, élevé comme elle dans les principes d'un orgueil inflexible. L'œil du même bleu que celui de la souveraine, la lèvre facilement dédaigneuse, la chevelure d'un blond pâle, nulle crainte de la mort, une délicatesse naturelle. Sa mélancolie (son spleen ?), sa réserve ajoutaient à son charme. Il semblait froid à tant de femmes qui brûlaient pour lui. Un authentique libertin du XVIIIe siècle, aimant le plaisir, esquivant les liens. Il était alors l'amant de la duchesse de Sudermanie, belle-sœur de Gustave III. Sa famille tenait à le marier. À vingt-trois ans, il acceptait l'idée de sa caste : s'établir à condition que ce mariage fût d'argent, et la future épouse de son rang. Sa famille avait négocié en vain un mariage avec une richissime héritière anglaise, mais Fersen avait demandé à son père de le laisser aller à Paris, sous prétexte de perfectionner son éducation militaire afin de mieux servir sa patrie.

À Versailles, ils ont eu du mal à dissimuler leur plaisir infini de se revoir. Bien que la reine soit grosse de quatre mois, il la trouve plus belle qu'autrefois, un air épanoui sur sa personne, dans son sourire. Cela n'empêche nullement Fersen de se livrer tout son séjour à des aventures galantes.

Le comte de Creutz, ambassadeur de Suède en France, l'introduit dans tous les salons où ses succès sont grands. Il se doit d'écarter tout désir de la reine. Elle est, écrit-il dans son journal, « la plus jolie et la plus aimable princesse que je connaisse, [elle] a eu la bonté de s'informer souvent de moi ; elle a demandé à Creutz pourquoi je ne venais pas à son jeu le dimanche, et, ayant appris que j'étais venu un jour qu'il n'avait pas eu lieu, elle m'en a fait une espèce d'excuse ».

Il est désormais invité au jeu de la reine. Il remarque « que sa grossesse avance ». Marie-Antoinette « le traite avec bonté » ; « elle lui parle toujours », ce qui est un immense privilège.

Il est vêtu de l'habit national de son pays. Marie-Antoinette trouve une grande élégance au pourpoint bleu, la tunique blanche, ouverte, la culotte collante, le shako noir à aigrette bleue et jaune.

Du printemps à l'été 1779, le bel Axel (on dit aussi « le grand Axel ») ne quitte guère la Cour. Le comte de Creutz remarque que la jalousie envenime aussitôt l'entourage de la reine. On a deviné les sentiments de Marie-Antoinette et de Fersen. On n'a jamais vu la reine aussi douce, empressée, se conduisant « avec beaucoup plus de retenue qu'autrefois ». Fersen parle de rejoindre la guerre en Amérique. La reine ne le quitte pas, ses yeux se remplissent de larmes aux mots « guerre » et « départ ». Les courtisans seraient enchantés si s'en allait le jeune Suédois. La duchesse de Fitz-James lui demande même, d'un ton enjoué et perfide :

— Quoi, monsieur, vous abandonnez ainsi votre conquête ?

— Si j'en avais fait une, je ne l'abandonnerais pas et malheureusement sans laisser de regrets.

Fersen, authentique gentilhomme, brouille la piste

au nom de l'honneur de celle qu'il aime. Il ne dira rien; jamais. Il agira quand elle sera au pire des dangers. Il a sollicité la main de la richissime Mlle Leyel tout en poursuivant de ses galanteries une comtesse suédoise. S'écarter de la peau si rose, la bouche si tendre, la promesse des yeux de Marie-Antoinette, « la femme de sa vie », est obligatoire. Fersen confiera ses véritables sentiments à sa sœur, Sophie Piper.

Il est revenu à Versailles. Il est amoureux, il a besoin de la revoir, ne serait-ce qu'un seul jour. Ils aimeraient se jeter dans les bras l'un de l'autre. Elle l'aime. Entourée d'espions, d'interdits, le ventre enfin gros, elle l'aime, elle l'aime... Elle le fait nommer colonel du régiment royal des Deux-Ponts. Fersen écrit à son père qu'une telle bienveillance attire sur lui les plus basses jalousies. Aucune bonne fortune, aucun voyage lointain ne lui feront oublier la reine.

Le 3 juillet 1783, il écrit à sa sœur:

« J'ai pris mon parti. Je ne veux jamais former de lien conjugal, il est contre nature... Je ne puis être à la seule personne à qui je voudrais être, la seule qui m'aime véritablement, ainsi je ne veux être à personne. »

À Trianon, Marie-Antoinette l'invite à toutes ses soirées intimes. Un soir, penchée sur sa harpe, elle chante à son intention, de son soprano léger, charmant et un peu faux, une phrase de l'opéra *Didon :*

Ah ! Que je fus bien inspirée
quand je vous reçus dans ma cour.

La Polignac durcit ses yeux couleur café. Besenval et Vaudreuil calculent qu'un amant étranger serait bien moins dangereux qu'un amant français. La Polignac, complice, encourage son amie à suivre « son penchant ».

*
* *

Le roi se tait, le roi est jaloux. Il a deviné qu'elle aime et qu'elle est aimée. Il sait qu'elle se moque de ses manières de rustre, de son menton luisant de graisse au dixième plat avalé avec gloutonnerie. Quand il vient dîner chez la reine, il faut ajouter deux rôtis et quatre entrées. Les trois potages, les deux grosses pièces et les quatorze entremets ne lui suffisent pas. Il a faim, il est affamé de cet amour jamais exprimé, jamais épanoui. Ses traits sont nobles et doux mais mélancoliques. Que faire de sa lourde démarche, de sa personne trop négligée, de sa chevelure qui part dans tous les sens ? Sa voix est désagréable, et, quand il s'anime, son organe passe du médium à l'aigu. On lui compte pour rien sa vaste culture, sa sensibilité littéraire, ses talents en géographie, sa maîtrise parfaite de la langue anglaise et son amour pour la reine. Parfois, pour lui complaire, il tente d'être mondain. Il s'avance alors vers la personne jusqu'à l'acculer au mur, l'effarer et s'effarer lui-même de ne pas trouver les mots à dire. Il tourne les talons avec un gros rire. L'angoisse le reprend. La France veut un Dauphin, encore faudrait-il que Madame se laissât aimer et approcher ! Il ne manquait plus que ce Suédois. Il ne manquait plus que la peine de cœur.

Marie-Antoinette boit son café debout, après dîner, en marchant, selon son habitude. Elle le cingle d'un éclair bleu dur. Qu'il est glacial son regard qu'elle sait pourtant faire caressant quand il s'agit de ce farceur du Nord, ce mince, ce Tant-Beau dont la virilité fait ployer autant les bergères que les reines ! Louis plaisante alors grassement, s'enferre de plus en plus. Il dévore, boit, éructe et va à la chasse. Il s'en veut de sa lâcheté. Il s'en veut, en cette année 1780 où le bonheur d'avoir eu un enfant devrait suffire, d'avoir laissé Marie-Antoinette nommer « duchesse » sa Polignac. Elle la loge à Trianon, privilège inouï, excitant des jalousies. L'intrigante est enceinte. Marie-Antoinette entraîne toute la Cour au château de la Muette pour mieux assister son amie qui loge dans le plus grand luxe à Passy. Le 14 mai, « la duchesse », que sa royale amie n'a pas quittée tout au long de l'accouchement, met au monde un fils. La matoise en profite pour marier sa fille âgée de treize ans au duc de Guiche. Louis XVI se sent davantage humilié d'avoir une fois de plus cédé à tant d'intrigues. Comment s'est-il laissé aller à accorder à la fille de cette Polignac, surnommée « la Guichette », trois millions de dot ? Redoute-t-il de perdre définitivement le peu d'affection de Marie-Antoinette ? Il n'ose pas même refuser à la Polignac un million de livres, un duché pour le nouveau-né et trente mille livres de pension à l'amant Vaudreuil ! Les pamphlets à nouveau se déchaînent. Le roi, amer, se sent coupable. « Souvenez-vous, Sire, que seule la faiblesse a mené la tête de Charles Ier sur le billot », disait Turgot. Il a lu le pamphlet qui court sur l'enfant de la Polignac : est-il de Vaudreuil ou « de la reine » puisque le mari était cette année-là en province ? Au petit jour, il lui arrive de se réveiller en sursaut, en sueur, parfois en larmes. Il monte sur les terrasses, poursuit les chats errants. Il se met à crier, soulever des grosses pierres, battre le plâtre avec furie. Farouche et muet, il se penche sur les mécanismes d'horlogerie ou de serrurerie.

Heureusement, il est père d'une petite fille qu'il adore. Il va la voir chaque jour. Quand elle sera plus grande il lui enseignera la géographie. Il préfère ne plus rien savoir de Trianon, où sa femme a gaiement installé la Guichette aux étages. La cousine de la Guichette est mariée dans les mêmes conditions pécuniaires, ruineuses à la France, au vicomte de Polastron. En raison de son jeune âge, le vicomte est expédié à son régiment. Trianon est rempli de l'engeance Polignac au complet dont les cousines de la Jules, Mme d'Andlau et la comtesse de Châlons, qui couche avec M. de Coigny.

Point de place, ou si peu, pour Louis XVI, roi sacré à Reims. Point de place au terne amoureux, piètre amant, qui, chaque jour, la bouche amère, s'inquiète du déficit vertigineux du trésor. Joly de Fleury n'a trouvé pour colmater le gouffre financier que de nouveaux impôts. Le roi frémit : son épouse, pour éblouir Fersen à son retour, a fait encore embellir les jardins de Trianon, selon la conception de *La Nouvelle Héloïse* de Rousseau. Marie-Antoinette clame bien haut que M. Le Nôtre avait détruit la nature. Il faut planter « sans cordeau », laisser aller la verdure, les feuillages, le « bienheureux désordre » et abolir les éprouvantes lignes droites.

Marie-Antoinette, hors des lignes droites, au bord d'un immense déraillement généralisé.

M. de Caraman a proposé une butte couverte de buis et de quelques ifs, avec grotte et cascade. C'est « la Montagne de l'escargot ». Le belvédère est achevé, se mirant dans un étang, relié à une rivière, entourant « le Temple de l'Amour » (trois cent cinquante mille livres). On a planté une forêt tout autour de la résidence. Chaque arbre a été transporté de la forêt de Melun. On a planté une vigne, un champ de blé.

Le roi se tait, consterné, mécontent de lui-même. Marie-Antoinette, à peine le Suédois a-t-il tourné les talons, est tombée malade de la rougeole.

Jamais elle n'a été « malade d'amour » pour lui. Ses fièvres et ses crises n'étaient qu'une stratégie navrante pour éviter son lit et sa piètre virilité.

La rougeole est dédiée au beau Suédois.

Chapitre 54

La rougeole de la reine

Le 31 mars, elle grelotte de fièvre, la gorge enflammée, des aphtes sur la langue et dans la bouche. C'est la rougeole. Marie-Thérèse s'en soucie plus que du grand Axel. La rougeole est une hérédité dans leur famille, et elle a été fort grave à sa fille Marie-Anne.

« Votre rougeole m'a bien inquiétée, et je ne me suis jamais rassurée avant que les onze jours furent passés. »

Marie-Antoinette prétexte sa maladie pour ne pas contaminer le roi et, d'après Mercy, fait chambre à part jusqu'à sa guérison. L'incorrigible exige à son chevet d'étranges gardes-malades : ses quatre favoris, MM. de Coigny, de Besenval, d'Esterhazy et de Guines. On se moque de la faiblesse du roi qui accepte ce dangereux caprice alors qu'elle ne l'a pas même convié à son chevet. Dans tous les salons, on se demande, avec des fous rires, quelles dames veilleraient Louis XVI s'il avait la rougeole.

Coigny, Bésenval, de Guines et Esterhazy pénètrent dans la chambre de Marie-Antoinette dès sept heures du matin et y demeurent jusqu'à onze heures le soir. Les quatre petits malins savent à quel point tout sujet sérieux ennuie leur proie. Ils s'activent à la distraire à coups de bons mots dont elle rit même quand ils osent viser le roi. Ils parviennent à lui faire « prendre de l'humeur » contre l'innocent mari ainsi moqué et évincé.

Mercy s'affole. Il faut toute son énergie, celle de Vermond et la complicité du prudent Lassone pour écourter cette singulière distraction. Marie-Antoinette leur réplique vivement qu'elle s'ennuie puisque sa chère Polignac a aussi la rougeole. Ses gais compagnons la font rire et lui évitent de penser à son mal, les visites de Madame lui sont « mortelles ». Elle finit par accepter de revenir à plus d'usages.

On n'avait jamais vu une reine aussi désinvolte. Les pamphlets vont allégrement. Marie-Antoinette en ressent encore plus d'aigreur vis-à-vis de Louis. Elle le compare à Fersen. Tout est la faute de ce gros mari qui l'a blessée dans sa chair sans jamais lui donner de joie.

La naissance de son enfant semblait l'avoir assagie, mais la rougeole et l'amour la perturbent à un point extrême. Mercy l'engage à écrire au moins un billet à son époux qui s'ennuie d'elle. Elle boude, refuse, finit par y consentir et griffonne un mot sans chaleur qui, cependant, transporte de joie le malheureux souverain, lequel lui répond avec tendresse. Une petite correspondance s'établit entre eux. Il se morfond d'elle, de son sourire, même si ce sourire lui est confisqué.

Le roi se console par ses visites quotidiennes à Madame Royale.

Marie-Antoinette achève sa convalescence à Trianon pendant trois semaines afin, dit-elle, « de changer d'air ».

Le 12 avril, elle écrit à sa mère :

« La rougeole que je viens d'essuyer a été plus douloureuse qu'elle ne l'est ordinairement dans ce pays-ci ; j'étais au moment de me purger dont j'avais grand besoin et d'ailleurs j'avais des restes de lait. Tout est fini à merveille, mes yeux n'ont pas souffert et on ne craint rien pour ma poitrine. »

Le 15 avril, Louis XVI manifeste le grand désir d'aller la voir même si elle est encore contagieuse et que les affaires de l'État ne lui permettent pas d'être malade. Elle lui accorde cette visite à une heure précise, à condition qu'elle ne quitte pas son balcon et qu'il lui parle d'en bas, dans la petite cour intérieure.

C'est l'affaire d'un quart d'heure. Un pauvre Roméo, les yeux levés sur sa Juliette encore rouge mais toujours aussi belle. Un quart d'heure où il bafouille quelques mots de tendresse vraie et simple ; un quart d'heure et puis s'en va ! Elle lui lance, royale, un petit baiser du bout des doigts avant de disparaître rejoindre ses amis. Mercy a du mal à cacher sa colère en écrivant à l'impératrice que « les quatre personnages susdits (...) prétendirent veiller la reine *pendant la nuit* ».

*

* *

Heureusement, elle guérit. Toujours flanquée de ses imposteurs, elle mène la vie d'une châtelaine en convalescence, se promenant en calèche, donnant des fêtes champêtres. Plus de jeux d'esprit, point d'affaires ni de complots. Provence dîne à Trianon, le roi reste à Versailles. Mercy insinue alors à la reine que, aussi délaissé, le souverain ira un jour chercher ailleurs la galanterie. Piquée, se croyant unique, Marie-Antoinette, par défi et dépit, reprend sa vie conjugale, voulant maintenir son pouvoir.

*

* *

Le printemps s'achève, Trianon devient ravissant, la reine a fait des efforts : elle partage le lit et la compagnie du roi. Elle l'entraîne même chez sa Polignac, très fière de recevoir le roi de France. Est-ce d'avoir revu sa petite fille, de s'être sentie reprise par la douceur maternelle, qu'elle se prête de bonnes grâces aux habitudes de son époux ?

Point de grossesse, et une grande fatigue. Lassone la soigne avec une potion à base de limaille de fer et des grains de Mars. Le 31 juillet, elle a contrarié sa mère en lui signalant un retard sans suite de quinze jours dans ses règles.

« Je suis sensible comme vous pourriez bien imaginer, de voir évanouies mes espérances d'une nouvelle grossesse de ma fille. (...) On dit que le roi devient gros, mauvaise circonstance pour faire des enfants. »

L'impératrice, décidément, n'aime guère ce gendre si peu fécond, qui n'a rien fait pour l'Autriche lors de l'affaire de la Bavière et tolère les excentricités de sa femme. Mercy a beau écrire que c'est Provence qui est obèse, l'impératrice n'en démord pas : être gros empêche de faire convenablement des enfants.

« J'espère pouvoir annoncer à ma chère maman de nouvelles espérances de grossesse (...). Je sens trop la nécessité d'avoir des enfants pour ne rien négliger sur cela. Si j'ai eu anciennement des torts sur cela, c'était l'enfance et la légèreté. »

L'enfance s'en est allée, mais la légèreté ? Marie-Thérèse est sceptique. Sa fille s'est remise à jouer. À Marly, pour la première fois, Louis XVI, pour lui complaire, a aussi tâté du jeu. Il a joué, lui fait savoir Mercy, avec les compagnons frelatés de la reine au point de perdre une grosse somme. Marie-Thérèse saura rien. Dégoûtée, apprend que le roi dans sa générosité, sa maudite faiblesse, a colmaté une rude brèche dans les déplorables finances de sa fille. Marie-Antoinette reçoit désormais quatre cent mille livres annuelles.

Le portrait de Madame Royale lui arrache un soupir amer. Quel avenir peut avoir cette petite qui, décidément, ne ressemble pas beaucoup au roi ?

Chapitre 55

IDYLLE ET COMÉDIE

Fersen doit rejoindre l'Amérique. Cet été-là, on voit Marie-Antoinette, brusquement passionnée par cette guerre des insurgents. Les opérations projetées par l'Angleterre, la visite si remarquée de Benjamin Franklin dans les salons parisiens l'avaient indifférée. Franklin, le grand savant inventeur du paratonnerre qui, avec Jefferson et Adams, fut l'un des principaux acteurs de l'indépendance américaine, séduisit chez Mme du Deffand et Mme Geoffrin. Pour Marie-Antoinette, seul Fersen comptait. Cette question de l'Amérique devient pour elle le sort de son amour.

Fersen attend au Havre, sous le commandement de M. de Vaux, l'ordre de s'embarquer et de guerroyer. La reine palpite, elle craint pour lui, convoque brusquement Maurepas consterné. Il la regarde de biais : elle est vêtue d'une gaulle en mousseline transparente, ceinturée de rose pâle, la chevelure dégageant le front en ondées argentées. Point de bijoux, un chapeau de paille garni d'un ruban assorti à la ceinture, des mules cloutées d'argent. La bouche est un peu pâlie, le maquillage est tout rose, et elle a toujours ce port si fier et ce ton autoritaire atténué d'un soprano enfantin. Elle a imaginé qu'il serait mieux de ne pas tenir la flotte à l'entrée de la Manche et de ne plus intercepter le commerce des Anglais, mais de diriger les efforts militaires contre leurs îles en Amérique.

Maurepas, avec courtoisie, élude et reste dans le vague.

Marie-Antoinette se tourne vers sa mère, empressée d'être la médiatrice de cette affaire. La reine veut à toute force la paix pour protéger la vie de son Suédois. Elle tremble d'apprendre que la dysenterie ravage les troupes de terre. Les intérêts de la France passent après ses pulsions. La voilà au vertige d'une passion d'amour, elle est au point de tout tenter pour arrêter la guerre, la gloire de la France, le pays dont elle est la reine... Heureuse surprise : avant qu'elle ne s'enferre une fois de plus, inconsciente, dans la trahison, le corps expéditionnaire de M. de Vaux reste à terre. Fersen, déçu de ne point se battre, revient morose à Versailles, à l'immense joie d'une Marie-Antoinette qui oublie aussitôt « cette affaire d'Amérique ». La guerre devait cependant durer cinq années bien que Louis XVI y fût hostile financièrement. Il a néanmoins envoyé en Amérique, sous les ordres de Rochambeau, un corps expéditionnaire de six mille hommes. Grâce à lui et à l'amiral de Grasse, les Américains peuvent bloquer l'armée anglaise de Cornwallis et obtenir définitivement leur indépendance.

*
* *

Le retour de Fersen ! Il fait sa cour à la reine qui, tout émue, le guide dans le Trianon. Elle lui fait admirer les travaux de Mique, son boudoir au mécanisme ingénieux permettant aux glaces de masquer le soir venu les fenêtres. Fersen regarde l'ensemble, mais surtout la jolie bouche et les yeux caressants. Qu'elle est donc charmante en robe blanche, si fluide sur ce corps si harmonieux !

Il est tout proche, si proche. Oui, oui, il aime ce cabinet des glaces mouvantes. Les favoris ont disparu. Elle effleure ses mains, elle ferme les yeux, elle murmure : « Je vous aime. » Il presse les doigts si fins, lui aussi ferme les yeux. La tentation est si grande qu'il s'éloigne brusquement de quelques pas.

— Voici la bibliothèque.

Incertaine, elle l'a mené dans une pièce peinte en blanc, aux rideaux vert pomme. Sur les étagères, il y a beaucoup de livres reliés. Tout Voltaire, tout Rousseau et Diderot. Il sait bien qu'elle ne lit rien. Elle le touche davantage par son ignorance, cette espèce d'infirmité mentale qui la rend incapable de toute étude sérieuse. Il s'approche des rayonnages, elle se tient à ses côtés, elle sent la rose, l'essence de violette. Sa nuque est adorable, sa chevelure est celle de l'enfance.

— Nous avons surtout des titres de pièces de théâtre. J'adore le théâtre, monsieur Fersen, et vous ?

Il ne répond pas, il a envie de mordiller la nuque blanche. Elle a saisi au hasard l'un des quatorze volumes du *Théâtre français*.

— À moins que vous ne préfériez *Le Théâtre bourgeois*, *Le Théâtre italien* ou *Les Proverbes dramatiques ?*

Elle murmure de sa voix dorée. Il ne préfère rien du tout, pas même *Le Théâtre de société* ni *Le Théâtre de campagne.* Il la préfère, elle. Et peut-être la guerre à elle. L'amour et la guerre. Son amour, sa chair si fraîche. Elle. Tout entière : Elle.

— Vous a-t-on conté, mon cher Fersen, que je suis devenue actrice ? Avec ma sœur Élisabeth, mon frère d'Artois et tous mes amis, nous jouons la comédie. Le roi est notre seul public, aux parterres il n'y a que les gens de Trianon et quelques valets. Nous divertissons beaucoup Sa Majesté. Quant à Madame, elle s'est écriée que c'était là un scandale, qu'elle était du bois dont on fait les reines et que les reines ne se commettaient pas ainsi, ce qui était charmant à mon égard.

— Quels rôles aimez-vous donc jouer, Madame ? articule Fersen si près.

— Nous apprécions particulièrement, dit-elle, troublée, de charmants opéras-comiques, *Rose et Colas, La Gageure imprévue* de Sedaine, où figurez-vous que votre reine tient le rôle de la servante Gotte !

Elle rit, l'imprudente, d'une bouche entrouverte. Fasciné, le bel Axel se penche et dérobe un baiser léger à la lèvre des Habsbourg, si sensuelle dans le désir.

— La servante Gotte, vraiment ? Comment Votre Majesté est-elle vêtue pour ce rôle ?

Elle ne rit plus, prise de vertige, le dos contre les livres, le cœur visible sous le fin voile.

— La servante Gotte porte cotillons fort courts, et s'exclame : « Nous autres domestiques... »

Marie-Antoinette n'a jamais vécu un moment aussi doux. Un vrai baiser d'amour sur sa bouche prête à s'ouvrir et à savourer.

— Contez-moi encore les rôles qui ont le bonheur d'être dits par ces lèvres exquises ?

Le bel Axel a disparu dans l'ombre des livres, si près de la jeune femme qui, incertaine, affolée, récite d'un seul souffle :

— Je joue Angélique dans *Les Fausses Infidélités* de Berthe. M. de Vaudreuil tient le rôle de mon acariâtre fiancé, ce qui amuse fort le roi. Il adore m'entendre chanter le rôle de Colette dans *Le Devin du village* de feu M. Rousseau. Savez-vous que mon frère d'Artois m'a donné en scène un vrai baiser quand il interprétait Colin ?

Axel a saisi ses mains et les baise avec une sorte de violence. Il la quitte avec une hâte soudaine. Il ne peut pas, il ne doit pas l'aimer ainsi. Il fera tout pour rejoindre la guerre d'Amérique. Il fera tout pour s'établir en épousant, peut-être, Mlle de Matignon, fille du baron de Breteuil, le plus riche parti de France.

Fersen délaisse la reine et sa tentation. Il fait antichambre chez M. de Vergennes et chez le prince de Montbarrey, ministre de la Guerre. Est-ce l'influence secrète de Marie-Antoinette ? À la fin de l'année 1780, le roi le fait nommer « colonel attaché à l'infanterie allemande ».

*

* *

Elle l'aime et n'arrive pas à se passer de sa présence. Il l'aime, il a du mal à maintenir la froideur et la prudence qui lui sont pourtant naturelles. Marie-Antoinette l'invite à tous les bals de l'Opéra et ose le convier longuement dans sa loge. Elle se promène seule avec lui dans ses jardins, délaissant ses favoris qui supputent d'autres avantages et d'autres chantages. Elle invite Fersen aux petits jeux de colin-maillard, à Trianon. Les yeux bandés, il tâtonne sans jamais se tromper vers sa radieuse conquête… Il effleure ses bras, ses mains. Elle rit aux éclats, et sa petite cour l'imite.

Le Suédois est secrètement soulagé que Mlle de Matignon ne donne pas suite au projet de mariage.

Il sait maintenir la distance et être le plus sage des deux. Marie-Antoinette est prête à se donner d'un seul et fol élan à sa passion d'amour, mais lui s'y refuse. Elle compte sur la complicité de sa Polignac et de ses entours car comment refermer, sans complices, l'alcôve sur une reine de France et son amant dans une Cour où chacun épie les moindres faits et gestes des souverains ?

Si cet amour se borne alors à quelques baisers volés, brûlants, c'est grâce à la fermeté du Suédois. Il aime trop la liberté pour s'enferrer dans une passion mortellement dangereuse et fait tout pour partir pour l'Amérique où, enfin, le baptême du feu peut-être l'enivrera. Oublier la reine, l'oublier dans l'action et avec le charme des dames américaines.

Mais oublie-t-on si facilement Marie-Antoinette ?

*

* *

Désemparée, amoureuse, malheureuse, elle se confie plus que jamais à sa Polignac qui, d'un ton angélique, obtient encore de l'argent. Le roi a trouvé cette piètre excuse devant le murmure mécontent de ses ministres :

— Que voulez-vous, Mme de Polignac est l'amie de la reine.

Combien est fort l'ascendant de cette « duchesse » Jules ! Aurait-elle initié l'imprudente aux plaisirs saphiques ? On ignore l'exactitude de ces détails scabreux. On sait que la Polignac et la reine se couvrent réciproquement de baisers et de caresses, mais de là à aller plus loin ? La rusée comtesse est autrement plus savante que Marie-Antoinette à tous les jeux de l'amour. Elle a su soumettre sa royale amie à son seul joug.

*

* *

Maurepas vieillit, et sa succession agite tout le monde. L'impératrice avait vivement souhaité que Mercy soit nommé à un poste aussi avantageux pour mieux contrôler les actes de sa fille. Les partisans de Choiseul reviennent tous à la charge pour influencer Marie-Antoinette afin de faciliter le retour de leur grand homme. Les favoris persuadent la Polignac de convaincre la souveraine en faveur de M. de Ségur. L'influence de Necker s'affirme dans l'esprit du roi. Il le persuade de se défaire de M. de Maurepas et de M. de Ségur, et propose M. de Castries. Le baron genevois va jusqu'à faire la cour à la Polignac pour qu'elle persuade la reine d'appuyer son projet. Marie-Antoinette, accepte tout ce que lui demande sa favorite. Elle veut M. de Castries ? Qu'à cela ne tienne ! La Polignac, aidée de Vaudreuil, opère un véritable siège psychologique pour amener la reine à servir leurs desseins : faire pencher le roi en faveur de M. de Castries et de M. de Ségur. Besenval a comploté avec cette même Polignac de devenir ministre.

Louis XVI convoque M. de Castries sans consulter Maurepas. Une fois de plus, le rôle de la reine, en politique, est sans effet. L'opinion publique est convaincue qu'elle manipule le souverain et les ministres comme des pantins. La Polignac feint de soutenir M. de Ségur, et persuade son amie du bienfait de choisir Besenval. Remis de sa maladie, Maurepas revient à la Cour où il découvre les plans de la Polignac et de son Vaudreuil. Ulcéré, il demande audience à la reine et, avec beaucoup de peine, parvient à lui dessiller les yeux.

— Votre Majesté a été jouée, abusée par l'ascendant d'une fausse amie.

Pour la première fois, Marie-Antoinette sent la colère l'emporter contre son amie. Elle la fait venir, et une violente dispute éclate entre elles. Marie-Antoinette s'entend crier pire qu'une femme de la Halle. La Polignac, un peu pâle sous son rouge, l'œil perçant et froid, ose interrompre la reine, se lever et affirmer qu'il est mieux pour elle de se retirer à jamais.

— Je ne remettrai jamais les pieds à une cour où je suis si peu désirée !

Elle s'éloigne vers la porte, et le pire arrive : Marie-Antoinette de Lorraine d'Autriche, reine de France, se jette à genoux, saisit le bas de sa robe avec des sanglots et la supplie de rester :

— Je vous supplie de ne point me quitter et de me pardonner !

Tout est perdu pour la reine. La Polignac joue à la magnanime. Les yeux embués, elle tend les bras à Marie-Antoinette qui s'y précipite et consent « à pardonner à la reine ». Le clan Polignac a gagné. M. de Ségur est nommé et travaille avec l'austère Necker. Curieusement, c'est une bonne alliance, mais le prestige de Marie-Antoinette est définitivement détruit dans l'esprit de ses faux amis. Elle devient leur poupée floche, leur jouet, leur « tête à vent ».

Marie-Antoinette n'a rien perçu des conséquences d'une aussi lamentable affaire. Se rend-elle compte que le duc de Chartres rassemble au Palais-Royal sa coterie contre le groupe de Trianon ? Que chaque camp se bat à coups de pamphlets et de perfidies ? Marie-Antoinette a inventé un nouveau jeu. Elle demande en riant à M. de Boufflers de composer une chanson qui mettrait « en valeur » tous les défauts qu'on lui attribue. Le chevalier mitonne une série de vers qu'elle chante sur l'air de *Philis*, s'interrompant pour mieux rire à son aise. M. de Boufflers l'a décrite sous le nom de la mouche « Thémire ». L'étourdie est ravie de chanter devant ses amis, encore plus ravis qu'elle et pour d'autres raisons, ces couplets plus dangereux que de violentes injures :

Voulez-vous savoir les on-dit
Qui courent sur Thémire ?
On dit que parfois son esprit
paraît être en délire.
Quoi ? de bonne foi ?
Oui, mais croyez-moi,
Elle sait si bien faire
Que sa déraison,
Fussiez-vous Caton,
aurait l'air de vous plaire.
On dit que le trop de bon sens
jamais ne la tourmente.
On dit qu'un grain d'encens
la ravit et l'enchante.
(...)
Sans l'égoïsme rien n'est bon,
C'est là sa foi suprême ;
Aussi s'aime-t-elle, dit-on,
D'une tendresse extrême.

Elle rit, bat des mains, enchantée d'être Thémire-la-mouche.

Marie-Thérèse d'Autriche se sent proche de tout abandonner, de rejoindre cette rive d'ombre où peut-être il existe une forme de paix. Elle est prête à descendre à la crypte des Capucins, à dormir près de ses morts si dignes, à s'en aller sans crainte et sans regret.

Antoine lui a rongé le foie et glacé le cœur.

Chapitre 56

La mort de Madame Maman

Marie-Antoinette a vingt-cinq ans. Elle est dans tout l'éclat de sa beauté. Ce fut une chance qu'elle s'entichât de Mme Vigée-Lebrun pour ses portraits. Si elle a protégé la musique, la danse et l'imprimerie, elle avouait à Mme Campan « qu'elle ne voyait dans un portrait que le seul mérite de la ressemblance (...). Lorsqu'elle allait au Louvre, à l'exposition des tableaux, elle parcourait rapidement les petits tableaux de genre et sortait sans avoir, disait-elle, levé les yeux vers les grandes expositions ».

Il existe de bons portraits de la souveraine : notamment celui de Wertmuller, peintre du roi de Suède tableau sauvé des fureurs de la Révolution par les commissaires de la garde du mobilier de Versailles. Elle adorait les portraits que faisait d'elle Mme Vigée-Lebrun, œuvres de facture classique où la reine tient une rose à la main, est vêtue de mousseline, le cou et les poignets purs de tout joyau, coiffée d'un chapeau à ruban et aigrette argent. Elle resplendit alors de cet éclat qui a tant ému Fersen et que restitue le témoignage de Mme Vigée-Lebrun :

« Marie-Antoinette était grande, admirablement bien faite, assez grasse sans l'être trop. Ses bras étaient superbes, ses mains petites, parfaites de forme et ses pieds charmants. Elle était la femme de France qui marchait le mieux, portant la tête fort élevée avec une majesté qui faisait reconnaître la souveraine. Ses traits n'étaient point réguliers : elle tenait de sa famille cet ovale long et étroit particulier à la nation autrichienne. Elle n'avait point de grands yeux ; leur couleur était presque bleue ; son regard était spirituel et doux, son nez fin et joli, et sa bouche pas trop grande quoique les lèvres fussent un peu fortes. Mais ce qu'il y avait de plus remarquable dans son visage, c'était l'éclat de son teint. Je n'en ai jamais vu d'aussi brillant, et brillant est le mot ; car sa peau était si transparente qu'elle ne prenait point d'ombre... Les couleurs me manquaient pour peindre cette fraîcheur, ces tons si fins qui n'appartenaient qu'à cette charmante figure et que je n'ai retrouvés chez aucune autre femme. »

Marie-Antoinette était d'une parfaite simplicité avec Mme Vigée-Lebrun. Elle raconte dans ses souvenirs qu'un jour, fatiguée par sa grossesse, elle avait manqué un rendez-vous avec la reine. Le lendemain, elle arriva bouleversée d'avoir fait défaut à sa souveraine mais fut accueillie avec aménité :

« Je vous ai attendue hier toute la matinée, que vous est-il donc arrivé ?

Hélas, Madame, j'étais si souffrante que je n'ai pu me rendre aux ordres de Votre Majesté. Je viens aujourd'hui pour les recevoir, et je repars à l'instant.

— Non ! Non ! Ne partez pas, reprit la reine, je ne veux pas que vous ayez fait cette course inutilement.

Elle décommanda sa calèche et me donna la séance.

Je me rappelle que, dans l'empressement où j'étais de répondre à cette bonté, je saisis ma boîte à couleurs avec tant de vivacité qu'elle se renversa ; mes brosses, mes pinceaux tombèrent sur le parquet ; je me baissais pour réparer ma maladresse.

— Laissez, laissez, dit la reine, vous êtes trop avancée dans votre grossesse pour vous baisser.

Et quoique je puisse dire, elle releva tout elle-même. »

Ainsi l'avait aimée Fersen, ainsi l'adorait le roi, ainsi avait-elle séduit la France. Les Français avaient été fous de cette blanche figure, si joliment exprimée par Mme Vigée-Lebrun. Ils avaient été amoureux de l'air altier qu'elle conservait au milieu même de la licence du Trianon où on se tenait mal. Ils avaient été épris de son pas dansant. Le prince de Ligne affirme que l'on n'osait se permettre des plaisanteries trop libres devant elle ou avancer de rudes méchancetés. À la fois hautaine, prude, libre, capricieuse, détestable, charitable, et si gentille... Son page Tilly ne l'aimait guère et souligna que ses yeux n'étaient pas beaux, et sa bouche franchement désagréable, mais les portraits expriment le mélange d'une âme candide et de feu.

Elle aimait recevoir des artistes dans son « cabinet intérieur » – la pièce la plus éclairée de Versailles, à l'aile du midi, composée selon ses goûts, ornée de trépieds à l'antique, un style annonçant déjà le Premier Empire. Marie-Antoinette recevait assise sur un canapé de satin blanc brodé d'or, dans une niche au fond de laquelle s'allongeaient des glaces, le tout sous une draperie magnifiquement ouvragée. Ce « cabinet intérieur » était son refuge. Elle y avait fait installer son pupitre à écrire, où elle rédigeait sa correspondance avec sa mère. Là, elle faisait de la tapisserie et apprendra à sa fille à coudre, tricoter et broder. Là se trouvait son clavecin où elle jouait Mozart, qu'elle n'a pourtant jamais invité à Versailles. Là, elle reçut Grétry et le chanteur Garat, de Bordeaux, accompagné du musicien Salieri. Marie-Antoinette reçut Piccini et voulut lui faire plaisir en lui demandant de l'accompagner au clavecin. Hélas, l'étourdie avait choisi de chanter un air de l'*Alceste* de Gluck !

Bien des courtisans sont offensés du peu d'égards que Marie-Antoinette leur manifeste. La simplicité de la cour de Vienne ne doit en rien annuler le protocole. Marie-Thérèse et Joseph II sont inflexibles quant à leur représentation symbolique. Une fois par semaine, l'impératrice reçoit qui veut lui parler, sans distinction de rang social, système qui a renforcé le respect à son égard. Le refus trop ostensible du protocole chez Marie-Antoinette se transforme, dans l'esprit des courtisans mortifiés, en refus de ses devoirs de souveraine. Marie-Antoinette compte des ennemis dans le peuple mais aussi parmi les aristocrates.

*
* *

Marie-Antoinette se réfugie dans sa maternité. Elle a repris la vie conjugale, et Mercy s'empresse d'en faire part à l'impératrice qui marque des signes d'épuisement.

« Depuis quelque temps les habitudes matrimoniales se soutiennent (...). Vers la fin de juillet, il y a eu même un soupçon de grossesse, mais les règles ont reparu quelques jours après. »

Mercy s'inquiète du rôle accru de la Polignac. Dormir à Trianon n'est pas bon pour la vie conjugale. L'exiguïté du château, le lit de la chambre de la reine prévu pour une personne, tout est fait pour éloigner le roi de son épouse. Est-ce un calcul des favoris ? Marie-Antoinette se borne à écrire à sa mère fin septembre 1780 qu'elle s'est établie en ce lieu pour faire à pied ses promenades. En dix minutes de voiture le roi est chez elle, et elle le reçoit fort bien :

« Le roi paraît s'y plaire beaucoup, il y vient souper tous les jours et vient me voir le matin comme dans mon appartement à Versailles. »

La réponse de sa mère prouve que l'impératrice est au courant des distractions théâtrales de sa fille qui, hélas, amusent le roi :

« Je ne regarde que comme passagers les amusements de Trianon, sans m'en inquiéter (...), mais je ne saurais approuver que la reine couche sans le roi. »

Est-ce d'aimer Fersen, d'adorer la liberté jusqu'à l'imprudence ? Est-ce par une sourde irritation de tant d'années de surveillance ? Marie-Antoinette répond, en octobre, une missive ironique et dure.

« Il y a bien longtemps que nous couchons séparés ; je croyais que ma chère maman ne l'ignorait pas. C'est un usage fort général ici entre mari et femme. »

Le sang quitte lentement le cœur de l'impératrice. Sa fille lui aurait donc menti, elle qui affirmait le contraire depuis des années ? Toute sa pensée est en France, auprès de cette fille ingrate qui lui a écrit les mots qui détruisent sa confiance et soulèvent son angoisse. Son écriture est hachée, elle est prise de malaises et d'une violente envie de pleurer durant la rédaction de cette ultime lettre à sa fille. La dernière lettre à l'enfant, le douloureux amour d'enfant qui lui a dérobé jusqu'à son dernier souffle.

« Madame ma chère fille, j'étais hier toute la journée plus en France qu'en Autriche, et j'ai récapitulé tout cet heureux temps d'alors, qui est bien passé. Le souvenir seul en console. Je suis bien contente que votre petite, que vous dites si douce, se rétablit, et de tout ce que vous me dites sur votre état avec le roi. Il faut espérer les effets. J'avoue que je ne savais pas positivement que vous ne couchiez pas ensemble, *je le soupçonnais*. Je ne peux trouver que valable ce que vous me dites, mais j'aurais souhaité que vous auriez été à l'allemande, plutôt dans une certaine intimité que cela entraîne après soi, se trouvant ensemble. »

À sa fille de cesser d'être « la reine de Trianon » pour redevenir la reine à part entière « d'une nation aussi vive ».

*
* *

Le 29 novembre 1780, au moment où M. de Ségur est nommé au ministère de la Guerre, meurt l'impératrice. Elle a essuyé une dure bronchite, et l'angine de poitrine a raison de sa vie. Deux jours avant de s'éteindre, elle a longuement prié, nommant chacun de ses enfants, ses filles, surtout. Marie-Amélie, Marie-Élisabeth, Marie-Christine, Marie-Anne, Marie-Amélie, Marie-Caroline… Quand elle est arrivée à Maria Antonia Josefa Johanna, reine de France, elle a levé ses mains vers le ciel et, à l'étonnement navré de Joseph II, éclaté en larmes. Ne répétait-elle pas, si clairvoyante dans ses pleurs : « Ma fille court à la ruine » ?

Son âme frissonne, et son cœur est dans un étau. Elle a refusé de s'aliter, allant à petits pas, au bras de son fils, dans la chambre où tous ses enfants sont nés.

« — Ceci est mon dernier jour, dit-elle à son médecin et à Joseph.

Elle veut aller vers la fenêtre, soutenue par son fils effrayé de la sentir aussi oppressée.

— Êtes-vous mal, ma mère ?

— Assez bien pour mourir, dit-elle avant d'expirer dans les bras de Joseph II. »

Madame Maman est morte debout, en grand guerrier. Elle a le temps de lancer un dernier ordre à son médecin :

« Allumez le cierge mortuaire et fermez-moi les yeux. »

Elle a soixante-trois ans.

Tu felix Austria, nube.

*
* *

Louis XVI, ayant appris la nouvelle avant Marie-Antoinette, charge l'abbé d'aller l'en avertir le plus doucement possible.

La nouvelle la pétrifie. La source essentielle disparue, où puiser la merveilleuse puissance tutélaire, le soutien et la confiance ? Sa mère l'irritait, mais Madame Maman était éternelle, elle ne pouvait pas, ne devait jamais mourir.

La reine sent le sol se dérober. Elle a envie de crier « Madame Maman ! », déchirée à l'idée de ne plus lui écrire. L'abbé de Vermond est consterné d'assister à une peine aussi sincère, de la voir chanceler, d'une pâleur mortelle. Elle se réfugie, prostrée, dans ses appartements, trouve à peine la force d'écrire quelques lignes à son frère qui, désormais, règne seul sur l'Autriche :

« Accablée du plus affreux malheur, ce n'est qu'en fondant en larmes que je vous écris. Oh ! mon frère, oh ! mon ami, il ne me reste donc que vous dans un pays qui m'est et me sera toujours cher ; (...) Adieu ! Je ne vois plus ce que j'écris. Souvenez-vous que nous sommes vos amis, vos alliés ; aimez-moi. Je vous embrasse. »

Le 7 décembre, Marie-Antoinette et la Cour sont en grand deuil. La reine ne cesse de pleurer au souvenir de ses dernières nuits à Vienne, dans la chambre de Madame Maman.

Est-ce pour satisfaire aux recommandations des dernières lettres de sa mère qu'elle se rapproche de son époux ? Elle est enceinte fin février. Ses larmes redoublent : sa mère ne connaîtra pas ce bonheur, le naissance, qui sait, du Dauphin tant attendu.

Elle tremble de solitude. Madame Maman a laissé un vide trop grand. Elle a des remords de ne pas avoir été la princesse exemplaire que sa mère eût souhaité. Elle est plus attentive à Mercy, en mémoire de Marie-Thérèse. Elle ne se rend pas compte que, d'accord avec Joseph II et Kaunitz, Mercy entend bien manœuvrer la reine pour servir l'Autriche.

*

* *

Joseph II commence son règne en s'affirmant le médiateur en Europe de la guerre d'Amérique.

Ni Louis XVI ni ses ministres ne veulent entendre parler si tôt de paix dans cette guerre qui renforce le prestige de la France. Joseph II ne s'attend jamais à la fermeté de son beau-frère. Louis XVI, en cas de conflit majeur, fait savoir que son choix, en fait de médiateur, irait à la Prusse et non à l'Autriche. Marie-Thérèse disparue, il a moins de scrupule à s'affirmer. La tsarine, une fois de plus, perturbe le jeu en proposant à Joseph II de partager la médiation qu'il souhaite exercer entre la France et l'Espagne pour soutenir les insurgents et l'Angleterre. La Prusse, détestée par elle et par Joseph II, serait tenue à l'écart. Necker trouve un intérêt à cette stratégie. Le financier n'aime pas la dépense qu'entraîne cette trop longue guerre d'Amérique. Mercy est exaspéré par Necker et Vergennes. Comment osent-ils contrarier si grossièrement les plans de l'Autriche ? Il s'en épanche auprès de Marie-Antoinette. Ébranlée, chagrine, aux prises avec ses malaises de grossesse, incapable de voir clair en politique, elle se décide à parler au roi et à Vergennes en faveur de son frère.

« Quel est le fond de votre pensée, Monsieur, sur cette guerre d'Amérique ? »

Elle cajole tant Louis XVI qu'il faiblit, caresse les jolies mains qu'elle a nouées autour de son cou.

« Je vous avoue, Madame, être las de cette guerre d'Amérique. Je redoute la méditation de votre frère qui ne manquerait pas de se rapprocher de l'Angleterre, notre ennemie héréditaire. »

Marie-Antoinette confie tout à Mercy. Naïveté, paresse, choix profond ou inconscient de l'Autriche ? Tâtonnement vers la mère disparue pour lui plaire au-delà des ombres ? La reine trahit son époux et son pays.

*

* *

Joseph II, qui a entrepris un nouveau voyage en Europe, vient voir sa sœur une seconde fois à Versailles. Les ministres redoutent cette visite tandis que la reine manifeste une joie d'enfant.

Six mois ont passé depuis le deuil de leur mère. Il voyage toujours de la même façon, simple et libre. Elle pleure de joie lorsqu'il pénètre dans ses appartements et se jette à son cou. L'été s'annonce d'une grande douceur, aussi passent-ils des heures à converser, au Trianon, où elle se sent à l'aise. Elle est vêtue d'une robe « à la lévite », blanche, rehaussée d'une ceinture bleu pâle, le teint éblouissant, sans bijoux, poussant en avant un joli ventre rond. Comme elle charme son frère ainsi grosse et si simple d'allure ! Ils se promènent doucement dans les allées, bras dessus, bras dessous, son chapeau de paille jette une ombre dorée sur ses lèvres. Joseph II, rempli d'affection et de calculs, lui prodigue le maximum de conseils sur tous les plans. Il profite de ce qu'elle se repose sur un banc de pierre et de mousse, contre un rosier délicieux, pour lui faire remarquer à quel point sa société d'élite, cette Polignac et son engeance, est d'un mortel danger.

« Tentez, ma sœur, une petite expérience. Refusez à toutes leurs demandes. Vous sonderez bien le niveau réel de l'affection qu'ils feignent à votre égard. »

Elle rit, incrédule, cueille une rose, la lui offre. Il secoue la tête, vaguement ému, vaguement irrité.

L'empereur doit s'en aller le 5 août. Elle lui offre une fête magnifique. On illumine pour lui le Belvédère, après un souper avec la famille royale au complet. Elle l'a mené à son petit opéra écouter *Iphigénie en Aulide* de Gluck.

Quand il quitte Versailles, elle éclate en larmes.

Louis XVI refuse fermement toutes les propositions de médiation de son beau-frère et de la tsarine. La guerre d'Amérique continuera sans eux.

« Antoine » ne reverra plus jamais Joseph II.

Chapitre 57

La naissance d'un dauphin

Marie-Antoinette a été navrée des douleurs de sa fille qui a percé toutes ses dents avec tant de peine. Après dîner, proche de son terme, elle se repose dans sa « méridienne », cette alcôve bleu pâle, si intime, son refuge et sa paix. Comment faire pour échapper à l'accouchement en public ? Elle frémit au souvenir de ses couches si pénibles. Elle n'aime guère son grand lit conjugal, solennel, surmonté de fleurs et de guirlandes sculptées. Elle n'est bien que dans son lit de Trianon ou dans le cabinet de la méridienne, ces charmants appartements composés d'une suite de petites pièces au deuxième étage, autour de cours intérieures. Vermond l'accouchera cette fois encore.

Le Dauphin naît le 22 octobre 1781.

Marie-Antoinette met au monde ce successeur tant attendu : Louis-Joseph-Xavier-François de France. Le rapport de Louis XVI donne scrupuleusement tous les détails d'une couche plus heureuse que la première :

« La Reine a très bien passé la nuit du 21 au 22 octobre, elle sentit quelques petites douleurs en s'éveillant qui ne l'empêchèrent pas de se baigner ; elle en sentit à dix heures et demie ; les douleurs étaient médiocres ; je ne donnais contrordre pour le tiré que je devais faire à Saclé qu'à midi. Entre midi et midi et demi, les douleurs augmentèrent, elle se mit sur son lit de travail, et à une heure et un quart juste à ma montre elle est accouchée très heureusement d'un garçon. Pendant le travail, il n'y avait dans la chambre que Mme de Lamballe, Monsieur, le comte d'Artois, mes tantes, Mme de Chimay, Mme de Mailly, Mme d'Ossun, Mme de Tavannes et Mme de Guémenée qui allaient alternativement dans le salon de la paix qu'on avait laissé vide. Dans le grand cabinet il y avait ma Maison, celle de la reine, les Grandes Entrées et les sous-gouvernantes qui entrèrent tous au moment des dernières douleurs, et restèrent dans le fond de la chambre sans intercepter l'air. »

Le roi a veillé attentivement à éviter tout accident.

« Madame, dit Louis XVI bouleversé, vous avez comblé mes vœux et ceux de la France. Vous êtes mère d'un Dauphin. »

La joie du roi est telle qu'il pleure et serre toutes les mains qui se tendent vers lui. Un bonheur incroyable se répand dans la chambre, et dans tout Versailles, Paris et la France.

« Un Dauphin ! Un Dauphin ! »

Le roi répète « mon fils », et « mon fils le Dauphin ». La reine, recouchée dans son lit, veut contempler à son aise cet enfant si désiré. Mme de Guémenée le lui apporte.

On établit le Dauphin dans son appartement où il reçoit, dans son berceau, les délégations solennelles d'usage. Le petit duc d'Angoulême, devant la fragilité de ce nouveau-né, crie à son père, le comte d'Artois :

« — Mon Dieu Papa, qu'il est petit mon cousin !

— Il viendra un jour où vous le trouverez bien assez grand mon fils », persifle Artois.

Monsieur ne dit rien, profondément mortifié : son mariage n'est toujours pas consommé.

Un enfant si petit… La fée Carabosse s'est une fois de plus penchée sur le nouvel enfant de Marie-Antoinette. Le Dauphin espéré mourra dans de vives souffrances.

Le roi, tout à son bonheur, signe les lettres à ses cousins d'Europe annonçant l'événement. À trois heures de l'après-midi, le même jour, le Dauphin est baptisé par le cardinal de Rohan à la chapelle de Versailles, tenu par Monsieur et Madame Élisabeth qui représentaient l'empereur et la princesse du Piémont.

« Louis Joseph Xavier François de France. »

Les frères du roi, Mesdames Tantes, le duc de Chartres (qui a pris l'habitude de dire « je m'en fous » à chaque contradicteur), le prince de Condé, M. de Penthièvre, signent l'acte du baptême. La musique joue un *Te Deum* et le soir la liesse est générale.

M. de Vergennes, en qualité de grand trésorier du Saint-Esprit, porte au royal enfant le cordon bleu, et M. de Ségur la croix de Saint-Louis.

On tire les feux d'artifices sur la place d'armes. Le lendemain, les ambassadeurs et le nonce viennent faire leur cour. À six heures du même jour, cent vingt-cinq femmes font leur révérence au roi.

*

* *

Le 26 octobre, un vendredi, le roi, ses frères et les princes du sang rejoignent Notre-Dame où un *Te Deum* solennel est chanté.

Le dimanche 28, tous les compliments d'usage sont présentés au Dauphin.

Le lendemain, la reine, qui va fort bien, reçoit ses dames, les princes et les princesses, et, le lendemain, les Grandes Entrées.

Le 2 novembre, jour de sa fête, de ses beaux vingt-six ans, saint jour des Morts, elle reçoit la Maison du roi.

Le dimanche 4 novembre, c'est au tour du chapitre de Notre-Dame de complimenter le roi dans sa chambre, accompagné des dames de la Halle et de la compagnie d'arquebuses. Les dames de la Halle, une cinquantaine vêtues de noir, certaines portant des diamants, sont ravies. Trois d'entre elles, menées par la princesse de Chimay, sont introduites jusqu'au lit de la reine. L'une d'elles présente un discours troussé par M. de La Harpe auquel la reine répond avec grâce, craignant davantage la visite des poissardes qui lui font, témoigne Mme Campan, « toujours une impression désagréable ».

Elles se mettent à brailler des couplets égrillards vantant « la croquette » du petit Dauphin. Le roi fait donner un repas à toutes ces femmes et, chapeau sur la tête, préside la table. Les poissardes, enchantées, chantent d'une seule voix :

« Ne craignez pas, cher papa,
D'voir augmenter vot'famille,
L'bon dieu z'y pourvoira :
Fais-en tant qu'Versailles en fourmille ;
Y eut-il cent Bourbons cheu nous,
Y a du pain, du laurier pour tous. »

Les femmes à Paris se mettent à porter au cou et en bracelets des petits « dauphins » d'argent. On en voit sur les fichus, les chaussures, dans les coiffures. Un véritable engouement.

Les gardes du corps ont obtenu la permission du roi de donner un bal paré dans la salle d'opéra à Versailles. Marie-Antoinette ouvre de bonne grâce le bal par un menuet qu'elle danse avec un simple garde du corps. Pendant neuf jours entiers, tous les métiers viennent en musique se réjouir dans la cour de marbre. La compagnie des serruriers offre au souverain une serrure mystérieuse qui le passionne. Les chaudronniers apportent un chaudron joliment ciselé, les boulangers, un pain magnifique. Il y a toutes sortes d'offrandes correspondant à chaque profession. Le roi fait distribuer cent vingt mille livres au peuple.

À Paris, les huissiers et le gouverneur font trois fois le tour du bûcher solennel, le cou et les bras couverts de guirlandes de fleurs artificielles. Le tocsin, celui de la fête, sonne pendant trois jours et autant de nuits.

La joie du roi est si touchante que chacun remarque qu'il sourit sans cesse à l'enfant, répétant sans se lasser « mon fils » avec une infinie douceur.

*

* *

Le Dauphin est confié à une robuste paysanne nommée Mme Poitrine. Un lait superbe et riche que la Faculté, chaque jour, examine. La brave femme s'effare de l'intérêt que suscitent, ses seins devenus célèbres dans toute l'Europe.

Une ombre flotte cependant sur tant de joie. Des pamphlets salissent la naissance de l'enfant qu'ils attribuent aux œuvres de M. de Coigny. La même gazette fait circuler un libelle intitulé *Vie d'Antoinette* qui affirme :

« Louis, si tu veux voir
Bâtard, cocu, putain,
Regarde en ton miroir,
La reine et le Dauphin. »

La police ne retrouve pas les auteurs, ni en Hollande ni en Allemagne. Un autre pamphlet, particulièrement ordurier, froisse le roi :

« Dans ses lubriques attitudes
Antoinette aurait bien voulu
Que Louis l'eût mieux foutue ;
Mais à cela que peut-on dire ?
On sait bien que le pauvre Sire,
Trois ou quatre fois condamné
Par la salubre Faculté,
Pour impuissance très complète
Ne peut satisfaire Antoinette
De ce malheur bien convaincu

Attendu que son allumette
N'est pas plus grosse qu'un fétu ;
Que toujours molle et toujours croche,
Il n'a de vit que dans sa poche. »

Marie-Antoinette ne veut rien savoir de cette affaire. À la naissance de sa fille ont déjà couru les mêmes injures graves. Elle préfère se réjouir de la fête que lui réserve Paris pour ses relevailles et pour la victoire de l'armée française en Amérique. On a en effet appris la reddition de Yorktown, le 19 octobre, où huit mille quatre cents Anglais de la garnison, faits prisonniers, défilèrent devant treize mille Français et Américains commandés par Washington et Rochambeau. Pour la première fois, les Français ont utilisé de nouveaux canons du modèle Gribeauval d'une grande efficacité.

On prépare les festivités dès janvier. On a sablé les rues de Paris. On a loué fort cher toutes les fenêtres afin de mieux voir passer le cortège royal.

Le 21 janvier, par une pâle et glaciale journée, ravissante dans une toilette de brocart d'or et d'argent, Marie-Antoinette, entourée de Madame Élisabeth, Madame Adélaïde, la princesse de Conti, la duchesse de Bourbon, descend le Cour-la-Reine dans un carrosse tiré de huit chevaux blancs. Elle fait son entrée à Sainte-Geneviève et à Notre-Dame.

On la voit prier et rendre grâce avec une grande intensité.

La cérémonie se poursuit par le festin à l'Hôtel de Ville. Un bâtiment confortable a été élevé pour recevoir au mieux Marie-Antoinette, fait de bois richement décoré de damas, de velours bleu ciel. Les « lieux » pour les chaises sont tapissés de cramoisi. On a aménagé une immense salle pour le festin où sont prévus quatre-vingts couverts. Une série de tables, astucieusement agencées tout autour de la table royale, permettent à la foule de circuler pour contempler les souverains sans les gêner.

Une liesse générale, des orchestres dans chaque rue, des « braseros » allumés, des cochonnailles et des victuailles offertes gratuitement, du pain, du vin distribués à satiété. À la fin de la soirée, un feu d'artifice embrase la capitale.

Un ultime souper est offert aux souverains au château du Temple, la future prison de Louis XVI et de sa famille. Le roi et Marie-Antoinette y dînent fort gaiement. La soirée s'achève à nouveau à l'Hôtel de Ville par un grand bal, dont le caractère simple et populaire réjouit chacun.

La bise pince fort les doigts des malheureux, dans les campagnes sans feu et sans pain.

N'arrive-t-il pas qu'un nouveau-né soit trouvé mort de froid sur des faibles mains nues, à peine couvertes de hardes ?

Chapitre 58

« Les Nord »

L'année 1782 ressemble à une longue fête en dépit de la mort de M. de Maurepas et de celle de Madame Sophie. Marie-Antoinette récupère son appartement au rez-de-chaussée et le fait décorer à son goût. Ce sont « les petits appartements de la reine ». La décoration, y compris celle du « cabinet de la méridienne », rappelle la naissance du Dauphin. Les boiseries dorées, les sculptures de la console reproduisent des paons, des soleils d'or pur, des fines guirlandes de feuillage. Le buste du Dauphin, en marbre, entouré de vases de porcelaine dorée, orne la console principale devant un haut miroir de l'eau la plus pure. Le lustre en cristal, les fauteuils de soie bleu pâle, finement ornés d'une draperie d'or, habillent ce salon aménagé à la naissance de l'enfant tant attendu.

Joseph II est obsédé par l'idée de manœuvrer sa sœur en faveur de l'Autriche. Débarrassé du joug de Marie-Thérèse, il s'applique à soumettre l'Italie. Ses sœurs – Marie-Amélie mariée au roi de Parme, Marie-Caroline, régnant sur Naples, n'ont qu'à obéir à la politique autrichienne. Joseph II caresse une autre ambition : s'emparer de l'Empire ottoman, avec l'alliance de la tsarine qui en aurait sa part. Il a besoin de l'aide de la France. Cette gourde de tête-à-vent *doit* aider sa famille, dans le sens qu'il lui fera savoir par l'entremise de Mercy et de l'abbé. Joseph II est tout attention après la victoire de Yorktown et l'arrivée imprévue autant que glorieuse de La Fayette, héros de la guerre d'Amérique. Il veut à toute force être le médiateur de la paix à rétablir.

Le succès de Marie-Antoinette est éclipsé par celui de La Fayette à Paris. Joseph II exige de Mercy qu'il chapitre sa sœur pour imposer le choix d'un nouveau ministre. Il a songé à Loménie de Brienne, archevêque de Toulouse, protecteur de l'abbé de Vermond, tout dévoué à Mercy. Joseph II est exaspéré de ce que lui rapporte Mercy : sa sœur s'est mise en tête d'élever elle-même ses enfants. On la voit se promener avec eux dans les jardins du Trianon, au lieu de les laisser à leur gouvernance et de s'inquiéter des affaires de l'État.

Elle se promène, tête nue sous son chapeau de paille à ruban, la petite Madame Royale à la main, le Dauphin dans ses bras. Elle n'a aucune escorte, sauf une dame ou deux. Elle ne déteste pas croiser M. de Castelnau, pâle, hagard, fou d'amour pour elle. Depuis des années, ce vieux gentilhomme la suit partout, de l'aube à la nuit, longeant les fossés de Trianon uniquement pour l'apercevoir. Quand il la croise, il pleure d'émotion. Il grelotte par grand hiver dans la galerie des Glaces, plus muet qu'une ombre, et ne manque pas un seul de ses couverts. Mme Campan témoigne que, lors des séjours de la reine à Trianon, « le malheureux mangeait à la hâte un morceau chez quelque Suisse et passait le jour entier, même par temps de pluie, à faire le tour du jardin, marchant toujours au bord des fossés. La reine le rencontrait souvent, quand elle se promenait seule ou avec ses enfants ».

Il refuse de repartir pour la province, ne pouvant vivre sans l'apercevoir. La reine s'est exclamée :

« Eh bien ! [Il] m'ennuie, mais qu'on ne lui ravisse pas le bonheur d'être libre. »

Rien n'agace autant Joseph II que ce genre de fadaises. Une tête-à-vent, une incorrigible coureuse de jardins et de bals !

*
* *

Louis XVI est satisfait de la proposition du roi d'Angleterre : conclure la paix sans avoir recours à l'aide de quelconques médiateurs. Il en fait part à Marie-Antoinette, point assez sotte pour ne pas deviner les foudres qu'elle va encourir de la part de son frère. Elle s'écrie avec trop de vivacité que seul son frère est capable de mettre fin à cette guerre stupide ! Elle s'échauffe contre le roi impassible et contre Vergennes parfaitement silencieux. Outrée, elle claque la porte et s'empresse de tout confier à Mercy qui met au courant Joseph II. Elle tombe malade d'irritation. Un érysipèle, inflammation de la peau, sous forme de plaques rouges entourées d'une boursouflure, abîme un moment son visage, à sa grande frayeur. Va-t-elle perdre sa beauté à cause de son époux, de ce méchant Vergennes ? On la saigne, on la purge, elle guérit lentement.

*
* *

Joseph II conçoit alors un projet diplomatique où sa sœur pourrait lui être d'un grand secours. Il écrit à Marie-Antoinette qu'une gracieuse visite lui serait rendue en mai, à Versailles, puisqu'il vient de recevoir à Vienne le tsarévitch Paul, fils de la Grande Catherine, et son épouse Catherine, une Allemande, née princesse de Wurtemberg. Les princes voyagent incognito sous le nom « du comte et de la comtesse du Nord » et souhaitent vivement s'arrêter à Paris et à Versailles.

Marie-Antoinette est ravie à la perspective de nouvelles fêtes. La tsarine la méprise ? Sa revanche sera de recevoir magnifiquement les « Nord ». On dit que le tsarévitch a une figure de singe, des petits yeux vifs et perçants, une intelligence aiguë et des crises de nerfs. Sa comtesse allemande est cultivée, sensible, mais obèse et mélancolique. Point de rivale au miroir de Marie-Antoinette décidée à rester la plus belle en ce royaume... Qu'elle aime sa taille se fine en dépit de deux grossesses !

Les « Nord » arrivent à Paris le 18 mai et logent à l'hôtel de l'ambassade de Russie. Le tsarévitch, à qui on a tant vanté la beauté de Marie-Antoinette, se rend secrètement et seul à Versailles. Perdu jusqu'aux yeux dans une cape et la foule des courtisans, il assiste à un grand couvert et voit tout à son aise le profil de médaille, la nuque blonde, le port si vanté de la reine, sa démarche de danseuse, ses mains ravissantes, son petit nez et ce radieux sourire qui efface l'irrégularité de la bouche. Une peau de pêche, des dents blanches, un rire de cristal. Le tsarévitch compare tant de grâce à sa lourde épouse allemande. Il décrit à sa femme la rutilance des costumes à Versailles et la beauté de la reine de France. La comtesse du Nord est terriblement troublée.

Catherine de Wurtemberg s'observe au miroir. Sa taille est lourde, sa peau grumeleuse, sa chevelure indécise entre le blond et le roux. Elle jette un regard de biais sur son époux au profil simiesque. Il lui arrive à l'épaule. Tous deux sont laids. Comment s'imposer à une Cour qui pardonne tout sauf le ridicule ?

Catherine a pourtant fait venir, à immenses frais, Mlle Bertin pour la vêtir des plus beaux atours. Qu'au moins la couturière lui compose des toilettes qui ne fassent pas d'elle une provinciale de la frustre Russie !

La Bertin a fait merveille, et fortune. Le 20 mai, les « Nord » sont vêtus somptueusement. La comtesse porte avec majesté, à défaut de grâce, un grand habit de brocart et de perles, posé sur un panier d'une largeur extraordinaire. Il est vrai que la modiste juge qu'une dame épaisse paraît plus mince si on élargit au maximum ses hanches. Point de « gaulle » pour la comtesse de Wurtemberg aux hanches de matrone. Catherine a l'âge de Marie-Antoinette. Pendant le trajet qui les mène à Versailles, son angoisse augmente ; elle répète à son époux ensaché d'un brillant habit couvert de médailles serties de pierres précieuses : « Serai-je aussi jolie que la reine ? »

Il ne peut répondre sans l'offenser.

Catherine de Wurtemberg serait fort étonnée de la timidité qui étreint Marie-Antoinette à l'idée de les recevoir. La reine est parfaitement à l'aise avec ses familiers, ses favoris, tous ceux qu'elle domine d'une manière ou d'une autre, mais, pour la première fois de sa vie, elle est l'hôtesse de puissants souverains de l'Est. Mme Campan la surprend, les mains tremblantes, à boire un verre d'eau dans son salon, pâle et émue comme une actrice avant d'entrer en scène.

Marie-Antoine, vêtue de rose et d'argent, un diadème sur sa chevelure « à l'enfant » poudrée, le cou et les poignets ornés de perles et de diamants, les pendentifs assortis, séduit Catherine autant que le tsarévitch. Devinant son succès, la coquette redouble d'amabilités, bien contente de constater la taille épaisse de sa voisine, son teint bilieux.

Elle déploie toutes les attentions pour ses invités. Elle a placé auprès d'elle Catherine de Wurtemberg et s'enquiert attentivement de ses goûts. Elle la prie de venir la voir souvent. La baronne d'Oberkirch, dame d'honneur de la future tsarine, note dans ses mémoires ce singulier séjour, frappée de l'éclat des lumières à Versailles, signe d'un luxe inouï peu répandu en Russie. Elle trouve les toilettes « miraculeuses », et la Reine, « belle comme le jour ».

Les couverts de vermeil, les cristaux, la finesse des mets, tout enchante les Nord et Mme d'Oberkirch. Le souper s'achève à trois heures du matin.

Les « Nord » sont subjugués. Ils visitent Paris mais reviennent chaque jour à Trianon où leur ravissante hôtesse offre la meilleure table, une conversation aimable et des spectacles.

Le tsarévitch, charmé par la reine, au bord d'être épris, se laisse aller à des confidences. Il se plaint de l'excès d'amants de sa mère la tsarine. Marie-Antoinette ne sait que répondre. L'ombre tutélaire de Marie-Thérèse la chaste, la raidit. Elle craint les foudres de son frère si elle se laisse aller à écouter de si scabreuses confidences. Elle trouve soudain ces « Nord » bien encombrants et le tsarévitch fort indiscret quand il lui demande comment elle s'est débarrassée de la du Barry.

Marie-Antoinette aimerait abréger le séjour de ces Russes.

Elle ne peut échapper à les mener à l'opéra de Versailles. Papillon de La Ferté a mis au programme *Aline ou la Reine de Golconde* d'après un texte de M. de Boufflers. La musique, sans génie, est signée de Monsigny. Marie-Antoinette offre à la comtesse un éventail de diamants qui contient une lorgnette. Elle lui sourit et s'excuse de son cadeau en affirmant qu'elle aussi a « la vue basse » et ne peut se passer de lorgnette au spectacle. Catherine est ravie, cette reine est décidément une fée digne d'un conte de Grimm ! La grande-duchesse se met en grande toilette pour lui complaire et assister, au théâtre du petit Trianon, à l'opéra de Grétry *Zémir et Azor.*

La comtesse du Nord fait sensation par sa coiffure qui fascine Marie-Antoinette : un oiseau en pierreries se balance grâce à un ressort tout en haut d'une montagne de boucles poudrées. Au moindre mouvement de tête de la comtesse, il bat des ailes, au-dessus d'une rose en or. Pour un peu, la comtesse l'ôterait de sa chevelure et l'offrirait à sa ravissante hôtesse.

Marie-Antoinette lui confie son enthousiasme de faire construire un hameau rustique et adorable tout près de son cher Trianon. Cette année-là, la reine a commandé à son architecte Mique de construire, tout près du Trianon, « un hameau campagnard », qui sera achevé en 1783. Un hameau avec des maisons au toit de chaume, un moulin à eau, une laiterie, des moutons, des vaches. L'intérieur des maisonnettes sera coquettement tapissé de satin et de damas couleur pastel. Le mobilier doré, raffiné, ravissant, fort éloigné de la dure réalité des chaumières des pauvres. Marie-Antoinette a demandé de fausses lézardes sur les murs par souci « de simplicité et d'authenticité ». On verra bientôt la reine en fermière, un grand chapeau de paille, une robe couleur lavande, trayant ses vaches, faisant paître ses moutons enrubannés, buvant le lait.

« Le hameau au bout du parc sera accessible à pied aux amis, à ceux qui aiment le lait frais, les roses et la simplicité ! affirme la reine de France. Que j'aime cet oiseau en votre chevelure ! Quelle idée charmante ! »

Après le spectacle, les Nord se régalent d'un succulent souper arrosé de vin de Champagne et d'un bal. Marie-Antoinette danse avec le tsarévitch. La baronne d'Oberkirch s'étonne de la fatigue incroyable que ressentent ces dames à supporter leurs atours en voiture et à être régulièrement inondées des récipients contenant les fleurs fraîches qui ornent leurs cheveux. Mais que la reine est délicate !

« — Madame d'Oberkirch, me dit la reine, parlez-moi donc un peu allemand, que je sache si je m'en souviens. Je ne sais plus que la langue de ma nouvelle patrie.

Je lui dis plusieurs mots allemands ; elle resta quelques secondes rêveuse et sans répondre.

— Ah ! reprit-elle enfin, je suis pourtant charmée d'entendre ce vieux tudesque ; vous parlez comme une Saxonne, madame, sans accent alsacien, ce qui m'étonne. C'est une belle langue que l'allemand ; mais le français ! Il me semble, dans la bouche de mes enfants, la plus douce de l'univers. »

Exquise hôtesse, exquise princesse : les Nord repartent enchantés. La tsarine est sourdement irritée du succès de Marie-Antoinette. Elle concocte avec Joseph II de dépecer avec lui les États ottomans. Elle déteste ce fils à profil de singe avec sa grosse Allemande vertueuse et sans génie. Quant à la petite reine de France, cette dinde couronnée, et son gros époux impuissant, elle n'en ferait qu'un pet de vent, si besoin était.

Chapitre 59

Madame de Polignac, la gouvernante des enfants de France

Le départ de ses hôtes soulage Marie-Antoinette qui se sent en vacances.

C'est l'été, la Cour est vide, bien des gentilshommes retournent dans « leur campagne ». La reine s'installe à Trianon avec ses enfants, la princesse de Guémenée, Mme de Mackau et la chère Polignac. Un été doux, des promenades apaisantes, point de spectacles ni d'intrigues, l'amitié, la maternité et peu de visites conjugales. Une paix de gynécée. Des mères, des enfants, des roses dans les jardins et dans tous les vases, des robes en mousseline et batiste, le rire si frais de la reine…

En septembre, on va à la Muette pour l'inoculation de Madame Royale. Un esclandre déchaîne toutes les langues. Le prince de Guémenée vient d'essuyer une faillite gigantesque : trente millions de livres. On ne peut laisser décemment les enfants royaux à la princesse de Guémenée qui donne sa démission. Marie-Antoinette en éprouve un grand souci. Qui s'occupera d'eux ? Elle songe à Mme de Chimay, confite en dévotions, à la duchesse de Duras très cultivée. Le baron de Besenval tente l'opération de sa vie. Il suggère à la reine de laisser ses enfants à Mme de Polignac.

« — Je n'ai jamais voulu importuner une telle amie avec une charge aussi lourde ! s'exclame Marie-Antoinette. Je suis sûre qu'elle n'eût point voulu d'une telle place. »

Le baron tient sa proie. Ses arguments se font insidieux.

« Une nomination autre que celle de Mme de Polignac ferait croire que Votre Majesté n'a plus assez de crédit pour donner cette place de haute confiance à sa meilleure amie. »

Le baron sait parfaitement piquer l'orgueil de la reine. Elle court de ce pas chez le roi et obtient son accord. Ce qui provoque un tollé général de murmures mécontents.

Marie-Antoinette supplie presque la rusée d'accepter « cette lourde charge », au moment où sa fille, la Guichette, âgée de quatorze ans, va accoucher, épreuve dangereuse pour une enfant si jeune. Marie-Antoinette ne quitte pas le chevet de la petite.

La Polignac, après s'être fait longuement prier, accepte sa nouvelle condition. Désormais, elle logera à Versailles, dans les appartements des jeunes princes, ira partout où se trouveront la reine et ses enfants.

À Trianon, la Polignac ayant déjà ses appartements, on y ajoute ceux des enfants. Marie-Antoinette n'a plus du tout l'attitude d'une reine de France. Joseph II est outré du choix de sa sœur.

Mercy aussi est mécontent. Il se rend chez Marie-Antoinette, dans « son cabinet intérieur », il la trouve en compagnie de Madame Royale. Il écrit à Joseph II qu'il lui est impossible de tenir longtemps une conversation sérieuse avec la reine : la petite, avec ses jeux, accapare l'attention de sa mère qui laisse en plan le malheureux diplomate.

« Elle écoute à peine ce qu'on lui dit et le comprend encore moins », affirme Mercy, ulcéré.

Joseph II est tout à ses affaires de la libre navigation sur l'Escaut, objet de querelles avec la Prusse.

*

* *

Mercy est harassé de l'instabilité de la reine. La voilà maintenant irritée contre sa Polignac à cause de ses demandes incessantes. La favorite est revenue à la charge pour faire nommer Premier ministre son vieil adorateur, le comte d'Adhémar. Marie-Antoinette refuse et ignore sa bouderie. Versatile, la souveraine s'entiche d'une nouvelle amie : la comtesse d'Ossun, sa dame d'atours de jadis. Une dame si sobre, si honnête que Mercy est soulagé, puisqu'elle se contente de ses six cents livres de gages. Marie-Antoinette, habituée à la rapacité de ses amis, est étonnée d'une telle sagesse. Quoi ? Pas de pension ? Pas de rente ? Non, rien. La reine, qui aime à aller dîner chez elle, propose une compensation sur la dépense qu'elle lui occasionne. La comtesse d'Ossun refuse : l'amitié de la reine est un bonheur et un honneur, qui ne se monnaie pas. Son rôle, qu'elle tient avec un grand sérieux, consiste à s'occuper de la garde-robe de la reine. Tout lui est (en principe) soumis, souligne Mme Campan, et il faut sa signature pour accorder tous les détails de la toilette, des souliers aux rubans. Mme d'Ossun s'est hélas vite effrayée de la réalité d'une telle charge. Jamais elle n'a soupçonné autant de fraudes autour de la toilette de la reine. Son cauchemar est la Bertin. Elle soupçonne, impuissante, un bas commerce autour des atours de la souveraine. La reine ne met souvent qu'une seule fois une toilette. Certaines robes (plus de deux cents en l'année 1783) jamais portées, vont, y compris les jupons, les rubans, les corsages, aux premières femmes de chambre. Les robes et « les grands habits » reviennent à Mme d'Ossun qui a le droit de les vendre. Mme d'Ossun frémit à chaque toilette négligée, oubliée, refusée, jamais contrôlée par Marie-Antoinette. Mme d'Ossun s'épouvante des frais qui, en 1783, atteignent quatre millions de livres !

Morte d'angoisse, elle écrit au roi pour lui demander de payer les factures incessantes de la garde-robe de son épouse. Le Trésor ne parviendra à payer ces dettes qu'en 1784. Mme d'Ossun se met à surveiller étroitement la Bertin.

La Bertin fait signer directement à Marie-Antoinette, insouciante, le montant de ses factures. La Bertin ose se passer du contrôle de l'honnête Mme d'Ossun. La Bertin fait payer à la reine des toilettes qui n'existent pas, facturant le double, voire le triple des jupons ou des rubans livrés des mois auparavant. N'exige-t-elle pas six mille livres pour une robe du Nouvel an ?

Mme d'Ossun en perd le sommeil. Impossible de raisonner ni de dessiller la reine sur sa couturière. Passant ses nuits à relire les comptes, elle menace la Bertin de faire éplucher ses factures. Dédaigneuse mais un peu inquiète, la modiste s'en sort en rabattant neuf mille livres – de quoi affréter en canons une galère du roi.

Il n'y a pas que la Bertin pour gruger la reine et atterrer Mme d'Ossun. Une foule de couturières sont employées au raccommodage, au bâti de certains linges, et à tous les menus travaux de couture, budget difficile à contrôler. Mme Eloff ravaude le linge, répare chaussures et corsets, fournit les corsages. Ce sont des nouvelles factures élevées.

*

* *

La reine s'en moque. Elle est heureuse d'aimer ses enfants, de les sortir, de les gâter – chose rare au XVIIIe siècle où l'enfant ne compte pas –, de peigner les boucles de soie qui encadrent le charmant visage de sa fille dont l'air trop sérieux, l'a fait surnommer « Mousseline-la-sérieuse » par le comte d'Artois.

La reine, le comte d'Artois et la coterie Polignac sentent toutefois qu'il leur faut un nouveau ministre pour soutenir leur train de vie. Joly de Fleury, dépassé, a démissionné. Son successeur, Lefèvre d'Ormesson, émettant trop d'emprunts, a dû se retirer huit mois plus tard.

L'entourage de la reine lui souffle de convaincre son époux d'engager M. de Calonne. Brillant, opportuniste, sa théorie séduit la reine. Il propose de dépenser beaucoup pour avoir l'air riche et fait engager aussitôt les projets les plus dispendieux. Pour la reine, il préconise l'achat des châteaux de Saint-Cloud et de Rambouillet. À grands frais, on y installe une ferme expérimentale abritant les premiers moutons mérinos introduits en France. À coups d'emprunts, Calonne fait construire des routes et des canaux, agrandir les ports de Marseille, Brest et aménager celui de Cherbourg. En tout, ce contrôleur général réussit à emprunter huit cents millions entre 1783 et 1786 ! Les Français s'agitent. Calonne a favorisé la libre entreprise qui profite à certains commerces mais entraîne le marasme industriel. Il subventionne aussi toutes les expériences nouvelles dont la conquête des airs. Les frères Montgolfier, qui ont créé un ballon de soie rempli d'air chauffé par un feu de paille et de laine, répètent leur magnifique expérience à Versailles devant le roi et la reine, envoyant dans les airs un aérostat lié à une nacelle qui contient un canard, un coq et un mouton. La mode s'empare de cette nouveauté, couvrant d'aérostats fichus et tabatières. En août 1783, au Champs-de-Mars, le physicien Charles fait s'envoler un ballon de quatre mètres de diamètre, gonflé d'hydrogène. Trois quarts d'heure plus tard, il chute mollement à Gonesse. Deux moines le prennent pour une créature du diable, et les paysans le poursuivent à coups de fourche. Mais le rêve d'Icare va se réaliser avec l'aventureux François Pilâtre de Rozier qui, le 21 novembre 1783, en compagnie du marquis d'Arlandes, s'élève, du château de la Muette, dans une montgolfière azur et or, en présence de la Cour. Après une demi-heure de vol, le duo se pose à la Butte-aux-Cailles. L'enthousiasme atteint le délire. En 1785, Blanchard traversera la Manche jusqu'à Douvres. Pour la première fois, des hommes se sont envolés. Pilâtre de Rozier reçoit une pension de mille livres, mais trouve la mort dans l'incendie de son ballon, le 15 juin, en essayant à son tour de traverser la Manche.

Ces aventures glorieuses, originales, comblent d'aise la fille de Marie-Thérèse.

*
* *

Joseph II reprend le ton de sa mère en écrivant à sa sœur. Quand enfantera-t-elle un autre Dauphin ? Il lui rappelle que sa sœur Marie-Caroline, en quatorze ans de mariage, est déjà mère de onze enfants, ce qui répugne vaguement Marie-Antoinette. Elle a écrit à sa sœur préférée qu'elle ne se sent pas une telle vocation. Elle aime ses enfants, et nul ne lui contestera la sincérité et l'intelligence de son éducation, voire sa perspicacité à leur égard. Elle, si futile, n'est jamais aveuglée à leur sujet. Quand elle pose pour le peintre suédois Wertmuller, debout entre Madame Royale et le Dauphin, toutes deux si joliment parées de mousseline, il émane d'elle et de ses enfants une tendresse réciproque. Elle observe attentivement le comportement de sa fille « Mousseline-la-sérieuse », chez qui elle a décelé une fâcheuse ressemblance avec sa morgue à elle, « sa fierté autrichienne ». Marie-Antoinette n'est pas dupe de ses défauts. N'a-t-elle pas dit en riant à Mme Vigée-Lebrun à quel point elle peut « avoir l'air insolent » ? Marie-Antoinette éduque sa fille avec douceur et fermeté. Tâchant de remédier à ce fatal orgueil, elle a flanqué Madame Royale d'une compagne de son âge, de modeste extraction. La petite princesse a l'ordre de traiter sa compagne avec tous les égards possibles. Pour entraîner sa fille à aimer les travaux manuels, elle lui a appris elle-même à coudre et à broder (ce qui lui rendra le plus grand service pendant sa captivité), mais elle lui a aussi fait aménager un jardinet que la princesse plante à sa guise. Mousseline-la-sérieuse manie donc la pelle, l'arrosoir, le râteau, « jouets » de jardin qui furent vendus pendant la Révolution dans un lot portant le numéro 11833. Marie-Antoinette offre à sa fille un troupeau de moutons et de chèvres qu'elle soigne elle-même sous la direction d'un jeune berger qui loge près de l'orangerie. L'hiver 1785 ayant été cruel aux pauvres, Marie-Antoinette, avec le désir d'inscrire la charité dans le cœur de sa fille, l'oblige à distribuer une partie des dix mille francs dont dispose la princesse pour ses charités. La veille du Jour de l'an, elle fait aussi venir de Paris, comme les autres années, tous les joujoux à la mode, exposés dans son cabinet. Mme Campan témoigne que, « prenant alors ses enfants par la main, elle leur fit voir toutes les poupées, toutes les mécaniques qui y étaient rangées, et leur dit qu'elle avait eu le projet de leur donner de jolies étrennes, mais que le froid rendait les pauvres si malheureux que tout son argent avait été employé en couvertures, hardes (...) et leur donner du pain, [aussi] cette année ils n'auraient que le plaisir de voir toutes ces nouveautés ».

Elle agit comme toutes les mères de France : pas de jouets en une année aussi dure. Comme le marchand qui s'est déplacé avec sa belle marchandise allait y perdre, « elle lui donnerait cinquante louis pour l'indemniser de ses frais de voyage et le consoler de n'avoir rien vendu ».

*

* *

Le jeune Dauphin est d'une santé fragile. Trop jeune pour partager les jeux de sa sœur, vêtu en matelot avec une ceinture en satin, il possède une intelligence surprenante. D'après le témoignage de Mme d'Oberkirch, qui revient à Versailles avec la Cour suédoise, le Dauphin a un esprit charmant et se soumet sans discuter aux ordres de sa mère. Elle le reprend quand il dit « je veux ».

« — Le roi dit "nous voulons", observait Marie-Antoinette.

— Eh bien, répondait le Dauphin, le roi et moi nous voulons tous les deux… Mon papa ne dirait pas *nous* pour lui tout seul. »

La reine riait, l'embrassait : mais elle restait ferme. Il ne dirait pas impunément « je veux ».

Pas même à la vie.

*

* *

Joseph II apprécie que sa sœur soit une bonne mère, mais saura-t-elle l'aider dans ses projets politiques ?

Joseph II a fait alliance avec la tsarine pour le partage de l'Empire ottoman. La conquérante s'octroie d'office la Crimée, le Kouban', voulant à toute force chasser les Turcs de Constantinople. Elle propose à Joseph II l'Égypte alors aux prises avec les Turcs. L'empereur est tenté, mais hésite à s'engager dans un tel conflit sans être sûr de l'appui de la France. Une fois de plus, Louis XVI refuse de s'en mêler, refusant de provoquer la colère de la Prusse au moment où la paix vient enfin de se conclure avec l'Angleterre. Joseph II enrage d'essuyer un nouvel échec avec ce beau-frère décidément plus coriace qu'il ne l'a soupçonné. Mercy, sans illusion, tente de fléchir Marie-Antoinette toujours incline à aider sa famille, convaincre que les ministres de son époux la détestent. Mercy insinue qu'elle seule a le pouvoir d'aider son frère en danger. Leur mère, la grande Marie-Thérèse, aurait été si heureuse d'une entraide fraternelle ! Le propos a fait mouche : Marie-

Antoinette s'emporte contre l'innocent Vergennes. Mercy, adroitement, détourne sa colère et la décide de convaincre le roi que l'équilibre entre l'Autriche et la Russie passe par une intervention de la France, seul moyen de freiner l'insatiable tsarine. Sans succès. Une tension dangereuse s'établit entre Vienne et Versailles. Marie-Antoinette fulmine ouvertement contre Vergennes. Il ne lui vient pas à l'esprit à quel point le roi et Vergennes sont complices. Ils évitent la rupture avec Vienne sans que jamais Marie-Antoinette ne tienne un véritable rôle. Joseph II, plein de rancœur, renonce à ses prétentions. Les Russes ont gagné, l'Autriche et la Prusse sont restées neutres. En apparence, l'équilibre européen est sauvé. Joseph II ne se prive pas de morigéner sa sœur.

Il est déçu, elle est décevante, son peu de pouvoir, sa nonchalance, tout a mené la Russie à dominer Vienne ! Tout est la faute de sa légèreté, de son incapacité, de son indifférence.

Désolée, elle lit cette lettre au roi qui, impassible, répond qu'en dépit de l'amitié qu'il éprouve pour Joseph II une trop grande divergence politique règne entre eux. Marie-Antoinette est mortifiée, « d'avoir été confondue et mêlée aux échecs de Joseph II ».

*

* *

La popularité de la reine a encore baissé en dépit de la naissance du Dauphin. On hait ses dépenses, Calonne, l'arrogance de l'Autriche qu'elle défend si maladroitement. On déteste qu'elle porte des « gaulles », faites de tissus flamands, les Flamands sont les sujets de Joseph II, ces maudites robes enrichissent l'Autriche et ruinent les soyeux de Lyon. Mme Vigée-Lebrun, à l'exposition de son tableau de la reine « en gaulle », provoque un attroupement malveillant.

« La reine est habillée en femme de chambre ! »

Sous le portrait, une main audacieuse a changé l'intitulé du fameux tableau : *La France sous les traits de l'Autriche réduite à se couvrir d'une panne.*

Furieuse, ne comprenant rien, Marie-Antoinette fait enlever l'œuvre et, pour « se venger », achète de nouvelles toilettes.

Chapitre 60

« Beau comme un ange »

Au mois de juin 1783, la fête continue pour Marie-Antoinette. Une fête intime, spéciale : le retour du beau Fersen. Il revient, en héros, de la guerre d'Amérique. Voilà trois années qu'ils ne se sont vus, mais la passion de la reine n'a en rien diminué. Elle le trouve « beau comme un ange ». Les épaules larges, le teint buriné, un air de mâle prestance, le regard de velours et de feu. Les retrouvailles de ces amants si contenus, brûlant l'un pour l'autre, se déroulent de façon romantique. L'huissier frappe à la porte dorée « du cabinet et intérieur ». La reine joue de la harpe et, sans un mot, lui tend sa main à baiser. Il admire, sous la toilette de mousseline blanche, la fraîcheur inaltérable de cette peau éblouissante. Il l'aime, il l'aimera sa vie entière. La conquête des belles Américaines a autant absorbé son temps que les champs de bataille. En Amérique, il est devenu le compagnon de Lauzun et de Sheldon. Ils se partageaient les faveurs de Mlle Hunter, la fille de leur hôte américain :

« Je me porte à merveille ici, écrivit l'irrésistible Suédois à sa sœur Sophie, j'ai beaucoup à faire, les femmes sont jolies, aimables et coquettes, voilà tout ce qu'il faut. »

On se demande si ce sont ses prouesses guerrières qui lui ont valu, grâce à Rochambeau, l'ordre de Cincinnatus.

Il n'a pas oublié la reine. On doit à la grande archiviste Alma Söderhjelm, qui a étudié de près la correspondance et le journal de Fersen, des certitudes incontournables sur l'amour de Marie-Antoinette et de Fersen. Il a affirmé à sa sœur, après avoir revu la reine en 1783, qu'il ne se marierait jamais, ne pouvant s'unir à la seule qu'il aimait véritablement. Toutes ces lettres ont disparu, sauf une soixantaine de Marie-Antoinette conservées par un arrière-neveu de Fersen. Bien des passages ont été biffés ou omis par des pointillés. Prudence, passion avouée et compromettante ? Les blancs dissimulent-ils des indications politiques trop dangereuses ou simplement déplaisantes au roi de Suède qui n'aime pas Marie-Antoinette ? Alma Söderhjelm a retrouvé chez une descendante de la sœur de Fersen, Sophie Piper (comtesse de Nordenfalk), une grande partie du *journal* de Fersen, et son *recueil de correspondance*. On y retrouve, outre les lettres à son père, sa sœur, les plus précieuses missives de Marie-Antoinette. Des lettres dont aucune science moderne n'a réussi à décrypter les passages raturés. Quels mots la reine a-t-elle voulu dissimuler ? Sa passion pour Fersen, le seul ami dans une telle détresse ? Que s'est-il passé exactement entre la reine de France et l'officier suédois ? Elle écrit, prisonnière aux Tuileries, en 1791 :

« Adieu [passage raturé]… Je nc pourrai plus vous écrire. »

Une précieuse lettre de la reine ne comporte aucune rature et commence par ces brûlants mots d'amour :

« Je peux vous dire que je vous aime et n'ai même le temps que de cela ; (…) car je ne puis vivre sans cela. Adieu, le plus aimé et le plus aimant des hommes. Je vous embrasse de tout cœur. »

Au XVIIIe siècle on s'embrasse et l'on pleure aisément, y compris entre hommes, mais jamais une reine de France ne se serait laissée aller à une telle intimité épistolaire. « Je vous aime... je vous embrasse. »

Fersen et Marie-Antoinette : un amour vibrant, surveillé, brimé de tous côtés. Marie-Antoinette, selon l'usage très ancien des reines, n'est jamais seule. Si le roi la rejoint, ses dames se retirent dans le salon à côté.

Où et comment les amants se seraient-ils retrouvés ?

*

* *

Le Trianon a vraisemblablement servi de refuge les rares fois où la reine a osé vivre sa passion.

Mme Campan souligne dans ses mémoires qu'il existait au Trianon un logement sous les toits servant pour les couches des dames d'honneur ou si l'une d'elle était malade. Le baron de Besenval, dans ses souvenirs, évoque cet appartement caché, difficile à atteindre par une série de corridors et d'escaliers secrets. Il a surpris, un jour, le verrou du logement fermé de l'intérieur. La reine s'y était retirée, contrariée que l'on découvrît le lieu. Une jeune et jolie souveraine, commente le baron, ne peut faire passer qu'un amant par des corridors aussi détournés et vers cet appartement si peu connu. Mme Campan, tout en défendant farouchement l'honneur de sa maîtresse, admet l'existence de ce logis que Marie-Antoinette s'appropriait seule et sans explication. Un logis, tout là-haut, presque un grenier qui comportait « une très petite antichambre, [une] chambre à coucher et [un] cabinet, situés au-dessus de son petit appartement ». Le Trianon aurait donc été le plus troublant domaine de la reine, son paradis et sa perte. Marie-Antoinette et l'officier suédois, tout là-haut, dans ce refuge clos de toute part, loin des ragots de Versailles, loin des murs-à-oreilles, loin des yeux pervers plantés dans chaque portière. Quelques rares et brûlantes rencontres, d'autant plus prodigieuses que tout leur était compté. Un amour de cristal pur. Une passion si authentique qu'elle portait la flamboyance de l'honneur : qui oserait parler de déshonneur quand tout vibrait entre ces deux êtres ardents, sensibles, faits l'un pour l'autre ? Un amour plus consumé que consommé. Le feu, la cendre, la mort immortelle. Cet amour si menacé, si surveillé, restitue à la passion toutes ses lettres de noblesse. On a même besoin de savoir que Marie-Antoinette de Lorraine d'Autriche de France ait connu, ne fût-ce qu'une fois, la gravité d'un amour complet. Se sont-ils aimés, cette année 1784, après que la reine eut reçu avec tant de grâce le roi de Suède et, bien sûr, Fersen ? Ont-ils fait l'amour, la nuit du 13 et 14 février 1792, aux Tuileries, quand tout avait cédé autour de la reine et de sa famille ? Fersen note dans son journal, à cette date, outre qu'il était entré aux Tuileries, chez la reine, « par le chemin ordinaire », l'expression « Resté là ». Il employait cette formule en suédois, quand il demeurait auprès d'une dame afin d'y achever la nuit. « Resté là », contre ce corps de rose et de lait, fait pour l'amour, si peu comblé, admiré, insulté. « Resté là », pour s'enivrer de la sentir vibrer enfin sous sa force chaleureuse et passionnée. Une femme, rien qu'une femme que les exigences de son rang avaient mutilée de l'essentiel. Marie-Antoinette, au corps et au visage qu'avaient enviés les plus belles courtisanes des plus grands rois, n'avait eu de l'amour que les éprouvantes étreintes du devoir conjugal. Un effroi, un dégoût, une angoisse et une tristesse sans nom l'anéantissaient subtilement. « Resté là », fut le cadeau le plus somptueux que reçut l'enfant de Vienne dont l'époux, *le pauvre homme*, ne sut que la couvrir de tous les ors, l'aimer sans *rien* pouvoir pour elle. « Resté là », si peu, si rarement. Marie-Antoinette et Fersen, liés jusqu'à l'Inexorable.

Fersen avait trouvé un prénom épistolaire pour nommer Marie-Antoinette sans jamais la compromettre : « Joséphine ». Une femme de chambre de Mlle Sullivan, l'amie de Fersen, se nommait aussi Joséphine. S'était-il servi de sa complicité pour mieux correspondre avec son illustre amour ? « Joséphine » est bien Marie-Antoinette.

*
* *

Le roi ferme, semble-t-il, les yeux. Il a toutefois souffert de jalousie quand la Reine a eu la rougeole lors des secondes retrouvailles avec Fersen. Le comte de Saint-Priest, (mais ses « mémoires » sont-ils entièrement fiables ?) précise qu'à cette époque (1783) :

« La reine avait trouvé le moyen de faire agréer [au Roi] sa liaison avec le comte de Fersen, en répétant à son époux tous les propos qu'elle apprenait qu'on tenait dans le public sur cette intrigue ; elle offrait de cesser de le voir, ce que le roi refusa (...) Elle insinua que dans le déchaînement de la malignité contre elle, cet étranger était le seul sur lequel on pût compter. [Le roi] entra tout à fait dans ce sentiment. En attendant, Fersen se rendait à cheval dans le parc du côté de Trianon trois ou quatre fois par semaine ; la reine *seule* en faisait autant de son côté, et ces rendez-vous causaient un scandale public, malgré la modestie et la retenue du favori qui ne marqua jamais rien à l'extérieur, et a été, de tous les amis de la reine, le plus discret. »

Pendant la Révolution, La Fayette témoignera que les rendez-vous de la reine, alors étroitement surveillée aux Tuileries, n'en étaient pas moins quotidiens avec Fersen :

« La Reine voyait presque tous les jours le comte de Fersen chez elle [aux Tuileries] – je lui en ai laissé le moyen en ne faisant pas garder telle issue de l'appartement par où il peut s'introduire sans être vu – et dont, en effet, il profitait. »

La Fayette précisera que le roi restait, de son côté, d'une grande discrétion, et se retirait :

« Elle n'avait à craindre de sa part aucune surprise. »

Cet amour était devenu, le grand risque de Fersen. Il s'aventura à retrouver Marie-Antoinette dans sa chambre, par une nuit des plus menaçantes, lors du séjour à Saint-Cloud en 1790.

M. de Saint Priest écrira que, lors de ce séjour à Saint-Cloud, le couple royal était surveillé de très près :

« Des aides de camp de La Fayette les suivaient partout ; l'un d'eux couchait dans l'antichambre de la reine sous prétexte d'être en mesure de recevoir des ordres à porter à La Fayette (...) cela n'empêchait pas que les visites de Fersen étaient toujours admises. Il s'était établi au village d'Auteuil chez un de ses amis, d'où il se rendait à Saint-Cloud sur la brune... »

Les ennemis de la reine, pourtant acharnés à la perdre, connaissaient tous cette liaison. Ils savaient qu'elle recevait Fersen dans sa chambre attenante à celle du roi, ce roi qui jamais ne protesta.

Le Roi était-il toujours aussi inhibé par son peu de hardiesse sensuelle ? Se sentait-il coupable de l'avoir, bien malgré lui, entraînée dans un tel malheur à partir de 1790 ? Il lui accordait, dans leur marasme, une part de bonheur, un ami sûr et de son choix. Un *amant*. Il avait dissimulé, quelques années auparavant, son impuissante fureur. Tout passait par le silence, chez Louis, dès qu'il s'agissait des excentricités de son épouse. Fersen fut à ses yeux, sans doute, la plus douloureuse des aventures de sa femme : il s'agissait d'un grand amour. Il se voyait laid, gros, incapable de combler sa trop jolie épouse. *Un pauvre homme*. Qui l'aimait à part ses enfants et sa sœur Élisabeth ? Il choisit et pour toujours le silence. Il fut d'un laconisme déconcertant à la naissance de son second fils. Doutait-il de sa paternité ? Louis avait traversé la jalousie et ses affres. Pendant leurs terribles épreuves, on eût dit qu'il offrait à Marie-Antoinette la douceur d'un amour. Il se taisait, et quand l'amant, aux Tuileries, entrait dans la chambre de la reine (et sans doute « y restait »), il se taisait encore... Louis XVI, roi de France, impuissant à mater la Révolution au même titre qu'il avait toujours été impuissant à épanouir ce corps adorable, ne fut que silence au sujet de Fersen et de Marie-Antoinette.

La culpabilité de Louis XVI fut certainement la source de cette complaisance. Une forme tragique de grandeur dans l'amour. Louis XVI aimait la fille de Marie-Thérèse.

La correspondance avec « Joséphine », souligne Alma Söderhjelm, était divisée en séries. Chaque série coïncidait avec le départ de Fersen de Versailles ou de Paris. Ces lettres étaient transmises à sa destinataire par un tiers. La numérotation faisait-elle partie d'un code, les « blancs » et les ratures aussi ?

La correspondance entre Fersen et la reine commença durant cet été 1783 où leur passion éclata.

Une passion qui n'empêcha pas le beau Suédois de mener autant ses intérêts que ses conquêtes. Il maintint le projet de s'établir avec une riche héritière. Mais il était suffisamment épris de Marie-Antoinette pour rompre avec deux maîtresses anglaises qu'il avait rencontrées lors du voyage en Italie avec son souverain – Émily et Élisabeth. À Émily Cooper, il finira par écrire « qu'il n'y faut plus penser », argumentant le même refus à Élisabeth Foster, lorsqu'il se retrouvera en Suède. Dans son journal, il soulignera le grand motif de la rupture : « Ai déclaré tout », à savoir qu'il aimait Marie-Antoinette. En 1789, il écrira à sa sœur Sophie Piper « de [lui] parler avec prudence des affaires de ce pays-ci et *d'Elle* ».

Ce « *Elle* » est, bien sûr, la reine. « Elle », « Joséphine », ainsi la nommait-il dans les périodes les plus troublées.

*

* *

En 1783, aucune menace dans l'air doux et tiède. Fersen a tenté de renouer ses fiançailles avec Mlle Leyel, déclarant à son père, sans grande conviction :

« [Je suis]... dans l'âge où le mariage, quelque peu de vocation que j'aie pour ce sacrement, devient une chose nécessaire. »

Il a continué, d'Amérique, à écrire à la riche Anglaise dont l'épais silence marqua la fin de ce projet matrimonial. Qu'importait au Suédois ! Il jeta son dévolu sur une autre fortune à défaut d'une autre beauté : Mlle Germaine Necker, la fille du banquier, la future Mme de Staël.

Fersen a revu la reine et se retrouve sous son charme. Il avoue à sa sœur que le refus de Mlle Leyel et celui de Mlle Necker l'arrangent. Il n'appartient moralement qu'à son amour : *Elle.*

Son grand désir est de rester en France, afin de la voir le plus possible. Fersen tente d'obtenir le commandement d'un régiment étranger. Le comte de Sparre vend alors cent mille livres son régiment, le Royal-Suédois. Axel supplie son père de lui prêter cette somme. Son père répond sèchement qu'il n'en a pas les moyens. Tente-t-il par son refus de le mettre à l'abri d'une telle passion ? Son fils va-t-il laisser tomber sa patrie, la Suède, afin de poursuivre sa dangereuse chimère : son amour pour la reine de France ?

Fersen s'obstine. Il a la chance d'être fort apprécié du roi de Suède, Gustave III, monarque éclairé, élevé à la française, friand des philosophes. Il a aboli la torture et engagé des réformes contre la fiscalité qui le rendent impopulaire à la noblesse de son pays. Excentrique, il fréquente sous des déguisements divers des voyantes dont l'une lui a prédit une mort violente. Il sera assassiné en 1792 par un officier noble alors qu'il s'apprête à engager son pays contre la Révolution française. Gustave III intercède auprès de Louis XVI en faveur de Fersen. Louis XVI lui écrit qu'il est prêt à compenser les services du comte de

Fersen, d'autant plus que « la reine s'en est mêlée ».

Marie-Antoinette a appuyé de toutes ses forces le projet de l'homme qu'elle aime. Elle écrit au roi de Suède qu'il peut toujours compter sur elle. Elle n'hésitera pas à demander l'aide de son frère Joseph II si la Suède avait besoin de secours en cas de conflit avec la Russie ou le Danemark.

En septembre, le grand Axel se retrouve donc en tête de son Royal-Suédois, versant au comte de Sparre les cent mille livres convenues. Suite à l'intervention de Marie-Antoinette, le baron de Breteuil (qui espère toujours l'avoir pour gendre) lui a prêté l'argent nécessaire. M. de Breteuil, comptant bien obtenir un ministère, fait une cour effrénée à Marie-Antoinette : gâter le beau Fersen, c'est servir à la longue tous ses intérêts.

Fersen, encouragé par de telles perspectives, rejoint son souverain qui, comme Joseph II, adore voyager incognito en Europe. Le souverain a choisi le nom de « comte de Haga ». Après la péninsule italienne, il compte visiter Paris et se rendre à Versailles. Il écrit à Marie-Antoinette tout en la remerciant de la promesse de l'aider en cas de conflits avec ses vieux ennemis : la Russie et le Danemark. L'inclination de la reine de France pour Fersen, « beau comme un ange », devient un atout politique dont s'emparent tous ceux qui y puisent un intérêt : le roi de Suède, le baron de Breteuil, les uns, les autres...

Pendant le long voyage du comte de Haga, Fersen va de conquêtes en conquêtes. En Italie, il devient l'amant d'Émily Cooper rencontrée à Florence, et de lady Élisabeth Foster qui le séduit à Naples. Elles en sont quittes pour un chagrin d'amour et le portrait que leur laisse le bel Axel. Fersen continue à correspondre avec elles. Il accorde particulièrement sa confiance à Élisabeth Foster à qui il écrira une lettre déchirante après l'exécution de la reine.

A-t-il su que la reine a eu, fin septembre, un accident à Fontainebleau ? Ayant claqué trop fort une portière de son carrosse, enceinte de quelques semaines, elle fait une fausse couche le 3 novembre.

À la fin de novembre, en grande pompe, on fête la paix avec l'Angleterre.

*
* *

Le 20 décembre, Marie-Antoinette écrit à son frère qu'elle n'a guère envie de renouer la vie conjugale en raison de cet accident.

« Ma santé continue à être bonne, mon cher frère, mais quoique j'aie grand désir d'avoir un second fils, je crois que quelques mois de repos me mettront plus en état de le mener à bien. »

Joseph II, ainsi jadis Marie-Thérèse, redoute ces « crises » de refus de la vie conjugale. La santé du Dauphin est mauvaise, le couple royal n'a qu'une fille, et la reine a déjà vingt-sept ans. En mars 1784, Joseph II écrit même à Mercy :

« Je voudrais que la reine mît plus d'attention de suite aux affaires sérieuses (...). Qu'elle tâche de ne point négliger tout ce qui pourrait lui procurer une succession, et au moins encore un fils. L'idée seule de la voir derechef sans Dauphin me fait frémir.

*
* *

La reine a passé un bel automne. Le hameau du Trianon est enfin achevé. Mique a fait ajouter une fausse tour, dite « Marlborough », l'anglomanie règne. Une seconde laiterie a été ajoutée, une grange devient une salle de jeu de boules, et la reine raffole de son colombier. Les escaliers extérieurs des maisonnettes « à la normande » sont de gracieuses torsades fleuries. Il faudra encore une année pour achever le hameau dont les fausses lézardes sur les murs indignent les nouveaux philosophes et attisent le mécontentement du peuple.

Marie-Antoinette se moque-t-elle de la misère au point d'oser en faire un décor ?

On jase beaucoup. Des propos gorgés de venins au sujet de la reine qui, paisiblement, poursuit ses joyeux projets.

Chapitre 61

Le Mariage de Figaro

Paris et Versailles se sont entichés de la dernière pièce de Beaumarchais : *Le Mariage de Figaro*. Une pièce scandaleuse, lourde d'interrogations qui portent sur le point crucial : les conditions sociales. Tout l'édifice politique et social se trouve mis en cause quand Figaro déclare à son maître qu'il s'est « juste donné la peine de naître » et s'écrie, à l'acte III, scène 12 :

« Si le ciel l'eût voulu, je serais le fils d'un prince. »

Figaro (Beaumarchais) dénonce l'arbitraire des privilèges de la naissance et celui de la justice quand il se lance dans son monologue contre la tyrannie des prisons d'état. *Le Mariage de Figaro* est la symbolique antichambre d'un changement radical des mœurs : l'effondrement souhaité d'une monarchie aberrante, la fin du règne de ces aristocrates aux abus odieux. Figaro, le nouvel homme libre, l'homme du peuple, ose enfin prendre la parole.

La censure interdit de jouer la pièce dont Beaumarchais a écrit dans sa préface :

« J'ai pensé, je pense encore, qu'on obtient ni grand pathétique, ni profonde moralité, ni bon et vrai comique au théâtre, sans des situations fortes et qui naissent toujours d'une disconvenance sociale dans le sujet que l'on veut traiter. »

La Polignac et Vaudreuil se passionnent pour cette pièce dans le seul but d'humilier le roi qu'ils détestent.

Ils influencent Marie-Antoinette, pour faire jouer *Le Mariage de Figaro* au plus grand théâtre de Paris. Le roi se raidit et, selon son habitude, ne dit rien. Sans son accord, on ne peut faire jouer l'œuvre. Marie-Antoinette insiste tant que, pour avoir la paix, Louis XVI demande à Mme Campan de lui lire cette nouvelle pièce de M. de Beaumarchais. La reine ne s'attend pas à l'explosion indignée de son époux quand vient la tirade contre les prisons d'État. Il se met en colère, devient rouge, marche de long en large et lui, si modéré, s'écrie :

« C'est détestable, cela ne sera jamais joué : il faudrait détruire la Bastille pour que la représentation de cette pièce ne fût pas une inconséquence dangereuse. Cet homme déjoue tout ce qu'il faut respecter dans un gouvernement. »

Marie-Antoinette insiste encore :

« — On ne la jouera donc point ?

— Non, certainement, répond Louis XVI, vous pouvez en être sûre. »

Louis XVI, au contraire de son épouse, a parfaitement saisi le danger politique d'un tel écrit. Marie-Antoinette est déçue d'être privée d'un divertissement alors que son mari devine ce qui pourrait ébranler la monarchie si la pièce cheminait dans les esprits, *pianissimo*.

Beaumarchais, informé par la censure, a juré d'apporter des modifications à sa pièce, d'en ôter tout ce qui offense le roi et ses idées. Le refus de la jouer, en dépit des répétitions des Comédiens-Français, perdure. Le comte d'Artois s'en mêle, lui aussi voulant se divertir de ce genre d'« insolence » Le premier gentilhomme de la Chambre consent à ce que Papillon de La Ferté, des plus agité, prête la salle de spectacle de l'hôtel des Menus Plaisirs, à Paris.

Quelques minutes avant le lever du rideau, Louis XVI, furieux qu'on lui ait désobéi, fait envoyer l'ordre de tout arrêter. Dans la salle, remplie de gens de toute extraction, on se met à crier « à la tyrannie ».

Ce refus atteint le respect de la liberté publique. Beaumarchais, furieux, s'écrie à ses comédiens :

« Eh bien, messieurs, il ne veut pas qu'on me représente ici, et je jure, moi, qu'elle sera jouée peut-être dans le chœur même de Notre-Dame ! »

Le roi n'en a pas fini. Marie-Antoinette et Artois le harcèlent sans relâche pour faire jouer officiellement. *Le Mariage de Figaro*. Louis XVI, comme toujours, ne supporte pas les scènes de famille, surtout celles de son épouse. Elles crispent ses mâchoires, dévorent sa volonté, l'épuisent plus qu'une guerre. Il cède en septembre 1783. Une première représentation a lieu dans la maison de campagne de Vaudreuil, devant un public des plus aristocratiques. Le comte d'Artois commente :

« Cette pièce (...) depuis la première scène jusqu'à la dernière, c'est du foutre et puis encore du foutre ! »

La coterie Vaudreuil-Polignac-Artois influence la souveraine à faire céder le roi afin que la pièce soit jouée à Paris.

« Enfin, Sire, insiste la reine, M. de Beaumarchais a supprimé tout ce qui offensait la monarchie. »

Le roi, pas plus que Marie-Antoinette, n'a vérifié ces amendements. Beaumarchais a à peine biffé, de-ci de-là, quelques phrases. L'essentiel et la vigueur « blasphématoire » du *Mariage de Figaro* sont intacts.

Louis XVI, de guerre lasse, accorde l'autorisation. *Le Mariage de Figaro* est joué par les Comédiens-Français le 27 avril 1784.

Le scandale et le succès sont immenses.

Marie-Antoinette n'y comprend rien. Elle était sûre que les retouches de Beaumarchais feraient la nique au parterre de Paris qui tentait de se régaler à leurs dépens. Mme Campan note que « Monsieur, persuadé qu'il n'y avait pas un seul passage susceptible d'applications malicieuses ou dangereuses, se rendit à la première représentation en grande loge. Tout le monde sait quel fut le fol enthousiasme du public pour cette pièce et le juste mécontentement de Monsieur ; bientôt après la détention de l'auteur, tandis que son ouvrage était porté aux nues et que la Cour n'aurait pas osé en suspendre les représentations.

« La reine témoigna son mécontentement à toutes les personnes qui avaient aidé l'auteur du *Mariage de Figaro* à suspendre le consentement du roi pour la représentation de sa comédie ; ses reproches s'adressaient plus directement à M. de Vaudreuil pour l'avoir fait jouer chez lui. Le caractère violent et dominateur de l'ami de sa favorite avait fini par lui déplaire ».

*

* *

Marie-Antoinette traverse une crise de conscience : elle est choquée que Mme de Polignac ait abandonné à Mme de Mackau ses enfants pour se précipiter au spectacle. La reine a détesté que, dans sa désinvolture, Vaudreuil casse une queue de billard appartenant à la reine, un bijou fait d'une dent d'éléphant. Il s'en est servi sans son autorisation et il l'a brisée dans sa rage de ne pas arriver à pousser une boule bloquée. Vaudreuil a l'outrecuidance de viser la place de gouverneur auprès du Dauphin. Marie-Antoinette réagit : ce malappris de Vaudreuil n'obtiendra jamais cet honneur. Elle commence à regretter d'avoir laissé ses enfants à la Polignac. Elle confie à Mme Campan :

« Ce n'est pas le premier événement qui m'ait prouvé que si les reines s'ennuient dans leur intérieur, elles se compromettent chez les autres. »

On croirait une tirade de Beaumarchais : mais la « sagesse » de Marie-Antoinette arrive bien tardivement.

Par étourderie, elle a œuvré, une fois de plus, à sa perte. Le roi a raison, mais elle ne l'écoute jamais. Il y a dans son cœur et sur ses lèvres l'indicible saveur des baisers de Fersen. Elle ferme les yeux.

Le Mariage de Figaro a claqué pire qu'une gifle.

Chapitre 62

La navigation autrichienne sur l'Escaut

Marie-Antoinette détourne sa pensée de Beaumarchais et de son Figaro. Elle se réjouit que Breteuil soit nommé ministre de la Maison du roi à la place d'Amelot, persuadée que tout a été fait grâce à son influence. Louis XVI et Vergennes, qui tenaient à Breteuil, se gardent de la détromper. Les ambitions de Joseph II vont une nouvelle fois bouleverser Versailles et compromettre davantage la Reine.

L'empereur ne cache pas sa mauvaise humeur depuis le traité qui affirme la victoire de la France dans la guerre d'Amérique. Joseph II espère affirmer un projet qui lui tient à cœur depuis longtemps : ouvrir la navigation de l'Escaut au profit du commerce des provinces belges, grand morceau de son héritage. Il veut imposer la liberté de la navigation sur la partie hollandaise de l'Escaut. Le 29 juin 1784, Mercy expose à Vergennes les vues officieuses de l'empereur. Il écrit à Joseph II que le roi semble acquiescer au projet autrichien :

« Il est probable que Votre Majesté acquerrait avec la libre navigation de l'Escaut toute la Flandre hollandaise, sans laquelle le premier avantage serait bien précaire. »

Joseph II connaît la réticence des Pays-Bas, peu disposés à le laisser faire. Il accepte de se désister de ses prétentions sur la forteresse de Maëstricht et d'abandonner le projet d'échange du territoire de Flandre – sous condition de proclamer l'ouverture de l'Escaut. Il y fera symboliquement passer un navire au pavillon autrichien. Tout cela, sans attendre la réponse hollandaise. Cet exposé, affirme-t-il, est son *ultimatum*. Joseph II veut que Versailles endosse la responsabilité de sa décision.

Mercy s'empresse de solliciter Marie-Antoinette afin de convaincre le roi et Vergennes d'accepter l'ultimatum de son frère. La reine commet la maladresse d'agir avec trop de vigueur, comme elle le fait chaque fois qu'il s'agit de sa famille. Elle se montre, aux yeux des Français, bien plus autrichienne que française, n'ayant rien saisi de la portée d'un tel ultimatum. Le roi refuse de façon absolue d'endosser la paternité de la politique autrichienne. Vergennes, de son côté, reçoit Mercy avec la plus grande froideur. Marie-Antoinette, outrée par la résistance du ministre, écrit à son frère, le 22 septembre, son découragement amer devant « sa défaite » :

« Je ne vous contredirai pas, mon cher frère, sur le défaut de vue de notre ministère (…). J'en ai parlé plus d'une fois au roi, mais il faudrait le bien connaître pour juger du peu de ressources et de moyens que me fournissent son caractère et ses préjugés ; il est d'un naturel très peu parlant (…) Je vous avouerai bien que les affaires politiques sont celles sur lesquelles j'ai le moins de prise. (…) Je ne m'aveugle pas sur mon crédit, je sais surtout que pour la politique, je n'ai pas grand ascendant sur l'esprit du roi. »

Une lettre désabusée, d'une franchise inhabituelle, la lucidité cachée sous tant de frasques. Marie-Antoinette a conscience de son impuissance, de sa solitude réelle dans les affaires sérieuses.

Joseph II n'aime guère cette réponse qui n'arrange en rien ses affaires. La France négocie avec la Hollande un traité d'alliance. La Hollande a en effet demandé à Louis XVI de servir de médiateur devant les prétentions de l'Autriche, et le roi a accepté !

Joseph II lance son fameux navire au pavillon impérial sur l'Escaut, que les Hollandais reçoivent à coups de canon. Louis XVI écrit à son beau-frère que, tout en trouvant excessive l'attitude hollandaise, il reconnaît qu'ils étaient dans leur droit :

« Les Hollandais ont agi dans la dernière occasion quoiqu'ils se soient fondés sur les traités, et notamment sur celui de Munster. »

Marie-Antoinette a feint de ne plus rien savoir de ces histoires entre son pays et la France où, à chaque fois, elle sort vaincue.

Joseph II réagit aussitôt et, sans l'avis du roi de France, lance ses troupes contre les Hollandais. C'est donc la guerre, une guerre qu'il semble mener seul, dont l'issue, s'il est vainqueur, sera l'échange de la Bavière contre les provinces belges. L'approche d'un conflit pourrait, croit-il, intimider Louis XVI et l'amener à servir ses vues. Il donnerait les provinces belges à l'Électeur Palatin en échange de tous les territoires hérités au décès de l'Électeur de Bavière. Il obligerait la Hollande à lui verser un gros dédommagement des canonnades contre le pavillon de son navire.

L'empereur s'attend donc à tout sauf à une riposte de Versailles.

Le marquis de Noailles, ambassadeur de France à Vienne, écrit à Vergennes que Joseph II a lancé ses troupes contre la Hollande. Vergennes propose au roi de réunir son cabinet afin de rédiger la réponse susceptible d'arrêter l'outrecuidance de l'empereur. L'attitude officielle de la France est hostile à Joseph II. Marie-Antoinette, blessée, tance vertement l'impassible Vergennes : à quel point son frère a sujet, à cause de lui, d'être horriblement déçu par la France qui, au grand jamais, n'est intervenue en sa faveur. N'est-ce pas une manière de l'insulter, elle, Marie-Antoinette, ainsi que son auguste et défunte mère ? Mais, incapable de conserver la tête froide dans une lutte politique, elle finit par se retirer avec éclat. C'est ce qu'escompte Vergennes et que déplore Mercy. Joseph II accusera sa sœur de détruire, par son incapacité, l'Alliance, l'œuvre de Marie-Thérèse.

En novembre, l'empereur se décide à répondre au roi. Il veut obtenir soit le respect de son ultimatum, soit le remboursement de ses frais de guerre. Louis XVI lui suggère de rejeter l'idée de l'échange de la Bavière comme moyen de faire la paix avec la Hollande. Qu'il propose à la Hollande de céder la forteresse de Maëstricht et ses terrains « moyennant des conditions pécuniaires qui seraient arrêtées d'avance ». Louis XVI s'engagerait, à ces conditions, à garantir l'exécution du dédommagement.

« J'hésite d'autant moins, mon cher beau-frère, écrit Louis XVI, à vous faire cette ouverture, que me paraissent satisfaits votre dignité et vos intérêts ; elle fait cesser le motif d'une guerre qui, j'en suis bien persuadé, répugnerait à votre humanité. »

L'empereur se sent soudain renforcé dans sa détermination. Il est parvenu à inquiéter la France, *son ennemie,* toujours soucieuse de ménager la Prusse. Il finit par accepter ces négociations d'échange contre Maëstricht. Sa condition ? L'échange de la Bavière. Quant à ses troupes, elles seront disposées de façon à ne pas provoquer d'incident.

Marie-Antoinette s'excuse auprès de Mercy. Elle rejette, humiliée, toute la faute sur ce qu'elle nomme, bien a tort, « le manque de volonté du roi ». Louis XVI affirme à l'empereur la nécessité pour la France de rester en bons termes avec la Prusse. Rien ne peut autant irriter l'empereur qui se tourne alors vers le duc de Deux-Ponts par l'intermédiaire de la Russie. À sa profonde humiliation, Joseph II abandonnera cette affaire en février 1785. Joseph II a donc été vaincu (Marie-Antoinette aussi). L'année sera consacrée au raccommodement avec la Hollande. L'empereur a perdu de sa superbe, et le roi de France marque sa supériorité. Joseph II se met à haïr Louis XVI. L'aidera-t-il si un jour celui-ci est en danger ? Il en veut mortellement à Marie-Antoinette. La crainte d'une guerre avec le royaume de sa sœur contribue à rendre Joseph II plus traitable, bien que définitivement humilié et déçu. Louis XVI, plus fin stratège qu'on ne l'eût pensé, écrit à son ministre en septembre 1785 :

« On peut regarder l'affaire de la pacification comme une chose finie. (...) L'empereur se sera tiré bien honorablement d'une mauvaise affaire. Il ne faut guère s'attendre à de la reconnaissance, mais nous avons barre sur lui. »

Joseph II a échoué : par la résistance inflexible de l'époux de Marie-Antoinette qu'il prenait, bien à tort, pour quantité négligeable.

Chapitre 63

La visite du comte de Haga et de Fersen

Marie-Antoinette traverse de grands soucis. La santé de son fils lui donne de graves inquiétudes. Joseph II, en dépit de sa rapacité, demeure attentif aux enfants de sa sœur, craignant pour la future postérité de Marie-Antoinette. La santé du Dauphin est désolante : l'enfant a tout à coup cessé de grandir, maigrit, arbore une tête trop grosse et des membres grêles. Il cesse même d'uriner, son petit corps se met à enfler, dévoré d'une fièvre tierce. Le roi a les larmes aux yeux quand il rend visite à son fils dont les jambes ne le soutiennent presque plus. Il tremble de douleur et ne se plaint jamais. L'enfant souffre vraisemblablement d'une atteinte du système nerveux, compliquée de tuberculose. Les médecins, ces bêtes noires de Molière, se montrent optimistes.

La reine ne se rend pas compte que son fils est condamné. Son courage, une légère amélioration de son état lui rendent l'espoir, ainsi que l'imminent retour de Fersen. Elle l'attend, et cette attente ressemble à du bonheur.

Fersen achève son long voyage européen en compagnie de Gustave III (le comte de Haga). Gustave III est le plus fatigant des compagnons de voyage par sa curiosité inlassable, son goût effréné de tout voir, de tout visiter, d'assister à toutes les fêtes et tous les bals.

Marie-Antoinette apprend par les courriers de Fersen que « le comte de Haga » va incessamment débarquer à Versailles.

« J'ai une telle hâte de vous revoir, lui écrit-elle, imprudente, impatiente, amoureuse, que je vous supplie de venir en France avant votre souverain. »

Cette faute de protocole est trop grave. Fersen est fou de la reine, mais lui répond dans la lettre n° 27 à « Joséphine » qu'il ne peut pas venir avant le roi. On est à la fin du mois de mai 1784.

Le 7 juin, le comte de Haga et sa suite déboulent à Versailles, « comme une bombe ». Louis XVI chassant à Rambouillet, il faut dépêcher un courrier pour le prévenir, le contraignant à rentrer à bride abattue à Versailles. Aucun valet n'étant là pour l'aider à s'habiller, il lui faut le secours de quelques courtisans pour l'aider à passer un habit propre. Ému de tant de précipitation, le roi ne s'aperçoit pas qu'il a enfilé une chaussure différente à chaque pied. Marie-Antoinette, avertie du remue-ménage, éclate de rire à l'aspect du roi si curieusement chaussé :

« Êtes-vous prêt pour un bal masqué ? »

On court prévenir le comte de Haga qui loge à l'hôtel des Ambassadeurs, refusant d'occuper à Versailles le somptueux appartement qui lui est réservé. Les méchantes langues prétendent qu'il le fait par avarice, ne voulant offrir des présents en remerciement d'une telle hospitalité. Les langues vont bon train autour du souverain suédois que l'on sait accompagné de l'amoureux de la reine. Le comte de Haga arrive en chaise, accompagné de Fersen et du comte de Stedingk qui restent dans un salon à part, tandis que le souverain suédois rend ses hommages au roi et à la reine de France. La rencontre dure quelques minutes avec peu de courtisans. La reine cache son émotion et, d'un gracieux sourire, invite le comte de Haga et sa suite à dîner « dans leur intérieur ». Gustave III est-il froissé de cet accueil qu'il juge médiocre, des chaussures dépareillées du roi ? Son caractère épris de baroque, de fantaisie, n'en est pas moins sévère sur le protocole. N'est-il qu'un petit roitelet pour qu'il y ait si peu de monde à sa rencontre ? Susceptible, attaché jusqu'à l'esprit de possession à son officier préféré, Fersen, il n'aime pas Marie-Antoinette. A-t-il eu vent du courrier où elle a pressé le bel Axel de la rejoindre et de le laisser, lui, son souverain ? Mysogyne, esthète, il est agacé par la trop grande féminité de Marie-Antoinette, la sourde rivalité entre eux au sujet du beau Fersen. Aussi, quand la reine et le roi l'invitent, ce premier soir, lui et sa suite à dîner, le comte de Haga accepte mais fait dire à Fersen « d'aller dîner et coucher où bon lui semblerait ». La reine sera privée de son Fersen.

Le monarque suédois a décidé d'agir comme bon lui chante. Le lendemain matin, il se promène dans les jardins de Versailles à sa guise, se rend chez la reine, aux appartements de ses enfants, sans qu'elle soit avertie. Il trouve Mme de Polignac et Marie-Antoinette en peignoir du matin. La reine tient sa fille par la main. Le comte de Haga s'approche directement du lit du Dauphin, se penche et l'embrasse sans plus de manières. Il se tourne vers la reine si peu vêtue, et se fait présenter Madame Royale. Marie-Antoinette a du mal à retenir son air hautain, mais déplaire à ce mal élevé serait se priver de son bel amour.

Tout au long du séjour, le sans-gêne de Gustave décuple. Mesdames Tantes se renfrognent quand, au souper avec la famille royale, il s'esclaffe longuement.

« Le roi de Naples m'a donné d'excellents conseils afin de me méfier "de l'homme qu'il ne faut pas nommer mais qui veut prendre tout ce qui est à sa convenance". »

La reine frémit d'agacement. Tout le monde a compris que « l'homme qu'il ne faut pas nommer « est Joseph II. Gustave III bascule sur sa chaise d'acajou, ravi de ses insolences qui font tourner au bleu d'encre l'azur de la prunelle de Marie-Antoinette. Il adore la voir rougir, se contenir, mordre la lèvre épaisse des Habsbourg pour ne point laisser éclater son orgueil blessé. Il la tient par Fersen et il en jouit extrêmement.

« Madame, je passerai vous voir encore avec grand plaisir. »

Il rit, se moque, boit le vin de Champagne, se fait inviter chez Marie-Antoinette sans qu'elle l'en prie. Il est insupportable, mais il y a Fersen, qu'elle a à peine entrevu à cause de ce malotru. Alors, elle lui sourit avec une grâce exquise et des yeux glacés.

*

* *

Le comte de Haga a voulu tout voir de Paris et se faire recevoir dans chaque salon à la mode. C'est autant de soulagement pour Marie-Antoinette, mais le malin Suédois s'y fait accompagner de Fersen. À Paris, le souverain ne manque aucun spectacle, aucune cérémonie. Les curiosités d'alors (y compris le départ d'un ballon) l'enchantent. Il applaudit bruyamment *Le Mariage de Figaro*, brille par ses excentricités, enchante les dames savantes de l'époque par sa culture. Il adore la brillante réception que lui offre le baron de Breteuil qui a invité pour lui plaire le comte d'Artois. Il aime ses soupers où étincellent autant les beaux esprits que la vaisselle en cristal. Le monarque se régale des anecdotes du comte d'Artois, plus égrillardes que celles tenues à la table du roi, et du souper donné par Breteuil, dans sa propriété sur le Mail où ont été convoqués des comédiens. Fort content, il quitte la réception à trois heures du matin.

Infatigable, il épuise sa suite – Fersen est obligé de le suivre partout. Fin juin, celui-ci use d'une ruse. Il se fait porter malade pendant quatre jours pour tenter de voir la reine avant de s'écrouler de fatigue.

Enchaîner d'un grand opéra à Versailles à un bal, aller d'un dîner à un spectacle, sans reprendre souffle, frôler Marie-Antoinette sans avoir la possibilité de savourer sa présence, il n'en peut plus et doit tenter quelque chose pour la rejoindre, une fois, une seule fois ! Voir la reine, son sourire, son pas léger, sous la mousseline… Quelles ruses trouver pour rejoindre « Joséphine » dans le lieu secret sous les toits ? Il serre dans ses doigts la petite clé, la clé d'un paradis si suave que les larmes montent aux yeux de cet officier en apparence impassible.

Une ruse d'homme, une ruse d'amant. Rejoindre « Joséphine ». Ni reine ni officier du roi, mais un homme et une femme, amoureux à en mourir…

Il en serait à haïr ce fantoche du Nord qui s'amuse de son secret. Il n'a jamais parlé de son amour pour *Elle*, mais l'autre a deviné. Le pervers se repaît de l'épuiser, de requérir sa présence lors de ses sorties sans répit. Le jour, la nuit.

« C'est une rage », conclut, navré, Fersen à son père.

*
* *

Mais la fête donnée au Trianon par Marie-Antoinette constitue une grande revanche. Une des plus belles fêtes retenues dans les annales de Versailles. Officiellement, elle a été offerte à Gustave III et sa suite suédoise. Le vrai héros, chacun s'en doute, est Fersen. Une fête plus brillante que celle offerte aux « Nord ».

Elle fait jouer *Le Dormeur éveillé* de Marmontel sur la musique de Piccini. Elle accueille elle-même ses invités pour le souper organisé dans les pavillons du jardin, décorés de guirlandes de roses. Le roi de Suède est transporté, malgré lui, par le charme du spectacle, la nourriture délicate, les vins exquis. Marie-Antoinette a le bon goût de ne pas se mettre à table avec ses hôtes.

Le monarque, décidément conquis, raconte à son frère « qu'elle fit les honneurs comme l'aurait pu faire la maîtresse de maison la plus honnête. Elle parla à tous les Suédois et s'occupa d'eux avec soin et une attention extrême ». Pour complaire aux goûts théâtraux de son difficile invité, la souveraine a demandé qu'hommes et femmes soient vêtus de blanc, sa couleur préférée.

Marie-Antoinette est au comble de sa beauté, « belle à mourir », vêtue d'un blanc bleuté touché d'or, une robe comme une aurore, une peau éblouissante. La Fée de la Lumière, resplendissant de son amour. Elle va de son pas de danseuse. Elle a fait de ce bel amour un ballet extatique où l'un est l'autre. Était-ce le jour, était-ce la nuit quand Fersen a inscrit sur son carnet intime « Resté là » ?

Un excès de lumière où nul ne distingue Marie-Antoinette et le comte de Fersen.

Chapitre 64

NAISSANCE D'UN SECOND DAUPHIN

Le comte de Haga reste encore un mois à Paris et s'en va satisfait. Le roi de France lui a confirmé son aide en cas de conflit avec la Russie ou la Norvège. Il repart, riche d'un subside de un million de livres. Son favori, Fersen, touchera vingt mille livres annuelles de la France. Le comte de Fersen aura désormais les moyens de mener un digne train de vie à la Cour.

On est resté discret sur Fersen et Marie-Antoinette. Quant au roi, il feint d'ignorer la correspondance assidue du beau Suédois avec son épouse. Elle a, oh si peu, si rarement, consenti au devoir conjugal. Il en souffre, il l'aime avec encore plus de maladresse et de ferveur. Il n'ose rien... Pas même lui jeter à la face le prénom de « Joséphine ». Fersen n'a cessé d'écrire à « Joséphine » tout au long du chemin qui l'a ramené en Suède. Lettres après lettres, la passion les bouleverse jusqu'à l'imprudence. Il sait qu'elle aimerait avoir un chien suédois. Aussitôt arrivé à Stockholm, il s'occupe de lui dénicher le plus beau et écrit à « Joséphine » le nom qu'elle doit lui donner. On trouve dans son carnet de correspondance la note d'un M. de Boye chargé d'envoyer à la reine de France « un chien qui ne fût pas petit ». « Joséphine » a répondu « qu'il n'y avait pas de mystère à faire ». De quel mystère s'agissait-il ? Du beau chien suédois ou de la grossesse de Marie-Antoinette ?

Neuf mois après le départ de Fersen, elle accouche du second Dauphin.

*
* *

Une grossesse perturbée par les affaires de son frère à propos de l'Escaut.

Après le départ du roi de Suède et de son cher Fersen, Marie-Antoinette s'est retirée tout l'été à Trianon, ce que Mercy s'empresse d'annoncer à Joseph II. La reine a perdu sa paix, sa joie, ses rêves. Joseph II, sans répit, s'acharne à l'impliquer dans les affaires autrichiennes, soldées, en fin de compte, par son échec – l'échec de Marie-Antoinette.

Le roi retrouve-t-il sa puissance si ébranlée, en affirmant une attitude franchement hostile à tous les projets de l'Autriche ? Marie-Antoinette est excédée qu'une fois de plus la France refuse d'aider Vienne. Excédée d'être séparée de son amour. Comment ruser pour ne pas accoucher en public ? Elle est excédée des incessantes querelles avec Vergennes hostile à l'empereur. Va-t-elle perdre définitivement l'amitié de son frère qui la traite plus que jamais de « Tête à vent » ? Elle a les larmes aux yeux, elle veut son amour, elle veut qu'on l'aime. La solitude ; même sa société habituelle n'aborde plus le sujet de l'Autriche. À qui parler de son pays natal ? Son frère et Vienne seraient-ils devenus le cauchemar de la France ? Ne dit-on pas, à Paris, qu'elle est bien plus autrichienne que française ? On ose à peine la féliciter de sa grossesse. Tout est lourd sans Fersen. Qu'a-t-elle fait de mal en continuant d'aimer sincèrement sa famille et sa terre natale ? Même le roi n'a rien fait pour lui éviter l'humiliation de voir son frère vaincu, « à la botte de la France ».

Le 27 mars est un dimanche et, cette année 1785, tombe le jour de Pâques.

Au matin, Marie-Antoinette est prise des premières douleurs. Elle les cache le plus longtemps possible et assiste même à la messe, reculant au maximum l'envahissement inévitable dans ses appartements, le moment de s'allonger « sur son lit de misère ». Au retour de la messe, son antichambre est déjà pleine à craquer. Elle est bien décidée à déjouer tous ces fâcheux. Elle s'écrie avec impatience que c'est là une fausse alerte et qu'elle ira souper chez Mme de Lamballe. En fait, elle a du mal à marcher droit, elle a du mal à respirer, elle a du mal à supporter ce barbare rituel d'être exposée. Elle ne veut plus jamais accoucher en public. A-t-elle mesuré l'impact funeste d'une telle indépendance ? Elle s'en moque, Fersen lui manque, la chambre, tout là-haut, où il était « resté ». Il y a neuf mois... elle et lui, lui « beau comme un ange »... Elle serre les dents pour ne pas crier. L'accouchement est très avancé et elle mord son mouchoir. Elle prie sa Polignac de garder son secret, mais elle n'a que la force de rejoindre son lit. La houle de son ventre est à un point extrême. Qu'on retarde l'arrivée de Vermond et son annonce qui la hérisse : « La reine va accoucher ! » Elle tient bon jusqu'à sept heures du soir, retenant tant de cris. Va-t-elle accoucher seule, sans l'aide de Vermond ? Lassone s'affole, le roi est près d'elle, la famille royale aussi. La rumeur va et vient dans tous les sens, si bien que les princes du sang seront furieux de n'avoir pas eu le temps d'arriver. Elle a gagné sa liberté au prix de la perte de son prestige royal. Elle ne mesure pas que l'enfant est abandonné socialement.

À sept heures et demie du soir, elle accouche sans trop de peine de son second fils : Louis Charles, duc de Normandie.

*

* *

Le roi, qui avait écrit en détail, et avec une émotion extrême, les deux précédentes naissances, se contente de noter dans son agenda :

« Dimanche 27... Couches de la reine du duc de Normandie à sept heures et demie. Tout s'est passé de même qu'à mon fils. Le baptême a eu lieu à huit heures et demie et le *Te Deum*. Il n'y avait de prince que M. le duc de Chartres ; il n'y a eu ni compliments, ni révérences. Monsieur et la reine de Naples, parrains. »

Jamais Louis n'a été aussi froid. Il dit « mon fils » en parlant du Dauphin, non de cet enfant-là. Presque pas de princes, si peu de fêtes. Aucune révérence. Un doute affreux a-t-il plané dans son esprit ? L'enfant est-il de lui ? Il ne se souvient guère d'une brillante vie conjugale pendant que Fersen, cet ange de beauté et de mort, était là... Voilà neuf mois tout juste... En veut-il à la reine d'avoir osé déroger à l'usage d'accoucher en public ? C'est à peine si la famille royale a eu le temps d'accourir. Lui, pauvre sire, « pauvre homme », a consigné d'un ton bref cette naissance. Pourtant, cet enfant, le futur Louis XVII, est bien le fils de Louis XVI et de Marie-Antoinette. Il est bien l'enfant mort au Temple, le 10 juin 1795 dans des conditions d'enfermement, d'abandon, d'insultes et de misères physiques, dans l'atroce souffrance d'une tuberculose généralisée. Il aura dix ans, quand il expirera, ce garçon si beau que la reine appelle son « Chou d'amour ».

Une fois de plus, Carabosse s'est penchée sur le nouvel enfant de Marie-Antoinette et de Louis XVI.

Comment a-t-on eu la preuve que le petit duc de Normandie était bien le fils du roi et de la reine de France ?

Chapitre 65

LE CŒUR DE LOUIS XVII

Le mercredi 19 avril 2000, une longue énigme historique est résolue : l'enfant de dix ans mort à la prison du Temple en 1795 était bien le fils de Louis XVI et de Marie-Antoinette. Les analyses génétiques effectuées sur quelques fragments du cœur le prouvent ; c'est ce qu'a annoncé le prince Louis de Bourbon, duc d'Anjou et successeur des rois de France. Les professeurs Jean-Jacques Cassiman de l'université de Louvain en Belgique et Bernd Brinkman de l'université de Munster en Allemagne, qui ont été chargés de cette étude, sont formels. L'ADN extrait du cœur présumé de Louis XVII, comparé à celui de deux des sœurs de Marie-Antoinette et de deux descendants actuels des Habsbourg, établit avec certitude leur parenté.

Au XIXe siècle il y eut de nombreux prétendants – plus d'une centaine – à se dire le Dauphin évadé du Temple. Le plus célèbre de ces prétendants fut l'horloger prussien Carl Wilhelm Naundorff, lequel faillit bien avoir gain de cause. Les polémiques issues de sa biographie entraînèrent en 1950 l'ouverture de sa sépulture. C'est à cette occasion que des fragments de son humérus droit furent prélevés. Bien plus tard, en 1993, la technique des empreintes génétiques commençait à faire ses preuves. Ces échantillons furent alors cédés au laboratoire belge de Jean-Jacques Cassiman en vue de confronter leur ADN à celui des parents maternels de Louis XVII. La même analyse fut confiée à un autre laboratoire de l'université de Nantes. Cinq ans plus tard, on avait les conclusions : les fragments d'ADN issus de l'os de Naundorff ne présentaient aucun lieu de parenté avec ceux prélevés sur des cheveux de Marie-Antoinette ni avec les gènes des deux sœurs de la reine, les archiduchesses Marie-Josépha et Johanna-Gabriela.

L'hypothèse Naundorff écartée, il restait à identifier le « vrai » Louis XVII, avec deux éléments de départ : les empreintes génétiques de sa mère désormais établies, l'autre, plus aléatoire, le cœur du présumé Dauphin, préservé depuis 1975 dans une crypte de la basilique Saint-Denis. Ce cœur, passé de main en main pendant deux siècles, roulé deux fois dans la poussière, s'est révélé une précieuse relique. Son histoire commence le jour même de l'autopsie, menée par quatre médecins qui, le 9 juin 1795, attribuent le décès du jeune Dauphin, survenu la veille, à un « vice scrofuleux existant depuis longtemps » (une tuberculose osseuse). Au moment de l'autopsie, un des médecins, le Dr Philippe-Jean Pelletan, prélève le cœur et le cache dans un mouchoir qu'il glisse dans sa poche. Une fois chez lui, il le place dans un vase de cristal rempli d'« esprit-de-vin » (alcool éthylique). En 1828, après que Pelletan eut plusieurs fois tenté de remettre le cœur aux Bourbons, la relique est déposée à l'archevêché de Paris où Mgr de Quelen se dit prêt à la remettre au roi Charles X. Mais, le 29 juillet 1830, les révolutionnaires des Trois Glorieuses saccagent l'archevêché, et, au cours du pillage, un ouvrier imprimeur s'empare du cœur. Un émeutier s'interpose ; l'urne de cristal tombe et se brise. Le 5 août, le calme revenu, Philippe-Jean Pelletan revient à tout hasard sur les lieux. Par chance, il retrouve les débris du vase et le précieux cœur dans un tas de sable…

En 1895, la relique est remise à don Carlos, duc de Madrid, prétendant légitimiste au trône de France.

Ses petites-filles, en 1975, confieront le cœur au duc de Bauffremont, président du Mémorial de France à Saint-Denis, afin qu'il soit conservé dans la nécropole des rois de France.

Le 15 décembre 1999, les médecins biologistes conviés dans cette crypte royale pour y prélever des échantillons identifient « un cœur humain de petite taille, pouvant correspondre au cœur d'un enfant de cinq à douze ans », dont les tissus sont « desséchés, contractés et de consistance pétrifiée ». On doit l'attaquer à la scie. Quatre fragments sont prélevés pour l'analyse génétique. C'est ainsi qu'une « séquence consensus », petit fragment génétique, fut retrouvée à l'identique dans tous les échantillons du cœur examiné. Cette séquence, comparée aux données déjà établies dans la famille royale s'est révélée comme leur étant commune. Louis XVII et le prisonnier du Temple ne faisaient qu'un. « La succession est close [1]. »

Les enfants de Marie-Antoinette ont tous eu le même père : le roi Louis XVI. Quant à la réserve de Louis XVI à la naissance de ce second fils, elle relève d'un usage très ancien. Tout roi faisait appeler « mon fils » le premier-né. « Mon fils » ou « celui qui me succédera ». Louis XV disait « mon fils » à son petit-fils qui régnerait. Quand Louis XVI note « mon fils » en désignant son premier-né, il respecte l'usage de la hiérarchie régnante.

*

* *

La coutume ne fut pas tout à fait bafouée par l'indépendance de la reine lors de cet accouchement. Selon l'usage, la gouvernante des Enfants de France reçut le nouveau-né des mains de l'accoucheur.

1. Catherine Vincent, *Le Monde*, 21 avril 2000.

Mme de Polignac, troublée, craignant de le faire tomber, pria Mme de Mackau de l'aider à recevoir le précieux fardeau. Monsieur fut son parrain, et Madame Élisabeth représenta la reine de Naples, marraine.

Le roi avait l'air heureux en traversant la foule des courtisans qui n'avaient pas manqué d'accourir après l'événement. Louis conservait cet air de bonheur, le lendemain, quand il assista au *Te Deum* à Notre-Dame. Que s'éloignent les ailes noires de la jalousie, des doutes et qu'il bénisse le Seigneur, alléluia ! de lui avoir donné un second fils ! Toutes les lumières de la cathédrale lui parurent soudain très claires.

*

* *

Marie-Antoinette a changé. Sa santé est bonne, mais elle repousse au maximum les cérémonies des relevailles. Le roi sent planer une vague angoisse. Va-t-elle oser ne pas se présenter à Paris, refuser les compliments d'usage ? Le roi s'assombrit : des pamphlets plus violents que jamais circulent dans la capitale. L'enfant n'est pas de « Louis l'impuissant ». Tous les enfants de Marie-Antoinette seraient donc maudits ? Cet enfant-là, si beau, ce tragique futur Louis XVII, éclatant, si vif et si charmant, « Chou d'amour », serait donc souillé au même titre que sa mère ? La haine, sourde, a remplacé la liesse dans tous les esprits, en ce printemps 1785. On finit vraiment par croire que les enfants de Louis sont tous des bâtards – surtout celui-là – dus « aux fureurs utérines d'Antoinette ».

La popularité de la reine, déjà en forte baisse, est anéantie au moment où elle se décide à se rendre à Paris. Elle n'ignore plus les obscénités des pamphlets et redoute d'aller dans la capitale.

Le 24 mai, elle va à Paris, vêtue d'une robe lamée d'argent. Elle a grossi, mais sa beauté est intacte, sa chevelure d'or cendré. Elle a mis, croyant honorer ceux qui la reçoivent à l'Hôtel de Ville, ses fameuses girandoles qui ont contribué à ruiner le trésor. Ose-t-elle, cette goule qui a mis bas presque en se cachant, se moquer une fois de plus des pauvres ? Qui donc ignore que le joaillier de la Cour a été payé huit cent mille livres ?

On lui récite les harangues habituelles. L'abbé de Sainte-Geneviève, confondu par tant de basses rumeurs, balbutie son discours, s'embarrasse dans le cortège royal au point d'être obligé de faire reculer Marie-Antoinette au moment de l'encenser. Il a la maladresse, dans son trouble extrême, de lui dire :

« Reculez-vous encore un peu, Madame, que je vous encense. »

La foule reste glacée sur son passage. On critique vertement son envie d'aller le soir même à l'Opéra. Quand elle pénètre dans sa loge, il n'y a pas un seul applaudissement, pas un seul cri de « Vive la reine ! ». Bien des têtes se détournent, et des bouches grimacent. Elle s'effare, blanchit des lèvres et des mains.

Harassée, elle rentre se coucher aux Tuileries, où se rend le couple royal les rares occasions officielles où il doit rester tard à Paris. Une nuit profonde, si froide où elle éclate en larmes dans les bras de son époux aussi navré qu'elle – mais qui a saisi l'immense étendue de son impopularité. Ne comprenant pas une telle haine, entre deux sanglots elle balbutie :

« Mais que leur ai-je donc fait ? »

Elle leur a fait qu'elle ne sera plus jamais Marie-Antoinette de Lorraine d'Autriche de France, la souveraine tant aimée, autrefois.

Elle est devenue jusqu'à la fin de ses jours « l'Autrichienne ».

Cinquième partie

MADAME DÉFICIT

Chapitre 66

LE PLUS BEAU COLLIER DU MONDE

À l'Opéra, où le public était resté de glace, quelques applaudissements avaient éclaté. Parmi ceux qui saluaient ainsi la reine, Fersen avait applaudi le plus longtemps. Les larmes embuaient ses yeux ; elle devinait sa présence. Il la soutenait, presque seul, dans son humiliation. Il était alors à Louveciennes, où résidait son régiment. Il avait applaudi la reine... Se reverraient-ils ? Le silence – y compris celui de la correspondance – s'était épaissi. À Paris, on fredonnait le monologue du *Mariage de Figaro* :

« Parce que vous êtes un grand seigneur, vous vous croyez un grand génie... Qu'avez-vous fait pour tant de biens ? Vous vous êtes donné la peine de naître. Du reste homme assez ordinaire. »

« Il y a quelque chose de plus fou que ma pièce, s'exclamait Beaumarchais, c'est son succès ! »

*
* *

Le roi est en pleine passion géographique. Jamais la navigation royale n'a été aussi développée. Elle soutient les vastes expéditions à découvertes scientifiques. Louis XVI a reçu le navigateur albigeois La Pérouse. Le roi lui a préparé des instructions et écoute avec empressement son projet de voyage autour du monde. La France a gagné la conquête de l'air, elle se fait fort de rivaliser avec l'Angleterre pour découvrir des nouveaux continents. Rivaliser avec le navigateur anglais James Cook, qui, par trois expéditions successives, de 1768 à 1779, avait exploré le continent austral que l'on imaginait plus petit qu'il n'était. Louis XVI a lu avec passion les relations des voyages de Cook et prépare, aidé de son ministre de la Marine, le maréchal de Castries, et du directeur des arsenaux, Claret de Fleurieu, un projet qui compléterait ces découvertes. On fait appel aux capitaines de vaisseau La Pérouse et Fleuriot de Langle. Le 1er août 1785, deux frégates, *L'Astrobale* et *La Boussole* appareillent de Brest. Deux navires lotis d'un équipage d'élite, de savants choisis par Condorcet : des astronomes, des peintres, des hydrographes, des médecins, des botanistes. Le roi a veillé particulièrement au caractère humanitaire de leurs découvertes. Surtout, « de la douceur » en cas de rencontre avec « des sauvages » !

« Je regarderai, messieurs, comme un des succès les plus heureux de l'expédition qu'elle pût être terminée sans qu'il eût coûté la vie d'un seul homme. »

En avril 1786, les explorateurs abordent à l'île de Pâques et reconnaissent les grandes côtes de l'Amérique du Nord jusqu'à l'Alaska. Le roi se passionne ; loin de se douter que le scandale le plus noir de son règne va éclabousser à jamais la reine – et son pouvoir à lui.

*

* *

La reine a séché ses larmes. À Trianon, elle s'adonne à son plaisir de jouer Rosine dans *Le Barbier de Séville*, inconsciente que la haine a pris source dans le théâtre de Beaumarchais – qu'elle trouve aussi « charmant » que ses pièces.

Vaudreuil interprète le comte Almaviva, Artois, de sa voix haut perchée, déclame les tirades antimonarchistes de Figaro. Quant à Rosine, décolletée à croquer, elle est ravie que le parterre applaudisse ces grands seigneurs moqués et fustigés par un valet, Figaro. La reine a beau dire comme son frère Joseph II : « Je suis royaliste, c'est mon métier », en ce tournant de l'année 1785, il y a quelque chose de pourri, définitivement, dans le royaume de France.

On a fixé la représentation au 19 août. Marie-Antoinette, absorbée par ses répétitions, déteste qu'on la dérange pour des petits riens.

Des petits riens ?

*
* *

Tout a commencé à la mi-juillet. Le joaillier de la couronne (charge dûment achetée) M. Boehmer demande à être reçu par la souveraine. Il lui apporte de la part du roi, un présent pour le baptême du petit duc d'Angoulême. Une épaulette assortie à une paire de boucles en diamants. M. Boehmer remet respectueusement à Marie-Antoinette, à l'heure où elle revient de la messe, les ravissants bijoux, y compris une lettre de son associé Bassenge. La reine parcourt rapidement ce placet et lit à mi-voix quelques lignes auxquelles elle ne comprend rien.

« Madame, je suis heureux de savoir V.M. en possession des plus beaux diamants connus en Europe et je prie Sa Majesté d'avoir la bonté de ne point m'oublier. »

Est-ce encore une crise d'aliénation de son bijoutier qui s'est autrefois exalté devant son refus d'acheter un collier si précieux qu'il n'arrive jamais à le vendre ? La reine hausse les épaules, brûle à la flamme d'une bougie ce billet et dit à Mme Campan, qui se trouve près d'elle et sera l'un des grands témoins de l'affaire :

« Cela ne vaut pas la peine d'être gardé. »

Boehmer a disparu. C'est dans ses habitudes puisqu'il craint toujours l'arrivée du contrôleur. La reine lui a tant de fois acheté des diamants en cachette de son époux ! Louis XVI finissant par payer sur sa propre cassette. Mais jamais elle n'eût osé s'aventurer dans la dette exorbitante du plus beau collier du monde. Boehmer l'a plus d'une fois tentée avec cette parure incroyable.

Marie-Antoinette recommande à Mme Campan de décourager définitivement le joaillier.

« Cet homme existe pour mon supplice ! soupire-t-elle. Il a toujours quelque folie en tête ; songez bien, la première fois que vous le verrez, à lui dire que je n'aime plus les diamants et que je n'en achèterai de ma vie ; que si j'avais à dépenser de l'argent, j'aimerais mieux augmenter mes propriétés de Saint-Cloud. »

*
* *

La reine est pressée de retourner à ses répétitions. Quelques détails la troublent légèrement. En 1774, elle a cédé à la folle envie d'acquérir les fameuses girandoles de Boehmer – une fortune qu'elle a mis des années à rembourser aidée par la générosité du roi. Mais le bijoutier va revenir à la charge avec un autre bijou. Boehmer met du temps à rassembler cinq cent quarante des plus beaux diamants qui existent. Un premier rang est composé de trois arcades lestées chacune d'un pendentif en fleur de lis. Rubis ? Saphirs ? Émeraudes ? Ce triple rang, d'une richesse exceptionnelle, est relié à un « sautoir », fort large, assemblant des diamants de la grosseur d'une petite poire. Quatre ferrets, de même valeur, achèvent cette orfèvrerie unique, ce harnais digne du cheval d'un dieu, point fait pour le cou et les épaules graciles d'une femme. À défaut de finesse, cet objet vaut seize cent mille livres (environ trois cents millions de francs d'aujourd'hui). Boehmer avait présenté sa création, en tout premier, à Mme du Barry alors toute-puissante, mais le décès de Louis XV laissa le collier en son écrin. Boehmer obtint toutefois à l'époque du premier gentilhomme de la Cour la permission de montrer sa merveille au jeune roi Louis XVI dans l'idée qu'il l'offrît à Marie-Antoinette.

Louis XVI a donc admiré ce fatal collier, l'a même fait porter chez Marie-Antoinette qui, devant son prix a eu, un sursaut de bon sens : elle a refusé.

« La construction d'un navire, dit-elle à Boehmer tremblant d'émotivité, est autrement plus sage qu'un achat aussi dispendieux. On ne porte à la Cour des diamants que quatre ou cinq fois l'an. »

Elle croit être débarrassée de cet embarras, mais ce n'est que le début d'une grave affaire.

*

* *

Boehmer redoute son banquier, M. de Saint-James, à qui il a, avec son coéquipier Bassenge, emprunté sept cent mille livres. Il essaie de vendre son collier à des souveraines de cours étrangères – sa qualité de joaillier à la cour de France lui donnant des entrées illustres. On refuse son bijou partout. Trop cher.

Le joaillier récidive sa proposition à Louis XVI qui en parle à nouveau à son épouse. Elle paie alors ses dettes à Boehmer. Sa popularité ne se relèverait pas si elle cédait à une telle dépense au moment où la France a les caisses vides... Mais si ces diamants devaient un jour servir de dot à ses enfants... Des enfants, elle n'en avait pas encore, en aurait-elle seulement un jour ?

Le bijoutier s'épouvante. Ce collier pour lequel il s'est endetté va lui rester sur les bras et le ruiner. Il tente une dernière supplication. Il se jette aux genoux de Marie-Antoinette, joint les mains en pleurant.

« Je ne veux pas survivre à tant de malheurs, Madame, je pars pour aller me précipiter dans la rivière. »

La reine, détestant son chantage, le tance avec courroux. Elle lui reproche de lui avoir fait croire qu'il était en négociation avec un sultan ottoman. Il ment, pleure, veut se suicider : il l'assomme. Elle le met à la porte, avec son collier, dont, décidément, elle ne veut plus entendre parler.

*
* *

Cet été 1785, elle brûle la lettre de Boehmer, unique preuve de son innocence dans une des plus ténébreuses affaires de sa vie. Le billet que lui a remis le joaillier comporte quelques éléments importants. Il cite le cardinal de Rohan, prélat également manœuvré dans une intrigue sulfureuse qui éclaboussera la reine de France.

Le 1er août, Mme Campan s'est retirée dans sa maison de campagne. Le 3 août, elle voit accourir Boehmer dans un état d'affolement extrême. Mme Campan, dans ses mémoires, est au plus près de la vérité.

« — Je suis très inquiet de n'avoir pas eu de réponse de la reine ! vous a-t-elle chargée de quelque commission pour moi ?

— Sa Majesté ne m'a rien dit du tout, monsieur, elle souhaite même ne plus entendre de sa vie parler diamants ou parures. »

Boehmer pâlit, ses lunettes rondes s'embuent, l'angoisse jaunit son teint, ses lèvres frémissent.

« — Mais, dit-il, la réponse à la lettre que je lui ai présentée, à qui dois-je m'adresser pour l'obtenir ?

— À personne, monsieur, Sa Majesté a brûlé votre placet sans même avoir compris ce que vous vouliez lui dire. »

Boehmer transpire, il étouffe.

« — Ah, madame, cela n'est pas possible, la reine sait qu'elle a de l'argent à me donner.

— De l'argent, monsieur Boehmer ? Il y a longtemps que nous avons soldé vos derniers comptes pour la reine.

— Madame, vous n'êtes pas dans la confidence, on n'a pas soldé un homme que l'on ruine en ne le payant pas, lorsqu'on lui doit plus de quinze cent mille francs.

— Avez-vous perdu l'esprit, monsieur Boehmer ? Sur quel objet la reine peut-elle devoir une somme aussi exorbitante ?

— Pour mon collier, madame, répond froidement Boehmer. »

Il s'est ressaisi, prêt à lutter, à se faire rendre droit. Mme Campan s'irrite. Est-il devenu fou, lui qui a autrefois menacé de se jeter à la rivière si la reine n'achète pas ce collier ?

Le joaillier assène alors le plus rude coup jamais porté à la reine de France : la reine a voulu à toute force ce collier et se l'est fait offrir par le cardinal de Rohan.

Mme Campan a envie de jeter dehors cet insolent. Quoi ? Le cardinal de Rohan que sa souveraine ne peut souffrir, auquel elle n'a jamais adressé la parole depuis son retour de Vienne, oserait jouer le rôle d'intermédiaire ? Comment imaginer que la fille des Césars ait accepté qu'il lui achète ce collier ?

« — Vous vous êtes trompé, monsieur Boehmer, s'indigne Mme Campan.

— Vous vous êtes trompée vous-même, madame, réplique le joaillier. La reine le voit si bien en particulier que c'est à Son Éminence qu'elle a remis trente-cinq mille livres qui m'ont été données pour premier acompte, et elle les a prises, en sa présence, dans le petit secrétaire en porcelaine de Sèvres qui est auprès de la cheminée de son boudoir. »

Mme Campan est bouleversée.

« — Est-ce Son Éminence elle-même qui a dit cela ?

— Oui, madame ; elle-même. »

Boehmer se sent plus assuré, décidé à se défendre âprement. Que lui importe l'honneur de la reine ! Il veut et il aura ses quinze cent mille francs. Le cardinal de Rohan l'a assuré que la reine portera le collier au jour de la Pentecôte, mais Boehmer ne l'a pas vu. Son Éminence non plus. Voilà pourquoi il s'est décidé à écrire à la reine.

Où est le collier et où est l'argent dû ?

« Que dois-je faire, madame ? » se lamente, Boehmer repris par l'anxiété.

Mme Campan, ébranlée, lui conseille de se rendre le plus vite possible à Versailles et d'en parler à Marie-Antoinette.

Il la trouve au Trianon, en train de répéter le rôle de Rosine. Que lui veut cet ennuyeux joaillier ? Elle le congédie sans le voir. D'une pirouette révélant ses chevilles et ses mollets bien faits, elle se tourne vers Almaviva et débite son rôle. Décidément, c'est tout à fait charmant de jouer du Beaumarchais !

*

* *

Mais, *pianissimo*, la rumeur va d'un trot allègre.

Il n'est plus question que du nom du cardinal de Rohan qui aurait offert à la reine, avec son accord, le collier le plus cher du monde. La reine, peu après avoir chassé Boehmer, troublée, écrit à Mme Campan de venir la voir au Trianon.

La femme de chambre la trouve seule dans son boudoir, vêtue de mousseline blanche, sans bijou, la chevelure cendrée, « à l'enfant ». Elle semble hésiter, parle de choses et d'autres, puis soudain va droit au sujet qui la tracasse :

« Savez-vous que cet imbécile de Boehmer est venu demander à me parler, en disant que vous le lui aviez conseillé, que me veut-il ? Le savez-vous ? »

Mme Campan a bien du mal à répéter les dires du

joaillier. Indignée, Marie-Antoinette s'indigne violemment au bruit de faux billets signés de son nom. Elle n'y comprend rien.

« C'est un dédale pour mon esprit », dit-elle.

Elle envoie chercher l'abbé de Vermond et le baron de Breteuil.

Ce Rohan ! Ce cardinal détesté, avec ses dentelles, sa moire écarlate, son regard trop pâle, ses mains trop petites pour un homme, cet individu qu'elle n'a jamais reçu et auquel elle ne s'est pas même abaissée à adresser une seule parole, un seul regard, voilà qu'il prétend qu'elle a accepté, de sa part, le collier le plus onéreux qui soit !

Ce Rohan… hélas, a été nommé grand aumônier de France par la mansuétude de Louis XVI, mais aussi membre de l'Académie française. Il a le droit de baptiser les enfants du roi, d'assister à tous les levers du souverain. Marie-Antoinette, rancunière, l'ignore avec ce dédain parfait dont elle est, à l'occasion, capable, mais, *fortissimo*, la rumeur s'empare de l'incroyable histoire. Le cardinal a, sans aucun doute, été l'amant de l'Autrichienne, dit-on. Et elle a, c'est bien dans sa mentalité, couché pour un collier !

Chapitre 67

LA COMTESSE JEANNE DE LA MOTTE-VALOIS

Boehmer, affolé, a cité le cardinal de Rohan, mais un autre nom revient fréquemment dans son discours. On finit par l'interroger avec fermeté.

— La comtesse Jeanne de La Motte-Valois, dit-il.

Qui est donc cette aventurière, prétendue comtesse, descendante des Valois, entremetteuse entre le cardinal et le collier ?

*
* *

Une petite fille mendiait autrefois sur les chemins. Une petite fille aux pieds nus, aux yeux clairs, aux boucles de châtaigne mûre. Une petite fille croulant sous la charge des fagots, flanquée d'une sœur plus jeune. Une petite fille que l'on obligeait à quémander en répétant ces mots :

« Ayez pitié d'une orpheline du sang des Valois ! »

Ainsi allait alors sur les chemins de Passy cette enfant de huit ans, née dans la misère et qui refusa farouchement la misère quitte à devenir la pire des intrigantes, à affronter tous les risques. Tout sauf le chemin râpeux, la main tendue, le ventre creux et la tête en feu.

Jeanne, comtesse de La Motte-Valois, principale accusée dans l'affaire du collier, descendait, à travers le brouet de deux cents ans de mésalliances, du lointain Henri II. Les Valois ! Une dynastie maudite, dont les armes avaient été d'argent et d'azur, avec trois fleurs de lis d'or. Qui, à l'époque de Marie-Antoinette, se souvenait de ces souverains, au sang débile, aux actes criminels ou incestueux ? Henri II avait reconnu d'une favorite, Mme de Savigny de Saint-Rémy, un fils qui prit le nom de « Saint-Rémy de Valois ». Le temps charriant ses drames, ses guerres, ses famines, le temps basculant aux ténèbres ces Valois, l'un après l'autre, laissa survivre le dernier des Saint-Rémy, baron de titre. Il s'était acoquiné à une lourde paysanne qui enfanta distraitement deux filles dont Jeanne. Le baron ayant sombré à son tour dans la misère, et la folie, il mourut à l'Hôtel-Dieu. On jeta son corps au charnier des Saints-Innocents. La mère des fillettes s'était mise en ménage avec un soldat qui molestait les enfants – surtout Jeanne. Que de coups, sans parler de ces blessures-là, inavouables, cette violence qui avait déchiré son ventre d'une brûlure honteuse.

« Ayez pitié d'une orpheline du sang des Valois ! »

La brute de mère et la brute d'amant l'avaient jetée, elle et sa sœur, sur ces routes, un papier roulé dans un vieux sac en cuir râpé. Le papier établissait la généalogie de leur père, baron de Saint-Rémy-Valois. Jeanne, déjà habile aux stratégies qui mènent vers les chances, fussent-elles tirées des enfers, répétait ces mots.

« Ayez pitié d'une orpheline du sang des Valois ! »

La petite sœur n'osait pas, et, à son tour, Jeanne la battait. Jeanne, faite de sauvage survie, Jeanne du sang des loups. Ces mauvais papiers dans le vilain sac en cuir lui ouvriraient des coffres débordant d'or. Jeanne de Saint-Rémy de Valois se vengerait. Elle se vengerait des puissants de ce monde, ceux qui mangeaient la belle viande blanche, buvaient le vin dans les coupes en cristal, dormaient dans la soie. Elle aurait un jour entre ses petits poings serrés plus d'or qu'ils ne pourraient en contenir. La petite savait bien où aller clamer ses peines. Elle rôdait sous la terrasse de Mme de Boulainvilliers, qui avait déjà manifesté sa compassion devant les petites ployées sous des fagots, les doigts gourds, les pieds nus.

« Ayez pitié... »

Émue, la dame, écrit Mme Campan, « avait demandé au curé de la paroisse qui se promenait avec elle, qui étaient ces fillettes. Le curé lui affirma qu'elles portaient sur elles des papiers étranges qui justifiaient leur appartenance à la famille des Valois ». Jeanne la prédatrice tenait sa première chance, sa première proie. Mme de Boulainvilliers fit venir chez elle les enfants. Elle leur trouvait quelque chose de tendre et de sincère qui la bouleversait. La lecture des papiers confiés à un bon généalogiste acheva de la convaincre. Ces petites étaient bien les descendantes de ces tristes Valois. Lavées, habillées de frais, nourries, elles furent envoyées – au grand débarras de la mère et de sa brute – au couvent de l'abbaye de Longchamp qui admettait les filles de la noblesse pauvre. Mme de Boulainvilliers et ces dames de Longchamp traitèrent au mieux « les petites princesses », comme elles se faisaient appeler. On écrivit à Louis XVI qui, depuis qu'il avait été sacré roi, consentait une pension de huit cents livres à ces lointains et misérables cousins.

Jeanne de Valois durcit ensuite son cynisme et ses calculs. Elle avait survécu grâce à l'obsession d'être reconnue « princesse ». Elle ferait rendre gorge à la terre entière ! Un tumulte noir la tenait sans cesse en éveil. Elle ourdissait des plans. Rouée, douée, haineuse, belle, apte à nuire, aimant nuire, adorant narguer le destin, elle roulerait dans la boue, un jour, un des « grands de ce monde », ceux qui avaient osé tolérer qu'elle fût, elle la princesse, une pauvresse qui allait les pieds nus. Elle aiguisait son sens de la ruse et dissimulait cette rage qui ne la quittait jamais.

Elle avait seize ans et se savait fort jolie, les yeux ni verts, ni bleus, ni gris, reflétant le ciel, son azur – l'azur de son blason perdu. Sa sœur était moins belle, résignée, sans intérêt. À s'en défaire, songeait-elle. L'aventurière se vit seule, non encombrée d'une idiote disant merci et pardon à ces dames du couvent qui leur faisaient cirer les meubles et blanchir leur linge. Elle avait encore besoin de cette assotée pour la convaincre de faire le mur. Jeanne ne voulait pas passer son existence ici et prendre le voile, comme l'avait suggéré la mère supérieure. Jeanne et sa sœur s'enfuirent une nuit à Bar-sur-Aube, Jeanne ayant sur elle les papiers de sa naissance. Elles échouèrent au petit matin dans une auberge du pays. Jeanne redressa son torse bien fait et mit en pratique une stratégie qui lui servirait beaucoup par la suite : l'évanouissement spectaculaire. Un beau désordre de femme où chacun pouvait dégrafer son corsage pour l'aider à respirer et admirer sa gorge si blanche. « Je suis princesse de Valois », murmurait la belle évaporée revenue de son faux malaise. Entre les grilles de ses cils si longs, si sombres, elle avait jaugé le parti à prendre de ceux qui s'étaient empressés.

Elle n'était pas venue par hasard à Bar-sur-Aube. Mme de Boulainvilliers lui avait souvent parlé de sa cousine Mme de Surmont, fort riche, bien en Cour, qui résidait en son château.

Laquelle fut aussitôt conquise par la manipulatrice. Elle prit en charge les « princesses ». Jeanne débita on ne sait quels mensonges au sujet de sa fugue et supplia Mme de Surmont d'« assurer un sort » aux descendantes des Valois. Que lui importait que sa sœur fût à nouveau lingère ou mariée à un mesquin bourgeois de la ville ! Il s'agissait d'elle, désormais, d'elle et de son destin. Mme de Surmont la maria donc aisément, en 1780, à Bar-sur-Aube, à un officier de gendarmerie de modeste noblesse qui se disait comte : Nicolas de La Motte.

Jeanne de La Motte-Valois avait jaugé l'ambition rapace de son époux. Ils se savaient de la même race d'aventuriers et seraient, mieux que des amants, des complices. Ils avaient le même but : la fortune. À n'importe quel prix.

Il leur fallait aller à Paris (Versailles). Ils se servirent, dès lors, de Mme de Surmont pour se réconcilier avec Mme de Boulainvilliers. Laquelle, âgée, un peu gâteuse, fut bien vite sous le charme. Elle leur trouva un modeste hôtel garni à Versailles. Jeanne voulait à tout prix approcher, d'une manière ou d'une autre, la cible dont elle espérait la fortune : la reine. Un peu plus jeune que Marie-Antoinette, elle savait déjà tout des défauts de la souveraine. Ses prodigalités, ses faux amis qui l'exploitaient, son goût effréné des diamants. Elle, Jeanne de La Motte-Valois, ferait mieux qu'une Polignac.

Versailles était ouvert à toutes sortes de gens pourvu qu'ils fussent vêtus correctement. Jeanne dorlota tant et si bien Mme de Boulainvilliers que celle-ci accepta d'introduire le jeune couple à Versailles. Sous les instigations caressantes de son ancienne protégée, Mme de Boulainvilliers mit « le comte de La Motte » en relation avec les dragons de Monsieur et ne tarda pas à lui acheter un poste de « capitaine de dragons ».

Mme de Boulainvilliers, décidément très flattée de s'occuper de « la petite-fille d'Henri II », présenta aussi Jeanne au cardinal de Rohan qui recevait en son luxueux hôtel, à Paris, sans prudence, toute femme dans le besoin, pourvu qu'elle fût jolie.

*

* *

Jeanne est tout sourires, elle ploie telle une fleur, pour baiser la main du prélat. Sa bouche est chaude, lourde et douce. Louis Édouard de Rohan est charmé. Mme de Boulainvilliers claironne :

« Monsieur le cardinal, acceptez-vous de protéger cette jeune femme ? Elle descend des Valois et a eu bien des malheurs ! »

Fière de ses nobles charités, elle vient de mener la louve dans la bergerie d'un prélat sans vertu ni génie.

La jolie comtesse se rend de plus en plus souvent chez le prélat, à Paris, tandis que le comte de La Motte se montre enchanté de la tournure des choses. Son épouse couche avec ce cousin du roi. Jeanne exploite le cardinal, en obtient l'argent qui permet au couple de s'installer confortablement rue Dauphine. Jeanne soutire surtout les confidences du prélat. Mieux qu'à l'amante experte, elle joue à l'amie sincère. Le naïf lui confie sa peine d'être en défaveur dans l'esprit de la reine. Fou de Marie-Antoinette, il ne se console pas de sa froideur. Jeanne murmure à l'oreille de Son Éminence perdue dans les dentelles de l'alcôve, qu'il peut compter sur elle. Elle trouvera une idée pour le réconcilier avec Sa Majesté.

« Tout est certainement venu d'un malentendu, susurre la comtesse, la bouche humide et rouge. Un jour la reine sera heureuse de devoir à Votre Éminence de la reconnaissance. »

Les yeux du prélat brillent d'espoir ; il la croit. Cette petite Valois sait lui complaire aussi bien moralement que dans sa chair. Qu'elle est donc charmante, rattachant sa jarretière sur la cuisse rose, les seins frais et la bouche gourmande de lui !

Jeanne reçoit beaucoup de monde, rue Dauphine, y compris des gens de robe, sans parler du grand aumônier de France. Le mari s'éclipse, avec un ami commun, Rétaux de Villette, modeste gendarme, bel homme de trente ans. La comtesse a « un penchant » pour ce bellâtre qui lui sert aussi de secrétaire. Le cardinal ne s'aperçoit de rien, trouvant naturel que l'alcôve de sa comtesse s'ouvre sur leurs soupirs.

Les lamentations du prélat recommencent. Comment retrouver la grâce de Marie-Antoinette ?

« La reine vous aimera, je vous le promets ! » répète la comtesse.

*
* *

Elle use de sa ruse habituelle. Le temps presse et elle veut provoquer la Fortune. Elle profite des jours où l'on a accès aux antichambres de Versailles pour s'évanouir à grand bruit, après avoir eu le soin de se faire annoncer par l'huissier :

« Madame la comtesse de La Motte-Valois, descendante des Valois. »

On lui passe sous le nez un flacon de sels. Les paroles vont comme le pollen au vent.

« La comtesse de La Motte, descendante des Valois, a eu un malaise. »

Elle feint de s'évanouir une seconde fois au passage de la reine qui ne s'aperçoit de rien, mais elle a plus de chance en se laissant tomber devant les appartements de la compatissante Madame Élisabeth.

Elle la prend en pitié, lui demande son nom. Jeanne contient un éclair de triomphe dans ses yeux qu'elle embrume d'un bleu humide. Madame Élisabeth, émue, fait asseoir la fille des Valois, si belle et si pâle sur un pliant. Mme la comtesse de La Motte Valois lui conte sa pure et sobre histoire. Elle et son époux vivent fort modestement. Elle est infiniment reconnaissante à Sa Majesté le roi qui a la bonté de leur accorder, en tant que lointains cousins, une pension de huit cents livres. Mais avec huit cents livres, comment espérer le bonheur de se rendre souvent à Versailles ?

Jeanne dévide ses histoires, araignée tissant sa toile. Madame Élisabeth, engluée de pitié dangereuse, plaide donc la cause de ces « malheureux » La Motte-Valois « à son frère qui monte leur pension à mille cinq cents livres.

*

* *

Jeanne renonce ensuite à ses syncopes. Elle a bien recommencé une fois ou deux, mais elle s'aperçoit qu'elle lève des soupçons. Elle s'infiltre dans quelques bureaux des ministres à la Cour où on finit par admettre son nom, sa présence. Elle œuvre surtout dans l'esprit du cardinal qui, lui aussi, a augmenté ses rentes. Les La Motte ont dépassé l'aisance.

Un après-midi où le cardinal geint au lit de la comtesse que la reine ne lui accorde pas même un battement de cils, Jeanne se lance posément dans l'inconnu. Elle enclenche, avec une rare audace, « l'affaire du collier ».

« Je vois désormais régulièrement la reine, dit-elle. Elle m'a honorée de son amitié. »

Le cardinal frémit à cette information qu'il ne se donnera jamais la peine de vérifier. Sottise immense ? Confiance absurde ? Délire d'amour aveugle ?

Jeanne lui sourit.

Chapitre 68

MANŒUVRES

Jeanne se moque du cardinal dès qu'il a le dos tourné. Elle lui a soutiré tous les renseignements utiles. Les horaires de Marie-Antoinette, ses allées et venues, le nom de ses amis, le nom de ses bijoutiers : Boehmer et Bassenge. Elle sait qu'ils ont œuvré sur une pièce unique, un collier qui vaut une fortune.

Elle veut ce collier. Il ira entre ses mains et celles de son époux. Ils dépèceront ce bijou, vendront chaque diamant, un à un, à Londres, à Amsterdam, en Allemagne. Ils seront milliardaires et ils disparaîtront à l'étranger. Le diable rira avec eux d'une aussi belle affaire. Le cardinal, le Tant Sot, « achètera le collier ». Qu'ils empêcheront, eux, le comte et la comtesse de La Motte-Valois.

*

* *

Jeanne a prévu chaque détail pour arriver à ses fils. Tout devient une question de mise en relation des pions entre eux. Le cardinal, un pion, la reine, un pion, les bijoutiers, deux pions… Il lui faut absolument rencontrer Boehmer.

Parmi les familiers qui fréquentent les La Motte, il y a un procureur général, François Achet qui connaît bien le joaillier de la reine. Ce procureur a un gendre, l'avocat Laporte, amoureux de la comtesse et couvert de dettes.

Achet et Laporte, deux autres pions pour Jeanne.

Ils contribuent à déclencher sa géniale machine de faussaire. Elle montre à Laporte – à qui elle accorde parfois ses dernières faveurs – une série de lettres signées « Marie-Antoinette de France », laissant croire à son amitié avec la reine. Marie-Antoinette est tellement compromise par ses imprudences, qu'il est aisé de croire qu'elle puisse s'enticher de n'importe qui. Qu'elle soit « l'amie » de la comtesse ne déroute pas plus que sa passion pour la Polignac. La réussite des manœuvres de l'aventurière : la reine n'est plus ni crédible ni respectée. Les pamphlets se sont chargés de l'accabler dans tous les esprits. Le procureur Achet connaît les difficultés de Boehmer à vendre son collier. Pourquoi son gendre Laporte, afin d'éviter la prison pour dettes, n'en parlerait-il pas à son amie si astucieuse, Jeanne de La Motte ? Les joailliers se sont engagés à compenser de cent louis la personne qui arriverait à faire vendre ce maudit collier qui gâche leur vie.

Elle n'attend que cela, Jeanne. Intercéder auprès de « son amie la reine » afin que quelqu'un achète cette parure.

Achet a-t-il vu le collier ? Est-il aussi admirable qu'on le dit ? Elle prend un ton léger, pour s'enquérir si Laporte peut l'emmener chez les célèbres bijoutiers voir de près cette pièce unique.

C'est l'hiver 1784. Jeanne de La Motte-Valois voit les cinq cent quarante diamants qui rutilent sous le quinquet de Boehmer, dans l'écrin de velours rouge.

Le sieur Achet ne dit rien, la gorge sèche. De cette femme dépend pour son gendre, peut-être, la liberté.

« — Je connais un grand seigneur qui, agissant au nom de la reine, se porterait acquéreur de ce collier, dit-elle aux bijoutiers soudain remplis d'espoir.

— Laissez-nous, madame la comtesse, en remerciement, vous offrir ce modeste bijou. »

Ils lui présentent une broche de grande beauté qu'elle a l'habileté de refuser.

*
* *

On est fin janvier, les pauvres cassent la glace au fond des cruches. Des petites mendiantes – comme elle autrefois – meurent de froid sur les chemins. La comtesse de La Motte-Valois revient seule chez les joailliers.

« Vous allez recevoir incessamment la visite du cardinal de Rohan. »

Elle insiste sur les arrangements qu'ils prendront ensemble, les précautions extrêmes pour ne pas compromettre la reine. Ni elle, Jeanne de La Motte-Valois.

« Ne dites jamais au cardinal que je me suis mêlée de l'affaire. »

Sa récompense sera d'avoir rendu ce grand seigneur heureux, de satisfaire la reine dont elle évoque le nom avec le plus grand respect.

Le cardinal vient chez Boehmer et Bassenge quelques heures après que la comtesse a disparu, légère et discrète.

Le cardinal est perdu.

Marie-Antoinette de Lorraine d'Autriche de France est définitivement figée, dans tous les esprits, en une image détestable.

Le cardinal retient son souffle devant la splendeur du collier et son prix : un million six cent mille livres. Il dira lors de son procès « qu'il ne cachait pas son intention de traiter, non pour lui-même, mais pour une personne qu'il obtiendrait peut-être la permission de nommer ».

La reine ! Le cardinal se sent prêt à tout pour elle. Son idole désire ce collier ? Il le lui offrira, elle lui jettera, à lui, le mendiant de son amour, un regard, un seul regard, et il se sentira comblé.

Il consent aux conditions de Boehmer mais le prie d'accepter le paiement en quatre échéances sur deux années. Le collier sera offert le 1er février « à la personne qu'il ne fallait pas nommer ». Le premier versement aura lieu le 1er août.

Le cardinal écrit ces conditions, les joailliers signent, et chacun se sépare, dans le ravissement.

Le 1er février, Boehmer et Bassenge se rendent solennellement à l'hôtel de Rohan et remettent au prélat l'écrin et son collier.

« Le collier de la reine ! » s'écrit-il.

Son émotion est extrême. Pour rassurer les joailliers qui ont du mal à laisser partir leur pièce unique, il leur montre les accords signés où le mot « approuvé » a été ajouré devant chaque article convenu. À la fin du contrat, une large écriture a signé : « Marie-Antoinette de France ».

Ni le cardinal ni les joailliers ne se méfient.

Le malheureux prélat propose même à Boehmer et à Bassenge de recopier ces clauses, y compris la signature : « Marie-Antoinette de France ». Ils n'ont aucun doute sur ce document original, la signature ne leur semble pas singulière. Ils abandonnent enfin, cette pièce rarissime aux mains du cardinal – qui se charge de porter l'écrin chez l'illustre acquéreuse.

*
* *

Le cardinal se rend le soir même de ce 1er février à Versailles, chez la comtesse de La Motte qui a conservé un logement utile à ses affaires. Le prélat porte contre son cœur le fabuleux dépôt. La comtesse le reçoit, souriante, rassurante. Le collier sera remis à la reine dans la soirée. C'est alors qu'on frappe à la porte.

« De la part de la reine ! » dit un inconnu que le cardinal ne distingue pas.

Retiré dans la chambre de la comtesse – « par discrétion », dira-t-il pour sa défense, il a bien aperçu un homme, vêtu de noir, enveloppé d'une cape, et sans l'identifier le voit remettre un billet à la comtesse, avant que Jeanne s'approche de lui, pâle d'émotion. Elle chuchote.

« C'est un mot de la reine avec "ordre de remettre la boîte au porteur". »

Le cardinal est au bord de se sauver avec le collier. Une vague angoisse serre sa gorge. Ordre de la reine… Où s'en va le collier ? Ordre de la reine… La reine… La reine…

« — Qui est cet homme ? hasarde-t-il.

— Un gentilhomme attaché à la chambre de la reine, répond sans hésiter la comtesse. »

Des serres, des griffes vers l'écrin. Il n'aurait jamais soupçonné une telle force et une telle promptitude chez cette femme mince et flexible. Il est trop tard ; il se sent trop léger, vide. L'écrin a disparu, emporté par la comtesse, ou l'inconnu, il ne sait plus. Le collier sera-t-il vraiment remis entre les mains de Marie-Antoinette ?

Dans les mois qui vont suivre, le cardinal s'épouvantera lentement de ne jamais voir le collier au décolleté de la reine. Ni le moindre changement dans sa glaciale attitude à son encontre.

Il faut payer Boehmer et Bassenge.

Ils ont invité la comtesse à un souper fin, pour fêter une aussi belle victoire qui calmera leur bête noire : le banquier Saint-James.

Chapitre 69

Le plus beau scandale du monde

Boehmer et Bassenge attendent avec impatience le premier règlement convenu. Le cardinal vient en effet chez eux ce fameux 1er août, mais il n'apporte pas les quatre cent mille livres prévues.

Il bafouille quelques excuses et finit par leur demander, de la part de la reine, d'accepter un délai de trois mois. Il a reçu de la comtesse, amie de Sa Majesté, un billet signé « Marie-Antoinette » où la souveraine avoue quelques ennuis avec sa trésorerie. Elle s'engage, compte tenu du délai de trois mois, à verser sept cent mille livres le 1er octobre. Pour faire patienter les joailliers, elle leur règle les intérêts de la dette : trente-cinq mille livres.

Le cardinal a cette somme sur lui, donnée par Mme de La Motte « de la part de la reine ».

Les joailliers se fâchent, inquiets. Le banquier, M. de Saint-James, auquel ils ont dû emprunter une somme exorbitante dans l'attente du premier versement, devient menaçant.

« Monsieur le cardinal, il nous faut à tout prix cette somme ; les trente-cinq mille livres ne suffisent pas. »

Le cardinal les apaise en réitérant la promesse de la reine. Il leur demande d'écrire une lettre de remerciements à Sa Majesté. On est le 12 juillet. C'est la fameuse lettre que Marie-Antoinette a lue sans rien y comprendre et brûlée.

Boehmer, qui s'est précipité chez Mme Campan, malade d'angoisse, a demandé audience à la reine sur le conseil du cardinal qui commence à ne plus rien y comprendre. Il ne faut pas qu'il songe à être reçu. Marie-Antoinette, à son seul nom, se met en colère.

*
* *

Le scandale explose dans toute son ampleur aux alentours du 30 juillet.

Marie-Antoinette, furieuse, appelle le baron de Breteuil et l'abbé de Vermond. Les joailliers, prudents, révèlent une partie des faits dont leur intention de proposer ce collier à la reine.

Le baron de Breteuil sert d'enquêteur et fait surveiller discrètement le cardinal, sa famille, la comtesse de La Motte-Valois vaguement suspectée d'intrigue. Mais quelle intrigue ? Breteuil demande que l'on observe chaque étape prévue pour le remboursement du collier. Le 31 juillet, le baron de Breteuil apprend par Vermond que le banquier Saint-James a reçu le cardinal décidé à lui emprunter sept cent mille livres. Pourquoi le cardinal s'engage-t-il à couvrir l'énorme dette ? Parce que, affirme-t-il par écrit, « (...) vu la reine et que cette dernière l'a autorisé à un tel emprunt ».

Marie-Antoinette, stupéfaite, se sent prise d'une étrange panique. On la manœuvre, on utilise son nom, on monte contre elle « une affreuse affaire ».

La reine s'y perd... Un dédale... Un scandale... Une grave offense... Elle se concerte pendant plusieurs jours avec Vermond et le baron de Breteuil pour y voir clair. Quel doit être son comportement en une aussi méprisable circonstance ? Vermond et Breteuil détestent aussi ce malheureux cardinal. Ils entrevoient, plus que l'honneur de la reine, un excellent moyen de le faire bannir et de le flétrir aux yeux de toutes les Cours d'Europe.

Vergennes, que Marie-Antoinette dans son affolement a convoqué, garde la tête froide, partisan d'étouffer une aussi noire intrigue qui éclabousserait le nom de la reine déjà bien compromis. Les joailliers, atterrés, en sont presque à oublier la comtesse qu'ils n'ont pas revue depuis des semaines lorsque cette dernière demande à Bassenge de passer la voir. Bassenge, à son hôtel, est abasourdi de trouver l'endroit presque vide, sans meuble, la comtesse en tenue de voyage : elle déménage.

« — Je tenais à vous dire avant de quitter Paris avec mon époux pour Bar-sur-Aube, que Son Éminence est dans une affreuse perplexité. On a cherché à le perdre. L'écrit qu'il a en sa possession et signé de la reine est un faux.

— Comment Son Éminence s'est-elle aperçue que cet écrit est un faux ? »

Bassenge ne reconnait pas sa voix, à peine audible. Que signifie ce déménagement intempestif ?

« Je vous conseille, cher ami, de prendre vos arrangements avec Son Éminence afin que vous et Boehmer soyez payés », dit-elle.

Le claquement d'une portière qui tombe pour ne plus se relever : l'habile comtesse a disparu.

Bassenge est dans l'affolement.

Le cardinal, persuadé d'avoir vu la reine prendre l'argent dans un petit secrétaire en porcelaine de Sèvres, persuadé que son intermédiaire – la comtesse et ses amis – sont ses alliés, « persuadé des bonnes grâces de la reine lors de la nuit du bosquet », jure à Mme Campan et au banquier Saint-James qu'il a traité avec la souveraine. Il demande au banquier de patienter jusqu'à ce que les bijoutiers lui règlent son dû. Le grand aumônier de France perd un peu la tête. Il rougit, pâlit, un doute l'effleure. La reine aurait-elle eu la cruauté de lui jouer « la scène du bosquet » et des faux écrits pour se venger de lui, se moquer de sa candeur, lui qui l'adore et se perd pour elle ?

Marie-Antoinette ne décolère plus. À son irritation se mêle l'humiliation. Ce cardinal, tant méprisé, a osé imaginer qu'elle, la reine, qui a refusé à son époux ce collier, l'aurait accepté de lui, qu'elle abhorre ? Cela signifierait aux yeux de tous qu'il serait son ami, pire, son amant ! La lèvre des Habsbourg, tordue en un infini mépris, l'enlaidit.

Il va voir, ce faquin, ce qu'il en coûte d'oser manipuler sa personne, son nom, son honneur !

Marie-Antoinette exige que l'affaire éclate au grand jour. Breteuil boit du petit-lait. Il va enfin se venger du cardinal qui a osé lui souffler le titre qu'il espérait. Sa police lui a affirmé que le cardinal reçoit sans cesse en son hôtel un charlatan des plus douteux, infiltré dans la franc-maçonnerie et qui se fait nommer « comte de Cagliostro ». Ce Cagliostro, flanqué de son épouse Sérafina, en cette époque troublée donc faiseuse de mages et d'escrocs, est au faîte de sa popularité. Des grandes dames et quelques seigneurs lui rendent visite. Le cardinal croit à toutes ses prédictions. Il écoute plein d'admiration cet homme qui se présente comme un Arabe maltais, soi-disant fils d'une musulmane parente du chérif de La Mecque et qui aurait été élevé chez les muftis de Médine ; il aurait même deux mille ans d'âge.

« Je suis celui qui Est ! » disait-il à ses adeptes moyennant de fortes sommes.

C'est à qui, à Paris, porte un fichu, un colifichet béni du maître des Lumières. Ni comte ni mage, il se nomme en réalité Joseph Balsamo, alchimiste de bazar et astrologue, fils d'un modeste libraire de Palerme. Depuis des mois, il est tout bonnement installé à l'hôtel du cardinal de Rohan. La comtesse, qui a flairé un escroc de sa race, a concocté avec le mage de capter la confiance du benêt. À Cagliostro de le convaincre que, bon alchimiste, il lui fabriquerait tout l'or voulu pour les besoins de « sa cause » : le collier de la reine ! Ne lui a-t-il pas aussi promis de le faire parvenir au ministère et de lui rendre l'amitié (peut-être plus) de la reine ? Il la faisait même apparaître par trucage dans le récit d'un enfant complice prétendument habité par des voyances. La reine apparaissait dans une cage d'eau.

Les ministres de Louis XVI restent, partagés. Le garde des Sceaux, M. de Miromesnil, tel Vergennes, est partisan d'une grande circonspection, alors que Breteuil, qui tient sa vengeance, alimente la colère de la reine.

« Il faut arrêter le cardinal comme un vil escroc ! » crie-t-elle.

Le roi, Vergennes et Miromesnil s'exclament qu'il y faut quelques précautions.

« Le cardinal de Rohan est d'un rang et d'une famille à être entendu avant d'être arrêté. »

Marie-Antoinette écume ; elle veut qu'on l'embastille sur lettre de cachet. Le roi, quoique fort troublé, reste pondéré. L'exaspération de la souveraine est à son comble. Elle redoute « une faiblesse du roi » à l'approche de ce 15 août, fête de la reine où, selon l'usage, le grand aumônier doit dire la messe.

« Faites appeler immédiatement Son Éminence ! » ordonne Marie-Antoinette avant que le roi n'ait parlé.

Le cardinal, en habit de cérémonie – pourpre et dentelles —, se trouve avec « les Grandes Entrées » dans la salle du Conseil, attendant le départ pour la chapelle et la grande messe solennelle.

Il est onze heures du matin.

Sa gorge se noue quand on le convoque dans le cabinet du roi. Il se trouve, debout, face à Louis XVI, la reine et leurs ministres, tous assis, tels des juges. La reine est en habit de cour, couleur bleu nuit, le décolleté orné des parures offertes par son époux. Un chapeau de plumes rattaché d'une aigrette de diamant retient sa chevelure. Ses yeux lancent des éclairs. Consterné, le cardinal n'a pas encore peur. Tout cela est un mauvais rêve qui va s'évanouir.

Le roi l'interpelle franchement :

« — Mon cousin, avez-vous acheté des diamants à Boehmer ?

— Oui, Sire.

— Qu'en avez-vous fait ?

— Ils ont été remis à la reine. »

Marie-Antoinette s'emporte :

« — Qui vous a chargé d'une telle commission ?

— Vous, Madame, balbutie l'infortuné.

— Moi ! s'étouffe Marie-Antoinette, moi qui ne vous ai jamais adressé la parole depuis Vienne ! Moi qui affiche en toute occasion pour vous le mépris le plus glacial ! Moi !

— Votre Majesté m'y a autorisé, bredouille le cardinal, par un écrit signé de sa main. Une dame du nom de la comtesse de La Motte-Valois m'a présenté une lettre de Votre Majesté. J'ai cru être rentré en grâce aux yeux de Sa Majesté en me chargeant de la commission.

— Comment avez-vous pu croire, éclate Marie-Antoinette, que je vous choisirais pour une telle négociation avec l'entremise de cette femme dont j'ignore tout ? »

Jamais Louis XVI n'a vu le teint de sa femme devenir d'un rouge aussi violent. Ses yeux semblent exorbités, d'un bleu insoutenable, ses lèvres tremblent ; elle s'est levée, elle va, d'un pas altier, elle pétrit ses mains l'une contre l'autre, sa chevelure paraît blanche.

Le cardinal se voit perdu, les larmes aux yeux. La prémonition d'avoir été joué le frappe. Le brusque déménagement de la comtesse, l'argent que ne cesse de lui escroquer cette femme et ce Cagliostro – d'autres indices troublants… Mais la scène du bosquet ? Était-elle aussi peu fiable que l'apparition de la reine dans la carafe ? L'a-t-on mené à des hallucinations ? Il se sent pâlir, évanouir – mourir. Il sanglote plus qu'il ne parle :

« — Je vois que j'ai été cruellement trompé. Je paierai ce collier. L'envie éperdue d'entrer en grâce auprès de la reine m'a égaré. C'est là mon seul crime. Je n'ai vu nulle supercherie dans mon infini espoir.

— Où est cet écrit ? demande le roi.

— Sire, je l'ai dans mon portefeuille. »

Il s'agit du contrat concernant l'achat du collier signé « Marie-Antoinette de France ».

Le roi s'indigne à mesure de sa lecture.

« Ce n'est ni l'écriture de la reine ni sa signature, s'écrie Louis XVI. Comment vous, prince de Rohan, prince de l'Église, avez-vous pu croire que la reine signait "Marie-Antoinette de France" ? Les reines de France ne signent que de leur nom de baptême. »

Le roi devient sévère.

« Monsieur le cardinal, où est ce collier ? »

Le prélat chancelle contre la table.

« Passez dans mon cabinet, monsieur le cardinal, s'adoucit Louis XVI. Vous y trouverez de l'encre, des plumes, du papier. Écrivez ce que vous avez à me dire. »

Le rapport que le malheureux remet au roi est d'une écriture si tremblée et si confuse que Louis XVI l'interroge à nouveau.

« — Où est cette femme nommée La Motte-Valois ? Où est le collier ?

— Dans les mains de cette femme, Sire », bêle lamentablement le prélat.

Au baron de Breteuil de s'enquérir où se trouvent les fameux billets d'autorisations en faveur des bijoutiers écrits et signés par la reine.

« Dans un portefeuille rouge, parmi mes papiers, à mon hôtel à Paris. »

Le cardinal est plus mort que vif, la reine sanglote avec une rare violence. Le baron de Breteuil demande alors au roi la permission de faire arrêter Louis Édouard de Rohan, grand aumônier de France. On donne aussitôt cet ordre, unique dans les annales de Versailles, au capitaine des gardes, M. de Villeroi, qui en est bouleversé.

« Veuillez, au nom du roi de France, vous emparer de la personne du cardinal Louis Édouard de Rohan, prince évêque de Strasbourg, grand aumônier de France. »

Dans la grande galerie, la stupeur est générale. Le cardinal de Rohan a subi l'humiliation d'être arrêté devant toute la Cour, tel un voleur.

Où le cardinal trouve-t-il la force d'une ruse ? Il se tourne vers le mur, feint de rattacher sa jarretière et, dans le fond de son bonnet carré, griffonne au crayon, avec la hâte du désespoir, quelques mots sur un bout de papier, billet qu'il glisse entre les mains de son valet de confiance. Il s'agit d'arriver chez lui avant la police, de remettre à M. Georgel le billet qui demande de « brûler le portefeuille rouge et son contenu ». Une heure après que le portefeuille si compromettant a été détruit arrivent sur place le baron de Breteuil et le lieutenant de police.

*
* *

À Versailles, la consternation est totale, en particulier chez la parentèle du cardinal. Le prince de Soubise tente aussitôt de fléchir le roi. En vain.

Le lendemain, le grand aumônier de France prend le chemin de la Bastille, mesure qui trouble les princes plus encore que cette affaire où la reine affirme y perdre la raison.

Elle ignore que l'arrestation du cardinal correspond, symboliquement, à sa mise aux arrêts. Personne n'est du bord de Marie-Antoinette. Son impopularité atteint l'abîme. Les détails de l'affaire alimentent les pamphlets les plus sordides. *Pianissimo, fortissimo,* les escrocs de l'histoire deviennent, dans l'esprit populaire, d'authentiques héros, les victimes de « l'Autrichienne ». Elle s'est moquée de ce malheureux cardinal pour se faire offrir un bijou hors de prix. Le collier a disparu ?

L'Autrichienne l'a certainement fait passer à son frère pour qu'il monnaie ses armées contre la France. Les femmes à Paris se mettent à porter, en guise de soutien au cardinal, des chapeaux de paille avec de fausses rivières de diamants, lançant la mode « cardinal sur la paille », pour le soutenir le temps de son incarcération à la Bastille.

On crie dans les rues : « Vive Cagliostro ! Vive le cardinal ! »

On crie aussi, en se cachant de la police du roi : « À bas l'Autrichienne ! »

Chapitre 70

L'HISTOIRE DU BOSQUET

Le roi, dans la lettre ouvrant le procès, a stipulé, d'après les déclarations du cardinal, « qu'il avait été trompé par une femme nommée La Motte-Valois ». Il convient d'arrêter la dénommée et « tous ceux qui auraient pu être complices ou auteurs d'un *attentat* de cette nature ». Le mot « attentat » a été souligné. Il remet son honneur et celui de la reine entre les mains du Parlement. Louis XVI ordonne au garde des Sceaux de confier le rapport au procureur Joly de Fleury et à son substitut, M. du Laurencel. La volonté de condamner le cardinal est le point crucial de l'affaire. On le veut coupable avant même d'avoir entendu les témoins. Breteuil mène habilement ce jeu dont le but est de vouer aux gémonies ce Rohan qui l'encombre dans ses desseins.

La famille du cardinal conduit farouchement son enquête. Les Rohan réussissent à savoir que la femme La Motte a un complice qui a déjà tâté de la prison pour écriture en faux : Rétaux de Villette. On trouve le nom d'une demoiselle Nicole Oliva, « barboteuse de rues » de son état, qui a joué un rôle dans « l'histoire du bosquet ». Il y a bien sûr, les Cagliostro, le comte de La Motte, une engeance à faire coffrer au plus vite. L'abbé Georgel, partisan du cardinal, ne lâche plus ces pistes qui servent les intérêts du Parlement.

Le 15 décembre 1785, on décrète donc « la prise de corps de la dame de La Motte, des Cagliostro et autres comparses ».

Le lieutenant de police a mené vivement l'enquête sur les La Motte. Pourquoi vivent-ils dans le luxe depuis le mois de février ? Un train de vie princier dans leur château à Bar-sur-Aube. Des voitures, des carrosses aux armoiries des Valois, des toilettes, des bijoux, des soupers et une vaisselle en vermeil, des domestiques à la pelle, en livrée argent. Fêtes, réceptions, les impudents se gavent de leur fortune récente au lieu de disparaître du royaume. L'argent vient du collier dûment dépecé, comme la comtesse l'a prévu, chaque diamant vendu à Londres par l'entremise de son mari. Le comte de La Motte a réussi à vendre trois cent mille livres un simple rang détaché du reste.

Le 2 août, la police conduit à la Bastille « la femme de La Motte ». Son époux a disparu à Londres ; on le cherche sans succès.

*

* *

La reine est satisfaite. L'affaire sera jugée par le Parlement. Erreur fatale : le Parlement déteste le roi et contredit toutes ses volontés, avec à sa tête un Séguier qui n'est certes pas l'ami de Louis XVI. L'erreur du roi, les emportements de la reine enferrent le couple royal. Cette affaire, par son caractère d'offense faite à la reine, relève du jugement seul du roi. Il a la possibilité d'user de son droit régalien pour trancher cette histoire qui touche sa famille la plus proche. Y mêler le Parlement, c'est affaiblir son rôle et livrer en pâture publique l'honneur de la reine. Qui peut être sûr que le cardinal ne s'en tire pas à bon compte grâce au Parlement qui voit là l'aubaine de sa vie ? Marie-Antoinette ne mesure jamais les rouages des lois, des droits et leurs conséquences. Elle veut triompher, « se venger » et elle perdra tout. Trop faible, pressentant son erreur, le roi se persuade de l'intégrité du Parlement – cour turbulente, frondeuse qui ne demande qu'à abattre le pouvoir monarchiste et à établir le sien. Le maréchal de Castries et Vergennes se méfient de cette procédure trop légale, trop populaire. Breteuil se tait ; la reine conclut que le choix doit revenir au cardinal. À lui de prendre conseil avec sa famille et de « suivre l'affaire en voie d'administration ou par justice réglée ». Le cardinal écrit donc au roi qu'il accepte la justice réglée puisqu'on lui refuse la confrontation. Il veut être jugé par le Parlement. C'est la décision la plus astucieuse que celui que l'on prend pour un sot ait obtenue.

*

* *

Le 5 septembre, le roi remet officiellement l'affaire au Parlement. Louis XVI exprime « sa juste indignation que l'on ait osé emprunter un nom auguste qui [lui était] cher à plus d'un titre ; et violer avec une témérité inouïe le respect dû à la majesté royale ».

Marie-Antoinette a relaté à son frère les détails de cette affaire. Elle se réjouit que la femme La Motte soit à la Bastille depuis le 2 août :

« Cette intrigante de plus bas étage n'a nulle place ici et n'a jamais eu accès auprès de moi. (...) C'est un étrange roman aux yeux de tout ce pays-ci, que de pouvoir supposer que j'aie pu vouloir donner une commission secrète au cardinal (...). J'espère que cette affaire sera bientôt terminée ; (...) dans tous les cas, je désire que toute cette horreur et tous ces détails soient bien éclaircis aux yeux de tout le monde. »

Mais tout le monde va se régaler, à ses dépens, des détails croustillants de l'histoire.

La comtesse de La Motte-Valois prépare en effet, en prison, sa vengeance.

Dès les premiers interrogatoires, elle nie farouchement toute participation au marché du collier, mais confirme qu'elle a d'intimes accointances avec le cardinal.

On compare la signature « Marie-Antoinette de France » avec son écriture, et une première évidence apparaît. Cette signature a bel et bien été imitée de la main de la fausse comtesse. L'intrigante, n'ayant peur de rien ni de personne, déroute rapidement ses juges par son aisance à mentir sans défaillance.

Le 26 août, on a retrouvé chez divers bijoutiers, à Londres, des diamants uniques, certains abîmés comme si on les avait ôtés en toute hâte et violemment de leur châssis. On demande à Mme de La Motte s'il s'agit des diamants du collier.

« Peut-être, dit-elle avec aplomb. Le cardinal m'avait demandé de les vendre afin de payer les échéances. »

Elle mène adroitement le sens de l'interrogatoire.

« Si j'étais coupable, écrit-elle dans sa défense, je ne serais pas restée en France. J'aurais rejoint mon époux qui se trouve actuellement en Angleterre. »

Elle a beau être adroite, la vérité peu à peu éclate. Elle a berné le cardinal, tout manigancé. Son mari et elle ont volé le collier, l'ont dépecé et vendu à Londres, diamant après diamant. D'où la fortune incroyable de ces obscurs aventuriers.

La famille du cardinal n'est qu'un seul cri. Ce n'est pas cette vile La Motte la plus coupable, mais la reine qui a osé faire arrêter le prince de Rohan devant toute la Cour ! L'avocat du cardinal, maître Target, plaide l'incroyable naïveté de son illustre client, ainsi berné. Qu'on lui accorde le bénéfice de l'innocence. Le Parlement se régale. Quel beau moyen d'humilier la reine de France et d'ébranler cette monarchie dont ils ne veulent plus !

Mme de La Motte sent le terrain lui échapper. Les interrogatoires se poursuivent à un rythme de plus en plus serré. Quelle chance que Sa Majesté Très Chrétienne ait aboli la torture ! Point de « question » ordinaire ni extraordinaire, elle n'aurait pas supporté d'avoir les chevilles broyées entre les brodequins, les dents et ongles arrachés, le corps labouré de tenailles, attaché sur une roue passant lentement dans le feu... On se contente de la harceler, et qu'est-ce donc de tenir tête à ces hommes en noir qui peut-être, au fond, ne demandent qu'à la croire ! Elle s'y connaît, en hommes, la Jeanne des chemins d'autrefois ! Elle ne les craint pas ; elle les méprise ; elle les utilise. Il lui faut jouer serré. Le cardinal a raconté, cet imbécile qu'elle hait, l'histoire du bosquet dont elle a été l'audacieuse et géniale instigatrice.

*

* *

Les interrogatoires se poursuivent. À travers les recoupements et aveux divers, y compris ceux du tremblant Rohan, dont la naïveté insensée étonne même ses détracteurs, une affaire vieille de plus d'une année se fait jour. L'histoire du bosquet, plus avilissante pour Marie-Antoinette que celle du collier. Mme de La Motte, tout en témoignant un hypocrite respect pour « la reine » qu'elle évite, comme chacun au Parlement, de nommer, dévoile la rocambolesque aventure du bosquet que le cardinal a rejetée sur elle. Pièce après pièce, on finit par démêler cet incroyable « théâtre » du bosquet. Dans l'opinion publique, il n'y a ni étonnement ni révolte. Au contraire : l'Autrichienne est bien capable de ces jeux-là. N'a-t-elle pas joué tous les soirs « Rosine » à son Trianon tandis que l'on déversait tant de boue sur son nom ?

Le cardinal n'avait eu de cesse, raconte-t-on, de répéter à quel point il avait été torturé par le mépris de la reine. Sa protégée, la comtesse de La Motte, lui avait promis de le réconcilier avec Sa Majesté. Elle avait juré au naïf prêt à tout croire, tout espérer, une histoire énorme. Marie-Antoinette, « son amie », attendrie par le chagrin du cardinal, était prête à lui manifester un signe de bienveillance. Il suffisait au cardinal d'écrire à la reine une lettre exposant sa peine et son désir de réconciliation. Le benêt s'était exécuté et narrait plein de honte, tel le corbeau de la fable, sa fatale bévue. Il avait écrit et signé une lettre brûlante, qu'il avait donnée à la comtesse impassible et souriante.

« Sa Majesté ne manquera pas de répondre à Son Éminence ; elle a le cœur sensible, je réponds d'elle et de vous. »

Le cardinal était convaincu qu'une correspondance était engagée entre lui et son illustre ennemie. La comtesse lui donnait, de-ci, de-là, des billets assez vagues, signés « Marie-Antoinette de France ». Ces fausses missives étaient écrites par le sieur Rétaux de Villette, « la bête de lit » de la comtesse, précieux complice à torcher des fausses signatures et à imiter les écritures. Ils retenaient leurs fous rires devant l'émotion du cardinal qui baisait les lettres, se signait d'émotion, délirait, s'enferrait dans les rouages de ses redoutables comparses.

Rapidement, « les lettres de la reine » demandèrent de l'argent au cardinal, bouleversé de pouvoir aider dans l'ombre son idole. L'amoureux aveuglé donnait les sacs d'or à la comtesse « qui les remettait à son amie la reine ». Les complices – Rétaux, le faux comte et l'authentique voyoute – empochaient l'argent du cardinal. Jamais ils ne s'étaient autant enrichis et amusés. Mais la pire des lettres, pire que le contrat du collier, fut écrite par l'indéfectible cardinal. Il priait timidement la reine de bien vouloir lui accorder une audience en échange de « ses petits services » – qui permettaient au trio de mener un train d'enfer à Bar-sur-Aube autant qu'à Paris.

*

* *

Jeanne, nue entre son mari et Rétaux, sa bête de lit, eut une idée.

On savait à quel point la souveraine aimait à se promener le soir dans ses jardins. Tout le monde se souvenait du « pamphlet de *l'Aurore* » où une image de la reine coureuse de bosquets, avec ses amants et ses amantes, avait fait fureur. Une Messaline, une goule qui avait ainsi enfanté « les bâtards de Louis ». Qu'elle eût une fois de plus couru la nuit un bosquet avec le cardinal devenait plausible.

« Il suffirait de trouver une créature qui ait l'allure de la reine. On la pare, une rose à la main, un billet pour le sot à mitre, on la mène en voiture fermée jusqu'au bosquet préféré de l'Autrichienne, on convoque notre Éminence et le tour est joué ! »

Quel beau tour, en effet, et que d'or en vue !

Le comte de La Motte se mit en quête d'un sosie de la reine. Friand des dames du Palais-Royal – « les barboteuses de rue » —, il avait remarqué et pratiqué les charmes d'une d'entre elles, à qui il trouvait une ressemblance avec Marie-Antoinette. Il lui donna un peu d'or et la mena chez sa femme pour une affaire intéressante. Jeanne reçut cette demoiselle Nicole d'Oliva, vingt-deux ans. Elle était en effet grande, bien faite, blonde, une lèvre étonnamment autrichienne, les yeux bleus, la peau laiteuse. Il serait aisé de jouer au petit jeu de la reine et du fou.

« Mademoiselle d'Oliva, je suis une amie personnelle de la reine. Sa Majesté a besoin de l'aide d'une personne pour un petit rôle qui lui rendrait service. Oh, bien peu de chose, en vérité. Si vous acceptez de complaire fort discrètement à Sa Majesté, je vous ferai présent de quinze mille livres. »

Notre barboteuse fut éblouie. Il lui en faudrait des passes, y compris en plein vent sous les arcades, pour arriver à tant d'aisance !

« Quinze mille livres rien que pour complaire à notre charmante reine. »

Mlle d'Oliva fut enchantée. Que lui fallait-il faire ?

Un petit rôle ; comme au théâtre et tellement moins dangereux que celui de la rue. M. le comte de La Motte viendrait la chercher en voiture, le lendemain, à la nuit. Il la mènerait, élégamment vêtue, à Versailles.

« Vous serez alors présentée à la reine. »

Jeanne avait convaincu Mlle d'Oliva que la reine se réjouissait de la rencontrer en ses jardins.

Mlle d'Oliva déclara au procès qu'on lui fit mettre « une robe blanche en linon moucheté » – cette fameuse gaulle que portait la reine sur le portrait de Mme Vigée-Lebrun. La chevelure poudrée, elle enfila un mantelet blanc à capuche gaufrée. Mme de La Motte lui avait remis un pli dans la main et une rose.

« Nous allons vous conduire à Versailles, dans le parc. Vous remettrez ce pli à un grand seigneur qui viendra vers vous. Vous remettrez d'abord la rose, ensuite la lettre en prononçant ces mots : "Vous savez ce que cela veut dire." La reine se trouvera tout près de vous et bien certainement vous remerciera. »

C'était le soir du 2 août 1784.

Vers minuit, les escrocs conduisirent la jeune prostituée du côté de l'orangerie. À elle de jouer « son rôle ». Elle alla dans la nuit presque claire, la rose à la main, mais soudain fut « prise de grands tremblements ». Le couple n'avait pas soupçonné son émotivité.

« Vous direz toujours "Votre Majesté", quoi qu'il arrive », avait répété le comte de La Motte pendant le trajet.

Elle tremblait, ses jambes se dérobaient sous elle, elle répétait « Votre Majesté, Votre Majesté ». Allait-elle s'évanouir ? La comtesse la saisit énergiquement par le bras et la guida vers les bosquets de l'orangerie, sous la charmille.

« Ne bougez plus, ordonna l'intrigante. Je vais chercher le grand seigneur. »

Mlle d'Oliva était au bord de la syncope; le grand seigneur – le malheureux cardinal – arrivait à grands pas, aussi vacillant que la demoiselle du Palais-Royal.

« J'étais si émue et si tremblante, dira-t-elle à ses juges, que je n'ai pu faire la moitié de ce que l'on me demandait. »

Elle tendit la rose, toute raide, au cardinal éperdu, qui s'était jeté à ses genoux. Une rose dont le couple maudit avait ôté les épines; une rose qu'elle avait bien failli lui jeter dans les yeux tant l'émotion l'aveuglait. Jeanne, se rendant compte que cette sotte Oliva pouvait tout compromettre, fit un signe à un soi-disant valet « du grand seigneur », en vérité Rétaux, qui accourut vers le cardinal et souffla à ce dernier en extase:

« Madame et Madame la comtesse d'Artois arrivent! »

Jeanne se précipita et saisit Mlle d'Oliva par le bras. Vite, on l'engouffra dans la voiture où le comte de La Motte lui fit signe de se taire et d'attendre.

Jeanne, tout miel, tout fiel, s'approcha du cardinal ivre de joie, qui baisait la rose, prêt à baiser la terre où les pieds de sa Divine s'étaient posés.

« Vous avez vu la reine et croyez que le passé est oublié! »

Il le crut, prêt à donner à la reine tous ses trésors, tout son sang.

À partir de cette fallacieuse rencontre, le cardinal, plus que jamais sous le joug des faussaires, donna à Jeanne de La Motte-Valois tout l'argent qu'elle voulut. Rétaux de Villette écrivait de savoureuses lettres de remerciements signées de la reine. On s'amusait beaucoup chez le trio: il était temps d'engager l'affaire du collier.

La « poire » à mitre et goupillon était mûre.

*

* *

Fersen est indigné de l'histoire du bosquet. Saisi de jalousie, accablé par les rumeurs qui déferlent jusque dans sa garnison, à Landrecies, il se met à douter. À qui a-t-elle réservé de tels rendez-vous ? Combien sont montés là-haut, dans leur nid d'amour, et sont, peut-être, « restés là » ? Il doute, il a mal, cerné de ragots où son nom apparaît, rumeurs accablantes pour « Joséphine ». Il explose d'un désespoir d'amant jaloux, auprès de Gustave III. Il n'est pas loin de croire comme tout le monde que la reine est responsable du scandale.

« Toutes les histoires qu'on débite sur [Rohan] et surtout en province sont incroyables. (...) À Paris même, on dit que tout cela n'était qu'un jeu entre la reine et le cardinal, qu'il était fort bien avec elle, qu'elle l'avait en effet chargé de lui acheter le collier et qu'elle se servait de lui pour faire savoir à l'empereur tout ce qui se passait dans le Conseil. »

Il éclate de peine, de suspicion. Il y a eu l'affaire de l'Escaut. Le cardinal aurait-il servi avec son or la politique autrichienne ? « Joséphine » en aurait-elle fait son amant dans ce but ?

« On dit que la reine faisait semblant de ne pas pouvoir le souffrir afin de mieux cacher le jeu, que le roi en avait été informé, qu'il le lui avait reproché, qu'elle s'était trouvée mal et avait fait semblant d'être grosse. »

Les propos de Fersen au roi de Suède sont la réplique de la vindicte populaire. Le portrait de la reine avide d'or, de sexe et de bijoux est en train de se cristalliser. On affirme qu'elle a manigancé la vente du collier pour faire passer deux millions de florins à son frère et favoriser la politique autrichienne.

*

* *

Marie-Antoinette reste sans voix à l'histoire du bosquet. Elle ne s'attendait pas au comble « d'une telle horreur ». Comme elle ne s'attendra jamais à la Révolution française, ne comprenant jamais le rôle souterrain, incontournable qu'avaient pu jouer les insurgents d'Amérique, Franklin et ses idées démocratiques.

Tout se retourne contre elle. Les enquêteurs, les aveux des faussaires, ceux du cardinal, la famille du cardinal, l'opinion publique, le Parlement qui cautionne bien plus le cardinal que la reine. Même Fersen, elle le devine à son silence, ne la croit pas innocente. Au sein de sa petite cour, elle affronte l'insolence de Vaudreuil qui défend le cardinal. La Polignac détourne la tête. Ses chers amis sont prêts à la fuite – ce qu'ils feront dès que le vent tournera. Marie-Antoinette est seule. Il n'y a que le roi, son « pauvre homme », pour la défendre d'un cœur sincère et navré, et Mme de Lamballe qui pleurniche « Oh, ma souveraine, ma souveraine ! » Madame Élisabeth aussi pleure et prie.

*
* *

La reine a-t-elle été entièrement innocente ? On s'étonne encore de nos jours de la complicité dont ont joui tous ces personnages. Comment se fait-il que l'on ait donné largement le temps au comte de La Motte de s'enfuir à Londres, à son épouse de partir pour Bar-sur-Aube et à Rétaux de Villette de la suivre sans péril ? Même Mlle d'Oliva avait eu le temps de se sauver à Bruxelles, enceinte, avec son petit amant, où la police les cueillit mollement.

Ils avaient tous eu le temps de s'enfuir… Était-ce pour protéger la reine ? Étouffer l'histoire du bosquet ?

Marie-Thérèse lui avait prédit : « Je crains pour vous l'abîme. »

L'abîme est-il là, sous les pieds chaussés de mules emperlées de Marie-Antoinette ? Le roi a-t-il désespérément tenté de la sauver d'un scandale plus infâme que les autres ? Mesdames Tantes (Adélaïde et Victoire) renchérissent aigrement que cette étrangère avait toujours apporté l'indignité. Le comte de Provence, ce Caïen, est impassible : cela sert ses plans. Le procès continue. Marie-Antoinette de Lorraine d'Autriche de France décide de se distraire pour oublier « cette horreur-là ».

Chapitre 71

INTERMEZZO

Marie-Antoinette croit que l'humiliation de ce Rohan arrêté devant toute la Cour est une vengeance suffisante. Elle se met à faire la fête durant ce dur été.

Le roi a détesté cet été-là.

Il suit attentivement le déroulement du procès, les pièces du dossier. La demoiselle d'Oliva a signalé « qu'elle a joué un rôle dans les jardins de Versailles ». Le substitut du Laurencel note chaque détail, y compris l'emprunt des deux cent mille livres que la femme La Motte a contracté en se servant du nom du cardinal.

Tandis que la reine s'amuse, fait agrandir Saint-Cloud, embellir Fontainebleau de meubles, boiseries et miroirs merveilleux, le 23 octobre 1785, le substitut du Laurencel arrive à une première conclusion.

« On doit observer que le principal du procès est la supposition de l'écriture, de la signature de la reine sur le marché du collier ; (...) Si le sieur et la dame de La Motte ont escroqué [au cardinal] le tout ou partie de ces diamants, c'est sa faute. »

La faute du cardinal… C'est tout ce que demande la reine, décidée à se montrer à ce bon peuple dont elle croit avoir reconquis l'amour. Ce bon peuple la plaint sincèrement, elle en est sûre, d'avoir été ainsi jouée par ces faussaires et ce cardinal arrêté grâce à elle !

*
* *

Début octobre, elle est enchantée de se rendre à Fontainebleau, non par la terre, mais par la Seine, en un étrange équipage. Elle s'est embarquée à l'entrée de la plaine d'Issy, vêtue de blanc, un chapeau orné de rubans et de plumes, sur un bateau copié sur la mode anglaise que l'on appelait « yacht ». C'est une sorte de péniche de luxe, tirée de la terre par quinze chevaux, agencée avec le plus grand confort, de la cuisine aux salons, y compris une salle de bal. Les meubles, la vaisselle, les tapis, la nourriture, n'ont rien à envier à ceux de Versailles. Quand le « yacht » se lance très lentement sur le fleuve, le canon des Invalides sonne quelques coups.

Marie-Antoinette, radieuse, apaisée – ces vilaines gens coffrés et cette affreuse histoire terminée – monte à l'avant du pont et salue de la main une grande partie du trajet. Qu'on l'admire, qu'on l'aime et que l'on voie bien qu'elle est toujours la plus belle en ce royaume.

Même sans le collier.

*

*   *

Tous les comparses ont avoué – sauf Jeanne de La Motte-Valois qui s'obstine à répéter :

« C'est le cardinal de Rohan qui a volé le collier. »

On ne l'écoute plus, on ne la croit plus. Elle entre dans des crises de folie furieuse, nue, se frappant la tête contre les murs. On du mal à la maintenir.

« Je me jette dans les bras de la Providence », finit-elle par dire, accablée.

*

*   *

De retour à Versailles, Marie-Antoinette trouve la vie lugubre. Elle est reprise par son fameux spleen, n'a pas revu Fersen, a des vapeurs, des crises de larmes. On est en novembre, elle redoute une grossesse. Elle a tant admiré l'attitude si ferme du roi quand il a envoyé son pire ennemi à la Bastille qu'ils ont repris la vie conjugale. Elle l'a reçu quelques matins à Saint-Cloud, à Fontainebleau, tout à son « triomphe ». Son époux ne lui cache pas son bonheur d'avoir encore des enfants. Leur dernier-né est si beau, mais, hélas, l'aîné décline de plus en plus. Madame Royale leur donne bien des joies, mais c'est une fille. La reine redoute une grossesse. Si elle aime sincèrement ses enfants, elle déteste être enceinte, elle déteste accoucher – elle déteste Versailles et cette existence de contrainte. Elle déteste cette affaire du collier qui sourdement, sans se l'avouer, accentue une grande angoisse.

Les médecins craignent de lui annoncer qu'elle est effectivement enceinte. À la mi-février – elle n'a plus ses règles depuis trois mois —, il lui faut se rendre à l'évidence. Elle écrit alors à Joseph II, non sa joie, mais ses craintes. Il lui a répondu vertement par un courrier *via* Mercy :

« [La reine] m'a écrit (...) en me donnant part de sa grossesse, elle me témoigne d'en être fâchée, croyant d'avoir assez d'enfants, ce qui m'engage à me récrier beaucoup sur ce propos dans la lettre ci-jointe que vous aurez soin de lui remettre. Je lui fais entrevoir les conséquences fâcheuses d'une pareille conduite si elle voulait jamais, soit par commodité ou par ménagement, se séparer du roi, pour n'avoir plus d'enfants. Les suites influeraient trop sur le bonheur de la reine pour être regardées avec indifférence, ce dont le règne de Louis XV a fourni assez d'exemples. Cette idée me fait naître d'autant plus d'inquiétude que c'est actuellement la mode parmi les jeunes femmes qui se croient du bon ton de se séparer de leurs époux et d'avoir satisfait à leurs devoirs en devenant mère d'un ou de deux enfants. »

Marie-Antoinette, anxieuse sur l'issue de ce procès, supporte mal son embonpoint et ses malaises. Plus rien ne la distrait. Le soir, elle joue quelques parties de trictrac avec la Polignac ou au billard avec Artois. La Polignac profite de son spleen, de ses confidences, pour lui soustraire encore des avantages. Son époux se voit loti de la charge de directeur des Relais de chevaux et de poste cinquante mille livres d'appoint de plus par an.

*

* *

C'est l'hiver, et le procès continue. Le cardinal marque déjà des points, la reine a trouvé une distraction, non exempte de cruauté.

Elle reçoit la nouvelle ambassadrice de Suède, qui n'est autre que la fille de Necker : Germaine de Staël. D'une profonde intelligence, Germaine a le tort d'être courtaude, mal fagotée. Son bel esprit la fait comparer à une pie. Sa réputation se résume en ce mot redoutable, véritable mise à mort dans la société futile de la reine : « ridicule ».

Tout le monde oublie l'intelligence de Germaine de Staël pour rire de son teint bourgeonné, de son assurance « des plus bourgeoises ».

Marie-Antoinette, qui rêve de se distraire, va le faire au détriment de l'ambassadrice de Suède. Elle l'a invitée avec son époux à un souper aux chandelles qui sera suivi d'un bal sur les parquets bien cirés. Ont été conviés tous les ministres et les membres du corps diplomatique.

Chacun guette la fameuse « faute de goût » de la fille du banquier.

L'ambassadrice, d'un bourgeoisisme genevois sans façon, persuadée que seul l'esprit compte, choque infiniment les courtisans. Elle n'hésite pas à se mêler au jeu de la reine sans y être invitée. Chacun remarque, non son sens des belles-lettres, mais l'énorme pouf dont elle est coiffée pour le bal de la reine. Au lieu de danser, elle se met à sauter sans mesure, « comme une pie ». La catastrophe ne manque pas d'arriver, à la réjouissance de toute la Cour. Mme Germaine de Staël s'étale de tout son poids sur le parquet. Mme de Guiche se propose de l'aider à réajuster ce pouf incroyable qui n'a pas bougé. Remise, Germaine reprend sa conversation littéraire là où elle l'a laissée. Elle ne se rend pas compte – pas tout de suite – qu'elle est désormais déclassée, moquée, repoussée de ces cercles si fermés.

La reine a bien ri, la reine s'est amusée.

Mme de Staël connaîtra sa revanche en écrivant et en imposant une grande littérature. Il y aura longtemps que ceux qui s'étaient moqués de sa personne auront été guillotinés.

Sa belle et royale hôtesse en premier.

Qui riait tant.

Chapitre 72

VIVE LE CARDINAL INNOCENT !

La famille du cardinal a été ulcérée par son incarcération à la Bastille, comme un vulgaire coquin. Le prélat se rend à ses interrogatoires en ruchers de dentelles et habit de cérémonie, tenant à porter les marques de sa charge, de son rang, du symbole qu'il représente. Sa dignité a été égarée par sa crédulité en la reine qui demeure, il l'admet avec douleur, sa pire ennemie. Son attitude est d'une grande humilité jointe à de la noblesse. Il a l'élégance de faire innocenter Cagliostro et Mlle d'Oliva, et continue à adorer celle qui a entraîné sa misère morale.

En janvier 1786, on mène durement tous les interrogatoires. Les deux commissaires dévoués à la cause de la reine, M. de Villotran et M. Dupuis de Marcé, questionnent sans relâche les suspects.

Le cardinal, harcelé plus que les autres, ne se contredit jamais, répondant à un flot de questions souvent odieuses. Comment a-t-il pu imaginer que la reine accepterait ses services pour l'achat de ce collier ? Par quelle impudence a-t-il trompé les joailliers en utilisant la fausse signature de la reine ?

Le prélat, imprécis par émotivité et ignorance de ses manipulateurs, se montre d'une telle bonne foi qu'il ébranle les commissaires. Comment a-t-il pu croire que la reine avait signé « Marie-Antoinette de France » tous ces faux ?

« Je n'avais jamais vu l'écriture de la reine. La signature "Marie-Antoinette de France" ne m'a pas troublé, moi, prince de Rohan. Il y a des erreurs incompréhensibles ou du moins qui paraissent l'être... »

Il nie la correspondance. Tout passait par ce tiers dont il ne soupçonnait pas la monstruosité : sa protégée, la comtesse de La Motte-Valois.

Elle se défend avec une habileté déconcertante, déjouant les pièges des questions, rejetant toute la faute sur le cardinal. Elle jure de n'avoir jamais connu la reine, nie l'histoire du bosquet. Le cardinal, seul, a signé le contrat de vente du collier.

« Le cardinal m'avait ordonné de vendre ce collier », répète-t-elle inlassablement.

Les magistrats n'ont que mépris pour cette femme de La Motte, mais elle parvient à insinuer le soupçon de la culpabilité, même inconsciente, du cardinal. Les dépositions des joailliers et celles du banquier Saint-James se montrent accablantes pour lui, compromettant directement la reine.

La déposition de Mlle d'Oliva, qui demande à être interrogée après avoir allaité son bébé, confirme l'histoire du bosquet telle que l'a racontée le cardinal. Des aveux qui sauvent peut-être Louis Édouard de Rohan des fers et d'une forteresse à vie. On décèle enfin quelle a été l'infernale manœuvre du couple La Motte. La thèse de l'escroquerie par l'aventurière se confirme.

La police parvient à mettre la main au collet du sieur Rétaux de Villette. Recherché depuis des mois par la famille du cardinal, on l'a arrêté à Genève.

Rétaux nargue le commissaire qui l'a arrêté. Il était bien « la bête de lit » de la comtesse, mais il nie tout le reste. Il devient plus bavard devant la menace du supplice : s'il continue à nier, il sera pendu pour complicité frauduleuse.

Ayant peur de la potence, il finit par déposer contre sa maîtresse et avoue tout. Il accepte de faire comparer son écriture avec les faux qu'il avait bricolés.

Jeanne de La Motte, convaincue de culpabilité, s'évanouit pour une fois réellement.

*
* *

Le 22 mai 1786, le Parlement se réunit. Les juges – la Grande Chambre et la Tournelle – sont au nombre de soixante-quatre.

Au bout de six jours, temps nécessaire à la lecture de toutes les pièces, le procureur Joly de Fleury expose ses chefs d'accusation.

Le premier délit est l'offense à la reine d'avoir osé manipuler frauduleusement sa signature.

Le cardinal ne peut être accusé de complicité sur les faux et l'escroquerie. Par contre, il doit répéter devant la cour qu'il a osé, avec témérité, se rendre au rendez-vous du bosquet, et contribué à induire en erreur les joailliers MM. Boehmer et Bassenge auxquels il a laissé croire que la reine souhaitait acquérir ce collier.

Les conclusions du procureur général sont que le cardinal est surtout coupable « du crime de lèse-majesté ». Une offense, un manque de respect aux personnes sacrées du roi et de la reine, un abus monstrueux du nom de la reine et d'une signature fausse « qu'il a attestée véritable ».

Le verdict du procureur stipule qu'en conséquence le cardinal n'encourt pas la peine du blâme ou du bannissement à perpétuité qui correspond à une mort civile, mais qu'il convient de rendre un arrêt « dont on ne trouve point d'exemple dans les registres ».

Le cardinal de Rohan est condamné à demander solennellement pardon au roi et à la reine « d'avoir osé manquer de respect à leurs personnes sacrées ». Il sera banni de la Cour et devra renoncer à jamais à sa charge de grand aumônier.

La requête est lue le 29 mai 1786. Le 31 mai, le Parlement, après avoir entendu une dernière fois les accusés, rend son verdict définitif. Joly de Fleury demande pour Jeanne de La Motte-Valois la peine du fouet, la marque au fer rouge du V des voleuses sur chaque épaule, la détention à perpétuité à la Salpêtrière, chaînes aux pieds. Contre le comte de La Motte, la peine des galères à perpétuité, par contumace, les galères à perpétuité pour Rétaux de Villette.

Cagliostro et son épouse sont déchargés d'accusation, Mlle d'Oliva mise hors de cause.

Le cardinal, blême, vêtu de sa robe violette – signe de deuil des cardinaux —, parle d'abondance, pleure avec une grande sincérité, se justifie et salue les juges. Une partie d'entre eux lui rendent son salut et se lèvent avec respect. Le cardinal a gagné ! Après dix-sept heures de délibérations, à dix heures du soir, ce 31 mai 1786, Louis Édouard de Rohan se voit déchargé de toute accusation à la majorité des voix.

Ce qui suscite un hurlement de joie dans la foule, tant dedans que dehors :

« Vive le Parlement ! Vive le cardinal innocent ! »

Des centaines de personnes portent le cardinal en triomphe jusqu'à la Bastille où il doit passer une ultime nuit.

La reine a perdu.

Ce procès-là a été, symboliquement, celui de l'Autrichienne.

*
* *

Marie-Antoinette, dans son inculture politique, a mésestimé la force légale du Parlement et celle de l'opinion publique. Elle ne conçoit la justice que par son époux le roi, une justice despotique, de droit divin. Elle ignore que la société tout entière a changé. En profondeur. *Pianissimo.*

La reine éclate en sanglots. Son humiliation est si grande qu'elle prie Mme Campan « de lui faire son compliment de condoléances ». Le roi, froissé, pressent que cette victoire du Parlement est dirigée contre la monarchie. Il proteste dans une lettre à Breteuil. Au lieu de s'incliner habilement devant l'arrêt du Parlement tout-puissant, il donne ordre que « le cardinal, après avoir donné sa démission de sa place de grand aumônier, quitte Paris dans les trois jours et se fasse oublier à l'abbaye de La Chaise-Dieu ; quant à ce Cagliostro, qu'il quitte Paris et "mon royaume", souligne Louis XVI, dans les huit jours ».

*

* *

L'exécution de la sentence de Mme de La Motte est terrible. Jusqu'au bout, elle a espéré (le peuple aussi) que les couches de la reine amèneraient dans l'esprit de Marie-Antoinette la grâce. La souveraine s'y refuse. Le 21 juin 1786, six bourreaux traînent la faussaire dans la cour de Mai. Elle réussit à les repousser tous tandis qu'ils tentent de la maintenir à genoux pendant que le greffier lui lit la sentence. Elle en mord deux à travers leur veste, s'échappe à quatre pattes, tout entravée qu'elle soit. On la rattrape par les jambes, les bras. Sa tête ballotte ; elle hurle des injures effroyables et refuse d'ôter son corsage. Il faut trois hommes pour tenir ses chevilles, trois autres pour déchirer ses vêtements jusqu'à sa chemise. Elle entend grésiller sur le feu les fers du V d'infamie. Elle se roule par terre au sol, jusqu'au bas de l'escalier. On la jette fermement, dans une posture honteuse, à plat ventre, jupons relevés. Le fer rouge appliqué sur son épaule la fait sursauter d'une telle horreur mêlée de souffrance qu'elle se retourne d'un bond avec un cri de bête. Le bourreau, sans le vouloir, marque le second V sur son sein. Elle s'évanouit non sans avoir eu le temps de mordre la main du bourreau d'une entaille de chat sauvage. Deux archers du roi ont grand mal à l'embarquer dans un fiacre fermé jusqu'à la Salpêtrière. Ce fut un trajet d'enfer.

Son histoire ne s'achève pas là. On ignore par quel mystère et complicité de la police, trois mois après son incarcération, Jeanne de La Motte-Valois s'évade avec la plus grande facilité de la Salpêtrière : une porte est restée ouverte exprès pour elle.

Elle mourra à Londres en 1792, après avoir répandu des pamphlets qui souillaient la reine et servaient la Révolution.

Jeanne était-elle devenue folle ? Ou des partisans de la reine l'avaient-ils, au dernier moment, assassinée ? On la verra se précipiter de la fenêtre et s'écraser sur les pavés.

Le collier de la reine avait été un songe néfaste, un rutilement plus faux que les arcs-en-ciel, ces embellies précédant les plus noirs orages.

Chapitre 73

Le déficit

Le déficit s'installe, les caisses sont vides. L'affaire du collier a alimenté le mécontentement. Le peuple souffre de la faim, ne supporte plus les dépenses de Marie-Antoinette. En dépit de cette lamentable histoire de collier, elle a osé dépenser trois cent mille livres pour ses robes, elle qui possède des tenues à n'en savoir que faire ! Des robes que cette insolente baptise « à la fermière », agrémentées d'un bonnet gigantesque. On hait le ministre Calonne qui, après avoir fait illusion pendant trois années, se trouve en 1786 acculé. Où emprunter ? La banqueroute menace ; on en jette l'entière responsabilité sur Marie-Antoinette.

Calonne présente au roi, le 20 août 1786, un mémoire intitulé *Précis d'un plan d'amélioration des finances*. Le texte avoue cent millions de déficit et propose un programme encore plus tendancieux pour relever les finances : remplacer les impôts par une subvention territoriale payable par tous. Modifier le taux de la gabelle, abolir la corvée des routes, réduire la taille. Louis XVI s'exclame :

« — C'est du Necker tout pur que vous me donnez là !

— Sire, répond le contrôleur général des Finances, dans l'état des choses présentes, on ne peut rien offrir de mieux. Ce projet se heurtera inévitablement à l'opposition du Parlement, il conviendrait que Votre Majesté convoque une assemblée de notables désignée par elle. »

Le roi demande à y réfléchir. Il devient triste, plus silencieux que jamais. L'impopularité de son épouse rejaillit sur lui.

*

* *

Marie-Antoinette, dont la grossesse est très avancée, se montre sombre et nerveuse. Elle a reçu son frère Ferdinand et son épouse Béatrice d'Este sans joie particulière, sans festivité ni illumination au Trianon.

Le 9 juillet 1786, la reine est prise des douleurs qu'elle cache le plus longtemps possible pour accoucher presque en famille, sans trop de peine, le soir du même jour, d'une petite fille. On la baptise aussitôt à la chapelle de Versailles : Sophie-Hélène-Béatrice. Une petite fille à la tête trop grosse, à la respiration difficile.

Marie-Antoinette s'enfonce désormais dans une de ses erreurs sociales les plus graves : vivre en privé ce qui était du ressort public. La petite Sophie-Hélène-Béatrice est ainsi presque passée inaperçue. Les dames de la Halle, les Parisiens en sont froissés. Il n'y a aucune fête particulière pour les relevailles de la reine, excepté quelques banquets de rue.

Le déficit agite Calonne qui pousse le roi à adopter sa réforme. À Paris, on surnomme Marie-Antoinette « Madame Déficit ». Au lieu d'économies, elle se met à donner bal sur bal. Joseph II blâme du reste sa sœur avec plus de sévérité que de coutume ; la dissipation est en elle, dit-il, « un mal pervers, vicieux, inguérissable ». Le Trésor devient un puits à sec, où elle continue, inconsciente, à puiser. Madame Déficit, comme toujours, s'amuse aux dépens de tous.

*
* *

Le seul point où Marie-Antoinette manifeste une sincère appréhension reste la santé de ses enfants – surtout celle du Dauphin. Il est chétif, les vertèbres déformées en saillie, dévoré de fièvre. Sa tuberculose s'aggrave, mais nul ne met le vrai nom, par ignorance, sur son mal. Ce qui donne des scènes grotesques entre les médecins qui soignent le petit prince. Brunier veut à toute force qu'il change d'air. L'air de Versailles, avec ses marais, ses étangs, est malsain au possible. Louis XVI, jadis, aux bons soins de Mme de Marsan, « s'était fortifié » grâce à l'air de Meudon. Le médecin Léonier pérore : l'air de la Muette possède un mouvement intéressant. Portal, qui déteste Léonier, pontifie que le vent du nord glace la Muette. Le médecin Sabatier souligne l'excès d'humidité des murs de Versailles, mais Lassone trouve « Versailles excellent et d'une parfaite salubrité tout en étant le lieu de naissance du prince ». Louis XVI tranche ces débats : le Dauphin ira à Meudon où Mesdame Tantes veilleront sur lui. Le roi nomme le duc d'Harcourt gouverneur de son fils.

*
* *

Louis XVI approuve le plan de redressement des finances d'après les propositions de Calonne. Va pour l'assemblée des notables ! La dernière assemblée de ce genre remonte à 1626, sous le cardinal de Richelieu. Le roi a demandé conseil à Vergennes, très malade, et à Miromesnil. Ils l'encouragent à réunir cette assemblée. Le roi a désigné cent quarante-quatre hauts personnages qui se retrouvent à la salle des Menus-Plaisirs de Versailles, le 22 février 1787. Le 13 février, Vergennes meurt laissant le souverain dans la plus grande perplexité. Il perd un grand ministre en lequel il a toute confiance – comme autrefois en Maurepas et en Turgot. L'indifférence de Marie-Antoinette dans ce tournant si dangereux du déficit lui laisse la pénible impression d'une grande solitude.

L'assemblée est composée des princes, dont les frères du roi, le duc d'Orléans, son fils le duc de Chartres (futur Louis-Philippe), des hauts prélats, des maires des grandes villes et des députés des pays d'État.

Une telle assemblée où Calonne présente ses édits fiscaux ne peut tourner qu'à la confusion. Trop de privilégiés détestent ce projet qui touche à leurs avantages. L'archevêque de Toulouse, Loménie de Brienne, critique chaque objection et réclame les comptes les plus précis à Calonne qui se contente de répéter les mémoires remis aux notables.

On l'accuse d'alourdir davantage les impôts. Louis XVI se voit obligé de s'en séparer le 8 avril 1787. Le ministre s'en va furieux, à Londres.

Mercy tente d'influencer Marie-Antoinette dans le choix d'un nouveau ministre : M. de Saint-Priest. La reine en parle au roi qui repousse son idée et se tourne vers M. de Montmorin. Une fois de plus, Marie-Antoinette n'a pas réussi à satisfaire l'Autriche. Mercy en est exaspéré au point d'écrire à Kaunitz : « À mesure que la reine avance en âge, elle semble perdre du côté de la tête et du jugement. »

Joseph II est tout aussi irrité de son peu de pouvoir, son peu de sagesse, son peu d'influence. Pourtant, c'est à l'occasion de l'échec de Calonne que Marie-Antoinette va s'avérer énergique.

Loménie de Brienne fait remettre discrètement à la souveraine un mémoire développant les désirs des notables.

Le roi est-il à bout de ses incertitudes au point d'écouter la reine, ce qu'il n'a encore jamais fait en matière de politique ? En proie à des crises de larmes, une dépression, des brusques somnolences en public, le souverain s'est en effet tourné vers son épouse. Montmorin a proposé à Louis XVI de rappeler Necker pour régler la situation financière. Le roi convient des habiletés du Genevois, mais refuse ce recours. Ses angoisses augmentent, la faiblesse de son caractère, son incertitude, le malmènent nerveusement. Il se sent dépassé par une tâche écrasante, conscient du déficit. En plein désarroi, il demande conseil à Marie-Antoinette sur la succession de Calonne. Tente-t-il de montrer à l'opinion publique qu'il ne cautionne pas les infamies qu'il a lues sur elle, ces pamphlets que de mauvaises âmes ont glissés dans sa poche.

Le texte atroce s'intitule *Le Godemiché royal* et fera fureur en 1789, « Junon » représente la reine, « Hébée », la Polignac, « Jupin » (ou Jupiter), le roi.

Junon, *seule, les jupes retroussées, se patinant la motte.*

Admirable partie d'un con trop méprisé,
Soutien officieux d'un poil noir et frisé,
Motte autrefois charmante aux yeux de mon parjure.
Hélas ! Soyez sensible à ma dernière injure :
Le bougre porte ailleurs un encens qui m'est dû :
Son vit est mou pour moi et bande pour un cul.
Ô rage ! Ô désespoir ! Chère motte ma mie,
Du membre de Jupin vous n'êtes plus chérie,
(...)
Vous n'avez pour espoir qu'un insensible outil.
[Elle tire un godemiché de son sac à ouvrage.]
(...) À mon con enflammé vous plaisez à bon droit
Encore valez-vous mieux que le bout de mon doigt.
[Elle se branle.]
Mais quoi ! Quand Jupiter encule Ganimède
Junon serait réduite à ce triste remède !
(...)

Hébée
(...) À vos ordres soumise,
Grande reine, excusez si je viens en chemise;
(...) Hercule me foutait, madame, en attendant.
Junon *[riant]*
[Prenez]... c'est un godemiché !
[Elles chantent en duo sur l'air: Votre cœur aimable bergère.]
(...) Foutons, foutons à perdre haleine,
Tous les vits sont faits pour les cons.
Junon
(...) Pour calmer, chère Hébée, les ardeurs de mon con,
(...) Je veux de ces vits dont la bonne encolure
Ne connaît en foutant ni repos ni mesure;
De ces vits amusants dont le gland chatouilleux
Puisse arroser d'un coup mes fibres amoureux,
Et de ces vits enfin, qui fiers à l'escalade,
Me contraignent aussitôt de battre la chamade;
(...) À voir ces vits sautants et ces mottes dansantes,
Dont un naissant duvet couvre mes fleurs naissantes,
Je trouve dans mon con l'agréable fureur
Du plaisir qui m'échauffe et me fout jusqu'au cœur.

C'est signé « anonyme ». Il y en a des pages et des pages. Un crescendo immonde que le roi lit, lit jusqu'au bout. Les mots infâmes vont et montrent la haine contre Marie-Antoinette de Lorraine d'Autriche de France, son épouse. Qu'il aime. Qu'il ne sait plus comment défendre. Pas plus qu'il ne sait arrêter le déficit. À son tour, il est au bord de sangloter: « Mais que leur avons-nous donc fait ? »

Alors il accepte de nommer Loménie de Brienne chef du conseil royal des Finances. Pour complaire publiquement à celle que l'on insulte. Bouvard de Fourqueux remet sa démission, remplacé par le maître des requêtes Laurent de Villedeuil.

Marie-Antoinette a même suggéré au roi de reprendre Necker dans son ministère. Loménie de Brienne s'infiltre vite dans cette brèche intéressante à ses ambitions. Il devient l'ami de la souveraine, flattée du respect que lui manifeste le puissant archevêque de Toulouse. Elle n'a pas encore pris lecture du pamphlet si sale.

Chapitre 74

UNE SITUATION AGGRAVÉE

Loménie de Brienne se trouve aussitôt confronté aux difficultés financières dont il n'a pas mesuré l'abîme. Que peut-il présenter aux notables qui l'attendent au tournant ? Le même plan, à peine modifié, que celui de son ennemi Calonne avec, en plus, un impôt territorial de quatre-vingts millions, une augmentation de l'impôt sur le timbre et la création d'assemblées territoriales.

C'est un tollé général. Le marquis de La Fayette lance une proposition choquante pour le roi : la convocation d'une « Assemblée vraiment nationale ». Les notables, exaspérés, exigent du souverain la réunion des états généraux, seule réponse à un tel désordre. Le roi se crispe, son pouvoir est mis en cause. Encouragé par Loménie de Brienne, Louis XVI commet alors une erreur aux conséquences sans limites : le 25 mai 1787, il dissout l'assemblée des notables.

Loménie de Brienne se trouve dans l'obligation de demander au Parlement d'enregistrer ses édits. Les magistrats s'exécutent tant qu'il s'agit du programme non onéreux, mais quand on en vient aux édits fiscaux sur le timbre et sur la subvention territoriale, le Parlement refuse. Les magistrats publient en juillet leurs remontrances : « Le Parlement déclare que (...) la nation, représentée par les états généraux, est seule en droit d'octroyer au roi des subsides dont le besoin serait évidemment démontré. »

C'est le premier boulet rouge lancé contre la monarchie absolue. Loménie de Brienne réagit avec la violence à laquelle s'attend le Parlement. Il les réunit, le 6 août, en un lit de justice, et les contraint à enregistrer ses édits. Acte que le Parlement déclare « nul ».

Le 15 août, la situation s'envenime d'un seul coup. Affolé, le roi durcit sa position et exile par lettres de cachet tous les magistrats à Troyes.

*

* *

Il y a à Paris, dans les rues, les chansons, les gazettes, les salons, les libelles, une sympathie généralisée en faveur du Parlement exilé. Un seul cri fleurit sur toutes les bouches.

« On réclame la réunion des états généraux ! »

La monarchie absolue commence sa banqueroute. Loménie de Brienne abandonne son projet de subventions territoriales. On rappelle de Troyes les exilés qui reviennent à Paris le 17 septembre, salués du plus grand triomphe, et de cette ovation générale :

« Vive les pères du peuple ! Point d'impôts ! »

Marie-Antoinette, pour la première fois de sa vie, se rend compte que quelque chose est sérieusement ébranlé dans son royaume de carton doré. Elle sent confusément que la monarchie de droit divin n'est plus la même. Des temps nouveaux, redoutables pour elle et les siens, se préparent. Elle n'ose plus aller à Paris, supportant mal le silence glacial qui est désormais le seul accueil qu'on lui réserve. Même le roi n'est plus acclamé, ou si peu ! Un été pénible, souligné d'un malheur, affecte douloureusement la reine. Sa dernière-née, Béatrice, âgée de quelques mois, meurt. L'autopsie (usage très répandu à cette époque surtout quand il s'agit d'un décès auguste) révèle que les poumons de l'enfant sont fortement enflammés. La fillette a probablement succombé à une tuberculose doublée de malformation. La tête était trop grosse, le corps débile, les membres gonflés et sans force.

La santé du Dauphin s'aggrave. Marie-Antoinette n'ose envisager le pire. Chaque visite à son fils est un déchirement. Mme de Lamballe va beaucoup le voir en compagnie de la marquise de Lâge qui laisse un témoignage de ces tristes visites. L'enfant sait qu'il va mourir.

Marie-Antoinette tremble devant la maladie de son fils. Le roi cache ses larmes. Elle adore cet enfant, l'enfant-étoile, proche de ce ciel tout rouge, à l'aube de 1789. Le ciel de son agonie à lui et de l'agonie de la monarchie.

Marie-Antoinette ne veut pas qu'il meure. Elle prie Dieu et ses saints qu'on le lui laisse. La mort de la petite Béatrice n'a donc pas suffi ? Elle ne peut admettre, une nouvelle fois, l'impensable tragédie de toutes les mères : la perte de l'enfant. Marie-Antoinette n'est qu'au début de la grande souffrance.

*
* *

L'opinion ne cesse de monter contre la reine. On la rend responsable du déficit, on lui a même attribué l'évasion de Jeanne de La Motte ! Marie-Antoinette se ressaisit mais il est trop tard. Elle veut épargner neuf cent mille livres de dépenses sur sa Maison, ce qui ne sert qu'à la rendre impopulaire envers ses soi-disant amis. Louis XVI appuie cette nouvelle restriction. Il supprime la charge de premier écuyer du duc de Coigny : son fils n'en héritera pas. Le duc de Coigny s'emporte ouvertement contre son souverain. Marie-Antoinette, qui se plaint à Besenval de l'insolence du duc, essuie cette remarque injurieuse de la part du favori :

« Madame, il perd trop pour se contenter de compliments. Il est pourtant affreux de vivre dans un pays où l'on n'est pas sûr de posséder le lendemain ce qu'on avait la veille. Cela ne se voyait qu'en Turquie. »

Le mari de la Polignac se voit retirer sa charge de direction de la poste aux chevaux du royaume. Marie-Antoinette doit s'abaisser et plaider sa cause devant Loménie de Brienne. Le comte de Polignac toise la reine avec morgue. Elle se rend compte du peu d'estime de ses favoris. Elle se réfugie auprès de Loménie de Brienne, qui la flatte en prenant conseil auprès d'elle. Depuis la lecture des pamphlets si sales, l'arrogance du Parlement et le déficit, l'humeur du roi a changé. Il devient brusque, ou sombre dans un long mutisme coupé de crises de larmes. La reine tremble de solitude. Loménie de Brienne obtient qu'elle participe désormais aux séances du Conseil. Marie-Antoinette voit là une planche de salut, un rôle où son énergie éparpillée va prendre un sens peut-être utile.

Elle a appris par l'archevêque la querelle avec le Parlement et en rejette la faute sur Calonne. Besenval ose défendre l'ancien ministre avec arrogance.

« — Votre Majesté a protégé ces notables, ce qui n'a servi qu'à augmenter leur mutinerie, lui lance-t-il.

— Je suis restée neutre ! » s'abaisse-t-elle à protester.

Le ton monte, Marie-Antoinette se perd autant dans l'esprit de la nation que dans son milieu. Sur qui compter en dehors de Loménie de Brienne, lui-même menacé dans son rôle ? Elle correspond secrètement avec Fersen. Les lettres de « Joséphine » se multiplient. Le bel amant est impuissant à l'aider.

La nomination de Loménie de Brienne comme principal ministre – affirmation du pouvoir absolu – la réconforte un peu. Elle s'effare de la passivité accrue de son époux. Le maréchal de Castries, M. de Ségur s'en vont, refusant de devenir les seconds de cet « évêque » qu'ils méprisent. On confie la Guerre au frère de Loménie de Brienne, le comte de Brienne, et la Marine au comte de La Luzerne, neveu du garde des Sceaux, M. de Lamoignon. Le baron de Breteuil et M. de Montmorin restent en place.

Loménie de Brienne, ennemi du Parlement, est d'une impopularité extrême, confondue avec celle de « Madame Déficit ».

*

* *

« Le roi boit, la reine mange, et le peuple crie », dit une légende sous une caricature qui représente la famille royale en grand souper.

Marie-Antoinette devient une cible obsédante. On fait circuler des estampes où la reine, jambes écartées, se laisse titiller par un grand seigneur. Artois ? Fersen ? Les uns, les autres ? À Londres, des portraits des reines lubriques et sanguinaires comparées à Marie-Antoinette, « l'architigresse d'Autriche », connaissent un immense succès. Huit portraits représentent Chilpéric et Frédégonde, Charles VI et Isabeau de Bavière, Henri II et Catherine de Médicis. Le dernier médaillon, celui de Louis XVI, est flanqué d'un portrait vide... Au théâtre de Paris, Marie-Antoinette a dû quitter la salle quand la foule a applaudi avec délire ces vers d'*Athalie* :

Confonds dans ses desseins cette reine cruelle !
Daigne, daigne, mon Dieu, sur Mathan et sur elle
Répandre cet esprit d'imprudence et d'erreur,
De la chute des rois funeste avant-coureur.

Du dessous d'un cadre vide, une main gouailleuse a inscrit : « Madame Déficit ».

Chapitre 75

1788

On a brûlé Loménie de Brienne en effigie dans Paris, on parle d'en faire autant de la reine. L'archevêque a été contraint de sacrifier ses édits et de recourir au fatal emprunt. Le déficit devient vertigineux. Il veut obtenir un emprunt de quatre cent vingt millions de livres remis sur cinq ans et dans ce but promet de convoquer les états généraux en 1792. Le second lit de justice – la séance royale – a lieu le 19 novembre 1787. Les magistrats n'émettent qu'un seul cri devant ce projet :

« Nous voulons la convocation des états généraux en 1789 ! »

Le roi pâlit d'angoisse et de colère mêlées. Il exige l'enregistrement d'office du projet de Loménie de Brienne.

Le duc d'Orléans, qui brigue de chasser Louis XVI et votera plus tard sa mort, se lève et crie à la face du roi :

« C'est illégal ! »

Le souverain s'emporte :

« C'est légal puisque je le veux ! »

Le futur Philippe-Égalité est acclamé tandis que le roi s'en retourne, morne, à Versailles. Le lendemain, le duc d'Orléans est exilé en ses terres, à Villers-Correrêts. Louis XVI a désormais contre lui une coalition de puissants. L'orage va éclater, et Loménie de

Brienne poursuit d'autres réformes. En octobre, il institue, dans le domaine militaire, « le conseil de guerre ». Le général de Guibert, nommé rapporteur de ce Conseil, grand admirateur de la Prusse, prévoit une puissance accrue de l'armée. La meilleure chose que réussit Loménie de Brienne – et l'accable dans beaucoup d'esprits —, c'est le projet de reconnaissance des protestants. En janvier 1788, il leur accorde l'état civil. Ce qui ne leur laisse pas encore la liberté de culte ni l'accès aux charges publiques.

Marie-Antoinette est ressentie comme le sombre moteur de ces événements qui révulsent les parlementaires. Ils écrivent au roi qu'ils devinent fort bien d'où vient la source de l'exil du duc d'Orléans. Ce manque de cœur vient de Marie-Antoinette, la reine furibonde, faiseuse d'exils et d'histoires.

*

* *

On la hait d'oser continuer à mener « sa vie privée ». Fersen est alors à Versailles et n'hésite pas, selon le témoignage de Saint-Priest, à rejoindre à cheval la reine, du côté de Trianon, la reine se rendant de son côté à sa rencontre. La modestie exceptionnelle de sa tenue, la réserve extrême de Fersen qui aime assez « Joséphine » pour ne pas même approcher son cheval du sien ne suffisent pas à désarmer les phobies contre Marie-Antoinette. Fersen est presque soulagé d'être obligé de rejoindre son souverain en Suède. Son pays est en guerre contre la Russie. Fersen a écrit à Gustave III :

« Le roi est toujours faible et méfiant ; il n'a confiance qu'en la reine, aussi il paraît que c'est elle qui fait tout, les ministres y vont beaucoup et l'informent sur toutes les affaires. »

Les amants n'échangent pas même un baiser. Un regard brûlant, le dessin d'un baiser du bout des doigts, une infinie nostalgie, le serment de s'aimer au-delà de la vie. Marie-Antoinette laisse couler ses larmes devant Fersen. Sans bouger, sur son cheval, elle porte à ses yeux sa main gantée de soie.

Fersen se contient pour ne pas la saisir dans ses bras, l'emporter. Fersen, parti… la solitude de la reine s'épaissit encore. Le roi à la chasse trouve dans ses poches d'autres pamphlets. Il s'assied sur l'herbe et se met à les lire, devinant quelle lie amère se trouve là. Il ne résiste plus à cette affreuse fascination. Il a déjà pleuré à l'odieuse lecture du « godemiché royal » ; cette fois-ci, c'en est trop de lire ceci :

Je vais à mon époux planter cornes sur cornes ;
Le jean-foutre aujourd'hui va sentir à son tour
la vengeance qu'inspirent et la rage et l'amour.
Qu'ils paraissent soudain, ma motte bien lavée,
Ma chemise et mes jupes hautement retroussées ;
Et le foutre coulant de mon con à plein seau,
Sera cru des mortels un déluge nouveau.

Il lit également des détails tout aussi obscènes sur Marie-Antoinette et Fersen. Les passages attribuant à Fersen, avec une rare crudité, la paternité du petit duc de Normandie le désespèrent. Il pousse un cri qui attire ses écuyers, lesquels le retrouvent en sanglots, les papiers infects éparpillés autour de lui. Le roi a une crise nerveuse si grave qu'il faut l'aider à remonter à cheval, le soutenir. Ses dents claquent, il a la fièvre.

Marie-Antoinette, à son tour, éclate en sanglots ; pour l'honneur de son époux, elle supplie le roi que Fersen, « leur seul ami, soit éloigné de Versailles.

« Non, soupire Louis XVI ; bien au contraire ; je vous fais confiance et je refuse de donner libre cours à de telles infamies. »

*

* *

L'année 1788 avait commencé avec le rapport de force entre le Parlement et l'autorité royale. Ce fut une année de grande misère dans les campagnes. On vit le roi faire la charité sur sa route, quand il chassait. La population atteignait vingt-six millions d'individus. Une classe particulièrement misérable formait un très grand nombre : les mendiants. Redoutés des paysans, ils s'entassaient à l'orée des forêts, dans les bois, dans des tanières sur les landes et les friches communales. On les signalait partout avec terreur. Ils circulaient en bandes, telles des bêtes affamées, le bâton levé, le verbe haut. Ils créaient le trouble, la violence. Ils formaient une masse véhémente, affamée – que le sang des riches abreuverait. Qu'on y ajoutât la classe des contrebandiers, des faux sauniers, et on avait un excès de population misérable qui accroissait la crise de 1788. L'agitation et la misère avaient crû en proportion des dépenses de « Madame Déficit », une reine qui comprenait trop tard qui était « ce bon peuple », convaincue que chacun mangeait à sa faim, vivant à la campagne à la douce manière dont elle élevait ses moutons dans son hameau à fausses lézardes, à Trianon. 1788, un hiver si rude, un printemps trop pluvieux où le prix du blé avait doublé. Les crises éclatèrent d'abord dans le Nord (Arras), s'étendirent dans toutes les campagnes de France. Sur les marchés des petites villes, on avait faim, on le criait. L'arrêt du 23 novembre qui accordait une prime aux blés envoyés d'Amérique renforçait la panique de la misère.

Au fond des campagnes, les plus dépourvus, les malades, les infirmes, les nouveau-nés, mouraient les uns après les autres. À la porte Saint-Méry, à Paris, des mères exposaient leurs bébés presque nus, criant : « Il a été baptisé, maintenant qu'il meure de faim ou de froid, je m'en fous ! » On ne pouvait les recevoir à la Charité maternelle, ni aux « Anges », nom que le peuple avait donné aux Enfants-Trouvés. Les paroisses les plus misérables étaient suremcombrées: Sainte-Marguerite, Saint-Laurent, Saint-Médard et Saint-Étienne-du-Pont.

Les villages conservaient une société hiérarchisée avec son seigneur, en général riche propriétaire qui chicanait avec les intendants du roi, le fisc, le clergé. La crainte de la disette persistait, avec son cortège d'épidémies. En 1788, tout cédait: la classe rurale, celle des villes, de la métallurgie. Cette France de 1788 était, selon le mot de Mirabeau, « un agrégat inconstitué de peuples désunis », l'Ouest plus riche que le Nord, lui-même mieux loti que la Bretagne dans une absolue misère. Les villes étaient devenues de plus en plus manufacturières et commerçantes, les chômeurs s'y comptaient par milliers. Le nom de « peuple » était attribué aux artisans, aux petits commerçants, aux compagnons et autres salariés. Mais ce salaire, que devenait-il quand la crise du ver à soie ruinait les soyeux ? Ce peuple des villes et des campagnes allait former le renversement total de cette France déjà ébranlée qui s'était fabriqué une goule responsable de tous ses maux: Marie-Antoinette. En 1788, ce « peuple » manquait encore de cohésion, de chefs, d'organisation et de la galvanisation générale dont le mot d'ordre serait de renverser à jamais la royauté. On était cependant au cœur de cette force des choses. Marie-Antoinette, malgré elle, accélérait la psychose généralisée. L'étendard révolutionnaire s'était exaspéré à la vue de la forme blanche et rose, au rire cristallin, aux yeux bleus de porcelaine de la reine de France...

*
* *

Marie-Antoinette continue à donner soupers et bals, mais avec moins de verve. Elle suit, non sans inquiétude, ce que tente Loménie de Brienne. Le Parlement veut à toute force prendre le pouvoir sur le roi en accélérant les états généraux.

« Nous sommes au moment de faire de grands changements dans les Parlements, écrit-elle à Joseph II. Depuis quelques mois, les ordres et réponses du roi ont annoncé une grande suite et fermeté de principes ; les Parlements sont étonnés et inquiets mais ils n'en continuent pas moins leurs arrêts et remontrances séditieuses. »

Les hostilités ont repris le 3 mai 1788. Sur la proposition de MM. d'Éprémesnil et de Montsabert, les parlementaires font un coup de force. Ils votent tous ensemble un arrêt contre Loménie de Brienne, l'accusant d'« anéantir les lois et les magistrats ». Ils rappellent la nécessité du vote de subsides « par les états généraux régulièrement composés et convoqués ».

On repousse presque officiellement le pouvoir royal : voter, ce sont les idées américaines, les idées de la démocratie. Affolé, buté, Louis XVI ordonne, le 5 mai, d'arrêter d'Éprémesnil et Montsabert. Les gardes-françaises envahissent le Parlement ; les deux comparses s'enfuient avec la complicité des parlementaires qui, interrogés par le marquis d'Agoult, capitaine des gardes-françaises, refusent de dénoncer leurs collègues.

Le 6 mai, les deux magistrats se livrent d'eux-mêmes et sont incarcérés, stratégie pour avoir l'air de « victimes immolées au despotisme ».

Le Parlement ne cédera pas. La guerre contre la royauté continue. Le 8 mai, Louis XVI, en un lit de justice à Versailles, impose une réforme judiciaire que lui a suggérée le garde des Sceaux, M. de Lamoignon. Il lit à haute voix six édits qui suppriment la juridiction d'exception et « la question ordinaire » sur les condamnés avant leur exécution. À partir de cette date, les Parlements sont désormais dépouillés du droit d'enregistrement dévolu à une cour plénière. Quarante-sept grands bailliages seront créés qui reprendront presque toutes les attributions judiciaires des parlementaires. C'est le coup d'État de M. de Lamoignon qui réduit quasiment à l'impuissance ces cours qui se pensent souveraines. Lamoignon et Loménie de Brienne sont persuadés d'avoir réussi une réforme stabilisante, mais ils n'ont fait qu'accentuer la violence. Les magistrats, appuyés par le groupe des privilégiés et par ceux qui réclament les états généraux, excitent en leur sens le personnel judiciaire et la noblesse. Louis XVI a désormais *aussi* la noblesse contre lui. À Paris, on brûle Lamoignon en effigie, place de Grève. À Rennes, les étudiants assaillent les troupes, il y a des morts. À Grenoble, le 7 juin 1788, se déroule la journée la plus grave. Du haut des toits, les habitants jettent des tuiles à la volée sur les soldats après l'exil du parlement du Dauphiné sur ordre de M. de Clermont-Tonnerre. Il doit céder à la pression populaire. Les délégués des trois ordres du Dauphiné réclament le rétablissement des États du Dauphiné, la convocation *immédiate* des états généraux, l'abolition des privilèges fiscaux de la noblesse et du clergé. Cette assemblée est dominée par deux hommes nouveaux, le juge royal Mounier et l'avocat Barnave.

C'est le début de ce qui se nomme déjà « une révolution ». Le début d'un nouveau parti : le « parti patriote » ou « parti national ». Les philosophes, les nobles libéraux, les bourgeois, y adhèrent avec enthousiasme. On parle de convoquer les états généraux dès juillet. À Paris, le roi n'a plus le moindre pouvoir de rétablir l'ordre. Loménie de Brienne doit capituler devant la violence parlementaire. Un arrêt du Conseil du 8 août convoque les états généraux pour le 1er mai 1789. Les paiements de l'État sont suspendus. Loménie de Brienne est disgracié le 24 août.

Le 29 août, à Paris, a lieu l'incendie du corps de garde sur le Pont-Neuf. Le peuple parisien a une altercation violente avec la police.

On entre dans la France révolutionnaire.

*

* *

Marie-Antoinette est atterrée par l'abattement de son époux devant la tournure des événements. Elle devient la cible la plus honnie. La catastrophe de la monarchie a pris son nom.

Elle s'est installée au Trianon en juillet, y endurant ses faux amis, la Polignac qui ne cesse de critiquer l'archevêque renvoyé. Le baron de Breteuil aussi démissionné. La reine tente alors le tout pour le tout : se rapprocher de Necker.

Un été torride, un été pourri, où une grêle inattendue est tombée drue en juillet. Le roi tente d'oublier ses affres en chassant à Rambouillet. Il se rapproche de Marie-Antoinette et vient régulièrement dîner et dormir au Trianon. Elle a renoncé aux bals, aux fêtes – excepté l'inauguration d'un jeu de boules. Elle invite à dîner, fin juillet, Mesdames Tantes. Le menu, en dépit du déficit, reste scandaleusement copieux. Seize entrées, huit potages, vingt entremets, six rôts, autant de dindons, de poulardes aux concombres, de canards à l'orange, des chapons panés et des cochons de lait grillés. Il y a le ris de veau en quantité, les bouchées à la reine, les gaufres à l'allemande, une foule de crèmes et de pâtisseries diverses. Les vins et les liqueurs à l'avenant.

Louis XVI avale chaque plat et en redemande.

M. Parmentier lance, pour tenter de pallier la famine, une recette pour faire du pain avec de la pomme de terre « gelée ».

Marie-Antoinette donne une dernière fête avant la précipitation des événements. Elle reçoit l'ambassade de Tippoo Sahib, sultan du Mysore, en Inde, Indiens venus en France pour demander la protection du roi contre le joug de l'Angleterre. Leur présence excite une curiosité générale.

À la fin de cet été 1788, les caisses du trésor sont complètement vides.

Chapitre 76

Le retour de Necker

Loménie de Brienne, brûlé en effigie tel Lamoignon, le roi proche d'une chute psychique, la reine décide d'agir. Elle sait que la Polignac œuvre contre Loménie de Brienne pour venger Calonne. Il leur arrive de se disputer ouvertement. « Me dites-vous que vous voulez faire vos paquets ? » lui lance aigrement la reine. Elle se tourne vers Mercy pour l'aider à organiser son projet : rappeler Necker. Mercy la trouve désemparée, le souffle court. Elle s'écrie souvent :

« Connaissez-vous une femme plus malheureuse que moi ? »

Elle marche de long en large, la chevelure sous un bonnet de gaze d'une hauteur vertigineuse, le cou et les épaules visibles sous un fichu de mousseline. Elle a grossi, ses joues sont rouges, ses yeux si bleus striés de fibrilles rouges. Elle pleure souvent. Va-t-elle aussi perdre sa beauté ? Elle a vingt-huit ans.

« Aidez-moi à rappeler M. Necker aux finances. »

Elle est reine, elle est seule. Son époux est en dépression. Une reine de France n'a aucun pouvoir réel. Necker ! Mercy est étonné tout autant que le roi que Marie-Antoinette, si peu avisée en politique, ait avancé une idée aussi audacieuse. Louis XVI en parle longuement à Loménie de Brienne qui songe à sa démission. Necker, est-ce le salut des finances, c'est-à-dire le salut tout court ? Pour la première fois de sa vie, la réalité a sauté au visage de la reine, pire qu'une gifle. Mercy lui fait part du résultat de ses démarches. Ce projet est impossible tant que Loménie de Brienne, détesté, restera à un pouvoir quelconque.

« L'animosité du public est poussée si loin que M. Necker craindra d'être compromis, et cela ferait tort à son crédit. »

Loménie de Brienne n'a qu'une hâte : cesser son activité de ministre. Il prie donc Mercy d'aller en parler au Genevois.

Mercy s'attend aux réticences de Necker. Marie-Antoinette, consciente de son impopularité, l'a prié de faire croire à Necker que l'initiative vient de lui seul. Elle se souvient de la façon grossière dont on s'est moqué, à son bal, de Mme Germaine de Staël, la fille du banquier. Sans doute en est-il froissé. La reine réalise, si tard, tant d'erreurs, tant d'imprudences. Avancer son nom n'est plus un atout glorieux. La fille des Césars mord d'humiliation sa lèvre signée Habsbourg.

Mercy reste trois heures avec le banquier genevois qui se régale d'imposer sa réticence. À elle, la reine, à lui, le roi, d'attendre son bon vouloir ! Les temps, déjà, ont changé.

Marie-Antoinette comprend qu'il faut se séparer de l'archevêque. La réponse de Necker est catégorique. Si Loménie de Brienne reste au pouvoir, « tous les moyens deviendraient inutiles à l'État et *particulièrement à la reine* ».

La reine et Loménie de Brienne, toute humiliation bue, s'évertuent à convaincre Louis XVI de reprendre Necker au Conseil. Enfin, le roi cède.

Necker sera libre de gérer les finances à sa manière.

Très flatté sans le dire, Necker a fini par accepter.

Marie-Antoinette a compris la dure réalité de la politique. À elle, le cœur déchiré, de transmettre son renvoi à son ami Loménie de Brienne. Le 24 août, le roi fait remettre à Mercy par la reine une note qu'elle a recopiée de sa main afin qu'elle soit montrée à Necker.

« Que M. Necker s'occupe de l'état actuel des finances, apparemment pour voir ce qu'il pourrait y faire. (...) Le roi désire remettre M. Necker à la tête des finances, [celui-ci] entrera au Conseil et sera absolument libre dedans sa partie (...). Le roi est fermement résolu à tenir les états généraux (...) et de concerter avec eux le moyen de remplir le déficit et d'empêcher qu'il se renouvelle. »

On est le 25 août, le jour de la fête de Saint-Louis.

Loménie de Brienne remet solennellement sa démission au roi.

Le lendemain matin, Necker se rend en audience chez la reine.

Elle est bouleversée d'avoir perdu le seul guide qu'elle ait jamais respecté à ce point. Mais, pour la première fois, elle agit comme l'eût fait la grande Marie-Thérèse, capable de sacrifier une amitié pour les intérêts de son pays. Le roi est retombé dans cette apathie qui la rend si seule, victime de ses faux amis, d'un manque de formation politique qu'il est trop tard pour rattraper. Elle écrit le soir même à Mercy une lettre déchirante.

« L'archevêque est parti. Je ne saurais vous dire, monsieur, combien la journée d'aujourd'hui m'affecte. (...) Je viens d'écrire à M. Necker pour le faire venir demain à dix heures chez moi, ici ; il n'y a pas à hésiter : si demain il peut se mettre à la besogne, c'est le mieux ; elle est bien urgente. Je tremble, passez-moi cette faiblesse, de ce que c'est moi qui le fais revenir. *Mon sort est de porter malheur.* »

Marie-Antoinette a fait un immense effort sur elle-même, mais, toujours maladroite, elle ne peut s'empêcher d'exprimer bien haut qu'elle préfère toujours l'archevêque à M. Necker. Elle récidive ses mépris de toujours. Elle manifeste, dans son salon rempli de courtisans accourus à la nouvelle, des marques d'attentions exquises à la nièce de Loménie de Brienne et une désinvolture hautaine à l'encontre de Mme de Staël. Mais le vent a tourné : nul ne songe désormais à se moquer du « pouf » de Mme de Staël, et il y a foule pour la raccompagner à sa voiture, la couvrir de flatteries. Le laideron, « la pie qui dansait », est devenue une figure respectée.

Marie-Antoinette offre à l'archevêque des cadeaux somptueux. Son portrait à elle enchâssé de diamants dans une boîte ouvragée de pierres précieuses. Elle donne à sa nièce la charge de dame de palais avec une pension très élevée et l'assurance qu'elle continuera à toucher cette pension si son oncle venait à décéder.

Madame Déficit est toujours aussi généreuse avec le Trésor vide.

Pour la première fois dans l'histoire des reines de France, en cette fin d'août 1788, le roi demande à Marie-Antoinette de se tenir à ses côtés pour recevoir le nouveau ministre au Conseil.

Necker, appelé « directeur général des Finances », est nommé ministre d'État, ce qui assure son accès en permanence au Conseil.

Vermond ravale sa colère au renvoi de l'archevêque. Il pousse la reine à continuer une correspondance secrète avec lui. Pourquoi n'imposerait-elle pas le duc du Châtelet comme Premier ministre. L'idée vient de la duchesse de Gramont, sœur de Choiseul (décédé à Paris en 1785 à l'âge de soixante-six ans). Necker déjoue aussitôt la manœuvre et menace de démissionner. C'est à *lui* de contrôler le choix du Conseil avec le roi. Marie-Antoinette, mal assurée dans ce nouveau rôle, s'emporte contre Necker, les ministres, et affiche « une humeur cruelle ».

Tous ces conflits ne font qu'affaiblir le roi – y compris dans l'opinion publique.

*

* *

Necker tente de redresser la situation. Il fait renvoyer M. de Lamoignon et pousse le roi à rappeler les Parlements. On est fin septembre. La France et Paris attendent la réunion prochaine des états généraux. Louis XVI reste persuadé que ces états généraux auront un simple rôle de réforme des finances. Les parlementaires et les privilégiés pensent tout autrement. Ils veulent un rôle des plus actifs dans le gouvernement. La plus grande partie de la bourgeoisie exige déjà l'abolition des privilèges et « l'élaboration d'une Constitution libérale ». Ils se souviennent Benjamin Franklin et de la conception américaine de la liberté.

L'année s'achève dans des discussions passionnées où couve une formidable tempête. Marie-Antoinette n'arrive ni à soutenir ni à aimer le Genevois. Sous l'influence de Vermond, qui déteste Necker, la reine ne collabore pas à l'énergie du ministre. Necker est seul, et le prix du pain ne cesse d'augmenter, ce pain noir, gluant que jamais Marie-Antoinette et les siens n'ont goûté. Elle s'attendrit à la lecture de *Paul et Virginie* de Bernardin de Saint-Pierre et des *Bucoliques* du poète André Chénier.

Les débats profonds ne portent plus sur le déficit, mais sur un changement radical des idées, du gouvernement. Dans les cafés, les clubs, les gazettes, on ne parle que d'une nouvelle Constitution du royaume. Les bourgeois ou « patriotes » exigent le doublement du tiers état, la réunion des trois ordres dans une même salle et le vote par tête.

La reine s'affole, une pensée collective sourdement ennemie de la sienne s'épaissit. Le déficit lui aussi épaissit. Necker s'avère décevant. Il ne peut faire grand-chose si ce n'est réunir de nouveau, en novembre, l'assemblée des notables. La majorité maintient le système de 1614. L'effervescence est telle dans les gazettes, les esprits, les pamphlets – dont celui de l'abbé Sieyès, *Qu'est-ce que le tiers état ?* – que le roi est obligé d'admettre, en décembre, le doublement du Tiers. Ce même mois meurt Lassone, le médecin de la reine.

« Qu'est-ce que le tiers état ? » répète-t-on à la veille de 1789.

*
* *

Le Tiers est à l'origine un groupe d'avocats. Presque toutes les régions ont choisi des gens de loi pour les représenter, magistrats, notaires, procureurs. Les autres professions libérales tiennent aussi leur rôle dans le Tiers. Professeurs, médecins, écrivains, savants, militaires. La bourgeoisie d'affaires circule dans ce Tiers – quoique les banquiers soient surtout étrangers comme Necker. Le Tiers compte des industriels du Nord, les commerçants composent un plus grand nombre venu du Sud (Marseille). Ce Tiers est-il surtout la chambre des gens de loi ? S'en tiendra-t-il aux méthodes juridiques face aux capitalistes et à l'énorme masse paysanne ? Le Tiers, c'est, en quelque sorte, la France des « cadres moyens ou supérieurs » d'aujourd'hui. Un premier plan face à la noblesse et au clergé. Le premier plan des idées nouvelles qui exploseront avec la force d'une bombe.

Necker ne sert qu'à surseoir de quelques mois à l'Inexorable.

Sixième partie

1789

Chapitre 77

Janvier 1789

L'anxiété de la reine augmente. Cette année 1789 a commencé par un froid si rude que la Seine se trouve prise dans les glaces. Dix-huit degrés en dessous du point de congélation ! L'Hôtel-Dieu déborde d'enfants et d'indigents. Les théâtres ouvrent toujours, et Marie-Antoinette y va en traîneau, au chaud dans ses fourrures. Un groupe de femmes, à Paris, lance la *Pétition des femmes au roi*. Ces premières féministes déplorent l'ignorance où on laisse croupir les femmes. Excepté écouter la messe en latin (elles n'ont pas le droit d'apprendre le latin), que leur enseigne-t-on dans la classe populaire ? Elles peuvent à peine gagner cinq sous à l'âge de quinze ans. Cette pétition développe tous leurs griefs légitimes. L'état injurieux où les hommes les réduisent sans cesse, entre le mépris et l'admiration. Elles se moquent bien d'avoir des députés ! elles veulent qu'on les écoute. Elles en ont assez que les hommes soient en train d'exercer jusqu'aux métiers féminins. Ils leur volent leur gagne-pain de couturière, coiffeuse, brodeuse, marchande de modes. Elles demandent au roi d'établir des écoles gratuites pour les filles, afin de leur éviter la prostitution ou le vassal abêtissement. Le roi convient de tant de raisons mais ne fait rien. Théroigne de Méricourt, Olympe de Gouges, grandes féministes, sont à l'origine de cette requête. Olympe épousant la cause des femmes écrivait : « Ô femmes, femmes, quand cesserez-vous d'être aveugles ? » Girondine, elle sera guillotinée en 1793 pour ses convictions – y compris « le droit à l'échafaud ». Les droits de l'homme vont apparaître, éclatants, « la citoyenne « se devra d'être soumise à son mari, bonne mère, bonne patriote et n'obtiendra le droit de vote qu'en… 1946 ! On en était aux balbutiements d'une immense révolte des femmes – non résolue au XXIe siècle.

*

* *

Marie-Antoinette se sent très seule. Son amitié avec la Polignac tourne à l'aigreur. La reine partage cependant ses soirées entre la favorite et Mme d'Ossun. Elle va aussi chez la comtesse d'Artois où elle joue de la harpe, chante quelques romances, mais le cœur n'y est pas. Elle va surtout à Meudon voir son fils si malade. Mesdames Tantes, qui haïssent ouvertement la reine, lui réservent un accueil détestable. La seule douceur de sa vie reste l'affection de Madame Royale, celle de ses fils – et la correspondance avec Fersen. Elle se souvient de leur réserve à tous deux – leur passion – quand il est venu la voir, à la fin de 1788. Elle pleure, elle l'aime, et il murmurait pour elle seule l'or des mots de l'amour. En suédois, en allemand, en italien. « N'oublie rien, ne dis rien, reste là… *Lascia ch'io pianga…* »

Le roi de Suède lui a ordonné de le rejoindre. La guerre continue dans son pays contre les armées de la tsarine en Finlande. Leur destin réduit les amants. Il leur reste la correspondance camouflée, biffée, – non exempte de risques. À qui se confier et surtout se fier ? L'entourage de la reine ne lui apporte aucun secours. Les rapports familiaux se dégradent. Provence se vante d'être un prince patriote, Artois joue au conservateur. Les beaux-frères de la reine et leurs alliés la perturbent en alimentant une cabale contre

Necker. Le comte d'Artois et le parti aristocratique ont pris la tête de cette hostilité contre le Genevois. Sans culture politique, ne voyant que ses intérêts, Artois réussit à convaincre Marie-Antoinette d'œuvrer dans l'esprit du roi pour se défaire de Necker. Artois, Monsieur et son chancelier écrivent une lettre à Louis XVI sur le danger que fait courir Necker à la monarchie. La reine approuve, et la missive est remise au souverain. Le rôle des états généraux doit rester celui d'une simple cour consultative.

Louis XVI aurait intérêt à se placer sous l'aile des cours européennes devant la révolution qui menace. La cabale ne cesse de noircir Necker. Le haut clergé, les courtisans, les parlements de Bretagne et de Franche-Comté protestent contre le doublement du tiers état. Il y a un déferlement de pamphlets monarchistes contre lui. Le Parlement, de son côté, prend de l'autorité et prohibe sans en parler au roi, en janvier 1789, le jeu et la loterie royale. Les protestants s'agitent et veulent célébrer leur culte dans des maisons particulières. Necker sent qu'il est trop tôt, qu'il convient de ménager le roi, fort dévot. La réunion des états généraux devient une obsession. Le froid seul semble repousser cette fondamentale assemblée. Un mois de janvier où le dégel transforme les rues de Paris en bourbier. Quant au cardinal de Rohan, toujours à La Chaise-Dieu, et en disgrâce, il fait l'objet des bruits les plus contradictoires. Certains le disent rentré en grâce, mais il n'en est rien : il obtient tout juste, en ce mois si rude, la permission de quitter La Chaise-Dieu pour l'abbaye de Marmoutier. On a consenti à ce qu'il regagne son château de Saverne mais incognito. Il lui est interdit de s'approcher à plus toujours de quatre lieues de Versailles.

Le roi est encore dans son état dépressif. Il semble en effet partisan de renvoyer M. Necker et de former un nouveau ministère avec le baron de Breteuil. Paris commence à gronder sourdement quand le roi se ravise. Marie-Antoinette a réussi à le convaincre (sous l'influence de Mercy) qu'un changement aussi brutal de ministre à la veille de rassembler les états passerait pour un coup de force. Un autre élément l'a décidé : l'autorité que prennent ses frères sur lui. Il refuse de se trouver sous la tutelle d'Artois et de Provence, et les rabroue quand ils insistent sur le renvoi de Necker.

Marie-Antoinette a la gorge serrée, quand, le 4 mai, débutent les cérémonies solennelles des états généraux.

*
* *

Ce fut une véritable procession de la monarchie à l'agonie. La dernière poudre d'or aux yeux d'un peuple sans illusion. Une ultime splendeur avant la chute.

Le 4 mai, la première procession menait le roi, sa famille et les mille deux cents députés, en grand apparat, de l'église de Notre-Dame à la cathédrale Saint-Louis.

Les Parisiens, pour rien au monde, n'auraient manqué ce spectacle. Le printemps était doux et on avait loué fort cher toutes les fenêtres sur le passage du cortège.

Le Dauphin demanda à quitter son lit. Allongé sous une couverture, au balcon des petites écuries, il voulut assister au départ de la procession. Il hochait sa tête douloureuse. Il regardait, dans sa robe d'or et d'argent, le tendre visage de sa mère, le roi son père, en chapeau, habit et manteau de drap d'or. Il pâlissait d'une prémonition plus aiguë que celle de sa mort ; il savait, cet enfant omniscient, que tout était dit. Il fermait les yeux, pris de vertige, de fièvre et de douleur. Il serrait ses lèvres pâles sur un cri muet.

Où s'en allaient ainsi les siens, au mortel son des tambours ?

Une procession où se côtoyaient les derniers rois de France. Louis XVI, Monsieur, qui sera Louis XVIII, Artois, futur Charles X, son fils, le duc d'Angoulême, qui frôla quelques secondes la royauté en 1830, insipide et inconnu Louis XIX, époux de l'héroïque Madame Royale. Il y avait aussi, en habits éclatants, le duc d'Orléans, le futur Philippe-Égalité, son fils, le jeune Louis-Philippe qui deviendra roi citoyen en 1830. À leur tête, les porteurs de bannières et les fauconniers du roi, un oiseau sur le poing.

Le Tiers, les vrais vainqueurs d'une telle journée ! Ils portaient un cierge à la main. Parmi eux, vêtu de noir, cravaté de mousseline blanche, les lunettes rondes, la migraine aux tempes, le futur maître de la France : Maximilien de Robespierre.

Depuis sept heures du matin, les députés se tenaient prêts à accueillir le monarque et les siens. À dix heures seulement, paraissait le premier carrosse avec Louis XVI, ses frères, sa parentèle masculine. Dans le second carrosse, Marie-Antoinette, la comtesse d'Artois et Madame. La reine avait fait tresser une couronne de fleurs que Léonard avait mêlée à sa chevelure. Les ovations furent maigres quand descendit en premier le roi. Artois, le prince de Conti, le prince de Condé, le prince de Bourbon furent accueillis avec froideur. Quant à Marie-Antoinette, elle suscita un silence glacial. Tout à coup les poissardes hurlèrent :

« Vive le duc d'Orléans ! »

Elle se sentit défaillir et eut grand mal à cacher son émoi. Elle ne portait pas de cierge à la main, et un badaud ricana très fort :

« Qu'en ferait-elle à moins que ce ne fût pour faire amende honorable ? »

Une procession si lente, une agonie si lente... Combien d'heures fallut-il pour rejoindre l'église Saint-Louis, en suivant la rue de la Paroisse ?

Dans l'église, les incidents se multiplièrent. Le roi et la reine avaient atteint leur place dans la nef. Les députés du Tiers étaient dûment assis sur les bancs de la noblesse et du clergé. Le sermon de Mgr de La Fare, évêque de Nancy, fut injurieux pour la reine. Il parla longtemps de la misère dans les campagnes, et du luxe insensé de la Cour. Il osa souligner la puérilité égoïste pour les pauvres d'imiter à grands frais la nature. Tout le monde reconnaissait le Trianon. Marie-Antoinette, sous sa couronne de fleurs si joliment assortie à sa robe (un magnifique cachet pour la Bertin), rougissait. Elle avait du mal à contenir le tressaillement de sa bouche. La honte l'empourprait. La honte d'entendre son époux ronfler doucement à ses côtés ! Il dormait, Louis, il ne voulait plus rien savoir. Quand trop lourde était la tâche, il sombrait en somnolence, et Marie-Antoinette veillait et buvait seule la coupe amère… Elle était seule, avec sa honte et le début d'une terreur qui ne cesserait qu'avec sa vie.

Le roi somnola jusqu'à la fin de la messe, et Marie-Antoinette de Lorraine d'Autriche de France ne flancha pas. D'un léger coup de coude où coulait la dentelle travaillée d'or, elle réveilla le roi, qui sembla étonné de se trouver là. Il fallait partir, continuer à avaler l'amertume – continuer, si possible, à régner.

Quelques maigres applaudissements éclatèrent à la sortie du souverain. Marie-Antoinette – qui rejoignait une voiture séparée de celle de son époux – attendit quelques minutes un cri de « Vive la reine ! « Un silence plus froid qu'à l'arrivée fut son lot.

Nul ne la salua, nul ne la fêta, plus personne ne l'aimait.

Elle fit un signe, on quitta Paris. Elle retenait une violente envie de pleurer.

*

* *

Le lendemain, le 5 mai, l'ouverture des états généraux a lieu à Versailles dans la salle de l'hôtel des Menus-Plaisirs, rue de Paris. Marie-Antoinette accompagne le roi ; ils arrivent à midi. Les députés sont là depuis neuf heures du matin. Le roi prend place sur son trône, au fond de la salle, surmonté d'un dais de velours violet semé de lis d'or. À sa droite, la noblesse, à gauche, le clergé, et, au premier plan, le Tiers. Un fauteuil proche du trône attend pour Marie-Antoinette.

« Messieurs, dit le roi, ce jour que mon cœur attendait depuis longtemps est arrivé. »

Ces paroles adressées aux membres des états généraux, ce 5 mai 1789, inaugurent l'espoir d'un renouveau promis. L'abolition des privilèges fiscaux est envisagée de façon générale. Un espoir flotte ; le Tiers va-t-il recueillir le fruit de ses vœux avec l'incroyable participation de la monarchie, de la noblesse et du clergé ?

On attend avec une grave émotion le discours de M. Necker. On est sûr qu'il va développer le programme de cette régénération, ce véritable « âge d'or « des idées nouvelles.

Il n'en est rien. La déception est immense. Necker parle d'un ton neutre, pendant deux heures. Il ennuie tout le monde, n'avance aucune idée nouvelle, et préconise une réforme fiscale dont les termes techniques rebutent. Il désappointe ses partisans, ses ennemis triomphent. Le ministre s'en remet à l'Assemblée et abandonne la question tant attendue : les délibérations communes et le vote par tête.

Le roi s'en va sous les acclamations. L'émotion collective entraîne même quelques ovations au passage de la reine qui, ravie, remercie en plusieurs révérences exquises.

*
* *

Un fiasco ! le fiasco de la monarchie à travers celui de M. Necker. Ses ennemis vitupèrent ; Augeard, de l'entourage de Marie-Antoinette, s'acharne contre lui. Le Genevois devient le bouc émissaire d'un échec que ressent la Cour. Augeard rédige deux rapports qu'il confie au comte d'Artois. Marie-Antoinette, au contraire de ses habitudes, les lit attentivement, ligne après ligne. Ces rapports composent la matière d'un discours que Louis XVI aura à prononcer devant les états généraux. Le premier objet porte sur la question financière, où il est suggéré que le roi repousse les propositions de Necker. Necker ne fait qu'aggraver le déficit, a écrit Augeard. Il suggère que le roi annonce la création d'États provinciaux, comme ceux de la Bretagne, chacun relevant du ressort d'un parlement, ce qui mènera enfin à réduire le rôle menaçant des états généraux. Ces cours reprendront leur rôle simplement judiciaire. Les états généraux sont une authentique menace, provoquant le partage de la souveraineté.

« Comment, s'écrie la reine à Augeard, vous penseriez que M. Necker nous ferait jouer notre royaume à quitte ou double ? »

Augeard triomphe. Si Necker reste au pouvoir, il n'y aura plus une seule chance aux souverains de régner. Marie-Antoinette s'emporte qu'il ait montré ces rapports au comte d'Artois.

« — Madame, argumente Augeard, dans toute famille ordinaire, il est normal de se réunir dans les malheurs et de tenter les solutions.

— Mon frère Artois est mené par une cabale infernale qui nous perdra tous », répond Marie-Antoinette avant de fondre en larmes.

La reine pleure, et Augeard sait que ce n'est là que le début d'un abîme. Il a appris du procureur Target, du Tiers, que le déficit s'accentue, ce qui arrange les affaires des états généraux :

« Nous tenons le roi, il y passera lui et toute sa filière ! » a dit Targer.

Augeard a répété ces propos à la reine, la priant d'en avertir son époux. Il faut établir un plan d'urgence contre ce monstre déchaîné : les états généraux.

« Le roi devrait partir en toute hâte pour Compiègne avec sa famille, rassemblant une armée de trente mille hommes pour les protéger ; le danger est imminent ! Que Sa Majesté fasse transférer les états généraux à Soissons et le Parlement à Noyon ; il convient de les séparer afin que le roi puisse sauver son règne. »

Marie-Antoinette ne saisit pas le sens d'une telle « conjuration ». Indécise, accablée, elle s'effare lentement de ce complot national, larvé – réel. Plus réelle pour elle est la cabale aristocratique menée par Artois. Leur idéal est une monarchie tempérée par le Conseil des grands du royaume et de l'aristocratie. Marie-Antoinette se raidit : il n'est pas question de céder une coudée aux États généraux. Elle veut encore moins que sa parentèle en profite pour s'emparer du pouvoir du roi et de son pouvoir à elle.

Bizarrement, en ces heures difficiles, elle se vit reine de France.

Chapitre 78

La mort du dauphin

À peine les cérémonies achevées, chaque soir, le roi et la reine se précipitent à Meudon. Le Dauphin est au plus mal. Dans l'agenda en maroquin noir, Louis XVI note : « Visite à Meudon. »

Personne ne se fait plus d'illusion sur les chances de vivre du Dauphin. On ne croit à aucune autre postérité du couple royal et on doute même de la santé du petit duc de Normandie. Le 2 mars, l'ambassadeur de Parme en France, le bailli de Viricu, a envoyé à sa Cour cette missive :

« Le Dauphin ne peut absolument pas vivre à moins d'un miracle. Reste le seul duc de Normandie dans qui plusieurs personnes trouvent du changement. Le roi et la reine, quoique jeunes, selon l'opinion de bien des gens, ne sont plus propres à avoir des enfants. Monsieur n'en a pas ; tout cela rend le lot du duc d'Angoulême fort beau. »

Mme Campan témoigne du déchirement et des prémonitions de Marie-Antoinette dans cette période si troublée. La reine se couche de plus en plus tard, elle devient insomniaque. Après une visite bouleversante à Meudon, à la fin du mois de mai, « plusieurs choses remarquables avaient eu lieu pendant le cours de la journée ».

« Quatre bougies étaient placées sur sa toilette, témoigne Mme Campan. La première s'éteignit d'elle-même, je la rallumai : bientôt la seconde, puis la troisième s'éteignirent aussi ; alors la reine, me serrant la main avec un mouvement d'effroi me dit :

— Le malheur peut rendre superstitieuse ; si cette quatrième bougie s'éteint comme les autres ; rien ne pourra empêcher cela comme un sinistre présage.

La quatrième bougie s'éteignit. »

Marie-Antoinette pleure en silence. Mme Campan essaie de la rassurer en lui affirmant que ces bougies, coulées dans un même moule, ont sans doute le même défaut. Mais elle ne pense qu'à son fils. Le jeune prince est d'un stoïcisme qui déchire le cœur de sa mère. Sa colonne vertébrale saille telles des épines, il ne sait quelle position adopter pour moins souffrir. Mme Campan compatit à la douleur de sa souveraine :

« Que de pleurs maternels cet état languissant et précurseur d'une mort certaine fit verser à cette princesse, livrée d'ailleurs aux alarmes que lui causait déjà la situation du royaume ! »

Marie-Antoinette s'est rendu compte du désaccord qui règne entre le gouverneur du prince, le duc d'Harcourt, et la Polignac, que le Dauphin déteste. Il a deviné le caractère vil et intéressé de la favorite de sa mère. Deux fois de suite, l'enfant l'a chassée de sa chambre :

« Sortez, duchesse, lance-t-il à la Polignac qui file doux, vous avez la fureur de faire usage d'odeurs qui m'incommodent toujours. »

Il devient sévère avec sa mère, tente de lui faire passer le vrai message : cette Polignac est indigne d'une amitié pareille.

Le 2 juin 1789, il va si mal que, à dix heures du soir, le bourdon de Notre-Dame sonne la prière des quarante heures. Le 3, on expose le saint sacrement dans toutes les églises de Paris. Le 4, Marie-Antoinette ne quitte pas son fils entré en agonie. Il expire à une heure du matin.

À genoux près de lui, baisant ses mains, la reine sanglote.

*

* *

Le lendemain, entre six et sept heures du soir, au Théâtre-Français, on baisse la toile au milieu d'un acte, en signe de deuil, et on offre aux spectateurs de les rembourser. Dans la journée du 5 juin, vers trois heures, le saint sacrement a déjà été retiré dans les églises, et les prières ont cessé. Soumise à l'étiquette, Marie-Antoinette est obligée de quitter le lit de son fils entouré de douze cierges allumés.

Le roi est dans la même désolation. Les souverains sont contraints de se rendre à Versailles tandis que se déroule le funèbre rituel en vigueur. C'est au duc et à la duchesse d'Harcourt de s'établir toute la semaine dans cette « chambre ardente ».

On procède à l'ouverture du corps, son embaumement, en présence de son gouverneur. Marie-Antoinette suffoque de sanglots. Elle ne le reverra jamais, jamais ! pas même sa pauvre dépouille qu'elle n'est pas autorisée à coucher dans le cercueil doublé de satin blanc, clouté d'argent. Les moines feuillants se tiennent en prières pendant ces jours, autour du lit de parade où repose le Dauphin recouvert d'un drap d'argent, le visage découvert. Les princes du sang, les députations des états généraux et des Cours souveraines jettent de l'eau bénite sur le défunt.

Le roi a renoncé, la mort dans l'âme, au grand cérémonial à cause du déficit. Il demande que « l'on récitât mille messes pour le repos de l'âme de son fils » et, comme l'argent manque, il sacrifie une partie de l'argenterie royale. En veut-il secrètement à Marie-Antoinette responsable d'une telle débâcle financière ?

Le 7 juin, on vient chez la reine présenter les révérences de deuil. Des centaines de dames, vêtues entièrement de noir, défilent devant la balustrade de sa chambre, où, blême, elle se tient, entourée de sa Maison.

Elle étouffe ses larmes, les cris qui lui montent aux lèvres. Sa fille et son fils ont éclaté en pleurs quand M. de Villedeuil, ministre de la Maison du roi, leur a annoncé la cruelle nouvelle.

Le 12 juin, le cœur du Dauphin est confié à Mme l'abbesse du Val-de-Grâce. Le cœur a été transporté en voiture sur les genoux du duc d'Orléans. Le 13, les funérailles ont lieu sans grande cérémonie. Le prince de Condé a été chargé de mener la dépouille à Saint-Denis. À dix heures du soir, une simple voiture de deuil a transféré le cercueil de Meudon à Saint-Denis. Le cortège est entouré des Cent Suisses et de la garde, prend par le pont de Sèvres, la porte des Princes, le bois de Boulogne, la porte Maillot. En l'église de l'abbaye, on n'a point dressé de catafalque selon l'usage. Le cercueil est accueilli par les moines. On le descend aussitôt dans la crypte avec une modeste absoute. Il est simplement posé sur des tréteaux.

*
* *

La Révolution va s'acharner sur l'abbatiale. Le 25 octobre 1793, des ouvriers sortirent les cercueils des Bourbons, arrachèrent leurs corps avec des cris de haine. Ils jetèrent, traînés dans une brouette, les pauvres restes du petit Dauphin dans une fosse creusée au cimetière des Valois. Dès son retour sur le trône, en 1816, Louis XVIII se préoccupa de restituer le plus dignement possible les cendres profanées. La crypte fut reconstituée, les cendres – y compris celles de Marie-Antoinette et de Louis XVI retrouvées au cimetière de la Madeleine – ensevelies sous une simple dalle.

*

* *

Le 14 juin, Marie-Antoinette et Louis XVI quittent Versailles pour Marly. Ce sera la dernière fois qu'ils iront à Marly.

Chapitre 79

L'Assemblée nationale

Le Tiers se montre de plus en plus turbulent, et les souverains n'ont guère le temps de se laisser aller au chagrin. Les personnalités émergent, s'affirment en même temps que les idées nouvelles. Mirabeau noue des relations multiples et équivoques qui ressemblent à son existence singulière. Révolté, débauché, Honoré Gabriel Riqueti, comte de Mirabeau, né dans le Loiret en 1749, fils d'un baron économiste, est d'une laideur fascinante. Son intelligence subjugue autant que ses dons d'orateur. Il vit de sa plume dénonçant les abus de la monarchie. Ses desseins sont de combattre l'absolutisme, mais en même temps de relever l'autorité royale sous le contrôle de l'Assemblée. Ambigu Mirabeau ! À la fois défenseur de la monarchie et ardent partisan de la révolution, il a des ennemis des deux bords. Candidat aux états généraux, il a été rejeté par la noblesse, élu avec triomphe par les roturiers, député du Tiers à Aix, puis à Marseille. Dès les premiers jours de mai, il a fermement contribué à instaurer la liberté de la presse. Il joue un rôle décisif dans le début de la Révolution.

L'abbé Sieyès se taille une large popularité, tandis que les députés des provinces forment déjà ces « députations provinciales » qui affaiblissent l'Ancien Régime.

Ainsi se forment les groupes qui vont déclencher le plus grand bouleversement de l'histoire française. Le club breton attire des meneurs de jeu. Mounier y vient, Sieyès, l'abbé Grégoire, Le Chapelier… Les Comtois et les Provençaux, de leur côté se sont regroupés. Dans une même auberge, Robespierre s'est installé avec ses collègues artésiens. Le monde nouveau se met en place à toute vitesse. Marie-Antoinette a peur.

La noblesse et le clergé délibèrent séparément. Le clergé est profondément divisé entre une minorité peu sensible aux réformes proposées et une foule de curés portés vers le Tiers.

Les libéraux forment un groupe d'une rare virulence où l'on compte La Fayette, le duc d'Aiguillon, les frères Lameth, le vicomte de Noailles. Ils proposent de se réunir au clergé et au Tiers.

Un abîme sépare les partisans de l'union et ceux de la séparation. La révolution intellectuelle est déjà accomplie. Ces novateurs en appellent à la raison, au droit naturel, tandis que les traditionalistes – dont le roi et la reine – se réclament de l'Histoire, des droits qu'ils pensent acquis, des usages, d'une monarchie absolue, pilier de la vie sociale. On en est à l'impossible accord quand Le Chapelier, au début de juin, au moment où meurt le Dauphin, propose la régénération du gouvernement monarchique avec le roi, sans s'occuper des privilégiés. Le Tiers prend alors le nom de « communes ».

Il va s'emparer du pouvoir et se substituer aux états généraux.

*
* *

Le 13 juin, le Tiers a sommé pour la dernière fois les deux autres ordres de se joindre à lui.

Necker, en toute hâte, s'est rendu à Marly, chez la reine. Il la trouve outrée « au dernier point » contre ces nouvelles déclarations. Necker tente de lui expliquer la nécessité d'accorder la réunion des trois ordres au nom de l'intérêt général.

À la nouvelle de « l'Assemblée générale », Louis XVI et Marie-Antoinette se sentent blêmir. Les termes honnis – « Assemblée nationale » – annoncent le décès de la monarchie traditionnelle. Marie-Antoinette a trente-quatre ans et voit au miroir sa chevelure blanchie, dégarnie sur les tempes et le front. La gorge serrée, en plein deuil, elle ne mange presque rien. Elle va, vêtue de noir, privée de sommeil, entrée dans la Peur.

*
* *

Le 17 juin, la chambre du tiers état s'accroît encore aux dépens de celle du clergé. Plusieurs curés accourent pour faire vérifier leur pouvoir. MM. Dillon, curé de Vieux-Poussange, Quingan, recteur de Pontivy, Bodineau, curé de Vendôme… Le Tiers est à la veille de se constituer. Quel titre va-t-il se donner ? Les uns proposent « Représentant de vingt-quatre millions d'hommes » ; d'autres, « Représentant de la plus grande partie de la nation ». Mirabeau lance de sa voix unique, rauque, puissante, envoûtante : « Représentant du peuple ».

Le nom « Assemblée nationale » est alors dans toutes les bouches.

*
* *

La consternation règne à Marly.

Le 18 juin se tient au château un conseil extraordinaire composé uniquement des ministres. Necker tente encore de développer sa proposition qu'abhorre la reine. Le Genevois conseille d'accepter cette réunion des trois ordres sans tenir compte, en apparence, de leur subversion.

« Il serait intéressant pour l'avenir de leur accorder le vote par tête ; de les autoriser à délibérer ensemble pour tout projet d'intérêt national. Il est urgent, souligne Necker, d'accepter l'égalité fiscale et l'accès de tous les citoyens à n'importe quelle charge publique. »

Propos qui provoquent une indignation générale des amis du roi ; le garde des Sceaux se dit même « fort choqué ». Necker ne compte que de rares alliés parmi les privilégiés : M. de Saint-Priest, M. de Montmorin et M. de La Luzerne. La discussion devient véhémente, le roi somnole.

Necker regarde ce souverain si menacé, cet homme de trente-cinq ans, qui a grossi, enfui dans cet épais et effarant sommeil. Il ne saura jamais si Louis XVI l'entendit s'excuser de devoir quitter rapidement Marly.

« Sire, il me faut rejoindre Paris, ma belle-sœur est à l'agonie. »

*
* *

Les remous continuent : quarante députés dessinent une minorité qui va composer l'opposition dont Dupont de Nemours, l'économiste, Lebrun, Thouret, Tronchet (futur triumvirat de Bonaparte). Marie-Antoinette, la Cour, la famille royale, pressent le roi de recourir à la force. Louis XVI se décide à tenir une séance royale aux états. En attendant ce jour… le roi fait fermer la salle et suspendre les réunions. Le 20 juin, les députés devant la porte gardée militairement sont pris d'une violente émotion qui se répand dans la capitale. Les députés se rendent, rue de Paris, au Jeu de Paume, afin de prononcer leur résolution inébranlable.

Le serment du Jeu de Paume éclate dans la bouche de Mounier monté sur une table, une main sur le cœur :

« Jurons tous, jurons à Dieu et à la patrie de ne jamais nous séparer que nous n'ayons fourni une Constitution solide et équitable. »

L'enthousiasme, les acclamations, les larmes éclatent ; les députés se jettent dans les bras les uns des autres.

L'Assemblée suspend la levée des impôts et proclame l'inviolabilité de ses membres.

*
* *

L'atmosphère est étouffante lorsque s'ouvre, le 21 juin, le conseil où participent Marie-Antoinette, le comte d'Artois et Provence. Necker est seul face à la coalition de la famille royale. Louis XVI fait remanier les propositions de Necker par le conseiller Vidaud de La Tour Necker, dégoûté de ce recul qu'il sent fatal, ne se présente pas. Les députés, devant l'absence du Genevois, comprennent que le roi a pris position contre les idées nouvelles.

Louis XVI est maladroit d'un bout à l'autre. Dans le grand appareil d'un lit de justice, il blâme le Tiers de s'être érigé en Assemblée nationale. Il annule toutes leurs décisions qu'il déclare « nulles, illégales et inconstitutionnelles ». Il prend la défense des dîmes et des droits seigneuriaux et ordonne aux trois ordres de délibérer séparément. Après le départ du roi, le marquis de Dreux-Brézé ordonne aux députés de se séparer.

Mirabeau lance alors, de sa voix à faire frémir, son fameux :

« Nous ne sortirons d'ici que par la force des baïonnettes ! »

Les chefs des tiers se lèvent et proclament avec véhémence la souveraineté nationale contre la volonté royale. Mirabeau fait adopter l'inviolabilité des représentants ; si le roi osait en chasser un, il commettrait

« un crime capital ». Mirabeau parle de dénoncer la reine, responsable de tant de mal.

Le jeune duc d'Orléans, futur Louis-Philippe, l'approuve.

*
* *

Louis XVI a l'air de s'incliner quand il ordonne à la noblesse de se joindre aux autres ordres. On est le 27 juin. L'esprit de résistance commence à gronder, et le roi rassemble ses troupes. Il note, dans son agenda : « Rien ».

*
* *

À Versailles, l'ambiance ressemble à un début d'émeute. On a appris le départ de Necker. Louis XVI a trouvé sa lettre de démission. Une foule grondante envahit la cour de Marbre, les galeries, une foule de nulle part, de partout, la foule de la révolution... Ce mouvement bouleverse la reine réfugiée en ses appartements. À six heures du soir, il y a une accalmie. Necker a su que Marie-Antoinette le priait instamment d'aller la voir. Elle le reçoit avec le plus de grâce possible dans son salon blanc et or, s'évertuant, en dépit de son orgueil, à tout faire pour adoucir sa résolution.

« Pour l'amour de moi, renoncez à votre démission ! »

Elle joue de son charme, tend ses jolies mains, en est à supplier, la fière fille des Césars, « ce roturier de l'argent », cet homme du monde nouveau qui lui fait peur et dont elle a besoin. Elle va jusqu'à lui prendre la main et le mener ainsi, gracieusement, chez le roi. Louis XVI joint sa prière à celle de son épouse. Necker hésite encore, mais devant l'extrême agitation qui règne à Versailles, la détresse de ses souverains, il comprend qu'en ce tournant de l'histoire il a une responsabilité à assumer. Il accepte de ne pas démissionner. Il se sait populaire, sa décision calmera peut-être ce jeu de violence, un des premiers avant tous les autres.

La journée s'achève par un immense triomphe pour le ministre. C'est aussi la victoire secrète de Marie-Antoinette qui a réussi avec l'énergie du désespoir à repousser le pire. Mais, devant les ovations de la foule en faveur de Necker, elle mord son mouchoir en dentelle, les larmes humiliées lui échappent : elle et le roi ont cédé à la pression populaire.

Mercy écrit à Kaunitz le désarroi qui règne à la Cour :

« Depuis le 23 juin jusqu'au 27, tout le monde ici avait perdu la tête et ce n'était certainement pas sans les plus justes motifs, puisque l'on est resté pendant quatre jours dans le danger le plus imminent d'une famine, d'une banqueroute et d'une guerre civile… »

Mercy voit bien que souffle à la Cour un vent de panique. Chacun prépare son exil, en Angleterre, en Belgique, en quelques cours d'Europe loin de la France qui déjà referme des serres invisibles sur le roi et la reine. Des proies, des otages, des maudits. Mercy n'est pas étonné du sort de Marie-Antoinette et des siens. Voilà tant d'années qu'il s'est évertué de faire régner la raison en cette princesse qui jamais – ou si peu – ne l'a écouté ! C'est trop tard, désormais. Marie-Antoinette de Lorraine d'Autriche de France n'a que trop accumulé les spectaculaires erreurs.

Mercy, cependant, s'évertue à la conforter un peu : qu'elle tente de déceler les personnalités influentes du moment et qu'elle gagne du temps. Mercy se sait impopulaire, et ce temps gagné est aussi une issue pour lui.

Il sait bien que le choix de la reine est la contre-révolution. La révolution la révulse au fond d'elle-même. Elle ne la comprend pas, c'est un crime de lèse-majesté. Quoi de plus odieux que de se faire mener par une bande de robins et de bouseux ? Elle n'a pas compris que l'irréversible était en cours.

Sa seule intuition positive a été de ménager Necker. Mais le Genevois a sa fierté, sa prescience des événements et sa lassitude. Il exècre Artois, Provence et leur insultant dédain pour lui. Il s'exaspère que le roi, à son insu, ait appelé auprès de lui le vieux maréchal de Broglie, nommé maréchal des troupes. Il frémit quand le maréchal rassemble ses troupes autour de Paris. Cet état de force, contre tout un peuple, quelle erreur ! Il propose une seconde fois sa démission. Le roi la refuse, lui ordonne de rester. On en est au rapport de force.

*
* *

Marie-Antoinette est glacée d'effroi, le roi aussi. Ils sont seuls ; déjà prisonniers d'une idéologie totalement contraire à la leur. Louis XVI cherche où se tourner. Il n'a cessé de correspondre avec le baron de Breteuil. Réfugié en Normandie, à Dangu, dans un château magnifique, Breteuil devient prudent. Il vient à Paris, début juillet, et rencontre la plus haute noblesse ; dont le comte d'Angiviller qui lui sert d'intermédiaire avec le roi. Breteuil refuse absolument de se rendre à Versailles « afin de ne pas donner l'éveil ». Louis XVI cherche en Breteuil un sûr médiateur pour négocier un emprunt afin de renforcer les troupes du maréchal. Il cherche aussi à sauver sa fortune personnelle afin d'envisager un abri sûr avec sa famille.

Le roi ne cesse ses conciliabules avec le maréchal de Broglie qui a placé ses troupes dans toute l'Île-de-France. À Saint-Cloud, il y a sept cents soldats. Dissoudre l'Assemblée par la force... Le « Royal-Cravate » bivouaque à Charenton, les « Hussards » à l'École militaire, le « Royal-Allemand », particulièrement détesté, à la Muette. Marie-Antoinette reprend espoir, mais ses airs de mystère inquiètent Necker.

Ces milliers de militaires aux portes de la capitale suscitent une véritable panique chez les députés et le peuple de Paris. Le parti aristocratique se rassure de ce déploiement de force qui va mater cette infâme sédition. L'ordre sera rétabli, la monarchie sortira triomphante de cette « révolte » que l'on châtiera. Ce sont aussi les idées de Marie-Antoinette. Elle convoque M. de Saint-Priest qui échoue à lui démontrer qu'après un mouvement aussi audacieux de l'Assemblée nationale toute tentative de réduction par la force serait un désastre. Le roi, ne peut nommer un ministère de combat dirigé par Breteuil avant le 10 juillet, le temps de rassembler ces trente mille hommes. Marie-Antoinette n'écoute rien, elle approuve Breteuil qui confirme au roi la nécessité d'imposer la force. Pour rassembler tant de troupes, il faut encore de l'argent. Le roi charge Artois de réunir les fonds nécessaires. Artois fait appel à un député de la noblesse du Béarn, le baron de Batz. Il le charge de négocier un emprunt aux banquiers les plus célèbres dont Hamelin, jadis premier commis des Finances. Artois fait diligence, Breteuil convoque Batz et M. de Bombelles afin d'organiser la rencontre avec Hamelin. L'emprunt irait jusqu'à cent cinquante millions. L'entreprise est risquée, elle va se transformer en séisme entre le roi et son peuple.

Necker, bien après ces événements, notera dans ses mémoires à quel point la déraison du parti aristocratique a été totale : pour en imposer militairement à l'Assemblée nationale, il eût fallu de toute urgence éloigner le roi de Versailles. La Cour se sentait forte d'avoir pour elle toutes les garnisons du Nord. Marie-Antoinette, dans l'esprit de tous, est la responsable de cette oppression.

Le 4 juillet, le pain et le riz se mettent à manquer, les soldats sont partout. Les femmes du peuple ne prononcent plus le nom de la reine qu'en écumant de haine.

La Bertin est de plus en plus circonspecte à se rendre chez Marie-Antoinette. Elle a créé une robe où la taille monte sous la poitrine, dont les manches longues sont gonflées près de l'épaule par une légère armature. Un style Empire avant l'heure ; le cou dégagé, le décolleté au carré, le fichu en mousseline.

Mais la Bertin commence à faire en toute hâte ses paquets. Il est temps de fuir à Londres. Déjà la foule a lancé des injures devant son magasin. Elle a entendu des menaces à son encontre, « l'acoquinée de l'Autrichienne ».

Un nouveau pamphlet fait le tour de Paris. Il s'intitule *Bordel royal suivi d'un entretien secret entre la reine et le cardinal de Rohan après son entrée aux états généraux. Le bordel royal se trouve à Versailles*. Où « Antoinette », après avoir couché avec le cardinal, le traite de « grippe-con ».

Chapitre 80

La prise de la Bastille

Une force révolutionnaire s'organise dans Paris. Elle est menée par les électeurs qui forment un groupe de plus en plus serré. Ils s'occupent de la formation d'une garde bourgeoise qui soutiendra leur action. Dans la capitale, des milliers de chômeurs, artisans, compagnons, affolés par le manque de pain et de blé, sont prêts à se soulever. On confond avec l'ennemi commun (Marie-Antoinette et la monarchie) les boulangers, les marchands de blé. On les assimile avec les exploiteurs du peuple. Le duc d'Orléans aggrave la situation afin de mieux l'exploiter, poussé par son secrétaire Laclos (l'auteur des *Liaisons dangereuses*). La résidence du duc d'Orléans, le Palais-Royal, devient une sorte de club où fermente une exaltation collective, menée par des fanatiques, des aventuriers. Sieyès parle de transférer l'Assemblée à Paris pour qu'elle y trouve l'appui du peuple tout entier.

Le 6 juillet, la Déclaration des droits de l'homme et du citoyen est proposée par La Fayette. Un comité de constitution en dresse les articles dont Mirabeau et Sieyès.

Le 8 juillet, Louis XVI affirme à l'Assemblée que l'ordre sera rétabli dans Paris, les députés inquiétés seront relâchés. Mirabeau réclame le renvoi des troupes royales. Le 9 juillet, l'Assemblée se proclame

« assemblée constituante ». Le parti aristocratique, à Versailles, pousse le souverain à renvoyer Necker. Un vent de peur, ravageur, souffle sur la capitale. La plus grande partie de la population imagine les scènes les plus sanglantes orchestrées par « l'Autrichienne ». On dit qu'elle va faire sauter la ville d'une bombe et s'abreuver du sang des citoyens. Les troupes, surtout le « Royal-Allemand », dit-on, vont tout massacrer. Ces militaires, dont l'effectif grossit de jour en jour, accentuent ce qui fut le principal moteur de la Révolution française : la Terreur. Des orateurs improvisés propagent la panique, Laclos déverse des libelles outranciers pour accroître l'angoisse collective. Il y a des scènes de rue de la plus grande violence. Ceux qui parlent mal de Necker dans les jardins du Palais-Royal sont molestés, battus, fouettés. La peur déclenche les plus vils instincts. La suspicion se met en place. Chacun espionne l'autre, sans discernement.

Le maréchal de Broglie, Besenval, Necker, Marie-Antoinette, le roi, ne prennent aucune mesure énergique.

« C'est à moi seul de juger de leur nécessité », estime le roi.

Cette incertitude paralyse toutes les initiatives militaires. L'inaction devient mortelle à ces régiments, tandis qu'au contraire le peuple de Paris devient frénétique.

Sur la place d'Armes, devant Versailles, un garde-française a été assailli par cinq hussards. La foule s'en est mêlée, et plusieurs soldats étrangers sont mortellement lapidés. Des officiers d'artillerie et du « Royal-Allemand », qui ont eu l'imprudence de s'aventurer au Palais-Royal, sont chassés à coups de tabouret. On fait subir un châtiment public à une bourgeoise qui a craché publiquement sur le portrait de Necker. On rassemble un tribunal de prostituées, et, malgré ses hurlements, la cracheuse reçoit une humiliante correction : jupes retroussées, on la fesse en public.

Est-ce le premier tribunal du peuple ? Les harpies hurlent à mesure des coups donnés :

« Ah, si nous tenions la Polignac, on verrait bien autre chose ! »

Le soir du 9 juillet, plusieurs milliers d'ouvriers démolissent à Montmartre la prison de l'Abbesse afin d'en faire évader les leurs. La violence a gagné toutes les rues. La foule noie dans une fontaine publique un soi-disant espion du roi.

*
* *

Le 11 juillet, le roi renvoie Necker, cette nouvelle met le feu aux poudres. On ignore si le baron s'en est allé en Suisse, et la foule parle de le ramener de force à Paris, au milieu du peuple. Louis XVI s'est séparé en même temps de MM. de Saint-Priest, de Montmorin et de La Luzerne pour former un maladroit ministère avec le maréchal de Broglie à la Guerre et La Vauguyon aux Affaires étrangères.

Dans Paris, les bustes de Necker et du duc d'Orléans sont promenés en triomphe. Le « Royal-Allemand » les sabres, blessant la foule. On jette des pierres sur le prince de Lambesc qui occupe la place Louis XV.

Le 12 juillet, l'Assemblée est révoltée. Paris se soulève, alors que Marie-Antoinette et la Cour savourent ce qu'elles croient être un triomphe. L'Œil-de-Bœuf, les galeries sont bourrés de courtisans, sûrs d'avoir vaincu cette « racaille ». La reine traverse la galerie entre ses deux enfants, souriante, ravissante sous son pouf noir et sa mantille de deuil. Un cygne dans la nuit…

La reine, par courtoisie, va rendre visite avec le roi aux régiments étrangers installés à l'Orangerie. La Polignac leur offre des gâteaux secs. On est le 13 juillet, Marie-Antoinette et le parti aristocratique affectent de traiter avec mépris les événements de l'Assemblée et de Paris.

*
* *

La nuit du 13 au 14 juillet, des patrouilles de gardes-françaises et de bourgeois sillonnent en tous sens la capitale, flanquées du curé de Saint-Étienne-du-Mont. On a appris que les barrières sont en feu et qu'une masse de brigands entre dans la ville. Dans la foule, quelqu'un se met à crier que le 13 juillet est l'anniversaire de la terrible grêle de l'an passé. Les églises sont bondées d'une assistance patibulaire; on érige quelques barricades, on tire au canon, on sonne les cloches par intervalles. Paris est déjà gardé par le peuple.

Le 14 juillet, un groupe imposant se met en marche sur l'hôtel des Invalides. Sombreuil, le gouverneur, hésite à faire tirer au canon sur le peuple. La foule alors se rue et s'empare des armes. Les chefs militaires, désemparés, privés d'ordres, abandonnent. À midi, une masse de plus en plus dense se dirige vers la Bastille. La vieille forteresse, sise à l'entrée du faubourg Saint-Antoine, ne comporte en vérité que de la poudre et des armes. Qui allait à la Bastille sinon les aristocrates et quelques grands arrêtés par lettres de cachet? Le 14 juillet 1789 y croupissent sept prisonniers enfermés pour dettes – dont le marquis de Soyecourt embastillé depuis des mois « pour avoir couché avec sa sœur ». Une citadelle vide qui soulève tous les fantasmes de l'oppression monarchique. L'irrésolution du roi provoque celle du gouverneur de la Bastille, M. de Launay, qui ne sait quelle décision prendre.

En une immense clameur, la foule se rue.

M. de Launay tente de négocier, on hurle à son encontre:

« Il faut le pendre! L'attacher à la queue d'un cheval! »

La foule-furie le perce à coups de baïonnettes. Un

manifestant tire de sa poche un petit couteau et lui coupe tranquillement la tête. On la met au bout d'une pique.

*
* *

Louis XVI ronfle tranquillement quand on le réveille en pleine nuit. Le grand-maître de sa garde-robe, le duc de La Rochefaucauld-Liancourt, se tient à son chevet :

« Sire ! La Bastille est prise ! M. de Launay a été assassiné ! »

Le roi se réveille tout à fait.

« — Mais c'est une révolte ? dit-il.

— Non, Sire, c'est une révolution. »

Marie-Antoinette est accourue en toute hâte. Mesdames Tantes, à l'autre bout du château, ne savent encore rien. Un conseil se réunit, en désordre, en panique. Chacun a un avis différent. On se demande que faire. Fuir à Metz ?

Louis XVI choisit l'abdication… Et dans son agenda, à la date du 14 juillet 1789, le roi de France note « Rien ».

*
* *

Pendant cette nuit mémorable, le journal le *Père Duchesne* écrit fiévreusement ces lignes sur la prise de la Bastille :

« Elles vont tomber ces tours affreuses, ces tours épouvantables qu'un tremblement de terre seul pouvait remuer ! »

Le *Père Duchesne* marque les débuts de la presse politique. Son créateur est le patriote Hébert, journaliste, homme politique, rubicond, à grosse moustache, fort en gueule, ancien marchand de fourneaux.

Sa mission pendant toute la Révolution française sera de commenter l'actualité avec une vitalité inouïe de grossièreté et de lyrisme. Le *Père Duchesne* hait Marie-Antoinette, tire chaque jour cinq mille exemplaires d'une dizaine de pages. D'autres porte-voix retentissent en même temps, *Le Fouet national* et surtout *L'Ami du peuple* fondé en septembre 1789 par Jean-Paul Marat qui a été médecin de la maison du comte d'Artois avant de se consacrer l'avocat de la Révolution française. À travers cette presse si nouvelle, la révolution prend le sens de la démolition de la Bastille : le droit à la prise de la parole du citoyen. La langue est alors un terrible obstacle entre les classes sociales ; patois, dialectes sont le lot des paysans illettrés. L'ancienne France se partage à son aise ses régimes fiscaux et juridictionnels.

La prise de la Bastille a aussi permis à tous de s'emparer de la liberté du langage. L'imagination va bon train, on parle d'oubliettes, de prisonniers emmurés, de cadavres ensevelis au fond de la forteresse. Qu'on la démolisse ! La nouvelle traverse toutes les campagnes, suscitant le délire, la joie, la fureur, la terreur. « L'imagination et la pitié firent des miracles », écrira Saint-Just.

L'Europe tout entière est bouleversée ; on se félicite dans les rues de toutes les capitales. À Vienne, Joseph II ne se réjouit pas du tout. Il n'est pas étonné de la situation française. Amer, épuisé de ses campagnes contre les Turcs aux côtés de la Russie, malade d'avoir guerroyé pour son pays envahi, Joseph II n'a ni la force ni les moyens d'envoyer des troupes contre vingt-quatre millions de frénétiques. Sa sœur est perdue et son beau-frère aussi. Il le sait. À ses fatigues s'ajoute l'affreux échec de Marie-Antoinette.

Marie-Caroline, à Naples, se prend d'engouement pour les révolutionnaires. Ne dit-on pas qu'ils ont inventé une machine à décapiter, toute douce, par souci d'égalité pénale entre les citoyens ? Une machine que le Dr Joseph Ignace Guillotin, médecin du comte de Provence, élu en octobre aux Tiers, a soumis à l'Assemblée comme un grand projet humanitaire. Marie-Caroline s'enthousiasme.

*
* *

L'angoisse règne à Versailles ; Marie-Antoinette ne dort plus, le roi a peur. Il circule dans Paris une liste mettant à prix la tête de la reine et proscrivant les frères du roi, Besenval et le maréchal de Broglie.

« Necker est un traître, répète Marie-Antoinette en pleurant ; nous sommes perdus. »

Le 15 juillet, le souverain se rend à l'Assemblée, accompagné d'Artois et de Provence, et annonce qu'il accepte le retrait des troupes.

« Je me fie à vous, je ne veux faire qu'un avec ma nation, et comptant sur l'amour et la fidélité de mes sujets, j'ai donné ordre aux troupes de s'éloigner de Paris et de Versailles. »

De telles paroles déclenchent l'enthousiasme fébrile des députés.

« Vive le roi ! »

Le jeune avocat Robespierre se lève alors et proclame d'une voix forte :

« Il faut aimer l'ordre mais ne pas nuire à la liberté. La nation déclare rebelles indistinctement tous ceux qui pourraient causer des troubles (...) c'est l'insurrection même condamnée qui a sauvé la capitale. »

La foule s'est amassée et accompagne le cortège. Une fureur monte contre les princes, en particulier contre Artois, écrit Mme Campan :

« Vive le roi en dépit de vous, Monseigneur, et de vos opinions. »

Une femme du peuple, jupe longue rayée, fichu et foulard entortillés en bonnet sur la chevelure flottante, grince d'une bouche édentée, tout près de Louis XVI :

« Êtes-vous sincère ? N'allez-vous point nous faire massacrer ? »

La cour de Marbre est bondée, on vocifère :

« Le roi, la reine et le nouveau Dauphin au balcon ! »

Marie-Antoinette cache ses craintes, elle agit, altière et remplie de ce courage qui va faire d'elle une héroïne tragique. Elle donne à Mme Campan les clés qui mènent à l'appartement de son fils. Elle la prie de lui amener l'enfant, Mme de Polignac devant à toute force rester cachée. La reine a compris que sa seule vision déchaînerait la foule. La duchesse le prend de haut et refuse d'abord de laisser aller le Dauphin avec Mme Campan. Elle finit par céder et s'écrie avec amertume :

« Ah ! Madame Campan ! Quel coup je reçois ! »

À travers les corridors sans fin, l'enfant se retrouve près de sa mère afin de paraître en public. Il est vêtu d'un charmant habit en satin gris perle, une chemise blanche, les boucles blondes sous un bonnet de matelot. Mme Campan se dissimule sous une capuche et se mêle à la foule. Elle entend toutes sortes d'horreurs. C'est un comble quand Marie-Antoinette, entre ses deux enfants, apparaît avec le roi.

« — Ah ! crie une femme aux pieds nus, au fichu troué, la duchesse n'est pas avec elle !

— Non, ricane un homme, elle est encore à Versailles : elle est comme les taupes, elle travaille en dessous, mais nous saurons piocher pour la déterrer. »

Droite, le cœur dans les amygdales, Marie-Antoinette de Lorraine d'Autriche de France fait front. Madame Royale, fort petite et bien faite pour neuf ans, « Mousseline-la-sérieuse », serre sa main avec passion. Le Dauphin croit à un jeu et agite sa menotte, souriant à cette masse qui oscille entre l'envie de dépecer tout vif ces gens-là et celle de les acclamer.

Chapitre 81

L'ABANDON

Mme Campan longe les appartements de Mesdames Tantes. Sous les fenêtres de la salle du Trône, un groupe d'hommes, le bonnet orné d'une cocarde tricolore, le poing levé, ricanent :

« Voilà où est passé ce trône dont on cherchera les vestiges avant peu. »

Elle trouve Marie-Antoinette dans ses appartements, assise derrière un store en canevas la protégeant des regards extérieurs. Le roi se trouve avec elle. La nuit tombe, lugubre. Quelques lumières éclairent le plus beau château du monde.

*
* *

Le 16 juillet, Louis XVI rassemble un comité avec ses frères. On va lever la question la plus grave que peut se poser un roi : fuir, abandonner son trône ou rester ? La reine désire que l'on quitte Versailles escorté par des troupes jusqu'à Metz. Provence conseille au roi de rester, lui-même ayant décidé de ne pas partir. Que le roi se rende à Paris afin de satisfaire, en apparence, ce mouvement pour mieux affirmer son vrai pouvoir. Artois est de l'avis de Marie-Antoinette : fuir au plus vite, organiser au loin, avec l'aide de l'Europe, la contre-révolution. Louis XVI hésite.

« Enfin, messieurs, s'exclame-t-il, il faut se décider, dois-je partir ou rester ? Je suis prêt à l'un comme à l'autre. »

La majorité tranche pour qu'il reste.

« Je sais que j'ai manqué le moment, dira-t-il amèrement à Fersen en 1792. Je l'ai manqué, c'était le 14 juillet. »

*
* *

Le 16 au soir, Marie-Antoinette aidée de Mme Campan ôte de tous ses écrins ses parures pour les réunir dans un seul coffre qu'elle compte emporter avec elle en voiture. Elle brûle une quantité de papiers.

La reine rédige ses instructions : Mme Campan servira d'institutrice à sa fille. Les larmes aux yeux, elle apprend que les troupes s'en vont et que le roi reste.

« Le roi veut se rendre demain à l'Hôtel de Ville, ce n'est pas le roi qui a choisi ce parti ! »

Elle pleure d'anxiété, d'impuissance et prend une décision qui lui déchire le cœur : prier son époux qu'on laisse émigrer ses amis et leur famille.

Elle s'inquiète du sort de la Polignac ! Elle la fait appeler pour la supplier, en larmes, de partir au plus vite. La duchesse hésite ; quoi ! abandonner une vie aussi prestigieuse ! Marie-Antoinette prie son époux de l'aider à convaincre son amie. Louis XVI, qui a rappelé Necker, confirme l'avis de la reine. Il demande instamment à son frère Artois de se réfugier au plus vite à Turin, chez son beau-père, le roi de Sardaigne. Il a nommé Provence « lieutenant du royaume », s'il lui arrivait le pire. Mesdames Tantes, Madame Élisabeth demandent à rester.

À minuit de ce 17 juillet, les soi-disant adorateurs de Marie-Antoinette désertent Versailles. Les Polignac, les Guiche, Besenval, Vaudreuil, le vicomte de Polastron et son épouse : la princesse de Lamballe est la seule à éclater en larmes déchirantes : « Ô ma souveraine ! Ma souveraine ! » Marie-Antoinette, dans ce fol aveuglement pour la Polignac, lui fait remettre, au moment où sa voiture va quitter à jamais Versailles – elle ne reverra jamais Marie-Antoinette –, un billet brûlant d'amitié : « Adieu la plus tendre des amies, le mot est affreux ; voilà l'ordre pour les chevaux. Adieu, je n'ai que la force de vous embrasser. »

Les Polignac atteindront, non sans péril (on faillit les reconnaître à Sens), Bâle et la sûreté. Quelques lettres de la reine rejoindront la pâle duchesse qui avait su, sans la moindre personnalité ni le moindre état d'âme, allumer une passion chez la malheureuse princesse.

« Je n'ose vous écrire qu'un mot, mon cher cœur (...). Nous ne sommes entourés que de peines et de malheurs (...). Tout le monde fuit... »

*

* *

Versailles ressemble à un désert. S'enfuir au plus vite qui en Belgique, qui à Londres, qui en Allemagne, qui en Italie : Artois, son épouse et leurs enfants, le prince de Condé, le duc d'Enghien, Calonne, M. de Luxembourg, Coigny, le baron de Breteuil, des maréchaux, des ministres, Mme de Châlons, Mme de Bombelles, Mme de Lâge, Mme de Brionne et tous les Lorrains, Mme de Marsan et tous les Rohan, la famille de Broglie au complet, M. de Sartine, Mme d'Ossun, M. de Gramont... Même l'abbé de Vermond abandonne Marie-Antoinette.

« Je porte malheur à ceux que j'aime », soupire-t-elle. A-t-elle décelé la part de lâcheté dans la hâte prodigieuse de ceux qui s'en vont ?

*

* *

On allait ne plus en finir avec la peur : à Paris, le 22 juillet 1789, on massacre l'intendant de la généralité de Paris, Bertier de Sauvigny, et son beau-père Foulon.

Marie-Antoinette est terrifiée à l'idée de ne pas revoir vivant son époux qui s'est rendu à l'Hôtel de Ville.

Il se passe alors un phénomène nouveau dans le cœur de la reine : elle est désormais seule avec le roi. Liée pour le meilleur et pour le pire avec ce « pauvre homme » dont elle admire le tranquille héroïsme d'aller ainsi vers un sort dont nul ne peut prédire les issues. Elle se met à l'aimer, non de la passion qu'elle éprouve pour Fersen toujours en France, par amour pour elle, mais d'une authentique tendresse. Il est son unique compagnon, de nuit comme de jour, le père de ses enfants. Ils sont embarqués dans la même tempête, liés, indissolublement liés. Elle l'a regardé partir, cachée dans l'encoignure de la fenêtre, la mort dans l'âme. Elle s'enferme dans ses appartements avec ses enfants et rédige une proclamation qu'elle pense faire lire à l'Assemblée si cette dernière retient le roi prisonnier. Elle écrit, elle que l'abbé et Mercy pensaient incapable d'une attention soutenue, elle écrit sans faute et sans pâté d'encre. Elle n'est que courage, dans cette grande peur généralisée. Assise à ce secrétaire en porcelaine de Sèvres qui avait tant fait rêver le cardinal de Rohan, elle écrit. Elle attend le retour – ou la séparation – de son époux, cet homme de trente-cinq ans, qu'elle a trouvé presque beau au moment où il s'en allait, le front vaste, un sourire flottant à ses lèvres bien dessinées, les yeux d'un bleu d'azur, nullement baissés, nullement arrogants, la chevelure retenue dans un catogan. Il était beau, il était le roi de ce qui se nomme désormais le songe d'une monarchie, et le chemin d'une douleur sans fin…

Marie-Antoinette va et vient dans sa chambre, elle qui ne connaissait pas, à l'encontre de son époux, les affres d'une attente presque amoureuse. Sans lui, l'existence lui semble insupportable. Elle se ronge d'un remords lancinant, d'avoir délaissé celui qui s'en est allé, ainsi désarmé. Rien ne lui semble plus important que le retour de cet homme, l'homme de sa vie de reine, sa vie d'épreuves.

Il est tard, la nuit profonde, et il ne revient toujours pas. Ses terreurs redoublent tandis que ses rares fidèles, dont le duc d'Escars, tentent de la rassurer. Elle a le bord des paupières rougi, la chevelure sans poudre, grise, davantage dégarnie sur les tempes, où sillonne un réseau de veines bleues, marquant le flux et le reflux d'un cœur agité à l'extrême. Elle est presque laide, cette Belle, dans l'intensité d'une émotion authentique. Elle répète, se tordant les mains :

« Ils ne le laisseront pas revenir ! »

Soudain surgit la trompette de Jéricho, l'espoir, peut-être une forme absolue du bonheur :

« Voilà le roi ! » s'exclame une voix.

Dans un cri, elle court à sa rencontre, entourée de ses enfants. Deux bras blancs et fiévreux entourent le cou du souverain, elle baise sa bouche de ses lèvres décolorées en mauve... Elle pleure de joie.

Elle aperçoit alors à son chapeau le signe de la reddition, de la honte : la cocarde tricolore, cadeau du maire de Paris, le savant Bailly, qui a accueilli Louis XVI à l'Assemblée.

La nuit se referme sur elle.

Chapitre 82

Lettre de la reine sur l'éducation d'un prince

« Elle supporte sa position avec beaucoup de courage », écrit Mercy à Kaunitz. Il s'indigne de la confusion totale régnant à Versailles aux portes à peine gardées. Marie-Antoinette passe ses journées réfugiée dans ses appartements avec ses enfants.

« Mes enfants sont mon unique ressource », écrit-elle à la Polignac confortablement installée en Allemagne.

Elle s'entretient avec le roi, dîne tôt et si peu – Louis XVI conservera jusqu'au bout un appétit sans défaillance. Quelle différence avec la jeune femme qui aimait tant se promener, le soir, librement, et contempler la venue de l'aube ! Elle évite les terrasses, les jardins. Sa tête est toujours mise à prix, des bruits courent qu'elle est cachée à Saint-Cyr. Le roi tente de recomposer un conseil avec Necker, Montmorin et Saint-Priest, expressément rappelés et qui d'ailleurs sont revenus avec intrépidité. Marie-Antoinette choisit de ne plus se mêler de rien, de se faire oublier afin de nuire le moins possible au roi. Elle a une dure prise de conscience de son effarante impopularité. Elle ne la comprend toujours pas, mais en admet les funèbres dangers. Cet été furibond, qui fait d'elle déjà une prisonnière, elle ose, non plus séjourner au Trianon presque désert, mais y faire quelques promenades avec ses enfants.

*
* *

Pour remplacer la Polignac auprès de ses enfants, elle a nommé, le 20 juillet, Mme de Tourzel à qui elle adresse, le 24 juillet, cette lettre très connue sur sa conception de l'éducation de son fils le Dauphin. On décèle que cette princesse si longtemps futile s'avère être une mère observatrice, tendre, perspicace, au jugement tout en finesse.

« Mon fils a quatre ans quatre mois moins deux jours, je ne parle pas ni de sa taille ni de son extérieur, il n'y a qu'à le voir : sa santé a toujours été bonne, mais même au berceau on s'est aperçu que ses nerfs étaient très délicats et que le moindre bruit extraordinaire faisait effet sur lui ; il a été tardif pour ses premières dents, mais elles sont venues sans maladie ni accident ; ce n'est qu'aux dernières, et je crois que c'était à la sixième, qu'à Fontainebleau il a eu une convulsion ; depuis il en a eu deux, une dans l'hiver de 87 ou 88 et l'autre à son inoculation, mais cette dernière a été très petite. La délicatesse de ses nerfs fait qu'un bruit auquel il n'est pas accoutumé lui fait toujours peur ; il a peur par exemple des chiens parce qu'il en a entendu aboyer près de lui. Je ne l'ai jamais forcé à en voir, parce que je crois qu'à mesure que sa raison viendra, ses craintes passeront ; il est comme tous les enfants forts et bien portants très étourdi, très léger et violent dans ses colères, mais il est *bon enfant,* tendre et caressant même, quand son étourderie ne l'emporte pas ; il a un amour-propre démesuré qui, en le conduisant bien, peut tourner un jour à son avantage ; jusqu'à ce qu'il soit bien à son aise avec quelqu'un il sait prendre sur lui et même dévorer ses impatiences et colères pour paraître doux et aimable ; il est d'une grande fidélité quand il a promis une chose, mais il est très indiscret, il répète aisément ce qu'il a entendu dire et souvent sans vouloir mentir. Il y ajoute ce que son imagination lui a fait voir, c'est son plus grand défaut, et sur lequel il faut bien le corriger ; du reste, je le répète, il est bon enfant, et avec de la sensibilité et en même temps de la fermeté, sans être trop sévère, on fera de lui ce qu'on voudra, mais la sévérité le révolterait, car il a beaucoup de caractère pour son âge ; et pour en donner un exemple, dès sa plus petite enfance, le mot "Pardon" l'a toujours choqué ; il fera et dira tout ce qu'on voudra quand il a tort, mais le mot "Pardon" il ne le prononce qu'avec des larmes et des peines infinies. On a toujours habitué mes enfants à avoir grande confiance en moi, et quand ils ont eu des torts, à me le dire eux-mêmes, cela fait qu'en les grondant j'ai l'air plus peinée et affligée de ce qu'ils ont fait que fâchée ; je les ai accoutumés tous à ce qu'un oui ou un non prononcé par moi est irrévocable, mais je leur en donne toujours une raison à la portée de leur âge, pour qu'ils ne puissent pas croire que c'est humeur de ma part. Mon fils ne sait pas lire et apprend fort mal ; mais il est trop étourdi pour s'appliquer, il n'a aucune idée de hauteur dans la tête et je désire fort que cela continue. Nos enfants apprennent toujours assez tôt ce qu'ils sont.

Il aime sa sœur beaucoup et a bon cœur : toutes les fois qu'une chose lui fait plaisir, soit d'aller quelque part, ou qu'on lui donne quelque chose, son premier mouvement est toujours de demander pour sa sœur de même. Il est né gai, il a besoin pour sa santé d'être beaucoup à l'air, et je crois qu'il vaut mieux le laisser jouer et travailler à la terre sur la terrasse que de le mener promener plus loin : l'exercice que les petits enfants prennent en courant et jouant à l'air est plus sain que de les forcer à marcher, ce qui souvent leur fatigue les reins. »

*

* *

Fersen ne l'a pas abandonnée. Sa discrétion vient de son souci à ne pas la compromettre davantage. De Valenciennes, où stationne son régiment, il n'a cessé d'écrire à « Joséphine ». Il ose apparaître brièvement à Versailles où il jouit de ses libres entrées et la rejoint dans ses promenades à Trianon. Sa présence risque, d'accentuer les ennuis de sa bien-aimée. Il prend un logement à Versailles, se fait discret comme l'incessant filet d'eau de la petite source sous la grotte du temple de l'amour... Il remarque, non sans frémir pour Elle, des gens non identifiables rôder autour du château, jusque dans la cour de Marbre. La correspondance devient dangereuse. Sa sœur Sophie lui sert d'intermédiaire à qui parler de « Joséphine » en la nommant « Elle ». La plus extrême prudence est de rigueur. Il est fort improbable que les amants ne s'offrent que le luxe d'une pression de main, d'un regard appuyé et le langage indicible, muet, de l'amour vrai. Marie-Antoinette n'a pas envisagé d'entraîner l'amant dans la retraite secrète du Trianon ; elle est d'honneur et de cœur engagée avec Louis XVI.

Chapitre 83

La nuit du 4 août

Le 29 juillet, Necker est arrivé, de Bâle, à Versailles, très flatté d'être le seul recours de la monarchie ébranlée. Son voyage à travers les provinces est un triomphe, on l'acclame jusqu'à son arrivée. La ferveur populaire, versatile, se tourne vers lui. Marie-Antoinette le reçoit avec grâce – comme elle l'avait fait de Montmorin et de Saint-Priest. Elle contient son instinctive antipathie pour le Genevois et le prie de servir le roi en danger avec zèle.

« Madame, lui dit Necker, le zèle pour le service du roi est un devoir, mais rien ne peut m'obliger à la reconnaissance. »

Ce langage mordant, nouveau, blesse Marie-Antoinette. À la fin de l'entretien, il ose prendre sa main et la baiser sans façon.

*
* *

La France est dans le délire de la grande peur. La Révolution reste avant tout un mouvement de jeunes qui se réunissent, portent des uniformes ostentatoires, prennent les armes, forment des milices bourgeoises. Comment ramener le calme sinon en brisant le régime seigneurial ? C'est ce que fait l'Assemblée lors de la nuit mémorable du 4 au 5 août 1789. Une « folle nuit », par son décor nocturne, cette flambée d'enthousiasme, ces hommes réunis à Versailles à minuit, qui proclament le texte le plus audacieux de toute l'histoire de France : l'abolition de tous les privilèges, la Déclaration des droits de l'homme et du citoyen.

On applaudit, on s'embrasse, on pleure en répétant l'article premier d'une série de vingt-trois propositions :

« Article I.

Les hommes naissent et demeurent libres et égaux en droits, les distinctions seules ne peuvent être fondées que sur l'utilité commune. »

Il y a, dans cette nuit mémorable, des grands seigneurs libéraux (le vicomte de Noailles, le duc d'Aiguillon, le duc d'Orléans), de hauts prélats, des curés. Tous proposent l'abolition des droits féodaux, des servitudes personnelles, le rachat des droits réels. On en est aux plus grandes effusions quand d'un seul ton qui monte, véritable lame de fond, on exige l'égalité devant l'impôt, l'abolition de la chasse, des colombiers. Les nobles, le clergé, les privilégiés en tout genre sont atteints de plein fouet. Les droits de l'homme passent aussi par une administration entièrement revisitée, comme le sera aussi la justice. Finies les distinctions sociales fondées sur la naissance, ô Figaro, ô Beaumarchais ! Finies les lois faites d'arbitraire, les poursuites pour délit d'opinion, les atteintes à la liberté, à la sûreté personnelle, à la propriété considérée comme sacrée.

Le roi, admire, dit-il, tant de générosité, mais pour rien au monde n'y souscrit. Ces articles portent un nom honni de la monarchie : la démocratie. L'Amérique a fait sa guerre surtout dans les esprits.

Une France nouvelle, démocratique, moderne, renverse l'autre. Tout passe par un baptême de sang.

Ce qui est dit, écrit et proclamé en cette nuit a été dûment préparé par Mirabeau, La Fayette et Sieyès, et adopté le 26 août – « sans » la permission du roi.

Un roi qui devient très encombrant; le droit au veto entraîne une impasse. Selon les us immémoriaux, le roi de France conserve le droit de veto.

Il y a les partisans du veto et ceux du non-veto. Quelques députés, pourtant des plus hardis, semblent reculer et se ranger du côté du veto: Mounier, Malouet, Viricu. Ils estiment que le but de la Révolution était atteint. En continuant à agir ainsi, sans l'accord du roi, on déroge vers une issue peut-être effrayante. En dépit des efforts de La Fayette, une scission se fait à l'Assemblée qui isole ce groupe que l'on nomme « les monarchiens ». La Déclaration des droits de l'homme et du citoyen, cette nuit du 5 août, n'en est pas moins une création de l'Histoire.

Les nouveaux chefs à l'Assemblée forment un triumvirat: Du Port, Lameth et Barnave. Ils abhorrent l'idée même du veto et annoncent qu'ils suspendent les séances jusqu'à ce qu'ils aient obtenu gain de cause. Le rapport de force entre ces hommes nouveaux et l'ordre ancien est rendu. Les monarchiens irritent. On en vient à prévoir un nouveau soulèvement, l'arrivée des troupes, l'enlèvement du roi, ou sa fuite, le transfert de l'Assemblée. De nouvelles violences se préparent. Mercy, horrifié, conclut qu'on en est au « tombeau de l'autorité royale ».

*

* *

L'attitude de Louis XVI handicape tout le monde. Marie-Antoinette, toute la Cour déplorent son incertitude. Une partie de l'aristocratie traditionnelle se tourne vers le comte d'Artois et le prend pour chef. Madame Élisabeth, Mesdames Tantes abominent les révolutionnaires et ne le cachent pas. Les partisans de la régénération sociale, les héros de la nuit du 5 août en veulent jusqu'à la fixation à Marie-Antoinette. Elle est, comme toujours, le moteur négatif qui entrave la belle machine humanitaire enfin créée. Elle n'est plus « Madame Déficit », mais devient « Madame Veto ».

On ne peut rien faire sans l'avis du roi, on ne va tout de même pas le tuer lui et l'Autrichienne, mais...

Une idée encore informe, « *l'impensable* », flotte dans les rares moments silencieux de l'Assemblée.

Chapitre 84

LA COCARDE BLANCHE

Tout est-il « de la faute à Voltaire et de la faute à Rousseau » ? On les encense, il y a des pèlerinages à Ermenonville sur la tombe de Rousseau, on fait transférer les cendres de Voltaire au Panthéon qui n'est qu'une église désaffectée. L'Ancien Régime s'effondre. Marie-Antoinette et le roi mènent un semblant de vie de Cour. Louis XVI continue à chasser avec son entourage habituel, chaque semaine, et convoque ses ambassadeurs avec solennité. Marie-Antoinette reçoit à son jeu, altière, éblouissante, dans une robe des Indes blanche, parsemée de fleurs peintes. Léonard a arrangé sa coiffure en boucles longues, ornée d'un pouf léger, noir, brodé de perles, et de fines aigrettes. En public, elle cache son angoisse, sourit de cette lèvre si vite hautaine, redresse sa taille fine. Son corps ne ploie jamais en dépit d'une souffrance diffuse, ses mains, ornées de bracelets en diamants, ne tremblent pas en public. Elle économise son verbe, surveille la montée des larmes qu'elle redoute. Elle embaume l'essence de rose, les joues frottées de rouge. La tradition devient une consigne pour résister, des rites désormais dérisoires. Les épouses des ministres, Mme de La Tour du Pin, Mme Necker offrent de grands dîners. Il y a à Versailles encore quelques grands couverts. Louis XVI, Mesdames Tantes, Provence, son épouse et la reine donnent le change. Le 15 août, fête de Marie-Antoinette, elle assiste avec le roi à la traditionnelle procession du vœu de Louis XIII.

Marie-Antoinette, pour la première fois depuis trop d'années, semble attentive à l'étiquette dont elle s'est tant moquée. Madame Maman avait raison, mais il est trop tard. Elle s'en veut amèrement de n'avoir point suivi ses conseils.

*
* *

Le 25 août, à l'occasion de la Saint-Louis, fête du roi, un événement marque la fin d'un monde.

Les échevins de la ville et les poissardes présentent à l'habitude leur compliment au roi. La garde nationale, commandée par La Fayette, et le maire de Paris, Bailly, veulent s'imposer à ce rituel.

Les compliments ont lieu dans le grand salon attenant à la chambre à coucher de Marie-Antoinette. Elle est vêtue d'un grand habit de cour, et porte ses diamants les plus prestigieux. Elle est entourée de sa maison au complet, elle est comme au théâtre, dans l'avant-dernier acte d'une tragédie implacable, « la reine » dans toute sa splendeur, la reine proche de la chute, la reine au diadème à éclats d'opale. Elle incline la tête, d'un geste gracieux, vers ceux qui entrent et posent un genou à terre… L'incident a lieu quand Bailly, annoncé par l'huissier, fait une profonde révérence mais refuse de poser un genou à terre. Marie-Antoinette lui fait un léger signe, sans sourire. Bailly, imperturbable, lui lit un compliment des mieux troussés. Il affirme son attachement, son dévouement mais ose exprimer, ce que la reine trouve déplacé, les craintes du peuple au bord de la disette. Elle resplendit, le toisant de haut, et les mots du maire de Paris s'écrasent à ses pieds chaussés de satin blanc. Les mots, cailloux destinés à agrandir les ronds dans un lac glacé.

Marie-Antoinette ne peut contenir son trouble quand le marquis de La Fayette s'avance et ose lui présenter son état-major de la garde nationale.

La garde nationale ! Elle a devant elle ces hommes farouches, venus de rien, à la cocarde tricolore et qui la dévorent d'un regard de braise. Un sourire, un mot aimable d'elle, et ils sont prêts à l'adorer, à la défendre, à en faire à nouveau leur idole. Ils n'ont jamais vu d'aussi près cette reine dont on dit tant de choses épouvantables. Ils la trouvent plus éblouissante qu'une fée, ils avalent leur salive, bouleversés. Qu'elle est belle, cette reine qui ne veut pas les aimer ! La Fayette a joué le tout pour le tout : l'orgueil de Marie-Antoinette va-t-il enfin flancher au nom de la politique ? Mais la fille des Césars signe son définitif arrêt de haine. Froissée, elle se met à rougir, battre du pied sur le tabouret clouté d'or. Elle ne jette pas un seul regard à ce qu'elle considère pire que de la valetaille et, d'un geste altier de la main, sans un mot, les congédie tous. Elle les déteste et le leur montre. Le rapprochement qu'a tenté La Fayette est raté.

Marie-Antoinette de Lorraine, d'Autriche, de France les a bannis, de sa bouche méprisante, de sa main ravissante qui accroche la lumière. Elle soulève chez tous ces hommes, qui colportent aussitôt un tel comportement dans tout Paris, une haine implacable d'amants bafoués, ridiculisés. Son mépris leur est intolérable, ils se sentent offensés dans leur orgueil de mâle autant que dans leur dignité. « Madame Veto » est redevenue, en quelques secondes, le grand objet de haine. Par sa faute. La Fayette contient sa colère. Il n'est pas étonné de l'empressement glacé qu'a manifesté l'abbé de Vermond à rejoindre, sans encombre, Vienne, abandonnant enfin et pour toujours le pire des fardeaux : cette mauvaise élève qui n'a jamais rien appris, épuisant, rongeant le foie de ceux qui ont tenté de lui enseigner la modestie de savoir régner.

La garde nationale passe la nuit à raconter sur tous les tons le mépris de l'Autrichienne. Des pamphlets orduriers sont écrits et publiés en quelques heures :

« La femelle du Royal Veto est un monstre trouvé à Vienne en Autriche, dans la garde-robe de Marie-Thérèse l'impératrice. Cette guenon couronnée eut probablement une envie contre nature : elle se fit sans doute couvrir par un tigre ou un ours, et donna le jour à MARIE-ANTOINETTE. »

*

* *

Necker se voit obligé de solliciter un emprunt à l'Assemblée et donne l'exemple en déposant lui-même cent mille livres dans le Trésor public. Le Genevois attend de l'Assemblée qu'elle demande à tous les Français un impôt de contribution représentant le quart des revenus et une part en métaux précieux. On voit des femmes sacrifier en pleurant leurs bijoux, abandonner même une modeste croix en argent. Madame Déficit, dite Veto, *la poule d'Autriche*, les dépouille jusque dans la part sentimentale de leur si modeste fortune.

Marie-Antoinette et le roi ont le sentiment de partager leur épreuve en sacrifiant leur vaisselle.

En province, Marie-Antoinette prend les traits d'une furie sanglante. À Colmar, on répète qu'elle va faire sauter l'Assemblée par une mine. On prétend qu'elle fera égorger tous les enfants et boira leur sang. Elle rend toute la nation folle, elle « porte malheur » à ceux qui l'ont autrefois passionnément adorée. La presse attise le venin contre elle. *Le Fouet national, L'Ami du peuple*, le *Père Duchesne* écrivent qu'elle conspire avec l'étranger pour anéantir la France. La nation tout entière en est convaincue.

Cette rage porte sur ces deux doux prénoms que nul ne prononce plus sans fureur : Marie-Antoinette.

*
* *

En Province, quelques nobles s'arment. Le journal monarchiste, créé par Rivarol, *Les Actes des apôtres*, défend le clergé et la reine. *L'Ami du peuple* affirme qu'un complot se met en place contre la Révolution, dans le but d'enlever le roi et d'assassiner le peuple.

Les bruits courent, galopent pendant que mille intrigues s'ourdissent aussi au Palais-Royal, du jardin aux prostituées, aux appartements du duc d'Orléans. On dit qu'il va s'emparer de la couronne.

Une paranoïa généralisée se répand. L'habit militaire se généralise. Madame Campan écrit « que le lieu où l'habit militaire parut le plus choquant fut sans doute Versailles. Tous les valets du roi et de la dernière classe furent transformés en lieutenants, en capitaines ; presque tous les musiciens de la Chapelle osèrent paraître un jour à la messe du roi, avec un costume militaire, et un *soprano* d'Italie y chanta un motet en uniforme de capitaine des grenadiers. Le roi en fut très offensé et fit défendre à ses serviteurs de paraître en sa présence avec un costume aussi déplacé ».

*
* *

Le député Thouret propose un plan totalement innovateur concernant les communes, municipalités et assemblées régionales. La France, au lieu de provinces inégales, mal déterminées, sera partagée en quatre-vingts divisions à partir de Paris comme centre. On nommera ces divisions des « départements ». Chaque département sera lui-même divisé en neuf communes comportant chacune neuf cantons. La France prendra une forme nouvelle, où les citoyens actifs tiendraient leur rôle. Ils formeraient, ce qui ne s'est jamais vu, des assemblées cantonales qui rendront compte aux assemblées départementales et enfin à l'Assemblée nationale. La nation n'appartient plus à la seule monarchie régnante ni aux privilégiés.

*
* *

Le 23 septembre Louis XVI, qui prend peur, fait venir de Douai le régiment de Flandre. La garde nationale témoigne un grand dépit d'une telle défiance: on continue à les bafouer. *L'Ami du peuple* publie un libelle intitulé « La chasse aux bêtes puantes et féroces », où la reine est représentée comme « une panthère au poil roux », le comte d'Artois, « un ogre », la suite du texte détaillant la copulation de « la louve de barbarie (la Polignac) accouplée avec la panthère et le tigre ci-dessus désigné; la panthère serait devenue enragée ».

Le régiment de Flandre, arrivé dans un grand déploiement de tambours et d'étendards, fait son entrée dans Versailles accueilli par le comte d'Estaing alors commandant de la garde nationale à Versailles.

Marie-Antoinette croit la situation sauvée: il y a désormais pour les protéger, outre les dragons du roi, près de deux mille hommes – dont la compagnie des Invalides. Oublieuse, elle se fie à la garde nationale qu'elle a malmenée de son dédain. Un tel déploiement militaire la rassure – le roi aussi.

La garde nationale déteste ce régiment de Flandre. Ils décident une tentative pour les rapprocher. Le 30 septembre, Marie-Antoinette offre gracieusement ses drapeaux à la garde nationale après les avoir fait bénir à Notre-Dame. Une cérémonie solennelle à laquelle assistent le gouverneur de Versailles, presque tous les députés et une foule de badauds. La cathédrale est bondée, et les ragots se répandent: cette bénédiction des étendards de Marie-Antoinette est interprétée telle une insulte et une menace de plus. L'Autrichienne fait bénir les symboles de ces troupes qui ne manqueront pas de les massacrer selon ses intentions maudites!

On clabaude quand elle invite le soir même les officiers à son jeu. On attribue à *Messaline* tout un régiment qui lui aurait passé sur le corps.

L'usage veut qu'on offre un banquet à tout régiment qui entre dans une ville.

Le banquet du régiment de Flandre provoque le tournant de la rupture.

Le 1er octobre, le roi et la reine s'empressent de donner ce banquet aux officiers du régiment de Flandre, dans la salle de l'opéra de Versailles.

Papillon de La Ferté, plus que jamais agité, a organisé une immense table en fer à cheval, de deux cent dix couverts sur le parterre de l'opéra.

Le festin a commencé vers quatre heures de l'après-midi, et les vins coulent. L'ivresse s'empare rapidement de ces hommes après le second couvert: le duc de Villeroi, commandant de la première compagnie de gardes, a invité tous les Suisses et grenadiers du parterre à se joindre aux officiers pour boire à la santé du roi, de la reine, du Dauphin. À chaque lampée avalée, les trompettes sonnent, l'excitation monte, et on boit encore.

Marie-Antoinette hésite à se rendre à ce banquet. Mme de Téssé la prie au moins d'apparaître. Face à la scène se trouve une loge grillagée. Marie-Antoinette se décide. En accord avec le roi qui revient de la chasse, ils acceptent de rendre « une visite gracieuse » aux officiers. La reine, vêtue de blanc et de bleu, coiffée de dentelles noires, porte le Dauphin dans ses bras. Elle a le cœur serré en entendant ces cris de fête qui ressemblent à ceux des mouvements de foule qui la terrifient. Tout mouvement extraordinaire, désormais, l'inquiète. Les convives sont particulièrement éméchés quand elle apparaît. À la vue du roi et du Dauphin, l'ivresse devient délire. L'orchestre se met à jouer l'air de Grétry : *Ô Richard, ô mon roi !* Et tous les officiers se mettent à chanter :

Ô Richard, ô mon roi,
L'univers t'abandonne,
Sur la terre il n'est donc que moi
Qui m'intéresse à ta personne.

La reine a peur car, après avoir hésité, elle a confié son fils à un garde suisse, à la demande des officiers. Le petit Dauphin est porté sur la table en fer à cheval, parmi les sabres levés, ces ovations et ce chant étourdissants. Il court autour de la table, il rit. Marie-Antoinette s'épouvante pour lui de l'ivresse de ces hommes, et de ces sabres qui peuvent le blesser. Il a disparu à son regard, saisi de-ci, de-là, par des mains militaires, adoratrices, peut-être brutales…

Quel soulagement quand on lui tend l'enfant ! elle le saisit dans ses bras ; les ovations redoublent. Le roi consent avec elle et leur fils à monter sur la scène. Les officiers se lèvent, l'épée toujours haute, et jurent fidélité. Ils entament une nouvelle « santé » à leurs souverains.

Ils ont du mal à se retirer. Marie-Antoinette se souviendra longtemps d'un tel enthousiasme ; elle a senti une goutte glacée sur sa nuque.

Les convives ont vidé plus de quatre cents bouteilles et obligé la garde nationale à tourner leur cocarde tricolore du côté blanc.

Les cocardes blanches de France, et celles, noires, d'Autriche ont été arborées. Les officiers, de plus en plus éméchés, raccompagnent la reine, le roi et le Dauphin jusqu'à leur appartement. Des gardes du corps portent des dragons sur leurs épaules. Les casques, les chapeaux, les rubans blancs volent en l'air. Les hommes et les femmes s'embrassent. Ils envahissent la cour de Marbre, ils se mettent à danser sous les fenêtres de Marie-Antoinette en hurlant :

« Vive le roi ! À bas la nation ! À bas l'Assemblée ! »

Chapitre 85

LES JOURNÉES D'OCTOBRE

L'indignation éclate dès le lendemain. Les bouches et la presse transforment cette mémorable nuit en une orgie où « l'Autrichienne » aurait copulé avec tout ce régiment.

Les colporteurs clament dans les rues :

« L'Autrichienne en goguette ! »

On dit que cette nouvelle Catherine de Médicis est à la tête du complot qui va enlever aux Français leur roi.

Pétion de Villeneuve dénonce ces faits à l'Assemblée, interrompu par un député noble qui le défie de signer de telles accusations. Le ton monte, à cause de *l'orgiaque d'Autriche !*

Mirabeau tonne alors qu'il signera, lui tout seul, les preuves qui ne manquent pas d'un comportement où la nation a été bafouée.

« Je signerai à condition que l'Assemblée déclare enfin qu'aucune personne royale n'est inviolable dans le royaume, hormis le roi ! »

« À bas la Frédégonde ! » hurle-t-on dans la capitale.

*

* *

Le projet d'aller à Versailles se répand parmi les femmes de Paris. Ce sont celles des marchés qui donnent le signal de cette marche de désespoir et de violence.

On est le 5 octobre, et il pleut. Le manque de pain, l'horreur de la disette, la queue devant les boulangers, déclenchent la révolte des femmes. Nombreuses sont celles qui ont perdu un enfant par la faim. Elles attisent les hommes de la rue, flanquées des poissardes, des prostituées, des ouvrières, des mendiantes. Elles vont quérir de force Bailly à l'Hôtel de Ville ainsi que La Fayette.

Elles se ruent dans les appartements de l'Hôtel de Ville, s'emparent de fusils, de piques, de tambours et même d'un canon sur roues.

« À Versailles ! »

La pluie redouble, en cet après-midi, où elles conspuent La Fayette qui, du balcon, tente de les apaiser.

« À Versailles ! On ne te croira, marquis, que si tu promets du pain, si tu nous accompagnes à Versailles en réclamer ! »

La foule augmente, les hommes se sont mêlés au cortège, certains déguisés en femmes. Elles exigent comme chef Maillard, un des vainqueurs de la Bastille.

« À Versailles ! »

C'est l'après-midi ; dans la boue, sous la pluie, elles se mettent en route suivies d'hommes armés de piques, de haches, de bâtons pointus. La Fayette a bien tenté de retourner à l'Hôtel de Ville, on lui barre le passage, des forcenés lancent des cordes à tous les réverbères :

« À mort les traîtres, à la lanterne ! »

La Fayette a compris que la seule issue est de suivre ce mouvement populaire pour tenter de le canaliser. Éviter le pire au roi et surtout à la reine… La résistance serait vaine, Versailles pourrait tout aussi bien s'écrouler tel un château de cartes, plus vite encore que la Bastille.

La Fayette et la garde nationale se placent en tête de trente mille hommes et femmes. Le temps est affreux, la pluie devient grêle, la boue colle aux pieds si mal chaussés, glace les dos si peu couverts, aveugle, accroît la fureur. Sept lieues à marcher ainsi, le ventre creux, la haine au cœur ! Les femmes sont en tête et battent du tambour. La Fayette harangue ses hommes et leur fait jurer que personne ne touchera à la vie de la famille royale.

Marie-Antoinette est loin de se douter d'une telle agitation. Tout semble si paisible qu'elle s'est promenée au Trianon avec ses enfants. Le roi est à la chasse. Madame Élisabeth s'est rendue à Montreuil où elle compte dîner, quand elle entend la rumeur d'une masse populaire montant sur Versailles. Saint-Priest griffonne fiévreusement un mot pour prévenir le roi et la reine. Madame Élisabeth revient à Versailles en toute hâte avec Provence et Madame.

Ils se rendent chez Marie-Antoinette qui, dans ses appartements, en voyant accourir ses parents à une heure aussi inhabituelle, comprend que quelque chose de grave se prépare. Madame Royale serre sa main, lève des yeux remplis d'amour sur cette mère adorée. Marie-Antoinette est glacée quant au sort de son époux.

On part à la recherche du roi. Dans les galeries, dans l'Œil-de-Bœuf, les courtisans, perruqués, poudrés, doutent d'un tel mouvement hostile. Est-il possible qu'en si peu de jours ces gueux, que l'on pendait ou envoyait si aisément aux galères pour avoir volé un pain, osent se comporter ainsi ? Les courtisans vont d'une fenêtre à l'autre, chuchotent, serrent le pommeau d'une mince épée de parade… On envoie sur la route pour avoir des nouvelles, mais rien, seul le tambourinement incessant de la pluie, et les lourds nuages sur les terrasses.

Tout à coup, on a vu apparaître une masse glauque, une tourbe non identifiable, le grondement d'un orage humain plus violent que le tonnerre.

Marie-Antoinette s'est enfermée avec ses enfants. Elle presse la main de Mousseline qui ne la quitte plus, pâlit sous son rouge. La peur, c'est cet envahissement sourd de fourmis noires le long des veines, ces dents qu'il faut s'obliger à serrer pour les empêcher de claquer, ce cœur qui s'accélère, monte dans la gorge à l'étouffer, ce nuage noir et rouge sous les paupières, ces cheveux qui se collent sur les tempes et cette goutte invisible et glacée qui glisse le long du dos...

Le roi n'est toujours pas là, on ne peut prendre aucune initiative. Le comte d'Estaing, devant le danger très réel, accepte de Provence l'ordre de repousser la force par la force : il ordonne à ses régiments de se préparer.

Enfin le roi arrive à bride abattue – il est trois heures et demie – et rassemble en toute hâte son conseil. La garde nationale refuse de tirer sur la foule. Le roi, répugne à faire répandre une seule goutte de sang.

On entend battre la générale ; le nuage noir s'épaissit. Tandis que sonne le tocsin, les premières femmes-furies entrent dans les cours de Versailles : elles sont quatre cents. Épuisées par cette marche terrible et leur propre exaltation, elles bousculent tout sur leur passage. Une grande partie se précipite à l'Assemblée.

Louis XVI ne prend aucune décision, Saint-Priest s'exaspère.

« Sire, c'est là un danger très réel que cette foule, j'ose proposer à Votre Majesté des solutions radicales. Que l'on envoie garder les ponts sur la Seine par un bataillon du régiment de Flandres, un autre à Saint-Cloud, et à Sèvres. Que Votre Majesté fasse partir en toute hâte à Rambouillet, où se trouve le régiment de Lorraine, la reine et sa famille. Pendant ce temps, Sire, vous iriez à la rencontre des Parisiens accompagné de huit cents gardes du corps. »

Le plan de Saint-Priest est approuvé par M. de La Tour du Pin et M. de La Luzerne ; mais Necker, le duc de Montmorin, l'archevêque de Vienne sont contre : agir ainsi déclencherait la guerre civile.

Le roi décide d'attendre. La pluie redouble, roide sur les pavés de Versailles.

*

* *

Il est fort tard quand, trempées jusqu'aux os, le visage éclaboussé de boue, les femmes arrivent maintenant par milliers. Des furies qui lèvent le poing. À l'Assemblée, elles ont exigé que l'on chasse le régiment de Flandres et que les gardes de corps réparent l'injure faite à la cocarde tricolore. Tant de femmes, tant de cris, tant de hardes trempées, tant de suints, de sueur ! Certaines ne cachent même plus un mauvais jupon trempé de leurs menstrues. L'Assemblée est devenue une sorte d'immense bouge. Elles ont chanté, tout au long de cette marche implacable, ces refrains :

Jadis en France
Il exista
Des Grands par-ci,
Des Grands par-là
Trala déridéra (bis)
Mais on était
avec cela
Vexé par-ci
pillé par-là,
Tra déridéra (bis)
L'émigré croit
qu'il reviendra,
Que bientôt, il
Triomphera,
Mais gare à sa tête !
Tra déridéra (bis)

Le roi accepte de recevoir la délégation de cinq femmes qui doivent parler pour toutes les autres. Elles se sentent émues à l'extrême de se trouver brusquement dans le lieu inaccessible : un salon blanc et or. Elles, misérables, affamées, se trouvent devant la Personne Sacrée du roi de France. Il leur parle avec une grande douceur, les regarde avec bonté, et elles se sentent défaillir.

« — Nous voulons du pain ! disent-elles, incertaines, presque humbles.

— Je vous en promets, mais pour le moment je n'en ai pas », répond le roi.

Il leur sourit, vêtu simplement d'un habit de ratine gris perle. Il a un regard bleu ciel, confiant. La reine n'est pas la furie ivre de sang annoncée, mais une femme très pâle qui serre contre elle ses enfants dont on sait qu'elle en a déjà perdu deux.

Celle qui mène le groupe, la plus véhémente, celle qui réclame dans les escaliers la tête de la reine, s'évanouit d'émotion. Quel n'est pas son bouleversement quand, à peine remise, elle frôle la main du roi qui lui tend un verre de vin et l'aide à se remettre debout. Il lui donne quelques louis d'or et offre à toutes les cinq d'aller se restaurer aux cuisines.

La charité, la charité du bon roi Louis...

Elles se sentent foudroyées d'une émotion compliquée. Le roi, sacré à Reims, qui guérissait tant de plaies : *Le roi te touche, le roi te guérit*, leur a donné à boire, les a écoutées. Désorientées, elles rejoignent leurs féroces compagnes. Elles sont huées, accusées de se soûler du vin du roi et d'accepter son or ! Traîtresses !

C'est tout juste si on ne les met pas en pièces.

*

* *

Mounier, vers minuit, est venu voir Louis XVI avec les textes de la Déclaration des droits de l'homme et du citoyen qu'il refuse toujours de signer. Mounier ne cache pas au roi le danger latent que représente une telle émeute. Cette foule ne désarmera pas, au contraire. Il serait prudent, urgent, de fuir à Rambouillet. Louis XVI s'obstine.

« Il est indigne à un souverain de s'enfuir ! »

Saint-Priest, irrité par l'opposition de Necker, s'écrie :

« Sire, si vous êtes conduit demain à Paris, votre couronne est perdue ! »

Jamais Louis XVI n'a traversé une telle indécision ; l'envie de dormir s'empare de lui. Il s'effraie d'avoir à lutter contre un épais et noir sommeil et se tourne vers la reine.

« — Je suis de l'avis de partir à condition que l'on ne me sépare jamais de vous et de nos enfants !

— Soit, attelons les voitures », dit enfin le roi.

Dans les cours, la foule qui veille, si dense qu'on dirait une forêt qui avance, aperçoit les voitures attelées.

« Le roi s'en va ! » hurle une poissarde.

À ce seul cri, elles se ruent sur les voitures, coupent les harnais, hurlant « Marie-Antoinette à la lanterne ! »

« Je frémis encore, raconte Mme Campan, en me souvenant que les poissardes, ou plutôt les furies qui portaient des tabliers blancs, criaient qu'ils étaient destinés à recevoir les entrailles de Marie-Antoinette et qu'elles s'en feraient des cocardes. »

Le départ est impossible. Le roi, jusqu'au bout, refuse à la garde, qui, sur un genou, ajuste ses fusils, de tirer.

Marie-Antoinette affermit son calme et son courage : elle se retire dans ses appartements avec ses enfants, Madame Élisabeth, Provence et son épouse.

*
* *

La nuit avance. À l'Assemblée, salle des Menus-Plaisirs, une masse de femmes continue à psalmodier :

« Du pain ! À la lanterne ! »

Maillard prend la parole au nom de toutes, espérant arrêter leur débit ordurier.

« Le vrai mobile de leur expédition est le pain ! » plaide-t-il aux députés.

En réponse, on envoie une fois encore Mounier afin qu'il impose au roi de France la signature de la Déclaration des droits de l'homme et du citoyen.

Louis XVI, en pleurs, consent à signer ce qui est, en effet, la perte de sa couronne. Mounier se précipite, triomphant, à l'Assemblée, brandissant le précieux document.

« Le roi a signé ! »

Il y a seulement quelques jours, cette mesure aurait rendu au roi sa popularité. Étrangement, cette victoire accentue l'amertume générale.

« Pas de discours ! Du pain ! » se déchaînent les femmes.

*

* *

Dans la cour de Marbre, des incidents sanglants se déroulent. Un certain Brunout, soldat parisien, est repoussé contre la grille par M. de Savonnières et deux autres gardes du corps. Ils le poursuivent, sabre à la main. M. de Savonnières reçoit un coup de fusil. La garde nationale de Versailles tire sur la garde du roi ; on est sur le point d'en venir aux mains, quand, vers minuit, arrivent enfin les troupes de La Fayette.

Les manifestants bivouaquent aux abords du château où le roi, toujours débonnaire, leur fait distribuer du pain. Les émeutiers les plus dangereux se cachent dans les auberges restées ouvertes pour eux. Des mains mystérieuses ont déverrouillé chaque grille. Versailles est une ville ouverte, laissée à la dérisoire protection de ses ors et de ses fontaines. La Fayette, non sans mal, pénètre chez le roi et le rassure. Il se rend aussi à l'Assemblée où un semblant de calme paraît régner.

Chapitre 86

LE BOULANGER, LA BOULANGÈRE ET LE PETIT MITRON

Louis XVI se décide à aller se coucher. Il prie M. Huc, son huissier de chambre, de rassurer Marie-Antoinette.

« Allez chez la reine et dites-lui de ma part d'être tranquille sur la situation du moment et d'aller se coucher, je vais en faire autant. »

Madame de Tourzel suggère à la souveraine de passer la nuit chez le roi : elle refuse :

« J'aime mieux m'exposer à quelque danger s'il y en a à courir, et les éloigner de la personne du roi et de mes enfants », dit-elle.

Les courtisans les plus fidèles la supplient de les laisser monter la garde devant sa porte. Elle les remercie avec grâce, mais les invite à prendre eux aussi un peu de repos.

On est entré dans la nuit du 6 octobre 1789.

La Fayette est revenu vers deux heures du matin afin de rendre compte au monarque de l'état des événements. On lui refuse l'accès de sa chambre : le roi dort.

Versailles dort.

Il n'y a plus un seul bruit ; tout n'est qu'une ombre vague où se dessine sous un ciel d'encre la forme majestueuse du plus prestigieux château du monde et de toutes les royautés. La pluie redouble.

Marie-Antoinette, épuisée, a fini par se coucher et s'endormir vers deux heures et demie. Elle a prié Mme Campan et sa sœur de se coucher à leur tour. Peut-être dut-elle la vie au dévouement de ces deux femmes qui, sans le lui dire, préférèrent veiller. Elles s'organisent à tâtons et, avec leurs deux femmes de chambre, s'assoient toutes les quatre contre la porte de la reine.

À quatre heures et demie du matin, une masse glauque se hisse, rampe le long des cours, franchit la grille des Princes. Deux colonnes se forment ; ceux qui ont veillé dans les auberges se joignent aux émeutiers, bien décidés à pénétrer dans Versailles. Une rumeur diffuse, comme dans les mauvais rêves, parvient à Marie-Antoinette. Les femmes qui la veillent se sont vaguement assoupies quand elles sont réveillées brutalement par des cris horribles et des coups de fusil. Mme Thibaut se précipite chez la reine, la réveille tout à fait et la supplie de sortir de son lit. Elle tente de se rassurer et de rassurer la souveraine en disant que ce tapage est peut-être celui des femmes qui n'ont pas trouvé où dormir. Marie-Antoinette n'a guère le temps d'approfondir les choses. La sœur de Mme Campan s'avance vers la porte de l'antichambre qui donne dans la grande salle des gardes quand celle-ci vole en éclats sous le coup d'une horde armée de haches. Le garde du corps, M. de Miomandre de Saint-Marie, percé de coups, le visage en sang, ajuste, le temps de crier avant de s'effondrer :

« Madame, sauvez la reine, on vient pour l'assassiner ! »

La femme de chambre a la force de fermer au grand verrou la porte sur le malheureux, et fait de même des portes suivantes. Elle court chez Marie-Antoinette :

« Sortez du lit, Madame, ne vous habillez pas, sauvez-vous chez le roi ! »

Marie-Antoinette chancelle de terreur, mais se lève d'un bond, se laisse vêtir d'un jupon pas même noué, et d'une redingote jetée sur les épaules. Elles courent le long du corridor obscur qui conduit à l'Œil-de-Bœuf. Marie-Antoinette se heurte à l'épouvante : la porte du cabinet de toilette se trouve fermée de l'autre côté ! La reine est prisonnière de ses poursuivants qui vocifèrent les mots arrachés à un cauchemar :

« — Où est cette satanée coquine ? Il faut lui manger le cœur !

— Nous voulons couper sa tête, son cœur et fricasser ses foies, et cela ne s'arrêtera pas là !

— La voilà, la sacrée putain, il faut l'emmener au Val-de-Grâce ; nous n'avons pas besoin de son corps, il faut seulement porter sa tête à Paris ! »

Marie-Antoinette frappe de tous ses poings, hurle, pleure, redevenue la petite Antoine, épouvantée telle une petite fille. Une peur viscérale, très ancienne, le bureau de Madame Maman, la descente à la crypte des Capucins, le tournoiement tout rouge quand elle a accouché la première fois, en sang, « devant une horde ». Elle tambourine et crie, pauvre femme misérable :

« Ouvrez-moi ! Mes amis, mes chers amis, sauvez-moi ! »

Elle sanglote, enfantine, dépenaillée, à demi nue. Un domestique du valet de chambre du roi finit par entendre et ouvrir. Elle sanglote toujours, les cheveux raidis, les yeux rougis, la bouche décolorée, tremblante.

« Sauvez-moi, mes amis, sauvez-moi ! »

Une horreur innée de la mort, une envie si grande de vivre !

Il est effroyable de s'en aller ainsi, sous la brutalité d'une hache, d'un pic, de mains qui vous dépècent…

« Sauvez-moi ! »

On la mène, à demi suffoquée, à la chambre de Louis XVI : personne ; le roi n'est pas là.

*
* *

Louis XVI, terrifié pour elle et sa famille, est allé la chercher par le fameux passage secret ouvert entre leurs deux appartements pour favoriser, selon Mercy, la discrétion de leur vie conjugale. Le roi a aussi été éveillé en sursaut par son valet de chambre, Thierry de Ville-d'Avray. Il s'est dirigé dans l'ombre vers le cabinet de la Pendule. Il a entendu cette noire rumeur, cette menace de mort sur la reine, mesuré l'affreux danger qu'elle courait. Aidé de M. de Luxembourg, à peine vêtu, il a filé chez elle, au moment où elle a fui.

Il est retourné sur ses pas avec une seule hâte : sauver les enfants. Il a atteint la chambre du Dauphin et s'est heurté à une femme de chambre qui le portait dans ses bras enroulé dans une couverture. Il a saisi l'enfant. L'unique bougie s'étant éteinte, il a ordonné à la femme de chambre qui tremblait :

« Agrippez-vous à ma robe de chambre et suivez-moi ainsi ! »

*
* *

Marie-Antoinette attend son époux, plus morte que vive. Quand elle le voit entrer, en cet étrange équipage, elle se jette dans ses bras en pleurant. Elle l'embrasse, embrasse son fils. Elle cesse de trembler quand elle voit arriver sa fille, Mme de Tourzel, Madame, Provence, Mesdames Tantes… Même Mesdames Tantes, elle les aurait serrées contre elle, avec reconnaissance, en ce petit matin blafard du 6 octobre 1789 où l'on a voulu « lui arracher les entrailles et fricasser ses foies. »

*
* *

Pendant ce temps, les fanatiques, ne trouvant pas la reine dans sa chambre, se jettent dans l'Œil-de-Bœuf, continuent à la chercher, à la maudire, à la menacer du plus violent carnage.

On a dit, plus tard, avoir reconnu le duc d'Orléans. Au milieu de la nuit, camouflé dans une capuche rabattue sur son visage, il se serait tenu en haut de l'escalier de marbre et aurait montré du doigt où se trouvait la chambre de Marie-Antoinette de Lorraine d'Autriche de France.

*
* *

Dans cette aube froide, chez le roi, on tient conseil. Marie-Antoinette, peu à peu, a cessé de trembler. Elle s'est assise entre Madame Élisabeth et sa fille, son fils sur les genoux. Il joue avec les boucles de sa sœur et répète :

« Maman ! J'ai faim ! »

Elle l'embrasse, le serre davantage contre elle, lui murmure les mots ordinaires, nécessaires, de toutes les mères à l'enfant qui réclame sa pitance.

« Tout à l'heure, petit chou d'amour, tu auras du bon lait chaud, de la brioche, et nous irons nous promener à la laiterie. »

Elle embrasse le front si tendre de Mousseline qui la dévore des yeux. Elle lui dit aussi : « Tout à l'heure, nous dormirons. »

C'est alors que La Fayette fait une entrée fracassante, enfin arrivé avec sa compagnie de gardes. Il a vu, atterré, la tête des deux malheureux gardes au bout de piques brandies par des femmes hurlantes. La Fayette a réussi à empêcher que continue le massacre. Il aurait fini par atteindre sauvagement sa seule cible : Marie-Antoinette qui chante à mi-voix pour endormir le Dauphin :

Il pleut, il pleut bergère, rentre tes blancs moutons,
Vite sous la chaumière, vite bergère, allons !

Elle chante, la reine, comme toutes les mères quand l'enfant s'affole sourdement de ce qu'il ne comprend pas encore : l'humanité en guerre, en hargne, en meurtre.

« Sire, dit le général d'une voix étouffée, la foule vous réclame au balcon avec vos enfants et la reine ! »

Louis XVI regarde, navré, Marie-Antoinette. Elle lève vers lui un calme et lucide regard. Le Dauphin est totalement réveillé par tant de rumeurs. Il est cinq heures du matin. Louis XVI dit tout bas à La Fayette :

« Laissons la reine tranquille ! »

Mais le général secoue la tête, navré. Marie-Antoinette se lève, l'enfant dans ses bras.

« Allons au balcon, c'est notre devoir, il ne nous arrivera rien si la crainte quitte nos cœurs. »

*
* *

La digne fille de Marie-Thérèse, si droite dans sa robe blanche passée à la hâte, la chevelure sans boucles, sans poudre, un fichu sur les épaules, est la première à donner l'exemple et, un enfant à chaque main, à marcher bravement vers ce vide, cette trappe, ce balcon enfin, car on a donné ordre d'ouvrir en grand les fenêtres...

La Fayette l'a suivie, et tente de la protéger en s'adressant à la foule, avec des promesses d'apaisement, mais est-il seulement possible de l'entendre ? La clameur est terrible, à la vue de la reine. On brandit la tête des gardes presque sous son nez, on s'occupe à peine du roi, fou d'angoisse pour son épouse. Elle se tient droite, immobile et blanche dans ce matin blême. Elle sait qu'ils sont armés.

La Fayette tente de se faire entendre :

« — Le roi a toujours aimé la nation, son peuple, et il tiendra les promesses qui ont été faites !

— À Paris ! » hurle-t-on dans la cour de Marbre.

Madame Royale, si petite et déjà si lucide, voit se mouvoir cette pieuvre sans nom vers les fenêtres. Elle ondule, sorte de python immense qui rampe, se dresse, si près. Vont-ils escalader le balcon et assassiner sa mère ?

Louis XVI se retire avec trop de hâte dans les appartements, entraînant les siens – la reine.

Les hurlements redoublent ; des coups de feu sont tirés en l'air. En un seul cri jailli de milliers de poitrines monte la terrible sommation :

« La reine au balcon ! »

Elle regarde les siens, ils la contemplent, désolés, épouvantés. Le roi donnerait sa vie à sa place. Sa chevelure est raidie, elle atteint les épaules, longues mèches blanches.

« Antoinette au balcon ! Au balcon ! Au balcon ! »

Le balcon, où on la pendra comme à la lanterne, le balcon où on lui crachera au visage, le balcon où sur elle seront pointés les fusils.

Marie-Antoinette de Lorraine d'Autriche de France se tourne d'un seul coup vers ce balcon, son carcan et peut-être sa mort. La fille des Césars s'avance, le roi a crié faiblement « Marie ! Madame ! », il l'aime, il l'aime, lui, si peu doué en langage d'amour, il répète « Marie ! ». Madame Royale sent le cœur lui manquer et éclate en larmes. Maman !

« Dussé-je aller au supplice, je paraîtrai ! » dit la fille des Césars.

Marie-Antoinette attrape sauvagement la main de l'enfant. Elle porte son fils dans les bras. Ils ne se quitteront pas, jamais, on les tuera ensemble, ou on les épargnera, elle ne sait pas, elle n'a qu'une seule certitude : elle ne peut plus quitter ses enfants. Jamais.

« Pas d'enfants ! hurle la foule. La reine seule au balcon ! »

La fille du roi Marie-Thérèse. Seule, au balcon, face à tous les périls, droite telle une fleur sur une tombe, blanche, dans le matin blanc ; elle ne sait plus qui a tiré les enfants à l'intérieur. Un vertige l'envahit, elle serre ses lèvres sur une prière, les mains croisées, les yeux levés au ciel.

Elle reste ainsi un long moment, et le soleil éclabousse de rose ses mains croisées. Elle entend les cris des harpies :

« Tire ! »

Un garde national la couche en joue. Marie-Antoinette de Lorraine d'Autriche de France ne bouge pas. Derrière les fenêtres, elle devine ses enfants qui pleurent, le roi anéanti. Un tel courage de femme apaise soudain la multitude. La Fayette a deviné que sa vaillance a gagné les cœurs. Il sort sur le balcon, s'incline devant la reine et lui baise la main.

« Vive la reine ! » crie d'un seul coup cette meute qui l'instant d'avant voulait l'égorger.

Elle reste encore un moment, pleure silencieusement, humiliée du secours de La Fayette qu'elle estime traître à leur cause. La Fayette se met à haranguer ces gens, en son nom à elle, la reine, qui ne pense pas un mot de ce que le général dit en la désignant avec respect :

« La reine promet d'être attachée au peuple comme Jésus-Christ à son Église ! »

Elle a levé la main, pour saluer l'ovation qui monte, pour écarter, semble-t-il, la présence du général qu'elle n'aime pas.

« À Paris ! Vive la reine ! Vive le général ! »

Pâle, chancelante, elle revient enfin dans la chambre. Elle sanglote.

Madame Royale saisit sa main, le roi l'embrasse et pleure avec elle – leur calvaire et celui des enfants ont commencé.

« Ils veulent nous forcer, le roi et moi, et nos enfants à entrer à Paris avec la tête de nos gardes portée devant nous au bout de leurs piques ! »

« Le roi à Paris ! » crie-t-on.

*

* *

Louis XVI, effondré, avant de se décider à ce départ, prie l'Assemblée nationale de tenir une réunion urgente chez lui. Mirabeau fait savoir qu'elle refuse. C'est au peuple d'agir, de décider et d'emmener ses captifs. La masse populaire devient immense, impossible à canaliser. La Fayette dissimule son inquiétude : la famille royale arrivera-t-elle vivante à Paris ? Le roi demande à paraître au balcon et à annoncer lui-même qu'il accepte de se rendre dans la ville.

Le matin est devenu très clair, la pluie a cessé, un soleil d'été inonde ce balcon de cauchemar. La Fayette se joint au roi, et Marie-Antoinette aussi. Le général annonce en premier, à tous, la décision royale. Le roi prend alors la parole :

« Mes enfants, vous voulez que je vous suive à Paris, j'y consens, mais à condition que je ne me séparerai pas de ma femme et de mes enfants. »

Quoi, il a dit « ma femme et mes enfants », comme eux, les gens du peuple ? Un roi peut éprouver les sentiments des misérables ?

« Mes enfants, continue le souverain dans le silence qui se rétablit, je vous demande instamment la sûreté pour mes gardes ! »

Il les appelle « mes enfants ». Il est bon, Louis ; sans l'Autrichienne, il aurait été le meilleur père pour eux, il leur aurait donné du pain et du vin et des pièces jaunes comme il l'a fait à la délégation des femmes.

Les gardes tournent leur chapeau du côté de la cocarde et crient :

« Vive le roi ! Vivent les gardes du corps ! »

Il y a un élan d'enthousiasme, et on décharge les fusils en l'air. Tout se met à ressembler à une curieuse fête. On va ramener « le boulanger, la boulangère et le petit mitron » en la bonne ville de Paris, leur ville à eux, les enlever à jamais de ce château, de ces jardins ruineux, bâtis à la sueur et au sang du pauvre monde !

« À Paris ! »

*

* *

À une heure de l'après-midi, la famille royale est prête à ce départ qu'elle ne sait pas encore définitif.

Marie-Antoinette, aidée de Mme Campan, serre le coffre de ses diamants dont elle ne veut pas se séparer. À la hâte, on empile quelques robes, quelques mantelets, un habit de cour. On demande à la reine quel escalier elle souhaite emprunter. Lasse, les yeux rouges, elle s'exclame :

« Hélas, je n'ai plus d'ordre à donner. »

À une heure passée, le soleil est haut, la façade de Versailles semble un seul marbre rose, une fontaine d'Italie, un songe d'or, le château de Blanche-Neige, le château dépouillé de ses enchanteurs, un carrosse devenu citrouille, les perles, des crapauds. Marie-Antoinette presse un mouchoir sur ses yeux, évite les miroirs.

Elle n'est plus la plus belle en ce royaume, mais la plus haïe.

Dans une première voiture montent la reine, le roi, le Dauphin, Madame Royale, Provence, Madame, Madame Élisabeth et Mme de Tourzel. Quelques voitures suivent avec la princesse de Chimay, les dames du palais de la semaine, la suite du roi et son service. Il y a une centaine de voitures pour les députés. Ce cortège étrange s'achève par le gros de l'armée parisienne.

Marie-Antoinette évite d'éclater en larmes, sous sa coiffe et son mantelet noirs, son fils sur les genoux. Près de sa portière et de celle du roi, afin de les protéger, chevauchent La Fayette et le comte d'Estaing. En tête, un détachement de grenadier, et deux hommes brandissant la tête des gardes.

Marie-Antoinette pose sa main sur les yeux de sa fille, tourne contre son cœur son fils, afin qu'ils évitent l'odieux spectacle. Ces têtes sous le ciel semblent sourire, éborgnées, devenues des trophées. Les poissardes, hissées sur des charrettes, complètent les funérailles de la monarchie expirante. Elles éclatent d'une joie hargneuse :

« Nous ramenons le boulanger, la boulangère et le petit mitron ! »

Certaines se hissent sur le marchepied de la portière, d'un bond prodigieux sans que La Fayette ou d'Estaing ne puissent intervenir. Marie-Antoinette voit et entend, derrière la vitre, grincer ces visages hirsutes, ricanants :

« On t'emmène à Paris pour te pendre à la lanterne, putain d'Autriche ! »

La reine serre davantage son fils contre elle, cache son front dans la chevelure soyeuse. Louis XVI, un mouchoir sur les yeux, pleure.

Une marche lente, pénible, il faut près de six heures pour atteindre Paris où, à la barrière de Chaillot, accompagné des membres de la Commune, le maire Bailly attend le roi.

« Quel beau jour, Sire, lui dit-il, que celui où les Parisiens vont posséder dans leur ville Votre Majesté et sa famille. »

Point de moquerie dans ces propos, et le roi, que l'on fait monter sur un trône de fortune, ultime dérision, prend la parole :

« Je viens toujours avec plaisir et confiance au milieu des habitants de ma bonne ville de Paris. »

Nulle ironie non plus, chez le pauvre Louis, sacré à Reims ! Il est près de sept heures, la nuit va tomber. Les souverains, épuisés, espèrent finir cette journée d'ignominie, ce 6 octobre, aux Tuileries.

« Sire, lui dit Bailly, on vous attend à l'Hôtel de Ville avec un immense empressement. »

Louis XVI ne peut se dérober à cette ultime fatigue. Il demande que l'on évite au moins à son épouse et à ses enfants un épuisement supplémentaire. On argumente de tous les côtés. La Fayette persuade la reine d'accepter ce dernier effort : il ne peut répondre de leurs vies si on contrarie le peuple.

Le cortège se remet lentement en route vers la place de Grève. Il faut encore deux heures pour traverser les rues illuminées au nom d'une fête qui glace les souverains.

L'Hôtel de Ville aussi est éclairé quand apparaît le carrosse royal. Des salves d'artillerie se mêlent à des acclamations contradictoires :

« Vive le roi ! Vive la nation ! »

Chaque fois que l'on frôle des lanternes, les mégères se déchaînent :

« À la lanterne ! »

Il est près de neuf heures quand le roi et la reine mettent enfin pied à terre. Le Dauphin s'est endormi, Marie-Antoinette l'a doucement posé dans les bras de Mme de Tourzel. Sous un dais improvisé, Louis XVI doit encore répéter « son plaisir de se retrouver dans sa bonne ville ». Dehors, on s'impatiente, l'obsession éclate dans le même cri :

« Au balcon ! »

Ils apparaissent au balcon de l'Hôtel de Ville, avec leurs enfants, et là, sous les flambeaux allumés, leurs visages semblent ensanglantés. Un halo mauve nimbe les bras et le visage de la reine, sa chevelure aussi semble mauve. Son fils pleure de fatigue autant que d'avoir vu en larmes les êtres qui lui sont le plus chers : sa mère, son père, sa sœur.

À dix heures et demie, après plus de neuf heures de tension, le corps malmené, misérable des besoins les plus élémentaires, ils peuvent enfin rejoindre les Tuileries.

*
* *

Rien n'a été préparé pour les recevoir. Depuis longtemps, les logements des Tuileries, que les souverains occupaient fort rarement, quand ils se rendaient à Paris, ont été donnés à des gens de la Cour. Le château est à peine lotis de quelques meubles de première nécessité. Il n'y a pas de draps aux lits. La comtesse de La Marck, parente des maréchaux de Noailles, disposait de l'appartement qui est donné à la reine. Le comte de Provence et Madame ont plus de chance, on les laisse se rendre à leur luxueuse demeure : le palais du Luxembourg.

Marie-Antoinette aurait donné tous ses diamants pour un lit frais et un bain chaud. Ses vêtements collent à son corps, son visage et sa chevelure sont gris de poussière. Elle est au bord de trébucher, ivre de fatigue.

*
* *

Sur les marches des Tuileries, droit, seule lumière parmi tant d'ombres, elle voit Fersen. Il accueille la reine dans son malheur, qui prend le risque de « rester là ». Une suavité indicible emplit soudain le cœur de la mal-aimée.

Elle ne comprend pas tout de suite le mouvement affolé de Montmorin penché à l'oreille de Saint-Priest. Il s'approche de Fersen et lui parle tout bas :

« Votre liaison avec la reine est trop connue, votre présence porterait inévitablement atteinte à sa sécurité ! »

Le Suédois disparaît.

Louis XVI a aperçu Fersen avant la reine. Il redevient imperturbable. Il a tout vu, les pleurs émus de Marie-Antoinette, l'officier au regard ardent, l'« amant » prêt à mourir pour elle. Où est passée la jalousie de Louis XVI ? Étrangement, un apaisement l'a envahi à la vue de Fersen : Marie-Antoinette, qu'il n'a su défendre de monter ces marches honteuses de leur première prison, a reçu en ce jour abominable sa seule joie, et cette joie, c'est cet homme.

*

* *

Une immense envie de manger et de dormir s'empare du roi de France.

On a installé tant bien que mal la famille royale et on lui sert à souper. Un insolite dîner, assez copieux, en cette salle à manger, empoussiérée et si peu éclairée. Le roi dévore tout ce qu'on lui apporte. Dans une sorte d'ultime cérémonie, les quelques fidèles, debout, à distance respectueuse, le ventre vide, en habits de cour, assistent à ce dîner de l'échec comme si c'était un grand couvert à Versailles. Louis avale comme un sourd la fricassée de poulet, le gibier, les potages et le vin clairet des vignes de Thorigny, le vin qui embue d'une ombre pâle ses yeux alourdis. Marie-Antoinette se contente d'eau et d'un peu de potage. Elle se penche vers les enfants, se réjouit de les voir manger, reprendre des couleurs. Fersen les sauvera. Un sourire erre sur la bouche décolorée de la reine.

« Reste là.

Je reste là. »

*

* *

Il fait totalement nuit quand on s'installe pour dormir. On campe dans ces chambres lézardées où les vents coulis se mêlent aux traces d'humidité qui crèvent les tapisseries. Les fenêtres trop hautes, aux jointures mal fermées, sont gonflées de pluie. Les vitres, non lavées, ont l'opacité de la cendre.

Madame Élisabeth bivouaque au rez-de-chaussée, les enfants et Mme de Tourzel s'installent au pavillon de Flore, le seul qui soit chauffé. La reine n'a qu'une hâte : se laver. Jeter loin d'elle ces vêtements qui collent à sa peau. L'eau est froide, le drap qui la sèche aussi. Elle grelotte, mais elle sent se détendre son corps douloureux. Mme Campan la frotte d'un flacon d'huile parfumée. Le nécessaire de la reine a été monté avec ses quelques caisses. On lui enfile une chemise en batiste, un mantelet de nuit. Thierry, de son côté, s'occupe de la toilette du roi. Le reste de la suite royale s'installe, tout habillée, sur les banquettes et les tapis.

Personne ne ferme l'œil de la nuit, on sursaute au moindre bruit.

Seuls les enfants dorment emportés dans un rêve confus où se mêlent aux grandes eaux de Versailles de curieuses têtes lancées très haut. Le visage de Maman jaillit, plus haut que les autres, fontaine parmi les fontaines, sourire oblique.

Chapitre 87

LE PROJET DE M. GUILLOTIN

Tout a changé à une vitesse folle. Que se passe-t-il dans les grands projets humanitaires en cette fin de l'année 1789 ? La Révolution française marque son sens de l'égalité entre tous les citoyens par un changement radical de l'application du système pénal. Tout condamné à mort ne connaîtra plus l'infamante douleur mais une mort douce, rapide, « égale pour tous », grâce à une machine à décapiter dont le projet, proposé par le Dr Ignace Guillotin, professeur d'anatomie, fait d'abord éclater de rire l'Assemblée.

Il est incroyable de penser qu'en 1789, après la Déclaration des droits de l'homme et du citoyen, on roue toujours, on brûle vif, on pende haut et court et si mal, on décapite à la hache les aristocrates de façon si souvent malencontreuse que le bourreau s'y prend parfois jusqu'à vingt-sept fois. Il faut que son aide achève l'affreux travail avec un coutelas de fortune... Charles Jean Baptiste Sanson, le bourreau, a même goûté du cachot pour avoir odieusement écartelé l'infortuné Damiens. Il n'a pas étudié d'assez près la technique de ce supplice toujours en vigueur en cas de régicide. On a roué et brûlé en 1788 un homosexuel, l'année d'avant un parricide, le poing droit dûment tranché. Le Dr Joseph Ignace Guillotin a donc proposé à l'Assemblée constituante six articles afin de transformer à jamais le système pénal de l'Ancien Régime :

« Article premier
Les délits du même genre seront punis par le même genre de peine, quels que soient le rang et l'état du coupable. »

Les autres articles stipulent qu'en aucun cas une condamnation infamante d'une personne ne doit flétrir sa famille, que le corps du supplicié sera rendu à ladite famille si elle le réclame, et pourra jouir d'une sépulture ordinaire qui ne mentionnera pas son genre de mort.

L'article 6 met en relief le plus important :

« Le criminel sera décapité ; il le sera par l'effet d'une simple mécanique. »

Guillotin, certes, ne propose pas l'abolition de la peine de mort, défendue un moment avec passion par Robespierre et Marat. À l'époque où on s'est lancé à la conquête de l'air, où on invente toutes sortes de machines modernes, il est inouï d'en rester à des supplices barbares. Le bon Diderot a autrefois réfléchi au sujet et avancé une idée originale : les condamnés à mort feront œuvre utile. On les livra avec leur accord, à la science. Ils seront disséqués devant des étudiants en médecine. À la fois ils paieront leur crime, et, se rendant aussi utiles, ils seront relâchés, graciés, s'ils survivent.

S'ils survivent à la dénervation, à l'ouverture de l'abdomen, de la boîte crânienne, à la section d'une jambe ou deux, à l'émasculation – à tout qui concerne l'étude de l'anatomie humaine.

L'idée principale du Dr Guillotin est d'abolir la souffrance du condamné, de créer un accord avec le progrès de l'humanité. Humanité aussi vis-à-vis des spectateurs et du bourreau : en quelques secondes, la douce machine à décapiter fera son œuvre, sa belle et bonne œuvre, pudiquement, sans l'obscène déploiement de la chair, du sang, des hurlements, qui font régresser l'humanité vers ses sources bestiales.

Le rôle du bourreau deviendra celui d'un fonctionnaire, soigneux et précis, enfin libéré du corps à corps terrible avec la victime. La machine servira de rempart entre le corps du condamné et le bourreau qui perdra ce titre odieux et sera nommé d'un terme éclairé : l'« exécuteur ». La machine, impersonnelle, transformera les opinions et sauvera la dignité humaine. Le commentaire, dans *Le Journal des états généraux*, du discours de M. Guillotin, rend compte de cette nouveauté en des termes à la fois ironiques et choqués :

« M. Guillotin s'est appesanti sur les supplices qui mettent l'humanité en dessous de la bête féroce (...). Il a décrit l'horreur qu'inspirent ces êtres connus sous le seul nom de bourreaux (...) capables de déshonorer l'homme jusqu'au point de tremper leurs mains, de sang-froid, dans le sang de leurs semblables, pour obéir. »

En 1789, Guillotin, médecin, philosophe, à la description de sa « machine », entend un éclat de rire détestable. Après tout, il existe une autre mort douce : la pendaison. Elle est réservée aux manants ? Eh bien ! que l'on livre les aristocrates au gibet, ce sera un réel progrès social. Mais le bon docteur n'en démord pas, il tient à sa machine à décapiter :

« La mécanique tombe comme foudre, la tête vole, le sang jaillit, l'homme n'est plus. »

Le Moniteur se gausse d'un tel discours, la péroraison du docteur devient sous la plume moqueuse de la presse :

« Messieurs, avec ma machine, je vous fais sauter la tête en un clin d'œil et sans que vous en éprouviez la moindre douleur (...). Le supplice que j'ai inventé est si doux que l'on ne saurait que dire si l'on ne s'attendait pas à mourir et qu'on croirait n'avoir senti sur le cou qu'une légère fraîcheur. »

*

* *

Le Dr Guillotin est né à Saintes en 1738, et l'on dit que sa mère a accouché prématurément, horrifiée des hurlements d'un malheureux que l'on rouait, place du Marché. Toute sa vie, il songe à un moyen pour supprimer à jamais l'abomination des supplices. Il n'est pas l'inventeur à part entière de la machine qui porte son nom (féminisé), en dépit de ses protestations : la guillotine. La machine à décapiter existait au XVIIIe siècle, en Europe, surtout en Italie, à Bologne, sous le nom de *mannaia.* Les mœurs françaises, si raffinées et, paradoxalement, si cruelles, ne sont pas prêtes à accepter la mannaia. On apprécie en effet de voir pendre, rouer, brûler, écorcher et pire encore.

En Écosse, en Allemagne, en Hollande, en Angleterre existait une machine du même type dite *maiden.*

Le Dr Guillotin et son collègue, le Dr Louis, ont puisé l'origine de leur « machine à décapiter » dans ces exemples.

*

* *

Après des mois de tergiversation – dont l'avis du bourreau devenu enfin un citoyen comme les autres –, on convient que la décapitation pour tous est un progrès mais que la machine, en effet, reste à mettre au point. Sanson, en mars 1792, a évoqué l'immense difficulté pour que « bourreau et condamné soient chacun à la hauteur ». Ce même mois 1792, le ministre de la Justice Duport-Dutertre transmet à l'Assemblée ce projet avec « avis favorable ».

Le procureur général Roederer se tourne vers Guillotin pour rétablir un rapport clair et circonstancié.

On a rapidement besoin d'une bonne machine. Les condamnations à mort politiques se multiplient. La Révolution réclame son outil, « sa fille sanglante des Lumières ».

On se tourne vers le Dr Louis, secrétaire perpétuel de l'Académie de chirurgie. Il y a aussi, dans cette équipe humanitaire, le Dr Velpeau.

*

* *

Le 17 mars 1792, le Dr Louis écrit son *Avis motivé sur le mode de décollation.* Un avis chirurgical, sans le moindre état d'âme. La machine à décapiter présente ce grand intérêt : le corps devient « un emboîtement technique » avec la machine, et « le tranchant convexe, grâce à sa forme oblique, règle de façon satisfaisante le problème des « enchevauchures des vertèbres cervicales ». Le processus est d'une grande neutralité puisque son but est simplement « la suppression de la vie », non la douleur et le voyeurisme bestial. Allier la technique à la précision chirurgicale ne saurait qu'abolir « la frayeur de la mort », conclut le Dr Louis.

L'Assemblée, enfin convaincue, vote son accord, le 20 mars 1792. La construction de ce qu'on nommera d'abord « la Louisette » ou « la Louison », au grand dépit du Dr Louis, s'avère une urgence.

La lenteur administrative, le coût de l'engin font encore traîner les choses. Il faut solliciter différents corps de métiers.

Le 25 mars, le Dr Louis, qui a dessiné soigneusement ses plans (Guillotin dessine aussi les siens, dans sa maison de campagne, à Marennes), remet au charpentier ordinaire du domaine, M. Guidon, le descriptif détaillé qui n'est pas sans évoquer celui de la mannaia. M. Guidon tente de profiter d'une telle aubaine : il gonfle son devis jusqu'à six mille livres.

Pour six mille livres, il s'engage avec ses équipes à construire, dans le meilleur bois de chêne, pour la machine et son échafaud, un escalier de douze marches. Les rainures seront en cuivre de fonte, on prévoira trois tranchoirs. Il sera astucieux de confectionner le même modèle, en plus petit, « servant à la démonstration » afin de prévenir tout incident pour la grande machine.

Le devis a contrarié le ministre des Contributions publiques, mais M. Guidon avance des arguments sans réplique : au nom du préjugé, il sera sans doute malcommode de trouver des ouvriers consciencieux capables de participer à une machine de mort.

L'Allemand Tobias Schmidt, facteur des pianos du même nom, entre en compétition. Le 10 avril 1792, il propose un devis inférieur à celui de M. Guidon.

L'Assemblée accepte et on met en route cette nouveauté humanitaire. Il est temps ! Depuis deux mois, un condamné à mort se morfond ; les exécutions sont suspendues. On attend « la grande machine ».

Ni le Dr Louis, de fait, concepteur de la machine, ni Schmidt et encore moins Guillotin ne veulent endosser la paternité de « la machine à décapiter » de France. Guillotin est atterré quand son nom est donné, malgré lui, définitivement, à son invention.

« La guillotine » est sur toutes les bouches – et le nom fatal demeurera jusqu'en 1981, date à laquelle sera votée la loi d'abolition de la peine de mort en France. Les Français aimaient beaucoup leur « guillotine », et sa suppression soulève « encore » des émois. L'Allemand Schmidt s'irrite de se voir refuser « un brevet d'invention » qui eût été follement lucratif (un pourcentage par tête). L'Assemblée estime « qu'il répugne à l'humanité de donner un brevet à une découverte de cette nature ».

*

* *

En attendant de l'établir officiellement, on exerce vite et fort « la petite machine » dans la cour bien fermée de l'Hôtel-Dieu. Sanson, son fils et ses valets s'appliquent. On décapite devant MM. Louis, Guillotin et

Velpeau des moutons qui bêlent lamentablement, l'un après l'autre, liés à cette planche levée, abaissée ensuite, le cou glissé à toute vitesse sous « la lorgnette » qui se ferme vers une issue d'éclair et de sang. On travaille plus tranquillement sur des cadavres de malades mentaux dont nul ne se soucie. Au point de vue chirurgical, MM. Louis, Guillotin et Velpeau trouvent « la machine parfaite ». La tête tombe en quelques secondes. Bien sûr, il y a le sang. On le recueille dans un panier rempli de son, posé proprement sous la lorgnette. Une longue panière, sorte de cercueil, également remplie de son, est prévue, à côté, pour le corps. L'usage fera que la tête sera placée (jetée) entre les jambes du cadavre.

*
* *

Le 25 avril 1792, la guillotine est inaugurée. Le premier homme guillotiné en France se nomme Nicolas Jacques Pelletier. Repris de justice, il a battu à mort un passant pour lui dérober sa bourse. Il devait être roué ; on attend, pour lui et l'humanité à venir, la merveille.

Nicolas Jacques Pelletier !

Une exécution sensationnelle, une machine sensationnelle. Le procureur Roederer se méfie des réactions de la foule et a donné ses consignes à La Fayette :

« Le nouveau mode d'exécution du supplice de la tête tranchée attirera certainement une foule considérable à la Grève et il est important de prendre les mesures nécessaires pour qu'il ne se commette aucune dégradation de la machine. Je crois en conséquence nécessaire que vous ordonniez aux gendarmes qui seront présents à l'exécution de rester après qu'elle aura eu lieu, en nombre suffisant sur la place et dans les issues pour faciliter l'enlèvement de la machine et de l'échafaud. »

Nicolas Jacques Pelletier pousse des cris de goret, épouvanté par cette machine dont le couperet scintille sous le soleil.

L'imagerie populaire, y compris chez le condamné, n'est pas encore prête. La machine provoque la terreur.

*
* *

À partir de 1793, la France révolutionnaire entre dans la drogue de la « guillotinade ». Jusqu'à la fin de 1794, on est ivre de guillotiner. Par tombereaux entiers. Trente Girondins sont décapités en moins de vingt minutes. Sanson devient un virtuose. On arrive même à le plaindre de travailler autant. Parfois, il se fâche. Il gifle la tête de Charlotte Corday, condamnée à mort pour avoir assassiné Marat. La tête, dit-on, se met à rougir de honte.

Une arrière-pensée subsiste, provoquant des expériences et des fantasmes. La tête, irriguée fortement, *vit* sans doute encore quelques secondes, et *sait*.

Marie-Antoinette de Lorraine d'Autriche de France ignore que, grâce à ces ingénieurs, elle échappera au sort affreux de Marie Stuart. Le bourreau, trop ému, avait fait dérailler trois fois les coups de hache. La malheureuse reine d'Écosse vivait encore sur son billot, le cou à moitié décollé.

Il s'en faut de peu que la reine ne soit décapitée *à l'ancienne*.

L'orgueil de la fille des Césars sera anéanti jusque dans son exécution : Marie-Antoinette de Lorraine d'Autriche de France endurera le supplice d'une mort *laïque*.

Septième partie

MADAME VETO

Chapitre 88

Résidence, Les Tuileries

Le 7 octobre, dès le matin, toutes ces femmes qui ont voulu assassiner Marie-Antoinette, l'ont agonie d'injures, montées sur des canons, se précipitent dans les jardins des Tuileries sous ses fenêtres. Elles demandent d'un ton presque amical à la voir. La reine, qui a à peine eu le temps de boire son café et de s'enquérir des enfants, apparaît. Elle est vêtue d'une robe blanche à double volant, coiffée d'un chapeau à fleurs et rubans. Ces femmes, auxquelles se joignent des badauds, ont envoyé la plus hardie pour lui parler. Elle voit s'approcher une fille de la Halle, à la figure burinée, les yeux farouches, les bras croisés sur un fichu de toile rayée, la cocarde tricolore au coin d'un foulard noué sur une chevelure flottante. Elle l'apostrophe ainsi :

« Vous devez éloigner de vous ces courtisans qui perdent les rois, nous aimer, nous, les habitants de votre bonne ville. »

Marie-Antoinette répond avec beaucoup de naturel. Se souvient-elle de sa mère recevant les gens du peuple, écoutant leurs demandes, chaque semaine, dans la cour de la Hofburg ?

« Je vous ai aimés à Versailles, il n'y a pas de raison que je ne vous aime point à Paris ! »

Une poissarde s'avance, plus venimeuse que la précédente :

« — Oui, oui ! Mais au 14 juillet, vous vouliez assiéger la ville, la faire bombarder au 6 octobre, vous enfuir aux frontières !

— On vous l'a fait croire et ce sont ces mensonges qui font le malheur d'un peuple tout autant que celui du meilleur des rois. »

Une troisième harpie s'enhardit jusqu'à lui lancer quelques mots en allemand. Marie-Antoinette rétorque avec gentillesse qu'elle n'entend plus cette langue.

« Je suis devenue tellement française que j'ai même oublié ma langue maternelle. »

On l'applaudit, on lui crie des « bravo, encore ! »

« — Faites un pacte avec nous ! s'écrient-elles.

— Comment puis-je faire un pacte avec vous, puisque vous ne croyez pas à celui que mes devoirs me dictent et que je dois respecter pour mon propre bonheur ? »

Le public semble enchanté ; jamais la reine n'a été aussi proche, à la toucher, cette peau si blanche et rose, cette grâce, ce sourire…

« Donnez-nous les rubans et les fleurs de votre chapeau ! » crient-elles avec émotion.

Marie-Antoinette détache elle-même ses rubans, les fleurs de son chapeau et les tend à celle qui semble la meneuse. Ces trophées délicats passent de main en main. Pendant une demi-heure, on hurle de joie :

« Vive Marie-Antoinette ! Vive notre bonne reine ! »

La souveraine peut enfin se retirer, soulagée. Devant tant de rumeur, son fils a pris peur. Il se jette dans ses bras.

« Mon Dieu, Maman, est-ce qu'aujourd'hui serait encore hier ? »

L'enfant se tourne en pleurant vers son père. Très inquiet pour son épouse, Louis XVI ne l'a pas quittée quand elle a parlé à ces femmes.

« Pourquoi votre peuple est-il fâché contre vous ? »

Le roi prend son fils sur ses genoux.

« Mon enfant, j'ai voulu rendre le peuple encore

plus heureux qu'il ne l'était (...). J'ai assemblé à Versailles (...). Ce qu'on appelle les états généraux. (...) Ils m'ont demandé des choses que je ne puis faire (...). Il s'est trouvé des méchants qui ont fait soulever le peuple (...). Il ne faut pas en vouloir au peuple. »

Marie-Antoinette lui dit aussi qu'il faut traiter aimablement tout leur entourage – surtout les Parisiens.

Elle écrit à Mercy, ce même jour, pour le rassurer :

« Je me porte bien, soyez tranquille ; en oubliant où nous sommes et comment nous y sommes arrivés, nous devons être contents du mouvement du peuple, surtout ce matin. J'espère, si le pain ne manque pas, que beaucoup de choses se remettront. Je parle au peuple, milice, poissardes, tous me tendent la main, je la leur donne. Le peuple, ce matin, nous demandait de rester ; je lui ai dit de la part du roi qui était à côté de moi, qu'il dépendait d'eux que nous restions. »

*
* *

Marie-Antoinette se fait bien des illusions : si le peuple a manifesté ce rapprochement, c'est pour effacer la ruée furibonde de la veille. Mercy connaît trop bien l'impopularité de la reine. Il lui répond le 10 octobre, dans le sens de ses conseils de toujours : qu'elle mette sa vigilance à se faire aimer.

« Ce que mon zèle me fait envisager de plus important dans la conjoncture présente, c'est que la milice [la garde nationale], son chef [La Fayette] et le peuple aient lieu de s'affectionner à la reine. Quelques actes de bienveillance que l'on verra émaner directement de Votre Majesté produiront un effet qui peut remédier à tout. »

Marie-Antoinette va tenter un acte de charité spectaculaire mais qui, par sa maladresse de fond, se retournera contre elle.

Ces femmes l'ont suppliée d'intercéder pour obtenir la remise gratuite de leurs effets déposés, faute à la misère, au mont-de-piété. Elle a promis qu'elles pourraient retirer leurs effets. Dangereuses promesses, d'une grande bonne volonté, mais fondées sur aucune réalité. La mise en route d'une action aussi difficile à concrétiser administrativement n'a pas été faite. La « charité » de Marie-Antoinette se transforme en nouvelle agressivité contre elle. À la nouvelle que la reine a levé les interdits au mont-de-piété, la foule s'est précipitée aux Tuileries, persuadée de trouver le bon permettant de récupérer leurs pauvres biens. Personne ! Les fenêtres sont closes, la garde nationale déambule, la reine a disparu. Au mont-de-piété, ils se font rabrouer. L'impatience dégénère en crise violente, au point qu'on est obligé de faire venir la garde pour protéger militairement le mont-de-piété. On vitupère contre la reine.

Marie-Antoinette a parlé au roi. Au fait des affaires du royaume, il a fait vérifier ce que coûterait au Trésor la remise des effets du mont-de-piété : trois millions de livres ! Somme si énorme qu'il est impossible d'y donner suite. Pour ne pas laisser sombrer la belle promesse de son épouse, Louis XVI veut laisser quelque espérance à ces infortunés. Une proclamation leur fait savoir que Sa Majesté leur accorde la remise gratuite des linges de corps et habillements d'hiver pour une somme en dessous de vingt-quatre livres, fonds pris sur l'argent réservé aux besoins personnels de la reine.

En réalité, le roi a fait fondre en toute hâte sa vaisselle d'argent à la Monnaie de Paris, le 24 octobre, laquelle peut verser au souverain cent vingt-sept mille neuf cents livres, conséquence de l'affaire du mont-de-piété. Une fois de plus, Louis XVI assume les imprudences de son épouse.

Dépouillé de sa vaisselle, il ne provoque pas pour autant la satisfaction. Déçus, les Parisiens retirent leurs hardes et détestent davantage « Madame Veto ».

Marie-Antoinette et le roi ont dû recevoir, les députations de tous les corps de la ville. En grand habit de cour, dans l'immense salle empoussiérée des Tuileries, la reine, le Dauphin sur les genoux, et son époux écoutent les compliments d'usage. Marie-Antoinette crispe son sourire, accrochée désespérément à son fils comme si elle en attendait la protection, humiliée. Elle se sent, avec ses proches, devenir une bête curieuse. Il y a la promenade obligatoire dans les jardins, le regard de la foule, étincelant, instable, lourd de menaces.

Des visiteurs plus illustres rendent hommage aux souverains. L'ambassadeur d'Espagne demande un jour à la reine comment se porte le roi.

« Comme un roi captif, Monsieur. »

Elle éclate en larmes, à sa désolation, s'excuse de la vétusté des meubles, des lits de camp qu'elle a fait installer dans sa chambre pour ses enfants.

Seule : tous se sont enfuis, excepté Fersen qui loge à Paris. Il lui reste encore le fidèle Mercy aussi impopulaire qu'elle. On le surnomme : « l'âme damnée de l'Autrichienne ».

*

* *

Un semblant de vie de cour se rétablit peu à peu. On a fait venir de Versailles les meubles, la vaisselle, les tapisseries, des miroirs, les vêtements. Le roi s'est fait installer trois pièces au rez-de-chaussée dont son précieux cabinet de géographie qui lui permet de suivre l'expédition de M. de La Pérouse. Sa chambre est au premier étage. Marie-Antoinette loge près de son époux. Au-dessus de la chambre de la reine se trouvent Madame Élisabeth et les enfants. La famille resserre ses liens. Une vie monotone, déjà de prisonniers, débute. La reine déjeune seule à une heure. Elle se promène ensuite avec ses enfants, dans les jardins et chaussée d'Antin, puis s'enferme dans ses cabinets et entreprend de vastes ouvrages de tapisserie avec sa fille. À huit heures et demie, on dîne avec Monsieur et Madame, le roi et Madame Élisabeth. Le couple royal fait ensuite une partie de billard. À onze heures, chacun se retire.

Ni bals, ni chasses, ni théâtres, ni concerts. Tout a changé, mais la reine insiste pour que demeure, même au ralenti, une vie de cour. Elle reçoit deux fois par semaine, après la messe. Chaque dimanche à midi, elle dîne solennellement avec le roi. Il y a foule, comme à Versailles, pour assister à ce spectacle. La reine est en grand habit, coiffée et poudrée par Léonard, les joues passées au rouge, le port altier, la lèvre dédaigneuse. Quelques courtisans, un planteur de Saint-Domingue, des députés, des gardes et une masse mal définie socialement l'observent avec avidité. On échange à haute voix des opinions contraires, sans égard pour ces têtes royales, immobiles. Le roi dévore, Marie-Antoinette ne déplie pas même sa serviette brodée d'une couronne et de ses initiales.

Ses enfants sont devenus son seul bonheur – Mousseline et Chou d'amour. « Nous logeons tous trois dans le même appartement, écrit-elle à la duchesse de Polignac. Ils sont presque toujours avec moi et font ma consolation. Si je pouvais être heureuse, je le serais par ces deux petits êtres. Le Chou d'amour est charmant et je l'aime à la folie… »

Un autre bonheur, plus fulgurant, lui est toujours imparti. Fersen ose s'introduire aux Tuileries jusque chez elle. La Fayette favorise les rencontres, les gardes ferment les yeux, mais les risques restent grands. Le 24 décembre, elle reçoit un immense cadeau : Fersen passe la journée entière avec elle. Ils ne se disent rien, se montrent des amants chastes, brûlants, exilés.

« Reste là.

Je reste là. »

Fersen est prêt à tout pour approcher « Joséphine ». L'année suivante, il parvient à la voir chaque jour – parfois quelques minutes. Il note, dans son journal, son émotion :

« C'est un ange pour la conduite ; jamais on n'a su aimer comme cela. (...) Elle est extrêmement malheureuse, mais très courageuse, je tâche de la consoler le plus que je puis ; je le lui dois ; elle est si parfaite pour moi ! »

Le roi, manifeste une grande tendresse à son épouse, mais la dépression l'inhibe. Il somnole quand on lui parle, on a l'impression qu'« il entend du chinois ».

Depuis le 10 octobre, Louis XVI, d'après le décret de l'Assemblée nationale, n'est plus « roi de France et de Navarre », mais « roi des Français ».

Il se sent au comble de la détresse : roi des Français ! L'inacceptable pour ce monarchiste convaincu, rejetant avec horreur le principe qui l'aurait sauvé : une monarchie constitutionnelle. L'idée a été présentée par Bailly, La Fayette, Sieyès, les frères Lameth. Les démocrates, – dont Duport, Pétion, Robespierre, surnommé « la chandelle d'Arras » –, se déchaînent, pour un concept radicalement républicain.

Marie-Antoinette et le roi n'ont en fait pour partisans que quelques nobles libéraux – Clermont-Tonnerre, Virieu – et Fersen.

Et puisqu'il y a Fersen, elle n'a pas peur.

Chapitre 89

La Contre-Révolution

Où se tourner ? Louis XVI louvoie. Il donne des gages de bienveillance à l'Assemblée et au peuple, et entreprend une correspondance secrète afin de demander l'aide aux Cours étrangères.

*
* *

D'un côté, un roi faible, indécis, de l'autre, une reine courageuse, maladroite, impulsive. Marie-Antoinette songe à des plans, à engager des démarches. Elle prend seule la première initiative.

Elle a contacté M. de Fontbrune que l'ambassadeur d'Espagne lui a autrefois recommandé, sorte d'agent secret, qui rendra compte à l'empereur François II, neveu de la reine, de la mission qu'elle lui a confiée. « Le 9 octobre 1789, écrit-il, Leurs Majestés me firent remettre une lettre cachetée, adressée au roi d'Espagne, et un billet écrit par Sa Majesté la reine qui m'instruisait du contenu de la lettre adressée à Sa Majesté très catholique. »

Le roi d'Espagne, Charles IV, cherche tous les prétextes pour ne pas entrer en guerre aux côtés de la France selon le pacte des familles. Marie-Antoinette va jusqu'à écrire des fausses lettres signées du roi au roi d'Espagne et des faux pouvoirs de Louis XVI. Elle veut favoriser la mission de Font-brune.

On ne saura jamais si toutes ces lettres confiées à M. de Font-brune, qui passe par le baron de Breteuil, réfugié à l'étranger, parviennent à leurs augustes destinataires. Marie-Antoinette ignore quelles précisions donner à ces souverains étrangers – mais elle a chargé son émissaire de sonder les intentions du roi d'Espagne, qu'elle prie de leur accorder quelques subsides pour aider les agents de la contre-révolution. Elle agit, vite, mal, parce que « le pauvre homme » s'effondre sous ses yeux. Son indécision est telle qu'il accorde, faute impardonnable, au *Moniteur* la permission de publier le fameux livre des dépenses de la Cour. Les révélations des dépenses vont se retourner contre Marie-Antoinette.

Le Moniteur a publié les dépenses usuelles, celles concernant les frivolités de la reine et ses générosités à ses favoris honnis. On se sent revenir aux plus beaux jours de l'affaire du collier, avec la vision de sommes folles, puisées au ventre des affamés. Tous les villages de France, sont au courant des sommes qu'a osé distribuer « *la poule d'Autriche* » à ses débauchés !

Accablée, n'osant montrer sa colère au roi si faible, Marie-Antoinette se réfugie dans la pire des solutions : s'enfermer aux Tuileries, refuser sa présence aux foules. Elle coupe tout contact, accentuant les fantasmes et les rancœurs. Son attitude est interprétée comme le pire des mépris.

Elle les méprise en effet, tous ces gens qui la haïssent, elle voit en eux « des assassins et des gueux ». Mercy est atterré. Il faut, de toute urgence, un allié singulier et puissant : Mirabeau.

Mirabeau seul peut les sauver si Marie-Antoinette comprend la subtilité du rapprochement. Mirabeau, vedette de l'Assemblée, populaire, grand seigneur et crapule en même temps, Mirabeau qui tonne une vérité terrible :

« La foule battra le cadavre du roi et de la reine qui périront par elle ! »

Mirabeau ! L'orgueil de la fille de Césars est ulcéré.

« Nous ne serons pas assez, malheureux, je pense, pleure-t-elle à ses familiers, pour être réduits à la pénible extrémité de recourir à Mirabeau. »

Le temps « des pénibles extrémités » est arrivé. Augeard accouru secrètement chez elle a proposé un plan extravagant d'évasion. L'aider à s'enfuir, elle et ses enfants, en Autriche d'où elle pourrait rassembler des troupes, sauver le roi et son trône. Elle a refusé :

« Je ne fuirai jamais sans le roi. »

*
* *

Le comte d'Artois, prend des initiatives. Il blesse Marie-Antoinette et Louis XVI en jouant au nouveau chef de la monarchie. Eux, les monarques, n'ont pas été consultés. Depuis Turin, Artois a cherché des partisans dans la noblesse et auprès des souverains européens pour rétablir, soi-disant, son frère dans la légitimité. Le 12 octobre, il a écrit à Joseph II, l'assurant que tous les princes et lui-même étaient prêts à verser leur sang au service du roi de France. L'empereur a une réponse exaspérée. Navré et irrité du comportement de sa sœur, de la situation où ses imprudences l'ont menée, plein de mépris pour Artois et la faiblesse de Louis XVI, il sent que rien n'arrêtera les événements. Il répond au comte d'Artois de rentrer en France et de cesser de compromettre son frère en se faisant le chef d'un parti sans force devant la révolution en marche :

« Je prie Votre Altesse Royale, lui écrit-il le 30 octobre 1789, de considérer que quelque fâcheux que soient les événements qui sont nés depuis quelques mois des états généraux au sujet de la Constitution (...) il n'y a néanmoins aucune plainte, aucune réclamation de la part du roi, qui, s'il voulait, en aurait les moyens. »

Joseph II devine que l'intervention de l'Autriche déclencherait une guerre civile.

Artois se tourne sans succès vers l'Espagne. Le 16 novembre 1789, le prince de Condé exilé à Worms, en Allemagne, avec son fils, le duc de Bourbon, écrit à Calonne :

« J'ai bien peur que l'Espagne n'aille pas (...) elle prendra comme prétexte comme l'empereur... que notre roi ne se plaint pas. »

Pas un mot, pas une plainte de Louis XVI !

Le 3 janvier 1790, Artois abat une dernière carte : l'Angleterre. Il a écrit la supplique à Calonne afin qu'il la montre à William Pitt, le ministre de George III. L'Angleterre dotée d'une simple armée professionnelle refuse d'affronter la levée en armes d'une nation tout entière.

Marie-Antoinette, comprend que l'indécision de Louis XVI lui ôte désormais le respect de ses frères. Joseph II, tracassé par les différends qui troublent son empire, malade, a dit à M. de Fontbrune :

« Si l'Assemblée reforme les troupes allemandes comme il en est question, je les reprendrai à ma solde pour les rendre au roi lorsqu'il en sera temps. »

L'empereur est convaincu qu'on ne rattrape jamais les années d'une reine qui s'est comportée, en dépit de tant de mises en garde, de sa part et de celle de leur mère, en « tête à vent ».

La dernière lettre qu'il lui écrira ne lui parviendra jamais.

Marie-Thérèse aurait-elle supporté ce que sa lucidité entrevoyait ? L'alliance est bel et bien terminée. L'inconscience de sa fille a tout anéanti.

Chapitre 90

La reine et Mirabeau

Mirabeau, à l'Assemblée, se présente comme l'un des plus virulents ennemis de la royauté. Ce qui ne l'empêche pas de jouer admirablement sur tous les tableaux. Mirabeau, ami du comte de La Marck, ne cache pas son désir de servir aussi le roi. Il le convaincra d'adopter une attitude constitutionnelle. Mirabeau se flatte d'être l'homme d'une impossible conciliation.

Il entre beaucoup de calculs sous cette apparente idéologie. Mirabeau, couvert de dettes, couvert de filles, court après l'argent. Tous les partis lui semblent bons pour un tirer les millions qu'il engloutit allégrement. Se faire payer – et cher – par le roi pour manœuvrer les événements ne lui déplaît pas. Il peut ainsi devenir, en quelque sorte, le maître de la France, tant chez les monarchiens que chez les républicains. Le double jeu séduit l'aventurier en quête d'argent, des risques et du pouvoir.

Mercy devine que la piste Mirabeau est la seule qui offre une issue à Marie-Antoinette. La reine, seule, tente sans relâche des actions pour sortir d'une aussi noire impasse. Elle a mis au point un système d'encre sympathique, qui ne se révèle qu'à la chaleur, pour, avec l'aide de Fersen (*via* Fontbrune), passer ses messages à l'étranger.

Mercy et le comte de La Mark se chargent de convaincre le tribun. La Fayette résume la mentalité de Mirabeau en expliquant qu'il ne « trahit que dans le sens de ses convictions ».

Mirabeau parle aussitôt d'argent. Il demande six mille livres versées chaque mois par le roi. La Marck s'occupe de ce mandat mensuel dont on trouve une trace éloquente dans un billet de Mirabeau signé du 10 mars 1791 :

« Je vous renvoie votre mandat, 1°/ parce qu'il est au nom de Pellenc (un des secrétaires de Mirabeau), chose dont je ne me soucie pas ; 2°/ parce que Pellenc est malade, il est possible que je hasarde ces six mille livres. »

Marie-Antoinette, point dupe, traite Mirabeau de « grand coquin ». En même temps qu'il écrit une fougueuse lettre d'engagement à servir le roi, il demande tranquillement à l'Assemblée des gains élevés. Il a aussi réclamé sans sourciller au comte de Provence de lui obtenir une ambassade et à La Fayette une place au ministère ! Louis XVI ignore ces manigances que l'on rapporte à la reine. Mercy a son point de vue : « On ne peut regarder Mirabeau que comme un scélérat, et M. de La Fayette comme un conspirateur. S'il s'agissait cependant d'opter entre l'un et l'autre, il serait préférable de ménager le dernier, ne fût-ce qu'en raison de la force militaire qu'il a sous la main. »

Mirabeau s'est empressé d'écrire à Mercy :

« Quatre ennemis arrivent à pas redoublés ; l'impôt, la banqueroute, l'armée, l'hiver. Il faut prendre un parti ; je veux dire qu'il faut se préparer aux événements en les attendant, ou provoquer les événements en les dirigeant. En deux mots, la guerre civile est certaine et peut-être nécessaire. »

Il conclut : « Quand on ose se mêler de diriger une révolution, la difficulté n'est pas de la faire aller ; c'est de la retenir. »

Le 11 mai, Mirabeau a écrit à Louis XVI sa promesse d'engagement :

« Profondément touché des angoisses du roi qui a le moins mérité ses malheurs personnels, persuadé que s'il est dans sa situation, un prince à la parole de qui l'on puisse se fier, ce prince est Louis XVI. (...) Je promets au roi, loyauté, zèle, activité, énergie et un courage dont peut-être on est loin d'avoir une idée. Je lui promets tout, enfin, hors le succès qui n'est jamais d'un seul (...). »

*
* *

Mirabeau ne supporte pas, à l'Assemblée, les ennemis farouches du roi : Barnave, Lameth et Duport. Il est urgent de rencontrer la reine, mais il convient de vaincre son mépris autant que l'influence de Fersen sur elle. Marie-Antoinette hésite ; finalement elle accepte.

La rencontre avec le tribun a lieu le 3 juillet 1790, à Saint-Cloud où l'Assemblée a accepté que la famille royale y passe l'été. Le 20 juin, Mirabeau, sachant que la reine agit sans le roi, a écrit sur elle cette note si perspicace :

« Le roi n'a qu'un homme, c'est sa femme. Il n'y a de sûreté pour elle que dans le rétablissement de l'autorité royale. J'aime croire qu'elle ne voudrait pas de la vie sans sa couronne ; mais ce dont je suis sûr, c'est qu'elle ne conservera pas sa vie si elle ne conserve pas sa couronne. »

Le plan de Mirabeau ne manque pas d'audace. Faire partir au grand jour le roi et sa famille pour Rouen protégés, tout au long du chemin, par dix mille hommes. De Rouen, avec la collaboration des députés, le roi reprendrait en main la France et son pouvoir.

C'est dans une allée du parc de Saint-Cloud que la reine rencontre le tribun. Elle est vêtue d'une robe en mousseline blanche et rose, les épaules et la gorge visibles sous un fichu délicat. Sur sa chevelure cendrée, bouclée serré par Léonard, un chapeau de gaze, de rubans et de fleurs pastel. Elle va, le pied délicieux dans la mule en satin rose, de son pas de danseuse. Elle n'a qu'une suite modeste de trois dames. Mirabeau la regarde venir, on la reconnaît entre toutes, cette princesse unique, ce lys et cette rose, qui, peut-être, n'attend plus le secours que de lui.

Il s'émeut, le sang monte à ses joues. Elle est si proche qu'il sent son parfum de violette et de rose. C'est la première fois qu'il voit de si près le rendre visage sans morgue, les yeux d'azur embués de larmes.

Il est conquis et comprend mieux pourquoi elle compte autant d'amoureux que d'hommes qui l'approchent. Il a fait l'amour à des femmes plus belles, mais il n'a jamais éprouvé un tel sentiment aigu, compliqué, devant ce visage, cette bouche et ce regard. Elle est presque aussi grande que lui, avec la délicatesse de colombe, colombe qu'il aurait volontiers emmenée, captive et choyée.

Il s'en veut d'être bouleversé par cette femme qui ressemble à une jeune fille, dont il devine la souffrance et les épreuves. Il fait sa cour, à sa manière, se montre humble et, de sa voix dont il admet le pouvoir si trouble, il connaît ses audaces :

« J'en demande humblement pardon à la reine que je suis prêt à aider de toute mon âme. »

Marie-Antoinette lui tend spontanément sa main à baiser. Il se jette à genoux, ferme les yeux, appuie sa bouche chaude sur la peau délicate. Déjà amoureux, il oscille entre ses lourds calculs et l'emportement d'une conquête indicible.

« Madame, dit-il en se relevant, la monarchie est sauvée ! »

On ne saura jamais exactement ce que Marie-Antoinette et Mirabeau se sont dit. Leur entrevue a duré trois quarts d'heure.

Mirabeau au service de la reine… Il lui prodigue ses conseils, sans relâcher une seule fois ses attaques contre la royauté à l'Assemblée. Il se fâche avec les Girondins.

Marie-Antoinette a provoqué en lui un enthousiasme complexe et ardent. Il écrit à La Mark :

« Je périrai plutôt que de manquer à mes promesses. »

Sa mort soudaine, le 2 avril 1792, interrompra une stratégie qui, peut-être, aurait sauvé la reine.

L'entrevue avec Mirabeau a offert à Marie-Antoinette quelques semaines d'espoir.

Chapitre 91

La fête de la Fédération

L'assignat, système de petites coupures, était devenu la monnaie courante pour lutter contre l'inflation. Le décret du 2 novembre a remis les biens du clergé à la disposition du Trésor. L'assignat – billet « assigné sur ces biens » – permet de financer, donc de poursuivre la Révolution. Mirabeau tonnait à l'Assemblée :

« Partout où se placera un assignat (...), vous trouverez un défenseur nécessaire de vos mesures, un créancier intéressé à vos succès. »

On est loin des promesses quasi amoureuses du tribun à la reine au parfum de rose et de violette...

La Révolution, en effet, continue. La disette aussi. La souveraineté nationale s'affirme. Le droit de vote est accordé à tous les citoyens qui paient une contribution directe en proportion à trois journées de travail. Les municipaux doivent payer des contributions équivalant à dix journées de travail. Mme Roland, ennemie farouche de la reine, écrit que c'est là « une quadruple aristocratie de prêtres, petits nobles, gros marchands et robins ».

La diversité politique devient déconcertante. Le clergé se sent déchiré. Le pape a un rôle négligeable, seulement informé des évêques élus. Le catholicisme n'est plus une religion d'État mais une banale hiérarchie de fonctionnaires appointés par l'État. Pétion et Barnave, lors de la suppression du clergé régulier, ont opposé triomphalement la philosophie des Lumières aux dogmes ancestraux. Louis XVI, navré, incapable de trancher, a reçu du pape Pie VI une lettre où celui-ci s'inquiète du schisme inévitable.

Le drame va se jouer au début de l'année 1791. Tous les évêques, sauf sept, refusent de prêter serment, imités du bas clergé. Le pape condamne la constitution civile. Toute relation diplomatique est rompue avec le Vatican. On chante, sur l'air de *O filii et filiae :*

Notre Saint-Père est un dindon,
Le calotin est un fripon,
Notre archevêque un scélérat.
Alléluia.

*
* *

Louis XVI change d'opinion suivant ses interlocuteurs. Le 4 février 1790, il a à la fois clamé sa suspicion aux constituants et déclenché leur enthousiasme par un discours où il admet le ralliement :

« Votre monarque, dit-il d'une voix sans force, vient s'unir à vous, de la manière la plus franche et la plus intime. Il faut qu'un nouvel ordre de chose s'établisse avec ordre et tranquillité. »

L'ovation est prodigieuse, au scandale de Fersen qui écrit au baron de Breteuil :

« Sa Majesté aura l'air de reconnaître la nécessité de se mettre tout à fait dans la révolution... Il préviendra sans cesse les vœux des canailles. »

Louis XVI est déchiré autant que le clergé. Il lui faut choisir entre les idées de Fersen – celles de Marie-Antoinette – et les concepts de Mirabeau dont la reine a du mal à dissimuler la répulsion qu'il suscite chez elle. Le 14 juillet 1790, premier anniversaire de la prise de la Bastille, a lieu la fête de la Fédération. Le roi va-t-il enfin se rallier à la Révolution ? Mirabeau en doute.

Un rassemblement immense, une fête déjà républicaine où se retrouvent, sous la présidence du roi et protégés par La Fayette, les délégués de la France. Cette date consacre sans doute le triomphe de La Fayette. Pour contribuer symboliquement à cette journée, il a pris une bêche et remué la terre entouré de son état-major. La foule l'acclame.

Douze cents musiciens jouent un *Te Deum*. Talleyrand officie, avec trois cents membres du clergé. Juillet 1790 n'a rien à voir avec juillet 1789 : on a oublié la grande peur. À l'Assemblée, l'optimisme, règne, Duport s'écrie :

« Messieurs, soignez l'agriculture, encouragez le travail : tout le reste ira de lui-même. »

On va établir dans les mois suivants la base du code rural.

« Le territoire de la France est libre comme les personnes qui l'habitent. »

La fête de la Fédération se déroule dans une totale euphorie, au Champ-de-Mars, devant l'École militaire. On la compte au nombre des plus grandes journées de l'histoire de France. On acclame le roi quand il prête serment de respecter et de maintenir la Constitution. Marie-Antoinette, pâle dans sa toilette de brocart, des rubans tricolores dans les cheveux, assiste, devant quatre millions de citoyens accourus de toutes les provinces, à ce premier « 14 juillet ». Les trompettes sonnent, les tambours résonnent. Les Parisiens ont construit des gradins qui rappellent les cirques de l'Antiquité, afin de recevoir ce peuple qui chante déjà les mots de « liberté » et de « fraternité ». Le serment du roi a soulevé l'enthousiasme. On y croit à cette fraternité et à cette égalité universelles, à l'authentique âge d'or de l'humanité. On est heureux de voir Marie-Antoinette sous ses rubans tricolores. Enfin, elle se soucie d'eux, elle leur donne un peu d'amour ! Elle se lève et présente à tous le Dauphin dans ses bras. L'enfant sourit, vêtu en uniforme de garde national. Nul ne sait qu'elle cache derrière son fils son exaspération et ses larmes.

« — Vive la reine !

— Vive le Dauphin ! »

On entend surtout une seule clameur, incessante : « Vive la Nation ! »

Toute la nuit, on danse dans les rues. On s'embrasse, on pleure, on s'aime.

« La Révolution est finie ! »

Barnave, Robespierre, Pétion frémissent d'inquiétude devant un tel retour de flamme. Barnave s'écrie :

« Si le roi sait profiter de la fête de la Fédération, c'en est fait de la Révolution, c'en est fait de la République. »

L'indécision maladive de Louis XVI va tout faire échouer.

Le roi a l'air morne, étendu dans son fauteuil où il somnole. Il pleut à seaux, sans répit. La liesse populaire isole la reine à en mourir. Elle se contient pour ne pas arracher de ses cheveux les rubans tricolores. Fersen s'indigne d'une journée qu'il juge « ridicule ». La fête de la Fédération est l'enterrement national du roi et de la reine.

*
* *

La révolte jacobine éclate à la garnison de Nancy. La répression menée par le général de Bouillé et sa cocarde blanche est impitoyable, les exécutions sommaires et nombreuses. L'indignation se retourne contre Marie-Antoinette. On lui impute tous ces hommes fusillés.

On la hait de plus belle ; elle est l'âme damnée qui veut à toute force détruire la France et les citoyens.

À l'opéra, on se met à huer le chœur d'*Iphigénie :* « Célébrons notre reine. »

Marie-Antoinette, désolée, se replie. Elle achève l'été à Saint-Cloud avec la Cour. La police du roi découvre un projet qui vise à empoisonner la reine. Elle en parle à Mme Campan et à son nouveau médecin, M. Vicq d'Azyr. D'après Mme Campan, le médecin et la femme de chambre imaginent comment la protéger du poison. Sa sobriété est déjà une sauvegarde, mais le médecin s'inquiète de l'habitude de la reine : elle boit à son coucher un verre d'eau où elle laisse fondre une grande cuillerée de sucre en poudre. Le sucrier est sur la commode de sa chambre ; rien de plus facile que d'y glisser un poison. M. Vicq d'Azyr conseille à Mme Campan d'avoir toujours à portée de main du lait et de l'huile d'amande douce en contrepoison immédiat. Quant au sucre, Mme Campan le râpe elle-même chaque soir et le subtilise à celui du sucrier. Marie-Antoinette soupire :

« Souvenez-vous qu'on n'emploiera pas un grain de poison contre moi... On a la calomnie qui vaut beaucoup mieux pour tuer les gens ; et c'est par elle qu'on me fera périr. »

Au nombre de ses ennemis, elle endure La Fayette dont la popularité la soumet aux humiliations. Son apparente indulgence à protéger ses rencontres avec Fersen est un calcul pour la réduire. Elle reçoit souvent La Fayette en audience privée. Elle tremble des réflexions des femmes à son service qui prétendent à trop haute voix que « la reine s'enferme avec un rebelle et un brigand ».

Elle ne descend plus au jardin. Elle s'épouvante de ce turbulent silence d'un château, où mugit, la nuit, le vent qu'elle confond avec une rumeur menaçante.

Mais il y a Fersen ; il devient l'ombre de son ombre, le seul fanal dans sa nuit. La veille de Noël, il ne la quitte pas un seul instant. « Jugez de ma joie », écrit-il à sa sœur Sophie. Le roi, de plus en plus inhibé, se sent presque rassuré de sa présence.

« *Reste là*
Je reste là. »

*
* *

Le lendemain, c'est Noël. Le lendemain, il y a le chocolat chaud, la brioche et les cadeaux des enfants. Le lendemain, le drame va rebondir. Un billet anonyme a circulé dans tout Paris, dès la sortie de la messe de minuit :

« Le marquis de Favras a été arrêté avec son épouse pour un plan qu'il avait suivi de faire assassiner M. de La Fayette et M. Le Maire et ensuite nous couper les vivres. Monsieur frère du roi était à la tête. »

La suspicion éclate. Marie-Antoinette est certainement la meneuse de ce complot monarchiste. Madame Veto veut, comme toujours, la peau du pauvre monde. On aurait dû fricasser ses foies. Elle ne perdra plus rien pour attendre.

Chapitre 92

L'AFFAIRE FAVRAS

L'affaire Favras, l'hiver d'avant, a marqué le tournant décisif des ambitions ratées des uns et des autres.

Monsieur, de son côté, a mené un grand complot. Il rêve de devenir Louis XVII. Il sait utiliser la complicité du comte de La Marck, ce Belge très lié avec l'empereur et qui siège cependant à l'Assemblée. La Marck est protégé par Mirabeau qui sait aussi le manœuvrer. Le plan de Mirabeau – la fuite du roi à Rouen – a troublé le comte de Provence qui se demande quel parti en tirer. Le comte de La Marck a été reçu par Provence dans le but de fléchir le roi. Monsieur l'a donc accueilli en son palais du Luxembourg, en pleine nuit. Le plan de Mirabeau contrarie au plus haut point Monsieur. Il ourdit depuis des semaines un projet bien différent. Il s'est allié le duc de Lévis, le comte de La Châtre et le comte de Luxembourg. Monsieur songe lui aussi à faire enlever en lieu sûr et secret son frère et sa famille. Profitant du trouble général, il se fera élire régent puis, tout simplement, « Louis XVII, roi des Français » !

La Révolution arrange son ambition de toujours. Il décourage M. de La Marck en refusant d'influencer son frère dont il craint l'éternelle indécision. La Marck en a été désolé, il comptait sur cet appui. Il s'est lourdement trompé : Monsieur ne songe qu'à lui.

Pour neutraliser des gens aussi dangereux pour son complot que le sont Bailly et La Fayette, il faut de l'argent. Monsieur, fort avare, ne veut rien payer – à la rigueur, il accepte d'emprunter. Ses conseillers lui suggèrent de confier cette mission à un personnage exalté, héroïque, ultraroyaliste et inconséquent : le marquis Thomas de Favras. Monsieur ne se doute pas que, l'espionnage allant vite, La Fayette fait déjà surveiller Favras. La mission du marquis est de solliciter des hommes, avec l'appui des banquiers. Des hommes qui agiront contre le maire de Paris, La Fayette, le roi et, bien sûr, l'Assemblée.

Monsieur, tout aussi empêtré de calculs que Mirabeau, demande à rencontrer le tribun qui se sent flatté de manœuvrer tous les princes. Monsieur, à cette occasion, lui a fait miroiter la promesse d'une ambassade et la certitude d'un ministère s'il devient « Louis XVII roi des Français ». Monsieur se taille une bonne conscience : il s'agit de sauver son frère et sa famille.

*

* *

Au matin du 25 décembre, le complot devient un scandale peu intelligible, mais qui attise la vindicte et la méfiance des Parisiens. Le comte de Provence réunit en toute hâte ses alliés. M. de Lévis et le comte de La Châtre lui conseillent de prendre de vitesse ses détracteurs.

« Que Votre Altesse Royale se rende de toute urgence devant la Commune et clame son innocence ! »

Monsieur a de quoi s'affoler : emprisonné au Châtelet, le marquis de Favras peut tout révéler. Monsieur n'a guère de choix. Il se fait annoncer très tôt chez son frère, étonné de le voir à une heure aussi matinale. Monsieur déploie des trésors d'habileté. Il argumente qu'il a tenté de sauver son frère et les siens par une fuite organisée, mais que la malchance a retourné contre lui son généreux projet. À cette époque où tant de plans de fuite ont été échafaudés, le roi le croit et même le remercie. Marie-Antoinette regarde ce prince au gras sourire pâli, au regard illisible. Elle devine plus de fourberie que de fraternité. Le roi autorise son frère à présenter sa défense à l'Hôtel de Ville. Marie-Antoinette ignore à quel point Monsieur est admirable de rouerie. Certes, il connaît le marquis de Favras et l'a chargé « de quelques emprunts », mais pour assumer ses dettes personnelles, jamais dans le but d'un complot ! Comme tous les menteurs, il jure, les yeux au plafond, une main sur le cœur.

On l'applaudit avec frénésie ; qui soupçonnerait Monsieur de malveillance, à part Mirabeau qui l'aide, à toute vitesse, à présenter le texte de sa défense ?

Mirabeau et l'argent, Mirabeau convaincu que le pouvoir s'obtient par des tremplins humains. Monsieur, quel beau tremplin pour l'aider à se hisser à la tête de la Révolution ! Il suffirait de persuader Monsieur – qui a eu fort peur – de dicter désormais au roi sa conduite à tenir. Le roi deviendrait le chef réel de la Révolution, et Monsieur serait désigné Premier ministre. Mirabeau, éminence grise de toute l'affaire, tirerait les ficelles de tous ces Bourbons affolés et sans poids. Il se chargerait de Marie-Antoinette.

Le procès de Favras va avoir lieu, en février 1790. Monsieur est inquiet. S'il révèle les véritables intentions du frère du roi, tout s'écroule.

*

* *

À Paris, une véritable psychose du complot s'installe. Le nom de Favras est sur toutes les bouches. Il devient l'ennemi public, l'« assassin » de Bailly, de La Fayette, du peuple. Marie-Antoinette s'angoisse, que va révéler Favras ? La reine ne dort plus. Elle finit par se résoudre, avec le roi, à comparaître devant l'Assemblée et à jurer, (ô honte) solennellement, qu'ils n'ont rien contre la Constitution, que le roi se considère désormais chef de cette révolution qui comble la France. On est le 4 février 1790. Marie-Antoinette a passé la matinée à sangloter sur son lit. Elle a grand mal, témoigne Saint-Priest, à paraître digne et droite à l'Assemblée, à montrer leur bonne foi, à refuser les alliances étrangères.

Le marquis de Favras se comporte courageusement et ne dénonce pas Monsieur qui s'en tire à bon compte. Le marquis est exécuté le 9 février sans avoir parlé. Mirabeau a bien fait les choses en tonnant à l'Assemblée pour défendre le comte de Provence :

« L'autorité royale, a proclamé Monsieur, doit être le rempart de la liberté nationale ; et la liberté nationale, la base de l'autorité royale ! »

On félicite Monsieur avec chaleur ; Bailly le surnomme « le premier fondateur de l'égalité politique ».

*

* *

Le billet anonyme qui coûte sa tête à Favras est signé d'un certain « Baraux » que personne, jamais, n'identifiera, en dépit des cinq cents livres qu'offre Paris à qui le découvrira. A-t-on voulu, en essayant de sauver Favras, perdre définitivement la monarchie ? Favras pourrait gravement compromettre Monsieur. Jugé le 18 février, il nie le complot du comte de Provence. On le condamne à mort. Le 19 février, on le traîne place de Grève où il doit faire amende honorable. La foule est dense quand Sanson, maigre, sec, tout en muscles, en culotte et habit noirs, le fait monter à une modeste échelle et le pends à une potence lamentable. Il gigote longtemps avant de s'immobiliser, victime d'une fondamentale droiture envers sa parole. Monsieur est soulagé.

*
* *

Le lendemain de l'exécution de Favras, le 20 février, Joseph II meurt à Vienne. Son frère, le grand duc de Toscane lui succède sous le nom de Léopold II. Il connaît très peu Marie-Antoinette et lui écrit une lettre assez affectueuse, mais vague et prudente quant à son aide éventuelle.

Marie-Antoinette est plus que seule : isolée avec ce roi sans consistance, dans un royaume qui n'est plus un royaume, un château qui tient davantage d'une caserne que d'un palais…

Les grandes puissances ne feront rien pour eux. La Grande Catherine lui écrit ces mots dérisoires :

« Les rois doivent suivre leur marche sans s'inquiéter des cris du peuple, comme la lune suit son cours sans être arrêtée par les aboiements des chiens. »

Elle laisse couler ses larmes, penchée sur son métier à tapisser, frémissant à la rumeur qui prétend que Bailly et La Fayette ont monté avec Monsieur la comédie du serment de ce dernier à l'Hôtel de Ville.

Le dimanche qui suit l'exécution de Favras, M. de La Villeurnoy, maître des requêtes, vint implorer auprès de Mme Campan la permission de mener au grand dîner du roi et de la reine, la veuve du marquis et son fils en pleurs.

« Ils sont en deuil l'un et l'autre d'un grand Français immolé pour son roi. »

Les royalistes espèrent que la reine aura un geste officiel de reconnaissance vis-à-vis de la veuve et de l'orphelin du marquis.

Mme Campan tente de dissuader M. de La Villeurnoy. Elle craint Sancerre, commandant de la garde parisienne, qui, debout chaque soir derrière le fauteuil de la reine lors du dîner public, épie tous ses gestes. Mme Campan n'a pas le temps de prévenir Marie-Antoinette. Après le dîner en public, la reine se précipite chez Mme Campan. Elle se jette en pleurant dans un fauteuil. Les inepties des royalistes la suffoquent.

« Ils m'ont compromise vis-à-vis des deux partis en me présentant la veuve et le fils de Favras (...). Je devais prendre l'enfant d'un homme qui vient de se sacrifier pour nous et le placer à table entre le roi et moi ; mais, environnée des bourreaux qui viennent de faire périr son père, je n'ai pas même osé jeter les yeux sur lui. Les royalistes me blâmeront de n'avoir pas paru occupée de ce pauvre enfant ; les révolutionnaires seront courroucés en songeant qu'on a cru me plaire en me le présentant. »

Elle sanglote, les yeux rouges, les épaules secouées. Elle prie Mme Campan de faire passer quelques rouleaux de cinquante louis à la veuve de Favras. Elle la sait dans le besoin.

« Assurez-lui que je veillerai toujours à son sort et à celui de son fils. »

La charité, la charité de Marie-Antoinette que l'on voudrait bien, à son tour, pendre à la lanterne...

*

* *

La Révolution atteint l'An I. La Liberté devient la nouvelle sainte, la patronne des Français.

Les costumes se simplifient, le vernis du paraître est tombé. Les hommes portent des caleçons moulants, des redingotes en toile rayée, les femmes de simples robes blanches ou en toiles peintes, la chaussure plate, la coiffure « en cheveux », sous un bonnet où s'accroche la cocarde tricolore. Versailles est tombé devant Paris : Paris, c'est la chute de la Bastille, la fin de la reine.

En 1790, la Révolution est pour Marie-Antoinette une œuvre maudite. Pour les députés et les philosophes, elle marque le début de la vraie voie éclairée. Pour la masse, la Révolution n'est que le début d'une marche sans fin, où le prix attendu sera le sang du roi et, mieux encore, celui de Marie-Antoinette.

Chapitre 93

LA CONTRE-OFFENSIVE ROYALE

Après la fête de la Fédération, on a achevé l'été à Saint-Cloud. Un été doré, adouci par la présence quotidienne de Fersen. Son ami, son allié, son amant. Ils se retrouvent, courant tous les risques, à l'ombre de l'ombre, quelque part, en quelque lieu bien clos, une chambre, un cabinet privé de la reine. Le danger, le désespoir de Marie-Antoinette, tout exaspère leur passion. On ne fera jamais assez silence sur leurs lèvres jointes, le fragile sillon d'un lit à peine creusé comme une tombe… Fersen, établi à Auteuil, avec l'apparente complicité de La Fayette (qui concocte le divorce de la reine et sa mise en accusation d'adultère) ; cela permet au Suédois de retrouver « Joséphine » à la brune, ces ultimes jours d'un été incertain. Parfois, elle oublie tout, et galope à cheval, seule, vers les allées où ils sont convenus de se retrouver. La rumeur circule qu'elle va fuir seule avec son amant. Fersen confie à sa sœur Sophie la tendre pitié qu'elle lui inspire. Une admiration sans faille ; et si Fersen rejoint au milieu de l'été la duchesse, de Fitz-James, ce n'est plus pour l'aventure amoureuse mais pour protéger la réputation de Marie-Antoinette.

Il l'adore, ce qui ne l'empêche pas de servir sincèrement le roi. Le Suédois sait départager les sentiments. Marie-Antoinette tient la place unique d'une unique histoire d'amour ; mais, ardent monarchiste, il s'évertue à aider le roi à fuir.

*
* *

Fuir... Fuir, ce mot en glissement de couleuvre est sur les bouches de Fersen, du roi et de Marie-Antoinette. Fuir. Ils ont pour alliés bien peu de monde. Rivarol les défend dans son journal royaliste *Les Actes des apôtres*, l'aristocratie compte quatre mille serviteurs, mal armés et désorganisés. L'étranger reste toujours réticent ; que faire contre vingt-quatre millions d'individus déchaînés ? La faiblesse de la contre-offensive royale vient du nombre. Fersen est devenu le conseiller intime du roi et de la reine. Il se serait senti vil et ingrat d'abandonner ces souverains dans leur malheur. Fuir... Il en parle en premier à Marie-Antoinette lors de leurs causeries intimes. C'est là un immense projet, difficile, une gageure incroyable car partout est l'ennemi, partout des regards observent, des oreilles écoutent, des bouches répètent. Fersen écrit à Gustave III ses doutes sur une telle situation. La guerre serait inévitable, mais le plus dangereux serait ce roi prisonnier à Paris. Il ne dit pas « cette reine ». Pour son compte, il l'aurait volontiers enlevée à cheval, seule, jusqu'en Suède. Un précieux dépôt ; une vie si fragile – sa vie même.

Les émigrés, de plus en plus nombreux, fomentent leurs complots pour aider le roi, mais une cohésion toute-puissante semble irréalisable.

Farouchement antirévolutionnaire, Marie-Antoinette (et le roi) n'intègre pas la sagesse des conseils de Mirabeau : établir un royaume constitutionnel comme en Angleterre, tenant compte des nouveaux courants.

La véritable révolution est accomplie dans des milliers de cerveaux.

Les notes de Mirabeau atterrent les souverains. Celle du mois d'août affole la reine :

« Le moment est arrivé de se décider entre un rôle passif et un rôle actif. »

Rien n'est pire, souligne le tribun, que cette éternelle indécision qui déchaîne bien plus la suspicion et les violences qu'une franche guerre civile.

Le mot honni est prononcé. Marie-Antoinette écrit à Mercy sa répulsion des avis de Mirabeau. Elle n'en a retenu que sa première idée : aider la fuite du roi et de sa famille. Elle a l'imprudence de continuer, sans en avertir le roi et en signant de son nom à lui, sa correspondance avec l'étranger. Elle écrit à l'empereur de Vienne de les aider à se sortir de cette « situation affreuse ». Ces missives, combien dangereuses, sont confiées à l'ambassadeur de Naples qui, des Tuileries, se rend discrètement en Autriche.

Les répressions du général de Bouillé ont soulevé une telle haine contre la reine qu'on parle de les ramener de Saint-Cloud et de leur interdire de quitter Paris. On affirme avoir vu Bouillé se rendre à Saint-Cloud : à coup sûr, il prépare l'enlèvement de la famille royale. Le soupçon est partout, le roi prend des décisions sans consistance : changer de ministère et renvoyer Necker dont plus personne ne se soucie. On n'en est plus là, on en est à surveiller ce prisonnier indispensable à la bonne marche des idées nouvelles. La fuite du roi, c'est sa rupture définitive avec son peuple – si tant est qu'il ait encore un peuple. Le visage de la trahison est celui de la reine. On devient paranoïaque à force de soupçons : La Fayette, dit-on, organise la fuite du roi. La fuite devient l'obsession. Un soir du mois d'août, le roi et la reine rentrent vers neuf heures à Saint-Cloud. Ils se sont attardés une heure de plus dans leur promenade. On délire : ils se sont enfuis !

*

* *

À nouveau des libelles affreux retombent sur Marie-Antoinette. La comtesse de La Motte ressurgit. Elle vit à Londres et n'a en rien détruit ses « mémoires », où, à sa façon, elle raconte l'affaire du collier et les diverses « obscénités » de Marie-Antoinette. Son mari a eu l'audace de se rendre à Paris, à l'Assemblée. Il demande l'entière révision du procès de son épouse victime de la reine. Les La Motte arrivent à point pour alimenter la psychose générale contre Madame Veto. Ils deviennent des héros, des victimes de l'Autrichienne. Cette révision du procès alimente un argument magnifique pour amener le roi à divorcer de cette Messaline qui lui nuit, lui que son peuple n'a jamais cessé d'aimer.

Marie-Antoinette éclate en sanglots quand La Fayette ose évoquer sans le moindre ménagement la nécessité de ce divorce. Le général insinue à quel point il sera aisé de témoigner de ses relations avec Fersen. L'amant en titre, le bienvenu de ses jours et de ses nuits ! Marie-Antoinette se reprend ; point de larmes devant ce lâche qui l'a manœuvrée. Elle le reçoit longuement, écoute ses outrages sans sourciller. Elle blêmit, mais ne flanche pas. Elle est déjà en situation de « procès ».

« Monsieur, je ne divorcerai jamais du roi ! »

M. de Montmorin s'indigne qu'une telle infamie soit aussi froidement envisagée contre elle. Le garde des Sceaux, M. Duport du Tertre, affirme brutalement « qu'il n'y a que ce seul moyen » :

« Un procès public d'adultère de la reine rétablirait le roi dans sa dignité et ferait cesser en conséquence les troubles. »

*

* *

Marie-Antoinette va encore une fois montrer son courage qui provoque, malgré eux, l'admiration de ses ennemis. Les troubles éclatent, à Paris, dans toutes les sections. Le 13 novembre, le peuple s'en prend au maréchal de Castries dont il pille l'hôtel. On l'accuse de se liguer avec les monarchistes contre la nation. Le peuple se rue ensuite aux Tuileries hurlant des blasphèmes sanglants contre Marie-Antoinette.

Louis XVI flanche ; il se sent devenir fou, fou de terreur, d'impuissance. Il éprouve une crise de panique, tandis que fonce la meute. Il court se réfugier sous les combles, les bras sur la tête. La reine se retrouve seule. Reprise tout entière de ce sang-froid hérité de sa mère, Marie-Antoinette de Lorraine d'Autriche de France fait face. Elle jette ses ordres à la garde nationale, sans faiblir :

« Fermez les grilles du château ! Tenez-vous devant les portes ! »

Elle parle haut et ferme, vêtue de noir et de mauve, la peau si blanche, le regard si bleu. Elle est tout à coup un général en chef, un souverain indicible qui subjugue ses hommes. Elle réussit à faire repousser la horde qui sans aucun doute aurait tout mis à sac.

Marie-Antoinette ne fait aucune remarque au « pauvre homme » qui a faibli. Elle puise sa forme d'héroïsme dans sa nature et la hantise de protéger ses enfants. Elle aurait tout fait, tout affronté pour sauver Mousseline et Chou d'amour. La reine est profondément une mère. Une mère comme toutes les mères de France, à qui, en vain, elle en appellera... Elle revoit son époux, ce dos fuyant, ces jambes lourdes, la perruque légèrement de travers, ce pauvre homme réfugié sous les toits. Elle éclate en larmes ; non de terreur rétrospective, mais de cette image navrante.

Elle n'a plus Mercy à qui se confier, celui-ci ayant prudemment quitté Paris pour Bruxelles, au mois d'octobre. Marie-Antoinette continue sa correspondance avec son ancien mentor et l'empereur qui se tient toujours sur ses gardes. L'Espagne, un peu émue, tient de vagues promesses. Chaque souverain répète comme Léopold II à Marie-Antoinette de « gagner du temps », ce qui ne signifie rien sinon laisser se développer une force tentaculaire dont la reine sent qu'ils ne sortiront pas indemnes.

*
* *

Que pourrait donc faire pour eux le baron de Breteuil ? La reine reprend sa dangereuse correspondance.

Le baron de Breteuil, réfugié en Suisse, est toujours en contact avec les souverains qui songent à une contre-offensive. Il est déconcerté. Au contraire de Mirabeau, il souhaite que le roi retrouve ses pleins pouvoirs et qu'on rétablisse l'Ancien Régime avec quelques rares concessions. Breteuil, par l'intermédiaire de l'évêque de Pamiers, correspond avec le roi. Il le presse d'adopter un plan. Qu'il se retire avec les siens, en lieu sûr, sous la protection du général de Bouillé qui ne manquera pas de joindre à ses troupes celles de l'Autriche. L'hésitation du roi contrarie Breteuil qui ne sait comment agencer cette stratégie. Il se tourne vers la reine qui refuse son plan.

« Il est trop hasardeux et définitivement funeste à la monarchie, voué probablement à l'échec. J'en suis à préférer une coudée supplémentaire dans cette prison qu'est devenu notre royaume. »

Mirabeau, de son côté, presse les souverains à pratiquer « la politique du pire ».

Le plus difficile et nécessaire atout est de regagner la popularité. Le 27 mars 1791, Mirabeau confie à Laporte, qui a pour mission d'en informer le roi, sa critique de la situation :

« La position du roi est d'autant plus critique que Sa Majesté est trahie par les trois-cinquièmes des personnes qui l'approchent. (...) Je suis porté à servir le roi par attachement à sa personne, par attachement à la royauté, mais également pour mon propre intérêt. Si je ne sers pas utilement la monarchie, je serai à la fin de tout ceci, dans le nombre des huit ou dix intrigants qui, ayant bouleversé le royaume, en deviendront l'exécration et auront une fin honteuse. » Mirabeau meurt brusquement le 2 avril, avec ces derniers mots à l'intention de Marie-Antoinette :

« Il fallait peut-être une révolution. Elle est faite. Il faut détruire le mal qui en a été la suite, il faut rétablir l'ordre : la gloire sera grande pour ceux qui y coopéreront. »

Marie-Antoinette regrette le tribun. Elle confie à Mme Campan :

« Il avait eu la force de tout désorganiser, il aurait pu avoir celle de réparer le mal causé par son funeste génie. »

On dit que Mirabeau a été empoisonné. Son médecin, M. Cabanis, le nie. On ouvre le cadavre. Le procès-verbal établit que l'état des intestins prouve tout autant le décès provoqué par un excès de médicaments que par l'effet d'un poison. La prudence est de conclure une mort naturelle. La tension générale est si violente que l'évocation du poison aurait suscité de nouvelles violences contre Marie-Antoinette.

*
* *

La conviction que la fuite devient l'unique issue s'empare même du roi. Il se sent prisonnier des Tuileries, il est las des avances vaines des trop frileux alliés d'Europe. Quelques petits États allemands ont promis du secours contre un échange territorial. Le roi a mal supporté les conséquences du départ de Mesdames Tantes pour Rome. Mesdames Tantes ont en vain pressé Madame Élisabeth de partir avec elles, laquelle refuse, ne voulant pas quitter son frère et sa famille.

Mesdames Tantes, avec l'accord de l'Assemblée, s'en sont allées soi-disant faire leurs Pâques dans la Ville éternelle. À mesure qu'elles s'éloignent de la capitale, la suspicion reprend les Français. On confond leur départ avec une fuite du roi. On arrête la berline des princesses à Arnay-le-Duc. Mesdames Tantes attendent des heures. Elles repartent, de justesse, grâce à un ordre de l'Assemblée. On méprise la signature du roi qui paraphe pourtant le précieux document. Paris, la foule envahit le palais du Luxembourg. Une rumeur affirme que Monsieur va s'enfuir. Glacial, hautain, il se laisse conduire aux Tuileries. Il y a aussi, en ce printemps qui débute, une poignée d'aristocrates, armés d'épées, de couteaux de chasse et de pistolets qui se portent aux Tuileries pour délivrer le roi. La Fayette donne ordre à ses gardes de désarmer ces idéalistes peu dangereux, mais dont les cris « Vive la reine ! » accentuent la phobie contre Marie-Antoinette.

La popularité de La Fayette est en baisse. On l'accuse de ménager la monarchie. Pourquoi n'a-t-il pas fait tirer sur ces exaltés, ennemis héréditaires de la nation ?

On arrive au jour de Pâques. Louis XVI est déchiré par le schisme religieux et ne veut pas faire ses Pâques avec un prêtre assermenté. Louis XVI a refusé dans sa chapelle des prêtres constitutionnels – dont le curé de Saint-Médard qui ordinairement le confesse. Le 17 avril, c'est le jour des Rameaux. La famille royale va à la messe de la chapelle des Tuileries. Marie-Antoinette et le roi reçoivent la communion de Mgr de Montmorency, aumônier du roi, qui a refusé le serment.

« Le roi refuse la cause révolutionnaire ! »

On murmure, on s'agite. Louis XVI décide de passer Pâques à Saint-Cloud. Il lui faut endurer l'humiliation de demander à l'Assemblée l'autorisation de quitter les Tuileries. On est le 18 avril. L'émeute pour l'empêcher de quitter Paris a été organisée par le club des Cordeliers. Marie-Antoinette, le roi, Madame Élisabeth et les enfants sont déjà dans la voiture qui doit les mener à Saint-Cloud, quand la garde nationale et une foule hostile se manifestent place du Carrousel. La voiture est cernée, une marée noire, un vent fou. Impossible d'avancer ni de reculer. Marie-Antoinette, le cœur serré, revoit les journées d'octobre. Va-t-on les faire périr étouffés ? On crie de tous côtés :

« Le roi veut fuir ! »

On passe aux insultes :

« Gros cochon ! À Paris ! »

Pendant deux heures, la garde menace la voiture de ses baïonnettes. Des injures cinglent les vitres. La Fayette, que l'on accuse de défendre les souverains, doit longtemps parlementer avec ses troupes. Il a même demandé au roi, sans succès, l'autorisation de faire tirer sur les émeutiers.

Les quarts d'heure passent, dans cet enfermement redoutable. Louis XVI réussit à passer le message à La Fayette et à Bailly : il restera à Paris. On ouvre la portière ; Marie-Antoinette sait que tout peut arriver. Les traîner, les dépecer, les pendre aux lanternes. Louis XVI descend avec calme :

« Il est impossible que je sorte ? Soit ; je resterai. »

Un silence lourd, des visages de pierre, des baïonnettes sous le nez… Le roi marche bravement vers les Tuileries, Marie-Antoinette le suit, son fils dans les bras, sa fille contre elle. Sur les marches du perron, elle se retourne et dit à haute voix :

« Vous avouerez à présent que nous ne sommes plus libres ! »

*

* *

Le lendemain, le 19 avril, le roi se rend à l'Assemblée et présente ses arguments où sa liberté est la caution d'éviter une guerre civile :

« Il importe de prouver à la nation que je suis libre ; rien n'est si essentiel pour l'autorité des sanctions et acceptations que j'ai données à vos décrets. Je persiste donc par ce puissant motif dans mon voyage à Saint-Cloud, et l'Assemblée nationale en sentira la nécessité. »

L'Assemblée nationale refuse de le laisser partir. Louis XVI se met alors à rédiger sa déclaration à tous les Français où, depuis l'outrage du 18 avril, il a l'intime conviction qu'il lui faut recouvrer sa liberté et se mettre en sûreté avec sa famille.

À Montmédy, là où se trouvent les armées du général de Bouillé. Fuir, dit la reine, fuir.

La fuite apparaît dans ses songes à demi éveillés tel un nuage de poudre argent où galopent des chevaux à col de chimères. Ils vont vite, sur une route tortueuse, boisée, mais qui, soudain, inexplicablement, est barrée.

Chapitre 94

Les préparatifs

Fersen va devenir l'organisateur essentiel de la fuite du roi et des siens.

« Partir, rejoindre Montmédy, ensuite le Luxembourg dans les États héréditaires de Léopold II. Du Luxembourg, atteindre Bruxelles, où la reine ferait passer tous ses diamants et recevrait l'aide du baron de Breteuil. »

Marie-Antoinette préfère désormais une telle aventure à la cage des Tuileries où la garde nationale bivouaque dans le moindre salon. Chaque soir, un garde tire un matelas et couche devant la chambre de la reine. On dirait une sorte de caserne où vont et viennent des soldats qui s'organisent à la manière d'un dortoir. Où que se tourne Marie-Antoinette, elle tombe sur ces gens en armes qui la surveillent.

Le plus difficile est de rassembler les fonds nécessaires sans éveiller les soupçons. Le général de Bouillé (par l'intermédiaire de Fersen) a donné son accord pour aider le roi à s'évader, mais réclame âprement l'argent pour nourrir ses troupes. Fuir, surtout pour un souverain aussi épié, c'est beaucoup d'argent.

Fersen s'inquiète des difficultés pour rassembler de telles sommes. Marie-Antoinette, que l'on a crue, peut-être à tort, étourdie et dépensière, a économisé le plus possible grâce à la générosité du roi qui payait ses frasques. Elle envoie en effet depuis des années à

Bruxelles, à ses banquiers, de jolies sommes, peut-être agitée par de sourds pressentiments. Sa mère lui a enseigné qu'il est mortel à un souverain de s'exiler s'il est pauvre. En 1791, elle possède près de quatre millions qu'elle a fait réunir pour « les premiers besoins ». Le roi reçoit en juin les deux millions de sa liste civile, sommes acheminées au général de Bouillé. Louis XVI et Marie-Antoinette, après l'échec de Varennes, ne reverront jamais l'argent, Bouillé s'en servant pour alimenter ses troupes et rejoindre Artois.

Fersen écrit à Bouillé, le 29 mai 1791 :

« Le départ est fixé au 12 juin ; tout est prêt et on serait partis le 6 ou le 7, mais on doit toucher deux millions le 7 ou le 8. »

*

* *

Depuis des semaines, la reine s'occupe des préparatifs, renouant hélas avec ses imprudences de toujours. Il aurait fallu s'enfuir vite, légèrement vêtus, lestés du strict nécessaire. La reine exige une nouvelle garde-robe alors que Mme Campan lui fait observer « que la reine de France trouvera des chemises et des robes partout ».

Vaines observations ! La terrible coquetterie l'emporte. La souveraine veut arriver à Bruxelles avec un trousseau complet pour elle et ses enfants. Mme Campan part donc, furtivement et déguisée, dans diverses boutiques afin de satisfaire cette envie sans éveiller les soupçons. Elle trouve « six chemises dans une boutique, six dans une autre, des robes, des peignoirs, etc. » Sa sœur coud elle-même un trousseau complet pour Madame Royale en se servant des robes de sa propre fille pour les mesures. Les habits pour le Dauphin sont confectionnés prétendument pour le fils de Mme Campan. Pendant des jours, la femme de chambre remplit des malles. Marie-Antoinette a choisi, pour acheminer ce dépôt à Bruxelles, de les adresser à la veuve du major d'Arras en qui elle a grande confiance, dame qui possède, affirme Mme Campan, « des terres dans la partie de la Flandre autrichienne ». Marie-Antoinette emmène avec elle sa première femme de service et espère que Mme Campan pourra la rejoindre.

*
* *

La reine tient à son magnifique nécessaire de voyage.

« — Le prétexte sera que je l'offre à ma sœur l'archiduchesse Marie-Christine, gouvernante des Pays-Bas.

— J'ose résister à Votre Majesté, s'effare Mme Campan. Qu'au milieu de tant de gens qui épient les moindres de vos actions, il y en aurait d'assez clairvoyants pour deviner que ce présent n'était qu'un prétexte de faire partir ce meuble avant votre départ. »

Marie-Antoinette n'en démord pas : elle veut son nécessaire de voyage. Afin de brouiller les pistes, elle convient de demander devant toute sa chambre qu'on veuille bien en confectionner un identique pour sa sœur Marie-Christine. Une dépense de cinq cents louis ! L'ébéniste demande six semaines pour exécuter le meuble. La reine vide le nécessaire de ses peignes, brosses d'or et d'argent, en ôte chaque flacon en cristal et or, le fait nettoyer afin de soi-disant l'envoyer à sa sœur dans l'attente du nouveau meuble.

Mais une espionne observe et comprend le manège. C'est la femme dite de « garde-robe », chargée de la chaise percée du Dauphin. Une « républicaine » bien appointée, la maîtresse de Gouvion, un des aides de camp de La Fayette. Elle le reçoit à l'entresol, aux Tuileries. Le 21 mai, elle remet sa dénonciation au maire de Paris, ayant remarqué des préparatifs qui ressemblent à ceux d'une fuite. Quant à l'envoi du nécessaire de toilette de la reine à sa sœur, ce n'est qu'un prétexte pour emporter ce meuble. Elle dénonce aussi les soirées clandestines où Mme Campan emballe avec la reine les diamants et autres effets. À l'aide d'une double clé, la délatrice a pénétré chez Marie-Antoinette, trouvant dans ce cabinet, sur un canapé, les diamants épars sur du coton.

Ultime inconscience de Marie-Antoinette, ne pouvant se passer de son coiffeur Léonard et de « ses divins services », elle ose confier au sot une mission des plus hardies. Elle va faire de Léonard, sans consulter personne, un émissaire de leur évasion en lui confiant le coffre des diamants. Il devra le remettre au duc de Choiseul, neveu du feu ministre, afin que les diamants la rejoignent à Bruxelles.

Léonard, plus effrayé que flatté, accepte cette mission de conspirateur. Un coiffeur ! La reine de France a confié un des grands atouts de sa fortune à son coiffeur, tout juste capable d'échafauder de stupides jardins anglais sur ses cheveux cendrés… Léonard, brouillon, les nerfs vite agacés, le ton efféminé, prétentieux et bête.

Sous la Restauration, Madame Royale, devenue la duchesse d'Angoulême, retrouvera les diamants. Par une prouesse de l'Histoire et de ses ironies, les pierres arrivèrent à bon port même si Léonard avait contribué à l'échec de l'évasion par la sottise de ses contrordres.

La date du départ est retardée au 20 juin à cause de la délatrice. Tout ayant disparu du petit cabinet, on se méfie. La Fayette, il préfère ne pas aller trop loin dans les perquisitions. La psychose populaire le rend prudent.

*

* *

Fersen a établi le plan suivant :

Le roi et sa famille quitteront les Tuileries avant minuit. Ils franchiront la dangereuse barrière de la porte Saint-Martin. Ils rouleront le plus rapidement possible vers Meaux, en passant par Claye, La Ferté-sous-Jouarre. Si aucun incident ne survient, ils devront atteindre au petit matin Montmirail. La difficulté essentielle est l'obligation de s'arrêter aux relais de poste afin de changer de chevaux jusqu'à Châlons. Il est improbable d'éviter les curieux et les gardes nationaux. La traversée de Châlons exigera une grande prudence – Châlons devra impérativement être dépassé vers cinq heures de l'après-midi. Après Châlons se trouvent les premières troupes du général de Bouillé, soit quarante hussards commandés par le duc de Choiseul et le colonel du Royal-Dragons, le baron de Goguelat, tous deux dévoués à Marie-Antoinette. Après Châlons, la berline, enfin protégée, sera menée au poste de Sainte-Menehould où se trouvera un second régiment, le Royal-Hussards. Cette escorte sera chargée de barrer la route de Verdun qui mène à Varennes. Pendant ce temps, le roi et la reine rejoindront Clermont où ils retrouveront les dragons de Monsieur. Tous les endroits stratégiques du parcours – Varennes, Dun, Stenay – seront protégés par des hussards et les régiments du Royal-Allemand.

Pour ne pas éveiller les soupçons, on a dit à tous ces hommes qu'il s'agit d'escorter un « trésor » contenant leur solde et qu'ils tiendront en quelque sorte un rôle de convoyeurs de fonds. Quand tout danger sera écarté, l'escorte, au courant du « trésor » que contient la berline, la mènera sans inconvénients jusqu'à Montmédy. De là, avec l'aide de l'Autriche, à Bruxelles, le roi pourra tranquillement mener sa contre-offensive.

*

* *

Fersen est angoissé par le plan concocté avec Bouillé. Trop d'obstacles lui paraissent évidents. Comment aller de Paris à Châlons sans problèmes alors que la véritable sécurité tient au secret autant qu'à la célérité des fugitifs ?

Fersen craint une défaillance des troupes de Bouillé. Le vent de la Révolution souffle avec une telle force qu'il est indubitable que quelques soldats prendront ombrage de laisser fuir le roi. La crainte, aussi, peut jouer. Placer des détachements trop vite, le long de ces routes fréquentées, donnerait l'alarme. Le plus sûr, dans une telle incertitude, est d'organiser un détachement considérable à Varennes. À Varennes, il y a un handicap : un relais de poste dangereux et aucune route fiable jusqu'à Dun. La sortie de cette bourgade est impraticable, à en croire le témoignage du palefrenier Thomas, qui mène un fourgon de meubles du duc de Choiseul pour installer la famille royale à Montmédy.

« Le chemin en sortant de Varennes par la route de Dun fait une descente si rapide, si tortueuse et si étroite que nous mîmes tous pied à terre et fûmes souvent obligés d'employer le cric pour faire sortir les roues du fourgon des trous où elles étaient entrées, pour les faire passer par-dessus les inégalités du terrain. »

Un doute obscur ébranle Fersen : la trahison de Bouillé. Qui peut affirmer que ce général ne jalonne pas exprès d'obstacles la route du roi, dans le but de rejoindre le comte d'Artois et de se battre à ses côtés ? L'avenir n'est-il pas plus sûr pour Bouillé auprès du comte d'Artois que dans ce danger absolu que sont devenues la cause du roi et surtout celle de Marie-Antoinette ? Le général a affirmé au Suédois sa crainte de lever les soupçons par un excès de troupes, mais tient à faire stationner ses hussards dans toutes les petites villes à partir de Pont-de-Somme-Vesle. Ces endroits sont farouchement révolutionnaires. On y hait tout hussard et le nom de Bouillé, « l'égorgeur de Nancy ».

*

* *

La famille royale prendra la route, tels des voyageurs ordinaires. Fersen affirme à la reine, en un murmure de lèvres, que la sagesse réside dans cette énormité : la fuite d'un roi et des siens au nez de tout un peuple qui les garde prisonniers.

« Ne placez vos troupes que depuis Varennes, insiste Fersen à Bouillé qui s'est rendu tranquillement aux Tuileries. L'époque est si troublée que les incohérents va-et-vient n'étonnent personne. »

Varennes devient le mot de passe, le symbole d'une porte qui s'ouvre et laisse aller librement les augustes prisonniers. Varennes-sur-Argonne, à l'est, où siffle le vent, cingle la pluie, où s'écrase le soleil, où les bois blanchissent sous le brouillard, Varennes, ce presque rien de ville, qui marquera à jamais les funérailles de la monarchie.

Il faut au comte de Fersen une totale passion d'amour pour oser ces intrépidités inouïes afin de sauver la femme qu'il aime. Il fait construire, le plus secrètement possible, dans une remise à Bondy, la berline avec la complicité de M. de Valory. Il aurait fallu, pour réussir l'évasion, deux cabriolets légers et simples. La reine et sa fille filant dans l'un d'eux, le roi et son fils dans l'autre. Deux voitures sans apprêts, point de nécessaire de voyage ni de bagages, filant vite, le long de l'itinéraire prévu avec six fois moins d'arrêts pour les chevaux.

Mais Fersen adore Marie-Antoinette et vénère la monarchie. Rien n'est trop beau pour la reine. Il commet l'imprudence de l'amour, celle de faire bâtir un énorme véhicule.

La berline est somptueuse, vaste, lourde, « remarquable ». Il faut cinq chevaux pour la mener. Une berline construite lentement depuis l'hiver, travaillée avec art pour la promenade éclatante d'une reine, non pour la fuite en douce de souverains détestés. Une berline, non couleur de muraille, mais peinte d'un vert et d'un jaune mirobolants. L'intérieur est tapissé de velours blanc, les banquettes et les coussins sont en maroquin vert. L'amoureux a tout prévu pour le confort de son amour. Dans une cantine, il y a des victuailles, des bouteilles du meilleur vin, de l'eau sucrée. On a prévu deux pots de chambre en cuir bouilli pour les petits besoins, l'attirail nécessaire en cas de difficultés sur les chemins. Crics, cordeaux, poussoirs. Le monceau de bagages tiendra sur le toit.

Fersen s'est aussi occupé des passeports. À cette époque, on ne voyage pas en France sans ce viatique puisqu'il en faut un même pour sortir de Paris. Fersen réussit la plus hasardeuse de ses démarches : faire établir et signer, par un officier de la Convention, un passeport au nom de « la baronne de Korff qui se rendait à Francfort ».

Fersen n'arrête plus d'aller et venir aux Tuileries. Il met la reine au courant, à mots couverts, de ses démarches, observe comment sortir des Tuileries notant les failles de la garde du côté de la cour des Princes, même si elle regorge de monde.

« Ce qui faciliterait l'évasion, démontre Fersen à la reine, ce seraient les voitures stationnées en nombre, chaque soir, dans la cour des Princes, au grand coucher du roi. »

Chaque soir, il y a, comme à Versailles, la cérémonie du coucher du roi avec des fidèles qui accourent et encombrent les alentours de leurs véhicules.

*

* *

Marie-Antoinette se laisse porter par ses mots murmurés, son souffle si chaud, la fougue de son regard. Une part d'elle, la plus intime, la plus heureuse, appartient à cet homme. Jamais elle n'oubliera la merveille sombre et éblouissante du premier plaisir… Elle lui est profondément reconnaissante d'un don pareil, le plaisir, bien sûr, mais la folle tendresse, et ce don élégant, subtil, qu'il a de lui offrir sa vie. Elle l'aime ; étrangement, il lui appris à aimer le roi à mesure que leur passion s'est accrue. Elle n'imagine pas l'existence sans son époux. Elle ne conçoit pas le grand amour sans Fersen. Purement, en elle, les forces d'amour se rassemblent. Louis XVI devine qu'elle est bien plus en danger que lui. Fuir, c'est aussi sauver Marie-Antoinette de la furie populaire. Le roi laisse Fersen et son épouse en tête à tête, ne se sent pas le droit de faire éclater sa jalousie, de la priver d'un tel ami. Le roi aussi aime Fersen, d'une manière compliquée, sur laquelle il ne s'attarde pas. Il le nomme « notre seul ami ».

Fersen rassure la reine au sujet de la berline. Elle ne sera pas devant les Tuileries, mais dans une remise à Bondy. Une « citadine » (sorte d'omnibus) attendra et mènera les fugueurs jusqu'à la remise de Bondy où il sera déguisé en cocher et prendra lui-même les rênes.

*

* *

Une nouvelle maladresse alourdit encore la fuite : le nombre de personnes dont Marie-Antoinette ne veut pas se séparer. Mme de Tourzel, attachée aux enfants, Madame Élisabeth, incapable de quitter son frère bien-aimé, plus la famille royale voilà déjà six voyageurs dans le véhicule. Le roi demande à son fidèle comte d'Agout de lui choisir avec le plus grand soin trois gardes du corps parmi les gentilshommes qui l'ont défendu lors des journées d'octobre pour s'occuper des chevaux et des relais. Le marquis d'Agoult

désigne M. de Moustier, M. de Valory et M. de Malden.
Cela fait neuf personnes.

Marie-Antoinette tient encore à deux femmes de chambre fidèles, Mme Brunier et Mme de Neuville, attachée au Dauphin, qui voyageront à part dans un cabriolet. On en est à onze individus.

*
* *

Il convient d'arrêter la date définitive du départ. La délation de la maîtresse de Gouvion n'ayant pas eu de suites fâcheuses, on décide de partir le 20 juin, la nuit la plus courte de l'année, la première nuit de l'été.

Marie-Antoinette écrit à Mercy :

« Tout est décidé, nous partons le 20 à minuit, et rien ne peut plus déranger ce plan ; nous exposerions trop ceux qui nous servent dans cette entreprise. Nous sommes fâchés de ne pas avoir la réponse de l'empereur (...), mais rien ne doit vous empêcher (...) de faire avancer tout de suite huit à dix mille hommes sur Luxembourg. »

Les deux derniers jours avant l'évasion, Fersen ne quitte guère la souveraine. Il note dans ses carnets que le samedi 18, chez la reine, il est resté de deux heures et demie jusqu'à six heures. Dans le petit cabinet des diamants dont elle a tiré le verrou.

De son côté, le roi, d'un geste presque violent, dans son agenda en maroquin noir, note : « Rien ».

Rien : plus de peuple, plus de couronne, plus de trône, et si peu d'amour tendre en son lit. Rien.

Louis XVI, d'une écriture qui crève le papier d'un grattement d'insecte furieux, achève aussi d'écrire sa déclaration destinée à l'Assemblée sur les motifs de son départ.

*
* *

Lundi 20 juin au matin. Marie-Antoinette, un peu pâle, affecte le plus grand calme. Mme Campan l'a quittée à sa demande depuis le 1er. La reine organise à ce sujet, avec son médecin, une ruse: Mme Campan a accompagné son beau-père qui, malade, avait besoin de prendre les eaux aux Mont-Dore. Pour rendre moins douloureux ses adieux, elle lui a offert cinq cents louis, que Mme Campan a refusés.

Ce matin-là, le roi achève d'écrire sa déclaration, et la reine envoie Léonard chez le duc de Choiseul avec la mission que l'on sait.

Comme dans une pièce de théâtre – ce théâtre que la reine adore tant, mais cette fois-ci on entre dans une tragédie –, le roi et la reine se soumettent au grand mouvement orchestré par Fersen. La moindre erreur serait fatale.

Fersen se rend chez Louis XVI un peu avant midi, et le roi lui dit avec une émotion sincère:

« Quoiqu'il puisse arriver, je n'oublierai jamais, monsieur de Fersen, tout ce que vous faites pour moi. »

Le roi quitte brusquement la pièce et laisse la reine avec son chevalier servant. Un grand roi doit être craint plutôt qu'aimé, mais Louis XVI n'a jamais su appliquer la férocité de la crainte, la férocité du pouvoir.

Marie-Antoinette fond en larmes. Fersen reste près d'elle jusqu'à cinq heures. Elle tremble, ose avouer sa peur infinie. Elle le quitte pour donner le change en faisant sa promenade quotidienne avec ses enfants, chaussée d'Antin, au jardin de la Folie-Boutin, fort prisé des Parisiens. Le rythme de leur existence doit sembler à tous le même – y compris assister le matin à la messe.

Il est six heures trente.

On économise les mots; on se comprend sans parler. Marie-Antoinette confie les enfants à Mme de Tourzel qui les fera dîner et les couchera. Elle rejoint ses appartements où elle retrouve le roi. On introduit dans le plus grand mystère M. de Valory, M. de Moustier et M. de Malden, vêtus d'une livrée jaune que l'on a trouvée chez le fripier ayant appartenu à la maison du prince de Condé. C'est une erreur. Si ces gentilshommes sont robustes, capables de changer les chevaux, de porter des dépêches, ils sont plus incompétents que de simples domestiques. La couleur jaune de la livrée des Condé est parfaitement reconnaissable. Autre erreur: les trois chevaliers servants, émus, n'ont jamais été reçus par le roi et la reine. Ils ne connaissent rien du trajet, de sa géographie, des relais, du rythme à respecter pour arriver à Montmédy sans encombre et sans retard. Ils ignorent sur quel ton on parle aux postillons. Ils sont dévoués, bien nés, mais incapables du sens pratique qu'exige une telle équipée.

On s'organise. Le roi prie M. de Malden de se cacher derrière sa porte pendant que les deux autres « courriers » vont rejoindre Fersen qui les attend au Pont-Royal pour les mener chez lui, à son hôtel rue Matignon. De là, Fersen les enverra avec son cocher à la remise où la berline est dissimulée chez l'amant de son ex-maîtresse, Mme Sullivan, au 25, rue de Clichy.

La mission des deux courriers consiste à conduire avec le cocher de Fersen le véhicule jusqu'à la porte Saint-Martin, qui s'ouvre, au-delà du guichet de la douane, sur la route de Metz... Il est stupéfiant de concevoir que, tirée par cinq chevaux, la berline, dans son premier parcours – la rue du Faubourg-Saint-Honoré – n'ait pas éveillé plus de soupçons.

Il est neuf heures du soir. On y voit comme en plein jour.

Fersen se déguise en cocher de fiacre, un chapeau gris enfoncé jusqu'aux yeux, une paire de pistolets dissimulés sous la ceinture et le manteau noir. Il mène ainsi, seul, la fameuse « citadine » du côté de la cour des Princes et se range derrière tous les véhicules. C'est le coucher du roi.

Il est dix heures et trente minutes. La nuit est d'un bleu ardoise, claire, étoilée. Fersen sent battre son cœur. Il traverse la peur; non pour lui: pour elle; et pour ce roi dont il veut sauver le trône.

Il faut à la reine un immense empire sur ses nerfs tellement éprouvés lors de l'interminable souper de famille avec Monsieur et Madame. Le roi, d'une instinctive prudence, n'a averti son frère que le matin de son évasion sans lui préciser l'endroit exact.

« Vers l'est, mon frère. Je n'en sais pas plus. »

Il lui a conseillé d'élaborer de son côté un plan personnel afin de rejoindre Artois. Impassible et prudent, Monsieur ne s'est pas montré avide de confidences. Il y a longtemps qu'il a concocté son évasion, laquelle réussira grâce à sa discrétion et à la légèreté des véhicules. Il s'en ira, seul avec M. d'Avaray, à Valenciennes, tandis que Madame suivra avec sa dame de compagnie, Mme de Gourbillon, un itinéraire compliqué qui la mènera aussi à Valenciennes. Point de bagages, ou si peu, des cabriolets modestes et rapides, des tenues couleur de chemin, la chance d'une épouse laide et soumise... Le futur Louis XVIII a le sens de la ruse. En ayant su se fondre aux éléments, Monsieur régnera.

Monsieur a un léger sourire sans chaleur en faisant ses adieux à son frère et à sa belle-sœur. Une accolade, point de larmes, de la prudence. On se verra au souper du lendemain? Bonsoir, mon frère. Bonsoir, ma sœur. Ce sera la dernière fois que le roi et Marie-Antoinette verront Monsieur et Madame.

Marie-Antoinette se rend à l'appartement des enfants qu'elle réveille. Elle a dans un sac les vêtements qu'ils vont revêtir. Madame Royale, une simple robe d'Indienne marron à bouquets de fleurettes bleues. Mme Brunier l'aide à se vêtir, Mme de Neuville s'occupe du Dauphin. Elles quitteront les premières les Tuileries, et attendront la berline à Claye où arrivent tout juste Léonard et le duc de Choiseul. Claye, le deuxième poste à atteindre sur la route de Metz.

Marie-Antoinette rassure les femmes de chambre; tout a été prévu pour les mener au lieu-dit. Le comte de Fersen les attend pour les conduire au cabriolet stationné devant le Pont-Royal.

Marie-Antoinette devient fébrile en atteignant la chambre du Dauphin. Elle confie l'enfant à Fersen, devant courir ce terrible risque pour mieux le sauver. Elle ferme les yeux et s'interdit de penser au pire. L'enfant, réveillé par Mme de Tourzel et Mme de Neuville, croit à un jeu. Sa mère l'embrasse:

« On va dans une place de guerre où il y aura beaucoup de soldats. »

Le petit garçon bat des mains, il veut son sabre, son uniforme. Marie-Antoinette secoue la tête en souriant et lui présente, à sa grande déception, une robe de fille. Mais sa bonne humeur revient. Va-t-on à un bal masqué ?

La grande aventure commence. Marie-Antoinette a étudié depuis des mois le chemin compliqué des corridors et escaliers. Peu à peu, au moyen d'artisans différents, bien payés, selon les plans de Fersen, ils ont fait percer des portes camouflées en fausses armoires, afin de sortir de ce dédale sans donner l'éveil. La reine porte son fils dans ses bras, Mme de Tourzel la suit avec Madame Royale. Enfin, les voilà au niveau de la cour des Princes. La reine sent le cœur lui manquer devant cette foule de gardes, de voitures. Le visage sous une capuche, elle ne décèle rien, mais soudain une silhouette aimée la frôle. Fersen sous sa livrée de cocher ! Elle lui donne le Dauphin avec un regard éloquent. Le précieux cortège s'éloigne vers la berline qui se trouve, quel risque, au milieu de la cour des Tuileries. Fersen claque le fouet, et l'équipage s'éloigne en direction de la rue de l'Échelle. La reine est seule, malade d'angoisse. Ses enfants, mon Dieu, ses enfants ! Mais il lui faut rejoindre le salon où, selon l'usage, après le congé de Monsieur à sa famille, on se sépare pour le coucher du roi.

Il est onze heures et demie.

Tandis que le roi est à son coucher, on met sa chemise à la reine, on brosse ses cheveux cendrés. On passe un linge à l'eau de rose sur son visage. On tire sur elle la couverture de soie. Enfin seule, dans la semi-obscurité, elle se lève et passe rapidement la toilette prévue, aidée de Mme Thiébaut. Une robe d'un gris uni, très simple, un haut chapeau noir d'où retombe, sur le visage, un long voile noir.

Marie-Antoinette, avec d'infinies précautions, ouvre la porte sur le couloir. Elle recule, épouvantée. Elle vient d'apercevoir une sentinelle non prévue qui fait les cent pas. Elle observe dans l'ombre le va-et-vient du garde. Toutes les cinq secondes, il lui tourne le dos. La reine ne peut désormais compter que sur elle. Elle profite de ces cinq secondes pour se jeter dans l'inconnu – dans l'Histoire ; et dévaler, la gorge en feu, l'escalier prévu jusqu'à l'appartement vide de M. de Villequier. Elle retrouve, déguisé en courrier, M. de Malden. Avec un immense soulagement, elle prend son bras, et se retrouve dans la cour des Princes. M. de Malden est chargé de la mener rue de l'Échelle. Nouvelle émotion pour la reine plus morte que vive : soudain, entouré de torches allumées portées par des valets, déboule le carrosse de M. de La Fayette ! Elle a l'instinct de se blottir contre M. de Malden, cesse de respirer le temps que passent le général et ses flamboyances.

Marie-Antoinette reprend son souffle quand s'éloigne l'équipage. Ce La Fayette, qui a juré sa perte et son déshonneur, ne dort donc jamais ? La malchance continue. Malden se perd dans les ruelles, trébuche sur les pavés, la reine à son bras. Il perd un temps précieux à trouver, enfin, le bon chemin et la citadine.

Il est minuit.

Fou d'anxiété, Fersen va et vient devant le véhicule où attendent les enfants, Mme de Tourzel, Madame Élisabeth et le roi.

Tous sont dans une mortelle attente : la reine est la dernière à les rejoindre.

Comment s'y est pris le roi, de son côté, au moment du grand coucher ?

Avec sa tranquillité imperturbable, il a provoqué la chance. Aussitôt son personnel et ses courtisans congédiés, Louis XVI a posément revêtu la redingote vert bouteille prévue, la perruque jaunâtre et un chapeau rond. Une tenue de gros bourgeois. À la barbe de tous les gardes, il est sorti des Tuileries par les chemins ordinaires et a descendu le perron sans même se hâter !

Connaissant bien Paris, placide, il s'est rendu rue de l'Échelle.

On s'embrasse chaleureusement dans la citadine qui, fouette cocher, s'en va dans un bruit d'enfer. Il est minuit et un quart d'heure. Pourquoi Fersen se dirige-t-il vers la chaussée d'Antin ? Le roi passe la tête à la portière et s'en inquiète.

« Ce n'est pas la route vers la porte Saint-Martin ! »

Fersen, en peu de mots, renseigne le souverain. Il compte vérifier à Bondy si la berline est bien partie au relais prévu. On commence à perdre du temps. On s'arrête donc au 25, rue de Clichy. Fersen frappe à la lourde porte et parlemente avec une ombre. Oui, oui, la berline est bien partie. On se remet en route vers la porte Saint-Martin. Le danger est là, que chacun craint sans le dire. Le poste de douane. Par bonheur, il y a les flonflons d'une fête dans l'auberge toute proche. On fête la noce d'un douanier. Tout ce monde en goguette, le vin, les ripailles permettent aux voyageurs de passer, vite, sans se faire remarquer. Les voilà dans la nuit noire ; il est une heure et trente minutes quand ils roulent dans ce bruit de ferraille sur le chemin glauque de Bondy. Fersen arrête brusquement. Il saute de son siège et s'enfonce dans l'obscurité. Marie-Antoinette s'affole. Que faire sans Fersen, seuls sur cette route, sans repères ? Où est la berline ? Le temps semble soudain si lourd, si lent que le roi ouvre la portière et descend. Il ne sait absolument pas où il est et se met à marcher au hasard, en quête de Fersen, de la berline. Personne, rien. Marie-Antoinette voit revenir son époux seul ; elle tremble. Au soulagement général, Fersen apparaît. Il a cherché, lui aussi, et trouvé enfin la berline plus loin que prévu, en pleine campagne. Il fait avancer la citadine à sa hauteur. La berline est là, ombre massive dans l'ombre épaisse. La berline, si royale, si large qu'une flambée de joie et d'espoir s'empare des voyageurs, se croyant à l'abri dans une telle nef.

Deux voies s'ouvrent : la route de Belgique par Le Bourget et, à droite, celle de Châlons.

Le plan convenu a pris une heure et demie de retard. Le retard, c'est déjà l'échec et la défection progressive des troupes du général de Bouillé.

*
* *

Fersen a beau stimuler son cocher, faire fouetter les chevaux, aller au grand trot, au galop, il est deux heures du matin quand on atteint Bondy. Les hommes de M. de Valory attendent au relais et se chargent du premier changement de chevaux.

Le temps des adieux est arrivé. Fersen ouvre la portière. Il s'adresse au roi, mais tout son être brûle vers Marie-Antoinette.

« — Sire, laissez-moi accompagner votre voyage !

— Non, dit le roi. »

Il a dit non, d'un ton légèrement brusque, un « non » auquel la reine n'est pas habituée, excepté quand il refusait, autrefois, d'aider Joseph II et l'Autriche. Un « non » où Fersen décèle le refus, sauvage, contenu du mari devant son éclatant rival. Marie-Antoinette penche son visage contre ses mains, retient ses larmes. Sous le long voile noir, elle ressemble à une veuve.

« *Reste là.*
Je reste là. »

Mais le roi s'adoucit et tend sa main au Suédois si dévoué. Il se penche vers lui, l'embrasse et le remercie en termes touchants. Fersen s'incline profondément, mais s'adresse à la reine :

« Adieu, madame de Korff ! »

Fersen continuera sa route, non sur Montmédy, mais jusqu'en Belgique.

« Adieu, madame de Korff ! »

Mme de Tourzel est censée être « madame de Korff ». La reine est la gouvernante des enfants sous le nom de Mme Rochet. Madame Élisabeth devient Mlle Rosalie, dame de compagnie de Mme de Korff. Le roi est M. Durand, valet de chambre. Les enfants, les deux « filles » de Mme de Korff, sur le passeport qui spécifie « pour Francfort », sont Amélie et Aglaé.

Fersen regarde longuement le lourd attelage s'éloigner dans la nuit. Malden enfourche son cheval. M. de Valory galope vers Claye.

Dans la nuit, le visage de Marie-Antoinette s'évanouit telle la dernière étoile.

*
* *

On va le plus vite possible, et cela fait un bruit affreux car les roues ne sont pas isolées. Le roi suggère par la portière de rouler « moitié sur route, moitié sur terre ». On ne dépasse pas deux lieues à l'heure.

La nuit s'achève quand on atteint Claye. Le paysage a changé, les habitations se font rares. La berline a du mal à descendre et à remonter les chemins. À quatre heures du matin, l'aube pointe, si rose, cette aube qu'aimait tant la reine. Cette aube qui a déclenché contre elle les premiers pamphlets orduriers. Une aube d'été, rose, mauve, argent sur les blés déjà hauts. On rejoint enfin le relais où attendent dans l'angoisse

Mme de Neuville et Mme Brunier qui n'ont osé bouger du cabriolet. M. de Valory veille aux chevaux, mais commet la maladresse, avec l'accord du roi, de donner de trop larges « pourboires ». On s'interroge sur cette générosité et sur la beauté du véhicule. Qui est donc ce grand seigneur qui voyage ainsi ?

On roule vers Meaux, dans une série de tournants, de descentes et de montées.

Il est déjà six heures quand on passe devant l'évêché de Meaux. Le jour est là. On descend vers Trilport, et la gaieté se répand dans la berline. On est soulagés, on se croit sauvés. Marie-Antoinette relève son voile, éclate d'un rire frais : quelle tête va faire La Fayette ! Le roi, tout content, a attaqué les provisions. Fersen a été munificent. Il y a, dans la cantine, outre le vin rosé des coteaux de Thorigny, du poulet cuit, du jambon, des pâtés, des gâteaux viennois, des fruits, du pain. Le roi dévore une aile de poulet, il se sent heureux, caresse des yeux sa femme, ses enfants. Mme de Tourzel a passé à la reine du nécessaire de toilette, de l'eau venue de Cologne. Elle se rafraîchit, sort par la fenêtre un frais visage rose, sans chapeau et sans voile ; elle offre à Malden et au cocher du poulet sur une tranche de pain. La sensation de la liberté ressemble à de l'ivresse. Louis XVI rit tout en mangeant et lit sa déclaration :

« Les motifs de mon départ sont les outrages et les menaces qui ont été faits le 18 avril à ma famille et à moi-même (...). J'ai cru dès lors qu'il n'y avait pas de sûreté ni même de décence pour ma famille et pour moi à rester à Paris. J'ai désiré en conséquence quitter cette ville. Ne pouvant le faire publiquement, j'ai résolu de sortir de nuit et sans suite (...). J'avais choisi cette place [Montmédy] parce que, étant fortifiée, ma famille y aurait été en sûreté, et qu'étant près de la frontière, j'aurais été plus à portée de m'opposer à toute espèce d'invasion dans la France (...). Un de mes principaux motifs en quittant Paris était de faire tomber l'argument qu'on tirait de ma non-liberté, ce qui pouvait fournir une occasion de troubles. Si j'avais eu l'intention de sortir du royaume, je n'aurais pas publié mon mémoire le jour même de mon départ, mais j'aurais attendu d'être hors des frontières (...). Français et vous surtout, Parisiens, quel plaisir n'aurai-je pas à me retrouver au milieu de vous – je n'avais dans ma voiture que treize mille livres en or et cinq cent soixante mille livres en assignats, contenus dans le portefeuille qui m'a été envoyé par le département... »

On va à trop petite allure. M. de Moustier s'en rend compte. Marie-Antoinette, si sobre, mange avec appétit « tels des chasseurs », le poulet sur du pain, sans assiette ni couvert.

À La Ferté-sous-Jouarre, on se croit presque à une partie de campagne. Le roi demande à descendre « pour épancher l'eau de son corps ». La reine aussi fait quelques pas, la campagne lui rappelle ses promenades au Trianon. Les oiseaux gazouillent, le soleil brille, il fait déjà chaud. Il est dix heures quand on s'arrête au relais de poste de Viels-Maisons. Marie-Antoinette s'inquiète de l'imprudente bonhomie de son époux qui lie conversation avec les villageois attirés par un tel équipage. Elle se rencogne dans l'ombre et abaisse son voile.

À onze heures, après Montmirail, on s'arrête à Fromentières. Le roi se remet tranquillement à bavarder avec ceux qui approchent. Le malaise s'empare de sa femme devant ces figures si frustes, ressemblant aux furies qui ont par deux fois – et quelle violence ! – entravé leur route. Elle s'est mise à craindre les paysans, le monde des rues, des villes et des campagnes. M. de Moustier craint aussi l'imprudence du roi qui questionne avec bienveillance ces gens sur leur mode de vie, leurs moissons. Moustier tente désespérément de masquer de sa personne le souverain. Dans ces campagnes même lointaines, son visage et son allure son identifiables. Les colporteurs ont vendu dans bien des chaumières l'image de Louis XVI en manteau d'hermine, le sceptre à la main. Le portrait de Marie-Antoinette est aussi familier. L'angoisse saisit la reine. Quand donc « le pauvre homme » cessera-t-il de vouloir à tout prix être aimé ?

Il est midi. On se remet en route. Le roi somnole, il fait chaud, on a tiré à demi les stores sur les vitres.

*
* *

Pendant ce temps, à Paris.

À sept heures et demie du matin, on s'est aperçu de la fuite du roi et des siens. La nouvelle éclate. Les maîtres de Paris – La Fayette et Bailly – sont aussitôt consultés, déjà blâmés. La Fayette louvoie. Il ne veut mécontenter ni les bourgeois, garants de la personne du roi, ni l'Assemblée pour qui le roi est un précieux otage, ni le peuple qui fulmine. La question primordiale se pose : l'arrestation du roi au nom de la nation. La Fayette devine l'inconfort de sa position. Le bruit court qu'il l'a aidé à s'évader pour devenir le chef de la nouvelle république, donc le maître de la France.

Le maire de Paris, Beauharnais, président de l'Assemblée, et La Fayette s'activent. Ils demandent à l'Assemblée un mandat d'autorisation pour rattraper le roi, la reine et leur famille. La confusion est grande. On tergiverse, on s'interpelle, on fantasme. Peut-être le roi a-t-il été enlevé par des contre-révolutionnaires ? Qu'importe ! Sa présence à Paris est indispensable pour achever l'œuvre formidable qu'est la Constitution. C'est un beau tumulte quand on présente à l'Assemblée le double de la déclaration que Louis XVI a laissée en évidence. On la lit à haute voix, on s'indigne, on trépigne ; la thèse de l'enlèvement s'effondre : Louis XVI avoue son double jeu. Les modérés s'effraient, comment sauver la révolution bourgeoise ?

On en arrive à la solution de poursuivre le roi, le plus vite possible, en envoyant autant de courriers que nécessaire dans les quatre-vingt-trois départements.

« Le roi et la reine sont partis ! »

Ce cri déferle dans Paris. La foule envahit en masse les Tuileries. Elle monte à tous les étages, défonce les portes. Une femme de la Halle s'assied sur le lit de Marie-Antoinette et se met à vendre, en ricanant, ses cerises.

Une main moqueuse, anonyme, cloue sur les grilles du château cet écriteau :

« Logis à louer ».

Dans quelle direction a fui le roi ?

Le postillon qui a mené les deux femmes de chambre à Claye se précipite, fou d'orgueil, et fait sa déposition. Oui, oui, il y a une berline qu'il saura décrire, il n'a pas reconnu les personnes à l'intérieur mais parfaitement « le cocher » : le comte de Fersen.

Fersen ! Paris rugit à ce nom. Fersen, cela évoque « les fureurs utérines d'Antoinette », ses fornications, ses diamants, son goût des étrangers. Une fois de plus, Madame Veto les a bernés.

La Fayette dicte Romeuf, son ordonnance, et au commandant Bayon à l'ordre de ramener le roi et toute sa famille au sein de l'Assemblée nationale.

À la barrière Saint-Martin, sur la route de la berline qui poursuit paisiblement son chemin avec seulement dix heures d'avance sur ses poursuivants, le commandant Bayon galope ventre à terre, rejoint par Romeuf.

*

* *

L'équipée royale continue, avec gaieté. On perd encore une vingtaine de minutes à se dégourdir les jambes sur ces chemins que Marie-Antoinette trouve décidément charmants. Romeuf et Bayon crèvent leurs chevaux. Il est deux heures de l'après-midi, la chaleur blanchit les petits bois, chemin descend en pente rapide jusqu'au relais de poste de Chaintrix.

Le roi, de plus en plus content, n'hésite plus à parler aux paysans qu'il croise à ces dangereuses haltes. Le bouche à oreille se met à fonctionner de relais en relais. Au moment d'atteindre la route de Châlons, les postillons sont convaincus que la berline transporte la famille royale.

Ils ont trois heures et demie de retard quand ils descendent lentement vers Notre-Dame-de-l'Épine. Selon l'itinéraire de Bouillé, la berline aurait dû dépasser Châlons au plus tard à midi. Les hussards du général n'entendent rien, ne voient rien venir... Excepté une rumeur insolite, une cloche lointaine, si semblable au tocsin... Les hussards se demandent s'ils doivent s'en aller. Que signifient ces villageois armés ? Le duc de Choiseul devient nerveux devant un aussi grave changement de programme. L'absence de la berline l'angoisse, il n'ignore pas l'hostilité des villageois, constamment molestés s'ils ne paient pas leurs impôts. Tout devient confus. Le duc de Choiseul s'effare du temps qui passe. Il se décide à rejoindre Bouillé par des routes de traverse. Le duc renvoie le gémissant Léonard et son estafette en avant avec la consigne d'avertir les régiments que le convoi du « trésor » ne passera pas. C'est déroger au plan convenu d'attendre *coûte que coûte* le roi et la reine. Aussitôt la berline en vue, on doit avertir le reste des troupes, l'escorter le plus discrètement possible jusqu'à Sainte-Menehould.

Sainte-Menehould et Clermont : les deux relais avant Varennes. Les ordres contraires de Choiseul contribuent à la condamnation à mort du roi, à celle de Marie-Antoinette, de Madame Élisabeth, à l'agonie affreuse du dauphin au Temple, au lent exil de Madame Royale qui mourra dans un deuil éternel et sans postérité.

Il est six heures du soir quand la berline atteint le relais de Pont-de-Sommes-Vesle. Marie-Antoinette ne s'inquiète plus, elle a levé son voile, sa respiration est calme, son regard d'un bleu d'azur. Elle sourit à son fils endormi, à sa fille qui semble constamment veiller sur sa mère.

On arrive au relais. On s'attend à des hussards, la certitude de la vie sauve, les enfants à l'abri, la liberté si belle...

Le roi, confiant, passe sa tête par la portière et ne voit qu'un désert. Il a l'impression que « la terre s'entrouvre sous ses pieds ». Pas un seul soldat, personne ! Une intuition terrible le fait trembler. Marie-Antoinette le rassure, se rassure elle-même en récapitulant les succès de la route, la placidité des gens à qui il a parlé.

On se hâte au relais, mais les chevaux, quoique vigoureux, d'après le témoignage de M. de Moustier, s'abattent par deux fois. Ils sont entravés de telle manière qu'il faut un quart d'heure pour les relever. Le postillon se trouve coincé, heureusement sans dommage, sous les bêtes affolées. Ce déséquilibre vient de la lourdeur de la berline.

— Leurs serviteurs portent la livrée jaune des Condé ! marmonnent des voix hostiles.

Il est six heures passées quand l'équipage, trop lentement, s'en va vers Sainte-Menehould.

On longe le paysage boisé de l'Argonne. Marie-Antoinette reprend espoir.

« À Sainte-Menehould, nous trouverons les hussards du Royal-Régiment. »

Elle ignore le ravage que provoque la langue stupide de Léonard-le-coiffeur. La vie de la reine tient au dérisoire. Léonard distille à chaque troupe rencontrée le contrordre de ce qui a été convenu.

Il a transformé en désert ce qui aurait dû, progressivement, devenir l'armée protectrice du roi.

La garde nationale est déjà sur pied quand, à huit heures, la berline longe Sainte-Menehould pour s'arrêter au poste de relais, sur la route de Clermont. Aucun des fugitifs ne sait que l'on a dûment averti le maître de poste Jean-Baptiste Drouet.

Jean-Baptiste Drouet, l'instrument du destin qui arrêtera à jamais la berline.

*
* *

Le relais de poste est une large bâtisse avec une arrière-cour. Marie-Antoinette aperçoit, au hasard de la rue, quelques hussards mais trop peu ! Choiseul, le fâcheux Léonard, ont fait leur œuvre.

Jean-Baptiste Drouet est un paysan de vingt-huit ans, costaud, ramassé, au teint violacé, farouchement révolutionnaire. Le débit brutal, une paire d'yeux soupçonneux embusqués sous de lourdes paupières. Il voit la berline et le cabriolet entourés de monde. On change les chevaux. Le soupçon accélère sa course. Des bruits étranges ont déjà traversé les bois, les champs, le vent jusqu'à bien des oreilles – dont les siennes. On n'aime guère cette livrée jaune et ces hussards. Le commandant de la troupe prévue pour Sainte-Menehould, Dandoins, fait tout pour tenter d'avertir le roi, mais les gens remarquent qu'il s'incline avec trop de respect devant ces voyageurs qui partent soi-disant « pour Francfort ». Dandoins n'a pas encore reçu les ordres de Léonard.

— Hâtez-vous, murmure-t-il à Moustier, le péril est maintenant très grand !

Dandoins remarque l'œil de Drouet fixé avec ostentation sur la montagne de bagages, la peinture éclatante des portières, les visages à l'intérieur. Les imprudents n'ont pas même baissé les stores ! Drouet regarde de façon outrageante ce gros homme congestionné sous son chapeau rond et sa redingote verte qui ressemble à s'y méprendre au roi. Peut-on prendre le peuple à ce point pour un imbécile ? Il y a des mois que le profil de Louis XVI a été imprimé au dos des assignats. Et cette femme, donc, tout en noir, mince et d'une blondeur cendrée, au teint si lumineux que le voile de son chapeau en redouble l'éclat ? Et ces deux enfants, de l'âge, exactement, de la si rare progéniture qu'ont engendrée ces gens, mangeurs du pauvre peuple ?

L'œil rond, vif, sans émotion, comme on en voit aux oiseaux de proie : l'œil de Drouet a tout compris.

*

* *

On est reparti, d'un train si lent. On est presque sauvé ! Le roi demande à boire.

Neuf heures, il fait très clair. On roule, heureux, vers Varennes – vers la perte. On se sent bien, on se sourit, le Dauphin a un petit besoin. Le roi l'assied sur le pot en carton bouilli. On jette les eaux par la portière. Mme de Tourzel lutte contre le sommeil. Marie-Antoinette boit un verre d'eau sucrée. On va, on va…

Au même moment, à Sainte-Menehould, haletant, se précipite chez Jean-Baptiste Drouet le maître de poste de Châlons. Il a reçu du capitaine Bayon (à six heures trois quarts) un billet signé de l'Assemblée nationale qui ordonne d'arrêter la berline soupçonnée de contenir la famille royale.

Aussitôt éclate la révolution dans la petite ville. On se rue sur Dandoins, on le désarme ainsi que quelques dragons que l'on jette en prison. On fait sonner le tocsin et on réunit avec la garde nationale le conseil de la ville. Drouet témoigne qu'il a bien vu un homme qui ressemble au roi. Dans un climat extrêmement tendu, on exige de lui et de son compagnon, le cabaretier Guillaume, de se lancer à la poursuite des voyageurs.

« Au nom de l'Assemblée ; au nom de la nation, au nom de tous les citoyens ! »

On hurle de tous les côtés :

« Le roi s'est enfui de Sainte-Menehould ! »

Au galop, le maître de poste et le cabaretier foncent pour arrêter à jamais la monarchie qui avance au rythme de deux lieues à l'heure.

Drouet et Guillaume savent par les postillons que la berline se dirige sur Varennes-sur-Argonne.

« À Varennes ! » devient une clameur générale.

Marie-Antoinette s'anime. À Varennes, il y aura forcément les troupes de Bouillé. À Varennes, on se restaurera et on pourra dormir en paix. Les enfants sont épuisés. Depuis des heures, on va, sous la chaleur, avec l'incertitude. À Varennes, elle pourra peut-être avoir un bain. À Varennes les attendra un magnifique régiment pour les escorter « à distance respectueuse » jusqu'à Montmédy.

« Varennes ! » dit-elle. Ce mot, dans sa bouche, a la douceur d'une source désaltérante.

Dans ces mêmes bois qui la rassurent, à la même heure, errent lamentablement perdus quarante hussards, avec le duc de Choiseul et M. de Goguelat. Dans l'ombre bleue des arbres et des chemins tors, sous le cri hululé des chouettes, ils ne savent plus comment retrouver leur chemin.

Dans la berline, chacun s'endort. Marie-Antoinette se croit sauvée ; le roi aussi.

À Varennes, neuf heures et demie. Léonard, conscient de l'importance de sa « mission », a rejoint l'hôtel du Grand Monarque où loge le fils du général Bouillé. Léonard, irrité, irritable, autoritaire – n'est-il pas le confident de la reine de France, le conspirateur en première ligne – s'adresse d'un ton péremptoire au jeune Bouillé :

« Je veux que l'on change immédiatement les chevaux de mon cabriolet ! »

Les chevaux frais destinés à la berline ! Léonard tend de haut le double du contrordre qui signale à Bouillé qu'il n'est plus nécessaire de lancer les troupes.

Le comble de la malchance se trouve dans les mains parfumées du coiffeur qui obtient ses chevaux et s'en va à grande vitesse de Varennes. Le lieutenant de Bouillé hésite un peu, puis donne l'ordre désastreux de ne point se placer en force à l'entrée de la ville pour accueillir et protéger le roi et les siens.

*

* *

Onze heures moins un quart d'heure.

La nuit, orange et bleue.

La voiture, à l'entrée de Varennes, est secouée d'un si dur cahot que tout le monde se réveille en sursaut. Marie-Antoinette regarde au-dehors. Sent-elle, à son tour, la terre s'ouvrir sous ses pieds ? Pas un seul hussard ! La nuit, une rue mal pavée, mal éclairée, la solitude, déjà la peur… M. de Moustier et M. de Valory s'inquiètent d'un aussi épais silence. Les habitants dorment, mais que signifie cette absence totale de troupe ? Louis XVI, imprudence désormais fatale, veut en avoir le cœur net. Au lieu de filer, même avec ces bêtes épuisées, il descend et frappe à une maison flanquée d'une remise. Est-ce le relais de poste ? Il cogne fort à la porte et demande bien haut :

« Y a-t-il bien là des chevaux ? »

Un grognement lui répond. Moustier frappe au hasard d'une maison éclairée. Un homme sort une tête peureuse, sous un bonnet de nuit. Il chevrote :

« — Je suis monsieur de Préfontaine.

— Eh bien, monsieur de Préfontaine, dites donc à mes voyageurs où nous procurer des chevaux frais ! »

Le dénommé Préfontaine se hisse dans la voiture, dévisage les voyageurs, devine tout et se met à trembler. Il a peur, peur de tout, de la prise de la Bastille, des révolutionnaires et des monarchistes, de ces gens, hélas, si identifiables. Il frémit quand M. de Moustier se met à le harceler de questions.

« Où se trouvent les troupes du Royal-Allemand ? »

Avec des hoquets effarés, Préfontaine finit par désigner au garde du corps le couvent des Cordeliers où bivouaquent quelques soldats. Il est onze heures quand Moustier, de plus en plus inquiet, flanqué du quidam en robe de nuit, pieds nus dans des savates, retrouve à travers ruelles et cours embrouillées le couvent des Cordeliers où déambule un hussard parfaitement ahuri à son apostrophe.

À ce moment, au galop, dans la ville obscure, foncent Drouet et Guillaume. Par un sûr instinct, ils se précipitent vers la berline arrêtée devant les dernières maisons, avec le cabriolet. Mme Brunet et Mme de Neuville sentent leur cœur pâlir. Qui sont ces deux cavaliers qui sautent au bas de leur monture, un sabre au côté ?

Le ton monte ; ces ombres sont celles des postillons qui refusent de changer les chevaux. Ils ont déjà reçu les ordres du maître de poste de Clermont :

« La berline ne doit en aucun cas quitter Varennes. »

Drouet n'hésite plus. Il frappe violemment à l'auberge du Bras d'Or, à la sortie du passage couvert. L'aubergiste Jean Leblan sort une tête effarée. Drouet lui demande brutalement :

« — Es-tu bon patriote ?

— Oui ! Oui ! » s'épouvante Leblan.

Drouet n'en demande pas davantage. Il se précipite pour barrer le pont au moyen d'une charrette.

Dans la berline, un début de panique s'empare des fugitifs. Ils n'osent comprendre, devinent pourtant la trahison, la défection. Leur crainte croît à mesure que s'éclairent, l'une après l'autre, les maisons. Varennes, ville éclairée, ville fermée sur la tragédie de la royauté.

La berline tente d'atteindre la sortie de la ville. Elle s'engage sous la voûte de Saint-Gengoult, du nom de l'église de Varennes, quand soudain les chevaux se dressent. Marie-Antoinette voit nettement la forme sinistre des baïonnettes au nez du cocher, à leurs portières. Survient un formidable vacarme : le tocsin, les tambours, les vociférations. Tirée de leur lit, mise au fait, la population se rue.

*

* *

Mme de Neuville et Mme Brunier sont les premières obligées à descendre. Un homme maigre et blême s'approche d'elles et les éclaire d'une lanterne sous le visage. C'est le procureur de la commune, l'épicier Sauce.

— Vos passeports !

Mme Brunier a la force de murmurer que ce sont les voyageurs de la berline qui les détiennent. Sauce, flanqué d'une masse menaçante, hisse sa lanterne au niveau de la portière où se tient Marie-Antoinette.

« Qui êtes-vous ? Où allez-vous ? Montrez-nous vos passeports ! »

La reine répond d'une voix blanche qu'« ils allaient à Francfort ».

Sauce ouvre brusquement la portière. Il scrute de sa lanterne l'intérieur de la berline. Dans ce halo, les visages sont bleus, rouges et sans corps. Madame Royale sent une immense angoisse la faire trembler. Le roi tend les documents, Marie-Antoinette a l'imprudence de perdre sa discrétion d'une soi-disant femme de chambre. Elle reprend son ton de princesse à qui nul ne refuse les caprices et regarde de haut le crâne penché de Sauce sur leurs papiers.

« Dépêchez-vous ! Nous sommes pressés. »

Sauce et les autres sourient, sans bonté. Ils sont loin, eux, d'être pressés.

« Nous allons d'abord examiner de près vos passeports. »

Il claque la portière, non sans mépris, et se précipite à l'auberge pour mieux lire les papiers sous un éclairage plus dense. Drouet s'exclame de ne pas laisser sortir ces gens qui sont à coup sûr la famille royale.

« Il faut les arrêter et si vous ne nous y aidez pas, vous serez jugé comme traître ! »

Sauce a peur et perd ses dernières hésitations. Il a bien reconnu, dans ce gros homme à perruque filasse et chapeau rond, le roi. Sauce se sent tiraillé entre l'exaltation d'une telle aventure et une vague terreur tutélaire. *La personne du roi est sacrée*. Arrêter le roi de France... Mais le révolutionnaire se rengorge. Il revient vers la berline et sans douceur promène à nouveau sa lanterne sur chaque visage. Il s'attarde particulièrement sur celui de la reine. Un ovale parfait qui devient livide à mesure de son examen, des yeux d'un bleu intense et qu'elle ne baisse pas, la lèvre inférieure tremblant d'irritation et de dédain. La reine, leur prisonnière. La reine, qui les méprise jusque devant l'abîme.

« Descendez tous, crie-t-il presque avec colère. Les passeports seront visés demain ! »

Marie-Antoinette réplique avec trop de vivacité que « c'était trop fort, en vérité ». Les gardes du corps portent la main à leurs sabres. La reine se sent prête à mourir ; jamais à céder. Le roi fait un signe pacifique.

« Il n'y eut plus moyen de se défendre », contera plus tard Mme de Tourzel.

Il faut descendre dans la nuit, une à une, ces marches de la berline qui préparent celles de l'échafaud.

La fuite du roi et des siens a duré vingt-quatre heures exactement. On est le 21 juin ; c'est l'été.

*
* *

L'épicier Sauce entre dans l'Histoire. Il offre sa maison pour héberger les souverains. L'arrière-boutique de son commerce de chandelles et son unique chambre, au premier étage, en haut d'un raide escalier dont la rampe est une corde. Le tapage des cloches et des tambours ne cesse plus.

Le lieutenant de Bouillé est enfin au fait des événements. Accompagné du lieutenant Röhrig qui comprend de quel « trésor » il s'agissait, il galope jusqu'à Stenay, sur la route de Montmédy, pour avertir Bouillé de l'affreux malentendu.

Trop tard !

La famille royale est épuisée. Mme Sauce offre, sur la table en bois dans l'arrière-boutique, du pain noir, du pâté et du vin pour restaurer ces hôtes hallucinants. Le roi dévore ce gros pain de ménage, boit ce vin clairet, tandis que Marie-Antoinette vit un cauchemar éveillé. Elle n'a que la force, aidée de Mme de Tourzel, de coucher ses enfants dans le lit des Sauce, une paillasse et une couverture. Bientôt, le reste de la famille monte à l'étage se réfugier autour d'eux.

Il est minuit passé, les curieux envahissent le logement des épiciers. Des têtes se hissent au premier étage pour contempler la malheureuse reine qui pleure en silence, près des enfants.

Sauce a besoin d'en avoir le cœur net : ce gros homme dévorant son pain si dur est-il bien le roi de France, dont chaque chaumière possède un portrait vendu par les colporteurs ? Le portrait de Louis, sacré à Reims, couvert d'hermine, d'or, le sceptre à la main, le manteau constellé de fleurs de lis… Qu'y a-t-il de commun avec M. Durand et sa redingote vert bouteille ?

Le destin fait qu'à Varennes-sur-Argonne est installé le juge Destez, lequel a épousé la fille d'un officier de la Bouche de Marie-Antoinette. Avant de se retirer à Varennes, Destez a quotidiennement côtoyé la famille royale dans ses différents palais.

Le magistrat s'avance directement vers le roi. Il s'incline et s'écrie très fort :

« Bonjour, Sire ! »

C'en est fini de la monarchie jusqu'en 1820.

*

* *

Le roi est si las qu'une sorte de soulagement insensé le saisit.

« Eh bien oui, je suis votre roi ! »

Il a une réaction surprenante, due à l'émotion de toutes ces heures, au fol espoir que tout peut encore s'arranger. *Avec l'amour*. Louis XVI va vers tous ces gens, donne l'accolade en premier au Judas qui l'a reconnu, puis au père Sauce, à tous les gardes nationaux, à tous ceux qui approchent, à son bon peuple de France. Il les embrasse tous, les appelle « mes enfants ». L'émotion devient contagieuse, tout le monde pleure, touche la joue que le roi a baisée.

Personne ne veut le laisser partir.

Marie-Antoinette a rejoint son époux pendant cette scène.

« — Pouvons-nous aller à Montmédy ? demande-t-elle au père Sauce.

— Demain au petit jour », répond l'épicier.

Il s'agit de gagner du temps tant dans l'esprit du roi que dans celui des Varennois.

Le tocsin a attiré tous les habitants des villages alentour.

« Le roi est prisonnier ! Le roi et sa famille ! »

Marie-Antoinette aussi songe à gagner du temps. Mais comment ? Choiscul et Goguelat, enfin sortis de leurs fourrés, galopent avec leurs quarante hussards dans la ville, provoquant une suspicion aveugle. C'est un capharnaüm inouï à l'épicerie Sauce.

Choiseul réussit à approcher le roi, accompagné de M. de Damas. Il a imaginé une piètre ruse par rapport à la réalité. Couvrir la fuite du roi avec ses quarante hommes, alors qu'ils sont des milliers à les cerner, les entraver.

« — Que faire ? répète lamentablement le roi, sans souci des oreilles qui les entourent.

— Vous sauver, Sire », dit M. de Damas.

Choiseul expose son plan, d'un débit haché, à peine audible.

« — Vous fuirez sur un cheval avec votre fils, la reine en prendra un autre avec Madame Royale, Madame Élisabeth, Mme de Tourzel, chacune un cheval... Nous vous protégerons avec nos hussards, quitte à sabrer.

— Pouvez-vous me garantir que ni mon épouse ni ma sœur ne recevront un coup de fusil ?

— Si un pareil malheur arrivait, Sire, je me tuerais sous vos yeux. »

Louis XVI refuse de laisser Marie-Antoinette et sa sœur courir un tel danger. L'espoir le ranime : Bouillé, désormais, ne peut plus tarder. Il s'agit de gagner du temps.

Marie-Antoinette, présente à l'entretien, refuse ce parti. Ses enfants... Oui, Bouillé arrivera à temps.

« Monsieur de Goguelat, dit-elle, assurez-moi si M. de Fersen est sauvé. »

Marie-Antoinette, en refusant ce risque ultime, peut-être jouable, a laissé fuir la dernière chance.

Tout Varennes n'est qu'une ruée de gens, un raffut d'enfer, un champ de foire. On hurle :

« Vive la nation ! »

Varennes vit sa grande nuit. C'est la fête. Le vin coule ; on ripaille.

Les enfants dorment ; leur dernière nuit d'insouciance. Le Dauphin ne voit pas s'approcher une très vieille femme née sous le Roi-Soleil. L'aïeule des Sauce s'incline en pleurant devant le prince endormi. Elle le bénit, baise sa main, reste longtemps à genoux, en prières. Et murmure :

« Oh mon roi, oh mon roi. »

La nuit passe, dans une attente infernale.

Avec ses paradoxes. À deux heures du matin, une délégation de municipaux arrive chez les Sauce pour souhaiter au roi la bienvenue et le prier de s'en retourner à Paris. Pendant ce temps, les hussards du capitaine d'Eslon galopent à l'entrée de Varennes, n'ayant point vu le roi à Stenay. Est-il en danger ? Le capitaine d'Eslon est obligé de laisser ses hommes avant la ville. Le mouvement extraordinaire, les gardes nationaux à l'orée de la ville, tout indique un état de siège. Le capitaine d'Eslon, sous bonne escorte, quasi en situation d'otage, parvient jusqu'au souverain.

« — Sire, quels sont vos ordres ?

— Mes ordres ? s'écrie le roi, je ne puis en donner, je suis prisonnier. »

Le grand mot a été dit : prisonnier. Et pour toujours. Le capitaine se tourne vers la reine et, à l'indignation générale, s'adresse à elle en allemand. La reine continue ce fâcheux aparté qui fait crier à la foule « Au complot ! ». Elle répond qu'elle attend les troupes du général de Bouillé et ne veut aucune autre mesure.

La tristesse dans l'âme, le capitaine d'Eslon, dernier recours, s'éloigne : il ne peut plus rien. Il est cinq heures du matin. Marie-Antoinette, épuisée, la robe salie, collée au corps, se demande si elle aura la force de rester ainsi sur ce tabouret, face à tous ces gens, à ce roi qui somnole, la perruque tournée, la redingote ouverte.

Un matin tout blanc sur les bois et les champs, un matin qui annonce une forte chaleur. On est le 22 juin. Une nuit si blanche pour la reine qui n'a changé ni de robe ni de linge depuis des heures.

On a discuté toute la nuit à l'hôtel de ville. On pose inlassablement la même question : doit-on laisser partir Louis XVI ? Le retenir serait un acte de lèse-majesté, mais doit-on ébranler la Constitution si durement acquise ? Trahir la ferveur de toute une nation qui refuse de laisser partir ce roi, son otage, ce « père » qui a manqué à son devoir ? La reine, surtout, lève mille questions où sourd une hargne sans limites.

À cinq heures et dix minutes, deux cavaliers qui foncent à toute vitesse à l'hôtel de ville vont trancher à vif dans l'histoire de France. Bayon et Romeuf, titubant de fatigue mais galvanisés, parviennent, non sans mal, à fendre la foule. Ils pénètrent dans l'épicerie des Sauce et vont directement à l'étage, vers le roi, assis sur le lit où dorment les enfants, son épouse près de lui. La foule, devant l'épicerie, s'excite :

« À mort Bouillé, à mort l'égorgeur de Nancy ! »

Bayon et Romeuf portent sur eux l'ordre de l'Assemblée de mettre le roi en état d'arrestation. Ils lancent des propos inquiétants, sans suite.

« Sire, dit Bayon, on s'égorge à Paris ! »

Bayon brosse un tableau sanglant de la capitale. Il tend le papier de l'Assemblée à Louis XVI qui le lit avec un cri déchirant.

« Il n'y a plus de roi de France ! »

Il donne le document à Marie-Antoinette qui comprend, à mesure, leur malheur. Le roi dépose sur le lit où dort le Dauphin le papier qui signe son anéantissement. Marie-Antoinette dans un cri le saisit, le froisse, le jette au sol :

« Je ne veux pas qu'il souille mes enfants ! »

On hurle sans répit :

« À Paris ! À Paris ! »

Du même ton où on lui a crié : Au balcon ! Au balcon !

Bouillé... Bouillé va arriver... Marie-Antoinette a fermé les yeux. Gagner du temps, encore, une heure suffirait peut-être pour que Bouillé et ses troupes les sauvent de ces démons !

Il est six heures.

La reine imagine des ruses pour retarder leur départ. Une clameur terrifiante lui parvient. La foule a augmenté, il y a plus de dix mille personnes dans cette ville si modeste. On entend un mélange d'insultes et de menaces.

« On les traînera par les pieds ! On fricassera ses foies ! On pendouillera Bouillé, l'égorgeur de Nancy ! À la lanterne ! »

Les gardes nationaux conseillent au roi de se montrer à la fenêtre de l'épicerie. Il est six heures et demie. À peine le roi apparaît-il à la navrante croisée en bois du père Sauce, que la hargne redouble :

« À Paris ! Morts ou vifs ! »

On entend aussi :

« Qu'on les fusille dans leur voiture ! »

Marie-Antoinette recule dans l'ombre, attirant son époux. Elle devine que sa simple vue excitera davantage la haine. Louis XVI se met à implorer un paysan qui se tient en haut de l'escalier.

« Accordez-nous un peu de temps, ne pourrions-nous pas partir sur les onze heures ? »

Il désigne les enfants que ce vacarme n'a pas éveillés, plaide l'épuisement de son épouse, de sa sœur, de Mme de Tourzel, des femmes de chambre. Il en est à supplier ces gens qui, il y a encore si peu, se nommaient des « manants », sans autres droits que d'être taillables et corvéables à merci. Le descendant de Saint Louis lit dans tous ces regards la suspicion, la rancœur, un mépris halluciné. Le roi s'abaisse jusqu'à proposer des récompenses si on le laisse aller, lui et les siens. L'épicier rétorque vertement :

« La nation est assez bonne pour vous garder ! »

Plus personne ne croit en lui, on ne l'aime plus. Louis XVI tente de gagner du temps.

« — Soit, je consens à partir, mais pour Fontainebleau.

— À Paris ! » hurle-t-on.

Encore un quart d'heure… Le roi demande à déjeuner. On dépose de la soupe, du pain, des cochonnailles sur la table en bois. La famille royale a compris. Personne n'a faim, pas même Louis XVI, mais on se met à manger, même la reine, avec une extrême lenteur… Marie-Antoinette a réveillé ses enfants, mais ils se rendorment. Mme de Tourzel les recouche. On a gagné une trentaine de minutes. Le roi feint de s'assoupir, la tête sur la poitrine. Les municipaux s'agitent : et si Bouillé le maudit arrivait ?

« Pressons, il faut partir ! »

On est à deux doigts de rudoyer le dormeur, de bousculer la reine, de jeter les enfants endormis dans la berline, de pousser ces femmes en avant, vite et d'un bon pas.

« À Paris ! »

Marie-Antoinette fixe Mme de Neuville qui a saisi le message. Elle feint une attaque de nerfs, se roule sur la terre battue avec des cris perçants. Elle se plaint de douleurs d'entrailles. La reine se précipite vers elle et soutient sa nuque.

« Je ne partirai pas tant que ma femme de chambre sera mal en point ! »

Les Sauce envoient chercher le médecin de Varennes. Mme de Neuville fait semblant de revenir à elle. On a gagné vingt minutes. La foule menace de défoncer la porte. Marie-Antoinette de Lorraine d'Autriche de France se fait humble devant l'épicière :

« Je vous supplie, madame, de nous héberger encore un instant. »

L'épicière a un mouvement de fierté : la reine à ses pieds, la nommant « madame » !

« Que voulez-vous madame, répond-elle à la souveraine, votre situation est fâcheuse, mais je ne veux pas que mon mari ait des ennuis à cause de vous. »

Les Sauce en ont assez d'hôtes aussi encombrants. Le roi se lève et donne l'ordre d'atteler. Dans une mortelle angoisse, Marie-Antoinette descend l'escalier si raide, de son pas de danseuse. La fin de tout prend donc la forme d'un escalier si raide qu'on dirait une échelle ?

La berline est là ; le convoi funèbre de la monarchie est avancé. Le roi, dans une ultime tentative, jette un pauvre ordre au cocher :

« En route pour Montmédy ! »

Il est huit heures moins un quart d'heure.

La foule est en rage. Au-delà des portières dont on a levé les stores, le roi semble souffrir à l'extrême, Marie-Antoinette porte le masque blême d'une effrayante douleur.

À huit heures, le sort se charge d'une ultime ironie : le général de Bouillé galope sur Varennes à la tête du Royal-Allemand.

Il a commis l'erreur d'organiser son arrivée de l'autre côté de la rivière, impossible à franchir à gué. Le Royal-Allemand, impuissant, regarde la lente déambulation de la berline en direction de Paris.

Marie-Antoinette entend le son funèbre de la retraite que fait sonner Bouillé.

La fuite a échoué.

À Varennes-sur-Argonne.

Il reste au roi et à Marie-Antoinette deux années à vivre.

Chapitre 95

La honte

Le retour commence par une hallucinante course à travers champs. Les gardes nationaux et des paysans, armés de serpes et de fourches, poursuivent la berline qui apparaît et disparaît, portée par cette marée humaine. Pendant un moment, elle flotte dans les airs, soulevée par des poings, la force décuplée de la haine. Cette poursuite dure des heures, dans une poussière affreuse, une cohue sans répit. À l'intérieur de la berline, les fugitifs étouffent de chaleur et d'accablement.

La berline a perdu ses couleurs éclatantes, elle est le point de mire désolant du cortège, qui arrive à Châlons. Il est onze heures et demie du soir. La voiture traverse lentement la ville sous cet essaim humain, furibond, bourdonnant ses injures. Marie-Antoinette aperçoit l'arche sur laquelle restent inscrites les louanges d'adoration qui lui étaient destinées, vingt et une années auparavant, quand la petite archiduchesse s'en allait vers son destin français…

Quand elle franchit cette arche, ce 22 juin 1791, c'est la honte qui l'escorte. La cavalcade si élégante qui menait la future dauphine est devenue une meute avinée qui hurle à la mort.

Il est deux heures du matin quand ils atteignent l'hôtel de l'Intendance. Voilà combien d'heures, de siècles qu'ils n'ont dormi dans un vrai lit ? Mais rien ne parle de sommeil ni de repos. Quelques ombres furtives osent voir le roi, une poignée d'officiels restés ardents royalistes. Ils chuchotent au roi qu'il peut s'échapper – mais seul. Un cheval est prêt dans l'arrière-cour. Il rejoindrait sans peine le général de Bouillé. Le roi refuse : il ne peut ni ne veut abandonner les siens. Un vague espoir le soutient. Reims n'est pas loin. Il y a été sacré, les Rémois l'avaient acclamé et lui sont restés fidèles. Peut-être les vrais secours lui viendraient-ils de sa bonne ville de Reims ?

À l'aube du 23 juin, le soleil pointe déjà, la journée promet encore une canicule. Fersen vient d'arriver à Arlon où se retrouve le général de Bouillé. Il apprend de sa bouche l'ampleur de la catastrophe. Lui, si pondéré, se met à trembler. « Joséphine » est perdue.

« Tout est perdu, écrit-il à sa sœur. Jugez de ma douleur. »

Il galope jour et nuit jusqu'à Bruxelles où, le 25 juin, il est reçu par le comte d'Artois et Monsieur, qui viennent d'apprendre l'échec de la fuite. Ils chargent Fersen, prêt à tout pour sauver la reine, d'un message apparemment destiné au roi, mais que Marie-Antoinette recevra en mains propres. À Fersen de reprendre la route, ses hasards et ses embûches pour remettre ce pli à la femme qu'il aime :

« Votre seule ressource est dans vos frères. Ils ont besoin pour obtenir toute espèce de secours des puissances étrangères d'un plein pouvoir signé de vous… »

Ce 23 juin, Marie-Antoinette se réveille en sursaut, à neuf heures du matin, par ces vociférations dont elle décèle, désormais, l'abominable crescendo : la haine d'une foule. Cette clameur la poursuit dans ses songes où tout n'est que cris, poussière et chaos. Sous les fenêtres de sa chambre, hurlent les habitants de Reims, ce bon peuple sur lequel avait compté le roi.

« On va lui arracher le cœur ! »

À grand-peine, la famille royale rejoint la berline, à la fois leur refuge et leur tombeau. Poussée, huée, celle-ci quitte Châlons harcelée par cette meute.

La chaleur est torride. Sous son voile, Marie-Antoinette a les yeux cernés, rougis. Le roi essuie de son mouchoir des rigoles de sueur tandis que la clameur augmente. À trois heures de l'après-midi, on traverse Chouilly. Les gardes nationaux, morts de soif, se ruent à l'unique auberge. La berline, à l'arrêt, est close de toutes parts, excepté la fenêtre du côté du roi. Tout à coup un homme se rue sur le marchepied et crache au visage du roi. Sans un mot, Louis XVI essuie la souillure en tremblant du menton. La honte, la honte. Les mots cloués dans la gorge. La langue plus lourde qu'une pierre.

À Épernay, il avait été convenu de se restaurer, mais les gardes ne savent comment gérer la meute qui grossit. Il faudra près de deux heures à la reine pour descendre, franchir sans défaillir l'espace entre la voiture et l'auberge. Des mains, des pattes, des griffes déchirent sa robe. Elle entend hurler :

« Tirons sur elle au fusil ! »

Miraculeusement, ils se retrouvent sains et saufs, dans une pièce dont la fraîcheur leur semble un paradis. La reine trouve la force de prier que l'on recouse sa robe déchirée. La fille de l'aubergiste répare les dégâts. Elle n'oubliera sans doute jamais cette robe couleur de chemin, la douceur d'une main si blanche que la reine lui donne à baiser. On ne s'attarde pas, on avale un peu de soupe, du pain, de l'eau. Le roi boit un verre de vin. Marie-Antoinette tremble à l'idée de retourner dans la berline. Ses enfants s'accrochent à elle, elle a l'impression de se jeter dans un incendie, dans des flammes où coulerait son sang.

On roule à une lieue à l'heure, la foule pèse de tout son poids sur les marches de la berline, jusque sur l'impériale. Des grappes humaines, des têtes ricanantes se penchent, soufflent les mots de la mort. Soudain, une clameur plus forte que les autres fait craindre le pire. On se trouve à la hauteur du bord de la Marne. Une voiture attend, envoyée par l'Assemblée. Elle contient trois députés chargés d'accueillir le roi, de veiller sur sa sécurité et de le ramener « dignement » dans la capitale : M. de La Tour Maubourg, député de la droite, MM. Pétion et Barnave, républicains convaincus. La foule déteste cette arrivée qui freine leur débordement. Ils ont un mal fou à rejoindre la berline dont Pétion ouvre la portière en s'effarant de la touffeur qui règne là-dedans. La reine se lève, éclate dans une émotion extrême :

« Messieurs ! Ah, monsieur de La Tour Maubourg ! »

Elle pose sa main sur leurs bras, implore leur secours, tremble telle une colombe prise aux mailles du filet.

« Monsieur, en grâce, qu'aucun malheur n'arrive, qu'on n'attente pas aux jours des gens qui se sont dévoués à nous accompagner ! Messieurs ! Le roi n'a jamais voulu sortir de France !

Elle serre tour à tour leurs bras, touchante de fragilité, d'humanité. Barnave la regarde attentivement, étonné, ému de ses pleurs. Il ne peut s'empêcher de frémir à cette main posée sur la sienne, devant ces yeux noyés :

« Messieurs, je vous en prie, messieurs… »

Il se sent attiré plus qu'il n'eût fallu par cette femme qui n'a rien à voir avec la vipère avide que l'on décrit. Il est au bord d'un sentiment compliqué, une attirance qu'a ressentie non sans véhémence Mirabeau pour la reine, et pressent une invincible envie de l'aider. L'aider, c'est déjà l'aimer… Pétion est le premier à se ressaisir. Il fait un signe presque brutal pour que cesse « ce caquetage ». Il monte sur le siège de la berline pour lire à haute voix, au roi et à la foule, le décret de l'Assemblée leur donnant les pleins pouvoirs de le ramener à Paris :

« Le colonel Dumas venu de Paris avec les commissaires est chargé des escortes et il convient de lui obéir. »

Pétion organise le retour. Madame Royale et Madame Élisabeth voyageront avec M. de La Tour

Maubourg. Barnave et lui-même prendront place dans la berline. Mais le roi s'oppose avec une grande vivacité à toute séparation. Aucun membre de sa famille ne quittera la berline, tant pis si on se gêne : ils resteront ensemble. Pétion n'ose pas le contrarier, mais argumente qu'ils seront incommodément installés, la route est encore longue.

« Nous allons nous pousser, répond le roi, vous trouverez votre place. »

M. de La Tour Maubourg monte dans le cabriolet des femmes de chambre. Pétion et Barnave s'installent dans la berline.

Marie-Antoinette a pris son fils sur ses genoux tandis que Madame Royale est debout contre Madame Élisabeth. Barnave s'installe dans le fond, à côté du roi, Pétion en face, entre Madame Élisabeth et Mme de Tourzel.

On repart. Un épais silence règne d'abord mêlé d'une grande gêne entre des partis aussi différents. On ne sait que se dire. La reine met à l'aise tout le monde en lançant un peu de conversation. Elle a pris un ton léger alors que son cœur bat à grands coups. Elle sourit à Pétion qu'elle devine le plus hostile, se méfiant de son « caquetage » qu'il doit trouver superficiel. Elle a relevé son voile, et continue à leur parler, agissant avec une grande politesse et une subtile rouerie.

La reine est en train de séduire Barnave afin d'en faire un allié pour les jours à venir. Pétion ne voit rien du manège, mais, à mesure des paroles échangées, il s'émeut de la simplicité de ces gens. Il ne s'attendait pas, chez ces monarques tant décriés, à autant de bonhomie et de gentillesse.

Barnave aussi est touché de la simplicité du roi, quand la reine leur offre de l'orangeade. Le Dauphin ayant un petit besoin, Pétion est bouleversé de voir Louis XVI déboutonner sa culotte, l'asseoir sur un pot en argent, sans cesser d'échanger ses idées avec ses hôtes imprévus. On ne remmène pas des souverains dangereux, mais des braves gens qui aiment leurs enfants et tiennent compte du bien-être de chacun. La reine fait sauter le Dauphin sur ses genoux, caresse les boucles de sa fille. Le frère et la sœur jouent ensemble. Mme de Tourzel veille avec attention à tous les soins possibles. Le roi propose le reste de vin, en s'excusant de leur piètre hospitalité. Un brave homme de roi, au vêtement brun de poussière, au linge sale, dont le chapeau rond et déformé se trouve dans le filet de la berline. Un brave homme qui leur sourit, désarmé, désarmant, dégageant un charme indicible en dépit de sa lourdeur. Il leur demande, avec une grande affabilité, ce qu'ils attendent comme vertus des idées nouvelles. Il regarde avec tendresse sa femme, ses enfants. La nuit tombe : Madame Royale, exténuée, s'endort. Madame Élisabeth l'allonge à moitié sur ses genoux. Pétion s'empresse de prêter ses propres genoux pour que la petite princesse soit plus confortablement installée. Une famille qui va vers son destin, une famille douce, unie, qui ne comprend pas le déchaînement de tout un pays.

Marie-Antoinette se raidit légèrement ; Barnave ne la quitte pas des yeux. Quelque chose de paisible comme la mort semble les bercer.

Il est onze heures quand on arrive à Dormans. Une auberge nommée ironiquement l'« Hôtel du Louvre » les attend. Les lits sont exécrables, mais on est si las ! Barnave et Pétion, si peu d'accord en politique, partagent le même matelas. Le roi préfère ronfler dans un fauteuil que de s'allonger sur une paillasse où courent des punaises.

Ni Marie-Antoinette ni Pétion ne ferment l'œil de la nuit. Trop de bruits inquiétants perdurent devant l'auberge : ce sont les gardes nationaux, déchaînés, ivres, qui chantent *La Carmagnole* en faisant des rondes. Le Dauphin, dans une chambre près de la reine, se réveille avec un grand cri. Sa mère accourt. Il a fait un affreux cauchemar : il était perdu dans une forêt et Madame Maman était entourée de loups.

Quand ils repartent à l'aube du 24 juin, ils sont rompus de fatigue, amaigris, sales, exsangues. On s'entasse à nouveau dans la maudite berline. On approche de Paris, et la foule épaissit à mesure de la poussière soulevée. Marie-Antoinette tente de construire à nouveau un climat fiable entre les voyageurs. Elle a repris la conversation de la veille et développe ses points de vue sur l'éducation des princes.

« Il est bon de les élever au plus près de la vérité et loin des basses flatteries. »

La chaleur est atroce, la reine demande à ce que l'on baisse le store, ce qui provoque des hurlements à l'extérieur. Madame Élisabeth est prête à obéir à la foule, terrorisée de leurs réactions.

« Non, dit la reine, non, ma sœur. Laissez ces stores baissés, il convient d'avoir du caractère ! »

Elle irrite vaguement Pétion qui n'aime pas son ton « royal », cette lèvre dédaigneuse, cette insolence qui s'installe sur ses traits rougis par un début de colère. Il n'aime pas l'éclair d'admiration qu'il déchiffre à la prunelle du jeune Barnave. Elle gagne cette modeste victoire : on laisse les stores baissés. La poussière a tout envahi. Les visages sont striés de rigoles noires, et le chapeau de la reine est devenu gris. Pétion est agacé par le babillage de la reine. Il la trouve superficielle, sans véritable caractère et estime que le roi, bien que perdu dans son apathie, avance toujours « des propos sensés ».

Marie-Antoinette cesse son badinage et attaque le problème en face :

« Je trouve, messieurs, que le parti républicain représente bien des dangers. »

Elle lance un débat, et Pétion s'échauffe. Il veut lui prouver la modération de ce parti, le piège étant de former un parti anticonstitutionnel, royaliste, qui, lui, provoquerait des troubles vrais et graves.

Pétion lance la question qui lui brûle les lèvres :
« Pourquoi le roi a-t-il fui ? »

Il s'exaspère de la protestation de la reine qui lui assure que jamais le roi n'a voulu fuir, mais simplement se mettre à l'abri.

« Je suppose que le roi se serait directement arrêté sur la frontière et, de là à l'étranger, il n'y avait qu'un pas. Les troubles auraient été autrement plus graves si cette fuite avait réussi. »

Le mot « fuite » dans la bouche d'un tel adversaire offense la reine. Ce mot est le symbole éclatant de la honte.

Louis XVI, fatigué, somnole un peu.

Il est onze heures du matin quand on entre dans Château-Thierry. Le relais est sous les arbres ; on a fait ajouter deux chevaux de plus. La hargne de la populace reprend. Les députés résignés, les commissaires inquiets, les gardes nationaux impassibles ne peuvent rien contre la bordée d'insultes envers la reine. On interpelle le Dauphin, on lui fait crier « Vive la nation ». Marie-Antoinette ne peut l'empêcher de se pencher à la fenêtre en souriant et de crier ces mots honnis qui la couvrent d'une honte brûlante. Elle souffre en silence, et le roi souffre avec elle des obscénités qui la visent. On l'appelle « Toinette », on la tutoie, on lui fait des gestes sales.

La garde nationale se demande comment protéger la berline jusqu'à Paris.

La berline file au trot de ses huit chevaux vers La Ferté-sous-Jouarre. Le maire de La Ferté, M. Reynard de l'Isle, offre sa maison pour restaurer la famille royale. Pétion et Barnave, le commissaire Mathieu Dumas n'ont qu'une hâte : rejoindre Meaux au plus vite. Dès que s'arrête la berline, les ombres armées surgissent, les injures aussi révoltantes que cette poussière sans fin.

Cette honte sans fin.

À huit heures du soir, on entre dans Meaux. On couche à l'évêché, quasi désert. L'évêque a offert un si pauvre repas que Louis XVI, si patient, en prend de l'humeur. Rien ne le déstabilise autant que le manque d'un bon repas. Les ruelles de la cité sont éclairées de torches, portées par les habitants aussi exaltés que ceux de Château-Thierry. L'arrêt est bref, on reprendra la route au plus tard à six heures du matin.

Marie-Antoinette se préoccupe du sort de ses trois fidèles gardes du corps et de leur propre protection au moment de traverser la capitale. À cinq heures du matin, levée, habillée, elle prie M. Dumas de venir la voir.

« Savez-vous les dispositions prises par M. de La Fayette pour nous assurer la sécurité ? Quel chemin allons-nous prendre pour rejoindre les Tuileries ? »

Elle s'angoisse plus qu'elle ne s'indigne quand Dumas lui affirme qu'ils suivront les boulevards extérieurs. Ils pénétreront ainsi par la barrière de l'Étoile de façon à descendre les Champs-Élysées jusqu'au château. La reine insiste :

« — Pourquoi, monsieur, un tel détour ?

— Madame, c'est la seule issue pour déjouer les fâcheux d'assauts contre lesquels nous ne pourrions rien. »

La honte, la honte de la reine, soumise à un trajet médiocre, harassant, à la fantaisie d'un peuple haineux. Il y a encore si peu de mois, elle revenait, triomphante et belle, cristalline sous ses diamants, dans une voiture dorée, aux chevaux de neige, de l'Opéra à Versailles, par les voies dites royales.

« Les boulevards extérieurs, Madame, il n'y a pas à y revenir. »

Elle plaide pour ses gardes du corps. Les laisser sur le siège, c'est les exposer à une vindicte mortelle. Elle refuse qu'on les abandonne. M. Dumas insiste pour qu'au moins ils ôtent leur livrée jaune qui excite tant le peuple. Marie-Antoinette refuse. La fille de Marie-

Thérèse relève un fier port de tête et conclut l'entretien :

« Le roi entrera dans Paris comme il en est parti. Avec sa famille et ses gardes du corps. »

Dumas fait monter à leurs côtés trois gardes nationaux qui promettent de ne pas les abandonner. Le siège est surchargé. Les huit chevaux suffisent à peine à tirer un tel tombereau.

Pendant douze heures, le cortège avance au pas, ralenti par de nouvelles masses de gens. Les insultes recommencent, l'endurance de la reine est presque à bout. Elle sent sa chevelure se raidir, sa peau se gercer, sa bouche trembler. On va dans une chaleur suffocante, une poussière si épaisse qu'on eût dit, d'après Mme de Tourzel, « un épais brouillard ».

Barnave ploie sous le charme de la voix cristalline de la reine qui tente de se ressaisir en échangeant avec lui ses idées. Elle lui offre de l'orangeade.

On arrive à l'orée des bois de Bondy. Une bande de forcenés, à l'allure d'assassins, surgit des bois et se jette sur les gardes nationaux. Les gardes les repoussent à coups de baïonnettes, la meute s'élance sous le ventre des chevaux épouvantés, s'agrippe aux roues, se hisse sur le toit. Ils hurlent qu'ils vont découper en morceaux les gardes du corps et les clouer sur les roues. Ils vocifèrent « Putain » et d'autres immondices à la reine.

On entend des cris aigus, on voit un nuage dense et noir rouler sur le cortège. Ce sont des mégères. Elles veulent à toute force arracher le cœur et le foie de « la goule d'Autriche », Marie-Antoinette saisit son fils et le hisse à la portière en guise d'apaisement, de promesse. La réponse arrive plus cinglante que le crachat de Chouilly :

« Elle peut bien le montrer son lardon, on le sait qu'il n'est pas du gros Louis ! »

Le roi frémit, la reine tremble, le Dauphin pousse des cris d'épouvante, Madame Royale pleure. Madame Élisabeth, la tête entre ses mains, remet leur sort à

Dieu et à la Providence. La berline n'avance plus, surchargée de harpies et d'enragés.

Les gardes nationaux en viennent à la violence, la berline avance moins d'une lieue par heure. Les chevaux hennissent, parfois s'arrêtent net.

La confusion continue de plus belle quand, quelques kilomètres plus loin, c'est au tour des gardes nationaux de provoquer un conflit. Ils se battent avec les grenadiers du capitaine Lefebvre qui attendent, du côté de Pantin, afin de ramener officiellement la berline. Les gardes nationaux estiment que l'honneur leur en revient, non à ces grenadiers de la dernière heure. La berline reprend sa route au supplice qui va encore durer des heures.

La Fayette et son état-major attendent à la barrière de Pantin. Tous les Parisiens sont là, le chapeau vissé sur la tête, dans un silence écrasant, l'arrivée du lamentable cortège, hybride ensemble de bois, de cuir, de grappes humaines, de chevaux en sueur. Les gardes nationaux et les gardes suisses ouvrent la première haie pour les laisser passer.

« La voiture du roi apparaissait comme au milieu d'une forêt de baïonnettes ; la garde nationale qui gardait le boulevard avait le fusil renversé comme pour un jour de deuil. »

La honte, la reine retient ses pleurs, lutte de toutes ses forces contre des malaises. Elle aperçoit, à l'arrière, l'ombre dérisoire du cabriolet. Le roi a la tête découverte, Barnave près de lui. On suffoque d'un mélange de poussière, de suint, de sueur. Marie-Antoinette serre de plus en plus son fils contre elle.

Elle serre les genoux sur une honte nouvelle. À Meaux, elle a prié Mme de Neuville de lui passer du linge et des jupons de rechange. Son sang coule, d'une abondance nouvelle. Elle a par deux fois vu son sang, ce mois-ci. Marie-Antoinette de Lorraine d'Autriche de France ignore qu'en elle débute un cancer à l'utérus.

La honte, le sang, les pleurs, la peur. Le son spasmodique des tambours. Paris. Le sang a traversé le linge ; pourvu que le jupon soit suffisant. Cacher sa misère de reine, sa misère de femme.

Elle a envie de crier le nom de Fersen.

Elle voit les rigoles de sueur sur le visage de son époux, sa chemise sale, sa redingote minable, sa honte. La honte de voyager serrés trivialement, contre leurs ennemis. Le roi promène un regard d'homme ivre sur cette foule. Son bon peuple, ses enfants, un pauvre homme de roi, vaincu. « Rien ». On arrive place de la Concorde, qu'un étroit chenal ferme. Deux ans plus tard la guillotine sera dressée nuit et jour sur cette place. Les insultes recommencent. La honte, la honte.

La berline a enfin achevé son effarante équipée. Elle entre dans le jardin, s'arrête devant le perron des Tuileries. Il est huit heures moins le quart. On ouvre la portière, et le roi descend en premier. Il courbe le dos, impassible, peut-être à demi mort psychiquement. Les enfants apparaissent suivis de leur mère. Marie-Antoinette, droite, sans faiblir, refuse le bras du vicomte de Noailles et de M. d'Aiguillon, qui ont trahi leur cause.

La Fayette redoute un assaut mortel contre la reine. À sa vue, une ruée bondit sur elle. MM. de Noailles et d'Aiguillon, les députés, en dépit des protestations de Marie-Antoinette, la portent littéralement à l'intérieur. Il était temps, on commence à malmener sérieusement les gardes du corps. Marie-Antoinette pousse un hurlement : son fils a disparu. L'enfant est en fait attrapé à bras-le-corps par le député Menou. La reine croit son fils enlevé.

Pétion est rudoyé, Dumas aussi. Malden et Moustier sont couverts de sang, M. de Valory a ses habits en loques. On les conduit à la prison de l'Abbaye ainsi que Mme de Neuville et Mme Brunier. Mme de Tourzel réussit à suivre la reine – qui obtient, compte tenu de sa faible santé, qu'elle reste aux Tuileries. Les trois gardes du corps et les deux femmes de chambre seront libérés en septembre, quand Louis XVI acceptera la nouvelle Constitution. Ils auront de la chance.

Le roi et les siens sont dans son appartement, à la case départ, y compris les députés et La Fayette. À bout de force, ils s'appuient aux meubles pour ne pas tomber. La colère envahit son âme, elle sent l'extrême urgence de changer son linge, l'eau fraîche sur son corps, son visage, ses mains. Elle a un mouvement de reine en s'adressant à Barnave :

« Je vous avoue, monsieur, que je ne comptais pas que nous passerions treize heures ensemble. »

Que de monde ! Va-t-on enfin les laisser tranquilles ? Un député de Bretagne, M. Coroller du Moustoir, s'adresse au roi, s'essayant au bel esprit :

« N'avez-vous pas fait là une belle équipée ? Ce que c'est que d'être mal environné ! »

La soif est leur plus grande torture, y compris pour Pétion qui demande à boire à Madame Élisabeth, qui décidément l'a charmé en s'endormant sur son épaule. Elle lui fait servir de la bière.

Les serviteurs des Tuileries, perruqués, stylés, sont à leur poste. Ils s'empressent autour du roi fort calme, avec le même zèle que s'il était revenu de la chasse. On lui fait sa toilette devant tout le monde, Sa Majesté répond aux uns et aux autres avec naturel, il y a même un grand coucher !

Ravigoté par un verre de vin et d'excellentes victuailles, l'eau délicieuse de la tête aux pieds, le linge frais et blanc, le roi reprend sa sérénité. Pendant ces apprêts, La Fayette le salue avec respect, l'assure de sa fidélité, mais insiste « qu'il restera du côté du peuple ». Le roi incline la tête et lui répond, non sans ironie, que son petit voyage l'a éclairé sur bien des choses. Qu'il s'est trompé et qu'il est désormais bien plus aux ordres de M. de La Fayette que le général n'est aux siens.

Pétion est confondu d'un tel spectacle, ce mélange d'étiquette et de cohue populaire. Il n'en revient pas de l'impassibilité toute royale de cet homme qui vient de vivre des heures effroyables. Y a-t-il, se demande le député du peuple, un comportement de roi ? Pétion s'agite. Cette sérénité, cette politesse aimable, ne sont-elles pas la façon aristocratique de l'extrême mépris ? Une extrême courtoisie mêlée à une extrême distance, la victoire indicible d'un rôle ancestral, sacré, un ordre divin que rien, pas même cette marche hallucinante, n'a en profondeur ni ébranlé ni altéré.

Louis XVI, roi de France, sacré à Reims, de droit divin.

Quand il demande où est la reine, on lui fait savoir qu'elle prend un bain.

Elle ôte son chapeau et ose s'adresser au miroir. Elle éclate en larmes quand le miroir lui répond qu'elle n'est plus la plus belle ni la plus jeune en son royaume : sa chevelure cendrée est devenue entièrement blanche en l'espace de cinq journées.

Louis XVI note dans l'agenda en maroquin noir : « Rien ».

Huitième partie

LA PRISONNIÈRE

Chapitre 96

SURVEILLANCE

Marie-Antoinette et le roi sont prisonniers. La Fayette et sa garde nationale sont leurs geôliers. Dès le 4 juillet, la reine écrit à Fersen. Elle fait passer ses courriers, rédigés à l'encre sympathique et au jus de citron, cachés dans des doublures de chapeau ou des boîtes à biscuits.

« Rassurez-vous, nous vivons. Les chefs de l'Assemblée ont l'air de vouloir mettre de la douceur dans leur conduite. Parlez à mes parents de démarches du dehors possible (…). J'existe (…). Que j'ai été inquiète de vous et que je vous plains de tout ce que vous souffrez de n'avoir point de nos nouvelles ! »

L'opération des courriers secrets lui donne beaucoup de mal et prend toutes ses nuits. Les messages, témoigne Mme Campan, portaient des chiffres qui correspondaient en fait à des lettres :

« Chaque correspondant de la reine devait avoir un ouvrage de la même édition. *Paul et Virginie* était celui qu'elle avait choisi. On indiquait par des chiffres convenus la page, la ligne où se trouvaient les lettres que l'on cherchait et quelquefois un mot d'une seule syllabe. Très souvent, je lui faisais une copie exacte de tout ce qu'elle avait chiffré sans savoir un mot de ce qui avait été écrit. »

Elle suppliait Fersen de ne revenir sous aucun prétexte.

« Tout serait perdu si vous paraissiez. Nous sommes gardés jour et nuit, cela m'est égal. »

Fersen, de Bruxelles, écrivait à la reine :

« Le malheur affreux qui vient d'arriver doit changer entièrement la marche des affaires, et si l'on persiste dans la résolution où on était de faire agir pour soi, ne le pouvant plus par soi-même, il est nécessaire de recommencer les négociations et de donner à cet effet un plein pouvoir... »

Marie-Antoinette est meurtrie au fond de l'âme. Elle montre à Mme Campan ses cheveux blancs et la bague destinée à son amie la princesse de Lamballe, revenue en France par amour pour elle.

« Ma souveraine, ô ma souveraine. »

Une bague contenant quelques mèches bouleversées par tant de désolation avec ces mots « blanchis par le malheur ». Elle n'est plus la ravissante jeune femme qui adorait vivre, se parer et danser, la folle petite princesse d'Autriche, vive, légère, consolée d'une parure, d'une rose, de l'éclat d'un désir... Elle a maigri, elle semble âgée sous cette chevelure raidie, raccourcie, vidée de sa sève. Une chevelure que Léonard ne soignera plus jamais. On a du mal à faire tenir quelques boucles, onduler les mèches sur le front, la chevelure est devenue ce crin rêche, appauvri sur les tempes, que la poudre blêmit davantage. Marie-Antoinette a le bord des yeux rougis, les pommettes irriguées. Elle pleure, sans orgueil, rivée au sort de ses enfants. Elle tremble de solitude avec le roi, repris par l'apathie du désespoir.

Marie-Antoinette est désormais pour toujours une prisonnière. Les Tuileries se sont transformées en un camp militaire. Les gardes ont planté leurs tentes dans les jardins, et des sentinelles veillent sur les toits. Quiconque avance vers le perron rencontre une baïonnette et est fouillé. « Ne venez pas ! » avait supplié Marie-Antoinette à Fersen. Elle endure cette série d'humiliations. On ouvre sans douceur les armoires, les commodes, sans les regarder ni s'excuser. On fouille avec de longues perches les conduits des cheminées, on ferme à double tour les portes. On entrave les corridors, les escaliers. Où que se rende la reine, elle est accompagnée. Quand elle va chez le Dauphin, cinq gardes l'entourent.

On frappe parfois à coups de crosse à la porte du Dauphin et on annonce « La reine ! » d'une voix bourrue.

La nuit, un garde couche en travers de sa porte. Un service minimal lui est accordé. La femme de service choisie par l'Assemblée est la maîtresse de Gouvion, l'espionne de toujours. Gouvion fait accrocher son portrait en bas de l'escalier qui mène chez la reine de façon que les sentinelles la reconnaissent et empêchent l'accès à toute autre femme. Mme Campan n'a le droit d'approcher de Marie-Antoinette qu'entourée, à son tour, de gardes. Marie-Antoinette réclame à La Fayette un peu de liberté dans son intérieur. Le général consent à un léger adoucissement. Il sera interdit à Mme Campan et à sa sœur de porter une ceinture verte, couleur honnie parce que c'est celle de la maison du comte d'Artois.

Les mesures pour garder le roi sont aussi à cette limite de l'insultant. Un commandant de bataillon est placé dans « le grand cabinet », salon qui précède la chambre à coucher de Marie-Antoinette. La porte doit rester jour et nuit ouverte afin que la garde ait sans cesse sous les yeux le roi et sa famille.

Le seul adoucissement est d'obtenir que la porte reste fermée le temps du lever de la reine et de sa toilette. Les rideaux du lit préservent un peu sa pudeur, elle demande que le lit de sa femme de chambre, Mme de Jarjayes, soit roulé contre le sien, lui-même entouré de rideaux. Elle se souvient d'une mégère sur la route de Varennes, qui ricanait :

« Ma belle, on t'en fera voir d'autres ! »

Mme de Jarjayes ne dort pas plus que la reine. Elles sursautent à tous ces pas d'hommes. Une nuit, le commandant du bataillon qui couche entre les deux portes, apercevant la tête blanchie de la reine, éveillée, appuyée contre un coussin, s'approche du lit. Le menton sur son fusil, il lui tient un discours moralisateur sur sa conduite à tenir.

« Parlez plus bas, monsieur, vous allez éveiller Mme de Jarjayes, » s'inquiétait la fille de Marie-Thérèse.

Mme de Jarjayes s'éveille en sursaut, saisie devant cette ombre et ce fusil penchés sur la souveraine.

« N'ayez crainte, madame de Jarjayes, répond Marie-Antoinette. Ce n'est là qu'un bon Français qui aime son devoir. Il s'est trompé comme tous les autres sur nos intentions. »

Une sentinelle arpente le corridor qui mène de la chambre de la reine à celle du roi. Il y a, insensiblement, une modification secrète au sein des gardes. Le corridor est gardé vingt-quatre heures sur vingt-quatre ; mais Marie-Antoinette compte toujours des adorateurs prêts à jouer leur vie pour elle, comme cet acteur du Théâtre-Français, M. Saint-Prix, qui obtient un poste de garde national et favorise les rencontres entre les époux. Il s'éloigne d'eux et les avertit si quelqu'un approche. La Fayette laisse les choses s'adoucir en fermant les yeux sur le nouveau commandant, M. Collot, chargé du service militaire des intérieurs de la reine. Celui-ci apporte quelque allégement. Il lève avec une grande prudence les consignes les plus odieuses : oser suivre la reine jusqu'à sa chaise percée, derrière un paravent. Marie-Antoinette peut vaquer à sa toilette intime sans cette honte insoutenable. On lui parle parfois avec insolence, la nommant « Toinette » et la tutoyant. M. Collot menace de se plaindre à La Fayette. On mise sur la nouvelle Constitution et la signature du roi pour supprimer cette surveillance.

Le roi se réfugie dans son cabinet de géographie, s'enquiert toujours de l'expédition de M. de La Pérouse, porté disparu. Il sombre dans une crise de maniaquerie. Il s'est mis à compter le nombre de fois où il est sorti entre 1775 et 1791, et note des chiffres hallucinants dans son agenda. Il puise une satisfaction qui consterne la reine à affirmer qu'il est sorti de chez lui près de trois mille fois.

Elle décide à nouveau de s'emparer du rôle de roi. Elle agira. Ils fuiront à nouveau ou bien on les sortira triomphalement de cette géhenne.

Chapitre 97

LE REMANIEMENT DE LA CONSTITUTION

La fuite à Varennes a provoqué une poussée démocratique. On veut à toute force retoucher la Constitution. On ne peut conserver un roi qui a osé refuser dans son manifeste la monarchie constitutionnelle. On est prêt à établir une république. Les élections sont en cours afin de choisir les nouveaux législateurs qui remplaceront les constituants. Louis XVI est suspendu. La gauche appelle avec ardeur la république, les modérés ont besoin d'un roi sans consistance. Chez les Jacobins, les Cordeliers, dans la presse parisienne, on ne veut plus de ce roi. Cette conviction traverse les campagnes. Varennes est à l'honneur: la province est fière de son rôle fondamental dans la capture du roi. Les paysans s'agitent: pour rien au monde ils ne veulent endurer à nouveau l'Ancien Régime. La société des « Amis de la Constitution » et leurs trois filières en province pensent comme eux. Plus de roi, la République!

L'Assemblée constitue un comité d'enquête sur le prétendu enlèvement du roi thèse des modérés, dont Barnave.

Une option se généralise: la déchéance du roi. La Fayette, les différents clubs l'exigent. Les orateurs des cordeliers tonnent cette volonté farouche: Danton, Desmoulins, Marat, le boucher Legendre.

Louis XVI n'est qu'un simple fonctionnaire qui a failli. Il doit subir un authentique interrogatoire;

Marie-Antoinette aussi, comme simple citoyenne. Les modérés s'effarent à l'idée de livrer un roi à un tribunal. Ils plaident (Barnave, Lameth, Duport) l'irresponsabilité constitutionnelle.

Le 25 juin au soir, ces trois députés se rendent aux Tuileries pour entendre les déclarations de Louis XVI. Le roi comprend qu'il joue une chance. Il déclare « à quel point il est heureux de se retrouver parmi les Parisiens ». Il respecte la Constitution et la volonté des Français. Il est en contradiction grossière avec son manifeste, mais les députés feignent de se contenter des promesses du roi. Ils tentent d'aller voir la reine, elle leur fait savoir qu'elle est souffrante. Elle tremble, en effet, de honte, d'impuissance, de chagrin et d'une viscérale incompréhension. Les députés reviennent la voir deux jours plus tard. Elle a préparé sa réponse. Elle les reçoit, vêtue d'une robe grise à larges rayures blanches, sa chevelure de vieille femme soigneusement coiffée en une mousse de neige, sous un chapeau d'où jaillissent, à l'arrière, trois voiles indiens, assortis à sa ceinture. Elle sent chez ces députés, surtout chez Barnave, une timide alliance. Elle répond avec une grande prudence qu'elle a agi en femme et en épouse soumise : le roi s'en allait, elle l'a suivi. C'est là son devoir.

« Nous nous rendions avec nos enfants à Montmédy, simple place forte. Nous n'avions aucunement l'intention de passer à l'étranger. »

Marie-Antoinette a deviné que le nouvel allié est Barnave. Elle l'a pressenti dans la berline, en devisant de manière superficielle avec lui afin d'égarer la suspicion de Pétion. Pétion qui dévorait et buvait, jetait par la fenêtre les os de volaille quasi au visage du roi. Pétion qui haussait son verre sans remercier quand Madame Élisabeth lui versait du vin. Elle a été touchée du respect de Barnave à son égard. Il s'est presque excusé de sa mission. Comment pactiser de plus près avec le jeune député qui la regarde d'un œil plus ardent que ne l'eût exigé son rôle d'inquisiteur ?

Dans une telle solitude, elle devient ingénieuse. Elle entreprend l'époux de Mme de Jarjayes, le général de Jarjayes dévoué à leur cause. Elle lui fait passer un message codé afin qu'il organise une rencontre secrète avec Barnave. Elle désigne dans son message Barnave sous le code 2-1. « Il n'y a qu'à gagner à établir une correspondance avec lui ». Elle a, dit-elle, été frappée de la profondeur de son caractère pendant les deux jours passés dans la berline : lui seul saurait les aider. Les aimer.

Barnave ne l'aime déjà plus : il l'adore. Il s'obsède du sauvetage de cette femme qui envahit sa pensée.

Ses amis sont plus réticents. Marie-Antoinette ne les attire pas du tout. Lameth et Duport tentent d'éclairer Barnave sur la légèreté mortelle de cette princesse qui a perdu son trône, sa réputation. Ils insistent sur son incompétence « criminelle ».

« Elle est incapable d'une suite dans les idées », s'irrite Duport.

Barnave ne songe qu'à la fine silhouette, ce visage délicat, ce sourire presque tendre, et cette main si douce quand elle s'est posée sur son bras, implorant le secours. La route de Varennes a été pour Barnave d'une suavité incompréhensible.

Les déclarations du roi et de la reine ont exaspéré les patriotes. Le parti des « Républicains » veut sans autre procès « déposer » le roi. Les Jacobins et les Cordeliers surenchérissent sur la nécessité de sa déchéance. Les modérés s'inquiètent, Barnave frémit… Il fait parvenir à Marie-Antoinette les arguments qu'il a présentés au roi pour lui faire accepter la Constitution, avec quelques modifications reliées à sa déclaration du 20 juin :

« Le roi ne serait plus "premier fonctionnaire de la nation" mais "représentant héréditaire de la nation". Il ne serait plus astreint à résider à moins de vingt lieues de la ville où se trouve l'Assemblée. Les décrets concernant l'organisation civile du clergé seraient retirés, une garde de mille huit cents hommes serait accordée au roi. »

Barnave appuie à la tribune de manière voilée son « aide » à la reine :

« Vouloir davantage, au moment où la nation est libre, c'est vouloir commencer à cesser d'être libres et devenir coupables. »

Il joue un jeu dangereux : il avance indirectement le droit de veto du roi. Il gagne provisoirement en faveur du roi qui se trouve « suspendu » mais « maintenu » dans l'attente de la nouvelle Constitution. Barnave se fait des ennemis, la gauche jacobine qui traite tout haut à l'Assemblée la reine de « catin criminelle ». La reine a joué et bien joué. Elle a laissé Barnave baiser sa main avec une fougue troublante.

Guillotiné sous la Terreur en 1793 pour l'avoir défendue, le bourreau trouvera dans la poche de Barnave un morceau de tissu de la robe de Marie-Antoinette.

« Je porte malheur à ceux qui m'aiment », avait-elle dit.

Fersen aussi aura une fin tragique. Il mourra en 1810, hanté par le souvenir de Marie-Antoinette. Accusé d'avoir empoisonné le prince royal Charles-Auguste, il sera lapidé, traîné par la foule, le crâne fracassé, lors des funérailles du prince à Stockholm. La foule aura été le pire ennemi des amants.

Quant aux cendres de Mirabeau, elles sont allègrement profanées au Panthéon et dispersées par la foule en cette année 1791.

Barnave se trompe sur les intentions profondes de Marie-Antoinette. Elle ne joue pas son jeu, elle le méprise, elle l'utilise. La sauver exige qu'elle joue avec le roi un jeu sincère, qu'ils acceptent la nouvelle Constitution, le changement : devenir résolument des monarques constitutionnels.

C'est mal connaître l'orgueil indomptable de la fille des Césars qui, jamais, ne ferait alliance « avec un gueux ».

Elle a détesté le baiser brûlant du jeune député, elle raidissait sa main, elle fermait les yeux. Fersen lui manquait.

Barnave voit sagement en conseillant aux souverains d'accepter la Constitution et, surtout, de rompre toute relation avec Vienne.

« Vous courez à votre perte si vous n'assouplissez pas vos concepts. »

Ils n'assouplissent rien du tout. Marie-Antoinette a repris de plus belle sa correspondance secrète. Elle comprend aussi mal Barnave qu'elle n'a su entendre Mirabeau.

Elle écrit une lettre réticente à Barnave. Juillet devient cette chape de plomb sur la ville, la lettre de Marie-Antoinette noue la gorge du député. Elle lui fait sentir qu'elle est du sang le plus illustre, que nul ne les abaissera, elle et son époux, à tout accepter. Elle hait cette révolution et quiconque y participe.

Elle refuse d'entendre les réalités désolantes de la vie au quotidien des Parisiens. Le chômage a augmenté ; l'Assemblée a supprimé les ateliers de charité. Le mécontentement porte trois noms : la reine, l'Assemblée, la bourgeoisie.

Le 9 juillet, l'Assemblée a voté un décret contre les émigrés. S'ils ne rentrent pas en France, leurs biens seront saisis. Mme du Barry, qui n'a cessé de les aider à passer à l'étranger, est recherchée par la police.

L'ancienne ennemie de la dauphine sera arrêtée en juin 1793 et guillotinée. Que restait-il de la cascade de boucles blondes ? Elle était devenue une femme presque chauve, fort grosse, âgée de cinquante années. À l'échafaud, elle suppliera Sanson de lui accorder une misérable coudée de vie :

« Encore un petit quart d'heure, monsieur le bourreau. »

Marie-Antoinette demande avec anxiété à Barnave si la personne du roi demeure inviolable.

La Constitution, promet Barnave à la reine, sera améliorée dans le sens de la monarchie.

« La Constitution est aussi monarchique qu'elle doit l'être ; toutes les questions relatives au roi telles que le titre de représentant du peuple, la majesté royale garantie contre les abus de la presse (...) ont été décidées pour la dignité et la puissance royale. (...) Le roi, en acceptant la Constitution, aura d'autant plus de convenances (...) qu'il sera indiqué, à la suite de l'acte constitutionnel, un moyen de corriger, dans quelques années, les points que l'expérience aurait démontrés vicieux. »

La reine feint de l'entendre. Elle le berne, et l'amoureux ne s'en doute pas, pas encore. Il rêve de hausser celle qu'il aime à « une grande existence ».

Il s'exalte. À travers elle, il manœuvre toute la politique européenne. Il s'empare du rôle de Mercy avec des intentions contraires. Il fera de son égérie l'intermédiaire entre la France et l'empereur.

Mais les événements sanglants du Champ-de-Mars vont à nouveau exaspérer Paris contre la reine.

Chapitre 98

Le massacre du Champs-de-Mars

Les remous se poursuivent entre les différents clubs. Une pétition est lancée pour demander la déchéance du roi. On décide de se réunir le 17 juillet au Champ-de-Mars. « L'Union fraternelle des ouvriers » réclame une amélioration de leur sort car ces derniers ont été bafoués y compris par l'Assemblée. La loi qu'a fait voter Le Chapelier, le 4 juin, interdisant toute coalition ouvrière, exaspère les Parisiens, la plupart reliés au monde ouvrier. La catastrophe du 17 juillet vient surtout d'un extrême désordre. Des milliers d'hommes affluent au Champ-de-Mars, ivres de récriminations qui s'achèvent dans la haine phobique de la reine.

Un incident déplorable survient. On découvre sous les tréteaux deux curieux que la foule prend pour des espions. Elle les fait prendre sur-le-champ.

L'Assemblée envoie aussitôt le maire Bailly, des commissaires, La Fayette et ses troupes. La Fayette et son prestige vont sombrer dans un bain de sang.

Les gardes nationaux perdent la tête. Ils tirent sur la foule, sur les leurs, avec une violence aveugle. Le fossé de sang se creuse entre la bourgeoisie et le monde ouvrier. On change déjà de révolution. Marat s'indigne devant ces centaines de morts :

« Qu'aurons-nous gagné à détruire l'aristocratie des nobles, si elle est remplacée par l'aristocratie des riches ? »

Les chefs démocrates sont poursuivis, leurs clubs interdits. Les Jacobins se scindent ; le plus grand nombre devient « le club des Feuillants ».

La presse se déchaîne contre la bourgeoisie. *Les Révolutions de Paris* écrivent :

« Le bourgeois n'est point démocrate, il s'en faut ; il est monarchiste par instants. Sur l'échelle des êtres, il faudrait placer le bourgeois entre l'homme et le mulet. »

Barnave, le conseiller officiel de la reine, se comporte en modéré bourgeois et dénonce le petit peuple, selon lui, jaloux des propriétaires. Son discours mortifie les ouvriers :

« Ce sont des êtres, ose-t-il prononcer à la tribune, qui grossissent et grandissent pour ainsi dire dans les troubles, comme les insectes dans la corruption. »

L'Assemblée se hâte d'achever la nouvelle Constitution.

La reine se rapproche de Barnave tout en écrivant, des nuits entières, aux Cours étrangères. Elle savoure l'échec de La Fayette et persuade Barnave et ses amis qu'elle écoutera leurs conseils. Barnave donnerait tout pour baiser cette peau fragile, traversée d'un ruisseau de veines aux tempes, aux poignets… Elle va vers lui, aile brisée d'une mouette, vêtue de blanc, elle est déjà la reine en deuil, un excès de blanc, le blanc, l'absence des couleurs, la paix profonde de la mort.

Elle n'a plus ses bijoux, quelques perles au cou, aux oreilles. Le blanc des perles, le blanc de ses mains. Il la reconnaîtra entre mille, jusque dans l'Éternité. Quand enfin tout sera dérisoire, oublié.

Elle ment à Barnave. Elle ment à ce fin visage de jeune homme de trente ans, au profil d'oiseau maigre, à la bouche mélancolique. Elle semble plus grande que lui. Son allure compose cette impression. Elle a toujours l'air plus grande que les hommes qui ont osé l'adorer.

Fersen, seul, son égal.

Elle souffre du manque d'argent. Elle a tout à Bruxelles, dont deux millions dans une grande banque de Londres. Elle n'a plus ses diamants.

« L'armée est perdue, écrit-elle à Mercy, début août. L'argent n'existe plus, aucun lien, aucun frein ne peut retenir la populace armée de toutes parts. »

Elle souffre cruellement de l'absence de Fersen. Il est à Vienne, œuvrant à convaincre Léopold II d'entrer en guerre. Elle réussit à lui faire parvenir un anneau romantique. Leurs lettres s'égarent. Elle grelotte en plein été.

Elle a honte du roi, honte des émigrés.

« Ces lâches qui après nous avoir abandonnés, confie-t-elle à Mercy, veulent exiger que seuls nous nous exposions et seuls nous servions leurs intérêts. »

Elle ne se fait aucune illusion sur les frères du roi qui mènent à Coblence une véritable Cour. Monsieur songe toujours à la régence. Marie-Antoinette a pour allié Breteuil qui freine les prétentions des princes.

Elle croit de toutes ses forces à l'aide étrangère. Marie-Antoinette de Lorraine d'Autriche de France, tels ses pairs, n'a aucun sens de la patrie. La France a été son royaume au même titre qu'une métairie prestigieuse : elle en est la propriétaire, et ses serviteurs se comportent en voleurs et en bandits. Ils veulent la spolier. L'assassiner. Aux puissances étrangères de donner une leçon à « tous ces gueux ». Oser les humilier avec la nouvelle Constitution ! Elle ne quitte guère ses enfants. Elle se console par la présence de la princesse de Lamballe. Elles se voient assez peu, à cause de la surveillance. Mme de Lamballe fond en larmes quand la reine entre au salon.

Le malheur d'aimer Marie-Antoinette. La gorge lui serre quand elle songe à la magistrale trahison de la Polignac. Mme de Lamballe a été la véritable amie. Elle porte jour et nuit la bague offerte par la reine. Elle baise cet anneau torsadé d'or et de cheveux blancs.

« Ma souveraine, ô ma souveraine. »

Chapitre 99

La nouvelle Constitution

Les députés ont achevé le texte de la Constitution. Il est temps de le présenter à Louis XVI. Marie-Antoinette tente de reculer le honteux moment de son établissement. Elle veut manœuvrer Barnave et ses amis en ce sens. Elle leur a obéi, dissimulant sa rage, et a écrit, sous la dictée de Barnave, les courriers à l'empereur, contre ses convictions. Barnave lui doit bien quelque adoucissement.

Elle le convoque. Elle reprend sa morgue, son ton altier et sa mordante légèreté, que ne supporte plus la France. Elle toise le député non sans insolence :

« Le moment est arrivé, lui dit-elle, où je pourrai juger entièrement ceux qui se sont montrés avec courage pour la monarchie. »

Elle est assise, elle le laisse debout. Elle porte une robe à frais dessins indiens, fluide sur les hanches, un bonnet de gaze et de roses. Elle jette sur le jeune député un regard glacé. Barnave sent sous lui le sol s'ébranler sous ses pieds. En un éclair, il pressent la vérité : elle l'a manœuvré. Il oscille entre l'orgueil du mâle humilié et un chagrin éperdu. Un désir éperdu. Elle ne connaît rien à la France, rien à la politique, rien de rien aux hommes bafoués et épris. Une haine originelle les dresse soudain l'un face à l'autre. Mais il l'aime, elle non. Il s'en veut. Comment a-t-il osé rêver qu'elle ait songé un seul moment à lui donner son amitié, à lui, l'obscur petit avocat né de ce peuple qui gronde et qu'elle vomit ?

Il a la gorge sèche, le timbre haché. Ce qu'il dit ressemble à une mise en garde :

« Que la reine n'oublie point qu'elle seule dispose de sa destinée. »

Il répète les mots qu'a autrefois prononcés Mirabeau. Il répète jusqu'à l'engouement que « tout devait rester clair et ne pas donner le jour à diverses interprétations ». Il endure mal cette lèvre des Habsbourg déformée par le dédain. Il la trouve laide, sa tant belle, laide et perdue pour lui – perdue pour toujours. Elle ne lui a rien donné, et sa vie déjà recule vers les ombres à cause d'elle. Il apprend que, quand une femme n'aime pas, elle déteste.

Elle l'a désespéré. Elle le laisse partir, soulagée d'être seule. Elle éclate en une révolte sourde, elle va et vient à grands pas, dans ce salon vide, où les gardes deviennent à ses yeux des mannequins informes. Elle sombre longtemps dans une grande agitation. La rupture avec Barnave a aussi ouvert le sol sous ses pieds.

Son angoisse augmente. Elle ne dort plus, mange à peine un peu de poulet, boit du café, son eau sucrée sans précaution. Qu'ils l'empoisonnent ! Elle rédige toutes les nuits ses correspondances secrètes. Elle écrit, hagarde, à Mercy que rien ne retardera plus la promulgation de ce texte qui les mutile à jamais. Elle suce le citron qui a servi à composer l'encre. L'acidité coule dans sa bouche, meurtrit sa gorge. Il apaise cette soif, cette fièvre qui brûle ses joues et glace ses mains.

« Je vous assure, écrit-elle à Mercy, qu'il vaudrait mieux être le roi d'une seule province que d'un royaume aussi vicié et désordonné que celui-ci. »

Barnave s'est ressaisi. Il remanie le discours que le roi doit prononcer. Il ose demander une nouvelle audience à son ennemie.

« Votre Majesté devrait aussi présenter une allocution à l'Assemblée. J'aiderais la reine de tout mon pouvoir à composer les mots nécessaires. »

Elle refuse son ultime proposition de faire d'elle une souveraine prête à conquérir son royaume. Elle n'est pas Marie-Thérèse, elle demeure au registre émotionnel, liée à en mourir aux convictions de sa classe. Elle ne songe qu'aux nouveaux moyens de fuir les Français, « cette race de tigres », écrit-elle à son frère de Vienne.

Il faut pourtant écouter ce texte abhorré.

La lecture a lieu aux Tuileries à dix heures du soir, le 3 septembre 1791. Louis XVI, en dérisoire habit de cour, boit sa honte et feint de relire tous les articles qu'il connaît jusqu'au vertige. Qui a désormais confiance en ce roi qui a fui à Varennes ? Qui serait dupe de sa rancœur devant une Constitution qui le dépouille pour toujours de son rôle d'autrefois ? Marie-Antoinette, en robe couleur de perle, lutte contre les larmes. On a tant bien que mal arrangé sa chevelure, serrée sous un chapeau à aigrettes blanches. Elle se tient immobile pendant la lecture. Elle écoute la honte, elle retient la colère qui jette un flux violet à ses pommettes. Le roi économise ses forces pour conserver sa dignité.

La lecture est longue. La voix du député parvient par tronçons plus ou moins sonores. La Constitution ménage pourtant encore le pouvoir royal, tout au moins son prestige, mais Marie-Antoinette retient le pire : le roi devient le premier fonctionnaire du royaume. Il aura le droit de nommer et de révoquer ses ministres qui constitueront un conseil entièrement contrôlé par l'Assemblée. Le roi conserve son droit de veto, mais l'Assemblée passera outre après deux ans de législature. Le roi dispose, en principe, de quatre années pour repousser l'entrée en vigueur d'une loi. Tout lui est compté : le pouvoir absolu est anéanti.

Le visage de la reine devient le masque de la honte. Quant à la décision de la paix ou de la guerre, les articles se font encore plus ambigus. Le roi peut en décider, mais sans jamais exercer seul ce pouvoir. Plus jamais seul, plus jamais roi. Désacralisé.

Aucune de ses décisions n'entra en vigueur sans la signature du ministre pénalement responsable. Louis XVI ne dira plus jamais « Nous voulons ».

L'esprit de la nouvelle Constitution, grâce à Barnave, propose une souplesse, une entente entre l'Ancien Régime et la nouvelle idéologie de la France.

Marie-Antoinette mord l'intérieur de sa joue pour ne pas sangloter. Le roi ne disposera désormais d'aucun revenu de la nation. Il touchera, comme tout fonctionnaire, une liste civile. La Constitution prévoit trois cas où le roi peut être déchu. Les députés disposent de toute la liberté possible sur l'initiative des lois nouvelles et peuvent mettre en accusation n'importe quel ministre.

Le serment du Jeu de paume a donc été tenu et marque déjà la fin de Louis XVI dont le profil, mystérieusement, s'éteint dans l'ombre des Tuileries.

Le 13 septembre, à bout de forces, le roi signe son accord. Le déchirement s'installe dans la famille. Madame Élisabeth, en larmes, supplie en vain son frère de ne pas signer « cette œuvre impie ». Madame Élisabeth est restée très liée au comte d'Artois, aux monarchistes, et entrave par ses propos et son rejet trop véhéments les chances de Louis XVI. Marie-Antoinette a encore maigri. L'indigne comédie continue. Le roi est obligé de se rendre à la salle du Manège pour prêter serment à la Constitution. Marie-Antoinette tente d'influencer Barnave.

« Monsieur, je vous en prie, faites revoir le texte en notre faveur. »

Elle plaide, les yeux rougis, les mains tendues, malade d'humiliation.

« Au moins, monsieur, tentez que le roi ait à parler le moins possible devant l'Assemblée ! »

Barnave secoue la tête.

« Madame, il est trop tard. »

Il s'en va, vêtu de noir, cravaté de mousseline blanche.

Elle chancelle ; elle gémit pour elle, tout bas, le nom de Fersen. Elle en a reçu de brèves et rassurantes nouvelles. Elle lui écrit :

« J'aurais voulu que l'acceptation fût plus simple et plus courte, mais c'est le malheur que de n'être entourés que de scélérats. »

Marie-Antoinette assiste au serment. Elle est dans une tribune, salle du Manège, la gorge serrée d'une tenaille invisible. Vêtue de noir et de blanc, coiffée d'un simple chapeau à long voile, comme celui de leur fuite... Elle se souvient soudain avec horreur qu'ils ont été arrêtés à deux cents mètres à peine de la route de Montmédy, à deux cents mètres de la liberté.

L'Assemblée reste assise tandis que le roi articule avec une peine infinie le serment qui déchire sa vie et toutes ses valeurs. Nul ne se lève, nul ne l'acclame. On le fixe du regard. *Il est un crime d'oser fixer le roi sacré à Reims, d'ordre divin*. Humilié, déstabilisé, Louis XVI s'assoit brusquement. Pris de vertige, il oscille. Va-t-il s'endormir ?

Aux Tuileries, il reste impassible jusqu'à sa chambre. Sans témoins, il s'effondre en sanglotant dans les bras de Marie-Antoinette. Il la supplie de lui pardonner de l'avoir fait venir en France pour endurer une telle misère. Elle sent contre son cœur ce chagrin d'homme, houleux, terrible. Elle caresse son front comme celui d'un petit enfant. Il est son petit enfant. Elle mêle ses larmes aux siennes. Elle le berce tel son petit garçon mourant. Elle songe à son petit enfant mort à Meudon. Elle éclate, comme toutes les femmes, de peines mêlées, de l'inexorable amour maternel. Son époux devient aussi son petit garçon mort à Meudon. Elle l'embrasse sur le front, sur les mains, elle l'embrasse chastement sur la bouche. Ils se regardent, ils sont au-delà de l'amour. Ailés, prêts à cet envol qui ressemble à celui de ces mouettes immobiles qu'elle faisait ajuster à ses coiffures d'autrefois, ces mouettes engluées d'or et d'aigrettes qui jamais ne pouvaient prendre leur envol… Le roi, en leurs si longues nuits, qui jamais ne pouvait la mener à cet envol des sens et du bonheur.

Marie-Antoinette, la même nuit, écrit à Fersen, pour le convaincre et se convaincre que tout cela n'est qu'une comédie abominable.

« Je crois que la meilleure manière de dégoûter de tout ceci est d'avoir l'air d'y être tout entier… Plus nous avancerons, et plus ces gueux-ci sentiront leurs malheurs ; peut-être en viendront-ils eux-mêmes à désirer les étrangers. »

Marie-Antoinette de Lorraine d'Autriche de France n'a pas intégré le bouleversement irréversible de la France.

Chapitre 100

Une assemblée divisée

« La pièce semble n'être jouée que par des doublures », remarque M. de La Marck. Les députés se divisent. Il n'y a aucune unité gouvernementale. Les sept cent quarante-cinq députés sont élus selon leur fortune, donc tous aisés, tous bourgeois dont quelques aristocrates. Les Feuillants, ceux de droite, au nombre de deux cent soixante-quatre, sont acquis au roi, dont Barnave, Lameth, le comte de Vaublanc. Face à eux, cent trente-six Jacobins et Cordeliers. Des figures y culminent dont Brissot, Vergniaud, Condorcet, Guadet, Isnard. On est déjà loin de l'enthousiasme de 1789. Les partis se dressent les uns contre les autres partout en France. La Révolution va tourner à la Terreur.

Barnave, devant tous ces doubles jeux, surtout celui de la reine, se décourage. Plus dure sera la chute de celle qu'il a tenté de sauver malgré ses préjugés. Le 20 octobre, elle lui écrit qu'elle n'a mis aucune arrière-pensée dans ses démarches, « puisque c'était là son devoir ». Elle ment. Le même jour, elle confie le contraire à Fersen :

« Rassurez-vous, je ne me laisse pas aller aux enragés (...). Ils me font trop horreur pour ne jamais me laisser aller à eux. »

Elle abhorre ces députés, qu'elle traite de « scélérats, de fous, de bêtes ». Elle abhorre la liesse populaire qui a voulu fêter « ce grand événement », le dimanche qui a suivi le lamentable serment du roi. Elle a le cœur soulevé quand, dans leur voiture les promenant vers Chaillot, la foule applaudit Louis XVI et sa défaite. Le soir, il faut descendre les Champs-Élysées illuminés, en calèche découverte. Elle fait bon visage, droite et vêtue de soie, chapeautée de gaze et de plumes. Parfois éclate une ovation et, isolé, on crie son nom : Marie-Antoinette. Il faut endurer la soirée à l'Opéra. On y donne le ballet *Psyché*. Les danseuses habillées en Furies semblent surgir des enfers. Dans le rougeoiement des lumières, le visage de la reine apparaît. Elle sourit, pour ne pas s'effondrer. Le roi, en habit gris perle, dans l'ombre de la loge en velours cramoisi, somnole.

Il faut aussi se montrer aux Italiens où l'on joue *Les Événements imprévus* de Grétry. L'actrice Mme Dugazon s'incline devant la reine au moment de chanter le fameux couplet « Ah ! Comme j'aime ma maîtresse ! » Du parterre montent les voix furieuses des Jacobins. On les reconnaît à leurs cheveux noirs : ils refusent la poudre.

« Pas de maîtresse ! Pas de maître ! »

Le faubourg Saint-Antoine s'attroupe devant les Italiens. La reine sort dignement, entourée de la garde nationale. C'est la dernière fois qu'elle ira au spectacle.

Le roi se raidit davantage. Il hait la Constitution au point de n'en rien respecter. La Marck écrit à la reine qu'elle pourrait reprendre du pouvoir si elle consentait à « cajoler parfois ce peuple mobile et frivole ».

Marie-Antoinette en est incapable. Elle continue ses courriers hagards, à Fersen, à son frère, à l'étranger, chaque nuit, à la flamme d'une veilleuse. Elle tresaille à la lueur du jour.

« Je suis fatiguée à force d'écrire, jamais je n'ai fait un tel métier. »

Elle écrit à Fersen des lettres de trente pages. Elle s'affole : son amant s'irrite de ses relations avec Barnave.

« La reine couche avec Barnave », note Fersen, jaloux, choqué, dans son Journal.

Marie-Antoinette ne gouverne plus rien – sauf sa volonté farouche à demeurer toujours Marie-Antoinette de Lorraine d'Autriche de France – qui n'a rien à quémander à « ces gueux-là ».

Chapitre 101

M. Veto

Le baron de Goguelat sert de secrétaire à la reine. Il essaie, sans succès, de la persuader qu'elle pourrait puiser de grandes ressources si elle savait exploiter la Constitution. Le roi et la reine sont convaincus qu'elle leur serait fatale. Le roi précipite la chute, encouragé par Marie-Antoinette. Il fait jouer son droit de veto sur deux décrets qu'a votés l'Assemblée. Le roi sombre dans une funeste opiniâtreté.

Le premier décret exige le serment civique des prêtres. En cas de refus, ils seront emprisonnés. Le second texte condamne à mort les émigrés s'ils ne rentrent pas en France dans les trente jours qui suivront.

« Eh bien non ! dit le roi. Non à ces deux décrets. Je le veux. »

Il s'accroche à son dernier droit royal, le veto, clause que l'Assemblée lui a accordée.

Marie-Antoinette surenchérit avec violence. L'un comme l'autre croient au dérisoire veto.

Marie-Antoinette redoute le retour des émigrés, les retenir empêcherait la guerre. Cette guerre dont elle espère la délivrance. Les troupes étrangères, suffiraient à mater « ces fous et ces bêtes », y compris ces princes qui profitent de leur malheur.

« Il faut que les puissances viennent à notre secours d'une manière utile et imposante », écrit-elle à l'empereur.

Elle souhaite un congrès : elle prie Mercy d'en faire part à Léopold qui refuse habilement. Point de congrès puisque le roi a approuvé la Constitution. Elle s'enferre ; le fossé devient l'abîme. La France récite avec délices *La Ménagerie royale* où on se moque de Louis XVI et de son veto :

Le Royal Veto
Cet animal a environ cinq pieds cinq pouces de long (...). Il marche sur les pieds de derrière comme les hommes. La couleur de son poil est fauve. Il a les yeux bêtes ; la gueule assez bien fendue ; le mufle rouge, les oreilles grandes ; fort peu de crin, son cri ressemble assez au grognement du porc ; IL N'A POINT DE QUEUE. *Il est vorace par nature ; il mange ou plutôt il dévore avec malpropreté tout ce qu'on lui jette. Il est ivrogne et ne cesse de boire, depuis son lever jusqu'à son coucher.*
(...) Il est né à Versailles, et on lui a donné le sobriquet de Louis XVI.

Fersen, entre la jalousie et l'écœurement, déçu de l'échec de ses démarches à Vienne, aggrave l'affolement de la reine. Il lui démontre l'indifférence des puissances étrangères et la grossièreté détestable des Français

« Plus je vois cette nation, plus je la hais et la méprise. »

Marie-Antoinette tremble de solitude et de honte mêlées. Où fuir ? Vers qui ? Elle revoit la berline, la route de Meaux. Un si bel été. Elle a savouré, à l'aller, à pied, la campagne de la France profonde. La berline est entrée dans ses cauchemars. Les passagers ont disparu, il n'y a aucun cocher, la berline va, dans une nuit de plomb. Marie-Antoinette est seule sous son voile noir. Elle ne peut crier. Elle étouffe. Elle entend hennir un cheval fantôme. Elle sursaute. Elle s'était brièvement endormie devant ses courriers. La veilleuse est éteinte ; on entend le pas de la sentinelle.

L'année 1791 s'achève dans une reprise farouche de la Révolution. En décembre, les souverains ont la surprise de revoir le duc d'Orléans. Le futur Philippe-Égalité vient proposer son aide au roi. Louis XVI, affaibli, voit en lui un allié sincère. Marie-Antoinette n'y croit pas, elle entrevoit la fourberie du prince. Quand il tente de la revoir, les alliés de la reine, décidés à la défendre jusqu'au bout, lui crachent au visage. Il essuie la souillure, regarde longtemps Marie-Antoinette impassible.

« Madame, je ne pardonnerai jamais une telle offense. »

Il quitte les Tuileries pour ne jamais y revenir. Au château, l'atmosphère est irrespirable. Des espions s'infiltrent partout. Le roi sombre à nouveau dans son apathie. Madame Élisabeth ne facilite pas les choses. Elle correspond avec Artois et d'autres émigrés, critique ouvertement Marie-Antoinette de traiter de « Caïn » Monsieur qu'elle aime profondément. Madame Élisabeth prône bien haut son idéal : la monarchie absolue. Marie-Antoinette supporte mal la sœur du roi. Elle écrit à Fersen :

« C'est un enfer que notre intérieur, il n'y a pas moyen d'y rien dire avec les meilleures intentions du monde. Ma sœur est tellement indiscrète, entourée d'intrigants (...) qu'il n'y a pas moyen de se parler ou il faudrait se quereller tout le jour. »

Le 9 février, les biens des émigrés sont confisqués, enrichissant les biens nationaux. La Législative s'indigne des agissements des frères du roi, et que des officiers eussent abandonné la France pour former un parti hostile à la Révolution au-delà des frontières. Ils ont organisé « l'armée de Condé », sans l'appui des cours d'Europe qui restent prudentes. Les partisans de Brissot et les Feuillants espèrent la guerre à divers titres. Les uns pour soutenir la Révolution, abolir ce roi et son veto détestable, les autres supputant l'appui au roi d'une armée afin de lui restituer son pouvoir. Louis XVI devient irritable. Le 14 décembre, il déclare qu'il va sommer l'électeur de Trèves de disperser les émigrés. Le rôle de ses frères à Coblence tient de la trahison. L'armée des émigrés est un ramassis de vieillards, un arrière-ban confus d'aristocrates, d'aventuriers. Mal armés, mal équipés, mal gérés. L'empereur incrimine la Révolution et les clubs. La France s'achemine vers une guerre contre l'Autriche. Les Jacobins s'échauffent dans le sens de la guerre. Marat, Robespierre, quelques députés comprennent que c'est une catastrophe d'entrer dans le jeu de la guerre. Les événements se précipitent. Le 1er mars (1792), Léopold II meurt brusquement à Vienne remplacé par son fils François II, âgé de vingt-quatre ans, belliqueux et farouchement militaire. Marie-Antoinette éclate en larmes à ces nouvelles, persuadée que son frère a été assassiné. Le 10 mars, le général Dumouriez, girondin, devient ministre des Affaires étrangères. Le 21 avril, la guerre est déclarée à l'Autriche. Marie-Antoinette écrit à Fersen :

« Je crois que nous allons déclarer la guerre, non pas à une puissance qui aurait des moyens contre nous, nous sommes trop lâches pour cela, mais aux électeurs et à quelques princes d'Allemagne, dans l'espoir qu'ils ne pourront se défendre. (...) C'est nous servir, parce qu'enfin, il faudra bien, si nous commençons, que toutes les puissances s'en mêlent pour défendre les droits de chacun. (...) La meilleure manière de bien nous servir est de bien nous tomber sur le corps. »

Le veto a tout précipité.

Dans son testament, Louis XVI évoquera le rôle de ses frères, dans cette bascule sanglante, comme « un zèle mal entendu ».

Marie-Antoinette tremble pour Fersen. Il lui a écrit, début février, qu'il viendra la voir.

Chapitre 102

Le retour de Fersen

Il reste à la monarchie seize semaines à vivre. Les souverains vivent dans une inquiétude permanente ; chaque jour on les menace d'assassinat. L'intendant de la liste civile, Laporte, a rapporté à Mme Campan qu'un pâtissier attaché au service de la Bouche, farouche Jacobin, clame ouvertement qu'il empoisonnera le roi. Louis XVI accepte le secours de Mme Campan et de son valet Thierry de Ville-d'Avray. Désormais, son pain et ses pâtisseries seront commandés hors des Tuileries, chez différents traiteurs. Mme Campan surveille leur confection et les rapporte elle-même. Plus que jamais, elle observe le sucre en poudre. Marie-Antoinette préfère que l'on réduise encore le service. La famille royale prend ses repas sans aucun service personnel. Le roi agite une clochette pour les strictes nécessités. Leurs mets sont disposés sur une desserte en acajou. On les laisse aussitôt seuls. Mme Campan sort alors le pain et les gâteaux de dessous la table.

« Tout se cachait sous la table, écrit-elle, dans la crainte que l'on eût besoin de faire entrer le service. »

Thierry de Ville-d'Avray veille au vin, au sucre râpé. Il emporte chez lui la bouteille à demi vidée par le roi, qu'il resservira le lendemain.

Brissot et Condorcet sont convaincus que la guerre épurera les esprits. Chacun prendra enfin position –

surtout le roi. Brissot prononce à la tribune une accusation violente contre l'Autriche et « le comité autrichien », dirigé par Marie-Antoinette. On a eu vent de sa correspondance avec l'ennemi. L'Assemblée veut à toute force une perquisition chez la reine. Fersen voit bien que les intérêts des émigrés, ceux des souverains et ceux de la France se heurtent avec violence. C'est la guerre, en effet. La fuite, aider encore une fois la reine à fuir... Le salut de celle qu'il aime est dans la fuite : rien d'autre. Le conflit est trop grave. Fersen a besoin d'alliés. Il a renoué sa liaison avec Mme Éléonore Sullivan, en dépit des lettres indignées de sa sœur qui estime qu'il offense « Joséphine ». Mais le Suédois a une conception toute virile de l'amour. Faire l'amour à une autre femme n'entrave en rien sa passion profonde pour Marie-Antoinette. Faire l'amour est son cadeau à lui, le cadeau à Mme Sullivan qui prend de grands risques en aidant la cause de la reine. Fersen a besoin d'être caché à Paris : Mme Sullivan offre son hôtel particulier, son alcôve. Fersen est recherché par la police française, son passeport est celui d'un étranger, d'un ennemi, et il est sous mandat d'arrêt, condamné à mort pour avoir organisé la fuite à Varennes. Sauver la reine... Axel se fait confectionner de faux papiers et se dissimule sous un déguisement de courrier. Son grand tourment est la mort possible de Marie-Antoinette. Il n'ose arrêter sa pensée sur la machine à décapiter dont on parle dans toute l'Europe. Il galope jour et nuit par un temps glacé.

Il parvient à gagner les Tuileries, le 13 février 1792. C'est le soir, la nuit embrumée. Il s'est faufilé jusqu'à la chambre de la reine.

La chambre de la reine... Elle est à son écritoire. Soudain, un homme, le chapeau jusqu'aux yeux, la saisit dans ses bras.

« N'ayez crainte, murmure-t-il, n'ayez crainte. »

Et ce fut soudain le Paradis.

« *Reste là.*

Je reste là. »

Il écrira dans son journal « Resté là ».

C'est la dernière fois qu'il baise cette bouche, ces paupières, ce corps adoré. Il caresse avec une émotion extrême la chevelure si blanche. Leur amour a quelque chose de mystique, au cœur même de sa brûlance.

Elle lui conte, en termes hachés, la route de Varennes, l'affreux retour, les humiliations, la berline suffocante. Elle dit « reste, reste ». Ils n'ont pour citadelle et remparts que les rideaux d'un lit mal clos. Il aurait tué à coups de pistolet qui aurait osé entrer et la menacer. Une nuit, une nuit pour lui dire que tout pourrait être encore sauvé.

« Fuir, dit-il. En Normandie. Vous y avez des alliés, les troupes étrangères sont prêtes. »

« *Reste là.*

Je reste là. »

Le lendemain, le 14 février, Fersen, qui a passé la nuit entière chez Marie-Antoinette, se présente au roi. Louis XVI le reçoit avec une certaine hauteur mêlée de bienveillance. Il lui sourit d'une bouche amère. Fersen, à voix basse, propose au roi le plan d'une fuite à Rouen. Le pli amer devient ironique.

« Non, dit nettement le roi, non, monsieur de Fersen. Jamais nous ne recommencerons l'équipée de Varennes. Jamais plus de fuite, monsieur. Soyez sûr que nous vous sommes reconnaissants d'un tel dévouement. »

Il regarde Fersen, l'élégance du Suédois, la suavité de son sourire. Il regarde la reine, debout près de lui.

« Non, monsieur de Fersen. »

Le roi consume sa rupture avec le Suédois. Le roi préfère l'incertitude de son sort et celui de Marie-Antoinette à la jalousie d'endurer Fersen. Il aperçoit dans un miroir terni sa silhouette trop lourde, son habit en ratine brun, son gilet ouvert sur un ventre trop gros. L'amertume le submerge.

« Je sais, ironise Louis XVI, je sais, monsieur de Fersen, qu'on me taxe de faiblesse et d'irrésolution, mais personne ne s'est jamais trouvé dans ma position. »

Marie-Antoinette pâlit. Le refus du roi, son « veto » privé, sera sans appel. L'époux n'endure plus l'amant. Aucune preuve n'existe que la reine l'ait trompé lors de cette nuit du 13 février, mais que Marie-Antoinette ait passé tant d'heures avec le Suédois bouleverse l'époux plus que n'importe quelle image salace. Qu'ils aient simplement bavardé ou fait l'amour, elle est liée à cet homme qui a tout bravé pour la rejoindre.

« Je sais que j'ai manqué le moment, monsieur de Fersen, je l'ai manqué, c'était le 15 juillet : il fallait alors s'en aller. Depuis, je ne l'ai pas retrouvé. »

Il se parle à lui-même et pourtant s'adresse à Marie-Antoinette.

« J'ai été abandonné de tour le monde. »

Il accepte la chute : plus de fuite, plus d'amant sauveur. « Rien ».

Marie-Antoinette incline la tête, évite de regarder Fersen. Celui-ci prend congé avec courtoisie des souverains. Louis XVI, indifférent, se réfugie dans son cabinet de géographie. Où est donc passée l'expédition de M. de La Pérouse ? Il regarde le globe, il regarde les mers, le dessin des îles, la rotativité implacable, où Paris n'a pas même la taille d'un point minuscule.

Marie-Antoinette a le temps d'échanger quelques mots avec l'ami.

« Ne vous inquiétez pas de mon sort, madame, je vais rejoindre Orléans ou Tours. Des amis dévoués à notre cause veillent sur moi. »

Il la rassure, il lui ment. Il se réfugie chez Éléonore Sullivan, qui à son tour trompe son amant en titre, le richissime lord Crawfurd. Fersen demeure caché chez sa maîtresse une dizaine de jours. Crawfurd n'en sait rien. Une sourde excitation agite Mme Sullivan de coucher avec l'amant de la reine, dans le lit de lord Crawfurd. Mme Sullivan adore *Les Liaisons dangereuses* de M. Laclos.

Le 23 février, Fersen quitte Paris par un froid si dru que les roues de sa voiture grincent comme sur la neige en Suède. Il franchit la frontière sans incident, il est préoccupé à l'extrême : le roi a repoussé les dernières chances. Il devient le handicap à tout sauvetage. Un pressentiment serre le cœur d'Axel.

La malchance s'en mêle. Aussitôt à Stockholm, il tente de rallier son pays aux côtés de l'Autriche et de la Prusse pour anéantir la Révolution. Gustave III, son meilleur soutien, meurt assassiné, lors d'un bal masqué, à l'opéra de Stockholm le 30 mars 1792. « Voilà qui va réjouir nos amis les Jacobins », dit-il avant d'expirer.

Axel n'a plus de cartes dans son jeu. Axel écarte de lui l'insoutenable vision de la machine à décapiter.

Chapitre 103

Et ce fut la guerre

La situation empire. À la tribune, le 10 mars, Vergniaud ose réclamer la tête de la reine, accusée de correspondre avec l'Autriche et de révéler les plans de l'armée française.

« De cette tribune, clame-t-il, où je vous parle, on aperçoit le palais où des conseillers pervers égarent et trompent le roi (…). Ils préparent les manœuvres qui doivent nous livrer à la maison d'Autriche. Je vois les fenêtres où l'on trame la contre-révolution. (…) L'épouvante et la terreur sont souvent sorties de ce palais fameux. (…) Que tous ceux qui l'habitent sachent que notre Constitution n'accorde l'inviolabilité qu'au roi. Qu'ils sachent que la loi atteindra sans distinction tous les coupables, et qu'il ne sera pas une seule tête, convaincue d'être criminelle, qui puisse échapper à son glaive. »

Il est acclamé.

Marie-Antoinette traverse une anxiété sans relâche. La mort de son frère, ajoutée à de telles menaces, la conduit à une crise nerveuse si longue que Mme Campan doit l'aider à s'aliter. La princesse de Lamballe ne quitte pas son chevet.

« Ma souveraine, ô ma souveraine. »

La tuer, la décapiter avec cette machine hideuse ! Elle sanglote de souffrance et d'une peur viscérale. Elle mord ses lèvres pour ne pas crier tout haut le nom de Fersen. Elle n'a plus de confesseur en qui se fier. Ils sont tous assermentés, ils s'habillent en civil, ils ont le droit de se marier. Le divorce est devenu un acte légal et simple. On se marie désormais devant un maire. On a ôté la moitié des cloches des églises de Paris. On blasphème de tous côtés. Marie-Antoinette désespère.

La famille royale ose néanmoins porter le deuil de Léopold. Les gardes, les Jacobins s'indignent. Ils défilent avec des bonnets rouges sous les fenêtres de la reine. On l'insulte à nouveau.

Elle n'a plus la possibilité d'écrire et d'envoyer aisément ses courriers. Elle tient cependant à faire parvenir ses condoléances à son neveu. Elle dépêche M. de Goguelat à Vienne avec sa missive à laquelle le roi a ajouté quelques mots dont « la confiance qu'il mettait dans le nouvel empereur ».

Goguelat quitte Paris le 13 mars. Sa mission est d'exposer au jeune empereur « la situation affreuse » dans laquelle se trouvent les souverains. La guerre sera déclarée, les Girondins, très populaires cette année-là, la souhaitent autant que le roi. Une guerre qui va durer vingt-trois ans ! Goguelat rapporte à Vienne les précieuses informations militaires : on attaquera du côté de Coblence. Goguelat demande de la part du roi et de la reine de France des secours rapides. Louis XVI est convaincu qu'un parti imposant se ralliera à lui. Il compte sur le tiers de la garde nationale, tous les Suisses, presque tous les bourgeois de Paris. La canaille est l'affaire du faubourg Saint-Antoine. Les Autrichiens seront accueillis en libérateurs, et le roi, redevenu puissant, régnera à nouveau en respectant quelques broutilles de la Constitution. La guerre, oui, la guerre est la solution pour tout le monde. La Révolution française a fini par concerner toute l'Europe, y compris la Russie.

Le nouveau ministère composé par le roi rassemble les futurs Girondins. Le général Dumouriez tient le portefeuille des Affaires étrangères, Roland est ministre de l'Intérieur. Son épouse, Mme Roland, reçoit dans son salon très fréquenté. De vingt ans plus jeune que son époux, jolie, spirituelle, elle s'adonne maladroitement à la politique. Autrefois humiliée par la Cour, elle déteste la reine. Tous veulent la guerre, ce qui rassure Marie-Antoinette. Le roi reprend aussi un peu d'espoir. Dumouriez occupe le devant de cette scène ultime avant la chute définitive des souverains.

Dumouriez s'est mis en tête de sauver Marie-Antoinette. S'en est-il épris, est-il agité par l'idéal et l'ambition ? Dumouriez devient l'homme du moment. Il réclame la guerre à grands cris, convaincu de la gagner. Dès la victoire, il pense privilégier l'alliance prussienne et repousser l'Autriche.

C'est méconnaître l'orgueil autrichien de Marie-Antoinette.

Le plan de Dumouriez ne manque pourtant pas de sagesse. Dans la conjoncture actuelle, œuvrer contre l'Autriche aurait été une bonne chose en faveur de la reine si la nation avait senti en elle un élan français.

Le général Dumouriez possède la dimension politique et militaire. Il a moins de crapulerie que Mirabeau et plus d'étoffe que Barnave. Fersen offre, comme toujours, la fuite. Dumouriez propose la reprise de la France par ses souverains qui auraient enfin tranché en faveur de la nation. À eux de comprendre que la France et l'Ancien Régime sont en totale dislocation. Sans la guerre, le chaos serait généralisé. François II lutte âprement pour le dur héritage de Marie-Thérèse. Il y aurait des soulèvements parmi les sujets de l'empereur. La France, exsangue, deviendrait une sorte de Pologne, annexée à son tour. La Révolution tourne au conflit européen. Le général Dumouriez analyse tout cela. Partisan de la monarchie constitutionnelle, il expose franchement ses idées au roi. Il plaît à Louis XVI pour son bon sens, sa rude franchise militaire. Le roi le prie d'avoir une audience avec la reine.

Elle le reçoit fort mal, convaincue que Dumouriez joue le jeu des Jacobins. L'audience a lieu dans sa chambre, le rare endroit à peu près à l'abri des espions. Elle déteste aussitôt cet homme énergique, au regard perçant et noir, qui la regarde en face. Elle se méfie : il a quelque chose de Mirabeau et de Barnave avec la dégaine de La Fayette. Il est vêtu d'une culotte blanche, de bottes noires, d'une redingote bleue aux épaulettes dorées, et porte un ceinturon et un sabre. Son chapeau à plumes tricolores sous le bras, il la regarde déambuler du regard brûlant de l'aigle guettant sa proie. À cause du regard trop ardent, elle fait tout rater. Il n'est pas Fersen, le seul dont elle accepte tous les secours. Elle ne veut plus de ces sauveurs qui biaisent avec leurs ennemis et qui osent jeter dans sa vie leur désir. Elle brusque l'entretien :

« Monsieur, vous êtes tout-puissant en ce moment, mais c'est par la ferveur du peuple qui brise ses idoles. (...) Vous devez juger que ni le roi ni moi ne pouvons souffrir toutes les nouveautés ni la Constitution (...). Prenez-en votre parti. »

« — Madame, lui dit-il, j'ai enfoncé le bonnet rouge jusque sur mes oreilles, mais je ne suis ni ne puis être Jacobin. Je suis entre le roi et la nation. Permettez-moi de vous rappeler que le salut du roi, le vôtre, celui de vos augustes enfants sont attachés à la Constitution.

— La Constitution, Monsieur, ne durera pas ! »

Elle s'emporte ; il tente, sans la quitter des yeux, de lui prouver qu'il connaît les factions, qu'il a une grande expérience.

« Ce qu'il convient, Madame, c'est d'empêcher la canaille des désorganisateurs d'être capable, après un pillage forcené, d'imposer à l'Assemblée une armée formidable. »

Il parle avec une extraordinaire chaleur. Il a le regard de Barnave, le timbre de Mirabeau, l'élan de

Fersen. Elle lui fait une profonde impression. Ainsi donc, elle conserve toujours ce pouvoir de séduire ? Elle n'est qu'à demi étonnée quand le général se jette soudain à ses pieds, baise ses mains avec ardeur :

« Madame, laissez-vous sauver ! »

Elle sourit, charmée de l'avoir charmé. Mais elle le repousse et refuse toutes ses propositions.

« Jamais je ne croirai, dit-elle à Mme Campan, aux protestations d'un traître. »

Elle laisse s'évanouir le dernier signe de la chance.

Et c'est la guerre.

François II n'est que hargne pour cette France révolutionnaire, décidé à la vaincre et à la châtier. Il prend parti avec énergie, à la satisfaction de Marie-Antoinette. L'Autriche attend que la rupture vienne de la France. L'empereur et ses ministres attendent le prétexte de déclencher l'offensive. Le chancelier von Kaunitz fait parvenir à l'Assemblée un ordre plein de mépris. Il exige avec des menaces et un dédain extrême que le roi de France soit rétabli entièrement dans son pouvoir, et traite les conventionnels de furieux. Ce mépris autrichien excite aussitôt l'orgueil français. Le général Dumouriez estime que le *casus belli* est désormais officiel. Le 20 avril 1792, le roi fait adopter par la Législative la déclaration de guerre contre l'empereur.

Mais le double jeu continue. Louis XVI, fait envoyer son agent secret M. Mallet du Pan à Vienne, chez le roi de Prusse et chez les princes allemands, pour les avertir qu'il compte sur eux, pour redevenir le roi de France.

Marie-Antoinette presque joyeuse : la guerre arrangera tout. Elle organise ce qu'il faut bien nommer la « trahison » à son pays. Elle fait parvenir à Mercy et à Fersen les décisions de l'Assemblée, les stratégies militaires de Dumouriez. Elle collabore avec l'ennemi. La grande circonstance atténuante de Marie-Antoinette est qu'elle ne se sent plus reine de ce pays qui la hait. Elle n'attend du secours que de sa famille d'origine. Elle note à l'encre sympathique et en messages chiffrés les premières opérations militaires conçues par Dumouriez :

« M. Dumouriez (...) a le projet de commencer ici le premier par une attaque de la Savoie et une autre par le pays de Liège. C'est l'armée de La Fayette qui doit servir à cette dernière attaque. Voilà le résultat du conseil d'hier. »

Marie-Antoinette de Lorraine d'Autriche de France livre les secrets militaires du royaume qu'elle estime l'avoir trahie.

Chapitre 104

Allons z'enfants

Le 26 avril 1792, Claude Joseph Rouget de Lisle, officier du génie en garnison à Strasbourg, âgé de trente-deux ans, compose, d'après un concerto de Mozart, le *Chant de guerre pour l'armée du Rhin*, qui va devenir *La Marseillaise* quand il sera chanté par les fédérés marseillais montant à Paris lors des événements du 10 août 1792. *La Marseillaise* sera l'hymne national le 14 juillet 1795 et le redeviendra en 1879, définitivement.

Six couplets et un refrain :

Allons, enfants de la patrie,
Le jour de gloire est arrivé.
Contre nous de la tyrannie,
L'étendard sanglant est levé (bis)
Entendez-vous dans les campagnes,
Mugir ces sinistres soldats
Ils viennent jusque dans vos bras
Égorger vos fils, vos compagnes.

Aux armes, citoyens !
Formez vos bataillons,
Marchons, marchons,
Qu'un sang impur
Abreuve nos sillons.

Que veut cette horde d'esclaves,
De traîtres, de rois conjurés ?
Pour qui ces ignobles entraves,
Ces fers dès longtemps préparés ? (bis)
Français, pour nous. Ah ! Quel outrage,
Quels transports il doit exciter ?
C'est nous, qu'on ose méditer
De rendre à l'antique esclavage !
(Refrain.)

Quoi, des cohortes étrangères,
Feraient la loi dans nos foyers ?
Quoi, des phalanges mercenaires
Terrasseraient nos fiers guerriers ? (bis)
Grand Dieu !... Par des mains enchaînées,
Nos fronts sous le joug ploieraient,
Des vils despotes deviendraient
Les maîtres de nos destinées ?
(Refrain.)

Tremblez tyrans ! Et vous perfides
L'opprobre de tous les partis,
Tremblez !... vos projets parricides
Vont enfin recevoir leur prix. (bis)
Tout est soldat pour vous combattre
S'ils tombent, nos jeunes héros,
La terre en produit de nouveaux
Contre vous tous prêts à se battre.
(Refrain.)

Français ! En guerriers magnanimes,
Portez ou retenez vos coups,
Épargnez ces tristes victimes
À regret s'armant contre nous. (bis)
Mais le despote sanguinaire,
Mais les complices de Bouillé,
Tous ces tigres qui sans pitié,
Déchirent le sein de leur mère.
(Refrain.)

Amour sacré de la patrie
Conduis, soutiens nos bras vengeurs.
Liberté, liberté chérie
Combats avec les défenseurs. (bis)
Sous nos drapeaux, que la victoire
Accoure à tes mâles accents.
Que tes ennemis expirants
Voient ton triomphe et notre gloire !
(Refrain.)

Le 28 avril 1792, l'offensive déclenchée en Belgique échoue en un complet désastre. La troupe est composée de ces nouveaux Français qui refusent d'avoir pour officier des aristocrates. Les officiers sont des aristocrates, y compris La Fayette. Une troupe populaire, où naît « le sans-culotte », culotte serrée, courte veste rayée, mal chaussé de souliers en cordes, portant le fusil, une pique et le bonnet rouge.

Une troupe convaincue d'être manœuvrée par « le comité autrichien » et « le complot aristocratique ». À Lille, une émeute éclate : les soldats mettent en pièces le général Dillon. L'ennemi au fait, par la reine, des manœuvres de Dumouriez, entraîne la débâcle de la troupe française.

À Paris, c'est une explosion de colère : on se doute d'où vient la trahison. Marie-Antoinette ! Barnave, atterré, est reparti pour Grenoble après de tristes adieux et d'ultimes avertissements : « Madame, je ne crois pas à ce plan. » Les Girondins votent des mesures sévères. On licencie la garde constitutionnelle qui a été accordée au roi. On déporte massivement les prêtres non assermentés. On installe un camp de vingt mille fédérés (des Marseillais) devant les murs de Paris.

Louis XVI a une réaction pitoyable : il affirme son malheureux « veto » à toutes ces mesures, ce dernier oripeau d'une monarchie mourante, dont tout le monde se moque. Le général Dumouriez a beau mettre le roi en garde, lui conseiller de laisser aller les choses dans le sens de l'Assemblée, le roi se bute et dit : « Non, je le veux. »

Marie-Antoinette détourne la tête, évite Dumouriez à qui elle a refusé de « se laisser sauver ». Le général la regarde longuement, une dernière fois, avant de donner sa démission. Il a deviné, lugubre, que la reine a déjà franchi une marche de l'échafaud…

L'Autriche et la Prusse savourent leur succès. Le 12 mai, le roi de Prusse décide une marche sanglante sur Paris. Louis XVI est au courant de ces manœuvres prussiennes par le baron de Breteuil. Les armées sont confiées au duc de Brunswick, décidé à mater dans le sang la Révolution et Paris. Fersen, devenu l'actif agent secret de Marie-Antoinette, la renseigne sur cette décision qui la comble d'aise :

« La tête de l'armée prussienne arrive le 9 juillet. Tout y sera le 4 août. »

Ils agiront sur la Moselle et la Meuse, aidés des émigrés. Le duc de Brunswick masquera toutes les places fortes et, loti de trente mille hommes, il envahira Paris. L'impératrice de Russie, de son côté, fournira une grande cavalerie et fera pénétrer ses hommes par la Pologne.

C'en sera fait de cette France odieuse, de la souffrance de ces souverains prisonniers d'un peuple infâme !

Ainsi agit et raisonne Fersen. Il redonne un immense espoir à Marie-Antoinette.

Elle le renseigne sans relâche sur « l'état des troupes françaises » qui sont « dans un grand désordre et manquaient de tout. » Fersen la réconforte.

« Il n'y a pas d'autre remède, lui écrit-il, à tant d'horreurs qu'une proclamation très forte et très menaçante de puissances étrangères qui rendrait Paris (…) responsable de la famille royale. »

La grande Terreur monte, elle porte le nom de la tyrannie, de l'Étendard sanglant : Marie-Antoinette.

Chapitre 105

Le 20 juin 1792

Marie-Antoinette n'espère plus que l'arrivée libératrice des forces étrangères. Les premières défaites de la France ont excité à nouveau la vindicte contre elle. Un grondement monte en ce début de l'été, anniversaire lamentable du retour de Varennes. Des pamphlets lui font dire ceci après l'avènement de François II :

« Mon seul plaisir, lit-on dans toute la France, est de voir cette capitale baigner dans son propre sang (...). Chaque tête française offerte à mes yeux serait payée au poids de l'or. »

Elle redevient la Messaline assoiffée du sang de son peuple. Le *Père Duchesne* renchérit, et Hébert exulte contre « Madame Veto » :

« Mais, foutre... C'est à nous de faire danser les rois. »

Marie-Antoinette, en ces jours de juin 1792, est plus que jamais « le monstre femelle assoiffé de tous les vices ». Au Théâtre-Français, on acclame l'acteur Talma dans la pièce *Charles IX ou l'École des rois* de Marie-Joseph Chénier, où il est question du despotisme criminel de Catherine de Médicis.

L'Assemblée devient de plus en plus suspicieuse. Ces prisonniers aux Tuileries sont un boulet pour la France. La Législative fait voter trois décrets pour mieux tenir en échec le parti contre-révolutionnaire. Les prêtres non assermentés seront déportés sur simple dénonciation. On suspecte la garde constitutionnelle du roi : elle est dissoute et remplacée par vingt mille gardes nationaux fédérés dont le rôle sera de surveiller la capitale et d'empêcher toute tentative des généraux monarchistes. Louis XVI oppose son veto à la dissolution de sa garde personnelle. Ce veto, encouragé par Marie-Antoinette, exaspère Paris. Roland et les nouveaux ministres tentent en vain d'en dissuader le roi. Louis XVI s'entête : son droit de veto va devenir son droit de mourir...

Il se fâche jusqu'à renvoyer les ministres girondins, se croyant épaulé par les généraux. Il ose composer son ministère des Feuillants, ce qui est ressenti comme un outrage par l'Assemblée. Le *Père Duchesne* est au comble de l'excitation et attise les masses contre l'Autrichienne. Tout est sa faute ! L'Assemblée et La Fayette pressentent qu'un nouveau soulèvement, des plus meurtriers, s'organise contre les Tuileries. La Fayette, ayant grandement perdu de sa popularité, est en passe de devenir un suspect parmi les autres.

La tension est lourde, ce 20 juin 1792. Marie-Antoinette n'a guère dormi depuis des nuits. Elle se nourrit à peine, elle erre dans ces salles trop grandes où toute ombre devient une menace. Elle discerne mal les alliés des ennemis, comme ce petit groupe des derniers fidèles, qui se disent « les Chevaliers du poignard ». Elle rencontre sans cesse, parmi eux, ce M. de Rougeville, respectueux et l'œil ardent dès qu'il croise la souveraine. Chevalier de l'ordre de Saint-Louis, il a une trentaine d'années, des cheveux en boucles, la peau piquée de la petite vérole. La reine le trouve sans cesse sur sa route.

Elle s'en irrite et s'en émeut.

M. de Rougeville joue un rôle non négligeable dans son dévouement total pour la reine. S'il a inspiré la fresque rocambolesque d'Alexandre Dumas, *Le Chevalier de Maison-Rouge*, M. de Rougeville a bel et bien existé. Né en 1761, ce parfait aventurier doublé de gentilhomme se nomme Alexandre Gousse. Il a enjolivé son identité du nom d'une terre de son père : « Rougeville ». Le chevalier de Rougeville a laissé des mémoires aussi invraisemblables que fantaisistes. Il n'a jamais été officier d'ordonnance de Washington. Il a bien été fait chevalier de Saint-Louis par son appartenance aux « Chevaliers du poignard » prêts à tout risquer pour sauver la reine. Épris de Marie-Antoinette, il ne quitte plus les Tuileries. Officiellement, il loge rue Saint-Honoré, dans un hôtel, aux crochets d'une veuve normande, une dame Lacouture. Il l'abandonne brusquement lors des journées d'août et s'installe rue des Quatre-Fils, chez une autre veuve, très jeune, celle-là, Sophie Dutilleul. Mais la dame Lacouture retrouve sa trace. Une scène de jalousie éclate, rue des Quatre-Fils, entre les deux femmes. Des cris de renardes retentissent dans toute la rue. La dame Lacouture, dépitée, dénonce M. de Rougeville à la Municipalité...

« Les Chevaliers du poignard » touchent la reine. Que peuvent faire trois cents vaillants contre Paris qui est décidé, elle en est convaincue, à la mettre en pièces !

Les Jacobins et les Girondins, redoutant un complot royaliste et militaire, ont organisé « une journée populaire » destinée à soumettre enfin ce roi et son ridicule veto à la nation.

« Célébrons ainsi l'anniversaire du serment du Jeu de paume ! »

La foule, l'émeute. Marie-Antoinette a développé un sixième sens qui devine chaque tressaillement suspect : elle sait, elle sent quand se prépare une émeute. Les rumeurs partent dans tous les sens. Les Tuileries sont la bête noire des Parisiens. On dit dans les faubourgs, qui se sont armés de piques et de haches, qu'il y aurait vingt mille Chevaliers du poignard, traîtres à la Révolution, tous des amants de l'Autrichienne ! On dit que le roi, « le gros cochon », se serait confessé à un prêtre, un vrai, un traître, et aurait fait son testament.

La foule grossit encore et, dans un seul cri, exige de l'Assemblée que le veto soit annulé. L'Assemblée perd pied devant cette ruée. Pétion, toujours maire de Paris, tente d'insister auprès des municipaux. Le préfet, M. Rœderer, n'ose affirmer à l'Assemblée que cette manifestation est loin d'être pacifique. À minuit, Pétion, quand l'Assemblée demande de « légaliser le mouvement », autorise cette foule à s'attrouper sous les nouveaux drapeaux et à obéir à ses chefs...

Cela signifie autoriser légalement d'envahir les Tuileries, ne plus rien savoir, enfin, du sort de ces gens honnis, mis en pièces...,

Ce mercredi 20 juin, les drames vont commencer à huit heures du matin. Pétion et l'Assemblée jouent le rôle de Pilate dans cette émeute, agent d'expulsion des souverains avant leur ultime prison. Aucune instruction n'est donnée à la garde nationale qui entoure les Tuileries : on se contente de fermer les grilles.

Quel est ce bourdonnement d'essaim gigantesque ? Marie-Antoinette a le cœur serré, un étau invisible autour des tempes. Elle a deviné un grand malheur. La foule est déjà là, surgie du sol, des airs, des pierres, des grilles. Elle entend gronder : tous ces hommes et ces mégères portent des piques. Ils veulent défiler devant l'Assemblée. La salle des séances est toute proche, du côté de la rue de Rivoli, à la hauteur de l'actuelle place Vendôme. C'est là, en cet ancien manège des Tuileries, accolé au couvent des Feuillants, transformé en prison, que se jouent le sort du roi et de la nation.

Marie-Antoinette, serrée entre son amie la princesse de Lamballe et Madame Élisabeth, est tout ouïe. On entend de grands bruits : les grilles ont été forcées. La reine pousse un cri. Elle serre contre elle ses enfants. Le roi est là, silencieux, impassible. Marie-Antoinette éclate en larmes. Elle a moins d'empire sur elle, dans ces menaces constantes. La princesse de

Lamballe, charmante, poudrée, vêtue de soie et de rubans bleu ciel, tremble.

« Ma souveraine, ô ma souveraine. »

Il est trois heures de l'après-midi. Le bataillon de la garde nationale le plus agité, surgi du faubourg Saint-Antoine. Il est commandé par le brasseur Santerre. Dans une ruée collective, ils défoncent les grilles, viennent à bout des gendarmes et des gardes du château qui est livré à la foule.

Marie-Antoinette entend des craquements épouvantables. Les portes sont brisées à coups de crosse, à coups de hache. La terreur blêmit ses joues. On ne se fait jamais à la terreur. Elle n'est qu'une pauvre femme qui tremble. Mais il y a soudain devant elle la figure agréablement laide de M. de Rougeville. Les bruits se rapprochent, le chevalier et quelques fidèles du « poignard » entraînent la souveraine et les siens dans la chambre du Dauphin. On y retrouve, épouvantés, Mme de Tourzel et la princesse de Tarente.

Il est très particulier, le bruit atroce d'une hache contre une porte dans le but d'assassiner. Les haches, les piques, une mort atroce.

Plus de gardes personnels, quelques grenadiers pour veiller sur la reine et résister à l'émeute...

« J'aurai la reine morte ou vive. La traîner, l'étriper, porter sa tête à l'Assemblée ! »

Tout se déroule comme dans les cauchemars. Marie-Antoinette s'élance vers son mari, elle ne se souvient pas, sauf de cette puissance ailée que suscitent les plus ténébreuses craintes, celles qui font que l'on n'entend plus la guerre mais le craquement de ses propres os. Au premier étage, *les corridors sont ces boyaux, on va arracher mes boyaux*, elle voit le roi qui, bravement, s'avance vers les forcenés. Elle ne le quitte pas. Quoi de plus lié que son sort à celui de cet homme dont autrefois elle osait se moquer, se défaire tel un fâcheux, en avançant les aiguilles de la pendule ? Elle sent des faibles mains la tirer en arrière, la voix si tendre de la princesse de Lamballe :

« — Je vous en supplie, ma souveraine, n'avancez pas !

— Qu'ai-je à craindre, réplique la fille de Marie-Thérèse, le pis est d'être tuée ! »

On l'entraîne malgré elle vers la chambre de son fils. Elle a un cri affolé, ne voyant plus le Dauphin. Mais non, il est bien là, avec Mme de Tourzel. Vite, vite, on l'oblige, avec ses deux enfants, à se cacher dans un corridor qui sépare la chambre du Dauphin de celle du roi. Ce corridor par lequel il y a un an maintenant, grâce à sa fausse porte dissimulée, le roi avait pu s'enfuir des Tuileries...

Les blasphèmes et les menaces s'élèvent, si drus, si proches. Elle a du mal à étouffer sous ses poings de longs sanglots. Pendant un quart d'heure, elle ignore tout du roi.

Le roi et sa sœur sont dans l'œil-de-bœuf, ce passage qui ouvre sur tous les appartements. Un Chevalier du poignard tient le roi par la main.

Marie-Antoinette entend toujours le bris des parois sous les coups de hache, chaque déchirure du bois accompagnée d'un cri de mort à son encontre. La première antichambre attenante à la chambre du Dauphin est soudain envahie. Marie-Antoinette quitte brusquement son refuge. Le roi, où est le roi ? Elle a besoin de lui, elle a besoin de mourir à ses côtés. Sa robe se déchire aux mains de la princesse de Lamballe qui s'est désespérément accrochée pour la retenir. Eh bien soit, elle suivra sa souveraine jusque dans la mort. Très droite, empourprée, la fille des Césars marche vers ce groupe confus. Mais soudain, barrant sa marche altière et sans issue, il y a l'ombre si chaude du chevalier de Rougeville.

« — Où allez-vous Madame ? s'écrie le chevalier, écartant ses bras, entravant sa route de tout son corps.

— Laissez-moi me rendre auprès du roi, mon devoir m'y appelle ! »

Le chevalier, avec respect et véhémence, l'entraîne vers la salle du Conseil. La princesse suit, les enfants aussi. On remet le Dauphin aux bras de sa mère. M. de Rougeville fait placer la reine derrière une lourde table qui servira de rempart pour elle et ses enfants. Le chevalier fait diligence : les quelques grenadiers présents acceptent de protéger ce refuge de fortune. Ce sont six grenadiers du bataillon des Filles-Saint-Thomas.

La reine va demeurer ainsi pendant plusieurs heures, avec ses enfants, Mme de Lamballe, Mme de La Roche-Aymon, Mme de Tourzel et Mme de Mackau.

La porte où se tient le roi va être enfoncée. Il ordonne que l'on ouvre. Le roi est entouré de ses rares fidèles dont M. de Septeuil, M. de Bougainville, M. de Parois, M. d'Aubier, M. de Mailly, M. de Beauvau et M. de Mouchy. On est certain que le roi va être assassiné. M. Vanot, commandant du bataillon, a réussi à détourner un poignard lancé contre Louis XVI. Ses amis l'ont entraîné dans l'embrasure d'une fenêtre. On tire en toute hâte les banquettes devant lui.

« — Sire, n'ayez crainte !

— Mettez la main sur mon cœur, vous verrez si j'ai peur, répond Louis XVI.

— Retire ton veto ! hurle la foule qui s'engouffre. »

Le roi tente de résister avec calme.

« La force ne fera rien sur moi, je suis au-dessus de la terreur. » Le boucher Legendre lui tend un bonnet rouge. Il s'en coiffe, il baisse le front.

« Je ne retirerai pas mon veto. »

Le boucher Legendre grince devant les dérisoires banquettes :

« Monsieur, écoutez-nous, vous êtes fait pour nous écouter… Vous êtes un perfide. Vous nous avez toujours trompés, vous nous tromperez encore (…) La mesure est comble… »

À l'Assemblée, les rumeurs vont bon train.

« Entouré de son peuple, le roi ne saurait être en danger ! pérore le député Thuriot. »

Il y a plus de trois heures que la reine est injuriée et le roi harcelé. À six heures du soir, le maire Pétion se décide enfin à aller voir ce qui se passe aux Tuileries. Sur les épaules de ses gardes, il parvient, non sans mal, auprès du roi, toujours derrière sa banquette.

« — Sire, j'apprends dans l'instant la situation dans laquelle vous êtes.

— Cela est bien étonnant, répond avec placidité Louis XVI. Il y a deux heures que cela dure ! »

Pétion donne l'ordre que cela cesse.

« Le peuple a agi librement ! »

Le roi, non sans ironie, propose à ce bon peuple, si libre, de défiler dans les appartements, de tout visiter, y compris de voir de près la reine, qu'ils ont pris l'habitude de couvrir d'injures sans la connaître. Louis XVI dissimule une horrible crainte : qu'ont-ils fait d'elle ? Une visite guidée aux émeutiers ! Voir de près l'objet de leurs fantasmes, de leurs rancœurs, de leurs phobies les plus troubles : le palais et ses habitants – la reine, surtout, Antoinette de stupre, d'or et de sang !

On murmure, on s'étonne, est-ce un guet-apens ? Les yeux se rapetissent, on convulse les poings sur les haches. La curiosité l'emporte. Les émeutiers devenus ces visiteurs, vaguement troublés, traversent ces salles de parade, en enfilade, ils marchent sur ces planchers à chevrons, sous ces plafonds bosselés d'or. Stupéfaits, ils entrent dans la salle du Conseil, face à la femme la plus haïe de France. Ils s'arrêtent d'un seul bloc devant Marie-Antoinette, assise en personne derrière une lourde table avec deux enfants. La reine ! La reine qu'ils ont tant cherchée pour la mettre en pièces, est là ! La reine, à la peau éblouissante de blancheur, la chevelure en mousse claire, la reine aux yeux rougis, qui fait face, altière et sans dédain, prête à vivre, prête à mourir… La reine, si seule. La reine et eux.

Santerre, devenu le guide, crie d'une voix d'huissier qui fait les annonces :

« Faites place pour que le peuple entre et voie la reine ! »

On reprend de l'audace. Un soldat s'approche et enfonce un bonnet rouge sur la tête de Marie-Antoinette ; elle a bien cru qu'il venait la poignarder. Elle enlève le bonnet et le place sur la tête de son fils. Que la France voie que leur futur souverain ne veut que leur bonheur. Marie-Antoinette pâlit quand Santerre s'appuie lourdement sur la table. Les haches, les piques. Vont-ils l'égorger là, elle, ses enfants et ses femmes fidèles ?

« Ne craignez rien, Madame, dit Santerre d'une grosse voix, je ne veux pas vous faire du mal, mais songez que vous êtes dans l'erreur. »

Il se retourne vers la foule et d'un geste ostentatoire englobe la reine, ses enfants, la table, les princesses.

« Voyez la reine et le prince royal ! »

Lentement, on défile. Pendant près de quatre heures, c'est la curée. On balance sous les yeux de la pauvre femme des lanternes, des petites guillotines. Sur une potence, une poupée est suspendue avec ces mots : « Marie-Antoinette à la lanterne ». On lui présente une planche sur laquelle est fixé un cœur de bœuf où on a écrit « Cœur de Louis XVI ». Une mégère se précipite, le poing sous le nez de Marie-Antoinette :

« — Tu es une infâme !

— Me connaissez-vous ? demande la reine. Vous ai-je déjà fait quelque tort ?

— Vous faites le malheur de la nation !

— On vous l'a dit, on vous a trompée. »

Des heures, des heures sans boire, des heures où, à la honte du corps et ses misères, se joint la honte de répondre à tant de furies. Des heures sans nouvelles du roi qui, calmement, continue à refuser les nouveaux décrets.

Il est dix heures du soir quand, enfin, on évacue les salles.

À onze heures, le roi et la reine se jettent en sanglotant dans les bras l'un de l'autre.

Un bain, de l'eau, du linge propre. Plus que tout, Marie-Antoinette a besoin de laver son corps, de jeter ces linges souillés.

Le roi a faim. Quelques serviteurs perruqués, enfermés pour toujours dans l'autisme des rituels, tels les officiants et les gestes sacrés, servent au roi son dîner. Louis XVI dévore les trois poules en gelée, la gibelotte de lièvre et les six entremets. Le vin très rouge, celui doré des coteaux de la Champagne, noie son regard paisible comme la mort.

Chapitre 106

La journée du 10 août 1792

La peur est devenue ce bain amer, naturel, cette tenaille dans la gorge, ces brusques flux de sang arrachés à son ventre. « Je suis malade », dit-elle. Ses pleurs redoublent. Elle rattache son espoir à l'image des armées de Brunswick, mais elle garde la force d'écrire à Fersen :

« J'existe encore, mais c'est un miracle. La journée du 20 a été affreuse. Ce n'est plus à moi qu'on en veut le plus, c'est à la vie même de mon mari, ils ne s'en cachent plus. Il a montré une force et une fermeté qui en ont imposé pour le moment, mais les dangers peuvent se reproduire à tout moment. »

Il est incroyable d'imaginer qu'en dépit de l'espionnage constant la reine reçoit encore des lettres de Fersen et arrive à lui en faire parvenir ! À Bruxelles, Fersen est persuadé du succès de Brunswick. Rien en lui n'admet le succès « de ces gueux ». Il commet l'erreur de la sous-estimation, du mépris aristocrate, de la confiance dans les forces allemandes. Que sa Bien-Aimée soit sans crainte ! Le généralissime marchera, victorieux, sur Paris, écrasera la Révolution. Il fera précéder son arrivée d'un manifeste sans réplique où « la nation serait responsable des personnes royales ».

Marie-Antoinette, en dépit d'un simulacre de vie de Cour, sent l'espoir s'émousser. Le « Manifeste » de Brunswick, une idée de Fersen, semble si loin ! Elle supplie sa sœur Marie-Christine, gouvernante des Pays-Bas.

« Notre position est affreuse, écrit-elle à Fersen, en date du 3 juillet. Mais ne vous inquiétez pas trop ; je sens du courage et j'ai en moi quelque chose qui me dit que nous serons bientôt heureux et sauvés… »

Elle est si changée qu'on dirait qu'elle a une soixantaine d'années. De sa beauté passée il demeure ce port altier, ce pas léger, la blancheur d'une peau qui accroche les lumières.

Elle attend avec angoisse la date du 14 juillet, cette hideuse fête de la Fédération à laquelle on va les contraindre d'assister. Elle meurt d'angoisse pour le roi et ses enfants. Mme Campan conseille à Marie-Antoinette de persuader le roi de porter un plastron pour le protéger d'éventuels coups de poignard. La précieuse femme de chambre le fait confectionner chez elle.

« Il était composé, écrit-elle, de quinze épaisseurs de taffetas d'Italie et consistait en un gilet et une large ceinture. L'essai de ce plastron fut fait ; il résistait aux coups de stylet, et plusieurs balles s'y amortirent. »

La difficulté est de porter cette énorme doublure, discrètement, chez le roi. Mme Campan la place sur elle « telle une jupe de dessous pendant trois jours ». Elle réussit, dans la soirée, à pénétrer ainsi chez Louis XVI. Marie-Antoinette vient de s'endormir, ce qui est rare. Le roi éloigne Mme Campan du lit où repose la reine et lui dit tout bas :

« C'est pour la satisfaire que je consens à cette importunité : ils ne m'assassineront pas, leur plan est changé, ils me feront mourir autrement. »

Par amour pour la reine, il consent à porter le plastron, mais seulement le jour du 14 juillet. Marie-Antoinette s'effraie de voir son époux relire sans cesse l'histoire de Charles Ier.

« Je commence à redouter un procès pour le roi. Quant à moi, je suis étrangère, ils m'assassineront. Que deviendront nos pauvres enfants ? »

Elle refuse avec fermeté un corset de protection, semblable au plastron du roi.

« Si les factieux m'assassinent (...), ils me délivreront de l'existence la plus douloureuse. »

Insoutenable existence où chaque fois qu'un garde national rencontre le roi, il lui siffle au visage « À bas le veto ! ». Insoutenable existence où, lors du service religieux, dans la chapelle royale, l'orchestre braille soudain le *Ça ira*.

Marie-Antoinette refuse de dormir. Elle craint l'arrivée intempestive d'une autre meute, elle veut veiller son époux, ses enfants. Elle offre le dérisoire rempart de ses bras, de sa poitrine si peu protégée d'un mince voile de mousseline. « Elle exigeait, écrit Mme Campan, que l'on ne fermât ni volets ni persiennes ; afin que ses longues nuits sans sommeil fussent moins pénibles. »

La Fayette, qui est désormais devenu l'ennemi de l'Assemblée, propose au roi de le couvrir pendant l'inquiétante journée du 14 juillet.

« Sire, laissez-moi vous mener dès le lendemain, sous bonne escorte, à Compiègne. »

Marie-Antoinette repousse avec colère « le déshonneur d'être sauvée par lui », lui qui avait osé provoquer l'idée de la faire divorcer ! Louis XVI refuse la proposition du héros des deux mondes, et les souverains s'emmurent davantage aux Tuileries. Marie-Antoinette se méfie encore plus des Constitutionnels que des révolutionnaires. Les nobles, « les Chevaliers du poignard », les partisans de la reine, haïssent aussi La Fayette. Le général, en cette année 1792, n'est désormais populaire nulle part. Louis XVI accepte l'effarant hasard d'attendre les troupes allemandes. Les monarchistes espèrent les revers de l'armée française et l'entrée de Brunswick dans Paris qui mettra un ordre sanglant et exemplaire. Rien n'arrêtera la

Révolution, pas même les défaites des armées de France qui battent en retraite. À Lille, un bataillon est massacré par les Belges hostiles à cette nouvelle France. L'Assemblée déclare le 11 juillet « la patrie en danger ».

On méprise désormais le dérisoire droit de veto du roi. Les fédérés affluent vers Paris en chantant à gorge déployée *La Marseillaise* qu'entonne la foule. On veut fêter avec éclat ce nouveau 14 juillet. On exulte : le peuple est le véritable souverain. M. Veto n'est rien, plus rien !

Les Jacobins veulent utiliser cette vaillance universelle pour anéantir ce roi fantoche, ce système auquel le peuple de France doit des siècles d'opprobre et de misère.

La cérémonie du 14 juillet a lieu. Marie-Antoinette est persuadée que leur dernière heure va arriver. Les yeux noyés de larmes, elle se tient très droite, vêtue avec munificence. Un seul rang de gardes nationaux les sépare d'une pègre qui déjà les houspille. Louis XVI semble plus épais que jamais. Il porte l'incommode plastron sous son habit brodé de Cour. Un silence écrasant est la suprême insulte de la foule quand le roi, au Champ-de-Mars, se rend d'un pas pesé à l'autel de la patrie prêter le serment qui lui est odieux.

Au Champ-de-Mars, tous ces hommes armés transforment ce qui est une fête en une émeute sourde et immobile. Le silence, pas une seule acclamation. Le silence qui ouvre les abîmes au pied des rois déchus.

Marie-Antoinette se raccroche à l'illusion du manifeste de Brunswick. Le 24 juillet, elle presse Fersen à ce sujet. Elle retombe dans l'illusion et l'aberration. Il n'y aura point d'arrivée triomphante d'armées allemandes, il n'y aura point de restitution « légitime » à ce trône effondré. Il y aura la prison d'abord, le cachot ensuite, les deux procès et le couperet. À Bruxelles, Fersen aussi se berce d'illusions. Convaincu du triomphe du manifeste, il envoie à Louis XVI la composition de son futur ministère avec pour Premier ministre le baron de Breteuil, M. de Bombelles aux Affaires étrangères, M. de Barentin, garde des Sceaux, et l'évêque de Pamiers aux finances !

« Dieu vous conserve tous, c'est mon unique vœu », lui écrit-il.

Dans sa missive, il va jusqu'à signaler des indications d'une folle imprudence : qu'elle se cache, elle et les siens, dans un caveau au Louvre, attenant à l'appartement de M. de Laporte.

« Je crois [ce caveau] peu connu et sûr. Vous pourriez vous en servir. »

Marie-Antoinette lui répond que, surveillés de plus en plus étroitement par « des assassins qui rôdent continuellement autour du château », il serait improbable de faire quoi que ce soit sans être traqués immédiatement.

Quelques nouvelles propositions romanesques d'évasion se présentent. Mme de Staël leur offre de les cacher en Normandie, au château de Gaillon, avec la complicité de M. de Moleville et de M. de Montmorin.

M. de Moleville est péniblement déçu de la réponse des souverains : ils préfèrent ne s'en aller que « poussés par la dernière extrémité ». Ils attendent les troupes étrangères. Le roi affirme, consternant ses alliés, qu'« il y a moins de danger à rester qu'à fuir ».

Le 25 juillet, le manifeste de Coblence est lancé par Brunswick. Le général autrichien menace de représailles sanglantes Paris si jamais il « est fait le moindre outrage à Leurs Majestés le roi et la reine ».

On l'attendait, ce manifeste, on l'attendait pour enfin se débarrasser de « cette vermine royale ». L'arrivée de derniers fédérés marseillais, leurs chants de guerre, tout fait exulter Paris.

Marie-Antoinette, le roi, les habitants des Tuileries se sentent en état de siège. Comment organiser la défense ? Sur quelles troupes compter ? On espère de plus en plus en l'arrivée des armées de Coblence. Les ragots vont bon train dans la ville. On prétend avoir vu « les Chevaliers du poignard » armer des canons à Montmartre pour tirer sur le peuple. On les a vus aussi à Meudon et à Montrouge.

« L'Autrichienne prépare dans le sang la contre-révolution ! »

Nul ne veut écouter le roi qui tente de se justifier : il assure aux députés, venus en force, qu'il met tout en œuvre pour ne pas faire échouer la guerre. « Mensonge, dit-on, encore et toujours du mensonge ! »

L'Assemblée – et toute la nation – demande la déchéance du roi. Pour toujours. Pétion, demande la réunion d'une convention élue au suffrage universel. L'Assemblée affirme avec véhémence que la déchéance du roi sera proclamée sans la moindre délibération.

Excitées par les Jacobins, toutes les sections se réunissent pour enfin renverser cette monarchie honnie par la violence.

La nuit du 9 août, nul ne semble, aux Tuileries, mesurer l'ampleur définitive d'un tel assaut. Il y a même un reste de vie de Cour. M. de La Rochefoucauld, qui revient du théâtre, va boire un punch chez M. de Tourzel, le fils de Mme de Tourzel, et ils se mettent à deviser tranquillement. Ils s'étonnent de l'absence d'un grand coucher du roi. Pourquoi les Tuileries semblent-elles aussi désertes ? L'après-midi du 9 août, Louis XVI est averti qu'une insurrection « monstrueuse » se prépare. Le roi dispose encore d'une garde de fidèles : les Suisses. M. Mandat, commandant de la garde nationale, fait savoir au roi qu'il est urgent d'organiser la défense du château. Il a fait appeler les Suisses cantonnés à Reuil. Le roi dispose de neuf cents Suisses, autant de gendarmes et environ deux mille gardes nationaux – mais ces gardes nationaux n'ont-ils pas hurlé « Plus de roi ! », quelques jours auparavant, devant la chapelle où l'orchestre joue sans se lasser le *Ça ira ?* Cela compose une armée bien mince devant la formidable insurrection de tous les quartiers de Paris ! Il y aura aussi les sections des faubourgs, vingt mille Marseillais qui disposent, dit-on, de six mille cartouches.

Dans la soirée du 9 août, l'insurrection se divise d'abord en une première opération vers l'Hôtel de Ville afin de renverser les membres de la Commune jugés trop modérés. Ces nouveaux commissaires vont devenir la Commune insurrectionnelle de Paris. Aux Tuileries, on ne se doute pas d'une vélocité aussi prodigieuse.

Le tocsin se met à sonner à l'église des Cordeliers et sur l'ordre de Danton, à deux heures passées, toutes les églises de Paris répondent. Marie-Antoinette retrouve la bête familière, le vertige strangulatoire de la Peur. Cette cloche d'abord unique, ce bourdon incessant, cette rumeur venue du ciel et qui n'est pas divine, mais ressemble aux éclats d'un démon… Elles sonnent, ces cloches des églises dévastées de leur Dieu, de leurs prêtres, ces églises moquées, réduites parfois à servir de parcs à cochons. Elles sonnent la permission de la tuer, elle, Marie-Antoinette de Lorraine d'Autriche de France, elle et les siens…

« On t'en fera voir d'autres ! » avait hurlé une mégère, la nuit de Varennes.

On entend battre la générale.

Marie-Antoinette confond son cœur avec le lancinant roulement des tambours de mort. Le cauchemar va donc recommencer, les coups furieux dans les portes, les haches, les piques. Dans la salle du Conseil, Marie-Antoinette s'appuie contre une fenêtre. Ces cloches, oser prier encore ce Dieu absent de prendre pitié. Qui aura pitié ? La pitié est une grande chose, la Pitié…

« Avais-tu pitié de nous, les affamés ? » hurle la foule sur la route de Bondy.

Marie-Antoinette s'élance soudain de salle en salle jusque chez le roi. Elle est à bout de souffle quand enfin elle le trouve, dans son appartement. Quoi, il ne fait rien, il n'envisage rien ? Elle crie presque, encolérée, de cet élan qu'avait Marie-Thérèse quand elle galvanisait ses troupes de Hongrie :

« Sire, passez donc en revue nos troupes, nos Suisses et les autres ! Il est temps ! Il est tard ! »

Elle serre les poings quand Louis XVI, indécis, lourd, las, courbe un dos vaincu pour obéir à sa femme plus que pour tenter de faire front. Elle le suit de son pas si léger, décoiffée, sans chapeau, elle le suit tandis qu'il descend, trop lentement, l'escalier de marbre. Elle le suit, le cœur soulevé de rage, d'humiliation, de peine. Elle a oublié la Peur.

Cette « revue » fut un désastre. Les canonniers quittent leur poste et présentent un poing outrageant au roi. Marie-Antoinette remonte les marches, mordant sa bouche pour ne pas éclater en larmes. L'indécision du roi, cette revue, dit-elle, « qui a fait plus de bien que de mal ». Elle regarde autour d'elle, elle rencontre indéfectible, brûlant, le regard de M. de Rougeville ; la main caressante de Mme de Lamballe, Mme Campan… Ils sont à peine trois cents Chevaliers du poignard, trois cents fidèles dans le château désormais trop vaste. Marie-Antoinette a envie de sangloter.

« Madame, vous comptez là deux cent mille amoureux », lui avait affirmé le duc de Duras quand, jeune dauphine, elle se rendait à l'Opéra en carrosse d'argent tiré par huit chevaux blancs, ravissante sous ses boucles dorées, mêlées de plumes et de diamants, ses robes à paniers, de soies et de dentelles. Le canon des Invalides sonnait un coup pour annoncer le passage de la Belle que l'on acclamait et qui riait, un baiser au bout de ses doigts de rose…

Elle a désormais vingt millions d'ennemis farouches prêts à l'éviscérer toute vive…

Le roi est allé s'étendre tout habillé sur son lit, mais la reine erre de pièce en pièce. Le miroir au tain empoussiéré lui dit qu'elle est la femme la plus malheureuse en ce royaume.

Incapable de trouver le sommeil, elle obtient un peu d'apaisement auprès de la princesse de Lamballe, de Madame Élisabeth. La sœur du roi se souvient à quel point la reine aimait assister au lever du jour... Il est quatre heures du matin.

« Ma sœur, propose Madame Élisabeth, venez donc voir l'aurore. »

Août et sa moiteur, cet orage lointain, ces nuées basses, couleur de sang. Une aube couleur de sang.

Soudain, toutes les cloches se taisent en même temps. Marie-Antoinette tressaille ; ce brusque silence l'épouvante lentement.

M. Rœderer parvient devant la reine porteur d'une mauvaise nouvelle.

« M. de Mandat vient d'être assassiné sur les marches de l'Hôtel de Ville. On a fixé sa tête sur une pique, les poissardes s'en amusent place de la Bastille, en souvenir, disent-elles, du 6 octobre. On a jeté son corps au fond de la Seine. »

Marie-Antoinette chancelle vers un fauteuil : les Tuileries ont perdu leur unique protecteur.

« Il faut réveiller le roi », s'écrie la reine. A-t-elle honte de ce gros homme à demi endormi, l'air ennuyé, la perruque de travers ?

« Sire, dit Rœderer, je vous propose de vous réfugier, vous et les vôtres, à l'Assemblée. »

Les fédérés et la population des faubourgs, surtout le virulent bataillon du faubourg Saint-Marceau, atteignent la place du Carroussel.

« À l'Assemblée, vous trouverez le seul refuge possible », répète Rœderer.

La fille de Marie-Thérèse a un haut-le-cœur.

« Monsieur, s'indigne-t-elle, il y a ici des forces ; il est temps enfin de savoir qui l'emportera du roi et de la Constitution ou de la faction. »

Quelles forces ? Trois cents perruqués, plus fous que dangereux, neuf cents Suisses épouvantés. Rien, plus de force. Personne.

Rœderer tente de la raisonner tout en s'adressant au roi. La discussion s'enlise, oiseuse, la reine devient violente :

« Se réfugier à l'Assemblée ? Déserter ? Jamais ! »

Il est dix heures, le soleil est éclatant. Les insurgés forment une masse énorme devant les Tuileries. Louis XVI tente alors de passer en revue une dernière fois ses gardes en revue et essuie une bordée d'insultes :

« À bas le roi ! À bas le veto ! »

Accablé, muet, il remonte à ses appartements, n'osant croiser le regard humide, si bleu, de Marie-Antoinette.

Rœderer s'impatiente :

« — Sire… Nous n'avons qu'un parti à prendre en ce moment, nous vous demandons la permission de vous entraîner.

— Soit », cède le roi.

Il ne regarde plus son épouse.

Mme de Tourzel observe alors la reine qui, dans son dégoût, a une bouche convulsée et des yeux injectés de sang. Enlaidie, détruite ; d'une infinie majesté, d'une infinie désolation.

Marie-Antoinette prend chacun de ses enfants par la main. Elle pleure sans retenue devant les cris de « À bas le gros cochon ! ». Une clameur domine toutes les autres quand ils apparaissent en haut de l'escalier :

« Vive la nation ! »

Marie-Antoinette pleure, mais, dit un témoin, « la rougeur de ses yeux semble dissipée ; elle a même repris un air tranquille et dégagé ». Elle est prête à s'enfermer à jamais aux Tuileries. Rœderer s'irrite franchement de tant d'aveuglement :

« Madame, tout Paris marche ! »

Du haut de l'escalier, Rœderer crie très fort la première sentence de mort du fils de Saint Louis :

« Le roi et sa famille vont à l'Assemblée, seuls, sans autre cortège que les ministres et une garde. Ouvrez le passage ! »

Ainsi va le cortège de la monarchie vaincue qui jamais ne reviendra aux Tuileries ni dans aucune demeure royale : le roi avance en premier, la tête enfoncée sous un chapeau que lui a mis de force un des gardes nationaux de son escorte. La reine, en larmes, le suit, tenant son fils par la main et Madame Royale. Les précédant de tout près, Madame Élisabeth, la princesse de Lamballe, les ministres et une quinzaine de fidèles.

Aux Tuileries, ceux qui sont restés s'apprêtent à mourir. Le maréchal de Mailly, âgé de quatre-vingt-quatre ans, considère comme un honneur de mourir ainsi, l'épée à la main.

Le petit groupe marche lentement sous le soleil déjà brûlant.

Le petit Dauphin s'amuse à pousser du pied les premières feuilles rouges.

Il n'est pas sûr que l'Assemblée soit ravie d'héberger de tels hôtes. Dès la porte, la foule houspille le roi et surtout la reine :

« Ils n'ont pas, ces maudits, à souiller ces lieux purs ! »

On veut les empêcher d'entrer. Marie-Antoinette a sous le nez les piques, les poings. Elle ne comprend pas par quel miracle de célérité elle se trouve à l'abri de la salle également houleuse. L'Assemblée travaille ce jour-là au projet de l'abolition de l'esclavage. Les députés regardent ces gens empoussiérés, dépenaillés, proches d'une troupe de Bohémiens plus que d'une famille illustre qui les régentait tous il y a encore si peu de temps... Louis XVI, froissé de ces regards, exaspéré de tant de manques d'égards, de violences diverses, s'adresse au président d'une voix assez ferme :

« Je suis venu ici, monsieur, pour éviter un grand crime, et nous ne saurions mieux être en sûreté que parmi vous. »

Le président est plus embêté que flatté. Protéger le roi et surtout la reine, n'est-ce pas le sûr moyen de commettre un délit aux yeux de ce peuple déchaîné ? Le président répond avec mollesse qu'en effet ils seront « à l'abri » parmi eux.

Quel abri ! Il consiste à enfermer les malheureux dans une petite loge derrière le fauteuil du président, une loge qui sert aux logographes, aux chroniqueurs pendant les débats. Une cage à barreaux de bois, de trois mètres de long sur trois de large. Un réduit étouffant, sans fenêtres, où sept personnes vont s'entasser pendant dix heures. Nulle « chaise » discrète n'est prévue, pas même « un bourdalou », pot de chambre pour les dames, rien, ni pain, ni verre d'eau… Tel est le lieu de haute sûreté proposé par l'Assemblée. Tel est le début du lent supplice de Louis XVI et de Marie-Antoinette.

On va accuser la reine, au courant de rien, d'avoir fait tirer sur le peuple.

En effet, dehors, la fusillade fait rage. On entend des canonnades. Aux Tuileries, on s'empoigne avec une férocité inouïe. Les derniers partisans de la monarchie contre les milliers d'opposants. L'Assemblée a bien tenté d'envoyer une délégation pour ordonner que cesse tout combat puisque le roi et les siens sont avec eux, hors d'état de s'enfuir. La colère, le goût du sang, qui enivre pire que le vin, l'emportent. Les furieux ont envahi le château. Des fenêtres éclatent les fusillades des derniers Suisses en poste. Ils tirent au canon sur les assaillants. Il y a plusieurs morts.

« Les Suisses ont la victoire ! Le gros cochon va gagner ! C'est la faute de l'Autrichienne ! »

Telles sont les rumeurs et les fracas, quand soudain déboulent les Marseillais du faubourg Saint-Antoine hurlant en cadence : *« Aux armes, citoyens ! Formez vos bataillons ! »*

Ils roulent leurs canons à l'entrée des Tuileries et les pointent aussitôt sur les Suisses. Le roi, couvert de sueur, de sa pauvre loge, à qui on a rapporté ces événements, supplie d'une voix navrée que les Suisses cessent de tirer. L'a-t-on seulement entendu, perdu dans ce trou suffocant et noir ?

Les Suisses sont massacrés. La foule hurle qu'il s'agissait bien d'un complot royal. À l'intérieur du château un guet-apens monstrueux est organisé manigancé par l'Autrichienne afin d'égorger le peuple de France.

Place de la Bastille, les poissardes s'amusent avec la tête de M. Mandat. C'est à qui s'emparera de ce misérable trophée.

Les émeutiers se ruent dans les Tuileries où on n'entend plus un seul bruit. Les derniers fidèles se sont défendus jusqu'au bout dont M. de Pallas, M. de Marchais, huissiers de la Chambre du roi. Le chapeau enfoncé, la divine et dérisoire épée à la main, ils crient jusqu'au bout :

« Nous ne voulons plus vivre, c'est ici notre poste, nous voulons y mourir. »

On les a poignardés, piétinés et on a jeté leurs corps par les fenêtres. On enjambe des cadavres, on opère une rafle en règle dans la chambre de la reine.

Marie-Antoinette voit soudain la porte de l'Assemblée s'ouvrir avec fracas. Des hommes couverts de poudre, de sang, jettent sur le bureau du président les trophées des Tuileries. Elle reconnaît, en désordre, son argenterie, ses quelques bijoux, des lettres, surtout, des papiers dont le contenu la glace d'effroi. La correspondance secrète...

Les quelques Suisses survivants, terrorisés, sont envoyés à la prison de l'Abbaye.

Marie-Antoinette éponge son front de son mouchoir trempé. Elle meurt de soif, elle a soif pour ses enfants, soif pour tous ceux qu'elle aime. Combien longue est cette nuit, ce jour, cette aube, elle ne sait plus. Où est Mousseline si douce ? Cette petite main accrochée à la sienne. Son fils, tout petit garçon, à demi endormi ou évanoui, a fait pipi sur lui.

L'Assemblée s'affole. La Commune, où dominent les voix de Robespierre, Marat et Danton, exige qu'on en finisse. Marie-Antoinette, au bord d'un tremblement nerveux, entend tout. Les aristocrates traqués dans la ville ont été pendus aux lanternes, on s'amuse avec la tête de certains égorgés sur place. Les exactions continuent.

« — Nous garderons ici la famille royale tant que le calme ne sera pas revenu !

— Nous votons la suspension de Louis XVI et son internement. »

Le député Brissot s'est levé et tourne le dos au réduit.

« Il faut mettre les scellés sur les appartements royaux, les scellés sur les papiers des ministres et ceux de Laporte, intendant de la liste civile. »

Marie-Antoinette tremble quand son ennemi juré, Vergniaud, qui n'a de cesse de réclamer sa tête, se tourne vers la loge obscure et s'adresse à l'Assemblée qui fait silence :

« Pénétrés de douleur, nous exigeons de prendre deux mesures. La nation est invitée à former une convention nationale, et le chef du pouvoir exécutif est provisoirement suspendu de ses fonctions. »

Que va-t-on faire de ces encombrants prisonniers ?

« — Nous pourrions les loger au palais du Luxembourg.

— Non ! Cela ne manquerait pas de faire récidiver les événements. »

Il y a des heures que ces pauvres gens sont claquemurés, là-haut. *La ménagerie royale.*

« Qu'on les mène à la prison des Feuillants en attendant de leur trouver un autre… logement. »

Marie-Antoinette se sent devenir sourde d'épuisement. Ces voix, un bourdonnement. Elle distingue des ombres, les bouches hostiles sont ces cavernes noires. Le fichu en sueur, la chemise trempée, au bord de tous les malaises, son fils endormi contre elle, elle titube vers les Feuillants. Elle ne saura qui a ouvert le réduit, qui les pousse en avant. Elle trébuche, elle meurt. Elle meurt de soif. Elle se souvient du cri de Richard III : « Mon royaume pour un cheval ! » Elle, la sans-royaume, donnerait donné pour un verre d'eau. La sueur mêlée à ses larmes. Un goût de sel. « J'enlèverai la salure du monde. »

Il est onze heures du soir quand, enfin, la famille royale, la princesse de Lamballe, Mme de Tourzel et Mme Auguié, une femme de la reine, et sœur de Mme Campan, pénètrent dans l'ancien couvent des Feuillants, devenu une prison et qui touche à l'Assemblée.

Marie-Antoinette ne dormira pas encore cette nuit-là. Derrière les grilles de chaque cellule surgissent des poings, des cris forcenés contre elle.

« Ô ma souveraine, ma souveraine », pleure la princesse de Lamballe.

On permet à Mme Campan, qui a cent fois risqué sa vie avec sa sœur, depuis la prise des Tuileries, de porter à la reine quelques vêtements propres. Mme Campan a réussi, déguisée, à se cacher chez M. Morel, administrateur des loteries. Le maire Pétion a donné l'ordre que l'on épargne toute femme rencontrée aux Tuileries. Ce qui n'a pas empêché que la maison de Mme Campan soit perquisitionnée, puis brûlée.

Mme Campan arrive aux Feuillants en même temps que M. Thierry de Ville-d'Avray. On les mène à un greffe, ils inscrivent leurs noms, la raison de leur visite. Mme Campan est menée « aux appartements » de la famille royale. Ils occupent quatre petites cellules des anciens religieux. Dans la première cellule sont parqués les fidèles qui ont suivi le roi : le prince de Poix, le baron d'Aubier, M. de Saint-Pardou, écuyer de Madame Élisabeth, M. de Coguelat et le dévoué valet de chambre, M. Hue. Dans la seconde cellule se trouve le roi. On lui rafraîchit les cheveux. Il en fait couper deux mèches qu'il offre à Mme Campan et à sa sœur. Il les embrasse en pleurant sur les deux joues. Dans le troisième réduit réside Marie-Antoinette. « Elle était couchée, écrit Mme Campan, et dans un état de douleur qui ne peut se définir. » Elle est seule avec une grosse femme qui lui sert de gardienne. Marie-Antoinette éclate en larmes à la vue de Mme Campan :

« Nous sommes perdus, dit-elle, nous voilà arrivés où l'on nous a menés depuis trois ans par tous les outrages possibles… Nous succomberons dans cette terrible révolution… Tout le monde a sa part dans nos malheurs.

Elle appelle son fils : il entre avec sa sœur et Mme de Tourzel. On leur sert à souper, et le roi dévore tous les plats présentés, avec une avidité aussi forte que son angoisse. Marie-Antoinette souffre de cet appétit grossier, qui tient presque de la mauvaise tenue. Comment dévorer ainsi après de telles offenses ? Elle n'a bu que de l'eau et à peine touché à un bouillon.

« Son habitude de ne pas se contraindre et son fort appétit l'ont fait manger comme dans son palais », sanglote la reine, à Mme Campan.

Mme Campan s'en va le cœur serré.

« La reine est perdue ! » lui a confié, hagarde, la princesse de Lamballe.

« Je verrai toujours, écrivait Mme Campan, cette petite cellule des Feuillants, collée de papier vert, cette misérable couchette d'où cette souveraine détrônée nous tendit les bras (…). Là, pour la dernière fois, j'ai vu couler ses pleurs. »

Elle supplie en vain Pétion de la laisser suivre la reine dans sa nouvelle prison, où qu'elle soit : il refuse.

Mme Campan ne reverra jamais la reine. Elle se réfugie avec sa sœur, Mme Auguié, dans la vallée de Chevreuse, au château de Coubertin. On vient les arrêter : Mme Auguier, de désespoir, se suicide. L'infatigable Campan sauvera sa tête au 9 Thermidor. Sous le consulat, elle ouvrira une Institution nationale destinée à l'éducation des jeunes filles de la bonne société. Parmi elles se trouvera Hortense de Beauharnais. Mme Campan recommencera une existence couverte d'honneurs. Elle sera nommée directrice de la maison impériale de Napoléon à Écouen. La chute de l'Empire entraînera sa dernière ruine. Elle perdra son fils unique et se retirera à Mantes auprès d'une ancienne élève. Elle mourra en 1822, imprégnée jusqu'à l'adoration du souvenir déchirant de Marie-Antoinette.

La famille royale restera aux Feuillants jusqu'au 13 août. La Commune a enfin lâché le grand mot, et l'Assemblée, apeurée, s'incline. Il convient d'enfermer le roi et sa famille à la prison du Temple. Non pas au palais du Temple, résidence si prisée du comte d'Artois et des escapades de la dauphine avec lui, mais à cent mètres, dans l'épais donjon flanqué de quatre tours grises. La Convention est élue en septembre, elle prend le pouvoir. Son obsession est de faire le procès du roi, le juger, le condamner. Il y a des preuves irréfutables pour accuser Louis XVI. Les papiers retrouvés, le 10 août aux Tuileries, dans la fameuse armoire de fer. Mme Campan a soigneusement brûlé avec l'accord de la reine ses papiers personnels, mais Marie-Antoinette a tenu à conserver les lettres sur l'éducation du Dauphin, des correspondances de sa famille, celles de Mercy et toute la correspondance avec Barnave... Le roi a encore été plus imprudent. Cette armoire de fer, il l'a fait construire par son serrurier dans une cachette au fond d'un corridor intérieur à son appartement. Le serrurier, devenu un farouche Jacobin, a tout dénoncé: le mur, peint en larges pierres, chargé de dissimuler sous ses parties ombrées l'armoire dont le contenu rassemblé dans un épais portefeuille va perdre Louis XVI. Il y a déposé sa correspondance « double jeu » avec ses frères et les princes allemands, sa déclaration du 20 juin 1791, le procès-verbal du conseil d'État où le roi a donné son avis sur la guerre.

C'est ce qu'attendait la Commune – Robespierre, Marat, Danton, Philippe d'Orléans et tous les autres : juger le roi, coupable de haute trahison.

On ne dit déjà plus « le roi » mais « Louis Capet ».

On semble avoir oublié Marie-Antoinette.

Neuvième partie

LA VEUVE CAPET

Chapitre 107

MADAME À SA TOUR MONTE…

Le dimanche 12 août, les prisonniers entendent chacun dans leur cellule, aux Feuillants, la décision de les loger au Temple. L'idée vient du député Manuel. « Le roi et sa famille seront conduits là-bas avec tout le respect dû à leur malheur. » Toute leur correspondance sera interceptée.

« Ils n'ont que des traîtres pour amis ! » s'échauffe Manuel.

Le lundi 13 août, le roi tente de négocier avec l'Assemblée. Il souhaite un service minimal de douze domestiques. Il obtiendra deux valets de chambre et quatre femmes pour les princesses.

À cinq heures, on quitte les Feuillants. On entasse dans une seule voiture le roi et sa famille, la princesse de Lamballe, Mme de Tourzel, Pétion, Manuel et le municipal Colonges. Une voiture ordinaire, tirée par deux chevaux. On va lentement, escortés par les gardes nationaux, la crosse des fusils en l'air. On traverse Paris qui n'épargne pas les quolibets au triste cortège. Au bout de la rue du Temple apparaît, illuminé, le palais du Temple, et l'illusion reprend la reine. Ce bel hôtel du XIIe siècle, embelli par le prince de Conti, est une magnifique demeure dont se souvient Marie-Antoinette. La Commune aurait donc enfin compris qu'il est indigne de les loger n'importe où ?

Ce premier soir, ils dînent dans ce palais. La Commune a commandé aux différents traiteurs un repas copieux. On s'installe pour souper dans « la salle des quatre glaces ».

Le roi est presque content en avalant les potages, les rôts et les poulardes. Marie-Antoinette ne touche qu'à du blanc de poulet, et à un peu d'eau. Son fils s'est endormi sur les genoux de Mme de Tourzel. Elle demande en vain qu'on la mène à la chambre où coucher le prince royal. On ne répond rien. Il y a bien quelques anicroches dans le service de la Bouche. Point de serviteurs perruqués, mais des hommes vêtus salement, sans le moindre sens d'un service princier. On va répondre au roi qui demande à son tour où se reposer. Pétion s'en charge. Il est le rapporteur des municipaux.

« Vos chambres ont été préparées dans le donjon. »

Le roi n'a pas bien entendu, les Marseillais chantent à tue-tête dans l'enclos du jardin.

« La décision concernant votre logement dans la tour sera maintenue », répète Pétion d'une voix neutre.

Marie-Antoinette pâlit.

Ils sont obligés de traverser de ténébreux souterrains pour rejoindre leur dernier « château ». Le donjon, haut de cent cinquante mètres, est une masse glauque et mal éclairée. Il comporte quatre étages dont les murs ont trois mètres d'épaisseur. Quatre salles voûtées d'ogives, soutenues chacune par une lourde colonne. L'humidité suinte, l'obscurité prend à la gorge. On est dans une prison qui n'a rien à envier à la défunte Bastille.

Il est prévu d'aménager la grosse tour en logements plus adéquats. Ces premières nuits se déroulent dans la petite tour destinée à l'archiviste des lieux. On l'en déloge sans plus de procès. Il est plus de minuit quand Marie-Antoinette, précédée des municipaux, grimpe ces étages en colimaçon, forcée de se baisser pour passer les guichets, tandis que, du jardin, on chante à tue-tête :

« Madame à sa tour monte
Ne sait quand descendra ! »

Tout est gothique, en ce lieu obscur. La grande salle, les escaliers, où enfin, au premier étage, la reine retrouve son fils qui dort profondément sur un petit lit de sangles.

Marie-Antoinette de Lorraine d'Autriche de France a aussi un lit de sangles. Que lui importe ! Ils sont sains et saufs. Au donjon massif, point de sommeil, mais l'impression de survivre dans un tombeau étrange, où l'humidité a dessiné au plafond des fleurs verdâtres.

Leur vie de famille se resserre. Jamais Marie-Antoinette, son époux et les siens n'ont été aussi proches. La reine a moins peur qu'aux Tuileries, sous la férule de tant de gardes. Qui oserait venir les assassiner ici ? Elle se sent presque en sécurité. On organise peu à peu la chambre de la reine, au premier étage de la petite tour. La Commune a fait des efforts. On tapisse les murs si rudes d'un papier azur. On a fait monter son canapé, ses deux fauteuils « à la reine », blanc et or, assortis de leurs tabourets. Il y a le jeu du trictrac, le métier à tapisser de la reine et de Madame Élisabeth. La Commune paie les fuseaux de soie, le confort de leurs hôtes. Aux lits de sangles, on met des draps fins. Derrière le guichet de la porte, deux gardes municipaux en chapeaux tricolores surveillent sans répit.

Marie-Antoinette va à nouveau traverser le déchirement. Le 20 août, à minuit, on est venu chercher sans ménagement Mme de Tourzel, la princesse de Lamballe, M. de Ville-d'Avray et M. Hue pour les incarcérer à la prison de la Force.

Marie-Antoinette et Mme de Lamballe se quittent avec des sanglots.

« Ma souveraine, ô ma souveraine ! » pleure la princesse.

Le roi n'a plus que Cléry pour le servir, la reine, le ménage Tison. Le nouveau commandant de la garde nationale, Santerre, surveille le rythme journalier des prisonniers. Louis XVI se lève à six heures et, après avoir fait sa toilette, prie à genoux. Il lit, selon son habitude depuis 1766, *Le Petit Office des chevaliers du Saint-Esprit* et son bréviaire, jusqu'à huit heures, réveil de son fils. Le roi tente de cacher sa souffrance. N'a-t-il pas écrit, le 3 août, au père Hébert, son confesseur!

« Tout est fini pour moi parmi les hommes ; c'est vers le Ciel que se portent mes regards. »

Son pire souci est le sort réservé à son épouse et aux siens, le sort de son peuple, devenu fou.

« La plaie de son cœur », dit-il.

Marie-Antoinette se réveille à sept heures. Elle s'occupe des soins aux enfants, aidée par Madame Élisabeth. À neuf heures, on se retrouve chez le roi pour déjeuner. Un peu de pain et du jus de citron pour Louis XVI, du chocolat et des pâtisseries pour les princesses.

Le Dauphin reste avec son père qui lui enseigne l'écriture, la lecture, le latin, la géographie, l'histoire.

Marie-Antoinette et Madame Élisabeth s'occupent au dessin, à la tapisserie. On a fait monter le clavecin de la reine. Elle donne des cours de musique à sa fille. Elles tricotent, elles cousent. Elles ravaudent elles-mêmes leur linge. Viendra le temps où on les obligera à découdre leur chiffre et la couronne qui marquent leur linge.

Santerre, suivant son humeur, accorde une courte promenade dans les jardins. Le Dauphin est tout heureux de jouer au ballon jusqu'au dîner. Celui-ci a lieu, rapide, silencieux, chez la reine. On achève l'après-midi par une partie de trictrac. Le roi somnole dans son fauteuil pendant que les princesses se penchent sur leur ouvrage. Les enfants se parlent tout bas, Madame Royale aide son frère à répéter les leçons du matin. À sept heures, Madame Élisabeth lit à haute voix. On leur a consenti quelques livres. À huit heures, la famille réunie prend son dernier souper. À neuf heures, le roi leur souhaite le bonsoir. Il rejoint sa tour, relit *La Vie de Charles Ier*. À minuit, un morceau de lune ou d'étoile bleuit cette ouverture à épais barreaux qui sert de fenêtre.

À dix heures, les gardes ordonnent à Madame Élisabeth et à la reine de se séparer. Marie-Antoinette entend le verrou grincer sur sa porte.

Chapitre 108

Assassins

Le 3 septembre après dîner, le roi joue au trictrac dans la chambre de Marie-Antoinette. L'après-midi s'annonce chaud et doux. Il est trois heures, et le roi aimerait emmener les siens se promener dans le jardin du Temple. Les municipaux s'y opposent. On entend une vive clameur. Marie-Antoinette s'agite, les joues empourprées, endurant de plus en plus mal tout signe de violence populaire. Elle en est presque à apprécier l'austérité de leur incarcération.

Est-ce la nouvelle du succès de l'armée autrichienne à Longwy et à Verdun qui agite la foule ? La foule... Même le roi jaunit légèrement, signe chez lui d'une inquiétude. Les enfants se serrent contre leur mère, Madame Élisabeth dit : « Mon Dieu, Mon Dieu ! »

« Sommes-nous vraiment en sûreté ici ? » demande Louis XVI aux geôliers.

Les gardes se contentent de répéter au roi l'interdiction de sortir car « un mouvement de foule se porte vers le Temple ».

« Le bruit court que le roi se serait évadé », tente d'expliquer un municipal.

Marie-Antoinette sent l'étau invisible, bien connu, broyer ses tempes. Que signifient ce tocsin à la volée et ces tambours en délire ? Le vacarme traverse l'épaisseur des murailles.

Un municipal flanqué d'un individu dépenaillé fait irruption dans la salle au rez-de-chaussée.

Une odeur de bête, de sang, de poudre.

« On veut que le roi et la reine se montrent à la croisée ! » braillent-ils.

Les municipaux refusent.

Leurs éclats se croisent avec le hurlement inattendu de la femme Tison et celui, horrifié, de Cléry.

Cléry, hagard, se précipite dans la chambre, oubliant toute étiquette. Marie-Antoinette tente de déchiffrer le sens de son épouvante. Il tire les rideaux de taffetas, tend les bras vers la reine pour l'empêcher d'approcher des croisées.

L'individu dépenaillé ricane l'atroce vérité :

« On veut que la reine voie la tête de sa Lamballe au bout d'une pique ! »

C'est le spectacle que vient d'endurer Cléry. La tête de la princesse de Lamballe, ses longs chevaux flottants, hissée, tel un jeu, devant la croisée.

*

* *

La nuit même ont eu lieu les massacres à la prison de la Force, les massacres de septembre.

Ils étaient entrés à la Force avec des haches, des poignards, des fusils, des bâtons. Ils avaient frappé au hasard les prêtres et les aristocrates qui se trouvaient là. M. de Ville-d'Avray avait été égorgé.

Ils reconnurent la princesse de Lamballe et s'amusèrent longtemps de son épouvante.

L'épouvante, torsion noire et rouge, dans les entrailles, qui empêche toute pensée, occupe l'espace vital, la moindre molécule vivante.

« La putain de la reine ! » hurlaient-ils.

Elle reculait, la robe souillée de tout ce sang, et ils riaient. Ils la massacrèrent, sans se presser, à coups de crosse. Elle chancelait. Son front s'ouvrit, ils frappaient toujours, ses côtes se brisaient, elle tombait à genoux. Ils frappèrent sa nuque, son dos, ses bras. *Ils la rouaient*. Elle vivait encore quand ils découpèrent lentement son cou. Ils l'avaient traînée ainsi sur les pavés ensanglantés. Ils avaient retroussé par jeu ses jupons et sa chemise. On hurlait de toutes parts. Comment avait-elle traversé cette affreuse agonie ? Était-elle devenue folle de souffrance ?

Et tout devint un brouet et un brouillard où enfin plus rien n'offense ni ne craint.

Ils tranchèrent la tête à demi détachée. On la tenait par les cheveux, un autre taillait, un troisième appuyait son pied sur ce corps livré à l'ignominie.

Jamais ils n'avaient autant ri. Ils avaient eu une idée :

« On va montrer la tête et le reste à sa putain ! »

Un ébéniste du faubourg du Temple ouvrit le ventre et extirpa les entrailles. Il coupa chaque sein et les lança en se tordant de rire sur une pique. Il était aidé par un ouvrier de la rue Popincourt, un canonnier de Meudon et un jeune soldat de la Halle. Ils arrachèrent le cœur, et l'ébéniste eut l'idée d'ôter les parties génitales.

« À moi la toison de la Lamballe ! »

Il découpa le pubis et colla la toison intime, en guise de moustaches. Les cris cessaient peu à peu dans la cour de la prison. Une centaine de corps gisaient. L'équipage traîna le corps affreusement mutilé de la princesse de Lamballe jusqu'au Temple. La foule était enchantée. La tête dansait au bout de sa pique, le cœur, les parties génitales, les seins sur d'autres pointes. On allait ainsi. On riait. On chantait *La Carmagnole*.

Voilà ce qu'on souhaite montrer à l'Autrichienne.

*

* *

Un des municipaux se tourne brutalement vers Marie-Antoinette qui pressent une tragédie.

« On veut vous cacher la tête de la Lamballe que l'on vous apporte pour vous faire voir comment le peuple se venge de ses tyrans. Je vous conseille de vous montrer. »

Il ricane, cligne un œil explicite qui promet à la malheureuse le même sort.

Cléry a eu beau tirer les rideaux, la tête flotte derrière la croisée, et, dans un grand cri, Marie-Antoinette s'évanouit, « glacée d'horreur », selon sa fille. François Hue a été écarté et sauvé miraculeusement des massacres. Mme de Tourzel aussi. Les massacres de septembre vont encore durer trois jours.

*
* *

Un ensemble d'événements a provoqué cette furie. Le manque de subsides, la misère, la situation militaire aggravée. Danton, ministre de la Justice du gouvernement provisoire, a déclaré que le roi était un otage et que lui et sa famille pouvaient servir de monnaie d'échange avec l'ennemi. Grâce à cette proposition, Louis XVI et Marie-Antoinette vivent encore quelque temps de sécurité.

La bague qui contient les cheveux de la reine et les mots à l'or fin « blanchis par le malheur » a été miraculeusement sauvée d'un tel carnage. On l'a remise à Marie-Antoinette.

On jette dans n'importe quelle décharge publique les restes de la princesse de Lamballe.

Chapitre 109

La vie au Temple

Pendant plusieurs jours, la reine est malade. Elle pleure sa seule amie. Elle a du remords d'avoir osé lui préférer la Polignac, qui pour rien au monde, elle le savait maintenant, ne se fût risquée à la rejoindre. La fille de Marie-Thérèse reprend pourtant son goût pour la lutte. Il lui faut communiquer avec l'extérieur, espérer en l'arrivée des troupes alliées. Au Temple, on pratique un épais silence. Il faut à la reine des alliés. Elle peut compter sur Cléry. Il y a aussi Turgy, officier de la bouche qui a voulu suivre son maître en prison. Ils ont le droit de sortir. À eux de rendre compte du bulletin de la situation. Il a fallu à la reine et à Madame Élisabeth des prouesses d'imagination pour établir avec eux un système de signaux. Madame Élisabeth a réussi à passer un billet à Turgy :

« Dites les mauvaises nouvelles comme les bonnes. »

Madame Élisabeth et la reine occupent leurs journées à traduire les « signaux » de Turgy. S'il porte le deuxième doigt de sa main droite à son œil droit, cela signifie la victoire de l'Autriche. Le pouce droit sur l'oreille droite veut dire que les Anglais débarquent. (Elles ignorent que les Anglais sont restés neutres.) Si la Convention se retire, Turgy passe toute la main sur sa tête. Tous ces signes sont compliqués et provoquent la suspicion. Agacés, les municipaux finissent par leur montrer quelques journaux pour les convaincre de la défaite autrichienne.

La situation militaire a empiré. Fin août, La Fayette a rejoint les rangs autrichiens. Verdun est tombée, la route de Paris s'ouvre.

Jusqu'au mois de novembre, la vie reprend sa monotonie et un calme relatif. Marie-Antoinette se plaint de sa lamentable garde-robe et de celle de sa famille. Elle a échoué au Temple avec quatre chemises et jupons, un peignoir, une seule redingote de rechange, quelques « tours de gorge ».

La Convention décide de se montrer généreuse avec « la ci-devant reine ». Plus de Bertin dûment enfuie, mais une trentaine de couturières confectionnent un élégant trousseau pour elle et les princesses. Redingotes en taffetas « couleur de boue de Paris », bonnets de linon, fichus, « pierrots » en toile de Jouy, chaussures à petits talons couleur puce ou grise, pantoufles à « bords retournés », un bon nombre de robes-chemises, sans oublier les jupons, les fanchons, les peignoirs, des rubans, des bas noirs, un chapeau en castor noir si seyant que Madame Élisabeth veut le même. Marie-Antoinette redevient, non sans plaisir, une jolie femme. La Convention n'a point omis les crèmes pour la peau, la pâte d'amande, les savons fins, l'essence de rose et de violette. Le parfumeur Prévost, de la rue Saint-Honoré, fait de belles affaires avec la prisonnière et présente une note confortable à la Convention. Le roi s'est contenté d'un habit de rechange et de trois chemises. On lui a fait remettre vingt mille livres pour son entretien. Le roi s'empresse aussitôt de faire acheter des jouets pour ses enfants. Il offre à Marie-Antoinette une montre de Bréguet, en or, pour la consoler de s'être fait dérober celle qu'il lui a offerte pour ses étrennes en 1775. La montre vaut neuf cent soixante livres, bien sûr, elle n'a pas la munificence de l'autre, mais la reine a l'impression de recevoir un trésor. Elle porte cette montre sur son cœur.

Hébert, du *Père Duchesne*, ricane dans son journal que « foutre, la race Veto continue à ruiner le peuple ». La table aussi n'a pas été négligée. Le dîner comporte quatre potages, six plats de viandes, autant d'entremets. Le vin est bon, la limonade fraîche, il y a du chocolat le matin, force viennoiseries, du café à la fin des repas.

Certains gardes marquent de la sympathie à « ces ci-devant souverains » si décriés. On s'étonne de la douceur et de la simplicité de la reine. Elle montre volontiers au commissaire du ravitaillement qui s'en émeut les cheveux de ses enfants morts. Ils sont rangés dans un médaillon glissé dans un petit gant qui a appartenu au premier Dauphin. Elle parle de ses enfants avec une grande tendresse. Elle demande aux municipaux des nouvelles de leurs. Elle agite ses petites mains parfumées à l'essence de violette. N'est-ce pas une odeur délicieuse ? Le commissaire du ravitaillement la trouve charmante et s'en cache. Son charme agit ; plus d'un municipal revient chez lui silencieux, rêveur. Elle est grande et belle, jeune encore sous ses cheveux blancs traversés d'ondes cendrées. On la trouve digne et simple dans son malheur.

À la fin de septembre, on a achevé d'aménager les lieux. On a adouci l'austérité des fenêtres en y faisant ajouter des abat-jour. La lumière filtre, en ombre bleue. La salle du rez-de-chaussée est réservée aux huit conseillers municipaux pour leurs réunions. Le 20 août, le conseil général décide « qu'au lieu de quatre commissaires pour le Temple – deux auprès du roi et deux auprès de la famille royale –, il y en aurait en tout huit. Quatre seraient relayés toutes les vingt-quatre heures ». Le premier étage devient celui des gardes. Le deuxième étage est dévolu définitivement au roi et à son fils. On a séparé la famille, du moins quelques heures, « pour empêcher toute correspondance ». Chez le roi, il y a une antichambre, la chambre de Louis XVI où dort son fils, celle de Cléry. La division en pièces a été exécutée par des cloisons tapissées et des faux plafonds. Six commissaires, dont Hébert du *Père Duchêne*, substitut du procureur de la Commune, et le cordonnier Simon, sont « autorisés à ôter au ci-devant roi plumes, encre, papier, crayons, etc. et à ne leur laisser aucune arme défensive ou offensive quelconque ».

Au troisième étage loge la reine et les princesses. Fin octobre, Marie-Antoinette gravit l'escalier en colimaçon. Il faut se baisser pour franchir l'obstacle des guichets qui servent à entraver tout mouvement de fuite. À chaque palier, en plus du guichet, on trouve une lourde porte en fer cloutée, bardée de verrous.

La Commune a pourtant fait monter, outre son clavecin, une baignoire pour la reine. Elle joue parfois quelques airs de Grétry et chante. Mais le cœur n'y est pas – Fersen n'y est plus. Il se torture l'esprit, à Bruxelles, sur son sort, et mesure l'impuissance d'agir… Marie-Antoinette détourne sa pensée de son bel amant, de son bonheur, disparu. Elle a concentré ses forces, sa tendresse sur le roi et sa famille. On les surveille pendant les repas, les rares promenades.

Madame Royale décrit ces journées :

« Mon père montrait à mon frère la géographie ; ma mère lui montrait l'histoire et lui faisait apprendre des vers, ma tante lui montrait le calcul. Mon père avait heureusement trouvé une bibliothèque qui l'occupait, ma mère avait de la tapisserie pour travailler (…) Nous montions tous les jours chez mon père pour déjeuner, ensuite nous redescendions chez ma mère où mon père passait avec nous la journée. »

Le roi, qui a passé sa vie au labeur, lutte mal contre l'ennui. Il a réussi à se faire livrer deux romans de Fanny Burton, deux histoires maritimes, des tragédies classiques, des auteurs latins. Sa préférence va aux récits de voyage. Le roi a lu deux cent cinquante titres au Temple.

« Avez-vous des nouvelles de M. de La Pérouse ? » demande-t-il sans se lasser.

Qu'est donc devenu le grand navigateur ?

La Pérouse se propose d'atteindre la Nouvelle-Guinée quand il disparaît avec son équipage et son navire, *La Boussole*. Une expédition commandée par M. d'Entrecasteaux a tenté d'aller à sa recherche, en 1791 et 1792. Point de nouvelles... Il faut attendre 1826 pour que le hasard conduise un Anglais, Peter Dillon, sur les traces de *La Boussole.* La Pérouse a fait naufrage dans les îles Vanikoro. L'épave sera remontée en 1964.

Le roi lit *Le Mercure de France* dont il fait tous les jeux, les devinettes. La reine aussi lutte à sa façon contre l'ennui féroce, le manque d'exercices. Elle souffre d'une jambe, elle est reprise par la misère du sang, elle maigrit à nouveau, il faut resserrer ses corsets. Elle a pris goût à la lecture, l'abbé de Vermond n'en reviendrait pas. Elle réclame des livres dont elle ne saute plus une seule ligne. Elle tapisse joliment, elle a entrepris des dossiers de chaises qui coûteront la vie de Mme de Sérent accusée de complicité pour les avoir fournis à la reine. On accuse les motifs brodés par Marie-Antoinette de dissimuler des messages pour l'étranger.

La surveillance s'accroît au fil des batailles perdues.

Chapitre 110

La République est proclamée

Le 21 septembre (1792), la République est proclamée par la Convention. On n'est plus dans une monarchie. Des hérauts crient la nouvelle le jour et la nuit. On exulte. Chez les prisonniers, la consternation règne.

« Mon père n'était plus traité en roi, se souvient Madame Royale, on n'avait aucun respect pour lui ; on ne l'appelait plus ni Sire, ni sa Majesté, mais Monsieur ou Louis. Les municipaux étaient toujours assis dans sa chambre et avaient leur chapeau sur leur tête. Ils ôtèrent à mon père son épée qu'il avait encore, fouillèrent ses poches (...). Le jardin était plein d'ouvriers qui injuriaient souvent mon père. Il y en eut un qui se vanta d'abattre la tête de mon père avec ses outils. Pétion le fit arrêter. »

Le jour où l'on a proclamé la République, Hébert, du *Père Duchesne*, de garde au Temple, a craché un de ses plus fanatiques papiers :

« (...) Le son de la trompette retentit (...). Au fond de la tour, il se fait un remue-ménage de bougre dans la chambre où la race Veto était rassemblée et tuait le temps avec des jeux d'enfants. Le gros peccata croit que les escadrons ennemis approchent... Ah foutre ! Quel rabat-joie quand il entend proclamer le décret qui déclare qu'il n'y a plus de royauté en France... Il suffoque de rage... L'Autrichienne (...) dit qu'elle a des vapeurs, la grosse Élisabeth va pleurer dans un coin. Cette farce va durer jusqu'au souper, où le gros sanglier ne perdit pas un coup de dent; mais Madame Veto s'était couchée auparavant après avoir pris un verre d'eau pour tout potage... La tigresse, nageant dans des flots de sang, a pris la figure traîtresse d'une chatte... »

*
* *

Le 20 septembre, on apprend la victoire de Valmy contre les Prussiens, remportée par Dumouriez et Kellermann.

Marie-Antoinette tremble, le roi est effondré. La toute nouvelle République entend bien se faire reconnaître des puissances étrangères. Le ministre Lebrun prend des précautions dans ses différents communiqués à l'étranger. Il a l'adresse de parler du roi avec respect. Le roi n'est coupable que de « crimes de la royauté ».

Dumouriez, qui a remplacé La Fayette à la tête des armées du Nord, entre en négociation avec la Prusse, comptant la détacher de l'Autriche. Il affirme au Prussien Manstein que le roi de Prusse est prêt à la paix sous condition que l'on rétablisse les souverains de France, mais son ton péremptoire irrite Frédéric-Guillaume qui refuse tout et fait savoir qu'il reste fidèle à l'alliance autrichienne. Il donne l'ordre à Brunswick de battre la retraite. La guerre continue. Louis XVI et les siens, de simples otages, deviennent des prisonniers politiques.

On parle désormais de « l'an I de la République ». Chaque jour ne porte plus le nom d'un saint mais d'une moisson, d'un fruit, d'une vendange. On appelle le roi « Louis » et même « Capet ». Un matin d'octobre, sans ménagement, on dépouille Marie-Antoinette, Madame Élisabeth et Madame Royale de leurs écritoires. « Ils cherchèrent partout, se souvient Madame Royale, et même durement. Cela n'empêcha pas que ma mère et moi nous leur cachâmes nos crayons que nous gardâmes. »

Le soir même, les gardes municipaux entourent le roi et lui signifient qu'il sera totalement séparé des siens.

« Il y eut bien des larmes, affirme Madame Royale, mais rien n'y fit ; le lendemain, les déjeuners furent servis séparément. »

On a transféré Louis XVI dans la grosse tour, haute de quarante-cinq mètres. C'est une prison humide et froide que le roi ne quittera que pour se rendre à son procès et à l'échafaud.

Le papier des murs représente une muraille, les barreaux sont d'une épaisseur triple. L'air circule mal, le poêle ronfle sans rien chauffer. Louis XVI tombe malade. Les murs des corridors sont meurtris de graffitis insultants que la reine lit avec horreur quand elle va soigner son époux. Elle déchiffre une figure suspendue à une potence et une guillotine avec ces mots : « Louis crachant dans son sac ». Elle ne peut non plus détourner les yeux d'un dessin de femme, obscène : « Madame Veto dansera. » Une phrase la faisait trembler : « Il faut étrangler les petits louveteaux ». Chou d'amour a sept ans, Mousseline file sur ses quatorze ans… Les étrangler… La reine a les larmes aux yeux tandis que le roi résiste au sommeil pour veiller sur son fils endormi.

*

* *

On a décidé de séparer le plus possible le Dauphin « des femmes ».

« Sur les observations faites par l'un des membres de service du Temple, [que] le fils de Louis Capet était jour et nuit sous la direction des femmes, mère et tante, considérant que cet enfant est dans l'âge où il doit être sous la direction des hommes (…), le fils de Louis Capet sera retiré des mains des femmes pour être remis entre celles de son père les jours et nuits… »

On écrit des rapports de plus en plus injurieux sur l'influence de la reine et de Madame Élisabeth ;

« Ces deux femmes sont très méchantes, elles ne pouvaient lui suggérer que de très mauvais principes. Elles apprenaient [au fils de Louis Capet] les tragédies les plus sanguinaires [de Corneille et de Racine]. Elles sont si voluptueuses qu'il n'y a pas une fille de la rue Saint-Jean-Denis qui puisse leur être comparée. »

Cette idée vient d'un certain Charbonnier et va faire son ravageur chemin.

*
* *

Hébert pousse à la confiscation des moindres objets coupants :

« Qu'on ôte aux prisonniers tout instrument tranchant (…). Car cet homme-là [Capet] pourrait fort bien par vengeance s'égorger dans l'intention d'exciter la compassion du peuple (…). Néron qui ressemblait tant à Louis XVI s'est donné la mort. »

Louis XVI a dû se fouiller lui-même, remettre ses pauvres trésors. Plus de rasoir, rien, plus même le couteau à deux lames d'or et manche d'écaille, plus de fer à friser ni de cure-dents ! On lui prend son tournevis, un tire-bourre, un briquet. Comme il manœuvre une paire de pincettes pour attiser le feu, il ironise « si c'étaient là des objets tranchants ». À la fin de son procès, on lui ôtera ses couverts. Lui, si doux, s'emporte :

« Me croirait-on assez lâche pour attenter à mes jours ? »

Cléry à son tour tombe malade. On laisse les princesses lui monter des tisanes et des bouillons. Madame Élisabeth prie ouvertement, sans se cacher.

*

* *

Seul le roi est lucide sur sa situation. Marie-Antoinette ne réalise pas l'imminence d'un procès sans issue. Les brimades continuent. On ôte aux princesses tout ce qui sert à leurs travaux d'aiguilles. La victoire de Jemmapes et l'occupation de Francfort par les troupes françaises renforcent l'insolence des municipaux. Paris ne songe plus qu'à juger le roi. La Convention a hâte de commencer ce procès incroyable, *purificateur*. Quelques députés hésitent quand Roland, ministre de l'Intérieur, intrigué par l'armoire de fer dénoncée par le serrurier Gamain, ordonne la fouille et la saisie du contenu. Il y a bel et bien un gros portefeuille contenant les papiers du souverain, des plus accusateurs. On y trouve la correspondance avec Mirabeau et la preuve du « double jeu » si évident. Tout atteste « la corruption » à laquelle est prêt Louis XVI pour payer les agents secrets d'une contre-révolution. Ses papiers montrent ses bons rapports avec l'Autriche, les émigrés, ses frères, les princes d'Europe, la tsarine. Louis XVI est perdu. Le 3 décembre, alors que le roi se remet à peine de sa grippe, la Convention adopte un décret unique depuis tous ces siècles de monarchie française : Louis XVI est cité à comparaître devant elle et la commission chargée de dénoncer les crimes de « Louis Capet ».

*

* *

Le jeudi 6 décembre, Cléry, encore malade, habille le roi. Il lui annonce d'une voix blanche l'effarante nouvelle. La femme de Cléry, au parloir, lui a appris que, dans quatre jours, le procès du souverain va commencer.

Louis XVI se réfugie dans ses prières, son silence et son appétit. Il attend le 7 décembre pour avertir Marie-Antoinette.

Ni lui ni la reine, vaguement épouvantée, ne savent exactement à quoi s'attendre. Un procès ? Sur quels motifs ?

Le matin du 11 décembre, on entend battre la générale. Santerre rassemble les gardes. La famille royale a pris, réunie, le premier déjeuner à neuf heures. À leurs questions, nulle réponse. Marie-Antoinette a les joues enflammées, les mains glacées. Le roi est saisi d'un pressentiment : on vient le chercher pour le tuer. Il ne dit rien, mais change le programme de la matinée. Au lieu de lire avec son fils, il joue avec lui aux quilles. L'enfant, n'arrivant pas à dépasser le nombre seize, s'écrie :

« — Papa, le nombre seize est bien malheureux.

— Ce n'est pas d'aujourd'hui que je le sais », dit le roi.

Le commissaire Arbeltier s'approche avec brusquerie :

« Monsieur, je vous préviens que dans l'instant vous allez recevoir la visite du maire. Il ne vous parlera pas en présence de votre fils. »

Cléry emmène l'enfant ; Pétion n'arrive qu'une heure plus tard.

« Vous m'avez privé une heure trop tôt de mon fils », dira le roi.

Le roi suit Pétion et les gardes : on le conduit à la Convention. L'après-midi commence, et on interroge le souverain sur ses « trahisons » jusqu'à six heures du soir. C'est déjà la fin de l'inviolabilité de sa personne. La fin du droit divin. La fin de la religion. Le début de la démocratie.

Quand il pénètre dans la salle du Manège, elle regorge de monde. Louis XVI porte une redingote brun clair. Le silence se fait malgré lui, malgré eux, devant cet homme non rasé, qui a été leur roi et qu'ils vont tuer. Il inspire tant la compassion que même Marat écrit, le lendemain, dans *L'Ami du peuple :*

« Il s'est entendu cent fois appeler Louis sans montrer la moindre humeur (...). Innocent, qu'il eût été grand à mes yeux dans cette humiliation ! »

*

* *

Le procès dure plusieurs jours. Marie-Antoinette est tenue dans la plus grande ignorance. Quels outrages subit son époux ? Elle n'a plus le droit de le voir. Quand il revient de la Convention, on l'enferme dans sa tour. Cléry parvient à passer quelques rares nouvelles. Le 14 décembre, le roi reçoit M. de Malesherbes. Barère a été prévenu que le vénérable vieillard demande le douloureux honneur de défendre son ancien maître. Le citoyen de Sèze s'adjoint aussi à la défense. Lorsque M. de Malesherbes pénètre au Temple, le roi se précipite dans ses bras. Les deux hommes s'étreignent avec une immense émotion. On ne sait ce qu'ils se dirent.

Ni cette journée-là ni celle, interminable, du 15 décembre, Marie-Antoinette ne revoit Louis XVI.

Le Dauphin dort chez sa mère. Il n'a pas de lit. Marie-Antoinette lui donne le sien. Elle passe ses nuits dans un fauteuil, sous la lueur bleuâtre. À ses doigts brillent deux petits solitaires, tendres fanaux que le roi lui a offerts.

Chapitre 111

La mort du roi

Depuis des jours, le roi est entré en prières. Il a un regard céleste, sa patience et sa douceur émeuvent certains municipaux, dont un certain Goret. On demande au souverain déchu, qui un gant, qui un mouchoir. Ses objets deviennent des reliques. La relique d'un homme qui par son attitude et le sort qui lui est réservé se transforme en roi martyr. Nul ne le déteste foncièrement. *C'est sa femme que l'on hait et qu'on ne lui pardonne pas*. Le 16 décembre, son calme ne l'abandonne pas quand il paraphe les pièces accusatrices de l'armoire de fer. Il y en a plus de sept cents ; M. de Malesherbes réclame plus de temps pour étudier ces dossiers, organiser une défense, mais on lui refuse ce répit.

Par Cléry et Turgy, Marie-Antoinette reçoit des brèves nouvelles. M. de Malesherbes a réussi à faire pénétrer chez le roi, le faisant passer pour son collaborateur, le prêtre réfractaire, l'abbé Edgeworth de Firmont. Louis XVI en éprouve une immense douceur. Il a plusieurs entretiens avec le prêtre. La reine apprend aussi que des pétitions venues de toute la France demandent la grâce du roi. Paris veut sa mort, non les provinces. Louis XVI ne cesse de prier et refuse de sortir. Il songe à son âme, à Dieu. Là est l'urgence. Le 19 décembre, anniversaire de Madame Royale, il pleure parce qu'on lui interdit de voir sa fille. Il passe seul le jour de Noël avec Cléry. Marie-Antoinette, et sa famille si réduite, pleure et prie. Elle ignore que son époux écrit son testament, sûr de ne point réchapper à un procès où il ne s'est fâché qu'une seule fois : quand on l'a accusé des tueries du 10 août. Son système de défense a été la dénégation. Il ne supporte pas qu'on l'accuse d'avoir fait tirer sur le peuple.

La Grâce semble l'avoir atteint dans cette prison glacée. Il rédige son dernier message :

« Je recommande mes enfants à ma femme ; je n'ai jamais douté de sa tendresse maternelle pour eux ; je lui recommande surtout d'en faire de bons chrétiens et d'honnêtes hommes (...). Je recommande au Ciel ceux que j'aime, qu'ils pardonnent à tous ceux qui m'ont offensé et que mon fils (s'il a le malheur d'être roi) oublie et pardonne les injures. »

Il hésite longtemps, de sa fine écriture, à noter ses dernières volontés où il prie sa sœur de bien vouloir tenir lieu de mère à ses enfants « s'ils avaient le malheur de perdre la leur ».

Un sanglot l'étreint. Quel sort, mon Dieu, quel sort a-t-il réservé sans le vouloir à cette enfant d'or et de cristal, venue en riant de Vienne pour l'épouser !

« Je prie ma femme de me pardonner tous les maux qu'elle souffre pour moi, et les chagrins que je pourrais lui avoir donnés dans le cours de notre union, comme elle peut être sûre que je ne garde rien contre elle si elle croyait avoir quelque chose à se reprocher. »

Fersen. Il l'absolut, et avec quelle délicatesse, d'avoir aimé Fersen.

Il est tard, il fait froid. Marie-Antoinette ! Elle aura tous les courages. À travers les murailles, sa pensée s'envole vers elle. Il l'a grandement aimée, d'une folle timidité et d'une passion rentrée telles ces flammes sous la braise.

La journée du 26 décembre 1792 est celle de sa dernière comparution. M. de Sèze plaide longuement : le roi est non coupable. Les Montagnards et les Girondins penchent pour la peine de mort. Le roi semble indifférent.

Le boucher Legendre grince « que l'on dépeçât le tyran en quatre-vingt-trois morceaux pour en envoyer un à chaque département ». Robespierre s'emporte :

« La clémence qui compose avec la tyrannie est barbare ! »

Hébert éructe de haine. Les marchands de journaux crient les nouvelles. Marie-Antoinette, grâce à Turgy, a réussi à faire pénétrer ces crieurs le plus près possible de la tour. Elle suit le déroulement affolant des événements. Elle ne sait toutefois rien de la journée du 14 janvier 1793, ni de celle du 16 où, après avoir répondu « coupable » aux trois interpellations, on demande à l'Assemblée quelle peine Louis Capet doit subir. La déportation ? La mort civile ? La mort tout court ?

Le roi ignore que Madame Royale a été malade. Une dartre défigure sa joue, et son premier sang est venu. À force de supplications, Marie-Antoinette a obtenu la visite du Dr Brunier. Il a conclu que « la maladie de Charlotte Capet [qui] est au moment où la nature, voulant se développer, exige la plus grande attention ». Il a mentionné dans son rapport « le gonflement de la jambe et un gros bouton de suppuration ».

*

* *

Le 20 janvier 1793, il fait déjà nuit et le brouillard est épais quand Marie-Antoinette entend le sommaire qui lui arrache un long sanglot :

« La Convention nationale décrète que Louis Capet subira la peine de mort. L'exécution aura lieu dans les vingt-quatre heures. »

Madame Élisabeth s'effondre. Le scrutin du 17 janvier a voté la mort du roi à trois voix près : sur sept cent quarante-neuf députés présents, trois cent quatre-vingt-sept ont voté la mort sans condition, trois cent quatre-vingt-quatre sont partisans de la détention perpétuelle ou de la mort conditionnelle. Il y a eu vingt-huit abstentions.

« Je suis fâché que mon cousin d'Orléans ait voté ma mort », dira simplement Louis XVI.

M. de Malesherbes, le 17 janvier, jette à Cléry qui pâlit :

« Tout est perdu, le roi est condamné. »

Louis XVI console l'illustre vieillard qui s'écroule en sanglotant à ses pieds. M. de Malesherbes sera exécuté en 1794 pour avoir défendu le roi. Louis XVI console aussi Cléry dont le « nez et les oreilles blanchissaient ».

« Allons, plus de courage », dit-il.

Le dimanche 20 janvier, Garat, ministre de la Justice, chapeau sur la tête, accompagné de Lebrun, lit les décrets et la sentence au roi qui, paisiblement, plie le document dans son portefeuille. On a refusé de surseoir à son exécution. Garat lui consent la seule douceur qui lui importe : le secours religieux de l'abbé Edgeworth. Il verra sa famille. Il sera exécuté le lendemain, lundi 21 janvier, à dix heures, place de la Révolution.

Le roi atteint une douceur mystique quand il s'entretient longuement avec l'abbé Edgeworth. L'abbé promet de l'accompagner jusqu'au bout. Louis XVI a maintenant la force de faire ses adieux aux siens.

*
* *

Une nuit opaque commence. Le roi, par tendresse pour l'émotion de sa femme, a demandé que l'on prépare une carafe d'eau et un verre, mais « pas de l'eau à la glace, précise-t-il, car si la reine en boit, elle peut être incommodée ».

Cléry assiste à la plus douloureuse scène de leur histoire : les adieux.

« À huit heures et demie, écrit-il, la porte s'ouvrit : la reine parut la première, tenant son fils par la main, ensuite Madame Royale et Madame Élisabeth. Un morne silence régna pendant quelques minutes et ne fut interrompu que par des sanglots. La reine fit un mouvement pour entraîner Sa Majesté dans sa chambre. – Non, dit le roi, passons dans cette salle, je ne puis vous voir que là. Ils entrèrent et j'en fermai la porte qui était en vitrage. Le roi s'assit, la reine à sa gauche, Madame Élisabeth à sa droite ; Madame Royale presque en face, et le jeune prince resta debout entre les jambes du roi ; tous étaient penchés et se tenaient souvent embrassés. »

La douleur devient telle que les princesses, vêtues de simples mousselines et d'un fichu en linon en ce rude hiver ne sentent plus le froid. Il y a quatre gardes municipaux. L'abbé Edgeworth est bouleversé. Cette famille, si unie dans le malheur, se lamente de cris à fendre l'âme. « Les voix, se souvient l'abbé, finissaient par se confondre. » Le calme revient un peu, et le roi arrive à leur narrer son procès. Il répète à son fils :

« Jurez-moi de ne jamais venger ma mort. »

L'enfant s'accroche farouchement à son cou. Le futur Louis XVII n'est qu'un petit garçon au cœur brisé. Il se précipite vers les gardes et se jette à leurs genoux :

« Je vous supplie de me laisser demander pardon à la Convention, pour que mon papa ne meure pas ! »

À dix heures et quart, le roi se lève, et Marie-Antoinette s'agrippe à son bras. Elle l'aime d'un amour au-delà de celui de la terre. Elle aurait volontiers tout donné pour remonter les aiguilles de la montre, afin de conserver auprès d'elle, le jour, la nuit, cet homme qui caresse sa main, et la regarde de ses tendres yeux de myope. « Ne pleurez point, ma mie. »

Cléry entre dans la chambre, la reine gémit. Elle ne veut pas quitter son époux, pas encore.

« — Je vous promets, dit le roi, que je vous verrai demain à huit heures.

— Pourquoi pas à sept heures ? » supplie-t-elle.

Une heure, quel précieux cadeau, une heure, quand tout va se rompre !

« Eh bien oui, à sept heures », répond-il.

Il a baisé ses joues baignées de larmes, pressé ses mains, arraché son fils de ses bras. Madame Royale s'est évanouie. Madame Élisabeth ne vaut guère mieux.

« Le roi, dit Cléry, fit un effort bien pénible sur lui-même : il s'arracha de leurs bras et rentra dans sa chambre. Les adieux avaient duré sept quarts d'heure. »

Madame Royale a une grave crise nerveuse. Elle se roule sur les carreaux glacés en poussant de tels cris déchirants que l'on croit, au dehors, qu'elle est morte. Sa mère et sa tante ont beaucoup de mal à la calmer. Le Dauphin va tout aussi mal. Les enfants finissent par s'endormir secoués de songes horribles. Marie-Antoinette et sa sœur pleurent et prient toute la nuit. À sept heures du matin, Madame Élisabeth demande à un municipal si le roi les a fait demander. La reine n'a pas quitté des yeux les aiguilles de la montre tout au long de la nuit.

« Il n'y a pas d'ordre à ce sujet », bougonne le garde.

Jusqu'à neuf heures, les princesses sont dans la plus sombre anxiété. Elles entendent les tambours, le départ d'une voiture, des dures voix d'hommes.

« Ils l'emmènent ! sanglote la reine, ils l'emmènent ! »

Le roi a dormi paisiblement après avoir écouté jusqu'à deux heures du matin l'abbé Edgeworth. À six heures, Cléry, livide, fait du feu. L'abbé prépare un modeste autel nappé de blanc. Le roi remet à Cléry un petit paquet contenant les cheveux de toute sa famille, son cachet, son anneau de mariage. Il le remercie de tous ses soins.

« Dites à la reine, à mes chers enfants, à ma sœur que je leur avais promis de les voir ce matin mais que j'ai voulu leur épargner la douleur d'une séparation si cruelle. »

Il pleure.

« Dites à la reine que je la quitte avec peine. »

Il demande que Cléry lui coupe les cheveux, mais on refuse les ciseaux. Les bruits extérieurs s'amplifient, lugubres, significatifs. À neuf heures, Santerre entre bruyamment, accompagné d'une dizaine de municipaux et autant de gendarmes. Ils viennent chercher le roi. Il s'impatiente.

« Je suis en affaires, dit-il sèchement. »

À genoux, il reçoit la communion.

« Tout est consommé, murmure-t-il à l'abbé. Monsieur, donnez-moi votre dernière bénédiction et priez Dieu qu'il me soutienne jusqu'à la fin. »

Madame Royale s'est éveillée en sursaut quand, à six heures, la femme Tison est venue demander à la reine son livre de prières. « Mon père, oh, mon père ! »

Le roi, très calme, rejoint Santerre et sort ainsi escorté du Temple. Il remet son testament au municipal Jacques Roux, et crie d'une voix forte :

« Partons ! »

Il se retourne deux fois vers la tour où sont sa femme, sa sœur et ses enfants.

Dans la seconde cour, une voiture fermée l'attend.

La foule est silencieuse. Pas d'insultes, on entend implorer :

« Grâce ! Grâce pour le roi ! »

Il n'y aura point d'enlèvement miraculeux, l'heure de la mort a bien sonné. L'abbé Edgeworth récite avec le condamné, tout au long du trajet, la prière des agonisants. Soudain la voiture s'arrête.

« Nous sommes arrivés si je ne me trompe », dit le roi.

*

* *

On est place de la Révolution. On ouvre brusquement la portière. Louis XVI regarde calmement la guillotine dressée face aux Tuileries, à l'entrée des Champs-Élysées.

Et son supplice commence.

Au pied de l'échafaud, il veut ôter lui-même son habit, ouvrir son col de chemise. Les valets de Sanson s'approchent pour lui lier les mains.

« Je ne le souffrirai pas ! » se révolte le roi.

L'abbé Edgeworth apaise son âme déchirée : dans ce nouvel outrage, il ressemble davantage encore au Dieu devant lequel il va comparaître. Il se laisse tailler grossièrement les cheveux que le bourreau glisse dans sa poche. L'abbé l'aide à gravir les marches. Soudain, le fils de Saint Louis, d'une force inouïe, échappe à tous et court à la balustrade. Là, il se met à crier à ce peuple, à ses enfants qui vont l'assassiner :

« Peuple, je meurs innocent ! Je pardonne aux auteurs de ma mort. Je prie Dieu pour que mon sang ne retombe pas sur la France et... »

Les tambours résonnent frénétiquement pour couvrir sa voix. On se précipite sur lui, on le lie à la planche qui bascule. Le roi a jeté « un cri affreux », le teint soudain tout jaune. On entend un coup sourd.

Il est dix heures et vingt-deux minutes.

Sanson prend la tête et la montre longuement aux quatre coins de la balustrade. Au nord, au sud, à l'est, à l'ouest. On entend « Vive la nation ! ». Le silence retombe, celui d'un deuil ineffable.

Chapitre 112

LA RÉGENTE

À dix heures, ivre d'anxiété et de chagrin, Marie-Antoinette entend le bruit sourd des trompettes et des tambours. On ouvre la porte, Turgy, triste et préoccupé, pose le déjeuner sur la table. Il y a des oisons grillés, et la reine, chancelante, insiste pour qu'au moins ses enfants prennent quelque nourriture. Le Dauphin, en larmes, se recroqueville sur le lit. Madame Royale gémit, Madame Élisabeth laisse couler ses pleurs en silence. Marie-Antoinette fixe désespérément la montre Bréguet qui marque dix heures et vingt-deux minutes. Elle entend un bruit d'artillerie, des tambours, des clameurs.

« Ils l'ont assassiné ! » sanglote-t-elle.

Sous les fenêtres de sa tour, on crie : « Vive la nation ! Vive la République ! »

Madame Royale pousse à nouveau des cris perçants. Le Dauphin éclate en sanglots. La reine s'est jetée sur le lit, convulsée elle aussi de sanglots. Madame Élisabeth, à genoux, suffoque de larmes.

Marie-Antoinette de Lorraine d'Autriche, veuve du roi de France, se lève et s'agenouille devant le petit Louis XVII.

« Mon roi, oh, mon roi », dit-elle.

Elle devient, elle le sait, suivant les rites immuables, la régente du royaume. Son dérisoire royaume, son sanglant royaume. Elle guide son fils vers la table, prend du papier et une plume, et lui enseigne aussitôt à signer le nom qui est désormais le sien : Louis-Charles.

*
* *

Elle est entrée dans un grand deuil. Elle demeure prostrée, dans son fauteuil, refusant de sortir pour éviter de passer devant la porte désormais fermée de son époux. Qu'ont-ils fait de sa dépouille ? Cléry ose à peine lui dire qu'ils l'ont brouettée, la tête entre les jambes, au cimetière de la Madeleine, dans une fosse commune, arrosée de chaux vive. Elle prie la Convention de lui accorder quelques robes noires, les chaussures, les bas, l'éventail, le fichu et le bonnet assortis. Elle grelotte de fièvre, n'accepte qu'un peu de bouillon. Madame Élisabeth ne peut l'empêcher d'entendre les couplets chantés à tue-tête sur *La Mort de Capet :*

Le vingt et un janvier sept cent quatre-vingt-treize,
Capet tyran dernier qu'on nommait Louis seize
À reçu ses étrennes pour avoir conspiré.
Ce fuyard de Varennes est donc guillotiné.

Il y a neuf couplets sur ce ton, accompagnés à la viole. Celle que l'on nomme désormais « la veuve Capet » endure tant d'épreuves dans un morne silence. Elle entre parfois en convulsions, en crises de larmes sans fin. Le sang est revenu, abondant, l'affaiblissant. Elle ressemble à une vieille femme sous ses voiles noirs.

Elle a tant maigri que deux municipaux, Goret et Toulan, l'ont prise en pitié. Ils insistent pour qu'elle fasse au moins une très courte promenade. Elle secoue la tête en pleurant, et Goret, soudain, l'entraîne dans la galerie circulaire, en haut de la tour. « Allons, Madame, il vous faut marcher un peu ! ». Elle s'appuie à son bras, épuisée, apercevant un lambeau de ciel gris.

À l'Assemblée, on a l'air d'avoir oublié Marie-Antoinette. Veut-on l'épargner ? On la sait en proie à de dangereuses hémorragies, mais on laisse faire. Elle reste avec les siens (surtout son fils) une précieuse monnaie d'échange avec l'étranger, car la guerre est loin d'être terminée. Ni l'Autriche ni les autres puissances ne songent à réclamer la reine et ses enfants. Fersen pleure sur son sort comme il a pleuré à la mort du roi. Des fausses nouvelles affirment qu'elle a été massacrée avec ses enfants. Fersen éclate de douleur auprès de sa sœur Sophie :

« (...) Celle qui faisait mon bonheur, celle pour laquelle je vivais, oui, ma tendre Sophie, car je n'ai jamais cessé de l'aimer (...). Celle pour qui j'aurais donné mille vies n'est plus ; jamais son image adorée ne s'effacera de ma mémoire. »

Marie-Antoinette ignore que Monsieur, comte de Provence, dès le 28 janvier, s'est proclamé régent :

« Nous déclarons que le Dauphin Louis-Charles, né le 27e jour du mois de mars 1785, est roi de France et de Navarre sous le seul nom de Louis XVII. (...) Nous sommes et serons régent de France durant la minorité du roi notre neveu et notre seigneur. »

Monsieur espère bien que la Convention le débarrassera de la reine.

Fersen reprend espoir : Marie-Antoinette vit toujours.

« Tantôt j'espère, tantôt je désespère et l'inaction forcée où je me trouve, le peu de moyens qu'il y a à la servir augmente encore mes peines. »

Dans son entourage, il n'est question que du sort de la reine. Fersen tente d'agir. Il écrit une missive à Mercy afin de l'aider à trouver un plan pour faire évader Marie-Antoinette. Il se fait des illusions sur l'affection de Mercy envers son ancienne pupille. Fersen redoute toute démarche officielle auprès de l'empereur. Seule la corruption peut aider un plan plus fou que tous les autres : l'évasion du Temple. Il n'a toujours rien compris à la profondeur irréversible de la Révolution française, croyant qu'elle a été le fruit de complots d'aristocrates qui se sont ainsi débarrassés du roi. Fersen méprise trop le peuple pour lui accorder la capacité d'un cerveau pensant. Il songe au duc d'Orléans : c'est lui et ses alliés, dont Laclos, qu'il faut soudoyer pour aider la reine.

*
* *

Faire évader la reine… Ce projet s'est mis à traverser quelques cervelles. Marie-Antoinette a toujours compté des adorateurs, même chez les gens modestes. Ces groupes, trop épars, l'idolâtrent, prêts à tout pour elle. Elle charme toujours ceux qui l'approchent, même défaite, en grand deuil. Le Toulousain Toulan s'attendrit de cette présence bouleversante. Il lui rend de menus services, une passion l'enflamme pour la veuve de Louis XVI. Toulan est prêt à risquer sa vie pour ourdir un plan des plus dangereux. Le donjon du Temple est impressionnant mais accessible à bien du monde. Des allées et venues permanentes y ont lieu. Couturières, gardes municipaux, colporteurs, blanchisseuses, porteurs d'eau, traiteurs, agents fournissant le bois, allumeurs des quinquets… On entre sans peine dans ses jardins et son parloir. Bien sûr, le donjon et ses tours sont gardés jusqu'à l'obsession, mais il suffit de porter l'habit d'un garde municipal, et on passe aisément les pires obstacles… Jusqu'à la tour de la reine.

Le municipal Lepitre est lui aussi attiré par Marie-Antoinette. Une évasion… Ces révolutionnaires, commotionnés par la mort du roi, redeviennent d'ardents royalistes. Des romantiques avant la lettre. Lepitre a pourtant été, le 10 août, un des plus farouches agresseurs des Tuileries. Une passion de servir la reine et, qui sait, de faire le bon choix si le vent tourne encore enthousiasment Toulan, Lepitre et Goret.

Ils entrent en relation avec le général de Jarjayes. Lepitre et Toulan connaissent parfaitement les issues et les pièges du Temple. Les souterrains que la Commune a pourtant fait visiter et murer ne les effraient pas. On peut y tailler des brèches. Le plan consiste à déguiser la reine en garde municipal. Madame Élisabeth aussi. Le Dauphin portera les vêtements du fils de l'allumeur des quinquets, et Madame Royale les hardes d'une fille de servante. Toulan et Lepitre introduiront ces habits, cachés sous les leurs. Les chapeaux seront portés enfoncés l'un dans l'autre. Ils ne se sont pas demandé où cacher ensuite ces encombrants fugitifs.

Toulan, le cœur battant, est chez la reine. Quelle récompense quand, dans ses yeux si souvent noyés de larmes, il lit un éclat d'amitié au moment où il lui expose le projet !

« Je suis bien touchée, monsieur », dit-elle simplement.

Toulan se précipite chez le général de Jarjayes (qui a déjà servi de correspondant entre Barnave et la reine). Marie-Antoinnette a griffonné un billet que Toulan lui donne. Elle a écrit qu'il peut faire confiance au porteur de ce billet.

Toulan, avec un aplomb extraordinaire, persuade M. de Jarjayes de se déguiser en allumer de quinquets. Ainsi travesti, le général est conduit sans encombre jusque dans la chambre de Marie-Antoinette.

Pour réussir un tel projet, Toulan s'assure de Turgy et de Lepitre. Lepitre, à demi infirme, n'est pas totalement désintéressé : si le plan réussit, le pouvoir et la richesse l'attendent.

En mars, des bruits courent. On soupçonne le trop vif Toulousain, on n'aime pas le zèle intempestif de

Lepitre et de Turgy toujours prêts à remplacer les municipaux dans leur tour de garde.

On décide d'épurer les gardes, de surveiller plus étroitement « la veuve Capet ».

Lepitre se rend compte que l'évasion de toute la famille s'avère impossible. Il demande à la reine d'accepter de s'évader seule. Elle refuse, elle n'abandonnera jamais ses enfants ni sa sœur. Elle charge Lepitre d'une missive (une mission) pour M. de Jarjayes. La lettre est accompagnée de son anneau de mariage et du cachet du roi à l'intention de Monsieur. Quelle colère éprouverait-elle si elle savait qu'il s'est proclamé régent ! Une autre lettre est destinée à Fersen.

« Quand vous serez en lieu sûr, écrit-elle à Jarjayes, je voudrais bien que vous puissiez donner de mes nouvelles à mon grand ami. »

La lettre ne parviendra à Fersen qu'en 1794.

Elle a marqué d'un sceau de cire, à l'intention de Fersen, sa devise, qui représente un pigeon s'envolant avec ces mots : *Tutto a te mi guida*. M. de Jarjayes estime chimérique et dangereuse l'évasion du Temple. La reine, seule, à la rigueur... Mais elle a refusé.

« Nous avons fait un beau rêve, voilà tout », écrit-elle à Jarjayes.

« Tout me conduit vers toi », dit la devise envoyée à Fersen.

*
* *

Il n'y aura pas d'évasion, Marie-Antoinette le sait. Cela n'empêche pas un autre audacieux, le baron de Batz, d'y songer – tout comme il a ourdi, sans succès, d'enlever le roi sur son dernier parcours. Avec la complicité du garde Michonis, le baron se risque à pénétrer jusque chez la reine ! Elle n'a que le temps de sa stupéfaction : il faut fuir. Une lettre anonyme parvenue au cordonnier Simon, commissaire à la Commune. Ne sachant ni lire ni écrire, Simon s'est fait traduire le message. Si le baron de Batz parvient, déguisé en garde national, à se fondre dans les escaliers et les jardins, Michonis est arrêté. Il se sort de ce mauvais pas par des prouesses verbales. On le laisse aller. Il a eu de la chance.

La surveillance se resserre, la promenade devient étroitement réglementée :

« Lorsque les prisonniers se promèneront sur la plate-forme de la tour, ils seront toujours accompagnés de trois commissaires et du commandant de poste [de la garde nationale] qui les surveilleront scrupuleusement. »

Le 19 avril, la catastrophe tombe sur la reine à cause d'une maladresse de Madame Élisabeth. Elle ne dissimule pas assez le cachet, la poudre à sécher l'encre, dont elle se sert pour communiquer avec l'abbé Edgeworth. La principale délatrice est la femme Tison. Anne Victoire Baudot (épouse Tison) dénonce Toulan, Lepitre et les autres, provoquant le définitif malheur de Marie-Antoinette : le Comité de sûreté public décide de lui prendre son fils.

Le procès-verbal du 20 avril 1793 souligne que les citoyens Toulan, Lepitre, Brunot, Goret, Moelle, Vincent, entrepreneur de bâtiments, et Brunier, médecin du Temple « étaient suspectés d'avoir eu des conférences secrètes avec les prisonniers du Temple ».

La femme Tison a beau se rouler aux pieds de la reine, saisie de remords, basculer dans la folie, il est trop tard.

Marie-Antoinette va vivre, après la mort du roi, sa plus grande déchirure.

Chapitre 113

L'ENFANT VOLÉ

L'exécution de Louis XVI a déchaîné l'indignation des puissances étrangères. Les souverains honnissent cette république, craignant qu'elle ne devienne un modèle pour leurs peuples. L'Autriche rêve de venger le roi assassiné, la monarchie bafouée. L'Allemagne renchérit. Tous songe à écraser et à soumettre la France. Ces nouvelles précipitent la précarité de la situation de Marie-Antoinette. Danton, le 31 janvier 1793, a réclamé l'annexion de la rive gauche du Rhin et de la Belgique. Le 1er février, pendant que Toulan et ses complices songent à l'évasion de Marie-Antoinette, la Convention déclare la guerre à la Hollande et à l'Angleterre. L'armée de Dumouriez a envahi la Hollande, fin février, quand la dénonciation de la femme Tison a déchaîné les municipaux et leur Conseil. L'attitude de Dumouriez va multiplier les sévices sur la veuve de Louis XVI.

Le 1er mars, les Autrichiens atteignent Liège. La Convention ordonne à Dumouriez, alors en Hollande, de se replier en Belgique. Il obéit la rage au cœur et écrit une lettre menaçante à la Convention qu'il accuse de la responsabilité des défaites. Vaincu le 18 mars, Dumouriez évacue la Belgique. Il a reçu la proposition des alliés de marcher avec eux contre Paris, de chasser la Convention, de rétablir la monarchie et de libérer la reine. Outrée, la Convention envoie déjà ses commissaires au général qui les fait arrêter et livrer à l'Autriche. Dumouriez se met au service de l'empereur. Brunswick reprend la guerre en Rhénanie. La trahison spectaculaire du général rassure Fersen qui s'imagine Marie-Antoinette hors de danger et la voit triompher en régente. Il écrit une lettre à la reine où il lui conseille d'accepter les services de Dumouriez « en dépit de ses actes ». Son intérêt, souligne naïvement l'amoureux, est lié au « vôtre et au rétablissement de votre autorité comme régente ». Ces lettres n'arriveront jamais, et Fersen ne se doute pas à quel point Marie-Antoinette est menacée. La Terreur commence. Le 10 mars a été créé « le tribunal révolutionnaire » devant lequel seront jugés tout aristocrate, prêtre ou suspect sur simple dénonciation. Les prisons regorgent de détenus ; une espèce d'insolence, de morgue règne parmi ces nobles condamnés à mort. On fait beaucoup l'amour, en ces lieux d'effroi : la Conciergerie, La Force, l'Abbaye, Picpus, Sainte-Pélagie, la Salpêtrière. Certaines prisonnières, enceintes, voient leur supplice reculer de neuf mois. Sur l'air de *La Bonne Aventure*, on chante des couplets sur « la guillotine permanente ». Les Montagnards dominent les Girondins. Robespierre estime que seul un régime de terreur luttera efficacement contre les ennemis de la République. Il clame ses grandes vérités à la tribune :

« La punition d'un tyran obtenue après tant de débats odieux serait-elle donc le seul hommage que nous ayons rendu à la liberté et à l'égalité ? »

Le 27 mars 1793, jour de l'anniversaire du Dauphin, la guerre civile de la Vendée se déchaîne. Les chouans ont reconnu Louis XVII pour leur chef et utilisent des assignats à son effigie. La tension des Jacobins monte. Le jour des huit ans de l'enfant, une députation de la section du Finistère a demandé « que l'on prît des mesures pour que, à l'avenir, le fils de Capet ne succède pas à son père en partageant ses crimes ». La dénonciation de la femme Tison a mis le feu aux poudres. Le procureur de la Commune somme les citoyens Follope, Minier, Louvet et Benoit « de se transporter sur-le-champ au Temple pour (...) fouiller lesdits prisonniers. La fouille devrait avoir lieu partout, y compris dans l'appartement du défunt Capet ».

Marie-Antoinette est la première à subir cette maltraitance. Le 23 avril, à dix heures du soir, des hommes, dont Hébert, ôtent à la reine ses « poches » où l'on ne trouve « qu'un feuillet de peau anglaise ». Chez Madame Élisabeth, on ramasse un cachet de cire rouge, de la poudre à sécher l'encre. Dans les tiroirs de Madame Royale, que l'on a retournés ainsi que les matelas, on trouve un livre pieux, *Une journée du chrétien*, où est une image religieuse représentant un cœur embrassé et une prière catholique pour la France : « Cœur de Jésus nous vous offrons notre patrie tout entière et les cœurs de tous vos enfants. ». Hébert jette au sol le Dauphin qui dormait et fouille son matelas. Marie-Antoinette saisit l'enfant dans ses bras « tout transi de froid », d'après Madame Royale.

« Leur visite, dit-elle, ne finit qu'à quatre heures du matin. Ils étaient furieux de n'avoir trouvé que des bêtises. »

Ils ont trouvé, sous le lit de Madame Élisabeth, une cassette contenant un chapeau d'homme. Elle a beau affirmer qu'elle le tient en souvenir de son frère, le chapeau passe de main en main. Il fait bel et bien partie du déguisement prévu pour les fugitives. On vérifie aussitôt le registre des achats : Capet ne possède qu'un seul chapeau avec lequel il est parti pour l'échafaud. Sa veuve et son engeance mentent.

Les conséquences de la fouille sont cinglantes. Le Conseil prend des mesures dès le 29 avril.

Mme de Sérent, qui avait fourni les sujets de tapisserie à la reine, est accusée de trahison par le procureur Chaumette et condamnée à mort. Toulan, Lepitre,

Goret, sont destitués, ainsi que le Dr Brunier remplacé par Thierry, médecin ordinaire des prisons. Il faut, répète Mailhe, une « solution finale ».

*

* *

Le Comité de salut public a pris pour ultime prétexte le complot du général Dillon. D'après un rapport de Couthon, Dillon mène une insurrection pour enlever « le fils de Capet » et le faire proclamer Louis XVII.

On décide de l'arracher à sa mère. Chaumette et Hébert concoctent de lui faire perdre, par une éducation républicaine, « jusqu'à l'idée de son rang ». Ce soir du 3 juillet, Marie-Antoinette est occupée avec Madame Élisabeth à des travaux d'aiguilles et écoute une lecture pieuse de Madame Royale. L'enfant dort dans son lit de sangle. À dix heures, la porte s'ouvre avec fracas sur les commissaires de la garde. L'un d'eux est chargé de la lecture des trois arrêtés convenus depuis le 1er juillet signés Cambon, Barère, Couthon, Jean Bon Saint-André et Danton.

« Le jeune Louis, fils de Capet, sera séparé de sa mère, et placé dans un appartement à part, le mieux défendu de tout le local du Temple (...). Le fils de Capet sera remis dans les mains d'un instituteur au choix du Conseil général de la Commune (...). Simon et sa femme resteront auprès du petit Capet, avec le même traitement (sept cent cinquante livres) qu'avaient Tison et sa femme auprès du père. »

« Jamais ! » se met à hurler Marie-Antoinette.

Elle ne se reconnaît pas dans cette fureur et cette douleur issues des sources les plus vives de l'amour maternel. Elle crie, elle perd pied, elle fait un rempart de son corps entre ces hommes et l'enfant de sa chair, de son cœur. Réveillé en sursaut, le petit Louis se met à pleurer. « Tuez-moi plutôt ! », sanglote sa mère, dépenaillée, décoiffée, prête à le défendre avec son sang.

Alors commence une lutte pitoyable entre la pauvre femme et ces hommes menaçants qui n'avaient pas soupçonné sa force de lionne défendant sa couvée.

Ils laissent derrière eux une vieille femme hagarde, qui s'écroule sur son lit en sanglotant:

« Rendez-moi mon petit garçon! »

Madame Royale a aussi tenté de ses petits bras de protéger son frère et sa mère devant « une si profonde horreur ».

« Les municipaux voulant absolument avoir [mon frère] menaçaient de violence et de faire monter la garde. Ma mère leur dit qu'ils n'avaient donc qu'à la tuer, avant de lui arracher son enfant, et une heure se passa ainsi en résistance de sa part, en injures, en menaces de la part des municipaux, en pleurs et défenses de nous tous. Enfin ils la menacèrent si positivement de le tuer ainsi que moi, qu'il fallut qu'elle cédât encore par amour de nous. Nous le levâmes, ma tante et moi, car ma pauvre mère n'avait plus de force; et après qu'il fut habillé, elle le prit et le remit entre [leurs] mains en le baignant de ses pleurs, prévoyant à l'avenir qu'elle ne le verrait plus. Ce pauvre petit nous embrassa toutes tendrement et sortit en pleurs avec ces gens. »

*

* *

Où s'en est allé l'enfant qu'en effet elle ne reverra plus?

Dans la tour de son père, la chambre de Louis XVI, le cordonnier Antoine Simon et sa femme, Marie-Jeanne, l'attendent. Simon est l'« instituteur » choisi par le Comité de salut public.

Le désespoir de Marie-Antoinette est aussi intense que celui de l'enfant. Pendant deux jours, elle l'entend pleurer sans relâche. Il refuse de descendre au jardin. « Maman, crie-t-il, Maman! » Les Simon s'émeuvent, et le Comité de sûreté général lui rend visite dans la tour qui deviendra son tombeau. Ils le trouvent assez calme.

« Le fils Capet jouait tranquillement avec son mentor. »

Il consent à descendre au jardin. C'est un bel enfant robuste, aux yeux d'azur, « frais et rose comme un petit paysan », couvert de boucles blondes. Au jardin, il se campe avec autorité devant Simon et les gardes :

« Montrez-moi les ordres qui m'ont séparé de ma mère. »

Qui sont ces Simon que la République a chargés d'une telle responsabilité ? Âgés de cinquante-sept ans tous les deux, illettrés, ils sont issus d'un milieu très humble. Marie-Jeanne Simon est la fille d'une servante, et Simon, un artisan en cordonnerie qui a fait faillite. Devenu un farouche révolutionnaire, Simon fréquente le club des Cordeliers, admire Hébert et le *Père Duchesne*. Le couple a été choisi pour faire partie de la Commission du Temple. Leur grand chagrin ayant été de n'avoir pas eu d'enfants, ils sont loin d'avoir été les tortionnaires que l'on a parfois d'écrits. Ce sont, au fond, des braves gens, qui s'attachent éperdument au fils de Marie-Antoinette. Mme Simon le soigne avec une vigilance maternelle, l'habille de petits tabliers frais repassés, veille à ses menus, ajoute des desserts savoureux. Elle surveille son hygiène, sa santé. Elle le lave elle-même chaque jour, à l'eau tiède. S'étant aperçu qu'il a des « parasites intestinaux », aussitôt elle fait mander Thierry. Simon est béat devant cet enfant du hasard, devenu « leur chou d'amour ». Il lui le laisse faire tous ses caprices, et bien sûr, ne lui enseigne rien – excepté les couplets révolutionnaires, les jurons et la haine des siens. Le petit duc de Normandie apprend rapidement force jurons. Simon le couvre de cadeaux, lui donnant des jouets et un petit chien appelé Coco. On peut lire, dans le livre des dépenses du Temple, l'achat d'un automate qui représente une cage remplie d'oiseaux chanteurs. « Le petit Capet » va selon ses désirs, de la cour au jardin. Il joue aux boules avec les municipaux, s'épanouit, se sent soudain si libre de contraintes, si libre d'oser vivre et rire. Il redevient un enfant ordinaire et se délecte de mal se tenir. Enfin éloigné d'une mère, d'une sœur et d'une tante toujours en pleurs et en deuil, il revit, lui qui a été si longtemps contraint dans un rôle qui lui pesait et le terrifiait secrètement. Gai de nature, indiscret, bavard, influençable (ainsi l'a jugé Marie-Antoinette), il en est à oublier ces femmes qui l'adorent, enfermées à l'étage au-dessus du sien. Depuis des jours, ce trop jeune enfant n'a connu que l'épouvante et le chagrin. Les Simon le rendent heureux. Il s'endort et se réveille dorénavant avec plaisir, assuré d'une longue journée d'affection, de gaieté, de bonne chère et de jeux. Comme il a ri en apprenant *La Chanson des Marseillais* !

*

* *

Il ignore la profonde douleur de sa mère. Elle ne sait presque rien de lui. Ce Simon le bat-il ? Son Chou d'amour a-t-il froid, a-t-il faim ? Elle passe des heures au palier de l'étage, pour l'apercevoir.

On lui a tout pris. On lui a arraché une part de ses entrailles. Marie-Antoinette a perdu la force de pleurer.

Elle ne se doute pas de l'évolution de cet enfant si jeune, en proie à de telles influences. Il se réjouit quand Simon lui apprend à tutoyer tout le monde et à être tutoyé. Simon n'a pas mis longtemps à lui apprendre tous les couplets de *La Carmagnole*. Il chante à tue-tête chaque refrain, y compris *L'Air des Marseillais*. Simon l'a coiffé d'un bonnet rouge. « Il le faisait chanter aux fenêtres, souffrait Madame Royale, pour être entendu par la garde et lui apprenait à prononcer des jurements affreux contre Dieu, sa famille et les aristocrates. »

Marie-Antoinette ne saura jamais jusqu'où est allée cette éducation. Un jour, le municipal Daujon joue avec lui à un petit jeu de boules dans une salle au-dessous des appartements des princesses et qu'elles déplacent quelques meubles en faisant assez de bruit, Chou d'amour s'impatiente et s'écrie en levant la tête :

« Est-ce que ces sacrées putains-là ne sont pas encore guillotinées ? »

Le seul point où il résiste à ses éducateurs est son nom. Quand on l'appelle « Charles », il se met en colère et frappe du pied :

« Je suis Louis-Charles ou le jeune Louis. »

Il amuse tout le monde. Mme Simon embrasse ses joues fraîches. Simon soupire « Ce gosse, ah, ce gosse ! ».

Simon sera guillotiné en 1794, après Thermidor, pour avoir osé l'aimer trop ouvertement.

Chapitre 114

La Conciergerie

Le 13 juillet 1793, Marat est assassiné dans sa baignoire par une jeune exaltée, Charlotte Corday, aussitôt guillotinée. Cet événement précipite le mauvais sort de Marie-Antoinette. Les Vendéens gagnant du terrain, les Girondins tentent de s'imposer aux Montagnards. Couthon les accuse de comploter avec les Vendéens la restauration de la monarchie avec pour roi « le fils de Capet ». La guerre se poursuit : Valenciennes tombe entre les mains des alliés, et Mayence a capitulé. La perturbation est grande quand Marseille se voit vaincue par les Anglais. Les Autrichiens, de leur pas d'automate, traversent l'Alsace. La panique gagne la Convention. Barère prend la parole :

« La destruction de la Vendée, la punition des traîtres, l'extirpation du royalisme, voilà nos besoins. »

Le « fils de Capet » devient l'ennemi public, lui qui a déclenché sans le savoir « cette croisade ridicule de la Vendée pour oindre Louis XVII ». Couthon entraîne la Convention dans sa véhémence :

« Est-ce le sommeil des républicains qui a enhardi les complots des royalistes ? »

La Convention, après des débats houleux, prend deux décisions. Réduire la Vendée et enfermer la responsable de tant de maux, la veuve Capet, à la Conciergerie. On maintiendra au Temple, à frais réduits, le reste de cette famille « de vipères ».

Le 10 août suivant, par représailles contre les ennemis de la République, on profane les tombeaux des rois de France à Saint-Denis dont celui du Dauphin mort à Meudon.

*

* *

Ce 1er août, la chaleur est étouffante. Les princesses ont passé leur journée à chercher un peu d'air frais. Marie-Antoinette pense à son petit garçon et lui tricote des bas. Elle sursaute à chaque rire d'un enfant ou à ce qu'elle pense être un pleur.

On leur a servi un dîner presque pauvre par rapport aux menus des premiers jours, mais la reine ne se plaint de rien. Elle attend ; elle ne sait quoi ; elle attend.

À minuit, on entend une cavalcade d'hommes dans les escaliers, des bruits violents contre la porte qui s'ouvre d'un seul coup. La reine se réveille, le cœur dans la gorge. Que de fois a-t-elle entendu la rumeur du Malheur : cliquetis des sabres sur les rudes marches, fracas des verrous, des clés. Ils sont quatre municipaux. Depuis la prise de Valenciennes, Hanriot, commandant de la force armée parisienne, a déjà fait cerner le Temple de canons et d'artillerie. Michonis se met à lire le décret signé de la Convention « déférant la veuve Capet devant le tribunal révolutionnaire ».

Elle ne répond pas. Depuis le rapt de son fils, elle s'est repliée dans le silence. On la contraint à se vêtir devant eux, il s'agit de s'en aller « tout de suite ». Madame Royale blêmit, et sa tante la serre contre elle. Les municipaux s'impatientent. Marie-Antoinette embrasse sa sœur, plus longuement sa fille, sans un mot.

Elle quitte cette chambre où elle a vécu tant de tourments, sans se retourner, le long sanglot de sa fille lui ôtant ses forces.

Elle porte elle-même, telle une pauvresse, un balluchon avec quelques hardes. La descente de la tour lui semble interminable. Il lui faut se baisser plusieurs fois pour traverser les guichets qui la mènent vers un sort sans issue. En cette nuit du 2 août 1793, Marie-Antoinette de Lorraine d'Autriche, veuve du roi de France, descend pour toujours de la tour du Temple.

*
* *

Quand elle franchit le dernier guichet, elle se cogne le front. Michonis lui demande si elle ne s'est pas fait du mal.

« Rien à présent ne peut plus me faire du mal », dit-elle.

Elle avance grande et droite, vidée de son âme – son âme restée en ces tours vers lesquelles, au contraire de son époux, elle ne se retourne pas. Elle va vers le jardin, les grilles, le perron, où bon leur semblera. Il est deux heures du matin. Deux fiacres attendent, entourés de gendarmes. On la fait monter dans le premier. On s'éloigne vite, on contourne le donjon, on s'engouffre dans l'étroite rue du Temple.

À deux heures et demie, l'équipage s'arrête dans la cour de Mai, sous l'arcade du grand escalier du Palais de justice.

On va « loger » la reine dans la prison réservée aux criminels d'État : la Conciergerie.

On lui fait traverser une cour que la lune éclaire de mauve. Elle voit son ombre longue sur les murs, celle du balluchon léger à fendre l'âme. Il faut réveiller le porte-clés Larivière. Les gendarmes s'en chargent à coups de crosse dans la porte. Larivière, tiré de son sommeil en sursaut, se souviendra toujours de « cette grande et belle femme » entourée de gardes. Stupéfait, il reconnaît la reine que l'on a écrouée telle une simple détenue. Son long vêtement noir « donnait encore plus d'éclat à sa blancheur extraordinaire ». On la pousse sans ménagement dans ce vestibule soudain éclairé, l'entraînant vers un cachot qui pue l'humidité. Il est trois heures du matin. Marie-Antoinette distingue, habituée à tant de jours et de nuits obscures, une fenêtre basse, étroite et grillagée, au niveau du sol. Elle donne sur la cour des femmes. La Convention a chargé Mme Richard, la femme du concierge et une servante, Rosalie Lamorlière, d'organiser la cellule.

Mme Richard a fait ajuster par le tapissier Bertrand un lit de sangles, deux matelas, un traversin, une couverture, a mis des draps fins et non la grossière toile d'usage. Il y a un fauteuil en canne (la chaise percée), et « un bidet de basane rouge ». La concierge a de son cru fait ajouter une modeste table en bois et deux chaises de paille. Rosalie Lamorlière, qui vénère en silence la reine, a timidement apporté un petit tabouret lui appartenant. Dans la cellule, déjà si étroite, un paravent isole de manière dérisoire la prisonnière des deux gendarmes chargés de la surveiller sans relâche.

Le concierge a noté sur le livre d'écrou le numéro 280, correspondant à la deux cent quatre-vingtième prisonnière écrouée « pour avoir conspiré contre la France ». Marie-Antoinette signe le registre, y compris l'inventaire du balluchon. Comme il y a trop de monde dans ce cachot, la fille de Marie-Thérèse est couverte de sueur. Ne pas défaillir, ne pas défaillir. Une aube livide se dessine à la fenêtre grillagée. Marie-Antoinette tâtonne vers sa montre, regarde sur ces murs verdâtres où l'accrocher. Rosalie l'aide à la fixer à un clou planté si haut qu'il faut recourir au tabouret. Enfin, les hommes sont sortis de cet antre, de cette voûte, ce cabinet de grande pénitence. Les deux gendarmes sont restés. Marie-Antoinette va devoir endurer, y compris lors des gestes intimes et humiliants, ces présences derrière le paravent si mince. Elle se dévêt, ivre de fatigue. Se coucher, dormir. Rosalie lui demande timidement la permission de l'aider.

« Merci, ma fille, dit doucement la reine, mais depuis que je n'ai plus personne, je me sers moi-même. »

Il fait sombre quand les deux femmes s'en vont, emportant leur torche.

*
* *

Fersen a « l'âme déchirée » à de telles nouvelles. Il se rend chez M. de La Marck qui ne voit pas d'autre solution que d'envoyer une imposante cavalerie contre Paris. Ce qui ne tient guère la route. Fersen continue ses démarches auprès de Mercy qui reste de glace. L'ancien mentor consent enfin à écrire au prince de Cobourg, persuadé, à juste titre, que personne n'entreprendra « de marcher sur Paris pour délivrer la reine ». Fersen se désespère et le confie à sa sœur :

« Je me reproche jusqu'à l'air que je respire quand je pense qu'elle est enfermée dans une affreuse prison. »

*
* *

Les journées de Marie-Antoinette se déroulaient dans une sombre monotonie. Elle souffrait du manque de lumière qui entravait son regard déjà si myope. Elle se levait à sept heures, enfilait son peignoir et ses pantoufles. On lui avait envoyé la citoyenne Harel pour les premiers services. L'urgent était de rapiécer sa robe noire, lustrée aux manches, déchirée aux ourlets. Depuis son deuil, la Convention avait cessé de lui accorder quoi que ce fût. Les robes, les chaussures, tout était usé, mal entretenu, déchiré.

Tandis que la citoyenne Harel recousait ses hardes, les municipaux lui confisquaient sa montre. Elle se mit à pleurer. Le dernier cadeau de son époux. On lui dérobait jusqu'au repère du temps. Les deux gendarmes qui partageaient son existence dans ces trois mètres carrés se nommaient Gilbert, « gendarme national », et son supérieur, François Dufresne. Ils étaient jeunes, point méchants, peut-être plus gênés qu'elle. Ils s'asseyaient avec leur mousquet et leur sabre, buvaient de l'eau-de-vie, jouaient aux cartes. Gilbert apportait parfois quelques fleurs blanches « de la part des dames de la Halle ». Marie-Antoinette recevait ces délicatesses avec émotion. On se souvenait donc qu'elle aimait la couleur blanche ? Elle remerciait et consacrait ces fleurs à la mémoire de son mari.

Le matin, on servait dès son réveil le premier déjeuner. Elle avait droit à du chocolat ou à une tasse de café et à un gâteau annelé. Sa vraie douceur était la présence de Rosalie qu'elle trouvait charmante, cette fraîche enfant de dix-huit ans, aux boucles d'or sombre, aux prunelles de châtaigne mûre, au timbre caressant. Une timidité mêlée de passion contenue rosissait ses joues. Un fichu croisé sur la poitrine, une taille mince dans la robe à rayures, des mains fines et adroites… Rosalie fut la compassion, la prévenance et la miséricorde pendant les soixante-seize jours qui restaient à vivre à Marie-Antoinette. Elle lui apporta un petit miroir pour que la reine pût se coiffer plus aisément. Rosalie. Lamorlière grava dans sa mémoire, tel un souvenir pieux, chaque geste de la reine. Marie-Antoinette partageait sa chevelure sur le front « après y avoir mis un peu de poudre embaumée » tandis que la citoyenne Harel la rassemblait dans un long ruban de satin blanc. Elle tirait fermement le ruban, remontait les cheveux qui donnaient l'impression d'un chignon léger. La prisonnière coiffait aussitôt son bonnet de deuil. Pendant que Rosalie retapait le lit, la reine, après quelques ablutions, revêtait une de ses deux robes, sa seule fortune, elle qui avait eu des milliers de toilettes. Une robe noire, ravaudée, une blanche qui ne valait guère mieux. Marie-Antoinette de Lorraine d'Autriche, veuve du roi de France, était devenue la plus pauvre et la plus éprouvée en ce royaume à jamais perdu.

Les journées avançaient lentement, coupées par trois repas – trois visites de Rosalie. On lui refusait ses travaux d'aiguille, elle n'avait rien pour se distraire. Mme Richard lui fournit des romans qu'elle dévorait avec plus d'avidité qu'au Temple, *Les Aventures du capitaine Cook, Evelina, Les Naufrages fameux*. Ces romans maritimes la rapprochaient du roi dont elle disait volontiers :

« Il est heureux maintenant. »

Le dîner était servi à deux heures, dans des couverts en étain. Rosalie et les deux gendarmes assistaient au repas de la reine. Le menu était copieux. On lui servait du potage et quatre plats : du poulet, du canard, des pigeons, du dindon, des légumes. Rosalie s'émerveillait de l'adresse de Marie-Antoinette « qui découvrait les os avec une facilité et un soin incroyables ». Il y avait toujours un dessert, de l'eau de « Ville-d'Avray » dans une carafe. Le soir, on lui présentait généralement des côtelettes et du bœuf à la place des volailles. Ces repas coupaient un peu l'accablement et l'ennui. La détenue n'avait absolument rien à faire, quand venait l'obscurité. Elle se distrayait en regardant les gendarmes jouer aux cartes. Elle endurait les heures si lentes, la tombée du jour. Elle ne s'endormait jamais avant minuit.

Elle manquait cruellement de linge. Le sang était revenu, accompagné de la honte horrible de se laver quasi en public. Elle en parla à Rosalie qui obtint de Michonis de faire venir du Temple ce linge dont elle avait le plus grand besoin. On lui accorda quelques chemises, deux paires de bas en soie noire, et des chaussures. Les siennes avaient la semelle ouverte. Rosalie lui avait procuré une houppe de cygne, de la poudre, une bouteille d'eau parfumée pour ses dents. Où protéger de la poussière ces objets qui lui parurent rares et précieux ? Rosalie lui donna un carton. Marie-Antoinette s'exclama de reconnaissance. Cette boîte resplendissait, plus belle que les plus beaux meubles dont elle avait joui si longtemps.

Son grand chagrin était de ne pouvoir correspondre avec sa fille. On lui avait ôté tout papier, tout crayon. Rosalie ne pouvait rien à cela. Elle lui glissait quelques nouvelles du Temple. Les prisonniers allaient bien, personne n'était malade. Marie-Antoinette, si peu loquace sur son sort, devenait prolixe quand il s'agissait de parler de ses enfants. Elle pleurait leur abandon. Mme Richard lui amena une fois son fils, du même âge que le sien, dont elle caressa longtemps les cheveux. Le sort de ses enfants la brisait. Elle revoyait le graffiti abominable : « étrangler les louveteaux ».

Assise sur la chaise en paille, elle regardait ses mains et les deux solitaires en diamants qui captaient un reste de jour. Lisait-elle dans ces humbles merveilles la splendeur d'autrefois, l'or et les lumières qui l'avaient si fatalement enivrée ?

Elle ignorait ce qui se passait à la Conciergerie. Une prison bruyante, où sans cesse allaient et venaient des prisonniers et des gens de l'extérieur. Il y avait un va-et-vient continuel des charrettes qui partaient pour l'échafaud, des cris, des appels, des gémissements – mais aussi des rires, des éclats.

Dans la journée, les cachots étaient ouverts. Les détenus se promenaient dans la cour. Ils devisaient, ne dédaignaient pas l'humour et les galanteries. Les plus riches se faisaient porter des mets raffinés par le traiteur Maire qui fit de bonnes affaires. On disait que la reine de France était là. Il était impossible, dans l'étroit couloir gardé de gendarmes, d'approcher de la lucarne grillagée. On lançait des paris sur ce qu'en ferait l'accusateur public du Tribunal révolutionnaire qui avait obtenu déjà soixante-dix têtes. Au premier étage de la tour de César se trouvait le bureau d'Antoine Fouquier *de* Tinville, ex-procureur du Châtelet devenu le frénétique accusateur public. Tous ces gens avaient leur vie entre ses mains qui griffonnaient sans cesse des accusations meurtrières. Il adorait, de sa fenêtre, regarder passer les charrettes des condamnés, lesquelles allaient, brinquebalantes, vers le Pont-au-Change, jusqu'à la place de la Révolution. De cette pièce voûtée, datant de Philipe le Bel, Fouquier-Tinville attendait avec impatience les pièces nécessaires pour confondre définitivement « la veuve Capet ».

Chapitre 115

L'ŒILLET BLANC

On pouvait pénétrer à la Conciergerie, comme au Temple. Des curieux, soudoyant le concierge Richard, désirent voir la grande attraction : la reine. Richard et sa femme ne se privent pas de « montrer la reine ». Une certaine demoiselle Fouché, avec force monnaie, réussit à entrer chez Marie-Antoinette, grâce aux Richard, à minuit. Elle regarde longuement la souveraine déchue, s'incline, balbutie d'émotion. Marie-Antoinette lui oppose « une froideur glaciale ». Mlle Fouché, cependant, revient plusieurs fois et ébranle la reine en lui demandant si elle souhaite voir un prêtre, l'abbé Magnin.

L'abbé Magnin et Mlle Fouché, grâce à une forte somme, acceptent de venir un soir. Marie-Antoinette peut alors s'entretenir une heure avec ce prêtre non assermenté et reprend un vague espoir. Elle a une soif éperdue de communier, de se confesser. L'abbé Magnin et l'abbé Émery mènent à la Conciergerie, au risque de leur vie, une résistance à leur manière.

Chaque jour, les condamnés partent pour la mort, après l'arrêt lugubre dans « la salle pour la toilette ». On lie leurs mains dans le dos, on échancre les chemises, on taille les cheveux à coups de gros ciseaux. L'abbé Magnin n'ose leur donner ouvertement l'absolution. L'abbé Magnin ourdit un système avec la complicité de l'abbé Émery, supérieur du séminaire de

Saint-Sulpice, prisonnier avec d'autres prêtres réfractaires. Quelques assermentés se débrouillent pour passer des hosties consacrées à l'abbé Émery, secondé par l'abbé Magnin, qu'il dissimule dans une boîte, sous son habit. Placé à un endroit précis sur la route des charrettes, il peut en toute discrétion bénir et accompagner les suppliciés de ses prières.

*
* *

La complicité des uns et des autres, l'argent surtout offrent à la reine quelques moments insolites et éblouis.

Michonis, le citoyen administrateur, se fait, lui aussi, beaucoup d'argent pendant l'incarcération de la reine, servant de guide. Il accepte de participer à une tentative d'évasion, encore plus audacieuse que les autres : celle de la Conciergerie. Sans son intervention, l'affaire de l'œillet serait difficilement plausible. Michonis, à la fin du mois d'août, mène chez la reine un inconnu, vêtu d'un habit rayé couleur puce, un œillet blanc à la boutonnière. Le citoyen administrateur ne dit rien. La citoyenne Harel a disparu. Rosalie ne viendra qu'à l'heure du dîner. L'inconnu s'incline avec un tel respect « grand siècle » que Marie-Antoinette lui accorde de l'attention. Soudain, elle le reconnaît et pousse un cri étouffé :

« Monsieur de Rougeville ! »

C'est bien lui, déterminé à sauver cette princesse qu'il vénère. C'est bien lui, logé rue des Quatre-Fils, chez sa jeune maîtresse, Sophie Dutilleul, qui a enroulé dans l'œillet blanc, le plus délicatement possible, deux minuscules messages : il jure que jamais il n'oubliera la reine, qu'il organise son évasion. Il lui apportera le 30 août la somme nécessaire à cette incroyable entreprise.

Marie-Antoinette a les larmes aux yeux, prête à tendre sa main à baiser au gentilhomme, geste qu'elle a la sagesse de retenir. Le chevalier jette à ses pieds l'œillet. Michonis fait mine de ne rien voir et éloigne au plus vite M. de Rougeville.

La reine a compris qu'il faut ramasser discrètement la fleur. Elle la couvre de sa robe, se baisse très vite et feint d'avoir besoin de s'allonger, le front contre le mur. Le gonflement du bulbe lui indique où chercher. Elle réussit à dérouler deux papiers si fins, écrits si petit, qu'elle a un mal fou à les déchiffrer. En dépit de sa myopie, de l'obscurité, elle relit, à les apprendre par cœur, les promesses merveilleuses. Elle tremble d'une émotion profonde.

Son cher Chevalier au poignard… Elle se doute qu'il a usé d'alliances et de ses biens pour oser une tentative si dangereuse. Le baron de Batz, sans doute ? La complicité de Michonis, de Rosalie, peut-être celle des gardiens et des gendarmes ? Michonis a soudoyé le gendarme Gilbert et son comparse, sans leur dire l'exacte vérité. Il leur a laissé entendre que le chevalier, grand admirateur de Marie-Antoinette, souhaitait la voir un quart d'heure de plus.

Le chevalier revient en effet le jour suivant dans la cellule. Elle frémit, d'espoir et de crainte. Ils échangent le plus bref des dialogues où il lui assure avoir l'argent et les moyens pour la faire évader. Il s'est assuré les administrateurs de la prison. Elle tremble si fort qu'il s'inquiète de son courage.

« Si je suis faible et abattue, murmure-t-elle, mon cœur ne l'est pas. »

Il viendra le surlendemain avec l'argent nécessaire. Elle lui répond en piquant un billet à coups d'épingle, n'ayant rien pour écrire. Ce bout de papier – que Michonis se chargera soi-disant de remettre au chevalier – sera épinglé au dossier du procès. Il faudra bien des spécialistes pour déchiffrer ce que ces trous signifient : « Je me fie à vous. Je viendrai. » Tous les complices de « l'affaire de l'œillet » effrayés, mentiront quand il sera trop tard. Les gendarmes Gilbert,

Dufresne, Michonis, la femme Richard... Ce billet sera la preuve, en cette conspiration demeurée obscure, que la reine répondait aux conjurés. Que la reine, même enfermée, n'avait cessé de trahir la France et la République.

M. de Rougeville disparaît dans la nuit. Marie-Antoinette chancelle d'angoisse. Le sang revient, si fort, qu'elle a une faiblesse. Le chevalier lui a promis que l'enlèvement aurait lien dans la nuit du 2 au 3 septembre. Le billet n'a pas franchi les poches de la femme Richard qui, saisie de panique, dénonce les gendarmes et Michonis.

L'évasion suivait un plan rocambolesque. Michonis et le chevalier de Rougeville devaient arriver dans la nuit du 2 septembre en clamant bien fort qu'on transférait la prisonnière dans un autre cachot. Une voiture fermée aurait attendu Marie-Antoinette dans la cour de Mai. L'intrépide équipage aurait ensuite galopé au château de Livry chez M. de Jarjayes et, de là, vers l'Allemagne.

Personne ne vient en cette nuit du 2 au 3 septembre 1793.

*
* *

Marie-Antoinette reçoit bien une visite le 3 septembre, mais pas celle prévue. Or elle a toutes les raisons de trembler à nouveau. Étonnée du bref passage de Rosalie qui n'ose lui parler, de l'absence des gendarmes, de Michonis, de Mme Richard, elle se demande ce qui se passe. À quatre heures de l'après-midi, deux députés envoyés par le Comité de sûreté général, les citoyens Amar et Sevestre, font irruption dans la cellule. Ils occupent les deux chaises, et l'interrogent longuement. Ils ont sorti d'une grosse serviette noire de l'encre, du papier pour tout consigner. Le procès de la reine commence.

« Nous savons, disent-ils, qu'une conspiration a eu lieu pour enlever la veuve Capet et restaurer la monarchie ! »

Ils s'échauffent, la pressent de questions, et, en dépit de sa désolation, Marie-Antoinette reprend son sang-froid.

« N'avez-vous pas reçu il y a peu de jours, un chevalier dit de Saint Louis ? »

Elle voit tant de monde depuis des semaines, répond-elle. Peut-être, parmi tous ces curieux, s'est-il trouvé un de ces chevaliers ?

« Je ne m'en souviens pas. »

Ils la harcèlent sur « son comportement émotif », d'après les témoins, quand ce chevalier est venu la voir.

« Dans l'état de nerfs où je me trouve, j'ai pu en effet montrer de l'émotion. »

Les questions continuent. Elle nie tout, y compris le billet piqué à coups d'épingle que l'on a trouvé dans les poches de Michonis. La concierge Richard l'a dénoncé. Arrêté, Michonis se défend avec conviction. Ce billet ne prouve rien, et, d'ailleurs, il l'a oublié dans sa poche. L'œillet blanc lancé à la reine ? On ne fait pas mystère d'offrir parfois des fleurs blanches à la prisonnière.

L'erreur des deux députés est de convoquer les témoins dans la même pièce que l'accusée. Les propos de Michonis, de la concierge Richard, des deux gendarmes deviennent d'une telle confusion qu'on ne tire rien de cette affaire. Par peur, tous finissent par avouer que le chevalier de Rougeville a bien donné à la prisonnière un œillet contenant un billet.

Les enquêteurs se font plus habiles. Ils ont congédié les témoins sous bonne garde et, seuls à nouveau avec la reine, adoptent une technique plus insidieuse.

« — Vous auriez donc eu des relations extérieures par des moyens cachés ?

— Les seules informations que j'ai pu avoir étaient celles criées au Temple par les colporteurs. »

Les deux policiers tentent de la déstabiliser.

« Vous intéressez-vous au succès des armes de nos ennemis ? »

Sa gorge se serre ; on est loin de l'œillet. On la juge. Elle le sent. Elle aussi joue serré.

« — Je m'intéresse au succès de la nation de mon fils.

— Quelle est la nation de votre fils ? demande brusquement Amar.

— Pouvez-vous en douter ? N'est-il pas français ?

— Votre fils n'est plus qu'un simple citoyen. Renoncez-vous pour lui au titre si vain de roi ? »

Elle louvoie, non sans habileté.

« — Il n'est pas de plus beau titre que celui du bonheur de la France.

— Vous voilà donc aise qu'il n'y ait plus de roi ni de monarchie ?

— Que la France soit grande et heureuse, c'est là notre seul souhait ! »

Ils notent ; les pages se couvrent d'une nuée de fourmis noires.

Ils n'interrogent plus : ils accusent.

« Votre fuite à Varennes… Comment avez-vous pu employer de tels moyens pour vous unir avec votre famille aux ennemis de la nation française ? »

Elle retrouve l'art de son éducation de reine : rester aimable et évasive.

« — Ma famille, c'est mes enfants. Je regarde comme mes ennemis ceux qui peuvent faire du tort à mes enfants.

— De quelle nature sont les torts que l'on peut faire à vos enfants ? »

Désemparée, elle perd pied.

« — Toute espèce de tort… quelconque…

— L'abolition de la royauté est-elle un tort fait à vos enfants ? »

Elle se redresse, grande, longue et blanche. Elle porte son poing à son cœur.

« Si la France doit être heureuse avec un roi, je désire que ce soit mon fils. Si elle doit l'être sans roi, je partagerai avec lui son bonheur. »

On lui fait signer le procès-verbal qui ira tout droit sur le bureau de Fouquier-Tinville. Elle pâlit, humiliée d'avoir menti à ces gens qu'elle méprise..

Une perquisition a lieu rue des Quatre-Fils. Sophie Dutilleul, arrêtée, pleure à gros sanglots.

« Quel est mon crime si ce n'est d'avoir trop aimé ce volage ? »

Le chevalier a disparu. Il s'est enfui en Belgique.

Le 4 septembre se déroule dans l'étroite cellule une perquisition qui bouleverse Marie-Antoinette. On bouscule son linge et son pauvre mobilier. Son matelas est éventré. On la fouille au corps, on lui confisque ses deux bagues.

On la harcèle plus violemment au sujet de l'œillet. On a confronté les dépositions des suspects avec les siennes. Elle faiblit de la honte de ses hémorragies et finit par avouer qu'elle a bien reçu un œillet blanc dans lequel un billet lui promettait de façon très vague de la soutenir. On lui crie « Vous mentez ! », on la laisse désemparée et en larmes.

*

* *

La « Terreur » étant à l'ordre du jour depuis le 5 septembre, on durcit le tribunal révolutionnaire. Fouquier-Tinville se méfie de la mansuétude de certains juges qui se lassent de tant d'exécutions. Certains ont même hésité à condamner à mort Charlotte Corday. L'accusateur va choisir les jurés avec le plus grand soin. Il a réuni secrètement le Comité de salut public quand on interroge Marie-Antoinette. Il y a Hébert du *Père Duchesne*, Barère, Jean Bon Saint-André, Hérault, Cambon, lequel est partisan d'utiliser la reine en monnaie d'échange avec l'étranger. Hébert proteste avec une virulence haineuse :

« J'ai promis la tête d'Antoinette aux sans-culottes qui tous me la demandent. J'irai moi-même la couper si vous faiblissez ; si vous attendez, nous périrons tous, la France sera un jour soumise et pour longtemps ! Il faut la tête d'Antoinette ou c'en est fait de la République ! Il faut satisfaire les sans-culottes qui tueront nos ennemis. »

Cambon devine qu'ils obtiendront la tête de la reine. À la fin de la nuit, Fouquier-Tinville arbore un mince sourire. La victoire passera par un jury capable de condamner sans pitié « tous les ennemis du peuple », de n'importe quelle origine. À commencer par la veuve Capet.

*
* *

Rosalie Lamorlière est effarée du changement de régime de la prisonnière. On a jugé prudent de transférer dans une cellule plus étroite. On a réaménagé l'ancienne infirmerie de la Conciergerie, local de trois mètres de long sur deux de large. On barricade vigoureusement les issues, la reine se retrouve dans l'obscurité. La croisée qui donne sur la cour des femmes est grillagée, armée de barreaux. Une autre fenêtre est condamnée par une tôle. La troisième, sur le corridor déjà si sombre, murée par des maçons. Un peu de jour passe sous la porte ? On fait un seuil en bois assez épais pour dérober ce malheureux rayon. Enfin, « la Furie, la Messaline » est bouclée. Son lit de sangles est étroit, à matelas dur, avec une seule couverture, un sec oreiller, un drap grossier. On simplifie ses menus. Un plat de viande, plus de dessert, de l'eau ordinaire. Le matin, un morceau de pain et de la soupe. On la réveille souvent en pleine nuit pour la fouiller. On lui passe ses chemises une à une, les hémorragies ayant redoublé. Les gendarmes l'épient par la fenêtre grillagée. Le lieutenant François de Busne la surveille jour et nuit, dans la cellule. Il somnole sur son tabouret. On ouvre le guichet n'importe quand pour l'observer. Marie-Antoinette endure toutes les hontes. Elle s'affaiblit, sa robe élimée est parfois tachée de sang. Rosalie blanchit le mieux possible son linge qu'elle fait sécher et réchauffer à ses fourneaux. Marie-Antoinette n'a plus ni miroir, ni peigne, ni poudre. Elle va si mal, en ce début de septembre, qu'on a consenti à lui faire boire des lotions d'apothicaire. Rosalie lui confectionne, navrée, des bouillons « d'herbes rafraîchissantes et calmantes ». L'apothicaire a fait livrer « une eau de tilleul, de fleur d'oranger et de la liqueur d'Ohman ».

Marie-Antoinette ne se nourrit presque plus. Elle touche à peine au bouillon de Rosalie.

On lui a laissé une table, une chaise, et ses pauvres meubles de la honte. Plus de citoyenne Harel ni de femme Richard, mais l'incessante déambulation des gendarmes. Le nouveau concierge et sa femme, les époux Bault, de la prison de la Force, ont juré sur leur vie de faire bonne garde. Le premier jour où Bault, bardé de clés, flanqué d'un officier de gendarmerie, pénètre chez la reine, elle doit endurer une nouvelle mortification : c'est l'heure où, tant bien que mal, Rosalie la coiffe. Le concierge se précipite, arrache le peigne et la brosse des mains de Rosalie. Petit et fort rouge, il a des mains d'étrangleur et brandit la brosse telle une hache.

« C'est moi qui coifferai la prisonnière ! »

Résignée, Marie-Antoinette le remercie et préfère se coiffer seule. On la regarde, y compris le lieutenant de Busne, jusqu'à ce qu'elle ait arrangé, sans poudre, le ruban qui gonfle sa chevelure en un chignon flou.

Un matin, elle tend le ruban de satin à Rosalie et la prie de le conserver en souvenir d'elle. Elle se contentera d'un simple lacet blanc. La jeune fille cache ses larmes ; secrètement, chez elle, elle baise ce ruban, l'ayant déposé, saintement, dans la boîte qui a contenu les modestes trésors de la prisonnière : la houppe de cygne, la poudre.

*

* *

Hans-Axel de Fersen accompagne mentalement le calvaire de sa bien aimée, notant sa douleur dans son Journal.

« Oh, combien je me reproche mes torts envers elle et combien je sais à présent que je l'aimais. Éléonore ne la remplacera pas dans mon cœur. Quelle douceur, quelle tendresse, quelle bonté, quels soins, quel cœur aimant sensible et délicat… »

*

* *

L'affaire de l'œillet a précipité la haine contre Marie-Antoinette.

Depuis le 9 septembre, Billaud-Varenne, au club des Jacobins, répond aux pétitions qui arrivent de tous côtés, exigeant la tête de « la louve autrichienne ».

« Nous demandons de presser le jugement qu'attendent toute la France et la République. »

Fouquier-Tinville pince ses lèvres minces. Il manque au dossier une accusation plus convaincante, pour la confondre de dépravation. Hébert a trouvé une idée, qui, foutre, terrassera la goule. Le fils de Capet va fournir cette preuve. On sait de « source sûre » que sa mère le masturbait. Sa tante aussi. Belle piste que de prouver l'inceste d'Antoinette en plus de ses multiples indignités !

*

* *

On a mis au régime sévère les prisonnières du Temple. Un arrêté du 21 septembre chasse de leur entourage les derniers fidèles dont Turgy. Plus de serviteurs, des fouilles le jour ou la nuit. On leur a ôté le peu de confort. Un matin, on enlève le fauteuil de Madame Élisabeth. Plus de bougies mais une seule chandelle. Plus de rôts ni de volailles, mais des lentilles, de la châtaigne bouillie, du bouilli, une demi-bouteille de vin ordinaire. On lit aussi à Madame Élisabeth un décret :

« Élisabeth Capet ne pourrait être déportée qu'après le jugement de Marie-Antoinette Capet. »

Elle frémit de laisser seule sa nièce. Mon Dieu, cette enfant de quinze ans à peine, livrée à ces brutes ! Qui la soignera, que feront-ils d'elle ? Que deviendra son frère dont elle ne sait presque plus rien ?

Madame Élisabeth a raison de s'épouvanter. On vient la chercher brutalement un matin du printemps 1794. Elle est guillotinée le 10 mai 1794. Dans une extrême pudeur elle supplie le bourreau de lui laisser son fichu et de ne pas dénuder sa poitrine.

Elle a vingt-huit ans.

Madame Royale, va endurer une totale solitude encore deux années. Quand elle a dix sept ans, le Directoire se sert de celle que l'on surnomme « l'orpheline du Temple » comme monnaie d'échange à la frontière allemande, avec des prisonniers français. On lui a caché que sa mère, sa tante et son frère sont morts. Cloîtrée à la Hofburg, la future duchesse d'Angoulême va traverser quarante années d'exil, de désespoir et de courage.

Elle mourra à la veille du Second Empire, ayant survécu cinquante-sept années à la mort de Louis XVI et de Marie-Antoinette.

Chapitre 116

MACHINATION

Marie-Antoinette est dans un piège parfait. Rosalie n'ose lui passer les terribles nouvelles. Des pétitions arrivent de tous les coins de la France demandant sa tête. La ville de Chantilly parle de la supprimer sans procès. On suggère de l'empoisonner. Elle alimente à nouveau, depuis l'œillet, les fantasmes de mort et de sang. Excepté quelques farouches adorateurs, y compris parmi des gens simples, elle ne provoque que des hurlements de mort.

Elle est « le sang impur » qui a coûté la vie de milliers de citoyens. Le 3 octobre, le comité décrète que le tribunal révolutionnaire s'occupera sans plus de délai « du jugement de la veuve Capet ». Billaud-Varenne parle avec feu à la tribune, en profitant pour se réjouir de l'arrestation des Girondins, ces nouveaux ennemis de la République :

« La Convention nationale vient de donner un grand exemple de sévérité aux traîtres (...), mais il reste encore un décret important à rendre. Une femme, la honte de l'humanité et de son sexe, la veuve Capet, doit expier enfin ses forfaits sur l'échafaud. »

*
* *

Le 6 octobre, Hébert et son compère Chaumette se rendent au Temple. Ils veulent exploiter l'ignoble machination du prétendu inceste de Marie-Antoinette avec son fils. Les insinuations immondes du citoyen Charbonnier ont porté leur fruit. L'ignominie repose sur une dénonciation de Simon qui a surpris l'enfant en train de se masturber. Hébert, Chaumette, accompagnés du maire Pache, de deux municipaux, Frisy et Séguy, d'un administrateur de police, Heussé, et du peintre David, vendu à chaque régime au pouvoir, vont interroger « le fils de Capet », sa tante et sa sœur.

Cet enfant de huit ans ne réalise pas le mal qu'il va faire à sa mère. Il se sent gonflé d'importance ainsi entouré, pressé de questions qui le font rire. Assis devant eux debout, il balance ses petites jambes. On lui demande de nommer les municipaux qui sont familiers avec sa mère et entretiennent avec elle « un bon commerce ». Louis-Charles de Normandie bat des mains, fier de se souvenir de leurs noms et de faire plaisir à ces messieurs venus exprès pour lui. Il récite, tout content, une liste de têtes dont la plupart tomberont à cause de sa voix d'ange :

« Il y avait Lepitre, Toulan, d'autres qui conversaient avec familiarité avec ma mère, Michonis, Jobert, Beugot, Vincent, Lebœuf ! Un jour, lors de ma promenade sur la plate-forme, un garde nommé Dangé m'a pris dans ses bras, m'a embrassé et m'a dit qu'il aimerait bien me voir à la place de mon père. »

On note, on le fait bavarder à tort et à travers. Simon, qui déteste Lebœuf, est enchanté. Hébert l'entraîne dans des dénonciations incongrues, et l'enfant se rengorge, nomme des gens sans savoir qu'il les met à mort :

« Pétion, Manuel, Bailly et La Fayette se comportaient très familièrement avec les femmes aux Tuileries. Quand ils correspondaient au Temple avec ma mère et ma tante, on m'éloignait toujours. »

L'enfant est ravi d'en rajouter. Aux Tuileries, il n'avait que sept ans, mais on le croit ! Sa mère avait décelé en lui cette propension à des mensonges auxquels il finissait par croire.

Il balance de plus en plus fort ses jambes vêtues d'un pantalon rayé, se mord un ongle et s'agite. Hébert lève en lui ses ultimes démons.

« Enfant, Simon et sa femme prétendent qu'ils t'ont vu dans ton lit en train de commettre des indécences nuisibles à ta santé. »

Hébert accompagne son discours de gestes éloquents. Louis-Charles de Normandie a rougi. Il se renfrogne légèrement et, à nouveau, s'élance dans l'inconnu, dans le pire :

« J'ai été instruit de ces habitudes pernicieuses par ma mère et ma tante ; elles s'étaient amusées à me voir répéter ces pratiques devant elles et cela avait lieu bien souvent quand elles me faisaient coucher entre elles. »

Il a cessé de se balancer, rougit davantage. David dessine les doux cheveux blonds aux épaules, les yeux d'un bleu ravissant, le cou pur et délicat. Il avait, dans la réalité, un testicule enflé, et sa mère, inquiète, avait demandé au médecin Brunier de le soigner. Brunier prescrivit un onguent et mit un bandage. Hébert cligne un œil salace à Heussé qui écrit cette ignominie qu'on ne lira même pas au misérable enfant, lequel ne voit là qu'un jeu un peu sale et comique. Les pages se remplissent de sa mythomanie qui va composer la pièce la plus déchirante qu'entendra Marie-Antoinette.

« De la manière dont l'enfant s'est expliqué, il nous a fait entendre qu'une fois sa mère le fit approcher d'elle, qu'il en résulta une copulation, et qu'il en résulta un gonflement à un de ses testicules, connu de la citoyenne Simon, pour lequel il porte encore un bandage, et que sa mère lui a recommandé de n'en jamais parler, que cet acte a été répété plusieurs fois depuis. »

Tous se penchent vers l'enfant ravissant. On lui montre où parapher son nom. D'un air important, de son écriture inachevée, il signe sans lire : « Louis-Charles Capet ».

*
* *

Les « enquêteurs » n'en restent pas là. Le 7 octobre, ils se rendent, toujours flanqués de David et du commissaire Danjou, pour confronter le frère et la sœur. Madame Royale ignore tout. Les commissaires demandent à l'enfant de confirmer devant sa sœur « si les attouchements sur sa personne par sa mère étaient vrais ».

« Oui, cela est vrai, répète-t-il, buté, contrarié que l'on perturbe son jeu. »

Madame Royale tombe des nues. Elle rassemble le sang-froid hérité de sa puissante aïeule, Marie-Thérèse. Elle comprend qu'il s'agit d'une machination pour perdre sa mère.

« Il est impossible de ne pas vous être aperçue de tout ce que déclarait votre frère », coasse Hébert.

Digne, glacée, elle ne le regarde pas et réplique :

« Il peut se faire que mon frère ait vu des choses que je n'ai pas vues, attendu que j'étais occupée pour mon instruction. »

Madame Élisabeth, interrogée de même sorte, éclate en un sanglot indigné :

« Oh ! le monstre ! » dit-elle à l'enfant qui se met à bouder.

Le garçon ose affirmer, devant elle, à l'ultime question des commissaires :

« — Qui t'avait initié à de telles pratiques ?

— Les deux ensemble.

— Cela arrivait le jour ou la nuit ?

— Je ne m'en souviens pas... Je crois que c'était le matin. »

Madame Élisabeth est effondrée, Madame Royale cache son effroi. Qu'ont-ils fait de son frère bien-aimé et si tendre ? Chou d'amour triomphe. Il a été le point de mire de tous ces messieurs et a fait crier sa tante et pâlir sa sœur.

L'essentiel de l'accusation est entre les mains de Fouquier-Tinville. La veuve de Louis Capet est aussi coupable d'inceste. Les déclarations du 3 septembre, faites à Amar et à Sevestre, se trouvent sur son bureau. En y ajoutant celles de l'enfant du Temple, il peut aiguiser le couperet.

*
* *

Celui qui souffrira le plus authentique des martyres sera Louis-Charles de Normandie. Après Thermidor, on renvoya brusquement les Simon et l'enfant fut enfermé, absolument seul, dans l'ancienne chambre de son père transformée en prison. Un supplice de deux ans commençait. Des issues verrouillées, plus de lumière, presque pas d'air, une pièce mal chauffée par le tuyau d'un poêle placé dans l'antichambre. L'enfant gelait, mal couvert d'un pantalon en toile, d'une chemise et d'une « carmagnole ». Pendant six mois, il vécut ainsi dans la saleté, la vermine, la gale, l'assaut des punaises. La tuberculose le rongeait et déformait ses genoux. Au moindre mouvement, la douleur lui arrachait des cris, et il se recroquevillait sur une paillasse glissée dans une espèce de berceau. Ni drap ni couverture. Sa chevelure devint une broussaille de poux. Il urinait ou déféquait n'importe où, sous lui à cause de ses souffrances. On lui passait une fois par jour une gamelle de lentilles, par terre, comme à une bête en lui criant : « Capet, race de vipère ! » Au milieu de la nuit, on le réveillait à coups de poing dans la porte. Des voix mugissaient en même temps que le vent : « Es-tu encore vivant ? » Le silence et l'obscurité se refermaient.

Il avait perdu la notion du temps et suivait les ombres au plafond où s'agrandissait la forme d'une araignée tracée par l'humidité. Un matin, des hommes entrèrent. Robespierre était mort, Barras, alors tout-puissant, avait décidé d'aller voir le petit prisonnier du Temple. Il recula devant l'odeur pestilentielle. Un enfant grouillait là, à peine vivant. Le roi Louis XVII. On approcha une torche. On lui parla, on tenta de le mettre debout, il se jeta de douleur la tête la première dans son infecte nacelle. Barras vit ses genoux affreusement enflés, son dos arqué, et consentit à améliorer son sort. Il fallut couper sur lui ses pantalons devenus trop étroits que l'enflure des membres empêchait d'ôter normalement. Le laver, tailler ses cheveux, le vêtir, le coucher sur un lit de camp au linge propre. Il toussait jour et nuit, crachait du sang. Ses yeux étaient devenus profonds et lucides, enfoncés dans les orbites couleur lilas. Le 8 juin 1794, à l'agonie il tenta de parler.

« J'ai une chose à te dire », prononça nettement le fils de Louis XVI et de Marie-Antoinette au Dr Lasne.

Il avait saisi sa main ; il était mort. Il avait dix ans et trois mois. Le 10 juin, on pratiqua son autopsie. Le cœur, ce cœur qui s'était tendrement formé contre celui de Marie-Antoinette, allait disparaître dans un bocal d'esprit-de-vin. Il prouverait un jour l'honneur de la reine.

Chapitre 117

LE PROCÈS

Elle souffre du froid et d'hémorragies sans fin, presque indifférente à la présence du gendarme quand il lui faut changer de chemise. Elle grelotte de malaise, dans la semi-obscurité, on lui a refusé une couverture supplémentaire. Rosalie lui apporte sa « camisole » pour la nuit, réchauffée au mieux aux fourneaux de sa cuisine. Ce 12 octobre, elle aide Marie-Antoinette à enfiler ce linge propre et chaud, vaque à l'humble ménage. Elle traîne le plus longtemps possible, éloignant le dur moment où la prisonnière sera seule dans sa nuit.

*

* *

Il est six heures du soir quand soudain la porte s'ouvre. *Le bruit du malheur*. Quatre gendarmes et un huissier lui crient qu'elle va être interrogée.

Marie-Antoinette se lève et s'habille sans un mot derrière le paravent plus médiocre que le précédent. Elle enfile sa robe noire, se désole de sa chemise déjà souillée.

Entourée de gendarmes, précédée d'un homme portant un quinquet qui donne aux visages un aspect de lune malade, elle traverse, une fois de plus, le parloir à allure de cage et se retrouve quelque part dans une cour. Elle tremble de froid. Peut-être vont-ils l'égorger en quelque coin obscur ? Elle a du mal à suivre ce rythme de bottes et de chevaux irrités. Il y a encore une cour, un couloir, l'odeur d'étang des murs, un escalier qui lui fait mal aux genoux. Elle va, ils vont.

Soudain, elle entre dans une chambre, l'ex-« grande chambre » du Parlement où Louis XVI a autrefois tenu son lit de justice, mais dont le nom a été changé en « salle de la liberté ». Marie-Antoinette de Lorraine d'Autriche, veuve du roi de France, comparaît devant le tribunal révolutionnaire.

*
* *

Elle devine des présences derrière une balustrade en bois. Devant elle, sur une estrade, le bureau de Fouquier-Tinville, avec le président Hermann, le greffier Fabricius, les juges. Au-dessus de ces hommes, le buste de Brutus. On la fait asseoir sur une banquette. L'estrade des magistrats est éclairée de deux bougies vacillantes. Elle distingue le trou de leurs yeux, le carré des bouches, des profils rougeâtres. Elle tressaille quand Hermann lui demande son identité et son âge.

« Je m'appelle Marie-Antoinette de Lorraine d'Autriche, veuve du roi de France ; j'aurai bientôt trente-huit ans. »

Jamais elle n'aura trente-huit ans.

Hermann fait office, ce soir-là, de juge d'instruction. Il déploie son zèle pour complaire à Fouquier-Tinville, qui se délecte de ce spectacle de choix. Le président pose sa première question qui ressemble à une accusation :

« Vous avez eu, avant la Révolution, des rapports étroits avec le roi de Bohême et de Hongrie, et ces rapports étaient contraires aux intérêts de la France qui vous comblait de biens. »

Se tenir droite, respirer lentement. Redevenir présente.

« — Je n'ai eu de rapport d'amitié qu'avec mon frère l'empereur. Je ne m'étais jamais entretenue de politique avec lui.

— Vous n'avez jamais cessé de manœuvrer les puissances étrangères depuis le début de la Révolution ! »

Fouquier-Tinville a orienté son dossier dans le sens de l'accusation permanente. Légalement, il n'y a aucune pièce tangible de tout ce dont on l'accuse. C'est un procès sans preuve, un procès d'élimination. Ses tentatives d'évasion ? Ce n'est pas un crime de s'évader d'une prison. Ses dépenses ? Elles ont été faites avec l'accord du roi et de ses ministres d'alors. Son dédain, sa mauvaise conduite décrite dans les pamphlets ? Des ragots, des fantasmes, une aversion généralisée contre elle. L'élément vraiment sérieux est l'accusation de trahison avec l'ennemi. Les preuves, là aussi, sont fragiles.

Marie-Antoinette se met à nier d'un bout à l'autre, adoptant l'attitude de son époux durant son procès. Elle répond parfois avec beaucoup d'habileté, méprise ces gens qui veulent son déshonneur et sa mort. Elle n'a rien à leur dire, rien à prouver. L'orgueil la soutient. La fille de Marie-Thérèse avance la lèvre des Habsbourg.

« — Depuis la Révolution, je m'étais interdit toute correspondance au-dehors, et je ne m'étais jamais mêlée de l'intérieur.

— N'avez-vous pas employé des agents secrets, insiste la voix sans visage, pour correspondre avec votre frère ? »

Elle reprend de sa hauteur, des forces : la force de dire « non » à ces gens-là. Ils n'obtiendront jamais d'elle un accord, l'ombre d'une complicité même devant des faits évidents.

« Vous avez été l'instigatrice de la contre-révolution quand vous étiez aux Tuileries. Vous avez fait passer de l'argent à l'empereur ; vous avez été l'âme criminelle de cette trahison permanente qui a mené votre époux à l'échafaud. Vous avez été coupable au même titre que lui d'avoir opposé le veto aux décrets de la Convention, coupable d'avoir joué "double jeu". Vous êtes d'autant plus criminelle que Louis Capet était irresponsable de vos dépenses, des gouffres financiers où vous avez précipité la France. Vous avez exercé une influence mortelle sur Louis Capet; c'est vous qui avez appris à Louis Capet cet art d'une profonde dissimulation avec laquelle il a trompé trop longtemps le bon peuple de France et... »

Elle a mal à la tête, ses mains sont blanches et nues sur sa robe noire. Des serpents de mots, chargés de venin, l'atteignent encore:

« À l'instar des Messaline, Brunehaut, Frédégonde et Médicis que l'on qualifiait ci-devant de reines de France... »

Qui prononce de telles vilenies? La bouche carrée d'Hermann, le petit Fabricius? Elle remarque un second buste auprès de celui de Brutus dont le nom inscrit dans le plâtre blanc indique que c'est « Marat ». Elle se souvient des bouches, au Temple, qui s'indignaient: ce Marat avait été assassiné par une femme. Dans sa baignoire. Un coup de poignard prémédité. La criminelle portait le joli prénom de Charlotte. Ils l'avaient assassinée à son tour.

« Vos dilapidations effroyables, sueur du malheureux peuple de France... »

Elle s'éveille à nouveau au besoin de s'encolérer, nier-*régner*. Les preuves auraient été faciles à exhiber; les bons du Trésor étaient en effet éloquents. Mais, si incroyable que cela puisse paraître, l'époque est si confuse qu'on n'arrive pas à rassembler la cohérence juridique. La passion de la tuer l'emporte sur toute logique. Fouquier-Tinville n'a même pas sous les yeux la correspondance de Barnave avec la reine, celle de Mirabeau, le contenu de l'armoire de fer qui a perdu Louis XVI.

« J'aimais trop mon époux pour dilapider l'argent de son pays et du mien. »

Fouquier-Tinville a seulement rassemblé les documents concernant la fuite à Varennes. Hermann attaque l'accusée sur ce point :

« Vous avez mené Louis Capet à la trahison. C'est sur vos conseils et vos persécutions qu'il a voulu fuir la France pour se mettre à la tête de nos ennemis. »

Marie-Antoinette a retrouvé son sang-froid. Elle répond de la même manière que lors de l'interrogatoire du 3 septembre. Elle se retranche derrière son rôle d'épouse et de femme de roi. Elle a suivi son mari qui n'avait jamais eu l'intention de sortir hors de France.

« Dans ce cas, j'aurais même tout fait pour l'en dissuader. »

Elle trouve soudain la facilité de répondre, de les acculer au non-sens.

La peur l'a abandonnée.

« — Vous avez encouragé Louis Capet à déclarer la guerre.

— Mon époux a été obligé de prendre cette décision sous la pression de vos amis députés. »

Elle ignore que « les amis députés », les Girondins, sous les verrous, vont tous être jugés et exécutés après que son sort sera conclu. Elle frôle l'insolence. Hermann éclate :

« — Vous vouliez régner à n'importe quel prix ; et remonter au trône sur le cadavre des patriotes !

— Nous n'avions pas besoin de remonter sur le trône, nous y étions. »

Elle redevient grave pour répéter :

« Nous avions toujours désiré le bonheur de la France. Qu'elle fût heureuse, mais qu'elle le soit, et nous serons toujours contents. »

Le « Nous » des rois.

« C'est la France qui a déclaré la guerre », dit-elle fermement. Hermann s'agite, obligé de reconnaître ce fait.

« Cette guerre n'a eu lieu, réplique-t-il, que par les intrigues d'une faction liberticide. »

Hermann sent qu'elle regagne du terrain. Il attaque une nouvelle piste : le fameux banquet des gardes du corps.

« Vous avez foulé aux pieds la cocarde tricolore pour arborer la blanche et les couleurs de l'Autriche. »

L'esprit de Marie-Thérèse lui souffle-t-il, si tardivement, l'art de l'argumentation, force des grands souverains ?

« Cela fut l'erreur de quelques-uns... Comment croire que l'on foulait aux pieds les marques que le roi portait lui-même ? »

Hermann change de méthode. La bombarder de questions dans tous les sens. Ne lui accorder aucun répit, l'affaiblir, créer des doutes, la confondre.

« — Quel intérêt mettez-vous en la République ?

— Le bonheur de la France seul m'importe.

— Pensez-vous que la monarchie soit nécessaire au bonheur des peuples ?

— Un individu ne peut décider seul de cette chose.

— Vous regrettez que votre fils ait perdu le trône ?

— Je ne regretterai jamais rien pour mon fils quand son pays sera heureux. »

Le juge porte alors ses insinuations sur la journée du 10 août, cette conspiration de l'œillet.

Les heures ont passé. On n'a rien obtenu de ce premier interrogatoire. Le président suspend l'audience qui reprendra le surlendemain. Afin de prouver qu'il reste dans la légalité, il demande à l'accusée si elle souhaite avoir un avocat.

« — Je ne connais personne.

— Acceptez-vous que le tribunal révolutionnaire nomme pour votre défense deux avocats d'office ? »

Elle acquiesce.

Les deux nommés d'office, « pour conseils et défenseurs officieux », seront les citoyens Tronson du Coudray et Chauveau-Lagarde.

On lui tend une plume, elle signe « Marie-Antoinette de Lorraine d'Autriche, veuve du roi de France » une liasse de papiers que la bougie à demi consumée imprègne d'ombres rouges. Elle a soif; elle a sommeil. Être défendue ou non lui est indifférent. Retrouver sa cellule, sa solitude lui semble presque une récompense.

La nuit est totale. Elle n'a pas de chemise propre. Il faudra attendre le matin. Elle ne se souvient pas du parcours exact des corridors et des escaliers. Dans la cour, il fait froid, et le pas des gendarmes n'est qu'un bruit de fer mêlé à celui des verrous.

Il lui reste trois jours et une matinée à vivre.

*

* *

Le 13 octobre, très tôt, l'avocat Chauveau-Lagarde, que l'on vient d'avertir, accourt à la Conciergerie. Il est effrayé du peu de temps pour organiser une défense aussi audacieuse. Une défense dangereuse, dont les issues sont perdues d'avance. Le procès doit reprendre le 14 octobre, et le jeune homme s'affole. Il est ému de pénétrer dans la cellule. Marie-Antoinette l'accueille « avec une majesté pleine de douceur ».

« — Je vous supplie, Madame, dit-il à cette femme sidérale, aux orbites bleutées, de solliciter un délai auprès du tribunal révolutionnaire.

— Que m'importe, monsieur, je suis perdue, ils l'ont décidé. Je me refuse à supplier ces gens qui ont condamné Louis XVI. »

Le jeune homme en est presque à l'implorer. Il invoque le sort de ses enfants. Par pitié pour sa peine et les risques qu'il court pour elle, pour ses enfants, elle accepte d'adresser la demande qui lui répugne. Il lui tend une feuille, une plume, de l'encre. Elle écrit, lentement et avec peine. Pendant qu'elle rédige, le jeune homme lui a raconté sa tribulation. Il s'est précipité au greffe où le commis de Fabricius lui a fourni une partie seulement du dossier. Il manque beaucoup de pièces. La masse de papiers est effarante à étudier avec attention. Où s'adresser pour obtenir le dossier complet ?

« À la Convention nationale. »

C'est ce qui révolte la fierté de Marie-Antoinette : supplier cette Convention qui a assassiné son époux.

Fouquier-Tinville jette dans un tiroir la demande de la reine et se garde de la moindre réponse. L'ennemie de la France n'obtiendra pas même une heure de délai. Rien, rien que son sort mérité. « Il y a là quelque chose de pire que le régicide », dira plus tard Napoléon Ier.

Fouquier-Tinville a passé la nuit à rédiger ses accusations. Comme il lui est difficile de transformer les réponses de la reine en délits contre la France, il exagère l'affaire de Varennes.

« La veuve Capet est convenue dans son interrogatoire avoir tout organisé dans le but de cette évasion (...). Elle a machiné le départ pour Montmédy avec la complicité du maire de Paris, Bailly, et de La Fayette, "favori sous tous les rapports de la veuve Capet". »

La journée du 10 août ? La veuve Capet « hâte la confection des cartouches (...) qu'elle aurait mordues, pour s'assurer de leur solidité afin de tirer sur le peuple ».

Fouquier-Tinville exploite le thème de la trahison.

« La veuve Capet avait fait parvenir les plans de campagne aux puissances étrangères (...). Elle a fait verser des millions à son frère des caisses de France (...). Elle n'a cessé un seul instant d'entretenir des intelligences et des correspondances criminelles et nuisibles à la France avec les puissances étrangères, et dans l'intérieur de la République, par des agents à elle affidés, qu'elle soudoyait ou faisait soudoyer par le ci-devant trésorier de la Liste ci-devant civile... »

Il frétille à l'étalage de la pièce ultime : l'événement qui confondra à jamais la goule infernale :

« La veuve Capet, (...) nouvelle Agrippine, si perverse avec tous les crimes, oubliant sa qualité de mère et les démarcations de la nature, n'a pas craint de se livrer avec Louis-Charles Capet son fils, et de l'aveu de ce dernier, à des indécences dont l'idée et le nom seul font frémir d'horreur. »

Le couperet est ajusté. La « machine » va fonctionner toute seule...

Le 14 octobre, à neuf heures du matin, dans le prétoire, Marie-Antoinette est à peine reconnaissable, dans sa pauvre robe de deuil, la chevelure sans poudre, sous le bonnet noir, froissé, usé. Une vieille femme. Le public entassé derrière les barrières la reconnaît à son allure unique, quand elle va de son pas ailé vers le sec fauteuil qu'on lui a désigné.

Les jurés se sont assis, choisis avec le plus grand soin par Fouquier-Tinville auquel ils sont fanatiquement dévoués ainsi qu'à Robespierre.

Ils sont treize :

Un imprimeur, Nicolas, un chirurgien, Souberbielle, deux menuisiers, Devèse et Tranchard, un commissaire-priseur, Besnard, un ex-procureur, Thoumin, un perruquier, Ganney, un cafetier, Chrétien, un chapelier, Baron, un citoyen nommé Fiévé, un sabotier, Desboisseaux, le musicien Lumière, un ci-devant marquis d'Antonelle.

Le greffier somme Marie-Antoinette de décliner encore une fois son identité. Elle s'irrite, prend son « air insolent » qui a froissé tant de monde quand elle était « cette petite reine de vingt ans, si moqueuse ». Elle se met à pianoter avec une impatience visible sur les bras du fauteuil tandis qu'on lui lit l'acte d'accusation, et feint de ne rien entendre.

« Brunehaut, Frédégonde, Méssaline (...), Marie-Antoinette, veuve de Louis Capet, a été depuis son séjour en France le fléau et la sangsue des Français... »

Elle pianote, lointaine, agacée. Un petit air de M. Gluck ? Sa chemise si mince suffira-t-elle à la protéger ? Elle redevient une étrangère, si loin de ces gens, de ces insultes, de ces griefs, de cette infamie.

Les mots lui parviennent par fragments. Dilapidation… Trahison… Menées contre-révolutionnaires… Messaline… Trahison…

Le fauteuil se trouve sur une petite estrade ; c'est *son dernier trône*, de façon que l'accusée puisse être vue de tous ». Chauveau-Lagarde et Tronson du Coudray se tiennent de chaque côté. Marie-Antoinette tente de s'évader mentalement. Elle reconnaît vaguement le président, les trouve tous laids, ces juges et ces jurés. Ce Deliège avec sa perruque jaunie, le doyen Douzé-Verteuil dont l'absence de dents lui compose une désagréable bouche aux lèvres avalées. Elle n'aime pas davantage la face congestionnée du juge Coffinhal.

Chauveau-Lagarde lui fait signe de se lever ; les témoins vont défiler.

Marie-Antoinette s'aperçoit qu'elle n'avait presque rien écouté à partir des insultes « Frédégonde, Brunehaut, Messaline, etc. ». L'abbé de Vermont en aurait été scandalisé, Mercy dégoûté. Une mauvaise pupille, une mauvaise élève. Qui jamais n'accorde longtemps son attention aux propos sérieux. « Tête à vent », aurait grommelé son frère.

Elle a « l'apparence de la distraction », dira-t-on.

« Prêtez une oreille attentive, déclare Hermann, vous allez entendre les charges qui sont portées contre vous. »

Un interminable défilé. *Que leur ai-je donc fait ?* Quarante et un témoins. Elle n'en connaît pas le tiers. Elle a du mal à remettre cet ancien garde national, Laurent Lecointre, qui dépose contre elle au sujet du mémorable banquet des gardes du corps.

« La ci-devant reine était bien "l'âme de la contre-révolution" dès cette date. »

Deux heures plus tard, Hermann lui demande ses observations. Elle répond avec hauteur :

« Je n'ai rien à répondre. »

Il y a ensuite Lapierre, adjudant général de la quatrième division, qui témoigne sur la journée du 20 juin 1791. Son discours n'est qu'une redite sans preuve de ces événements. Le chirurgien Roussillon jure, « avoir trouvé sous le lit de la reine, aux Tuileries, des bouteilles de vin pour ragaillardir les troupes ».

Qui est cet homme et encore celui-là ? Elle secoue la tête. Elle aurait souri si l'angoisse n'avait étreint sa gorge.

« Je n'ai jamais entendu parler de pareilles choses. »

Échauffé, Hermann attaque alors sur l'événement du 12 juillet 1789 : la fusillade du Champ-de-Mars.

« — Vous ne deviez certainement pas ignorer la cause du rassemblement des troupes au Champ-de-Mars ?

— C'était pour rétablir la tranquillité publique. »

Elle s'enferre.

« À cette époque, réplique Hermann, tout le monde était tranquille. Tout le monde ne pensait qu'à la paix et à la liberté. »

Il profite de son trouble pour aller droit aux dépenses avec ses favoris :

« — Pourquoi les Polignac et tant d'autres ont-ils été par vous gavés d'or ?

— Ces familles avaient des places à la Cour qui justifiaient ces richesses. »

Elle s'épuise des redites : avoir fait passer des millions à son frère. Elle se lasse d'entendre les menaces des tricoteuses amassées derrière la barrière. Elle se penche vers Chauveau-Lagarde :

« Le peuple sera-t-il enfin las de mes fatigues ? »

*

* *

Hébert fait sa déposition.

Marie-Antoinette est saisie d'un malaise sans nom à sa présence. Il commence par affirmer que l'on a trouvé une image pieuse, ennemie de la République, chez la petite Madame. Elle l'entend bramer l'ignoble, de manière progressive.

« La veuve Capet, non seulement avait des complices au Temple, mais menait avec les détenus une vie dépravée ; surtout avec son fils le petit Capet. Le jeune Capet, surpris par Simon dans des pollutions indécentes et funestes pour son tempérament ; interrogé il répondit que c'était sa mère et sa tante qui lui avaient enseigné ces habitudes funestes (...). Il y a lieu de croire que cette criminelle jouissance n'était point dictée par le plaisir, mais bien par l'espoir politique d'énerver le physique de cet enfant, que l'on se plaisait à croire destiné à occuper le trône, et sur lequel on voulait, par cette manœuvre, s'assurer le droit de régner sur son moral (...) qu'il est demeuré attaqué d'une descente par laquelle il a fallu mettre un bandage (...) depuis qu'il n'est plus avec sa mère, il reprend un tempérament robuste et vigoureux. »

La voix d'Hébert éclate dans sa tête telle une bombe. Son fils et elle ? Elle a entendu les autres accusations avec une fierté distante, mais elle s'attend si peu à l'accusation d'inceste qu'elle bondit vers les barrières, tend ses mains vers les femmes et supplie en chacune la mère probable. Elle leur lance un appel au secours qui transforme sa voix en feulement presque sauvage.

« J'en appelle à toutes les mères de France, à toutes celles qui sont ici ! »

Les femmes, seules les femmes, les mères, peuvent la comprendre et l'aider.

« Si je n'ai pas répondu, c'est que la nature se refuse à répondre à une pareille inculpation faite à une mère. »

Fouquier-Tinville s'inquiète. Les accusations du « Père Duchesne » se révèlent une maladresse. Les tricoteuses sont émues, certaines, offusquées dans leurs propres entrailles, ont hué Hébert. L'émotion est telle que Fouquier-Tinville suspend l'audience. Le procès tourne au simple procès d'une femme, d'une mère accusée de l'indicible, et toutes les femmes présentes se sentent concernées, menacées, insultées.

Seule avec ses avocats, Marie-Antoinette craint la suite des événements.

« N'ai-je pas mis trop de dignité dans ma réponse ? J'ai entendu une femme du peuple dire à sa voisine : "Vois-tu comme elle est fière !" »

Chauveau-Lagarde la rassure.

« Il n'y a aucune preuve à ces ridicules calomnies et chez ces témoins, pas le plus léger indice. »

Chauveau-Lagarde se souviendra plus tard de la remarque de la reine : « N'ai-je pas mis trop de dignité dans ma réponse ? »

« Cette observation fait voir qu'elle espérait encore et prouve aussi que, dans la pureté de sa conscience, il fallait bien qu'elle fût maîtresse d'elle-même puisqu'au milieu des grandes agitations de l'âme, elle entendait tout ce qu'on disait autour d'elle ; et qu'elle cherchait, dans l'intérêt de son innocence, à régler sur sa situation, et son silence et ses paroles. »

Il est deux heures de l'après-midi.

Un certain Terrasson, employé de bureau au ministère de la Justice, jure avoir vu Marie-Antoinette « jeter des regards vindicatifs » le 21 juin. Une citoyenne Millot, domestique, affirme « qu'elle avait vu [?] la veuve Capet faire passer de l'argent à son frère. (...) La veuve Capet s'était armée de pistolets pour assassiner le duc d'Orléans, mais le roi l'ayant su l'avait fait enfermer quinze jours dans ses appartements ».

Des ombres, des bouches, des ragots...

Hermann revient à la fuite à Varennes, au « fournisseur de la fameuse berline ».

« N'est-ce pas cet étranger de nation suédoise, qui demeurait à Paris ? »

Elle est obligée de prononcer son nom : Fersen.

L'hostilité a repris. Marie-Antoinette a perdu les acquis de l'accusation d'inceste.

Fersen.

La débauche, la Frédégonde, la Brunehaut, la Messaline.

Un journaliste, Lébennette, du *Journal du diable*, narre qu'il a failli être assassiné par trois hommes sous les ordres de l'accusée.

Il est cinq heures de l'après-midi. Elle n'a ni bu ni mangé depuis le matin quand apparaissent Bailly et Manuel. On demande à l'ancien maire de Paris s'il « était instruit que le ci-devant roi recelait aux Tuileries des prêtres réfractaires ».

« Oui, je me suis même rendu chez le roi à la tête de la municipalité pour l'inviter à renvoyer les prêtres assermentés qu'il avait chez lui. »

On interroge sur ce point Marie-Antoinette.

« — Nous n'avions auprès de nous que les prêtres qui disaient la messe.

— Étaient-ils assermentés ?

— La loi permettait au roi, à cet égard, de prendre qui il voulait. »

À onze heures du soir s'achève cette seconde journée du procès. Ont comparu les gendarmes Gilbert, Dufresne, les époux Richard, la citoyenne Harel. On a reparlé de « la conspiration de l'œillet ». Marie-Antoinette sent sa robe souillée jusqu'à l'indécence.

Elle se couche, épuisée, touchée de trouver une chemise propre, sa seconde robe rafraîchie, repassée. Rosalie, chère petite Rosalie. La reine déchue sombre dans un sommeil lourd. Elle rêve, entend : « La veuve *Antoine* est condamnée à la déportation ! »

Il lui reste une journée et une matinée à vivre.

À Bruxelles, Fersen note son désespoir :

« Malgré qu'il n'y ait pas de preuve contre cette infortunée princesse, comment peut-on se flatter de rien avec des scélérats (...) qui condamnent même sur des assertions vagues, et sur des soupçons! (...) Résignons-nous à la volonté céleste, sa perte est résolue, il faut nous y préparer; et rassembler assez de forces pour supporter ce coup terrible. »

Chapitre 118

LE VERDICT

Mardi 15 octobre.

Il pleut, il vente. Rosalie a insisté pour que Marie-Antoinette boive un peu de café. On est venu la chercher à neuf heures du matin. Rosalie a peigné ses cheveux relevés dans le bonnet tant bien que mal défroissé. Elle lavera la robe de la veille et la séchera à son feu. Elle prévoira une chemise et une camisole chaudes. L'enfant Rosalie ; la seule lumière en ces lentes ténèbres.

Heures interminables, accusations, langues de serpent. Il est cinq heures de l'après-midi. Marie-Antoinette demande un peu de bouillon. On a fait la commission à Mme Bault qui la transmet à Rosalie. L'accusée n'a pas le droit de descendre.

« Je pris à l'instant une excellente soupe, racontera Rosalie, que je tenais en réserve sur mon fourneau, et je montais vers la princesse. »

La pauvre Rosalie ne peut aller plus loin. Un des commissaires de police, Labuzière, lui « arracha la soupière des mains et la donna à sa maîtresse qui avait une folle envie de voir de près "la veuve Capet" ». Ils s'éloignent ainsi, le potage à demi répandu.

« J'eus beau prier et supplier Labuzière, pleurait Rosalie, il était tout-puissant, il me fallut obéir. »

Marie-Antoinette n'avale pas même une cuillerée de la soupe si grossièrement présentée sous son nez.

*
* *

L'audience a repris. Il fait nuit, on a allumé des chandelles. Des témoins défilent, insipides employés municipaux du Temple. La reine somnole vaguement. Une émotion la fait sursauter quand apparaît Simon, le « précepteur » de son fils. À la déception de Fouquier-Tinville, Simon se montre très réservé envers Marie-Antoinette.

« — Est-il à votre connaissance, insinue Hermann, que le petit Capet ait été traité en roi, principalement lorsqu'il était à table ?

— Je sais qu'à table, sa mère et sa tante lui donnaient le pas. »

Fouquier-Tinville fera chèrement payer « l'instituteur du fils Capet ».

On fait appeler le médecin Brunier, ancien pédiatre des enfants de France qui les a soignés au Temple. Hébert intervient sans qu'on le lui demande :

« On [s'était] aperçu qu'il n'approchait des enfants de l'accusée qu'avec toutes les bassesses de l'Ancien Régime. »

Brunier riposte calmement :

« Ce n'était de ma part que bienséance et non bassesse. »

Fouquier-Tinville s'agite. Ces témoins sont bien complaisants à l'Autrichienne. Ils le paieront ! Il sort une pièce dangereuse qu'il réservait pour plus tard. Il veut casser la bonne impression que risquent de créer ces maladroits, ces traîtres. Il brandit sous le nez de l'accusée les bons signés « Marie-Antoinette », découverts chez Septeuil, le ci-devant trésorier de la Liste civile.

« Une pièce qui attestait que l'accusée avait vendu ses diamants pour faire passer des fonds aux émigrés français. »

Elle nie, elle ne dira jamais la vérité : non seulement elle n'a pas vendu ses diamants, mais elle les a fait mettre en sûreté à Bruxelles.

« Ces bons ont été déposés au Comité des Vingt-Quatre. Qu'avez-vous fait de ces diamants ? Ces bons sont la preuve que vous avez ruiné la France. »

Le témoin chargé d'appuyer ces dires se nomme Tissier et se dit marchand. Il a vu ces bons signés, en août 1792. Ils atteignaient la somme de quatre-vingt mille livres. Marie-Antoinette se redresse, pâlit et se tait. Elle reconnaît le témoin qui suit Tissier. C'est Lepitre, qui croupit à la prison de Sainte-Pélagie. Tous deux nient avoir tenté un moyen de correspondre avec l'extérieur. On ouvre devant Marie-Antoinette le sac des objets confisqués à son entrée à la Conciergerie. On lui en demande le brutal inventaire.

« — Quels sont ces cheveux ?

— Ce sont ceux de mes enfants morts et vivants.

— Qui sont ces portraits de dames ?

— Celui de la princesse de Lamballe... Les dames avec qui j'avais été élevée à Vienne... »

On nomme à haute voix, sans le moindre ménagement pour ses souvenirs, ces modestes trésors :

« Un scapulaire... Un petit portefeuille garni de ciseaux, aiguilles, fils, soies... Une bague en or enfermant des cheveux avec une inscription... »

Elle est au bord des larmes. La bague offerte à sa chère madame de Lamballe... On la tourmente sur le scapulaire et son image pieuse « ennemie de la République ». Fouquier-Tinville arbore son mince sourire : la gueuse souffre. On peut recommencer le défilé des témoins : elle sera moins apte à se défendre avec impudence.

Ces témoins sont des amis de la reine. Le maréchal d'Estaing, grand officier général de terre et de mer, l'un des vainqueurs de la guerre d'Amérique, le comte de La Tour du Pin ancien ministre de la Guerre de Louis XVI, et son frère.

Les trois aristocrates paieront de leur vie la courtoisie qu'ils affichent envers la souveraine déchue.

Le maréchal d'Estaing dit, à propos des journées du 5 octobre 1789 :

« J'ai entendu des conseillers de la Cour dire à l'accusée que le peuple de Paris allait arriver pour la massacrer (...). Elle a répondu avec un grand caractère :
– Si les Parisiens viennent ici pour m'assassiner, c'est aux pieds de mon mari que je serai, mais je ne fuirai pas. »

Hermann se tourne vers La Tour du Pin :

« — L'accusée, à l'époque de votre ministère, vous a-t-elle engagé à lui remettre l'état de l'armée française ?

— J'en conviens, mais la curiosité de la reine était bien naturelle à une époque où l'on procédait à une réforme complète de l'armée. Cet état de l'armée était d'ailleurs imprimé dans tous les journaux. »

Fouquier-Tinville cherche à dérouter le témoin.

« Quand vous étiez député à la Convention, vous avez présidé la première commission d'enquête au sujet du roi. Vous connaissiez l'existence des papiers de Louis Capet mis sous scellés le 10 août. Auriez-vous eu connaissance d'une note du ci-devant roi priant de communiquer les plans de campagne à son épouse ? »

M. de La Tour du Pin ne répond rien. On répète la question à Marie-Antoinette.

« J'ignore tout de ce fait », dit-elle.

Les témoins à charge renforcent les effets de ragots et les rumeurs. On a dit, on a cru entendre dire... On a vu... On a cru voir... La fuite à Varennes, les bons du Trésor, les correspondances avec l'ennemi, les tentatives de complots, d'évasion, sont les éléments les plus fiables.

MM. d'Estaing et de La Tour du Pin partent sur un dernier et profond salut à la reine. Il y a encore dix-neuf témoins à entendre. À nouveau les anciens municipaux, Nicolas Lebœuf, Jobert, Moelle, Lebrasse, Vincent, Beugnot, les époux Richard, la citoyenne Harel. « Ils n'ont rien vu, rien remarqué. » Une ancienne servante des Tuileries, Renée Sévin, hurle de peur.

« Je ne sais rien de la journée du 10 août, je n'ai pas entendu le tocsin, je dormais ! »

Hermann tente d'enfoncer l'accusée en interrogeant le policier Dangé :

« — Quelle est votre opinion sur l'accusée ?

— Si elle est coupable, elle doit être jugée.

— La croyez-vous patriote ?

— Non.

— Croyez-vous que la veuve Capet veuille la République ?

— Non. »

Hermann essaye une interrogation pour embarrasser Marie-Antoinette.

« — Pourquoi (...) avoir traité votre fils avec des égards qui semblaient faire croire que vous pensiez encore à le voir un jour succéder à son père ?

— Il était trop jeune pour lui parler de cela ; je le faisais mettre en bout de table et le servais moi-même. »

Il lance la question qui doit clôturer des débats :

« — N'avez-vous rien à ajouter pour votre défense ?

— Hier, je ne connaissais pas les témoins. J'ignorais ce qu'ils allaient déposer. Eh bien, personne n'a articulé contre moi un fait positif. Je finis en observant que je n'étais que la femme de Louis XVI et qu'il fallait bien que je me conformasse à ses volontés. »

Marie-Antoinette de Lorraine d'Autriche, veuve du roi de France, a eu la soudaine habileté de Marie-Thérèse : elle confond ce faux procès.

Désincarnée, la reine est debout depuis quinze heures. Il est minuit. Fouquier-Tinville a pris la parole. Un réquisitoire si pauvre en preuves qu'il opte délibérément pour l'accusation :

« Nous déclarons regarder Antoinette comme l'ennemie déclarée de la nation française, la principale instigatrice des troubles qui ont eu lieu en France depuis quatre ans, et dont des milliers de Français ont été victimes. »

Quelle audace désespérée faut-il aux avocats de la reine pour tenter de la défendre ! Ils ont été contraints d'improviser. Chauveau-Lagarde plaide que cette conspiration avec l'étranger est plus avancée que prouvée. Tronson du Coudray renchérit sur « la prétendue conspiration avec les ennemis de l'intérieur ». Tous deux insistent sur les absences de preuves. Hébert écrira le lendemain dans le *Père Duchesne :*

« Se peut-il qu'il se soit trouvé un bougre assez hardi pour la défendre ! Cependant deux braillards du Palais ont eu cette audace ; l'un d'eux a poussé l'effronterie jusqu'à dire que la nation lui avait des obligations pour ne pas la punir et de soutenir que sans elle, sans les crimes qu'on lui reproche, nous ne serions pas libres, foutre ! (...) N'ai-je pas vu ces deux avocats du diable se démener comme des diables dans un bénitier pour prouver l'innocence de la guenon (...). Dire aux juges que c'était assez d'avoir puni le gros Cochon, qu'il fallait au moins faire grâce à sa saloperie de femme ! »

Chauveau-Lagarde, le plus sensible à la cause de la reine, parle pendant deux heures. Bouleversée, Marie-Antoinette se penche vers lui :

« Je suis bien sensible à toutes vos peines. »

Leur audace sera payée fort cher. Fouquier-Tinville les fera arrêter en pleine audience, ils subiront des interrogatoires sévères après l'exécution de leur illustre cliente et on les condamnera à la déportation. Tronson du Coudray disparaîtra en Guyanne. Chauveau-Lagarde survivra.

*
* *

Hermann récapitule les débats. Il assimile le procès de la reine à celui du roi et insiste « qu'elle a été l'instigatrice de la plupart des crimes dont s'est rendu coupable ce dernier tyran de la France ».

« Il eût fallu faire comparaître l'accusée devant tout le peuple français ; la preuve matérielle se trouve dans les papiers qui ont été saisis chez Louis Capet énumérés dans un rapport fait à la Convention nationale par Gothier. (...) C'est le peuple français qui accuse Antoinette ; tous les événements politiques qui ont eu lieu depuis cinq années déposent contre elle. »

À deux heures et demie du matin, on l'a fait sortir du prétoire et elle attend dans une pièce voisine de la Grand-Chambre avec le lieutenant de Busne. La lueur des chandelles transforme chaque visage en ombre verte. Elle attend.

Elle entend avec netteté les quatre questions soumises aux jurés :

1 – Est-il constant qu'il ait existé des manœuvres et intelligences avec les puissances étrangères et autres ennemis extérieurs de la République, lesdites manœuvres et intelligences tendant à leur fournir des secours en argent, à leur donner l'entrée du territoire français et à y faciliter le progrès par leurs armes ?

2 – Marie-Antoinette d'Autriche, veuve de Louis Capet, est-elle convaincue d'avoir coopéré aux manœuvres et d'avoir entretenu ces intelligences ?

3 – Est-il constant qu'il ait existé un complot et conspiration tendant à allumer la guerre civile dans l'intérieur de la République ?

4 – Marie-Antoinette d'Autriche (...) est-elle convaincue d'avoir participé à ce complot et cette conspiration ?

Il y a foule dans la Grand-Chambre, foule dans la salle des pas perdus. Il est trois heures, et il fait froid.

Il reste à Marie-Antoinette neuf heures et un quart d'heure à vivre.

*

* *

Ils délibèrent une heure pour répondre « oui » à toutes ces accusations qui juridiquement ne valent rien.

Il est quatre heures. Ni nuit, ni aube, ni jour. L'heure froide.

Marie-Antoinette répète machinalement : « Nous sommes le 16 octobre 1793. »

On entend retentir la sonnette. Le verdict.

Je ne suis coupable de rien. Que leur ai-je donc fait ?

Ils ne peuvent me tuer. Ils n'en ont pas le droit.

Un huissier vient la chercher. Un terrible silence l'accueille quand elle prend place sur l'estrade. Ils s'avancent du grand pas des morts. La voix d'Hermann possède une netteté de « tranchoir ».

« Antoinette, voilà la déclaration du jury. »

Se retrouve-t-elle dans le bureau de Madame Maman ? « Antoinette ». Pourquoi, dès son enfance, ont-ils été si nombreux à la juger ? Pourquoi ont-ils tous dit « oui » aux vilaines accusations ?

Quelle est cette voix de malheur, ce corbeau-homme, tout noir ? Le plus méchant de tous : Fouquier-Tinville. Elle a grand mal à intégrer son coassement :

« Nous requérons que l'accusée soit condamnée à la peine de mort, pour crime de haute trahison. (...) À la requête de l'accusateur public, le présent jugement sera exécuté sur la place de la Révolution, imprimé et affiché dans toute l'étendue de la République. »

Il invoque longuement les lois et le code civil. Elle n'écoute plus. Le mot de velours aux larmes d'argent, celui qui ouvre la crypte des Capucins est le seul qu'elle a retenu. Mort, la mort d'Antoinette. *On va tuer Madame Antoine. La tête à vent de son grand frère; coupée. Les roses, coupées.*

La fille des Césars ne flanche pas, ne pleure pas, ne supplie pas. *Le Moniteur* raconte: « En entendant prononcer son jugement, elle n'a laissé paraître aucune marque d'altération et elle est sortie de la salle d'audience sans proférer une parole, sans adresser aucun discours ni aux juges ni au public. »

Chauveau-Lagarde consigne « qu'elle était comme anéantie par la surprise. Elle descendit les gradins sans proférer une parole, ni faire aucun geste, traversa la salle comme sans rien voir et entendre, et lorsqu'elle fut arrivée devant la barrière où était le peuple, elle releva la tête avec majesté. N'est-il pas évident que, jusqu'à ce moment terrible, la reine avait conservé l'espoir ? »

Elle avance, droite, blanche. M. de Busne a ôté son chapeau pour l'accompagner. Devant le corridor, il fait si sombre qu'elle se tourne vers lui :

« Monsieur, je vois à peine à me conduire. »

Il lui offre son bras, jusqu'au bas de l'escalier. Elle trébuche, il la soutient. La nuit est bleue dans la cour de Mai. À la mince lueur du réverbère, on voit sur le sol l'ombre fantastique de la dernière reine de France appuyée au bras sans corps de son dernier garde...

Chapitre 119

L'ÂME BLANCHE

Il est quatre heures et trente minutes. Elle a obtenu de l'encre, du papier, une plume. Le lieutenant de Busne somnole dans un coin du cachot, sur son tabouret. À tâtons, sous la lueur verdâtre de la lucarne, Marie-Antoinette, qui vient de subir vingt heures de procès, d'effarantes hémorragies, la soif, la honte, la peur, écrit ses derniers mots à Madame Élisabeth. Sa main court tel un phosphore.

« C'est à vous, ma sœur, que j'écris pour la dernière fois, je viens d'être condamnée non pas à une mort honteuse, elle ne l'est que pour les criminels, mais à aller rejoindre votre frère ; comme lui innocente, j'espère montrer la même fermeté que lui dans ses derniers moments. Je suis calme comme on l'est quand la conscience ne reproche rien, j'ai un profond regret d'abandonner mes pauvres enfants ; vous savez que je n'existais que pour eux et vous ma bonne et tendre sœur ; vous qui avez par votre amitié tout sacrifié pour être avec nous. Dans quelle position je vous laisse (...). Recevez pour [mes deux enfants] ma bénédiction, j'espère qu'un jour, lorsqu'ils seront plus grands ils pourront se réunir à vous et jouir en entier de vos tendres soins ; qu'ils pensent tous deux à ce que je n'ai cessé de leur inspirer ; que les principes et l'exécution de ses devoirs sont la première base de la vie, que leur amitié et leur confiance mutuelle en fera le bonheur, que ma fille sente qu'à l'âge qu'elle a elle doit toujours aider son frère par les conseils que l'expérience qu'elle aura de plus que lui et son amitié pourront leur inspirer, qu'ils sentent enfin tous deux que dans quelque position où ils pourront se trouver ils ne seront vraiment heureux que par leur union, qu'ils prennent exemple de nous, combien dans nos malheurs, notre amitié nous a donné de consolations. (...) Que mon fils n'oublie jamais les derniers mots de son père que je lui répète expressément, qu'il ne cherche jamais à venger notre mort. J'ai à vous parler d'une chose bien pénible à mon cœur: je sais combien cet enfant doit vous avoir fait de la peine, pardonnez-lui, ma chère sœur, pensez à l'âge qu'il a et combien il est facile de faire dire à un enfant ce qu'on veut et même ce qu'il ne comprend pas (...). Il me reste à vous confier encore mes dernières pensées. (...) Je meurs dans la religion catholique, apostolique et romaine, dans celle de mes pères, dans celle où j'ai été élevée et que j'ai toujours professée, n'ayant aucune consolation spirituelle à attendre, ne sachant pas s'il existe encore des prêtres de cette religion, et même le lieu où je suis les exposerait trop, s'ils y entraient une fois. Je demande sincèrement pardon à Dieu de toutes les fautes que j'ai pu commettre depuis que j'existe (...). Je pardonne à tous mes ennemis le mal qu'ils m'ont fait. Je dis ici adieu à mes tantes et à tous mes frères et sœurs. J'avais des amis, l'idée d'en être séparée pour jamais et leurs peines sont un des plus grands regrets que j'emporte en mourant ; qu'ils sachent, au moins, que jusqu'à mon dernier moment j'ai pensé à eux. Adieu, ma bonne et tendre sœur, puisse cette lettre vous arriver ! Pensez toujours à moi. Je vous embrasse de tout mon cœur ainsi que ces pauvres et chers enfants. Mon Dieu ! Qu'il est déchirant de les quitter pour toujours. Adieu ! Adieu ! »

Madame Élisabeth ne recevra jamais cette lettre. On la retrouvera dans les papiers du conventionnel Courtois. La lettre voyagera des années jusqu'à la Restauration où Louis XVIII la fera lire à chaque messe commémorant la date de l'exécution de Marie-Antoinette.

*
* *

Le jour pâlit la main diaphane. Aveuglée de larmes, Marie-Antoinette ne songe plus qu'à ses devoirs spirituels. Elle s'agenouille devant le lit étroit, et récite le *Pater,* l'*Ave,* le *Confiteor.*

« *Confiteor Deo omnipotenti, beatae Mariae semper Virgini, et omnibius sanctis quia peccavi nimis cogitatione, verbo et opere : mea culpa, mea culpa, mea maxima culpa...* »

Le jour, d'ombre de gel, le gel de son âme, le sel de ses larmes. Elle s'affermit dans le *Credo :*

« *Credo in unum Deum, Patrem omnipotentem, factorem cœli et terrae...* »

Elle s'abîme dans le *Salve Regina,* la prière du dernier recours, quand tout est consommé :

« *Salve Regina, mater misericordiae, vita dulcedo, et spes nostra. Salve. Ad te clamatus exsules Filii hevae. Ad te auspiramus, gementes et fientes in hac lacrymatum valle. Et Jesum, benedictum fructum ventris tui, nobis post hoc exilium ostende, O clemens, O pia, O dulcis Virgo Maria !* »

Un peu de paix est-elle descendue en son âme blanche, déchirée, résignée ? Elle s'est endormie, recroquevillée sur le lit. Elle a froid. Elle redoute la vue et l'odeur ferrugineuse de son sang.

*
* *

Il est cinq heures. On entend battre la générale. Est-ce pour fêter l'arrivée de la dauphine d'or et de cristal ? Le temps des roses où tout était charmant ? Pourquoi le lieutenant de Busne n'est-il plus dans sa cellule ?

La reine condamnée ignore qu'on l'a arrêté pour lui avoir donné un verre d'eau et offert son bras quand elle chancelait. « Je porte malheur à ceux qui m'aiment. »

Le jour est levé quand entre Rosalie. Le cœur lui fend de trouver Marie-Antoinette allongée, la tête sur sa main, en pleurs. Elle n'a pas ôté sa vieille robe usée.

« — Madame, murmure Rosalie, les larmes aux yeux, la voix tremblante, vous n'avez rien pris depuis hier au soir.

— Ma fille, je n'ai plus besoin de rien, tout est fini pour moi. »

Rosalie insiste :

« Madame, j'ai conservé au chaud sur mes fourneaux un bouillon. »

La petite éclate en larmes. Marie-Antoinette lui sourit avec tendresse. Elle ne veut pas lui faire de peine.

« Eh bien, mon enfant, apportez-moi votre bouillon. »

Elle ne peut en avaler que quelques gorgées. Une ombre noire, soudain, la pétrifie : la terreur de mourir. Ne pas se révolter, ne pas craindre, prier encore.

« Je suis près de vous, Madame », dit l'enfant Rosalie.

Grâce à cette enfant, elle puise le dernier courage, la dignité des derniers gestes. Se laver, se vêtir, changer de chemise.

Elle tremble si fort que Rosalie doit l'aider à ôter la robe souillée, déchirée. Une reine ne peut être conduite à l'échafaud en robe de deuil. Le deuil absolu des reines est blanc. Elle prie Rosalie de lui passer son déshabillé en piqué blanc, son bonnet en linon. Il est huit heures du matin. Il lui reste quatre heures et quinze minutes à vivre.

Elle ne connaît pas le nouveau gendarme qui la regarde sans bouger. Rosalie l'aide de son mieux à respecter sa pudeur. Marie-Antoinette se glisse dans la ruelle entre son lit de sangles et la muraille. Rosalie se place devant elle. Elle commence à ôter sa robe. Elle a posé l'oreiller sur le lit pour composer un pauvre rempart. L'officier de gendarmerie se penche, et la pauvre femme supplie :

« Au nom de l'honnêteté, permettez, monsieur, que je change de linge sans témoin. »

Le gendarme refuse :

« Je dois avoir l'œil sur tous vos gestes. »

*

* *

Marie-Antoinette est entrée dans la première étape de sa passion. Rosalie l'aide à revêtir le déshabillé en piqué blanc trop léger par ce froid et à ajuster le bonnet. Elle a changé sa chemise d'un geste d'aveugle. Rosalie a déployé un grand fichu blanc, en mousseline, que la reine croise sous son menton. Elle a des bas et des souliers noirs, honte de la chemise souillée que fixe l'homme sans vergogne. Rosalie assiste à sa pauvre ruse : se baisser, saisir, vite, le linge qui la gêne tant, le rouler, le glisser dans sa manche, regarder autour d'elle « avec anxiété comme pour chercher quelque objet qu'elle craignait de ne pouvoir découvrir ». Avec une promptitude mêlée de soulagement, Marie-Antoinette glisse ce tissu sanglant dans un enfoncement entre le mur et la toile du mur en lambeau. Un sourire flotte sur sa bouche décolorée.

Enfin, je serai bientôt débarrassée de ce sang qui m'a tant fait souffrir.

Attendre. La peur. *Salve Regina*. Elle tremble de froid. On a ouvert la porte. Va-t-elle hurler d'épouvante ?

C'est un prêtre assermenté, l'abbé Girard, envoyé par le tribunal. Marie-Antoinette refuse ses services.

L'abbé tente de la convaincre. Elle secoue la tête.

« La miséricorde de Dieu a pourvu à ces suprêmes moments. »

Le prêtre lui demande timidement la permission de l'accompagner. La fille des Césars demeure d'une politesse exquise :

« Si vous le désirez, monsieur. »

Le froid, le froid horrible. Rosalie serre sur ses genoux le pauvre oreiller, la couverture. Mourir, est-ce bien possible ? Elle repousse les effrayantes images. Elle craint de se cogner toute vive contre le mur.

Dieu ; comparaître. *Je crois à la résurrection de la chair, je crois à la vie éternelle, à la rémission des péchés… À la vie éternelle… éternelle…*

À dix heures entre le porte-clés Larivière. Elle jette un cri misérable :

« Larivière, vous savez qu'on va me faire mourir ? »

Un géant en habit noir remplit soudain toute la cellule. C'est Henri Sanson, le bourreau, le fils de Sanson qui n'a plus exercé sa fonction après avoir guillotiné Louis XVI. Henri Sanson est flanqué du juge Hermann, de Douzé-Verteuil et de Foucauld. Le greffier Fabricius lit la sentence. Ils ont ôté leur chapeau. Elle s'est levée, blanche, longue, altière.

Une épouvante la saisit quand le colosse lui demande de tendre ses mains pour les lier dans son dos.

« — On ne les a pas liées à Louis XVI, proteste-t-elle.

— Fais ton devoir », dit une voix.

Le colosse s'avance, son ombre obscurcit toute la muraille.

Ah mon Dieu, il est venu m'égorger dans ce cachot.

Il serre si fort ses liens qu'elle souffre, les coudes soulevés derrière le dos. Il ôte sans ménagement le bonnet, la fait asseoir sur la chaise en paille et taille grossièrement la chevelure blanche, cette chevelure jadis si belle et si célèbre que toutes les femmes de son royaume rêvaient de porter une robe « couleur cheveu de la reine ».

Une tête de vieille femme, presque chauve. La nuque rasée, le bonnet mal remis. Aller très droite, dans ce matin de brume où tombe un soleil blanc qui ne réchauffe rien. *« J'allais donc mourir le 16 octobre 1793. »*

Il est onze heures.

Une heure et un quart d'heure de vie.

*

* *

Adieu Rosalie. Marie-Antoinette a quitté le cachot. Le bourreau la tient par la dure corde qui broie sa chair. Que de gendarmes en double haie !

Au-delà du greffe et de la grille, elle recule d'une horreur animale mêlée d'orgueil blessé. Point de voiture fermée comme pour son époux mais une ignoble charrette à fumier, avec pour siège une planche mal jointe. Elle est attelée à deux lourds chevaux de labour, sales, résignés. Sanson l'oblige à s'asseoir, le dos aux chevaux. Elle s'épouvante de la foule.

« Vont-ils me mettre en pièces ? » demande-t-elle à l'abbé Girard, assis près d'elle sur la planche qui lui entre dans le dos à chaque secousse. Les liens engourdissent ses bras.

Elle ira vers sa mort et sa gloire – sa résurrection – altière et sans pleurer, blanche et si menue dans ce tombereau où elle se tient avec autant de dignité qu'autrefois dans son carrosse de cristal, à l'équipage de neige et de rubis.

Il fait dix degrés. Que d'hommes, de piques, de gendarmes armés et de tambours ! Que c'est long de traverser la ville, que c'est long, infiniment long de n'avoir qu'une heure à vivre...

Trente mille gendarmes pour une pauvre femme qui ne pèse pas plus lourd qu'une alouette.

La foule est d'abord muette, si ce n'est l'acteur Grammont, créature du *Père Duchesne*, qui caracole à cheval autour de la charrette :

« La voilà, l'infâme Antoinette ! Elle est foutue, mes amis ! »

Rue Saint-Honoré, des cris de haine éclatent. Sur les marches de l'église Saint-Roch, les tricoteuses grossissent le cortège avec des injures. En haut d'un immeuble de la même rue, le peintre David croque la dernière image de Marie-Antoinette de Lorraine d'Autriche... qui a fui la France... que la France a adorée et haïe jusqu'à la démence... Sur le croquis, la lèvre des Habsbourg est au comble du mépris, le port altier, les bras liés à l'arrière, la taille mince. Le bonnet sur la chevelure vilainement taillée n'ôte en rien la noblesse de ce profil.

« À bas la tyrannie ! »

Marie-Antoinette est au-delà de ces brumes et au-dessus de la ville. En longeant le jardin des Tuileries, elle a frémi d'angoisse et de chagrin. Sa fille, Mousseline chérie. Quelle mère quitte vraiment sa fille ? Ses deux enfants.

Tour du Temple, si rude, berce-les, ne leur apporte plus ni peine ni misère, ouvre tes portes, laisse-les descendre d'un pas léger...

*

* *

La charrette s'arrête si brutalement que Marie-Antoinette manque tomber en avant. Le bourreau la retient avec sa corde, telle une bête. Ils sont arrivés. Quelle est cette estrade hideuse lotie d'une échelle si raide, *place Louis XV* ? Elle n'ose fixer la machine qui a tué son époux. Une lame en biseau, entre deux bois si hauts.

Il est midi.

Quinze minutes de vie.

« La garce a été audacieuse et insolente jusqu'au bout », écrira le *Père Duchesne.*

Des vivats, des cris, des sifflements. Ne rien entendre, ne rien voir. Redevenir celle qui vole, légère, vers toutes les danses, où l'on tourne, seule, devant la foule, seule, puisqu'elle est la reine.

Il est midi et dix minutes.

Marie-Antoinette descend de la charrette et monte de son pas de danseuse, « à la bravade », les onze marches humides, avec tant de hâte qu'elle égare un de ses souliers. Elle regarde autour d'elle, rejette le bonnet. Les aides de Sanson sont des pattes, des griffes qui la lient à la planche levée. Il leur faut quatre minutes.

Le dernier collier de la reine est une lunette en bois que l'on visse et qui ne fait pas souffrir.

Tout devient blanc, tout devient simple.

Il est midi un quart.

*

* *

Sanson a ramassé la tête si petite, et l'a promenée par les cheveux autour de l'estrade. Au contraire du silence consterné qui a suivi la mort du roi, c'est une explosion de rage joyeuse.

Soudain, un homme couvert de sang, un œillet à la bouche, s'échappe de dessous l'échafaud, un demi-fou, fripier du nom de Maingot, qui n'est pas même inquiété.

La foule s'écarte devant la charrette où l'on a jeté le corps et la tête de Marie-Antoinette, laquelle dégouline de sang jusqu'au cimetière de la Madeleine. Ni bière ni fosse. Les bourreaux ont faim. Ils vont se régaler chez « Lison, Manon et Ninon », rue Charlot, de fricassée de museau et du vin clairet des vignes Mouffetard. Vive la

République ! Ils jettent sur l'herbe le corps de la reine, la tête entre les jambes, face contre terre.

La pluie se met à tomber.

Quinze jours plus tard, le fossoyeur Joly reçoit l'ordre d'inhumer « la femme Capet ». Il doit ramasser ses restes avec une pelle. Il présente sa note à la Convention : six livres pour la bière, quinze livres et trente-cinq centimes pour la main-d'œuvre et la fosse.

Personne n'a réclamé le corps de Marie-Antoinette de Lorraine d'Autriche, veuve du roi de France.

Qui a coûté vingt et une livres et trente-cinq centimes à la République.

Bibliographie

Principales biographies sur Marie-Antoinette

— Castelot (André), *Marie-Antoinette*, Librairie Académique Perrin, 1962.

— Castelot (André), *Le Calvaire de Marie-Antoinette*, Bibliothèque historique mondiale.

— Lever (Evelyne), *Marie-Antoinette*, Fayard, 1991.

— Zweig (Stefan), *Marie-Antoinette*, Grasset, 1933, réédition 1999.

Études et essais critiques sur Marie-Antoinette

— Girault de Coursac (Paul et Pierrette), *Louis XVI et Marie-Antoinette, vie conjugale – vie politique*, Éditions O.E.I.L., 1990.

— Girault de Coursac (Paul et Pierrette), *Le Secret de la reine, la politique personnelle de Marie-Antoinette pendant la Révolution*, Éditions de Guibert (François Xavier), 1996.

— Girault de Coursac (Paul et Pierrette), *La Dernière Année de Marie-Antoinette*, Éditions de Guibert (François Xavier), 1993.

Remarque à propos des correspondances : ces ouvrages ont été particulièrement consultés pour recueillir les principales correspondances de Marie-Antoinette et celles de sa mère, l'impératrice Marie-Thérèse d'Autriche. Entre autres correspondances :

— La correspondance du frère de Marie-Antoinette, l'empereur Joseph II avec cette dernière, son frère Léopold, son beau-frère Louis XVI.

— La correspondance de Mercy d'Argenteau et l'impératrice Marie-Thérèse. Il est à noter que jamais Marie-Antoinette ne fut au courant de cette correspondance entre sa mère et Mercy d'Argenteau.

— La correspondance et les extraits du journal du comte Hans Axel de Fersen. La place essentielle de cette recherche revient à Mme Alma Söderjhelm *(Fersen et Marie-Antoinette)*, d'après le journal intime et la correspondance de Hans Axel de Fersen conservés aux archives de Stafsfund (Suède). Les travaux de Paul et Pierrette Girault de Coursac consacrés à Marie-Antoinette et à Louis XVI restituent au plus près ces informations (y compris les plus importantes biographies sur Marie-Antoinette déjà citées).

— La correspondance de la sœur de Marie-Antoinette, Marie-Caroline de Parme, celle de Louis XV avec son petit-fils l'Infant de Parme, la correspondance de l'abbé de Vermont, des médecins de Marie-Antoinette et de Louis XVI.

Pendant la Révolution : la correspondance de Mirabeau et de la reine.

— Barnave et la reine.

La dernière lettre de Marie-Antoinette a été reprise dans *La Dernière Année de Marie-Antoinette* ainsi que certaines réponses à son procès y compris dans les autres ouvrages déjà cités.

Les pamphlets sur la reine Marie-Antoinette ont été consultés dans l'ouvrage de Chantal Thomas, *La Reine scélérate, Marie-Antoinette dans les pamphlets*, Éditions du Seuil, 1989.

— Les chansons, les répertoires pendant la Révolution française ont été consultés dans différents ouvrages :

— Brecy (Robert), *Florilège de la chanson révolutionnaire de 1789 au Front Populaire*, Éditions de l'Atelier, 1990.

— Marty (G & G), *Dictionnaire des chansons de la Révolution*, Tallandier, 1989.

Nota Bene : *La Carmagnole*, 1792, est probablement le chant révolutionnaire le plus connu. C'est aussi une danse. *La Carmagnole* est chantée sous les fenêtres du roi et de la reine alors qu'ils sont enfermés à la prison du Temple. C'est aussi un gilet rayé.

— *Notre Saint-Père est un dindon*, air de *Filii et filiae*, histoire chantée de la Première république. 1789-1799. Louis Damade, Paris, 1892. Deux choses dans cette chanson. La première témoigne des luttes sur le plan de la doctrine religieuse. La deuxième met en parallèle la cherté du pain et les accapareurs. Le peuple a confiance en Necker, et met en garde les accapareurs.

— *La Marseillaise*, composée par Rouget de Lisle à Strasbourg en 1792 d'après une musique de Mozart, *Le Chant de guerre pour l'armée du Rhin*, devint *La Marseillaise* et fut décrétée hymne national en 1795.

MÉMOIRES SUR MARIE-ANTOINETTE

— Bésenval (Baron de), *Mémoires du baron de Bésenval*, publiés par Berville et Barrière, Paris 1821 (2 vol.)

— Boigne (Comtesse de), *Mémoires*, Éditions Berchet (J.-CL.), 2 vol. « Du règne de Louis XVI à 1820 », Paris rééd. 1979.

— Campan (Madame), *Mémoires*, « Première femme de chambre de Marie-Antoinette », préface de Jean Chalon, notes établies par Carlos de Angulo, Éditions Mercure de France, 1988.

— Caraman, *Mémoires inédites du comte de Caraman*, cités par Pierre de Nolhac, « Le Trianon de Marie-Antoinette ».

— Lauzun (duc de Biron, et duc de), *Mémoires*, Paris, 1880, préface de G. d'Heylli.

— Oberkvitch (baronne d'), *Mémoires sur la cour de Louis XVI et la société française avant 1789,* publié par Suzanne Barkard, Paris, 1970.

— Vigée-Lebrun (Mme Louise-Élisabeth), *Souvenirs de Mme Louise-Élisabeth Vigée-Lebrun,* publiés par H. Fournier, Paris, 1835-1836, 3 vol., édition de Claudine Hermann, Paris, Éditions des Femmes, 1984, 2 vol.

LES ENFANTS DE LOUIS XVI ET DE MARIE-ANTOINETTE

— Castelot (André), *Madame Royale,* Éditions Librairie Académique Perrin, 1962.

— Castelot (André), *Louis XVII,* Éditions Librairie Académique Perrin, 1971.

Articles sur le petit roi Louis XVII :

— Decaux (Alain), de l'Académie française, *Le Figaro Magazine,* 28 avril 2000, « L'extraordinaire destin de Louis XVII, martyr de l'Histoire ».

— Vincent (Catherine), *Le Monde,* 21 avril 2000, « L'enfant du Temple et Louis XVII ne faisaient qu'un » et « Les tribulations du cœur, organe providentiel pour l'identification du dauphin. »

AUTOUR DE LOUIS XVI

— Antoine (Michel), *Louis XV,* Éditions Fayard, 1989.

— Castries (duc de), *Mirabeau*, Éditions Fayard, 1986.

— Cléry (Jean-Baptiste), *Journal de ce qui s'est passé à la tour du Temple pendant la captivité de Louis XVI, roi de France,* Londres, 1798.

— Girault de Coursac (Paul et Pierrette), *L'Éducation d'un roi, Louis XVI,* Éditions Gallimard, 1972.

— Girault de Coursac (Paul et Pierrette), *Louis XVI a la parole. Lettres, discours, écrits politiques*, Éditions O.E.I.L., 1989.

— Hue (baron François d'), *Dernières années du règne et de la vie de Louis XVI,* Paris, 1860.

— Lever (Evelyne), *Louis XVI*, Éditions Fayard, 1985.
— Lever (Evelyne), *Louis XVIII*, Éditions Fayard, 1988.
— Taillemite (Étienne), *La Fayette*, Éditions Fayard, 1989.

AUTOUR DE LA RÉVOLUTION FRANÇAISE

— Arasse (Daniel), *La Guillotine et l'Imaginaire de la Terreur*, Éditions Flammarion, 1987.
— Furet (François), *La Révolution (1770-1814), de Turgot à Napoléon*, Éditions Hachette Littératures, 1988.
— Gengembre (Gérard), *À vos plumes, citoyens ! Écrivains, journalistes, orateurs et poètes de la Bastille à Waterloo*, Gallimard, coll. « Découvertes ».
— Institut national de la langue française, équipe du XVIIIe siècle et de la Révolution, *Langages de la Révolution (1770-1815)*, Éditions Klincksieck, Paris, 1995.
— Reihnard (Marcel), *Histoire de France (1715-1946)*, tome II, en particulier « La crise révolutionnaire – le consulat ».
— Mousnier (Roland), *La France de Louis XV*, Éditions Larousse, Paris, 1954.
— Saurat (conception de Christian Chardon), *Le Journal d'un Parisien en 1789*, période du 1er janvier au 30 juin 1789, du 1er juillet au 31 décembre 1789, Éditions Saurat, 1988.

OUVRAGES GÉNÉRAUX : ÉCONOMIE, COSTUMES, MOBILIER, ESPACES

— Braudel (Fernand), *Civilisation matérielle, économie et capitalisme — XVe-XVIIIe siècles.*
Tome 1 : « Les structures du quotidien ».
Tome 2 : « Les jeux de l'échange »
Tome 3 : « Le temps du Monde », Éditions Armand Colin, 1979.

— Cantini (M), préface de Heim (Jacques), *La Mode à travers les âges*, Éditions Hachette.

— Delpierre (Madeleine) avec la collaboration de Françoise Tétart-Vittu, *Se vêtir au XVIIIe siècle*, Éditions Adam Biro, 1996.

— Devèze (Michel), *L'Europe et le monde à la fin du XVIIIe siècle*, Albin Michel, 1970.

— Erlende-Brandenburg (Alain), *L'Église abbatiale de Saint-Denis, Les tombeaux royaux*, Éditions de la Tourelle, 1990.

— Meyer (Daniel) et Saule (Beatrix), conservateurs en chef, *Versailles, château, jardins, Trianon, plans complets*, Éditions Art Lys, 1999.

— Salles (Catherine), préface de Pierre Miquel, *Le Siècle des lumières,* (1715-1789), Éditions Larousse, 1987.

— Weingandt (Claude-Paule), *Le Mobilier français*, transition Louis XVI, Éditions Massin, 1995.

PRINCIPAUX TEXTES LITTÉRAIRES DU XVIIIe SIÈCLE

— Beaumarchais (Pierre Augustin Caron de) (1732-1799)

Le Barbier de Séville (1775)

Le Mariage de Figaro ou la folle journée (1784)

La Mère coupable (1792), Bibliothèque de La Pléiade, Gallimard.

— Cazotte, *Suite des mille et une nuits, le Diable en Arabie*, édition établie et préfacée par Michel Bulteau, Éditions du Rocher, Jean-Paul Bertrand, 1996.

— Diderot (Denis), L'œuvre philosophique, dont:

Le Rêve d'Alembert (1769)

Supplément au voyage de Bougainville (1772)

Le Neveu de Rameau (1762-1777)

La Religieuse (publiée en 1796)

Jacques le fataliste (1778), Gallimard, Bibliothèque de la Pléiade,

— *Itinéraires littéraires, XVIIIe siècle* sous la direction de Georges Decote et de Hélène Sabbah, Éditions Hatier, 1989.

— Laclos (Choderlos de), *Les Liaisons dangereuses* (1782), Éditions Jean-Jacques Pauvert, 1959.

— Marivaux (1688-1763), théâtre complet:
Tome 1, *Le Jeu de l'amour et du hasard*
Tome 2, *La Mère confidente*
Les Fausses Confidences, Éditions Deloffre Garnier.

— Montesquieu, (baron de) (1689-1755)
Pensées, (1734-1744-1748)
Le Spicilège, édition établie par Louis Desgroves, Robert Laffont, « Bouquins », 1991.

— Romans libertins du XVIIIe siècle:
Crébillon fils-Duclos-Godard d'Aucours. La Morlière-Voisenon-Boyer d'Argens-Fougeret de Montbron-Chevrier-Dorat-Nerciat-Vivant Denon.
Textes établis, présentés et annotés par Raymond Trousson, Éditions Robert Laffont, « Bouquins », 1993.

— Rousseau (Jean-Jacques) (1712-1778)
Émile ou l'Éducation, (1762)
Les Confessions, (1765-1770), tome 1, Gallimard, Bibliothèque de la Pléiade.
Julie ou la Nouvelle Héloïse (1761), tome II: (même édition).
« Les écrits politiques » dont *Du contrat social* (1762), tome 3 (même édition).

— Voltaire (François Maric Arouet) (1694-1778)
Mélanges (Lettres philosophiques – 1734)
Le Mondain (1736)
Zadig ou la Destinée (1748)
Candide ou l'Optimisme (1759), Gallimard, Bibliothèque de la Pléiade.

6692

Composition Chesteroc International Graphics
Achevé d'imprimer en France (Manchecourt)
par Maury-Eurolivres
le 12 août 2003.
Dépôt légal août 2003. ISBN 2-290-32348-9

Éditions J'ai lu
84, rue de Grenelle, 75007 Paris
Diffusion France et étranger : Flammarion